21世纪经济学系列教材

经济学通论

薛治龙　著

经济管理出版社

图书在版编目（CIP）数据

经济学通论/薛治龙著. —北京：经济管理出版社，
2009.2

ISBN 978-7-5096-0485-4

Ⅰ.经… Ⅱ.薛… Ⅲ.经济学 Ⅳ.F0

中国版本图书馆 CIP 数据核字（2009）第 010683 号

出版发行：**经济管理出版社**

北京市海淀区北蜂窝 8 号中雅大厦 11 层

电话：(010)51915602　　　　邮编：100038

印刷：北京交通印务实业公司　　　　经销：新华书店

选题策划：王光艳　　　　　　　责任编辑：王光艳

技术编辑：杨国强　　　　　　　责任校对：超　凡

787mm×1092mm/16　　　　25.5 印张　　589 千字

2009 年 2 月第 1 版　　　　2009 年 2 月第 1 次印刷

定价：49.80 元

书号：ISBN 978-7-5096-0485-4

序　言

这是一本将在经济学发展史上留下足迹的著作。经济学的研究对象、价值理论、一般均衡论的神话等一直是困扰经济学发展的世界前沿的经济学难题。随着这些难题的攻破，十年之内，人们将看到它对经济学的发展所产生的影响。这也是一部用唯物主义认识论重新认识现代经济学的著作。头足倒置的现代经济学的种种难题和困境，也只有用唯物主义认识论重新认识才能解决。从这个意义上说，这也是马克思主义与现代经济学结合的成果。马克思主义并没有穷尽真理，马克思主义只是开辟了认识真理的道路，这就是用辩证唯物主义认识论认识世界。

本书初版时（本书第一版书名为《现代西方经济学》，中国财政经济出版社 2002 年出版），党的十六大还没有召开。本书提出的系统价值理论学说还是一种"越雷池"的提法，不能多说什么。现在，坚冰已被打破，我们可以对系统价值理论的意义再说几句话。

长期以来，我们奉行的是马克思主义的劳动价值理论学说。我们知道，依据劳动价值论，只有劳动创造价值，所以也只有劳动的收入是合理合法的收入。资本、土地等生产要素的收入——利润、租金等等，都是对劳动创造的剩余价值的分割和剥削。我国宪法规定，一切剥削收入都是非法收入。我国的社会主义市场经济体制的改革就是在这样的理论背景下展开的，可以理解它的运作该是多么艰难。但是，不管人们怎样认识，市场规律以它铁的必然性为自己的发展开辟道路。在社会财富或价值的创造和分配上，市场是按照各种生产要素在价值或财富创造中的贡献率（各要素的边际产出率）来分配社会财富的。随着我国社会主义市场经济的发展，民间资本日益发展壮大，积累了巨大的社会财富。但是，依据劳动价值理论和我国宪法，这些民营资本的收入还都是剥削收入，是不受法律保护的非法收入。尽管我们在理论上回避这一点，但在实践上这却是一个无法回避的事实。是事实它就会对经济的发展产生影响。例如，邓小平在世时，鼓励一部分人先富起来。邓小平一去世，理论界就有人提出对富起来的这些人怎么办？在这样的背景下，20 世纪 90 年代我国市场经济的发展中出现了一个引人注目的奇特现象，在我国这样一个正在开发中的投资收益最好的发展中国家，却出现了大量民营资本逃往国外的现象。依据权威部门的统计，1998~2000 年三年间，我国民营资本外逃的规模达到 570 亿美元，折算成人民币，我国平均每年有 1500 亿元的民营资本逃往国外。这意味着什么？依据国民收入循环原理，1500 亿元货币资本（货币购买力）流到国外，就意味着国内市场留下了等值的、价值 1500 亿元人民币的实物产品销售不出去。1500 亿元人民币产品积压在市场上卖不出去，就意味着生产这 1500 亿元人民币产品的企业的流动资金回不来，企业就不能继续下一轮生产而被迫停业。企业停产就意味着工人下岗和失业。这就是我国宏观经济从 1997~2002 年一直在通货紧缩的状态下运行的主要原因之一。市场有效需求（货币购买力）不足，价格持续低迷，产品积压，企业开工不足，工人下岗。当然，这一时期造成我国经济运行低迷的原因还有走私、腐败、社会保障不完善、经济结构调整等因素，但民营资本外逃无疑是最重要的原因之一。在这样的背景下，党的十六大提出了国家保护劳动、资本、土地、管理、技术等要素的合法收入的科学论断，并承诺修改宪法，从法律上解决民营资本的合法地位和收入安全保障问题。十六大一闭幕，新闻媒体马上报道，民营资本又迎来了第二个春天。紧接着，2003 年中国经济开始了新一轮强劲增长。增长的主体是增幅达 6000 亿元人民币的民营资本投资。从每年外逃 1500 亿元，到一年增加投资 6000 亿元，我们看到了市场的力量，我们看到了中央政府的英明决策，我们看到了实践走在了理论的前面。在市场经济的实践中，我们看到了劳动价值论的片面性已经成了一个不争的事实。如果要问是谁冲破了劳动价值论？不是别人，是市场。关键在于我们能否诚实地承认这个事实。如果我们在科学研究上，都不能实事求是地诚实探讨，我们又如何建立我们社会的诚信。中央提出的保护劳动、资本、土地、管理、技术等要素的合法收入的科学论断，由于适应了我国社会主义市场经济发展的历史要求，才会迎来我国经济新一轮强劲增长，也必然会迎来中华民族的伟大复兴。那么，这一科学论断的理论依据是什么呢？显然，劳动价值理论已不足为据，系统价值理论学说则为这一论断提供了充分的理论依据和支持。系统价值理论的意义在于：它表明价值的决定或社会财富的创造取决于全体社会成员的相互依赖与合作（即取决于劳动、资本、土地、管理、技术等要素的相互依赖与合作）；取决于政府承担起它的社会责任；取决于市场经济体系的完善和有效率的运作。在全球经济一体化的今天，对于走向 21 世纪的中国，取得上述共识无疑是重要的。因为该理论可以增进全体社会成员的相互理解与合作，可以避免经济社会的成员因阶级偏见导致的社会对抗和冲突，促进经济社会的和谐发展。这也适应了和平与发展的时代要求。

系统价值理论学说是本书对价值理论最重要的贡献。在第二版里，对这一理论又做了重要补充。在第十一章货币理论部分，增加了"简要的货币发展史"部分。在第五章第六节一般均衡论的唯心主义性质部分，我们列举了两个典型事例，澄清了我们在价值和 GDP 这两个概念上的混乱认识。这两部分内容可以作为系统价值理论学说的组成部分。

此外，在第二版，我们对全书进行了充实、完善和修订，补充了我近几年最新的研究成果，也吸收了近几年经济学发展的重要的思想成果，增加了二十多万字，内容更完整，逻辑更严密，思路更清晰，与现实经济生活的联系更紧密。重要的概念和论点使用了黑体字，以便于读者把握要点。重要的补充和完善有以下几方面：

在第十三章，我们充实和增加了对新经济自由主义的分析和评价，从而理清了当代经济学发展的思路。长期以来，我国学术界认为，西方学者的思路到古典主义还是清楚的，边际革命以后，思路就不清楚了。本书运用逻辑和历史相一致的唯物主义认识论原则，在第一章导论部分理清了从古典主义到凯恩斯主义的理论思路。在第十三章第二节经济全球化及新经济自由主义的性质和影响部分，我们又理清了当代经济学凯恩斯主义与新经济自由主义分歧的思路以及新经济自由主义的历史地位和经济学发展的主流和方向。这样，我们就完成了整个现代经济学发展思路的清理工作。

在第五章，我们增加了对一般均衡论唯心主义性质的分析，从而揭穿了数学语言的神话，使一百多年在黑暗中摸索的人们见到了光明，使经济学从梦想回到了现实。我们的观点是，数学在经济学中的科学应用具有非常重要的意义，萨缪尔森倡导的数学革命使经济学的发展取得了今天的成就。但同时，唯心主义认识论导致的数学在经济学中的滥用使经济学的发展受到严重损害。经济学的目的是为了客观、正确地揭示我们经济生活的规律，从而帮助人们更好地理解我们的现实经济生活，解决现实生活中的实际经济问题，促进经济社会的和谐发展，而不是为了编织"高深"的神话和梦想。为了建立经济学与现实经济生活的紧密联系，第二版在有关章节都加强了对这些神话的清理工作，这对于经济学的健康发展无疑具有重要意义。

得益于我的老师，北京师范大学沈越教授的研究成果《德国社会市场经济评析》，我们在第十四章增加了德国的社会市场经济模式一节。这样，我们在经济增长模式的探讨上，就比较全面地介绍了当代世界最具特色的三大市场经济模式：美国模式（英美模式）、日本模式（东亚模式）和德国模式（莱茵模式）。德国人在个人经济主权独立和经济自由的基础上，用合作产权和共同决策这种贯彻到社会最基层的经济和社会民主制度，消除了现代工业社会分裂和对立的根源，建立起了全体社会成员平等地共享社会经济利益和共同参与经济社会事务的决策和管理的社会制度，即建立了一个全体社会成员共有共享的和谐、公正、公平的经济社会。实现了工业革命以来，人类独立、自由、民主、平等的理想，这确实是工业文明社会一个伟大的创造。古今中外的伟大思想家们有一个理想：天下乃天下人之天下，社会是社会成员共有的社会。德国人以他们一个世纪的努力，实现了这个理想。这是德国模式对工业文明社会最伟大的贡献之一，也是对仍然生活在分裂、对立的社会中的人们最重要的启示。对于我国建设社会主义市场经济制度和和谐社会来说，德国模式也具有重要的借鉴和启示意义。

存在决定意识，经济学科的产生与发展依赖于经济生活的实践与发展。工业革命和现代市场经济制度最早产生于欧洲西部的英国，所以现代经济学也诞生于英国。后来，市场经济的成熟形态转移到美国，经济学的重心也转移到西半球的美国。因此，"西方经济学"中的"西方"一词的本义是一个地域的概念。在意识形态尖锐对立的冷战时期，经济学也难免打上阶级的烙印。马克思主义经济学被称为无产阶级经济学，西方经济学被称为资产阶级经济学。实际上，马克思主义经济学也产生于西方，也是现代经济学的一个分支或流派，马克思自称是亚当·斯密的学生。马克思主义经济学从英国古典经济学中吸收了丰富的思想成果，包括劳动价值论。那么，我们作为马克思的学生，为什么不能把马克思的老师当做我们的老师呢？为什么不能像马克思那样先做现代经济学的学生呢？我们知道，150年来，世界发生了巨大的变化，人类在经济学领域的探索也积累了丰富的思想成果。我们还知道，运用辩证唯物主义认识论广泛地批判和吸收人类一切优秀的思想成果是马克思经济学的优良传统。我们当代马克思主义者要完成马克思经济学现代化的历史使命，首先应该继承马克思宽阔的胸怀和科学的治学态度。运用马克思科学的认识论重新认识当代世界经济的发展，批判地吸收现代经济学一切优秀的思想成果，就是说，在辩证唯物主义认识论基础上重建现代经济学。

现代西方经济学是对现代市场经济体系运动规律的认识和探索，其中包含一些科学合理的思想成果和经验总结。但是，现代西方经济学仍然是建立在唯心主义认识论基础上的，这些思想成果也包含在一个唯心主义的认识体系中。因此，在辩证唯物主义认识论基础上重建现代经济学包括两个方面：一方面要批判和剔除现代西方经济学中的唯心主义糟粕；另一方面要吸收其中科学的合理的思想成果，为现代经济社会的发展提供科学的、实际有效的理论指导。

随着冷战时代的结束，随着经济全球化时代的到来，随着发达市场经济国家阶级差别的逐步消失，随着全球70%以上的人口接受了现代市场经济制度，人类正在超越阶级的偏见，迎来和平与发展的时代。随着市场经济的发展，发展中国家阶级差别也终将消失，而经济学将存在下去，它是属于全人类的。为了适应这一时代要求，本书第二版将书名改为《经济学通论》，力求广泛吸收人类一切优秀的思想成果，深入探讨现代市场经济制度的一般发展规律，为人类的和平与发展事业服务。

本书是介绍以萨缪尔森为代表的现代西方主流经济学的一本著作。由于本书的上述特色，我们可以借用马歇尔的一句话，借助于我们时代的新著作，并且关系到我们时代的新需要，本书打算对旧的学说加以新的解释。它适用于我国普通高校经济类和非经济类本科学生学习经济学的教材，也适用于我国普通读者学习和了解现代经济学知识的读物。

本书第二版尽管经过了精心的修订，仍有一些不尽如人意之处，我们将在今后的再版中进一步完善它。同时，我们希望读者提出宝贵意见，共同关心它的成长。

薛治龙
2009 年 2 月 20 日

目 录

中篇　宏观经济学

下篇　国际经济学

第一章 导 论

导论是对经济学的思路和体系纲要做一个总的了解，为此目的，本章将说明现代经济学的源流、研究对象、内容体系和研究方法。

第一节 经济学的源流

本节我们要对经济学的发展做一个简要的历史回顾，以了解在这个领域里西方社会的人们主要探讨和思考了一些什么问题，他们是怎样理解社会经济生活的。这一节对理解现代经济学是至关重要和不可缺少的。

一、经济学的史前史——重商主义和重农主义

1. 重商主义的经济思想

15~17 世纪是西欧封建自然经济解体和资本主义商品经济萌芽时期。15~16 世纪，葡萄牙人和西班牙人先后完成了地理大发现，开辟了海上航路。新生的商人阶层怀着强烈的发财致富的愿望奔走于世界各地，从事贸易活动。商品经济迅速发展，商人日益积累了大量货币财富，成为当时社会上最富裕的阶层。到 17 世纪和 18 世纪初，荷兰人和英国人就先后建立了贸易网络遍布全球的商业帝国。伴随着这一历史进程，产生了商人阶层最初的经济思想：**①唯有货币（金、银）是财富。②财富的源泉是商业和贸易。③国内贸易不能增加一国的货币量或财富。**因为国内贸易中一个人赢利 200 万元，就意味着另一个人亏损 200 万元，二者相抵，一国的财富并没有增加。所以**只有换回金、银的对外贸易才能增加一国的货币量或财富。④工业应为对外贸易服务。政府应以法令形式保护国内工商业，促进顺差的对外贸易发展，增加本国的财富。**上述观点，经济学史上称为重商主义。安徒安·德·孟克烈钦（1575~1622）是法国早期重商主义的理论家。1615 年他出版了《献给国王和王后的政治经济学》一书。这是在文献中第一次出现"政治经济学"的术语。它表示本书论述的已不是古希腊的家庭理财的"经济学"，而是"社会的""国家的""经济学"问题。比如，如何促进一个国家的财富的增加，如何更好地分配这些财富以促进社会各方面的发展等。"政治"一词的本义是国家之事、社会之事。只是后来社会矛盾、阶级矛盾尖锐化了才引申出"斗争"之义。托马斯·曼（1571~1641）是英国晚期重商主义的突出代表。1621 年他出版了《论英国与东印度的贸易》一书。后来为了突出该书的主题，将书名改为《英国得自对外贸易的财富》，在他死后于 1664 年再版。在书中他提出顺差的对外贸易是增加一国社会财富的手段的思想，以及为保证贸易顺差

的各种政策措施。这些理论至今对各国的外贸政策都有很大影响。马克思在评价此书时说"在100年之内，一直是重商主义的福音书，如果说重商主义具有一部划时代的著作……这就是托马斯·曼的著作"。[①] 尽管重商主义关于财富性质和源泉的观点是片面的和不成熟的，但它是人类对**"现代生产方式最早的理论探讨"**（马克思）。

2. 重农主义的经济思想

18世纪产生于法国的重农主义反对重商主义财富来自贸易的观点。**他们认为贸易遵循商品等价交换的原则，商品和货币都是财富，是财富存在的两种形式，财富和财富等价交换并不能产生财富，财富是生产出来的。而且只有农业是生产财富的唯一领域。** 这也是重农主义名称的来源。我们可以把重农主义关于财富来源的思想概括为以下两个观点：

（1）**"纯产品"学说。** 重农主义认为**"土地耕种者的劳动"和"土地"是一切财富的两个源泉。**[②] 土地的产品在扣除土地耕种者的工资、种子、肥料等后的剩余是"纯产品"，这是一个社会一年真正增加的财富。农业部门之所以能提供"纯产品"，是因为土地的"自然力"参加了工作而不要求报偿。工业只是对农产品进行加工，只是产品形式的变化（比如小麦变成面包，棉花变成衣服），并不增加社会财富。工人、企业主、商人等阶层的工资和利润是通过向农业部门提供日用消费品和工具等从土地耕种者和土地所有者那里获得的收入，也就是说，是从同农业部门的交换中获得的"纯产品"的一部分。

（2）**财富的形成依赖于生产、流通（交换）、分配、消费的系统运作的思想。** 安·罗伯特·雅克·杜尔哥（1727~1781）是重农主义主要代表之一，1766年写成《关于财富的形成和分配的考察》。在书中除上述论点外，他还阐述了分工产生商品交换，交换产生货币，一切商品从含有价值的意义上说都是货币，反过来，一切货币也都是商品。因此，**货币和商品不过是财富存在的两种不同形式。** 货币本身具有价值，是流动的财富。货币的重要作用在于促进了商品流通和分工的发展。货币在各行业如农业、工业、商业由企业家作为"原预付"投入，就形成了资本。这些资本价值每年由企业家收回，作为继续经营企业的再度投资和新的预付，利润则供企业家生活。"正是这种资本的不断预付和不断收回，构成人们称之为货币流通的东西，可以把它和动物躯体内的血液循环相比拟"。货币流通为社会一切劳动和社会政治、经济生活提供生机和活力，一旦它发生紊乱，"以致企业家无法收回他们的预付资本和利润，那么，他们将不得不缩小他们的企业。这样一来，劳动的数量、土地产品的消费量、生产量及收入总额，都将按同等幅度缩减，贫穷将代替富裕"。可见，**杜尔哥用朴素的语言描述了商品、货币、资本的历史产生过程。** 特别是他已朦胧地意识到社会财富的形成依赖于生产、流通（交换）、分配、消费的系统运作，哪一个环节出问题都将导致财富的减少和社会的贫穷。马克思说："在杜尔哥那里，重农主义体系发展到最高峰"。[③] **"实际上，重农主义体系是对资本主义生产的第一个系统的理解"。**[④] 弗朗斯瓦·魁奈（1694~1774）是重农主义的创始人。他最主

---

① 《马克思恩格斯选集》第3卷，人民出版社，1993年版，第271页。
② 杜尔哥：《关于财富的形成和分配的考察》，商务印书馆，1961年版，第53页。
③ 《马克思恩格斯全集》第26卷 I，人民出版社，1972年版，第28页。
④ 《马克思恩格斯全集》第24卷，人民出版社，1972年版，第39页。

要的贡献是 1758 年发表的《经济表》。在该表中，他把社会财富的生产（农业部门的纯产品）、流通（各部门之间的产品交换）、分配（各阶级的收入）、消费（各阶级的支出）作为一个反复循环的再生产系统来理解，并做了初步尝试性的分析。马克思说："这个尝试是在十八世纪三十年代政治经济学幼年时期做出的，这是一个极有天才的思想。毫无疑问这是政治经济学至今所提出的一切思想中最有天才的思想。"① 尽管重农主义关于财富只来源于农业领域的观点是片面的，但他们将财富的来源转移到生产领域，认为社会财富的生产和增长依赖于生产、流通（交换）、分配、消费的系统正常运作的思想，反映了人类对现代社会经济生活理解和认识的深入和进步。

二、经济学的诞生——亚当·斯密和《国富论》

18 世纪末，英国发生工业革命。新机器的发明不断出现，手工业工场逐步向大工业过渡。新生的资本主义经济制度日益完善和确立起来。伴随这一历史进程，人类对现代社会经济生活的认识也比较成熟了，终于形成了比较完整的理论体系，其标志就是英国古典政治经济学的创始人亚当·斯密（A. Smith，1723~1790）于 1776 年出版的《国民财富的性质和原因的研究》，简称《国富论》。至此，经济学作为一门独立的社会科学诞生了。

该书的主题是两个问题：一个是什么是国民财富及其源泉。另一个是国民财富增长的原因是什么及如何促进国民财富的增长。斯密认为，政治经济学的任务就在于搞清楚国民财富的性质、源泉及增长的原因，以促进国民财富的增长，达到富国裕民的目的。

斯密的《国富论》作为经济学的奠基之作，表达了一些至今都有重要意义的经济思想。

1. 关于国民财富性质和源泉的学说（价值理论）

什么是国民财富的性质呢？重商主义认为，唯有货币是财富。重农主义认为，商品和货币都是财富，是财富存在的两种形式。但是，工业部门只能使财富形式发生变化，并不能增加社会财富，只有农业部门生产的"纯产品"才是一国真正增加的财富。而斯密认为，**国民财富就是一个国家所生产的商品总量，既包括农产品，也包括工业产品。商品和货币是国民财富存在的两种形式。衡量一国国民财富量的多少，是"商品的真实价格"，即商品的价值总量。什么是国民财富的源泉呢？斯密认为，一切生产部门的劳动（农业部门、工业部门和运输部门等）以及资本和土地是国民财富的三个源泉。**

应该说明，斯密对国民财富或价值源泉的探讨和论述中是有矛盾的。一方面，他认为一切生产部门的劳动都生产商品、创造价值，是国民财富和价值的源泉。商品的价值量是由生产商品时所消耗的劳动量决定的。利润和地租是资本所有者和土地所有者对劳动生产物的扣除。（这个观点显然认为只有劳动创造价值，也即劳动价值论的观点）但是另一方面，在分析商品价值（即真实价格）的构成上，斯密又认为，商品的价值是由工资、利润、地租三者构成的，因此，劳动、资本、土地是价值的三个源泉。（这个观点又认为劳动、资本、土地共同创造价值，这显然与劳动价值论相矛盾）斯密在国民财富或价值源泉论述中的两种矛盾的观点，马克思称之为价值二元论。尽管斯密在论述中时常矛盾，但他在总结关于国民财富或价值源泉的观点时说："在资本积累和土地私有尚

①《马克思恩格斯全集》第 26 卷 I，人民出版社，1972 年版，第 366 页。

未发生以前的初期野蛮社会，获取各种物品所需劳动量之间的比例，似乎是各种物品相互交换的唯一标准。"在资本积累和土地私有已发生的社会，即现代资本社会，"商品的真实价格"已不只是由生产商品时所消耗的劳动构成，而是由工资、利润、地租三者构成了。他说："在进步社会，这三者都或多或少地成为绝大部分商品价格的组成部分"。因此，"工资、利润和地租是一切收入和一切可交换价值的三个根本源泉"。[①] 比如，"在农业上（土地的）自然力也和人一起劳动，自然的劳动虽无须代价，它的生产物却和最昂贵的工人生产物一样，有它的价值。……所以……地租可以说是地主借给农业资本家使用的自然力的产物"。[②] 同样的道理，资本在生产上也作出了贡献。资本（机器）的机械力也和人一起劳动，它的生产物也有它的价值。利润则是资本机械力的产物。因此，**可以把斯密关于国民财富的源泉的观点概括如下：在现代资本社会，国民财富（价值）的源泉是劳动、资本和土地。在国民财富价值总量的构成中，劳动的贡献表现为工资，资本的贡献表现为利润，土地的贡献则表现为地租。这三者也是国民财富通过市场交换自然而然分配给各阶级的三种收入。**

斯密在国民财富源泉分析中的矛盾或二元论，使经济学以后的发展分为两大分支。马克思继承和发展了斯密劳动创造价值的理论，建立了以劳动价值论为核心的政治经济学体系。其他西方学者则继承了斯密劳动、资本、土地共同创造价值（或称三种收入、三项费用共同决定价值）的学说发展为现代西方经济学。而且在价值理论上的分歧和争论成为至今没有解决的经济学的世界性难题。

2. 关于国民财富增长的学说（资本积累、生产劳动和非生产劳动）

斯密认为，既然国民财富的源泉是劳动、资本和土地，那么国民财富增长的原因，或者说促进国民财富增长的途径有两个：一是增加生产性劳动者的数目；二是增加资本积累（因为土地的数量是固定的）。资本的增加（建立更多的工厂）一方面可以增加生产性劳动者的数量（吸收更多的劳动力）；另一方面可以增加机器和工具而提高生产力，还可以通过改良土地、修建水利设施等提高土地的生产力。因此，资本积累对促进国民财富增长具有重要意义。为了说明资本积累的来源，斯密进一步提出生产性劳动和非生产性劳动的划分。斯密认为，**凡是生产价值的劳动（如工业、农业、运输业的劳动）都是生产性劳动；凡是不生产价值的劳动（如国家的官员、警察、家仆等的劳动），不论其劳动多么重要，都是不生产国民财富的非生产劳动。** 而一国每年生产的国民财富的价值不论多少都是有限的，每年生产的国民财富扣除当年消费和消耗部分后的余额才能用于资本积累。如果社会供养的非生产劳动者消费的数量过多，那么用于资本积累的数量就会减少。因此，要促进国民财富的增长，社会就要尽量减少非生产劳动者的数量，把资金省下来，用于增加资本积累。**斯密关于生产劳动和非生产劳动的理论以及减少非生产劳动者的数量可以增加资本积累和促进国民财富的增长的学说，至今存在争论。但是，克林顿政府大规模精简政府机构和人员，消灭了美国前任历届政府积累的 60000 亿美元的财政赤字，促进了美国经济的强劲增长，却是不争的事实。**

---

① 亚当·斯密：《国民财富的性质和原因的研究》上卷，商务印书馆，1972 年版，第 47 页。
② 亚当·斯密：《国民财富的性质和原因的研究》上卷，商务印书馆，1972 年版，第 333 页。

3. 经济自由主义政策（看不见的手）

影响国民财富增长的另一个重要方面是政府的政策。为此，斯密在本书中提出了经济自由主义思想和政策。斯密的经济自由主义思想源于魁奈的自然秩序学说。

（1）魁奈的自然秩序学说。魁奈认为，在人类社会中，同样存在着不以人的意志为转移的客观规律，这就是自然秩序。如果人们认识到自然秩序并按照自然秩序的准则制定人为秩序，社会便处于健康状态；反之，人为秩序违反自然秩序，社会便处于病态。**魁奈指出，自然秩序是从人的本性产生而又合乎人的本性的正常的社会秩序，是建立在个人自发的创造性、独立性和利己主义基础上的一种秩序。人身自由和私有财产是自然秩序所规定的人类的基本自然权利，是天赋人权。政府的法规、政策则是人为秩序。如果人为秩序符合自然秩序，社会经济生活就会正常运转，如果人为秩序与自然秩序发生矛盾，社会就处于病态。**

在魁奈的自然秩序学说中什么是人为秩序与自然秩序发生矛盾？什么是社会处于病态呢？我们举个例子来说明。比如，学雷锋问题。学雷锋问题是我们社会感受颇深的一个问题，种种矛盾其症结究竟在哪里呢？搞清这个症结就可以理解魁奈自然秩序学说的精髓，也能解释百思不得其解的种种社会矛盾现象，还能深入理解斯密经济自由主义思想的根源。

唯物主义历史观认为，存在决定意识。人们的生存条件决定人们的思想观念和本性。当年毛泽东号召学雷锋，表现了党和政府建设新社会的热情和理想。而且，学雷锋也确实培养了一支全心全意为人民服务的人民军队。这是因为，雷锋生活在军队，军队的生存条件是供给制。什么是供给制？通俗地讲就是吃饭穿衣不要钱，是免费供给的。或者说是各尽所能、按需分配。这种生存条件就决定和产生了雷锋大公无私的思想观念和无偿为他人服务的行为。这种生存条件也决定了雷锋精神可以在军队中发扬光大，开花结果。人民解放军在国家和人民危难时表现出的全心全意为人民服务和牺牲的精神常常令国人感动。2008 年的汶川大地震中，人民解放军的表现不仅感动了中国，而且感动了世界。

但是，在公民中开展学雷锋运动，却没有收到理想的效果，出现了种种矛盾的现象。为什么？因为普通公民不是生活在马克思设想的未来的生产力高度发展的人们各尽所能、按需分配的时代，而是生活在生产力发展水平还很低，人们靠劳动和工作挣得收入为自己谋生的时代。公民这种生存条件本身就决定了人的本性是利己主义者。为自己的生存考虑，人们为他人提供服务就要要求报酬，而不能无偿为他人服务，这是自然而然的道理。这就是魁奈讲的由人的本性产生的自然秩序。可是，政府号召学习雷锋，大公无私，向利己主义开战，也就是说倡导人为秩序。在现实中，这种政府倡导的人为秩序与人的本性决定的自然秩序发生了矛盾和冲突，而且**这种矛盾导致了一种社会病态：就是这个社会不诚实了。**不讲诚信一度成为社会的一种普遍现象，成了一个严重的社会问题。无论是在商、从政，还是在学校，造假、不诚实几乎无处不在，大家已习以为常，不觉得这是一种病态的行为。特别可怕的是在学校、学术上的造假。科学是神圣的，容不得半点虚假。假药假酒伤害的是部分人的生命，科学和学术上造假毁掉的是整个民族的精神和灵魂。因此，解决社会不诚实问题的根本出路是解决人为秩序与自然秩序的矛盾问题，这是社会种种矛盾的症结所在。政府倡导的人为秩序要符合人的本性决定的自然秩序。

魁奈的自然秩序学说认为，既然生存条件决定人的本性是利己主义，那么就必须承认这个事实。从这个事实出发，社会就应该认可人们为自己考虑，追求自身利益的行为是合情合理、无可指责、自然而然的行为，是自然秩序。因为公民既然要自己谋生，人身自由和财产私有就是两个必要的前提和条件，社会如果不能保障这两个条件，让公民自己如何去谋生呢？因此，社会不仅不能指责公民个人追求自身利益的行为是自私自利，而且还要认可和保护公民的人身自由和私有财产不可侵犯。因为这是从人的本性产生的人类的基本自然权利，是天赋人权。社会不能要求公民大公无私，但是可以鼓励公民在他们可能的情况下，关心一下他人和社会的利益。

什么是应该受到社会指责的自私行为呢？是担任社会公职的人利用公职的权力为自己牟取私利的行为。因为公职的权力是为公众利益服务的，利用公职的权力为自己牟取私利是损害公众利益的自私行为，是应该受到社会谴责的。如果要追求个人利益，就不要担任公职；如果要担任公职，就要学习雷锋，不能追求个人利益。对掌握权力的公职人员来讲，是全心全意为公众的利益服务并推动社会进步，还是利用公职的权力为自己谋求私利，是伟人和普通人的分水岭。对公民个人来讲，追求个人利益则是正当、合理的行为。这样，政府倡导的人为秩序就与人的本性产生的自然秩序相符合，公民就能诚实地生活，社会就能正常运转。

（2）斯密的经济自由主义思想。斯密继承了魁奈的思想，而且进一步认为，人都是利己主义者，每一个人都最关心他自己的利益并尽力追求他自己的利益，而社会则是由许多个人组成的，所以社会的利益便是这许多个人利益的总和。因而每个人愈是追求个人利益，社会的利益就愈大。斯密用哲学家的语言表达了他的著名的"看不见的手"的思想，即每个人都是最大限度的追求个人利益，但市场规律却像一只看不见的手引导人们在他们不自觉的情况下却最大限度地促进了社会利益。他说，"每个人都不断地努力为他自己所能支配的资本找到最有利的用途。固然，他所考虑的不是社会的利益，而是他自身的利益。但他对自身利益的研究自然会或者说必然会引导他选定最有利于社会的用途。……在这个场合，像在其他许多场合一样，他受着一只看不见的手的指导，去尽力达到一个并非他本意想要达到的目的。由于追逐他自己的利益，他经常促进了社会利益。其效果要比他真正想促进社会利益时所得到的效果为大"。① **因此，他认为，政府应该让每个人都有充分的经济自由，都能用他的劳动和资本去自由经营，自由竞争，而不可加以限制和干涉。政府的作用和职责是维护社会安全和秩序，除此以外不需要政府干涉经济生活，市场会解决一切经济问题。政府如果这样做了，市场规律就可以最大限度地发挥作用，促进国民财富的增长。这就是亚当·斯密的经济自由主义思想和自由放任的政策主张。**

萨缪尔森在评价斯密的这一思想时指出，"亚当·斯密最伟大的贡献在于他在经济学的社会世界中抓住了牛顿在天空的物质世界中所观察到的东西，即自行调节的自然秩

---

① 亚当·斯密：《国民财富的性质和原因的研究》下卷，商务印书馆，1972年版，第25页。

序。斯密所传达的福音是：你认为，通过动机良好的政府法令和干预手段你可以帮助经济制度运转，事实并非如此，利己的润滑油会使齿轮奇迹般地正常运转，不需要计划，不需要国家元首的统治，市场会解决一切问题"。①

当然，在斯密那个时代，他不可能认识到政府在宏观经济领域的重要作用和应该承担的责任，从这个角度讲，斯密的思想是有片面性的。但是，在微观经济领域，斯密反对政府干预市场经济的运转，主张自由放任的政策，即使从今天的观点来看，也是正确的。斯密那个时代，还是市场经济刚刚产生、发育和成长的时代，经济自由主义思想是市场经济发育和成长的理论武器，这是经济自由主义思想的意义所在。

魁奈的天赋人权和斯密的经济自由主义思想是反对封建专制主义的两面旗帜，从 18 世纪到今天一直对西方社会政治、经济生活有着很大的影响。

4. 萨伊法则

斯密的经济学说明确了劳动、资本、土地是价值或社会财富的三个源泉，为追求财富的人们指明了方向，极大地促进了资本主义生产的发展。斯密以后，英国的大卫·李嘉图（1772~1823）、法国的让·萨伊（1767~1832）、英国的约翰·穆勒（1806~1873）等人，从不同角度丰富和发展了斯密的经济学说，形成更完善的体系。其基本内容仍是以斯密的三种收入决定价值为核心，强调市场机制的作用，主张自由放任的政策。经济学史上称其为古典经济学。古典学派的注意力集中在生产、成本和供给上，而忽视了对消费和需求的研究。**萨伊认为生产和供给会自动创造需求。商品生产上的工资、利润（利息）、地租三项费用支出，一方面形成生产成本和商品的供给价格；另一方面又形成劳动所有者、资本所有者、土地所有者三大阶级的三项收入和货币需求能力。因此供求会自动平衡，不会出现生产过剩危机。这就是著名的萨伊法则。**但是，随着经济的发展，市场日益饱和，销售日益困难，特别是西方各国不断出现的生产过剩危机，向经济学提出了新的挑战（1825 年，英国首次爆发生产过剩的经济危机。这是工业革命以来，工业国家第一次出现经济危机。此后，一般每 8~10 年工业国家就会爆发一次生产过剩的经济危机）。生产过剩就意味着萨伊法则失灵，也意味着需求和消费出了问题。因为在经济学者看来，生产过剩，产品卖不出去，供给大于需求，是因为消费和需求不足，是消费和需求出了问题。这样经济学的注意力开始向消费和需求转移。其标志就是 19 世纪末经济学发生的"边际革命"。

三、"边际革命"

边际效用论的先驱者是德国经济学家戈森（1810~1858）。1854 年他出版了《人类交换诸法则及人类行为的规范》一书。在书中他从研究消费者行为出发，探讨消费和需求的规律。他认为人类行为的目的在于追求最大限度的享乐和尽可能避免痛苦。追求享乐的行为通常受两个规律的支配：**第一个规律是"边际效用递减规律"**，即随着某种需要的满足，消费者所感觉到的享乐程度逐渐递减，直到最后出现感受上的饱和状态。**第二个规律是"边际效用相等规律"**，即在边际效用递减规律的作用下，一个人如果要从一

---

① 萨缪尔森：《经济学》第 10 版，下册，商务印书馆，1982 年版，第 290 页。

定量的财货中得到最大限度的满足，他就必须把它在不同用途间进行分配，而分配的方式必须使每一种用途上的财货的边际效用相等。这就是经济学史上著名的**"戈森两大定律"**。戈森定律在戈森生前并没有引起西方学者的重视。

戈森以后，奥地利经济学家门格尔（1840~1921）1871 年出版《国民经济学原理》，英国的杰文斯（1835~1882）1871 年出版《政治经济学理论》，法国的瓦尔拉（1834~1910）1874 年出版《纯粹政治经济学纲要》。这三人在戈森定律的基础上同时明确提出了以边际效用价值论为核心的经济学理论。因此，他们被认为是"边际革命"的奠基者。其中奥地利的门格尔以维也纳大学为中心培养了一些学生和追随者，搞成一个学派，影响最大，被称为"奥国学派"或"维也纳学派"。杰文斯和瓦尔拉则把数学方法引入经济学成为数理学派的先驱。美国的克拉克则提出以边际生产率论为基础的国民财富分配理论，成为 20 世纪初美国最著名的经济学家。

奥国学派从研究消费者行为出发探讨消费和需求的规律。他们认为，经济就是消费，消费是目的，生产不过是为满足人们消费欲望的一种手段。门格尔说，经济学的任务就是研究"人类为满足欲望而展开其予筹活动的条件。"[1]针对古典学派认为的生产的三项费用决定价值的理论，**奥国学派认为，价值起源于效用，消费者购买商品是为了获得效用和欲望的满足。因此，决定商品价值的既不是劳动，也不是生产费用，而是商品的边际效用。一个商品是否具有价值，不取决于生产它时花费了多少劳动和生产费用，而取决于在市场上消费者的选择和对其边际效用的评价。取决于消费者是否愿意为它付钱和愿付多少钱。如果一个商品没有消费者需要它，没人愿为它付钱，那么不论生产它时花费了多少劳动和费用，它都是没有价值的**。这样，奥国学派就提出了一套与古典学派完全不同的经济理论。英国经济学家罗尔在评论边际革命时指出，**"古典主义强调生产、供给和成本，现代学说关心的主要是消费、需求和效用。边际效用概念的引入实现了这种重点的转移。从那时起，它便几乎以无上的权威统治着学术思想"**[2]。

应该指出，"边际革命"的历史功绩在于它强调了盲目生产并不一定能创造社会财富和价值，生产必须符合消费者的需要。生产出的产品是否具有价值，是否成为财富，最终取决于市场上消费者的评价和选择。也正是由于此，消费者开始被尊为"上帝"。这是"边际革命"在经济思想上有重大影响的重要原因之一。但是边际效用价值论作为反映社会经济生活的一种学说来讲，它是片面的。因为，消费者所消费的商品毕竟不是从天上掉下来的，是生产出来的。不论消费者对商品的边际效用评价为多少，他愿意为该商品支付的货币毕竟要有一个客观的标准，即能补偿生产者生产商品时所花费的费用或成本。如果不能补偿，生产者就要破产，生产者都破产了，消费者从哪里去获得消费品和评价其效用呢？可见只强调消费或效用决定价值是片面的。这里我们想起了重农主义关于财富或价值的形成取决于生产、交换（流通）、分配、消费系统运作的思想萌芽。

应该指出：在商品经济条件下，在社会财富采取了价值形式的现代生产方式条件下，社会财富的创造（即价值的决定）取决于生产、交换、分配、消费的系统运作，是

---

① 门格尔：《国民经济学原理》，上海人民出版社，1959 年版，第 2 页。

② 罗尔：《经济思想史》，商务印书馆，1981 年版，第 360 页。

一个系统工程。在这个系统中，只强调某一个环节对价值的决定作用，都是片面的。最早的重商主义，强调交换环节，即贸易是财富的源泉。古典学派强调生产环节，即劳动、资本、土地决定价值。边际效用学派强调消费环节，即效用决定价值。它们都有一定的道理，但又都不全面。因为任何一个环节也只能说明价值决定的某一方面，不能说明价值决定的完整过程和全部。以企业生产为例，企业通过交换环节购买劳动、资本等要素投入生产，在生产环节进行创造价值和财富的生产活动，而这个活动本身又包含企业对各要素的支付，即包含了收入的分配（分配环节）。最后整个生产活动的成果取决于产品是否能销售出去，即是否有消费者需要和购买其产品（消费环节）。如果销售出去，其价值创造过程才算完成。如果销不出去，其价值创造过程就没有完成，投入的劳动和资本都浪费掉了。例如，有的企业把产品投放市场才发现它生产的是些过时的、被淘汰的产品，卖不出去，没有任何价值。一个企业如此，一个社会也是如此。古典学派强调生产创造财富和价值，有没有道理？有一定的道理，因为这是价值决定的一个环节，但是古典学派无法回答过时的、被淘汰的和过剩的产品是否具有价值这个难题。比如在生产过剩危机中被毁的大量产品和浪费的劳动和资本。也许有人会说，劳动和生产创造了价值和财富，只是价值没有实现，没有人需要和购买，所以扔到海里去了。那么这对社会有什么意义呢？因为它毕竟没有给社会增加一分钱的财富。国民经济核算以最终结果为依据，最终结果为零或负数怎么能说创造了价值和财富了呢？

　　边际效用学派强调消费，边际效用决定价值，有没有道理？也有道理，因为只有消费者需要的产品，愿意支付货币购买的产品才是社会财富，所以消费环节也是价值决定的一个环节。但是这个财富不是从天上掉下来的。可见古典主义和边际效用学派都只是片面强调了价值决定系统工程中的生产和消费环节。也正因为如此，有人将古典学派的学说称为生产经济学，把边际效用学派的学说称为消费经济学。**但是在价值决定或财富创造的系统工程中，生产和消费毕竟是一个不可分割的统一整体。经济学的发展需要将社会经济生活各个方面局部探讨的片面理论统一起来。马歇尔的经济学说正是反映了经济学发展的这一历史要求。**

　　四、马歇尔和新古典经济学

　　英国剑桥学派创始人阿弗里德·马歇尔 1890 年出版了《经济学原理》一书。在书中，他综合了古典学派和边际效用学派的理论，提出了他的均衡价格理论。马歇尔认为价值这个词是相对的，表示在某个时间和地点两样东西之间的关系。"文明国家通常用货币来表示物品的价值，并称这样表示的每样东西的价值为价格"。[①]因此，在马歇尔看来，价值和价格是一回事。价格决定也就是价值决定。**尽管马歇尔没有区分价值和价值量，或者说价值和价格，但是马歇尔把生产环节和消费环节统一起来说明价值和价格的决定。这是马歇尔均衡价格理论的重要贡献。**

　　成千上万厂商生产的产品数量构成市场上供给的力量，成千上万的消费者购买数量构成市场上需求的力量。在市场交换中，这两种力量经过竞争、比较和权衡，当两种力

---

① 马歇尔：《经济学原理》上册，商务印书馆，1964 年版，第 11 页。

图1-1 均衡价格决定

量达到均衡时，即生产者生产的数量和消费者需求的数量一致时，就决定了物品的均衡价格或价值。但是，仅从供求一致说明价格的决定是不够的，这仅是价格或价值决定的第一层次。因为当供求一致时，为什么汽车的价格是10万元一辆，大米的价格是3元1公斤？要解决这个问题就要进一步说明供求曲线背后的原理。

需求曲线的背后是边际效用曲线，边际效用是需求的基础。供给曲线的背后是边际成本曲线，边际成本是供给的基础。因此，在供求曲线的均衡点，不仅有供给＝需求，还有边际成本＝边际效用。不同物品的边际成本不同，所以会有不同的均衡价格。对于没有成本的非生产物品，比如天然钻石，在第二层次上，则由其稀缺性所决定的边际效用决定其价值或价格。

这样，马歇尔的均衡价格理论从两个层次上说明了供给和需求，边际成本和边际效用共同决定物品的价格和价值，由于这些因素都是变动的，所以物品的价格或价值具有相对的性质。

马歇尔的均衡价格决定理论说明了价值决定于系统工程中的三个环节，即生产、交换、消费在价值决定中的重要作用。尽管马歇尔也分析了要素市场价格决定和收入分配，但是马歇尔对分配环节在价值决定系统工程中的重要性意识不足，因为在马歇尔看来，生产过剩危机，就像自然界有四季的循环一样是一种自然现象。

马歇尔经济理论的第二个贡献是通过对完全竞争市场的分析，证明了市场制度的效率（萨缪尔森对此也作出了重要的补充完善和贡献）。他认为，竞争的力量会使每个生产者以最低的平均成本从事生产，从而使社会产品的生产成本达到最低，资源的配置和利用效率达到最佳状态。同时，消费者也会以最低的价格获得消费品，在资源有限的前提下，达到社会福利最大化。这样他就证明了斯密的"看不见的手"的理论。他推崇斯密的经济自由主义，认为自由竞争的市场经济制度是最有效率的经济制度。

《经济学原理》问世以来，受到西方学者的推崇，被看做是可以和斯密的《国富论》相提并论的划时代的著作。马歇尔的经济学说也被看做是英国古典经济学的发展和更新，被称为"新古典经济学"。马歇尔的均衡价格理论以及完全竞争的市场理论，至今仍是西方微观经济学的基础。他长期在英国剑桥大学任教，培养出庇古、凯恩斯等不少著名学者，形成了经济学说史上有重大影响的英国剑桥学派，至 20 世纪 30 年代，马歇尔的学说在西方经济学界一直居于领导地位。

五、凯恩斯革命

20 世纪 30 年代的世界范围的经济大危机，使世界各工业国家在一百多年中积累的社会财富毁掉近一半，从而对传统的西方经济理论提出了严重的挑战。从斯密到马歇尔，他们都认为市场机制能够保证社会经济的均衡发展和社会财富的稳定增长，经济波动是一种自然现象不需大惊小怪，因此主张经济自由主义和反对政府干预经济的政策。但是经济危机的严重危害，再也不能使经济学把它看做是无足轻重的自然循环现象，不能不对危机产生严重的关注。正是在此背景下，产生了经济学史上著名的"凯恩斯革命"。

约翰·梅纳德·凯恩斯（J. M. Keynes，1883~1946）1936 年出版《就业、利息和货币通论》，提出他的经济理论。

1. 国民收入决定理论（国民生产的价值总量决定理论）

凯恩斯经济理论第一个重要的贡献是他的国民收入决定理论，即国民生产的价值总量决定理论。从亚当·斯密的国民财富的性质到凯恩斯的国民收入决定，人类经过了漫长的思考过程，终于从宏观的角度，从国民财富价值总量循环的角度审视价值的决定问题，这样我们就看到了价值决定问题的全貌。

图 1-2　两个部门收入循环模型

图 1-2 的模型说明：

（1）在不考虑政府部门的活动和进出口贸易的情况下，一个经济社会由企业部门和公众部门两个部门组成。在模型循环的下部，公众部门向要素市场提供劳动、资本、土地、技术等生产要素的供给，并依据要素市场供求关系决定的各要素价格获得工资、利息、地租等形式的货币收入。企业部门作为要素的需求者，支出工资、利息、地租等购买各要素进入企业部门进行生产。在模型循环的上部，企业部门向产品市场提供各种产品的供给，公众部门作为需求者用自己的货币收入购买产品消费。模型外圈的箭头代表实物的循环，内圈的箭头代表货币的循环。

（2）假定一个经济社会一年生产的最终产品价值，即企业部门的总产出为 1500 亿美元，这 1500 亿美元的总产出一方面体现为企业部门向产品市场提供的价值 1500 亿美元的实物产品和劳务的供给，即总供给。另一方面，由于产出=收入，企业部门之所以能生产出新增价值，是由于消耗了劳动、资本、土地、技术等要素，所以这 1500 亿美元产出的价值，通过要素市场企业支付的工资、利息、地租等转化为要素供给者公众部门的货币收入。所以当我们说一个经济社会一年总产出是 1500 亿美元，一方面意味着企业部门产出价值 1500 亿美元的实物产品和劳务的供给，另一方面意味着公众部门通过要素市场的分配环节获得 1500 亿美元的货币收入。公众部门用 1500 亿美元的收入从产品市场购买消费品 C 和投资品 I，就构成总需求支出。我们看到，企业的总供给为 1500 亿美元的实物产品和劳务，总需求即 C+I 支出为 1500 亿美元货币，二者相等就决定了均衡国民收入（总供给和总需求相等的国民收入），即国民生产总价值为 1500 亿美元。

（3）假定政府部门征收 500 亿美元税收，又支出 500 亿美元，模型循环的价值总量不变。假定外汇汇率为 1:1，出口 500 亿美元价值的实物产品，又进口 500 亿美元的实物产品，模型循环的价值总量也不变。因此，该模型代表在政府收支平衡和进出口平衡前提下的一个经济社会的价值总量循环模型。

下面来讨论凯恩斯的均衡国民收入的决定理论。凯恩斯认为，均衡国民收入，即一个经济社会国民生产的总价值决定于有效需求支出总额，而不是产出总额。如模型图 1-2 所示，如果总产出为 1500 亿美元，总支出即有效需求支出也为 1500 亿美元，那么均衡国民收入即国民生产总价值为 1500 亿美元；如果总产出为 1500 亿美元，而有效需求支出为 1200 亿美元，那么均衡国民收入即国民生产总价值只有 1200 亿美元；社会将出现 300 亿美元的过剩产品。可见生产过剩意味着社会生产能力和资源浪费，意味着社会可以创造出来的财富却没有创造出来。而生产过剩的原因则是有效需求不足。

有效需求为什么会不足呢？从模型中可以看到，公众部门通过分配环节获得 1500 亿美元货币收入，它为什么只支出 1200 亿美元，另 300 亿美元收入哪里去了呢？凯恩斯认为，由于边际消费倾向递减，公众随收入的增加，消费支出只以递减速度增加，剩余的部分则转为储蓄。同时，由于资本边际收益递减和资本收益预期的不确定性，这部分储蓄不一定能全部转化为投资支出。这就决定了有效需求支出，即 C+I 支出总是不足。霍布森和斯威齐认为，由于收入分配不均等，富人收入过多但人口很少，消费支出有限；低收入者人口众多，但收入和购买力有限，从而导致社会消费不足或有效需求不足。萨缪尔森认为，世界上存在着三种贫穷：①由于缺乏生产能力和自然灾害而造成的老式贫穷。②"富裕之中的不必要的贫穷"。就是说有生产能力，但由于经济制度内缺乏购买力导致的资源浪费造成的不必要的生活水平的损失和贫穷。③由于不能把富裕的 GDP 良好地分配造成的贫穷。老式贫穷由于技术的进步已被现代社会所克服，避免生产能力的浪费和把富裕的 GDP 良好地分配则是现代社会政府的责任。

从杜尔哥的"贫穷将代替富裕"到萨缪尔森的"三种贫穷"，人类终于意识到了国民财富的创造，即国民生产总价值的决定取决于生产、交换、分配、消费的系统运作，是一个系统工程。尽管经济学家们还没有把这一点概括出来，但现代政府增加总需求的财政政策实际上是基于这一认识。增加总需求的财政政策主要是两项内容：①通过增加公共投资支出来弥补私人投资不足；②通过财政转移支付在分配环节增加低收入和无收入者的收入，以增加他们的消费支出，从而避免由于有效需求不足导致的生产过剩和资源浪费，使 C+I 支出达到产出的潜在水平，使国民生产的总价值能够稳定增长。

2. 系统价值理论学说

在回顾了前人在价值理论上的思考历程，我们看到有必要用新的视角对前人的思考进行概括、完善和总结。这就是用系统论和相对论的观点重新理解价值理论。因此，我们把这个新的价值理论称为系统价值论。

系统价值理论涉及三个相关的命题：一是价值质的规定性；二是价值量的规定性；三是价值的决定是一个系统工程。

（1）价值质的规定性。价值质的规定性是说价值的本质是什么？或者说，从本质上看价值是什么东西。

价值是交换经济或商品经济、市场经济的产物。在没有交换、自给自足的人类社会早期，有劳动，有生产，但是没有价值。随着生产的社会分工的出现，产生了交换的必然性。交换的发展产生了价值、商品、货币，这都是人们熟知的经济史。问题是人们如何从这个历史中理解价值的本质？交换为什么会使物品表现为价值呢？因为只有当人们相互交换的物品不仅自己认为是有用的财富，而且也被别人认为是有用的财富时，交换才能成立。或者说，各种不同的物品之所以能交换，它们必须具有一个**同质**的东西，这就是**它们必须是社会成员都可以接受的财富。**

为了理解这一点，人们可以回顾一下交换经济产生初期人们认为有价值的东西是什么。众所周知在物物交换时代，最初的物物交换是很不方便的。例如，甲有物品 A，乙有物品 B。甲想用自己的 A 物品交换乙的 B 物品，但是，乙不接受甲的 A 物品。这样，甲想要得到 B 物品，就必须找到一个乙愿意和可以接受的物品，比如 C 物品。甲先用自己的 A 物品交换 C 物品，然后再用 C 物品和乙交换自己需要的 B 物品。这样，**C 物品就成为甲乙双方都愿意接受的交换的中介物品。**随着交换范围的扩大，人们都这样做，**交换的中介物品逐步集中在人们都愿意接受的几种物品上。**比如烟草、皮革、羊、钻石、珠宝等。不同国家人们生活习惯不同，人们都愿意接受的物品也有差别，但这不影响交换中介物品的性质。**正是从交换中介物品的性质和职能上，**货币史上把这些物品称**为商品货币。**它作为交换中介物为人们的交换提供方便并能扩大人们交换的范围。由于这些物品是人们都愿意接受的物品，所以它们被人们称为是有**价值**的物品。**价值概念由此产生。**所以价值概念的产生是和货币的产生紧密联系在一起的。**也正是从货币最初始的形式上，可以体现价值的本质：价值是人们都愿意和可以接受的财富。**社会成员都可以接受的财富是什么呢？是社会财富或国民财富。同时，货币作为价值和社会财富的化身和代表长期受到人们的崇拜。因此说**价值质的规定是社会财富。**或者说，从本质上讲，价值是社会财富的抽象表现。交换使财富具有了社会财富的性质，并表现为价值。

明确了价值质的规定，接下来的问题就是什么是社会财富的源泉？**经济学家的研究**

已经公认劳动、资本、土地、技术决定价值，是说它们决定价值的质，它们是国民财富的源泉。

（2）价值量的规定性。价值不仅有质的规定，还有量的规定。只知道两种物品可以交换是不够的，还要知道一种物品可以交换多少另一种物品，交换才能进行。例如 1 公斤鸡蛋可以换 5 公斤白菜。它表示 1 公斤鸡蛋的价值量是 1 公斤白菜价值量的 5 倍。因此，**交换比例体现的是两种物品价值量的比例**。价值量的计量需要一个度量单位或价值尺度。这样就出现了固定充当交换媒介的物品——货币。**货币之所以能成为交换媒介，是因为它本身就是价值的代表并能度量和表示物品的价值量，从而提高交换的效率**。因此，货币单位是价值量的度量单位，货币是价值的代表。例如用货币计量和表示鸡蛋的价值量是 5 元/公斤，白菜的价值量是 1 元/公斤。这就是价格码。可见，**从本质上讲，价格是用货币计量和表示的物品的价值量**。或者说，**价格是物品价值量的货币表现**。因此，讨论什么因素决定价格，实质上就是讨论什么因素决定物品的价值量。

因此，马歇尔的均衡价格决定理论本质上是关于物品价值量的决定理论。根据该理论，物品的价值量决定于供给＝需求，边际成本＝边际效用。那么为什么物品的价值量是由两个层次、四个因素共同决定呢？它本质的含义是什么呢？

先来看第一层次，供求双方代表的是交易双方或交换双方，既然交易的物品是交易双方共同认可和接受的财富，即社会财富，那么这个社会财富的量即价值量该由谁来决定呢？显然也必须由交易双方共同认可和决定。如果交易的单方面决定价值量，那么交换就不能成立，交易也无法进行。因此，**供求一致作为决定价值量的第一层次是由价值的本质，即社会财富的性质决定的**。

第二层次，**边际成本＝边际效用的本质意义是什么呢？这是交易双方认可和确定价值量的依据**。就是说交易双方是依据什么来确定和认可一辆汽车的价值量是 10 万元，1 公斤大米的价值量是 3 元呢？供方是依据其生产一辆汽车或 1 公斤大米的边际成本（即消耗的劳动、资本、土地、技术的费用），需方是依据其消费一辆汽车或 1 公斤大米所获得的边际效用即享受程度。供求双方经过竞争、比较和权衡，当双方达到均衡时，也即交易双方都认可了对方的依据时，交易双方就达到共识，共同确认和决定了物品的价值量或价格，也即交易条件。

应该强调指出，在人类生活的早期，有劳动，有生产，但没有价值。价值是随着交换的出现而产生的。由于交换使财富具有社会财富的性质，并表现为价值，社会财富的量也表现为价值量。因此，价值和价值量的规定性就应该从交换本身的性质加以说明。

综上所述，价值量的规定性就是社会财富的量。它是指生产一单位物品所消耗的劳动、资本、土地、技术等费用的总和。这个财富量是用货币计量和表示的，所以物品的价值量就是价格，它是由供给和需求、边际成本和边际效用共同决定的。国民财富的价值总量即为国民产品的价格总和，即总产值。

（3）价值决定是一个系统工程。价值或国民财富的决定取决于生产、交换、分配、消费的系统运作，是一个系统工程。这一性质集中体现在国民财富的价值总量由有效需求支出总额决定，而不是由产出总额决定。仍以图 1-2 两个部门收入循环模型为例，在政府收支平衡和进出口平衡的前提下，社会有效需求支出总额由消费支出总额 C 和投资支出总额 I 构成，即 C+I。当产出总额为 1500 亿美元最终产品和劳务，有效需求支出总额为 1500 亿美元货币时，均衡国民收入，即国民生产总价值为 1500 亿美元；当产出总额为 1500 亿美元产品和劳务，支出总额为 1200 亿美元货币时，均衡国民收入，即国民生产总价值只有 1200 亿美元，这时，各种产品的价格会由于总供给大于总需求而下降，一些产品会由于销不出去而过剩。当产出为 1500 亿美元产品和劳务，支出总额为 1700 亿美元货币时，均衡国民收入为 1700 亿美元，这时，各种产品价格会由于供不应求而上升，国民生产的总价值会在 1700 亿美元水平上达到均衡，社会将出现通货膨胀现象。可见，国民生产总值不取决于产出总额，而取决于有效需求支出总额，这意味着国民生产总价值的决定取决于生产、分配、消费、交换系统的正常循环和运作。

1）生产环节。企业消耗劳动、资本、土地、技术等各要素产出各种最终产品和劳务。因此，产出的各种实物产品的价值是由消耗的劳动、资本、土地、技术等各要素的价值量决定的，就是说是由企业购买各要素所支付的成本：工资、利息、地租、利润总额决定的。因此，总产出的价值量等于各要素的收入总额。

2）分配环节。在竞争的要素市场上，供求关系和要素的边际产出率决定各要素的市场价格。各要素的所有者依据自己提供的要素数量和要素的市场价格获得工资、利息、地租、利润等各种收入。市场机制自然而然将国民收入分配给社会成员。但是，由于市场机制是按照要素供给数量和价格分配国民收入的，而社会各成员拥有的要素数量不等，从而导致收入分配的不均等。资本、土地等财产所有者由于财产数量多而获得很高的收入。但他们人口有限，消费支出额也有限。劳动者主要是劳动要素的收入，财产收入很少。但人口众多，有限的收入限制了他们的消费支出。正如霍布森等许多经济学者指出的，收入分配的不均等会导致社会消费支出不足，消费支出不足又会导致产出过剩和资源浪费。因此，政府通过财政转移支付在分配环节对国民收入进行再分配，提高低收入者和无收入者的收入水平。不仅可以缓解由于收入分配不均导致的利益冲突，而且可以提高社会消费支出总额和有效需求，避免社会生产能力和资源的过剩和浪费，使国民生产总价值达到它应该达到的水平。

3）消费环节。公众的支出分为消费支出和投资支出（对资本品的购买），他们的总和构成有效需求支出总额（仍以政府收支平衡和进出口贸易平衡为前提）。显然，有效需求支出不仅有一个在价值总量上与产出平衡的问题，还有一个产品结构上平衡的问题，即公众对消费品的购买支出总额和资本品的购买支出总额与企业产出的消费品数量和资本品数量平衡。否则即使支出总额与产出总额在价值量上是平衡的，但由于产品结构失衡。比如，资本品产出过多，需求较少，会出现资本品局部过剩；消费品产出过少，需求较多，会出现消费品价格上涨。这样，价值总量仍然不能正常循环。这个问题西方学者注意得不够，马克思的再生产理论对此则进行了深刻分析，作出了重要贡献。尽管现代企业在生产上依据以销定产合同进行生产，从微观上减少了盲目性，但宏观上经济形势的变化经常使合同难以执行。因此，政府财政支出除在总量上尽量保持总需求与总供给相等，还要调节产品结构的供求平衡，才能保证价值总量的正常循环。

4）交换环节。当产出总价值量与支出总额相等，而且产出的资本品和消费品数量与对二者的购买支出额平衡，就决定了国民生产总价值的水平。这时不会有过剩和供不应求现象。其他各种不平衡的情况可以推知。总之，国民生产总价值的决定不取决于产出总额，而取决于支出总额，这就可以理解价值决定于系统运作的性质。

在市场经济条件下，当社会财富的形成或价值量的决定依赖于相互独立又相互联系的生产、交换、分配、消费系统运作的有机体的运动时，就决定了价值或价值量的相对性质。这和爱因斯坦的相对论所描述的物理世界是类似的。而且，从微观上看，决定价值量的四个因素，供给和需求、边际成本和边际效用都是变动的。从宏观上看，还有一个因素就是度量价值量的尺度——货币。货币数量的变动会使尺度伸缩，从而它度量的价值量也会伸缩。因此，这五个因素从微观上和宏观上也决定了价值量的相对性质。

价值或价值量的相对性质表现为市场价格随时间、地点而波动不定。它意味着每个人的财富也在变动，比如说今天值 20000 元，明天可能值 25000 元，后天可能仅值 15000 元。每个感受过股市波动的人都知道情况确实如此。这似乎太不可思议了，也令人难以接受。正因为如此，从亚当·斯密时代开始，人们一直在苦苦探求"真实的价格"（斯密），"不变的价值尺度"（李嘉图），人们总是认为，价值和价值量应该是不变的，财富是多少就是多少。价格是变动的，但它是暂时的。然而这只是人们的一相情愿，想当然。二百多年的苦苦探求至今没有结果，人们找不到不变的价值或价值量，人们不得不接受现实，认识到在供求关系和众多变量的相互作用下，价值和价值量一直是处在变动中，我们的财富具有相对的性质。探求真实价格或不变价值的努力实际上是一种形而上学的表现。

至此，我们完成了系统价值理论的说明。系统价值理论的意义在于它表明社会财富的创造取决于全体社会成员的相互依赖与合作，取决于政府承担起它的社会责任，取决于市场经济系统的完善和有效率的运作。在全球经济一体化的今天，对于走向 21 世纪的人类，取得上述共识无疑是重要的。而且，系统价值理论学说也为党的十六大提出的国家保护劳动、资本、土地、技术、管理等要素的合法收入的科学论断提供了理论支持。

3. 国家干预主义思想

凯恩斯经济理论第二个重要的贡献是通过探讨危机和失业的原因，提出了政府应该干预经济运行，承担起保证国民经济稳定增长责任的思想。

凯恩斯考察和分析了国民总收入、总储蓄、消费支出总额、投资总额之间的关系，否定了供给必然等于需求的萨伊法则。认为，由于边际消费倾向递减和资本边际效率递减决定的有效需求不足是导致失业和危机的主要原因。边际消费倾向递减使总收入的一部分转化为储蓄，而资本边际效率递减和投资者对投资效益预期的不确定性，使储蓄不一定转化为投资支出。当有效需求（消费支出和投资支出）严重不足时，就会出现过剩危机和严重失业。凯恩斯认为，由于市场机制已不能自动实现充分就业的均衡，必须通过政府对经济运行进行干预，以增加有效需求，实现充分就业、避免危机。面对强大的经济自由主义传统，凯恩斯指出，对经济运行进行国家干预和调节，这虽然"是对个人主义之极大侵犯"，但却是"可以避免现行经济形态之全部毁灭"的"唯一切实办法"。[①]商品经济的生产社会化性质终于以大危机的形式表现出来，并要求国家作为社会的代表

---

① 凯恩斯：《就业、利息和货币通论》，商务印书馆，1963 年版，第 328 页。

对经济运行进行调节和管理，凯恩斯学说的出现，正是这种要求的反映。因此，凯恩斯主义也被称为国家干预主义。

凯恩斯的经济学说开辟了宏观总量分析的新领域，指出了传统经济学的缺陷，提出了一些新的理论和政策主张。西方学者认为是对经济学的开创性发展，并称之为"凯恩斯革命"。凯恩斯的经济学说奠定了现代西方宏观经济学的基础。战后各西方国家政府纷纷采纳了凯恩斯的总需求管理政策干预经济运行。凯恩斯的学说也取代了马歇尔的新古典经济学而居领导地位。

尽管凯恩斯开辟了经济学研究的新领域，但他的学说还是不完整、不全面的，他的后继者们不断地丰富、完善和发展了他的学说。这方面有重要贡献的主要有美国的阿尔文·汉森（Alvin Hansen，1887~1975）、保罗·安东尼·萨缪尔森（Paul Antheng Samuelson）等人。汉森等人对凯恩斯学说的补充主要有三点：①用加速原理和乘数原理相结合来解释经济波动的原因（汉森—萨缪尔森模型），以补充凯恩斯仅用乘数原理解释波动原因的不足。②补偿性财政政策。凯恩斯是在 20 世纪 30 年代大危机的背景下，从自己的有效需求不足论出发，提出的是扩张性赤字财政政策。汉森认为资本主义经济是周期性地由繁荣到萧条的上下波动过程，与此相适应，政府在萧条时期实行扩张性政策，在繁荣时期实行紧缩性政策，即"逆风向而动的总需求管理政策"。这样，从长期看，既能使财政收支趋于平衡，又能减缓经济运行上下波动的幅度，实现经济的稳定增长。③用 IS–LM 模型（希克斯—汉森模型）补充凯恩斯收入均衡模型。从而把收入均衡和货币均衡分析结合起来，把财政政策和货币政策结合起来。用该模型可以具体分析财政政策、货币政策及两种政策结合使用对经济总量均衡的影响，从而为政府的宏观经济政策提供了更为具体的选择工具。

六、萨缪尔森和现代主流经济学

保罗·A. 萨缪尔森毕业于芝加哥大学，是美国哈佛大学博士，美国麻省理工学院经济学教授，1970 年获诺贝尔经济学奖。由于他在许多方面对西方经济学的发展作出了重要贡献，成为现代西方最著名的经济学家。他曾被选为美国经济学会会长，并历任美国政府几个财政和金融机关的顾问。他是那种能够同普通公民进行交流和沟通的为数极少的经济学家之一。他的《经济学》自 1948 年出版以来，已再版了 18 版，被翻译成德、日、法、中、俄等 40 多国文字的版本，是世界最流行的权威经济学教科书。

萨缪尔森认为"二战"后资本主义经济的发展已逐渐演变成"保持公私两方面的主动性和控制权的混合经济"，即既有市场机制发挥作用的自由市场经济，又有国家对经济生活进行干预和宏观调控的经济。因此，在理论上既要有反映自由市场经济的微观经济学，又需要反映国家干预、调节经济的宏观经济学，这就需要把马歇尔的微观经济学体系和凯恩斯的宏观经济学体系结合起来，以形成完整的社会经济理论体系。1948 年，他出版《经济学》教科书，将凯恩斯理论和马歇尔理论进行了综合，并称这个理论体系为新古典综合派理论。1970 年第 8 版《经济学》中改称为"后凯恩斯主流经济学"，1976 年第 10 版又改称为"现代经济学"。1994 年出版了第 15 版，1998 年出版了第 16 版。每次再版都是在保持基本理论体系的基础上根据社会经济生活的发展补充一些新的研究成果和材料，该体系尽管受到一些西方学者的责难，但战后一直在西方经济学界居正统地位。萨缪尔森的《经济学》也一直在西方各国居于权威教科书的地位。

20世纪70年代末以来，西方各国经济出现了"滞胀"现象，即国民收入增长停滞和价格上涨（膨胀）并存的现象。这和传统经济波动周期的特征是矛盾的，也是传统的经济周期理论无法解释的。为了解释这一现象，各西方经济学派展开激烈的争论，新古典综合派又进一步综合各派理论建立了"收入—价格"模型，也称"总供给—总需求"模型，用来分析"滞胀"现象的原因及解决"滞胀"的方法。萨缪尔森在他的《经济学》第12版序言中说："我们采用总供给和总需求（AS—AD）作为了解价格和国民产量全部运动的主要方法。宏观经济学的全部主要问题现在都用这些新工具来进行分析，这样，我们就把各种不同的思想流派——凯恩斯的、古典的、货币主义的、供给学派的、理性预期的和现代主流派的宏观经济学结合成一个整体。但是由于各派对这个模型的解释存在分歧，而且这个模型对"滞胀"现象的解释也不尽如人意，宏观经济学又处在一个面临突破和发展的时期，而突破的一个重要方面是在国际范围的经济关系协调。正如马克思说的，商品经济或市场经济从它产生的那天起具有"世界历史的性质"，市场是"世界市场"。商品生产的社会化大生产性质，不仅局限在一国范围的"社会"，而且是世界范围的社会，这一点在20世纪30年代的大危机中已明显表现出来，而宏观经济学主要内容还局限在一国范围内的总量分析及政府的调节。随着计算机的发明以及电视、通讯和交通手段的革命，信息时代的到来，人类交往的范围、广度和深度以空前的速度发展，各国的经济日益紧密地连接为一个整体。经济全球一体化，"地球村"已成为时代的特征。宏观经济学关注的焦点问题：增长、失业、通货膨胀，仅靠一国的经济调节是不够的，这也日益成为世界范围的调节问题。"滞胀"现象只是一个信号，国际贸易组织和国际货币基金组织正在进行着国际范围的经济调节活动。伴随着这一历史进程，宏观经济学已有了新的进展。如近几年深受欢迎的美国的多恩布什（Rudiger Dornbusch）、费希尔（Stanly Fisher）的《宏观经济学》已将"国际经济联系"、"国际调整与相互依赖"作为独立章节并入宏观经济学体系。萨缪尔森的《经济学》第16版以一篇的篇幅讨论国际贸易、联系及全球经济管理的问题，体现了宏观经济学新的发展方向。

本节简要回顾了西方经济学发展的历史。可以看到，随着市场经济的产生，伴随着人类交往和社会经济生活由地域的、国家的到世界范围的发展，经济学的发展（即人类对社会经济生活认识的发展）经历了一个由表及里、由局部到整体、由不成熟到逐渐成熟的发展过程。重商主义只看到了贸易会带来财富，这是对商品经济的表面认识。重农主义则看到财富的形成和增长依赖于市场体系（生产、交换、分配、消费）的系统运作，这表明人类的认识已初步深入到市场经济的内部结构。斯密强调了一切部门的劳动和生产都是国民财富增长的源泉，以及促进国民财富增长的途径和财富的分配。边际效用学派强调了消费者需要的物品、愿意支付货币购买的物品才是社会财富，即强调了社会财富形成的消费环节。因此，他们都只是深化了构成市场体系的局部环节的理论。马歇尔对前人的理论做了总结，基本上完成了对市场经济体系的全面认识。自主运动的市场经济体系尽管给人类带来了财富和繁荣，但它也是有缺陷的，会给人类带来灾难，这就是周期性的经济危机。尽管人类的智慧经过百多年的努力至今还没有完全解开经济周期之谜，但是人类认识到了造成经济波动的部分原因和机制，建立了一套宏观经济的总量指标，以测量市场经济运行的质量，并通过政府对其进行调节，以尽可能驯服它，达到经济生活稳定增长的目标。这就是宏观经济学努力要做的事情。市场经济这匹骏马具有"世界历史"的性质，驯服它要在世界范围内靠全人类的努力，因此，宏观经济学正在发展，还没有最终完成，但人类的认识总有一天会完成它的。

第二节　现代经济学的研究对象和理论体系

经济学的研究对象问题是说经济学研究的客体是什么，而不是说经济学研究的"问题"是什么。就是说，**一门学科的研究对象是指独立于人们意识之外的、人们观察和研究的客观存在，而不是指人们观察客体过程中头脑、意识中产生的"问题"**。经济学理论是人类认识的结晶，是意识的产物。"问题"是认识主体对客体的反映所产生的意识的初级形态，也是意识的产物。说经济学以"问题"为研究对象，无异于说意识以意识为研究对象，这就弄错了意识和存在、主体与客体的关系。

西方学者由于犯了这个错误，在研究对象问题上陷入了十分混乱的迷宫，至今概括不出经济学的研究对象。从亚当·斯密开始，历代的经济学者都是以"问题"作为经济学研究对象。比如，斯密认为经济学是研究财富的生产和分配问题的；门格尔认为经济学是研究消费问题的；还有的学者认为经济学是研究资源稀缺性及配置问题的等。直至当代经济学大师萨缪尔森，在谈到研究对象问题时，也还是罗列出一大堆经济学的"问题"，并将这堆"问题"最后归结为"稀缺性和选择的效率"问题。为什么如此呢？因为随着人们对社会经济生活认识的深化和进展，不同时期，不同时代，经济学关注的主要"问题"是不同的，应该以哪些"问题"作为经济学的研究对象呢？所以不同时代的经济学者以他那个时代经济学关注的主要"问题"作为经济学研究对象的表述；后来的经济学者面对前人一大堆"问题"研究对象的表述，自然无所适从。于是**经济学成了一门连研究对象都说不清楚、杂乱无章、庞大"问题"堆积的学科。在这种状态下，建立清楚的经济学逻辑体系，自然无从谈起**。例如，当代流行的迈克尔·帕金的《经济学》和布拉德利·希勒的《当代经济学》仍然是以"问题"为单位堆积的学科。就连当代最著名的经济学家萨缪尔森，在他最新版（第18版）的《经济学》中，我们也能感到他由于没有解决这个问题，在理论体系的逻辑上所表现出的力不从心和无奈。因此，在研究对象问题上正本清源乃是理清经济学理论体系的逻辑联系，学好经济学的入门工作。

一、现代经济学的研究对象是市场经济体系

自从自给自足的小农经济解体，人类的生活就被卷入了自发形成、自主运转的市场经济体系。这个市场体系支配和影响每个人的生活。不论你扮演什么角色，你的行为都必须按市场经济的规则行事，成为以最小代价获得最大利益的"经济人"，否则你就无法生存或不会生活得很好。除非你是独居深山，自种自吃，且和现代社会没有关系的人。可见**市场经济体系是独立于人的意识之外的、客观存在、自主运动的客体**。身陷其

中又不由自主的人类面对着这个支配人类生活和命运的市场经济体系，为了生存和发展，就要观察、思考和认识它，这样人类的头脑中就产生了许许多多的"经济问题"：什么是财富？什么是财富的源泉及财富是如何度量的？或价值及价值尺度是如何决定的？市场是如何配置资源的，其效率如何？市场是如何分配社会财富的？为什么有人富、有人穷，它公平吗？市场制度完美无缺吗？为什么会发生经济危机？市场的范围有多大？……如果再列下去，还会有许许多多。显然，把这些问题或其中的一个或几个问题表述为经济学的研究对象都是不合适的。所有这些问题是人类在二百多年间认识市场经济体系的过程中产生的，人类在思考这些问题的过程中，逐步由表及里、由局部到整体地认识了构成市场经济体系的各个要素、市场体系的结构、市场体系的循环和运作及市场体系的缺陷和对策。因此，我们说现代经济学的研究对象是市场经济体系。

　　二、市场经济体系的定义

　　什么是市场经济体系呢？我们可以把它定义如下：**市场经济体系是自发形成的，以商品、货币、劳动、资本、土地等若干要素构成的，以生产、交换、分配、消费四个环节为结构，以产品市场、要素市场、货币市场为子系统，以货币循环为纽带的，呈周期性自主运动的经济系统。**这个定义可以用图1-3直观地表示：

图1-3　市场经济体系运行图

　　仔细观察该图，思考一下市场系统是如何循环和运作的。
　　该定义表明市场经济体系有如下特征：
　　1. 市场体系是自发形成的
　　这是说自分工和交换产生以来，自然形成了市场系统。而且市场运行的规则是自然形成的秩序，不是人为秩序。政府制定的市场法规只有符合市场的自然秩序才会存在，是自然秩序的法律表现。

2. 市场经济体系是由若干要素、四个环节、三个子系统构成的有机整体

供给和需求是市场的基本关系，称为市场机制。

3. 市场系统是自主运转的循环系统

社会成员依其经济功能被分为供给者和需求者。在要素市场上，公众作为供给者提供劳动、资本、土地、技术等生产要素的供给，并获得收入；在产品市场上公众又作为需求者购买消费品；厂商在要素市场上作为需求者购买各要素；在产品市场上厂商又作为供给者提供产品。在这个循环中，供求关系形成的市场均衡价格自动调节和进行资源的配置、财富的生产、收入的分配、产品的消费及财富的度量。

4. 市场经济系统的运行呈周期性波动

商业周期之谜至今没有完全解开，这表明人类对市场经济系统的认识还没有最终完成。人类只能依据对商业周期的认识程度采取相应的宏观经济政策调节经济周期，以求得市场经济系统的稳定运行和国民财富的稳定增长。这再一次表明了人类意识与市场经济系统的关系。

三、现代西方经济学的内容和体系

弄清了经济学的研究对象是市场经济体系，我们就能将人类对市场经济系统的认识成果条理化，就是说可以将经济学理论体系的逻辑思路理清楚。

从两个角度认识和考察市场经济系统，现代经济学分为微观经济学和宏观经济学两部分。**微观经济学考察市场经济系统各个要素及构成环节的微观结构，说明市场系统是如何构成和自发运作的，以及运作的效率、缺陷和对策。**例如，微观经济学依次分析供求原理及关系（交换环节），需求及消费者行为（消费环节），供给及生产者行为（生产环节），要素市场及收入分配（分配环节），市场均衡（市场系统资源配置效率的证明），市场失灵和微观经济政策（市场系统的缺陷及对策）等，从而说明稀缺的生产资源如何通过市场供求机制自动配置，财富如何通过生产环节生产出来，又通过交换环节自然而然分配给社会成员以供消费。均衡价格的决定问题、社会财富分配的公平问题、市场体系配置资源的效率问题是微观经济学的基本理论问题。

宏观经济学从总体上考察市场系统的运作质量，波动原因及政府可能采取的对策，以尽量保障市场经济系统稳定运行和国民财富的稳定增长。国民收入核算和决定理论概括出一套度量经济运行质量及波动幅度的指标体系：GDP 及增长率、失业率、通胀率等。依据这套指标体系，政府采取相应的财政和货币政策来削平经济波动的峰和谷，以提高经济运行的稳定性和促进国民财富的稳定增长。周期理论、失业理论、通货膨胀和经济增长理论是宏观经济学的基本理论问题。

20 世纪全球经济一体化的发展，各国市场日益紧密连接为一个世界市场。市场经济体系的世界市场性质日益为人们所认识。比较优势和国际贸易、各国市场的相互依存和联系、全球经济的管理，成为宏观经济学新兴的发展领域。

四、现代经济学的定义

通过上述分析，我们可以给现代经济学定义如下：**现代经济学是研究市场经济体系**

运动规律的学科。它说明稀缺的生产资源如何通过市场供求机制自动配置，财富如何通过生产环节生产出来，又通过交换环节自然而然分配给社会成员消费。它对市场经济体系运动的矛盾如经济周期波动提出解释和解决的对策，以促进国民财富的稳定增长和国民生活水平的提高。

正如恩格斯指出的，辩证法的规律并不是人的意识注入自然界的，而是自然界和人类社会客观存在的，只不过是被人的意识发现和概括出来而已。经济学理论与市场经济体系的关系也是如此。**经济学只不过是将人类意识发现的市场经济系统运动规律概括出来加以理论的说明而已。摆对了意识和存在、主体与客体的关系，头足倒置的西方经济学中的一些令人头晕的难题便会迎刃而解。**

另外，还需要说明一下现实生活中人们与市场经济的关系，我们已说过，自主运转的市场系统支配着人们的生活和命运。用马克思的话说，就是生活在市场经济系统中的人们受着异己力量的支配。那么是不是就意味着人们对自己的命运无能为力，无所作为了呢？不是的。**"自由是对必然的认识"**（恩格斯）。如果你对市场的知识认识很少，对市场体系的运动规律一无所知，那么你只有被市场牵着鼻子走，你会生活得很不舒服，甚至活不下去。如果你通过观察和思考，了解了一些市场运动的规律和知识，你就会获得一定程度的自由，你会发现和抓住一些有用的信息和市场机会，从而改善自己的生活。如果你通过学习获得了比较充分的市场知识和对市场运动规律的认识和理解，你就会获得更大程度的自由，你会发现更多的有用信息，在更多的市场机会中进行选择，从而在更大程度上掌握自己的命运。"鹰有时候飞得比鸡还低，但鸡永远不会飞到鹰那么高。"（列宁）学了经济学，你的生活可能有时候还不如一个小商人。但是，一旦你有机会飞起来，小商人是永远赶不上你的。这就是学习经济学的意义，学好经济学，你会得到报偿的。

第三节　经济学的基本问题：稀缺性、选择和机会成本

一、欲望和经济品

人们之所以有经济生活，是因为人们天生具有各种欲望，比如生存的欲望，过更好生活的欲望，安全的欲望，被社会尊重的欲望等。经济学家将欲望定义为，**欲望（wants）是指人的一种缺乏或不满足的感觉以及求得满足的愿望或需要。**

西方学者把人们的欲望分为许多层次，如最基本的生存需要：衣、食、住的需要，安全和被尊重的需要，自我实现的需要等。当人们低层次的欲望被满足后，就会产生高层次的欲望。实际上人们的欲望是随着经济社会的发展而不断产生的，几十年前的人们谁会想到今天的人们会产生减肥的欲望呢？而且有的人在减肥上花的钱比在吃饭上花的钱都多。正是由于人们欲望的多样性及随着生活的发展而发展，所以它是无穷无尽的。

人们要满足自己的欲望，就要消费各种物品和服务。比如人们要生存就要呼吸空

气、喝水、吃食物、穿衣服等。有些物品人们不需要花费代价就可以得到和消费，比如空气。经济学家把**不需要花费代价或成本就可以得到的物品称为非经济品，或自由取用品（Free Goods）**。遗憾的是自由取用品是很少的。人们需要的绝大多数物品都是需要花费代价或成本去生产才能得到。经济学家把需要花费成本才能得到的物品称为**"经济品"（Economic Goods）**。比如，人们要得到衣服，就要花费劳动和土地去种植棉花，还要用机器和技术去纺纱、织布、制作服装等。这些劳动、土地、资本（机器）、技术称为经济资源或生产要素。由于人们欲望是多种多样和无穷无尽的，为满足这些欲望需要生产的经济品和可利用的经济资源相对来讲就是有限的、不足的。经济学家把这种不足称为"稀缺性"。

二、稀缺性和选择

稀缺性是指相对于人们的欲望无穷而言，人们可利用的满足自己欲望和需要的资源总是不足的、有限的或稀缺的。稀缺性的概念反映了人们欲望无限和资源有限这一经济生活中的基本矛盾。这一矛盾自有人类经济生活以来一直存在，所以人们应该考虑的是如何选择最有效率、最经济的利用有限资源的方式来获得最大利益。这本身是市场规则决定的"经济人"的本能要求。

对个人来讲，哪些是可利用的资源呢？你拥有的资产（动产和不动产）、时间、工作能力、活动空间和信息网、知识技术等。显然，我们可以发现两个重要的事实：①你会发现你的资源是不足的、有限的。例如很少人会觉得他的金钱是足够用的。除非是一个没有过更好生活欲望的人或者百万富翁，当然这样的人也是有的。②你的这些资源可以有许多不同的组合利用方式，可以带来更大的收益。或许你从来没考虑过这个问题，别人怎样生活，你就怎样生活，那么，你就是个比较传统的人。假如你的一个朋友利用他的时间和金钱去旅行，去更多地了解这个世界，或许一个偶然的发现和机会就改变了他的命运。那么你不觉得应该考虑更好地利用你的金钱和时间的方式吗？

对一个社会来讲，哪些是可利用的资源呢？劳动、资本、土地、具有专门技术知识的人才、技术知识创新等。

劳动是指千千万万靠出卖劳动为生的人们，如工人、技师、医生、教师等，它构成社会的劳动资源。劳动资源的特性是它的能动性，即在所有资源中，劳动资源具有组织运用其他资源的能动作用。

土地是指土地以及地面上下一切不可再生的自然资源。如各种矿产、水源、森林等。自然资源的一个特性是不可再生性（或再生的周期很长）。用尽了就永远失去了。因此，小心地利用这些稀缺资源是社会的一个重要选择。

资本指资本物品，是经济制度生产的，而且能不断生产出来的（不同于自然资源）和劳动结合能提高劳动生产率的，而且本身也构成物质生产力的各种工具、机械、设备、车辆、工厂、建筑等。资本资源的特性是可以通过人工不断生产出来和积累起来，资本拥有量即资本存量是一个社会物质生产和财富增长能力水平的重要指标。

专门技术知识的人才、技术创新是指企业家、科学家及各类专家、技术发明等。这是社会的智力资源。现代经济社会的发展，特别是知识经济时代的来临，智力资源日益

成为最重要的资源之一。

对一个社会来讲，可利用的资源也是有限的，即相对于满足社会成员各方面的需要而言是不足的、稀缺的。而且这些资源可以有许多不同的组合利用方式或用途来生产各种产品。所以一个社会应该考虑如何选择最经济、最有效率地利用有限资源的方式来尽可能最大限度地满足社会成员的需要。

萨缪尔森用"生产可能性边界"这个工具说明了这个道理。下面就介绍萨缪尔森的这个工具及所表达的经济思想。

三、生产可能性边界和机会成本

资源稀缺性意味着社会不能无限制地生产社会所需要的各种各样的产品。也就是说在资源和技术水平既定的前提下，各种产品的生产都有个最大数量。而且增加一种产品的生产数量就要减少另一种产品的数量。例如政府用于学校建设的资源增加，剩下用于建筑住宅的资源就减少。人们选择的食品消费增加，他们所能消费的衣着就减少。因此在经济生活中，**无论是个人的投资和消费，还是政府的公共投资和消费都面临各种各样的选择，而且这种选择是有代价的。生产可能性边界是对稀缺性、选择及其代价问题的一个技术分析工具。**

为了分析简便，萨缪尔森假定社会以现有的全部资源只生产两种产品：黄油和大炮，见图1-4。

可供选择的生产可能性		
可能性	黄油 （百万磅）	大炮 （千门）
A	0	15
B	1	14
C	2	12
D	3	9
E	4	5
F	5	0

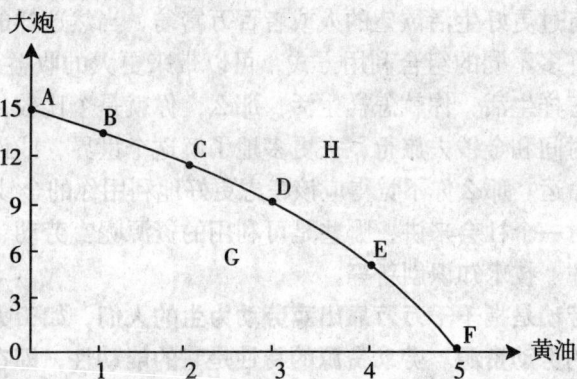

图1-4　生产可能性边界

图1-4中，A点表示社会将资源全部用于大炮生产，可生产15千门大炮，而黄油的产量为零。F点是另一个极端，即资源全部用于黄油生产，大炮产量为零。在两个极端之间存在许多可能性，把这些可能性的点连接起来，就是生产可能性边界。边界上的任一点代表在现有资源条件下，两种产品的最大产量组合。边界以内的任一点，例如G点，则表示资源没有被充分利用或存在着失业或资源浪费，这对社会来讲是不经济的。边界以外任一点，例如H点表示社会现有资源所达不到的产量水平。

生产可能性边界表达了许多有意义的经济思想：其一，一国的生产只有处于生产可能性边界之上才是有效率的。萨缪尔森认为，效率是指尽可能有效地利用该经济体的资源以满足人们的需要和愿望。当社会在不减少一种物品产量的情况下不能增加另一种物品的产量时，其生产便是有效率的。其二，当一国资源增加、技术提高，如新资源的发现、人口增长、技术发明等，会使该国的生产可能性边界向外扩展。反之亦然。其三，在资源既定条件下，增加一种产品的产量，必然放弃另一种产品的产量，就是说，当社会选择增加一种物品的产量时，这种选择是有代价的。在图 1-4 中，让我们来看 C 点，它是 2 百万磅黄油和 12 千门大炮的产量组合。假如我们要增加 1 百万磅黄油的产量，那就意味着我们必须放弃 3 千门大炮的产量，如从 C 点到 D 点。换句话说，社会增加 1 百万磅黄油产量的代价是减少 3 千门大炮的产量，这个代价就是社会增加 1 百万磅黄油产量的机会成本。

机会成本是指在资源有限的条件下，当把一定资源用于某种产品生产时所放弃的用于其他用途可能得到的最大收益。萨缪尔森给机会成本下的定义是：**"在稀缺性的世界中选择一种东西意味着放弃其他东西。一项选择的机会成本（opportunity cost），也就是所放弃的物品或劳务的价值。"**机会成本的概念有助于人们在面临选择的时候进行权衡和比较以对资源的用途作出最佳选择。

例如，对于 100 万元资金，要投资一个项目。首先要假定两点：一是资金是有限的，只有 100 万元，从规模经济的角度考虑只能投资一个项目。二是据掌握的信息和知识，有许多项目或机会可供选择：制衣厂、食品厂、养鱼场等。因此，如果选择食品厂，那么就要放弃制衣厂、养鱼场等的机会。如何选择？显然，应该预测各个项目的年收益率，从而比较各个项目的机会成本，如果预测制衣厂年收益率为 20%，食品厂年收益率为 15%，养鱼场年收益率为 10%，那么，如果选择食品厂项目，只能获得 15% 的年收益率，却放弃了制衣厂 20% 年收益的机会，显然机会成本太高，是不明智和不经济的。因此，从机会成本的角度考虑，应该选择制衣厂项目，而放弃其他的机会。这样的100 万元资金也就得到最有效率的运用。

稀缺性、选择、机会成本是一个重要的经济思想。它不仅告诉人们在人生道路和市场经济中面临各种机会时进行选择的方法，它还告诉人们做任何事情都是有代价的。比如当人们用一小时做某件事情的时候，就意味着放弃了用这一小时去做其他事情的机会和可能得到的收益。而且这一小时对一个人来讲是永远失去了而且无法选择了。因此，珍惜时间，珍惜资源，精心选择是每个生活在市场经济社会中的人们应有的"经济头脑"。

第四节 现代经济学的研究方法

学习一门学科，发现其中的问题和错误，吸收其科学合理的研究成果，离不开了解该门学科的研究方法。而且在现代经济学学习中的一些主要困难，在于我们对现代经济学的研究方法了解不够，所以本节我们要讨论一下现代经济学的研究方法。

现代经济学的研究方法主要有以下四种：抽象分析方法及结构分析方法、实证分析方法、规范分析方法和数学方法。

一、抽象分析方法及结构分析方法

抽象分析方法是现代经济学的主要分析方法之一。对抽象分析方法的一种有代表性的误解认为：经济学的各个组成部分都建立在一系列不符合于事实的假设条件之上。既然假设条件不符合事实，其结论也不可能成立。这种观点显然不了解抽象分析方法。因为假设条件是抽象分析方法，它不需要符合事实。

抽象分析方法是社会科学普遍采用的理论分析方法，社会科学不同于自然科学，自然科学的研究分析有许多试验手段，如化学试剂、显微镜等，社会科学的研究则没有这些试验手段，只能用理论抽象的办法。马克思说："经济分析既不能用显微镜，也不能用化学试剂，只能用抽象的办法代替二者。"如何理解这个"代替"呢？例如，假定在化学研究中，如果有人提出两个 H 原子和一个 O 原子可以结合为一个水分子，那么怎样证明这个论断是否正确呢？可以在实验室用化学试剂排除其他的分子和杂质创造一个纯粹的环境，试验两个 H 原子和一个 O 原子结合的结果就可以验证这个论断。但是经济学研究的是人，是社会，由各种人的活动组成的各种经济现象错综复杂地结合在一起，如何把他们分解开来？如何创造一个纯粹的环境考察单一经济现象的变动规律？我们不能用化学试剂把一部分人排除掉或消灭掉，只能用理论抽象的办法，把他们抽象掉，即假定他们不存在或不变。因此，我们可以把抽象分析方法表述或定义如下：**抽象分析方法是用假设条件来排除需要排除的因素和现象，用假设条件创造一个纯粹的理论分析环境的分析方法**。例如，当考察需求变动规律时，假定供给不变，从而排除供给变动对需求的干扰；考察产品市场的均衡时，假定货币市场不变，从而排除货币市场变动对产品市场均衡的干扰等。再如，完全竞争市场在现实经济生活中是不多的，甚至是没有的，大部分市场是程度不同的不完全竞争市场。但是，为了考察市场机制配置资源的效率，必须假定一个完全竞争的市场环境，来排除各种变形对市场竞争机制的干扰。说明了完全竞争市场条件下市场机制配置资源的效率，才能了解不完全竞争市场的垄断对资源配置效率的损害等。可见，假设条件并不需要符合事实，它的作用在于排除需要排除的现象和因素，就像上例化学研究中化学试剂所起的作用一样。

结构分析方法是抽象分析方法的一种具体分析方法。例如经济学研究的对象是市场经济体系，这个体系是由若干要素、环节、子系统构成的结构复杂的经济系统。如何分析这个系统呢？不能用显微镜去观察它的内部结构，只能按层次和环节把它分解开，然后逐个环节分析它的内部结构。当分析一个环节时，把其他环节排除掉，即抽象掉，例如分析生产环节时，把消费、分配、交换等环节抽象掉。当把所有的环节都分析完后，将它们联系起来，就有了一个结构完整的市场经济体系的整体概念。

二、实证分析方法和规范分析方法

实证分析方法是指对客观事物的现象及发展、运动规律进行观察，提出假说，进行验证，并上升为理论的分析方法。例如，通过观察某商品的需求量与价格的关系发现，当商品的价格上升时，其需求量会下降。由此可以提出假说，商品的需求量与价格之间存在反方向变动的关系。这个假说如果被绝大多数商品价格和需求量变动关系的事实验证是正确的，就可以把它上升为理论，即需求定理。如果假说被事实验证不能成立，那就不能上升为理论，或需要依据事实验证的结果进行修正。实证分析方法是自然科学的分析方法，西方学者将它用于经济学的研究，以说明客观经济现象的变动规律。实证方法只是客观地分析和说明事物或现象是什么，存在哪些运动规律或趋势，而不涉及该事物或现象是好还是不好的评价。萨缪尔森是运用实证方法研究经济生活的著名学者，他很注意对经济事实的观察，各种经济统计资料的分析和研究，因为统计资料是历史事实的记录。他在他的《经济学》第16版中说："经济学家采用科学的方法来理解经济生活。包括观察经济事件，利用统计分析，并注重历史记录。"[①] 这里所说的科学方法就是实证方法。对统计资料进行分析和研究，并从中概括（进行一般化的抽象）出经济变量之间的一般关系和变动趋势是实证分析常用的方法。比如柯布—道格拉斯生产函数。柯布和道格拉斯对美国制造业 1899~1922 年期间投入和产出的统计资料进行分析和研究，发现这一时期资本要素对总产出的贡献是 25%，劳动要素对总产出的贡献是 75%，而且这一时期美国刚刚进行产业革命不久，技术进步对各要素生产率提高的贡献约 1% 多一点。柯布和道格拉斯将上述对美国制造业投入—产出的统计资料实证研究的成果用数学式表达出来，即为柯布—道格拉斯生产函数：

$$Q = 1.01L^{0.75} \cdot K^{0.25}$$

这个函数只是表达了美国制造业 1899~1922 年间投入和产出的规律，而且这一规律是用实证分析方法得出来的。

规范分析方法是指对客观事物或现象进行主观评价的分析方法。当人们认为某个事物或现象好或不好时，就要收集事实、材料作为依据，进行推论和演绎，形成观点或学说，来说明好为什么好，不好为什么不好的问题。因此，规范分析方法是以人们的主观价值判断为前提的。

例如，经济增长问题。哪些因素会促进或限制经济增长？政府的政策对经济增长有什么作用或影响？这都是实证分析，因为这些作用和影响都是客观的。追求经济增长是利大于弊还是弊大于利？社会应不应该追求经济增长？这些问题的分析则是规范分析，因为这些问题不同的人群会有不同的价值判断。比如罗马俱乐部的成员用大量事实说明追求经济增长导致资源的掠夺性开采，生活环境的污染和恶化，主张人类应该停止追求经济增长。有的经济学家则认为，经济增长提高了人们的生活水平，是社会发展的动力，随着经济增长，技术进步，资源和环境问题会逐步解决，而且只有经济增长才能解决这些问题，所以应加快经济增长。

三、数学方法

经济学不仅需要对经济现象进行质的分析，在许多场合还需要进行定量分析，因此**数学是分析经济变量之间关系及量的变动趋势方面的一个有用的工具。**一般来讲，数学在西方经济学中的运用有两种情况：

---

① 萨缪尔森、诺德豪斯：《经济学》第 16 版，华夏出版社，1999 年版，第 3 页。

1. 将数学用作定量分析的工具

比如边际增量分析，反映经济变量之间关系的几何图形和曲线等。**理论经济学中的数学革命的实质内容是将边际增量分析和抽象分析方法相结合。**萨缪尔森说："只要记住是狗尾巴摇动狗身子，而不是狗身子摇动狗尾巴，那么经济学并不难学。"就是说，在理论经济学中，重要的是边际量，而不是总量。是边际量的变动决定总量的变动趋势，而不是总量的变动决定边际量的变动趋势。在经济学中将遇到许多重要的边际概念：边际效用、边际产量、边际成本、边际收益等。例如，依据边际收益的定义、公式及平均收益、总收益的定义、公式和抽象的线性需求曲线（因为实际的需求曲线是弯弯曲曲的，抽象掉各种干扰因素，就可以把需求曲线画成直线性的），可以做出边际收益曲线、平均收益曲线、总收益曲线。从而考察边际收益的变动对平均收益、总收益的影响。这就是**边际增量分析和抽象分析方法相结合**应用的例子。几何图形和曲线可以形象直观地反映经济变量之间的关系及量的变动趋势。一图胜千言，它方便、简洁、直观的优点是现代经济学大量使用图形模型分析经济现象的原因。萨缪尔森在他的《经济学》中就是把数学作为定量分析的工具运用的。特别是他把边际增量分析与抽象分析相结合，**揭示了经济生活中许多重要的规律**。在这个场合，并不需要很深的数学知识。多恩布什和费希尔在他们的《宏观经济学》中写道："我们要指出本书对数学的预备知识的需求不**会超过中学的代数学**"。① 所以，学习西方经济学的学生不必因为数学感到为难。实际上，数学在西方经济学中真正有意义的运用就是作为定量分析的工具，它所要求的数学知识是很简单的，看一看萨缪尔森、帕金、希勒的原著就很清楚。那么，为什么许多学生对西方经济学的数学感到头痛呢？这是因为数学在经济学中的第二种运用方式所造成的神秘性蒙蔽了许多学生。

2. 用数学公式对经济现象进行抽象推理

比如，一般均衡方程的推论，效用或福利函数的推论，帕累托最优条件的推论等。在这种场合，并不要求具体的计算结果，它仅仅是一种抽象推理。**数学在经济学上的这种运用，其实质是用数学语言表达的经济学**。人类有许多种"语言"，音乐家的语言是音符和旋律，美术家的语言是图画和色彩，工程师的语言是设计图纸，数学家的语言是数学公式。用数学语言表达经济学使许多人感到不习惯和费解，因为经济学研究的不是自然界物质机械的数理运动，而是人的经济活动。在世界上很难找到任何两个在偏好、情感、价值观、性格等方面完全相同的人。而且人们的经济活动不单单是只受经济利益的驱动，还有政治的、社会的、文化的、伦理的、种族的等多种因素的综合作用和影响。把各种不同的人抽象为单纯的数学符号，然后用数学公式去演绎人们的经济活动，这种方法到底在多大程度上能反映现实的经济生活，具有实际的经济意义，难道不值得怀疑吗？正是由于许多人感到疑惑和费解，经济学变得"高深"了。实际上这是一种误解。**一门学科是否高深，取决于它的思想内容，取决于它是否说明了深刻的道理和解决了重大的实际生活的问题，而不取决于它的表达方式。**如果认为用数学语言表达经济学，经济学就"高深"了，那么如果请一只鸟给大家讲经济学，恐怕懂得鸟语的表达方

① 多恩布什、费希尔：《宏观经济学》，中国人民大学出版社，1997年版，第21页。

式的人更少，那么经济学不就成了"天书"了。这只鸟也就成了"天才"了，尽管鸟表达的思想要简单得多。不要以为鸟类没有经济学，经济学就是生存之学。凡是生物都有自己的生存之道，都有自己的经济学。

实际上，现代经济学的一些著名的、严肃的学者从来都不卖弄数学语言的表达方式。萨缪尔森、斯蒂格利茨、帕金、希勒等学者在他们的经济学著作中，都不将经济学内容的数学表达方式放在正文里，而是放在附录里提供给那些对数学语言感兴趣的读者。对数学语言不感兴趣的读者，可以不读，只读正文里的内容，即经济学语言表达的内容。这并不影响经济学的学习。西方是个自由社会，学者有选择表达方式的自由，读者也有选择的自由，不习惯数学语言表达方式，避开它就是了。如果了解了西方学术界的这种情况，就会明白数学语言并不是西方经济学内容唯一的表达方式，而且它是被放在附录里的表达方式。不习惯数学语言的表达方式并不影响现代经济学内容的学习，所以既不要对它感到为难，也不要对它感到神秘。新古典增长模型的创立者罗伯特·索洛在谈到经济学中数学语言风行的原因时指出，在思想上创新很难，在形式上（表达方式上）创新（花样翻新）很容易。可见，数学语言并不高深，它只是表达方式上的花样翻新。一般来讲，同一个原理在西方经济学中有三种表达方式：一是用经济学语言表达；二是用几何图形表达；三是用数学公式表达。

需要指出的是，数学在经济学中的科学应用具有十分重要的意义，如果不是经济学中的数学革命，现代经济学也不可能取得今天的成就。但是，在唯心主义认识论基础上的数学在经济学上的滥用对经济学的发展也造成了严重的危害。这一点将在第五章第六节一般均衡论的唯心主义性质中深入分析。

四、理论经济学和应用经济学

经济学分为两大类：理论经济学和应用经济学。应用经济学如计量经济学、会计学、审计学、统计学等，给我们提供的是专门的经济计量、核算和管理技能。会计师和工程师一样是专业技术人员。理论经济学如马克思的政治经济学、西方经济学等，给我们提供的是经济理论和思想以及认识和分析社会经济生活及发展规律的方法和能力。如果做一个比喻，应用经济学给我们提供的是"一双手"和技能，而理论经济学给我们提供的是"头脑"和智慧。诺贝尔经济学奖这几年偏爱计量经济学，比如，2000年诺贝尔经济学奖授予了两位微观计量经济学家詹姆斯·赫克曼和丹尼尔·麦克法登后，2003年又将这个桂冠授予了两位宏观计量经济学家罗伯特·恩格尔和克莱夫·格兰杰。这是由于诺贝尔经济学奖要鼓励经济学的应用技术的发展，或者说鼓励应用经济学的发展。但这并不意味着要把理论经济学也数字化。经济思想的发展靠人类抽象思维能力的提高，靠抽象分析方法的进步。抽象思维是无法数字化的，这是理论经济学独有的领域。而且，应用经济学只能解决理论经济学提出的任务和问题。或者说计量经济学只能解决具体的经济计量分析问题。如果没有理论经济学的发展和创新，应用经济学的发展就没有目标。就像一个人如果没有头脑，他的双手就不知道该干什么。当前理论经济学中滥用数学的现象，一个重要的原因就是没有区分理论经济学和应用经济学的界限，这导致了人类抽象思维能力的窒息，对经济学的发展造成严重损害。学习经济学，首先应该学好理论经济学的基本原理和抽象思维方法，提高理论抽象思维的能力。然后才能在经济学理论原理的指导下应用数学工具，建立解决各种具体经济问题的计量和分析模型，分析解决具体经济问题。那种连基本的经济学原理和思想都不甚了解，却要用数学模型分析解决各种经济问题，是违背经济科学规律的，是不会有什么结果的。

五、怎样学好经济学

怎样学好经济学？最重要有两点：**一是对经济学的理论和著作要有一个正确的认识；二是要联系实际经济生活去观察和思考问题。**

经济学理论是人类对社会经济生活认识的成果。当人们观察、思考和认识经济生活时，把所思、所想写下来就是经济学理论和著作。有人说过**"书是人类思想的记录"。**当我们拿起一本经济学著作时，首先要看一下它的作者和出版年代，该书所写的就是某人在某个年代对某些经济问题的看法和思想。我们知道，经济社会是不断发展和变化的，人类的认识也是在不断深化和进步的，永远不会停留在一个不变的水平上。不同年代的经济学著作和理论只是反映了不同时代的人们对当时经济生活的认识水平，它不可能是永远正确和完善的。随着经济社会本身的发展，人们总会有新的发现、产生新的思想，这是经济科学本身的发展规律。**基于上述认识，我们在学习经济学理论时，就不应该把书上写的都当成是永远正确、不可侵犯的教条，而应该是通过读书去了解前人的经济思想。**而且，还不要忘记存在决定意识，前人的经济思想都是对以前的经济社会的反映。**要学会了解前人在什么样的社会条件下怎样产生的这些经济思想，然后再用所学的理论和方法联系当代经济社会的发展去观察和思考。这样就会有新的发现，产生新的思想，创造新的理论，这就是理论和思想的创新。**

人类用两种方式认识世界。**第一种方式是用心灵感知世界，相应的思维方式是形象思维。**形象思维的成果表现为诗歌、戏曲、小说、影视等艺术作品。艺术作品的力量在于它的艺术感染力，作品通过形象地再现生活的场景、表达作者对生活的感知，来引起人们心灵的共鸣。一部好的艺术作品可以使人们的精神、情感和心灵世界在这种共鸣中得到净化和升华。**第二种方式是用理性认识世界，相应的思维方式是逻辑思维。**逻辑思维的成果表现为各种思想和理论著作。理论和思想的力量在于它的逻辑力量，在于它严密地揭示了我们实际生活的规律和道理，在于它帮助人们深刻地理解我们的现实生活。因此，**逻辑和事实是衡量一切思想和理论著作能否成立和是否有缺陷的两块基石。**对于任何思想和理论著作，你如果发现了它逻辑上的矛盾和漏洞，如果发现它不符合事实或不再符合现在的事实，都可以把它推翻。同样的道理，在经济学理论学习、研究和思考中，一定要注意逻辑的严密性，注意实事求是。**逻辑是理论和思想的生命。事实是检验理论和思想正确性的唯一标准。**

本章总结和提要

本章是学习经济学的一个总纲。第一节以价值理论为核心理清了从重商主义、亚当·斯密到凯恩斯主义、萨缪尔森和现代主流经济学的理论思路，提出了系统价值理论学说，完成了人类在价值理论上的认识。第二节纠正了西方学者在经济学研究对象问题上的错误，提出了经济学的研究对象是市场经济体系，为经济学理论体系的建立奠定了基础。由于这两个理论的突破，经济学真正成了一门"通论"。第三节从经济人的角度说明了人类欲望无限和资源有限这一人类经济生活的基本矛盾以及人类应该如何选择和处理这一矛盾，这是经济学永恒的主题。第四节说明了经济学家认识、研究社会经济生活的科学方法以及学习经济学的方法。掌握科学的认识和研究方法对于提高人们的能力具有重要意义。孔子曰：学而知之者，贤人也；不学而知之者，圣人也。就是说不通过上学而能获得知识的人比通过上学才能获得知识的人更高明。掌握了科学的认识和研究方法，就能独立地观察、研究社会经济生活，获得知识、创造思想，就能成为孔子说的圣人。

思考题

1. 请评价亚当·斯密、马歇尔和凯恩斯对经济学的贡献。
2. 为什么边际革命在经济学史上具有重要影响？
3. 仔细分析系统价值理论学说，看它是否存在逻辑上的漏洞，是否符合事实，是否成立？
4. 你认为西方学者在经济学研究对象问题认识上存在问题吗？你同意本书对经济学研究对象的概括吗？为什么？
5. 请运用你经历过的事例说明机会成本的意义。
6. 你在经济生活中考虑过如何有效地利用你的资源问题吗？你在面临选择的时候，都考虑些什么因素？
7. 什么是抽象分析方法和实证分析方法？
8. 你在讨论问题时更多的是从价值判断出发，还是从客观实际出发？
9. 你对经济学的理论体系理解清楚了吗？你认为经济学是一门什么学科？

上篇 微观经济学

微观经济学是考察市场经济系统各个要素及构成环节的微观结构，说明市场系统是如何构成和自发运作的，以及运作的效率、缺陷和对策。

第二章 市场和供求原理

本章对市场经济系统的交换环节进行分析。交易双方构成市场的供给和需求，所以该环节的核心内容是市场机制即供求原理。本章依次分析市场、需求定理、供给定理、市场机制及弹性理论。

第一节 市 场

一、市场的定义和特征

1. 市场的定义

什么是市场？对这个问题经济学者的认识是逐步深化的。开始，人们认为市场是交易物品的场所。后来，随着现代市场经济的发展，电话交易、网上交易已使市场交易不局限在固定场所，学者们认为，应该注重人们的交换关系。如平狄克给市场下的定义是："市场（markets）是相互作用、使交换成为可能的买方和卖方的集合"。萨缪尔森给市场下的定义是：**"市场是买者和卖者相互作用，并共同决定商品或劳务的价格和交易数量的机制"**。[①] 萨缪尔森的定义就更具体和深刻了。

首先，**经济学所说的市场是指每个物品的市场，有多少种物品就有多少个市场**。如面包市场、汽车市场、大米市场等。一家超级市场是成千上万个物品市场的汇合。与市场概念相联系的一个概念是行业，**生产同一种物品的厂商的总和构成一个行业**。如面包行业、汽车行业等。一个行业是该物品市场的供货方。

其次，**市场定义强调了市场的本质是买卖双方的交换关系和相互作用决定价格和交易数量的机制。因此，供给和需求是市场的基本关系，称为市场机制。**

2. 市场的特征

（1）市场的第一特征是竞争性特征。买卖双方是如何相互作用决定价格和交易数量呢？是通过市场竞争实现的。因此，**竞争性是市场首要的最重要的特征。**

市场竞争包括：①同一产品市场上卖方之间的竞争。如众多厂商以低价竞卖某种物品，叫**竞卖**。②同一产品市场上买方之间的竞争。如在拍卖市场上有的消费者愿以比其他人更高的价格购买某种物品，叫**竞买**。③同一产品市场上买卖双方的竞争、比较、权

[①] 萨缪尔森、诺德豪斯：《经济学》第 16 版，华夏出版社，1999 年版，第 21 页。

衡，比如讨价还价。**在商品交易中，买卖双方或生产者和消费者在确定商品价格和交易数量上具有平等的权力。双方通过平等的协商和竞争确定交易价格和数量。任何剥夺或限制消费者定价权的行为都是不平等交易的损害市场竞争的垄断行为。**例如，在我国社会主义市场经济的发育和发展过程中，国营商店被逐步淘汰，取而代之的是私人小商品市场和各种大型超市。原因何在？因为国营商店执行的是垄断价格，消费者是不能讨价还价的。这不仅剥夺了消费者的定价权，违背了市场平等、自由竞争的原则，而且服务也不如意。相比较，私人小商品市场，消费者不仅能讨价还价，而且购买数量多还可以便宜。就是说，买卖双方可以平等地协商交易价格和交易数量。由于小商品市场体现了市场公平、自由竞争的原则，尊重了消费者的权利，消费者都愿意去小商品市场购物。国营商店失去了消费者，自然就走向消亡。那么大型超市也不能讨价还价，为什么就那么兴旺呢？大型超市不是不能讨价还价，而是由于消费者的竞争已经向消费者提供了最低价格的商品。大型超市由于集中、大量从厂家以最低价格进货，加上物流、管理方面的规模优势，已经向消费者提供了最低价格的商品。消费者在大型超市购物的竞争性不是表现在具体商品的讨价还价上，而是表现在消费者的选择权上。消费者可以比较各个超市的价格，选择最低价格的超市购物。正是由于消费者的选择权，迫使超市之间也存在激烈的竞争，各家超市都在千方百计以更低的价格拉住和吸引顾客和消费者。因此，消费者的选择权实际上是另一种形式的讨价还价。**④相关产品市场或行业之间的竞争。**比如汽车和火车之间的竞争，铜业和铝业的竞争，牛肉和猪肉的竞争，香蕉和苹果的竞争等。凡存在替代关系的产品和行业之间都存在激烈的竞争。上述四种类型的市场竞争，在现实经济生活中都是可以观察到的，都是显而易见的。因此，任何一个产品市场只有竞争程度强弱的差别，完全没有竞争性的市场是不存在的。即使一个厂商完全垄断了某种商品的生产和供给，他也只是排除了同一产品市场上卖者之间的竞争，他还不能排除相关产品或替代品厂商与他的竞争以及消费者与他的竞争。比如垄断厂商制定的价格过高，消费者就不购买他的产品。

　　市场的竞争性特征具有重要意义，市场作为经济活动的中心，生产资源的配置和调节，社会财富的生产和分配，以及财富的社会尺度——价格的形成，都是在市场竞争中自然而然形成和决定的。竞争性是市场机制起作用的关键因素。市场竞争的意义还在于它迫使或促使社会成员充分发挥自己的潜能和优势通过市场竞争求得生存。因此，市场竞争也被称为生存竞争。它可以极大地促进社会生产和经济效率的提高，极大地促进技术的进步。但是另一方面，市场竞争遵循优胜劣汰、胜者全得的原则。就是说，如果企业在市场竞争中失败和破产，企业的资产就会被竞争对手、竞争的优胜者兼并和全得。这一原则必然导致收入和财富向竞争的优胜者转移和集中。收入的两极分化以及低收入人口的贫困问题是市场经济社会需要关注和解决的一个重要的社会问题。

　　经济学家将市场分为竞争市场和非竞争市场。非竞争市场不是说该市场没有竞争，而是说竞争的程度比较低。竞争市场或完全竞争市场是指该产品市场有许多卖者和买者，从而没有一个卖者或买者对价格有显著的影响力的自由竞争市场。非竞争市场是指该产品市场只有一个或几个卖者，从而卖者在较大程度上能控制和影响市场价格的垄断市场。市场机制的作用在自由竞争市场才能充分地展现，而且现实生活中的绝大多数产品的市场都是自由竞争市场。因此，本书的各章节的分析都是以自由竞争市场为前提的。非竞争市场或垄断市场在后面的章节中专门分析。

（2）市场的第二特征是市场的范围和边界。市场是有范围的，或者说市场是有大小或边界的。**一种物品的市场范围是指一种物品的交易范围和销售数量**。市场范围受两个因素决定：

1）地理的或地域的限制。①许多产品的市场范围明显受到地理的限制，最典型的是房地产市场。例如北京的市民不会去北京以外的地方如太原购买房产居住，即使太原的住房价格比北京便宜得多。因此，北京、太原、郑州等各地的房地产市场都是相互分离、各具特色的。北京的房产商不会把太原的房产商看做自己的竞争对手。②**交通条件和贸易条件的地域性限制**。例如，边远地区如交通不便将增加运输成本和限制物品的流通数量。政府之间的贸易协定、关税壁垒以及地方政府的贸易限制（地方保护主义）等将限制各国间以及一国内各地区间的产品交易范围和数量等。例如，在湖南买不到湖北产的香烟，在湖北买不到湖南产的香烟。这是因为这两省都对对方的香烟产品采取了贸易限制，不许对方的香烟进入本省销售。这是违反自由贸易原则的地方保护主义的显著例子。③**消费者偏好或宗教偏好的地域性限制**。如果某个地区的居民对某种物品的偏好发生变化，不再喜欢某种物品，该物品只有退出该地区的市场。

2）产品本身性质的限制。决定市场范围的第二个因素是产品本身的性质。例如，一种保鲜期很短的风味食品，其市场范围仅限于当地。如果解决了保鲜技术和改善了运输条件，就可以扩大它的市场范围和边界。如果排除了政府间的贸易限制，它的市场范围还可以扩大到全世界。

当然，从地域性市场到国际性市场是一个必然趋势。从市场经济产生时，马克思就说它创造了世界历史，市场从本质上说具有世界市场的性质。但是，从地域性市场到全球市场是一个很长的历史过程。**成千上万种商品价格的均衡过程以及它们之间相互影响的一般均衡过程起初是在地域的范围进行，然后是在一国的范围进行，最后，这个均衡过程要在全球范围进行**。在经济全球化的今天，已经看到了这一过程。

市场范围的意义在于它限定了竞争起作用的范围。当讨论某一个物品的市场时，只有了解它的范围才有意义。因为只有在这个范围内，才能了解哪些因素参与市场竞争，以及该物品的价格是由多大范围的竞争决定的。对于厂商来说，只有了解他的产品的市场范围，才能了解哪些是他的客户，哪些是他的竞争对手，以及他能占多大市场份额（市场销售额）等。

（3）市场第三个重要的特征是它的社会性特征。要理解市场的社会性特征，要比较自给自足生产和商品生产的重要区别。在自给自足的小农经济社会，一家一户就是基本的生产单位。一个家庭就可以生产出满足自己消费需要的绝大部分甚至全部产品。由于这些产品不是为了在市场上出售或交换而生产的，只是为了满足自己的生活需要自己生产的，因此这些产品不具有社会性质，只是**个人产品**；相应的生产也不是具有社会性质的商品生产，只是具有自给自足性质的**个体生产**。

自给自足的个体生产是与人们很低的生活欲望或消费需要相适应的。随着社会的发展和进步，人们生活欲望或消费需要的提高迫切需要提高生产的效率，这就出现了**生产**

的专业化分工。**生产的专业化分工是指个人不再生产自己需要的全部产品，而只是专门生产某一种产品，甚至是某一种产品的某一种部件。**由于人的智慧和精力专门集中于某一种产品或某一种部件的生产上，日积月累可以极大地促进生产技术的进步，并通过分工合作极大地提高产品的数量和质量，所以专业化分工生产成为满足社会成员日益增长的消费需要的重要的社会生产形式。亚当·斯密对于专业化分工生产如何能降低成本、提高效率、极大地提高产品数量和质量进行了全面、详细、精彩的论述。下面讨论的是专业化分工对产品和生产的性质产生的革命性影响，对于这种革命性影响马克思也曾做过深刻的分析。

生产的专业化分工意味着每个人只能生产某一种产品或产品的某一个部件，而每个人的生活需要各种各样的产品，这就产生了人们相互交换产品的必然性。因此，**分工产生交换，交换形成市场。**如果在生产专业化分工的条件下，某一种产品还是某个人生产的，还可以说这个产品是某个人的个人产品。比如，工场手工业时期。那么随着生产分工的进一步细化，每个人只能生产某种产品的某个部件，那么该产品就不是某个人的个人产品，而是许多人合作生产的产品，即"社会产品"。比如，现代大工业生产。但是，社会产品的性质还不能就此确定，它还是**"准社会产品"。**无论是个人产品还是许多人合作生产的准社会产品必须通过市场交换销售出去，才能**被证明和确定是有价值的、社会接受和需要的产品，即社会产品。**如果销售不出去，那么这些产品就没有被社会接受和认可，就没有价值，不具有社会产品的性质，还只是个人产品或多人合作的产品。因此，产品的社会性质不是由分工决定的，而是由市场交换决定的。**个人产品和合作产品必须通过市场交换才能转化为或成为社会产品，是市场社会性特征的本质含义。**为在市场上交换和销售而进行的生产是具有**社会生产**性质的商品生产，产品和生产市场化程度的高低成为检验产品和生产社会化程度高低的标准。**市场成为检验产品和生产社会性质的判官。**

市场的社会性特征具有重要意义。正是由于市场的社会性特征，**不同个人的个人产品在市场上竞争的实质是每个人都在千方百计努力使自己的个人或合作产品在市场上经受社会的检验和评判，并通过交换成为社会接受的、有价值的社会产品。**每个生产者都知道这个转化过程是很困难的，所以市场竞争是很激烈和残酷的。如果转化不成功，或者说企业的产品在市场上销售不出去，那就意味着企业没有收入。因为产品没有被社会成员接受和认可，没有价值，所以产品就不能成为社会产品和社会财富。同样的道理，产品市场范围的大小也是限制产品社会性质的重要因素。一个地域性的产品表明该产品只被该地区的社会成员接受，它的社会化程度或社会性质也比较低。一个国际性产品表明该产品是全世界的人们都接受和认可的产品，它的社会化程度和社会性质最高。

也正是由于市场的社会性特征，**公平竞争、自由竞争才是重要的。**因为只有公平的自由竞争才能使市场的社会性特征得到公正的体现。才能充分激发全体社会成员潜力的发挥，充分发挥市场竞争的效率。斯密强调的自由竞争原则是专门针对垄断和专制而言的。因为任何垄断（经济权利的专制）和专制（政治权力对社会经济生活的垄断）都是对市场社会性特征的损害和扭曲，都是不公正的。"人人生来平等"（《人权宣言》），社会是社会成员共有的社会，不是哪一个经济集团或政治集团独有的社会，是现代市场经济社会人们的共同要求。正因为如此，魁奈的天赋人权和斯密的自由竞争原则，从 18 世纪到今天一直是西方发达市场经济社会人们的信念和追求。其更深层次的原因在于：**它是市场社会性特征的本质体现。**

二、市场一些要素的具体概念

1. 商品、价值、货币、价格

（1）**商品是具有价值能满足人们的某种需要，从而可以用于交换的物品。**因此，在市场上交易的物品称为商品。物品包括物质产品和非生产的物品。物质产品如汽车、衣服等，它是人们通过消耗生产要素生产出来的物品；非生产的物品如土地、天然钻石等等，这些物品尽管是天然的、非生产的物品，但它们也是被人们认为有价值的、可以在市场上交易的物品，因此它们也具有商品的性质。**在市场上交易的非物质形式的产品称为劳务，劳务是指有偿服务。**如理发、唱歌、医疗服务等。**劳务和商品具有相同的性质。**

（2）**价值表示对人们都有效用的、人们都接受的物品或劳务，是社会财富。**当我们说一个物品有价值，不仅是指它对自己是有用的财富，而且还表示它对其他人也是有用的，可以被其他人即社会接受的财富。因此，有价值的物品，即被其他人也需要的物品才能交换。

（3）**货币是价值的代表、交换媒介和计量价值量、记账单位的一种物品。**商品的价值是用货币来计量或表现的，商品或劳务是以货币为媒介进行交换的。因此，货币是价值的代表，或者说**货币本身就是价值的现实存在形式。**用货币表示和计量的商品或劳务的价值量就是价格。它不仅表示该商品具有价值，可以交换，还表示该商品具有多少价值量，可以和多少其他商品交换。

（4）**价格是商品价值量的货币表现。**或者说，用货币度量和表示的商品的价值量就是价格。在商品社会里，**商品和货币（及其他形式的有价证券）是社会财富存在的两种具体形式。**以一台电视机的价值量为例，如果今天的市场价格是 2000 元/台，今天这台电视机的价值量就是 2000 元。如果昨天电视机的市场牌价为 2500 元，昨天这台电视机的价值量就是 2500 元。可见，在市场经济中，财富或价值量具有相对的性质。

2. 名义价格、实际价格

财富或价值量的相对性质表现为市场价格随时间、地点而波动不定。为了衡量财富的变动，人们提出了名义价格和实际价格的概念作为衡量财富变动的工具。

一种商品的名义价格是指以当年货币表示的现期价格。如 1998 年鸡蛋的名义价格就是以 1998 年货币表示的鸡蛋当年价格。**实际价格是指以基年的货币表示的不变价格。**假定考察 1980~2000 年的价格变动。在这 20 年中，可以任意选某一年为基年。例如，如果以 1990 年为基年，那么基年的名义价格和实际价格是一致的。以基年的价格为基准来计算各年的实际价格要借助消费价格指数这个工具。基年的消费价格指数为 100%，如果 1991 年价格上涨 7%，那么 1991 年的消费价格指数就为 107%；如果 1992 年价格比基年下降 10%，那么 1992 年的消费价格指数为 90%，以此类推。然后，用各年的名义价格除以它的消费价格指数，就得到各年的实际价格。名义价格与实际价格的差距来自价格上涨或下降的百分比，称为通货膨胀率或通货紧缩率。用消费价格指数将名义价格折算成实际价格实际上就是排除价格变动的影响，寻求一种相对稳定的不变价格来衡量财富的价值量。但是，消费价格指数并不是只度量一种物品的价格变动。例如美国的消费物价指数（CPI）度量的是普通城市消费者购买的几百种有代表性的消费品的加权平均价格变动的百分比，以 1983 年为基年价格。

第二节　需求和需求曲线

需求和供给是市场竞争的两种基本力量，或者说是市场机制形成的两个基本方面。本节讨论需求方面。

一、需求的定义

需求（demand）是指在一定的价格水平下，消费者愿意而且能够购买的某种商品或劳务的数量。该定义强调两点：一是消费者有购买愿望。二是消费者有支付能力。经济学所讲的需求，始终是指有货币支付能力的需求。想要一架飞机，但没有能力购买，这不叫需求，只是欲望。想要一样东西，而且有货币支付能力购买，才叫需求。因此，一个消费者或一个地区的需求能力，是可以通过该消费者或该地区的货币收入水平和财产拥有量来度量的。例如，一个消费者月收入为 2000 元，那么在不考虑该消费者其他财产的情况下，他每月有 2000 元的货币需求能力。

由定义可知，影响需求的因素主要有：

1）**商品的价格水平**。在消费者收入既定的情况下，某商品的价格下降，消费者可以购买更多的数量。反之，某商品的价格上升，消费者只能购买较少的数量。

2）**消费者收入水平**。在商品价格既定的情况下，消费者收入提高，可以购买更多的数量；反之，消费者收入下降，只能购买较少的数量。

3）**市场规模**。以人口数量衡量，在其他条件相同的情况下，一个 200 万人口的城市对面包或牛奶的需求数量，可能是 100 万人口城市的 2 倍。

4）**相关商品的价格**。相关商品包括替代品和互补品。**替代品是指两种或几种物品可以互相替代来满足消费者同一消费欲望的物品**。如大米和面粉，钢笔和铅笔，等等。当大米价格上升时，人们会减少大米的消费，增加对面粉的需求。**互补品是指两种或几种物品必须同时消费才能满足消费者同一消费目标的物品**。如录音机和录音带，汽车的汽油。当汽油价格上升，会影响人们对汽车的需求量。

5）**消费者偏好或爱好**。是指消费者对某种物品的喜爱。这个因素涉及人们的生活习惯、风俗、宗教等因素。例如，美国人爱吃牛肉，而牛肉在印度则是禁食的食品。人们喜欢食用鸡蛋，但一项研究结果公布说鸡蛋会增加人们的胆固醇，影响身体健康，人们就会马上改变对鸡蛋的偏好，使其需求下降。

6）**其他因素**。季节、环境、对未来价格的预期等因素也会对需求产生影响。如多雨的地区会增加雨伞的需求，多雪的地区会产生对滑雪板的需求。人们如果预期价格会上升，就会产生抢购等。

二、需求定理

我们首先考察**需求量和价格的关系**。如果观察牛奶市场需求量与价格的关系，我们会发现牛奶的需求量与价格呈反方向变动的关系，即价格上升，需求量会下降；价格下降，需求量会上升。由此可以提出一个假说：商品的需求量与价格存在反方向变动的关系。然后通过市场调查进行验证，我们会发现和证明绝大多数商品的需求量与价格存在反方向变动关系。因此，可以将这个假说上升为理论，即需求定理。经济学将需求定理定义为**商品的需求量与价格存在反方向变动的关系**。需求定理也称需求规律。规律反映普遍现象，但不排除个别现象，也就是说个别商品（在一些特殊情况下）的需求量与价格呈同方向变动的现象（如吉芬物品），不能否定需求规律的成立。

三、需求定理的数学表达式：需求曲线和需求函数

需求定理表述了商品的需求量与价格之间的依存关系，两个变量的依存关系用数学语言表述就是函数关系，所以需求定理也可以称为需求函数，并可以用需求曲线（几何工具）直观地表现出来进行分析。例如，将调查的牛奶市场上牛奶的不同价格所对应的需求数量的数值列在表格里，就得到了牛奶的市场需求表。将需求表里的数据标在坐标曲线图上，就得到了牛奶的市场需求曲线。调查方法既可以用直接的市场调查方法，也可以采取问卷调查的方法。例如，用问卷调查的方法调查太原市牛奶市场的需求量。要运用统计学的原理和方法来确定太原市 200 万居民中不同收入家庭的调查比例，设计调查表。调查表中列出不同的牛奶价格，让有代表性的不同收入的家庭填写在不同价格水平下，该家庭愿意和能够购买和消费的牛奶数量。然后收回调查表，对数据进行汇总和技术处理，就可以得到太原牛奶市场的需求表。表 2-1 是我们假定的某城市牛奶市场的调查表。

表 2-1　牛奶的市场需求表

	A	B	C	D	E
价格（P）元/公斤	1	2	3	4	5
需求量（Q）千吨/年	10	8	6	4	2

将调查表中的数据标在图 2-1 坐标曲线图上，就得到了某城市的牛奶市场的需求曲线。

图 2-1 中，横轴代表牛奶的需求数量，纵轴代表牛奶的价格。注意需求量与价格呈反方向变动，它表现为需求曲线 D 向右下方倾斜。依据曲线特征，**需求定理也被称为"需求向下方倾斜规律"**。

将表 2-1 需求表和图 2-1 需求曲线还原成数学公式，可表示为 $Q_d=12-2P$，该式即为需求函数，它的一般表达式为 $Q_d=a-bP$，它表示某商品的需求量是价格的函数。需求量与价格之间的依存关系用数学语言表达就是函数关系。函数关系可以有图表、曲线、数学式三种表达方式。所以可以用数学工具对需求规律进行技术分析。但是，**在实际生活中，某商品的需求表和需求曲线是从市场调查中得到的，而不是从需求函数式得到**

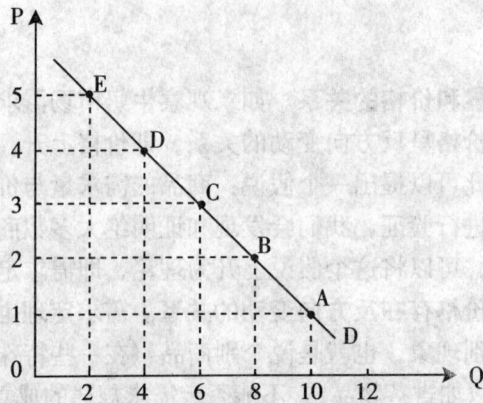

图 2-1　牛奶的市场需求曲线

的。相反，需求函数式是从需求曲线得到的。不要颠倒二者的关系，颠倒了二者的关系就陷入了唯心主义的神秘怪圈和陷阱。

实际的需求表和需求曲线，即通过市场调查记录的某商品的价格和需求量的数值不会是像图 2-1 中按固定比例变动的，实际的需求曲线是一条不规则的曲线。原因是实际的需求曲线受到各种因素的干扰。但是为了技术分析的简便，假定它是一条直线，就是说，把其他干扰因素抽象掉。只要我们的假定符合需求规律的要求，即需求量与价格存在反方向变动的对应关系，就是合理的假定或抽象。

当价格上升时，需求量为什么会趋于下降呢？简单的答案是，**在既定收入水平下，某种物品的价格升高，消费者能够购买的数量就会减少，消费者会去购买价格较低的替代品，这叫替代效应**。比如，牛奶价格升高可以用豆奶来替代牛奶。第二个原因是以前有能力购买的一些消费者，现在没有能力购买了。就是说，**在收入水平不变的条件下，商品价格上升意味着实际收入水平下降；商品价格下降，意味着实际收入水平上升，这叫收入效应**。比如，在收入既定的条件下，牛奶价格升高意味着实际购买力或实际收入水平下降了，喝不起牛奶了，只能去喝豆奶。反之，如果牛奶价格下降，意味着实际收入水平提高了，又可以喝牛奶了。**需求曲线向下倾斜的更深层次的原因是由于边际效用递减规律**。这一点在下一章讨论。

四、需求的变动

价格变动对需求的影响可以从图 2-1 中看出来，当牛奶价格为 5 元时，需求量为 2 千吨/年，如 E 点。当价格下降为 2 元时，需求量增加至 8 千吨/年，如 B 点。当价格又上升为 3 元时，需求量又会减少至 6 千吨/年，如 C 点。

因此，价格变动对需求量的影响表现为一条需求曲线上点的位置的移动。经济学称之为需求量的变动。

除价格外，其他许多因素如收入水平、偏好、对价格预期等也影响需求，下面就以收入水平变动为例来分析其他因素对需求的影响。

一般来讲，人们的收入增加，在每一个价格水平上，人们对某一商品的需求量都会增加，其结果是把整条需求曲线推向右方，如由 D_1 至 D_2。人们的收入减少，在每一价格水平上人们对某一商品的需求量都会减少，其结果是把需求曲线推向左方，如由 D_1 至 D_3。此外，城市人口规模的变动、消费者偏好的改变，对需求的影响与收入变动对需求的影响相同，即会使需求曲线向左或向右移动。因此，**除价格以外，收入及其他因素对需求的影响表现为需求曲线位置的移动。经济学称之为需求的变动。** 注意不要混淆需求量的变动和需求的变动。

本节分析了需求规律及其变动。分析中运用了实证方法、几何工具、抽象分析方法。你能说明这些方法是怎样运用的吗？学会这些方法，就能开发你的创造力。

图 2-2 需求的变动

第三节 供给和供给曲线

一、供给的定义

供给（supply）是指在一定的价格水平下，生产者愿意而且能够生产和出售的商品数量。 该定义强调两点：一是生产者有供货愿望；二是生产者有供货能力。**供货能力不是指生产能力的大小，而是指生产者的成本低于或至少等于市场价格；** 如果成本高于市场价格，供货就会亏损，就意味着生产者无供货能力。

供给的定义表明，影响供给的主要因素是价格和生产成本。此外，一切影响成本的因素如一般工资率的变动，原材料价格的变动，技术进步和革新，交通和生产环境的改善以及政府的政策等，都会通过影响成本来影响供给。

二、供给定理和供给曲线

通过观察市场某产品供给量与价格的关系会发现供给量与价格存在同方向变动的关系，即价格上升，供给量会增加；价格下降，供给量会减少。通过市场调查可以证明，在其他条件不变的情况下，绝大多数商品的供给量与价格存在同方向变动的关系。因此，经济学将这种关系上升为理论并定义为供给定理，或称供给规律。**供给定理是指商**

品的供给量与价格之间存在同方向变动的关系。

供给定理用几何图形表示，就是供给曲线。例如将调查所得的牛奶市场的供给量与价格的对应数值列成表，就是牛奶市场的供给表，见表2-2。将供给表中的数据标在坐标曲线图上就得到牛奶的供给曲线，见图2-3。调查方法和需求表的调查方法一样。调查方法既可以用直接的市场调查方法，也可以采取问卷调查的方法。例如，用问卷调查的方法调查太原市牛奶市场的供给量。要运用统计学的原理和方法来确定太原市牛奶市场的主要供货商及调查比例，设计调查表。调查表中列出不同的牛奶价格，让有代表性的不同规模的供货商填写在不同价格水平下，该供货商愿意和能够供给的牛奶数量。然后收回调查表，对数据进行汇总和技术处理，就可以得到太原牛奶市场的供给表。表2-2是假定的某城市调查得到的牛奶市场的供给表。

表2-2　牛奶市场的供给表

	A	B	C	D	E
价格（P）元/公斤	1	2	3	4	5
供给量（Q）千吨/年	0	4	8	12	16

将供给表中的数据标在坐标曲线图上就得到牛奶市场的供给曲线图2-3。

图2-3中，横轴代表供给数量，纵轴代表价格，S曲线为供给曲线。S曲线是向上倾斜的，它体现的是供给量与价格呈同方向变动的关系。根据曲线特征，供给定理也被称为供给向上倾斜规律。

图2-3　牛奶市场的供给曲线

同样，将上述供给表和供给曲线还原为数学式，即为 $Qs = -4 + 4P$，称为供给函数，其一般表达式为 $Qs = -c + dP$。

实际的供给曲线，即通过市场调查记录的供给曲线是一条不规则的曲线。原因是实际的供给曲线会受到各种因素的干扰。为了技术分析的简便，假定它是一条直线，只要假定符合供给规律的要求就是合理的抽象。可见，需求曲线和供给曲线是运用几何工具对需求规律和供给规律的抽象分析概括出来的。

供给曲线为什么向上倾斜？或者说供给量为什么与价格同方向变动？简单的答案

是，生产者提供产品是为了获得利润。价格上升意味着生产者可以获得更大的利润，从而扩大生产，增加供货。而且以前没有供货能力的生产者现在也有能力供货了（价格上升至其成本以上），从而供给增加。价格下降，意味着利润减少，生产者积极性下降。而且以前有能力供货的一些生产者现在没能力供货了（价格下降至其成本以下），从而使供给减少。因此，供给量与价格存在同方向变动的依存关系。**供给曲线向上倾斜的更深层次的原因是边际产量递减规律决定的边际成本上升趋势。**

三、供给变动

价格变动对供给的影响可以从图2-3中看出来。当价格为1时，供给量为0，如A点；当价格上升至4时，供给量增加至12千吨/年，如D点；当价格下降至3时，供给量又减少至8千吨/年，如C点。因此，**价格变动对供给的影响，表现为在一条供给曲线上点的位置的移动。经济学称之为供给量的变动。**

除价格以外，成本及其他因素对供给的影响见图2-4的分析。

图2-4　供给的变动

一般来讲，成本由于某种原因下降（如技术革新、原材料价格下降，采用新的管理方法等），就意味着生产者在每一价格水平上都比以前能生产和供给更多的数量，其结果是把整条供给曲线推向右方，如由S_1至S_2。反之，成本由于某种原因上升（如战争导致原油价格上升，工资率上升等），则意味着生产者供货能力下降，在每一价格水平上，比以前所能供给数量减少，其结果是把供给曲线推向左方，如由S_1至S_3。可见，**成本等因素对供给的影响表现为供给曲线位置的移动，经济学称之为供给的变动。**

第四节　市场机制

一、市场机制和均衡价格的决定

供给和需求是市场上两种相互作用又相互依存的基本力量。当供求两种力量达到均衡时，即供给量和需求量相等时，就决定了市场的均衡价格水平。反过来，价格又影响供给和需求，即对生产者和消费者具有调节和引导作用。经济学把这种相互依存又相互作用的供求关系及所产生的市场调节力量称为市场机制。

把需求曲线和供给曲线放在同一个坐标曲线图上就得到市场供求机制决定均衡价格的模型，见图2-5。

图 2-5　市场供求机制决定均衡价格

图2-5中，纵轴表示的是某种商品的价格（P），该价格是在一个既定的供给量时卖方所要求的价格，同时也是在一个既定的需求量时买方所支付的价格。横轴表示需求和供给的数量。

供给曲线和需求曲线的交点，即供求两种力量达到均衡时的 E 点所决定的价格 $\bar{P}_0$ 和数量 $\bar{Q}_0$ 称为均衡价格和均衡数量。在该点，供给量和需求量恰好相等，产品全部卖出，没有存货，所以均衡价格也称为市场出清价格。

需求的力量是由成千上万个消费者自发形成的。供给的力量也是由成百上千个厂商自发形成的。双方自发地进行交易，二者怎么能就正好相等呢？显然，均衡是一个过程。假定起初的市场价格水平较高，如P_1，在这个价格水平，厂商供给的数量如供给曲线的 A 点所对应的横轴的Q'；消费者需求的数量如需求曲线的 B 点所对应的横轴的Q''。供给大于需求，市场出现过剩现象，产品积压，销售困难，给厂商传递的信息是价格过高，产品过多，需求不足，从而迫使厂商降低价格和减少供给。一些厂商会退出，将资源抽出该种产品的生产。随着价格的下降，需求量会沿着需求曲线增加，直到$\bar{P}_0$的均衡点为止，供给数量和需求数量相等，市场出清，过剩消失。

假定起初的市场价格较低，如P_2点。在这一价格水平，厂商愿意供给的数量为供给曲线上的 C 点所对应的横轴的Q'''，消费者愿意购买的数量是需求曲线上的 F 点所对应的Q''''。需求大于供给，产品供不应求，市场出现短缺现象。短缺给厂商传递的信息是，现在市场价格过低，需求过多，这是提高价格、增加供货获取利润的好机会，从而价格上升，供给增加；短缺给消费者传递的信息是，市场价格过低，厂商不愿供货，一些消费者愿意出较高的价格购买稀缺的产品。随着价格的上升，又抑制了一些消费者的需求，使需求减少，直至 $\overline{P}_0$ 点，供给和需求量相等，短缺消失，市场达到均衡。可见，自发的供给和需求在市场上起初难免在数量上存在差异，或者过剩，或者短缺；但是市场机制的调节会使二者趋向均衡，这就是均衡价格和均衡数量形成的过程。

有的西方学者用拍卖市场的例子生动描述了均衡价格和均衡数量的形成过程。而且这种描述可以让人体会到一个重要的观点：**均衡价格是在竞争的市场上供求双方都接受的市场价格**。仍以图 2-5 为例，假定在一个自由竞争的玉米拍卖市场上，拍卖人事先不知道什么价格是合适的价格。假定他先喊出 P_1 的价格。这个价格供方很高兴，他们愿意出售 Q' 的数量。但是，这个价格消费者感到太高，不愿意接受，这么高的价格他们只愿意购买 Q'' 的数量。市场上堆满了卖不出去的玉米。拍卖人意识到什么地方出错了，价格不合适。这次他又走到另一个极端，假定他喊出 P_2 的价格。这个价格消费者很高兴，愿意购买 Q''' 的数量。但是这个价格生产者感到太低，只愿意出售 Q'''' 的数量。市场上出现短缺，挤满了排队购买玉米的消费者。拍卖人意识到什么地方又出错了，价格太低。权衡之后，最后喊出 $\overline{P}_0$ 的价格。在这个价格水平，供给者愿意出售的数量与消费者愿意购买的数量相等，过剩和短缺现象都消失了，市场价格达到稳定的均衡状态。或者说这个价格是供给者和消费者都愿意接受的价格。

通过以上分析得出如下结论：**在一个自由竞争的市场上，市场价格具有趋于均衡或市场出清的趋势；暂时的过剩或短缺现象都会消失。**

现实生活中的市场上有成千上万种商品，这些商品都有不同的价格。**如果市场上没有过剩或短缺现象，那么这些价格都是通过市场供求关系调节形成的相对稳定的均衡价格。**但是，有时候会发现有些商品的价格又不稳定了，又开始变动了，为什么呢？因为，除价格外，需求或需求曲线还受到消费者收入水平、人口规模、偏好等诸多因素的影响；供给或供给曲线还受到成本、原材料价格、油料价格、技术进步、战争等诸多因素的影响，这些因素时时刻刻处在变动之中，因此，**供求曲线不可能是静止不动的，市场均衡价格也不可能是稳定不变的。**下面分析供求变动对均衡价格和数量的影响。

二、供求变动对均衡的影响

因为供给和需求总是在变动的，所以均衡价格也不可能稳定不变。比如，居民收入水平、时尚偏好、人口规模等的变动会使需求曲线左移或右移，在供给不变的条件下，使市场均衡价格和数量在一个较低或更高的水平达到均衡；影响成本的因素如自然灾害、战争、石油电力紧张等因素的变动会使供给曲线右移或左移，在需求不变的条件下，也会使均衡价格和数量在新的水平上达到均衡，下面我们就来分析这种变动的意义。

1. 供给变动对均衡的影响

图 2-6 说明了供给变动对均衡价格和数量的影响。假定恶劣的气候使小麦减产，面包的原料价格上升，成本上升使面包的供给在每一价格水平上减少，供给曲线由 S_1 左移至 S_2。从图中可以看到，在需求不变的条件下，供给减少，使均衡价格上升，均衡数量下降；假定面包烤制技术进步使面包的生产成本下降，成本下降使供给增加，供给曲线由 S_1 右移至 S_3。从图中我们看到，供给增加，使均衡价格下降，均衡数量增加。

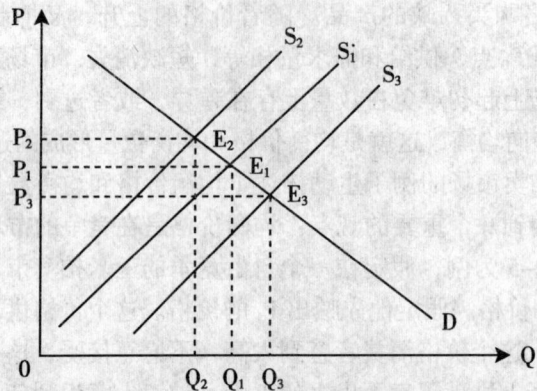

图 2-6 供给变动对均衡的影响

2. 需求变动对均衡的影响

图 2-7 说明了需求变动对均衡价格和数量的影响。假定，某城市居民人口增加，从而对鸡蛋的需求增加，鸡蛋的需求曲线由 D_1 右移至 D_3。从图 2-7 中看到，在供给不变的情况下，需求增加会使均衡价格上升，均衡数量增加。再假定，某项研究发现，食用鸡蛋过多会增加人体的胆固醇，影响健康。这项研究改变了人们对鸡蛋的偏好，使鸡蛋的需求下降，需求曲线由 D_1 左移至 D_2。从图 2-7 中我们看到，需求下降，会使均衡价格下降，均衡数量减少。

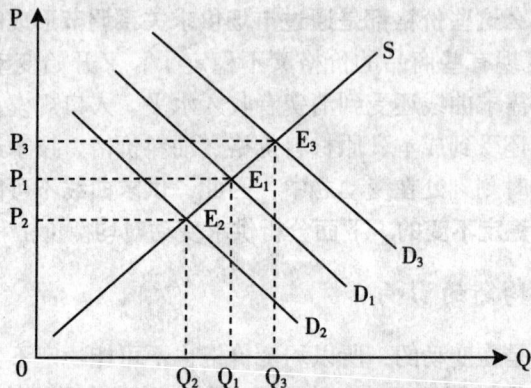

图 2-7 需求变动对均衡的影响

通过上述分析，我们可以从供给和需求变动对均衡价格和均衡数量的影响中概括出来四条供求规律：

（1）需求的增加引起均衡价格上升和均衡数量增加。

（2）需求减少引起均衡价格下降和均衡数量减少。

（3）供给增加引起均衡价格下降和均衡数量增加。

（4）供给减少引起均衡价格上升和均衡数量减少。

上述四条规律我们不需要死记硬背，只须在坐标曲线图上移动供求曲线就能直观地看到。那么，了解这些规律对我们有什么意义呢？理解了市场供求机制的作用，我们就会理解现实生活中的各种因素，如居民收入水平变动、石油价格上涨、新技术的发明、消费者时尚、进出口的商品种类和数量，加入 WTO 等的变化，对市场供求关系及经济生活的影响，并使用供求曲线这个工具跟踪分析这些影响的后果，来预测市场的变动趋势，捕捉市场机会。**变动中的市场每时每刻都为消费者和生产者创造着机会，关键是能否理解和抓住这些机会。**有人说过，即使鹦鹉也能成为一个博学的经济学家，它所要学的就是两个词：供给和需求。例如，居民收入水平提高，意味着社会货币购买力或需求增加，在供给不变的情况下，需求曲线会向右移动，消费品价格会普遍上升。在我国改革开放的 30 年中，每一次政府普遍提高员工和职工的工资，都会带来消费品价格的一次普遍上升。当人们欣喜于工资提高的时候，紧接着看到的是消费品价格的上升。再如，消费者有追求时尚的偏好。因此，厂商每年都要推出新款式的服装。新时装上市，需求增加，需求曲线向右移动，价格上升，厂商增加供货。时尚一过，需求下降，需求曲线向左移动，价格大跌。这就是时装市场价格波动较大的原因。精明的消费者不会在价格的峰尖上购买时装，而会在价格的谷底购买符合自己气质的质量优良的时装，符合自己的时装一两年是不会过时的。精明的厂商会在市场价格大跌前停止生产，避免时尚一过产品积压。再比如，铜和铝是替代品，在工业用途上，它们可以互相替代。当铜的价格上涨时，对铝的需求就会增加，从而为铝生产业创造了机会。再比如，加入 WTO 会对我国的汽车业产生什么影响？大量低成本、优质的汽车进入中国市场，意味着我国汽车市场的供给曲线会向右移动，价格会下降。对我国的汽车厂商来说，他们感到了竞争的压力，如果再不想办法降低成本，他们将失去市场；对于我国消费者来说，他们会意识到以更低的价格买更好的汽车的机会将要来临，因此持币待购。可见市场范围的扩大，对消费者是有利的。

然而，供求机制作用的意义还不仅限于这些。市场供求机制更重要的作用在于对社会经济资源的配置所起的调节和引导作用。下面分析供求变动所引起的均衡价格和数量变动的更深层次的意义。

三、市场机制的作用

1. 需求变动的意义

通过需求变动对均衡价格和数量的影响的分析知道，市场均衡价格和数量与需求同方向变动，见图 2-7。因为一种商品的需求上升，价格上升。意味着社会对该产品需求的增加和厂商获利机会的来临，厂商会把更多的资源投入该产品的生产，以增加供给和利润，而在厂商获利的同时，又满足了消费者对该产品的需求。当一种产品的需求下降，价格下降，意味着社会对该产品的需求减少和厂商利润减少，甚至亏损，厂商会减少产量，甚至退出该种产品的生产，即把资源从该种产品的生产上转移到社会需要的产品上，这样厂商才会获利。

可见，从上述分析可以得出如下结论，**均衡价格和数量与需求同方向变动的经济意义在于：市场机制调节生产者朝满足消费者需求的方向配置资源，从而使稀缺的经济资源能更大限度地满足消费者的需要。**

例如，聪明的温州人成功的秘诀在于，紧跟市场需求，不怕利小，生产消费者需求量最大的生活必需品。从纽扣、打火机到服装、鞋帽、日用小五金、小家电，消费者需要什么，他就生产什么。生活必需品尽管利小，但需求量大。例如，温州每年生产30~40亿双鞋，为全国人民每人每年生产3.5双鞋，为世界人民每人每年生产近1双鞋，以"中国鞋都"著称世界。温州的打火机产量占世界总产量的70%以上。温州有近10万家民营企业，资产规模近3000亿元。随着企业做大，温州人走向全国和世界。比如，600多万人口的温州地区，就有140万人在全国和世界各地做生意，其中欧洲就有60万温州人。他们生产的日用小商品已经对欧洲和美国市场形成冲击。

2. 供给变动的意义

成本和供给的变动对均衡价格和数量的影响有什么意义呢？一般来讲，成本上升，对厂商和社会都没有利益和好处。如图2-6表明的成本上升，供给减少，价格上升，数量减少，厂商的利益不变，甚至可能下降。因此，除非不可抗拒的因素如恶劣的气候、战争等使原材料价格上涨，成本上升外，厂商不愿意提高成本。然而，厂商降低成本则是有利可图的。在图2-8中，先看单个厂商的行为，假定初始面包市场的均衡在S_1与D的交点E_1决定的价格P_1和数量Q_1的水平。

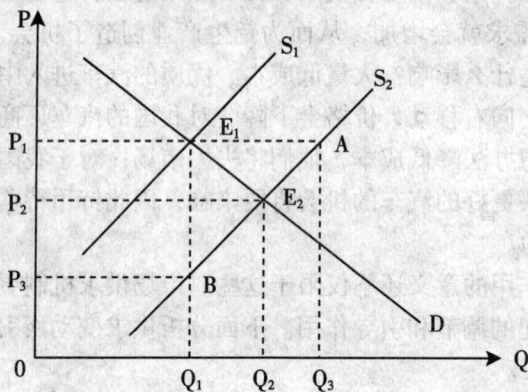

图2-8　降低成本给厂商和社会都带来利益

假定面包行业的一些厂商或单个厂商采用了更先进的烤制技术，降低了面包生产的成本，那么意味着该厂商能以更低的成本和价格P_3生产相同数量的面包，如B点，厂商将获得更多的收入和利润（P_1-P_3的差额×Q），或者该厂商能以P_1的价格提供更多的数量的面包（E_1至A点）。这两种情况，厂商都获得更多的利益。可见降低成本会给厂商带来更多的利益，厂商具有降低成本的动力。

一些厂商的获利会引起其他厂商的效仿，随着技术的普及，假定整个面包行业都采用了先进的烤制技术，使行业的成本下降，行业的供给曲线由S_1移至S_2，从图上可以看到，市场均衡价格由P_1下降为P_2，数量由Q_1增加至Q_2，这意味着社会可以以更低的成本生产更多数量的面包，而且消费者可以以更低的价格买到更多的面包。可见成本下降给社会也带来利益。

通过上述分析，可以得出如下结论：**市场机制促使生产者降低成本，成本下降意味着追求技术进步和资源有效率的利用，它导致社会经济利益的提高。**

例如，我们比较一下美国的沃尔玛和中国的亚细亚成败得失的原因。沃尔玛所从事的是传统的百货零售业，从交易形式上看没有什么特别之处。但沃尔玛却把传统的百货零售业做到了全世界，在全世界开了 8000 家超市，沃尔玛家族也成为世界首富。沃尔玛成功的秘诀在于：**为顾客节省每一分钱，向顾客提供最实惠、最低价的商品。**在美国本土和世界各地的沃尔玛超市，门面非常普通，很少装饰，看上去就像一个大仓库。商场没有专门的办公室，办公室同时又是仓库，经理们经常站着开会；所有的文件纸都是两面都用。沃尔玛处处精打细算是因为他们明白，商业中的一切花费最终都要分摊到商品的价格上，由消费者买单。为了向顾客提供最低价的商品，除了经营上精打细算，沃尔玛还通过信息技术和物流优化，尽可能降低物流成本；通过大批量采购，千方百计地压低采购成本。正因为这样，沃尔玛同样的商品比别的商场价格要便宜；正因为价格便宜，更多的人都愿意到沃尔玛去购物；正因为更多的人购买，沃尔玛能更大批量地采购，其规模优势使价格则更便宜。这种良性循环，使沃尔玛成为世界最大的零售商。

中国郑州的亚细亚从事的也是百货零售，与沃尔玛大同小异。亚细亚也曾在中国建立过十多家连锁店，但最后由于巨额亏损而关门。亚细亚为什么失败？失败的原因与沃尔玛成功的原因刚好相反。如果说沃尔玛成功的原因在于为顾客节省每一分钱，亚细亚失败的原因则在于为顾客尽量多花钱。首先，看一看亚细亚门面的豪华装修，这一点从亚细亚所投资的郑州五彩购物广场就很清楚，恨不得用五星级酒店的装修来做商场。其次，各种人员花销也是大手大脚。亚细亚每天有升旗仪式，有专业歌唱和表演队伍，养了一大批与商业无关的闲人。最后，亚细亚作为郑州的一个零售商场天天在中央电视台做广告，单从商业目的来看，其中大部分是浪费。亚细亚的上述各种排场，最终都要通过商品的价格摊销。因此，亚细亚的商品价格普遍高于其他商场。同样的商品，消费者为什么要到更贵的商场去买呢？这就是亚细亚失败的根本原因。

温州人、沃尔玛和亚细亚的事例告诉人们，市场是在用胡萝卜和大棒教会人们按市场规律办事。如果按市场规律办事，就会得到胡萝卜；如果违背市场规律，就会挨大棒。在市场经济中生活和经营的人们，只要用心去体会，就会发现这些规律。按市场规律去做，不仅自己得到利益，也会促进社会利益的提高。比如温州人和沃尔玛自己得到胡萝卜的同时，也使消费者得到物美价廉的商品和利益。亚细亚之所以挨大棒，是因为它违背了市场规律，它不仅浪费资源，还损害了消费者的利益。

3. 市场机制作用小结

通过对市场机制的初步分析，可以初步将市场机制的作用小结如下：

（1）**市场供求机制的第一个作用是决定市场均衡价格，即决定商品的价值量、社会财富的度量尺度和交易条件。**但这只是价格决定的第一层次。供求一致时，为什么不同商品会有不同的市场均衡价格？为什么供求一致决定的面包价格是 2 元一个，而供求一致决定的汽车价格是 10 万元一辆？因此，仅用供求一致说明价格的决定是不够的，还要进一步说明供求曲线背后的原理。这将在第三章和第四章中加以说明，然后对均衡价格理论做出总结。

（2）**市场机制促使生产者降低成本，降低成本的努力导致社会资源有效率的利用和技术进步，导致社会经济利益的提高。**

（3）**市场机制促使生产者向满足消费者需要的方向配置资源。从而导致稀缺资源的利用更大限度地满足消费者和社会的需要。**

现在我们来思考一下市场机制的成就。成千上万的追求自己个人利益的消费者和生产者，自发的交易形成的市场均衡价格自动调节着稀缺资源的配置，成千上万种产品的生产、分配和消费。没有任何人进行统一指导和强制运作，一切都是在供求关系和价格机制的调节下自发、有序地运行着。萨缪尔森说，这是"人类社会真正的奇迹所在"。更重要的是，市场机制的调节促进了稀缺资源的有效利用和社会经济利益的提高。正如亚当·斯密指出的，每个人都力图利用好他的资本，使其产出能实现最大价值。一般说来，他并不企图增进公共福利，也不知道他实际上所增进的公共福利是多少。他所追求的仅仅是他个人的利益和所得。但在他这样做的时候，有一只"看不见的手"在引导着他去帮助实现另一种目标，这种目标并非是他本意所要追求的东西。通过追逐个人利益，他经常增进了社会利益。其效果比他真正想促进社会利益时所获得的效果更好。

这位二百多年前哲人的思想至今对后人仍有启迪。尽管今天已看到了垄断等因素对市场竞争机制作用的限制及市场机制的一些缺陷，但它不能否定斯密思想的正确性。本节的初步分析已表明，市场机制的调节确实促进了社会利益的提高。

第五节　弹性理论

供求关系是市场的核心关系，因此供求曲线是一个很有用的分析工具。但是，要运用供求曲线这个工具分析具体的经济问题，还需要解决一个技术上的问题，就是供给、需求对价格变动反应的敏感程度问题。例如，有的商品的需求量对价格变动反应很敏感，价格上升 10%，需求量会下降 20%，甚至 50%；而有的商品的需求量对价格变动的反应程度很小，甚至无动于衷。价格上升 10%，需求量只下降 1%~2% 等。如何衡量这种敏感程度的差别？经济学引进了弹性概念和方法。弹性是对供、求量对价格变动反应的敏感程度进行定量分析的方法或工具。后来这个方法和工具的运用进一步扩大，对凡是具有依存关系的两个经济变量，都可以运用这个工具去分析因变量对自变量变动反应的敏感程度。下面就介绍弹性概念的一般含义及这个工具的运用。

一、弹性的概念及其具体运用

弹性的基本含义：对于任何两个经济变量，如果这两个经济变量之间存在依存关系（也称函数关系），就可以建立关于这两个经济变量的弹性关系，以反映因变量对自变量变动反应的敏感程度。用公式表示：假定 X 为自变量，Y 为因变量，则：

$$弹性系数\ E = \frac{因变量变动的百分比}{自变量变动的百分比}$$

因此，可以将弹性的概念定义为：**弹性是指两个存在依存关系的经济变量的因变量变动率（变动的百分比）与自变量变动率（变动的百分比）的比值，它是关于因变量对自变量变动反应的敏感程度的一种度量指标。**

依据弹性值的范围，一般将这种指标分为三种（取绝对值）。

（1）如果自变量变动 10%，因变量也变动 10%，那么二者比值为 1，它表示二者同比例变动，经济学称为单位弹性。即：

e=1　单位弹性

（2）以 1 为中点，如果自变量变动 10%，因变量变动大于 10%，那么二者比值大于 1，它表示因变量对自变量反应敏感，经济学称为富有弹性。即：

e>1　富有弹性

（3）如果自变量变动 10%，因变量变动小于 10%，那么二者比值必然小于 1，它表示因变量对自变量反应不敏感，经济学称为缺乏弹性。即：

e<1　缺乏弹性

弹性是两变量变动的百分比之比，正、负号没有意义（即不考虑变动方向），取绝对值，表示敏感程度。

此外，还有两种极端情况：一是因变量对自变量变动的反应趋于无穷大，经济学称为完全弹性；二是因变量对自变量变动完全无反应，经济学称为完全无弹性。即：

e=∞　完全弹性

e=0　完全无弹性

了解弹性的含义和方法，就可以运用弹性工具来分析具体经济变量的弹性关系。下面以需求弹性为例来了解弹性方法的应用。

二、需求弹性

1. 需求弹性的概念

需求弹性也称需求的价格弹性或价格弹性，它的定义为：**需求弹性是指需求量变动的百分比与价格变动百分比的比值，它表示一种商品的需求量变动对价格变动反应的敏感程度。** 用公式表示即：

$$E_d = \frac{需求量变动的百分比}{价格变动的百分比}$$

当 $E_d = 1$，则称该物品需求具有单位弹性；当 $E_d > 1$，则称该物品需求富有弹性；当 $E_d < 1$，则称该物品需求缺乏弹性等。需求具有完全弹性或完全无弹性的情况比较少见。

2. 需求弹性的意义——弹性和收益

了解商品的需求弹性，具有多方面的意义。例如，从理论意义上讲可以帮助理解市场经济条件下农民贫困和农业衰落的原因，这一点下一节分析。从实践意义上讲，了解商品的需求弹性，对厂商制定销售策略有重要意义。下面就来分析弹性和收益的关系。

厂商的收益是销售量乘以价格，即 Q×P=收益。如果某商品的 $E_d > 1$，则价格提高 10%，需求量的减少量大于 10%，厂商的总收益则会减少；如果价格下降 10%，需求量的增量大于 10%，厂商总收益便会增加。不仅不同商品的 E_d 不同，即使是同一种商品，在不同的价格段上，E_d 也不同；而且不同的消费群体，对同一种商品的 E_d 也不同。因此，在实际操作中，运用弹性方法对具体商品、具体情况进行具体分析是很重要的。一般来讲，可以将弹性与收益的关系归结如表 2-3。

表 2-3 弹性与收益的关系及销售策略

	$E_d > 1$	$E_d = 1$	$E_d < 1$
降价	增加	不变	减少
涨价	减少	不变	增加

可见，富有弹性的物品适合降价销售策略，缺乏弹性的物品适合涨价销售策略，但不要忘记具体情况具体分析。

3. 影响需求弹性的因素

（1）缺乏需求弹性的商品。一般来讲，以下几类商品缺乏需求弹性：①**生活必需品**。如食物、衣服、燃料、住房、药品等，因为不管价格如何变动，这些物品都是必须消费的，它们对价格变动反应的敏感程度就比较小。②**没有或只有很少替代品的物品**。如食盐、饮用水、电灯泡等。因为这些物品很少有替代品，即使价格上升，人们也不能不用。③**在家庭预算支出中占很少比例的物品**。如儿童玩具、剪刀、书籍等。因为这些物品占家庭支出比重不大，价格变动人们也不会太在意。缺乏需求弹性的物品最典型的例子是食盐，食盐符合上述三类物品的特征。不能因为食盐价格下降就使劲吃盐，也不能因为食盐价格上升就不吃盐。由于生活必需品需求价格缺乏弹性，比如，价格上升10%，社会需求量或厂商的销售量只会减少 1%~2%或 3%~5%。厂商一般采取抬价销售的策略，使自己的销售收入增加（销售收入=销售量×价格）。因此，在市场经济国家，生活必需品及缺乏需求弹性的商品的价格都呈现不断上升的趋势。

（2）富有弹性的商品。一般来讲，**奢侈品和有替代品的物品以及在家庭支出中占较大比率的物品的价格富有弹性**。奢侈品是人们可用可不用的物品。如果它的价格过高，一般消费者不会购买它也不会影响人们的基本生活。如果它的价格降到人们可以接受的水平，人们就会大大增加它的购买量以提高生活质量。有替代品的物品如果价格上升，哪怕是很小的幅度，也会引起它的需求量大幅减少，人们会放弃购买它转而购买它的替代品。反之，如果它的价格下降，哪怕是很小的幅度，也会引起它的需求量大幅增加，人们会放弃购买它的替代品转而购买它。由于它们的需求量对价格变动反应较大，比如，价格下降10%，社会需求量或厂商的销售量会增加20%甚至50%以上等，厂商一般采取降价销售的策略，使自己的销售收入增加。因此，在市场经济国家，奢侈品和有替代品的物品的价格都呈现不断下降的趋势。

但是要注意，①**即使是同一种物品，不同消费群体的需求弹性是不同的，所以还要具体情况具体分析**。比如，对飞机票的需求。商务人员对机票的需求弹性较小，因为不管机票价格如何变动，该进行的商务旅行还是要进行的。商务活动对时间要求很严格，商务人员不会因为机票价格上涨而取消该进行的商务旅行。旅游者对机票的需求弹性较大，如果机票价格上涨变得太贵，他们会改乘其他交通工具旅行。正因为如此，航空公司针对各种乘客的需求弹性的差别，对不同乘客推出各种预订票、折扣票等，想出许多办法来提高乘坐率和收益。由于旅游者对时间要求不严格，可以购买预订票享受乘飞机旅行，所以许多航空公司推出了价格低廉的预订票来吸引旅游者乘飞机旅行。②**时间因素也会影响需求弹性**。如有的物品价格变动，短期内消费者难以做出反应，但长期就会做出反应。③**同一商品在不同地区、不同时间、不同价格段的需求弹性是不同的**。这一点通过不同地区的市场调查和观察就可以发现。

在实际经济生活中，如果要了解某一种商品的需求弹性，只需通过简单的市场实验和计算就可以得到。例如，李宁牌服装的销售商想了解李宁牌服装的需求弹性以决定销售策略。因为需求弹性对销售策略有重要影响。需求富有弹性的商品，由于销售量上升的幅度大于价格下降的幅度，适合采取降价销售或薄利多销的策略；需求缺乏弹性的商品，由于销售量上升的幅度小于价格下降的幅度，适合采取逐步提价销售的策略。那么，李宁牌服装的需求弹性是多少只需做个小小的实验。比如，降价10%销售一个月，如果销售量上升的幅度大于10%，那么两者比值大于1，李宁牌服装在目前的价格段和市场状况下是富有弹性的商品，适合采取降价销售的策略。如果相反，销售量上升的幅度小于10%，那么李宁牌服装在目前的价格段和市场状况下是缺乏弹性的商品，不宜采取降价销售的策略。所以要讲目前的价格段和市场状况，是因为前面已经指出的**同样的商品在不同的价格段和市场状况下，其需求弹性是不同的**。销售商也是经过不断的实验，依据不同的价格段和变动的市场状况下需求弹性的变化来调整自己的销售策略的。

通过以上对需求弹性的概念及影响需求弹性的因素的分析知道，影响需求弹性的因素除了不同商品的性质，如必需品、奢侈品、替代品等，还有不同的价格水平、消费者偏好、变动的市场状况等不确定因素。因此，**实际生活中的需求弹性是通过当时、当地的市场实验得到的，而不是通过高深的数学公式的计算得到的**。有的学者把弹性的计算搞得很复杂，把微积分、导数的计算方法都运用到弹性的计算上，这样做是否有实际的意义？弹性的计算依据的是线性需求函数，而实际的需求曲线不是线性的，而是一条弯弯曲曲的曲线，线性需求曲线只是对实际需求曲线的抽象或假定。依据抽象或假定的需求曲线计算需求弹性是否科学？计算的结果是否有实际意义？再比如，从数学的角度考虑，为了计算点弹性，把弹性分为弧弹性和点弹性。需求点弹性的含义是当价格变动趋向无穷小或0，需求量的弹性是多少？或者说，汽车的价格下降了一分钱或0.0001分钱，汽车的需求量有什么变化？这样的计算对经济学有意义吗？数学说到底只是一个工具，经济学运用弹性工具是为了分析经济学的问题，不考虑经济学的意义，只从数学的角度随意发挥，这是不是对经济学的歪曲啊？

4. 弹性和斜率

从需求曲线的特征上，要注意弹性和斜率的不同。从公式上看，

斜率 $= P/Q$

弹性 $= \Delta Q / \Delta P \cdot P/Q$

从需求曲线的特征上看，当需求曲线比较陡峭时，需求曲线的斜率比较大，但弹性比较小。价格轴上较大的变动，需求数量轴上只有较小的变动。当需求曲线比较平坦时，需求曲线的斜率比较小，但弹性比较大，价格轴上较小的变动，需求数量轴上就有较大的变动。

三、收入弹性

如果对收入变动对需求的影响进行定量分析，可以引入收入弹性的概念，**收入弹性是一种物品需求量变动的百分比与收入变动百分比的比值。它表示需求变动对收入变动**

反应的敏感程度。用公式表示：

$$E_I = \frac{\text{需求量变动百分比}}{\text{收入变动百分比}}$$

$E_I = 1$，表明该物品的需求量与收入同比例变动。需求量与收入同比例变动的物品称为正常品。

$E_I > 1$，表明该物品收入弹性较高，需求量的变动大于收入的变动，一般来讲，奢侈品的收入弹性较高。

$E_I < 1$，表明该物品收入弹性较低，需求量随收入的增长而下降。需求量随收入增加而下降的物品称为低档品。

以上划分不是绝对的，对实际情况还要具体分析。比如，食品的消费量到饱和后就不会随着收入的增加而增加，它只随人口的增加而增加，而且一般来讲，收入增加的速度大于人口增加的速度。因此，随着收入的增加，食物的收入弹性趋于下降，但不能说食物都是低档品。

四、供给弹性

供给弹性或供给的价格弹性的定义是供给量变动的百分比与价格变动百分比的比值，它表示一种商品的供给量对市场价格反应的敏感程度。用公式表示：

$$E_S = \frac{\text{供给量变动的百分比}}{\text{价格变动的百分比}}$$

当 $E_S > 1$，该物品供给富有弹性；当 $E_S < 1$，该物品供给缺乏弹性；当 $E_S = 1$，该物品供给具有单位弹性。可见，供给弹性与需求弹性的定义完全相同，唯一的差别是供给与价格同方向变动，需求与价格反方向变动。

但供给弹性常有两种极端情况：如市场上易腐鲜鱼的供给量一般是固定的，不论市场价格如何，都必须全部出售。这样鲜鱼的供给弹性为零，即供给完全无弹性的极端情况，此时，供给曲线为一条垂直线（如图 2-9）。

图 2-9　供给完全无弹性

另一个极端情况是价格的微小下降会使供给量降为零。价格的稍许上升会诱发无穷多的供给，这便是供给具有完全弹性的情况，此时供给曲线为一条水平线如图 2-10。

影响供给弹性的主要因素有两个：一是产品生产的难易程度。较难生产的产品对价格变动的反应程度较小，容易生产的产品对价格变动反应就灵活。二是生产周期的长

图 2-10　供给完全弹性

短。生产周期长的产品对价格短期难以做出反应，长期就会做出反应等。

第六节　市场经济社会农业的发展规律

理解了供求原理和弹性概念，就可以运用供求曲线和弹性工具来分析具体的经济现象。在市场经济中，农业是个特殊的行业。农产品市场既是一个自由竞争的市场，农业又是一个趋于衰落的行业。因此，农业问题是各市场经济国家普遍关注的问题。本节运用供求原理重点分析农业问题。此外，还要讨论限制市场价格的影响和均衡价格方程问题。从下面的分析中，要学会运用供求原理分析具体问题的方法。

一、市场经济社会农业的发展规律

1. 丰收悖论："谷贱伤农"

经济学中一个著名的实例是丰收悖论。它是说：好年景农作物丰收了，但农民的收入却下降了。这种违背常理的现象是什么原因呢？一方面，大丰收使农产品供给增加，供给曲线向右移动，价格下降；另一方面，小麦、玉米等基本粮食作物的需求缺乏弹性，消费数量对价格变动反应很小，甚至没有反应。就是说，即使价格下降，农产品的需求增加很少。这意味着好收成时农民整体收益反而下降，或不如收成不好的时期。

图 2-11 是对谷贱伤农现象的图形分析。图中农产品的需求曲线比较陡峭，它表示农产品需求缺乏弹性。大丰收使农产品供给增加，供给曲线由 S_1 移至 S_2，价格由 P_1 降至 P_2。农产品需求量增加的幅度小于价格下降的幅度，农民的整体收益（P×Q）减少了。图中方框 $OP_2E_2Q_2$ 的面积小于 $OP_1E_1Q_1$ 的面积。谷贱伤农现象使一些国家的农民通过限制播种面积，减少农产品供给的办法，来提高农产品价格和自己的收入。这种反常现象是值得人们思考的。

2. 农业的相对衰落

在发达的工业国家的经济发展中，农业部门呈现出相对衰落的趋势。图 2-12 是萨缪尔森对这种现象的一种解释。

图 2-12 中的均衡点 E_1 是几十年前农业部门的情况。技术进步导致农产品供给大量增加，供给曲线由 S_1 移至 S_2，但农产品的收入弹性较低（发达国家人口增长率很低，不

图 2-11　谷贱伤农

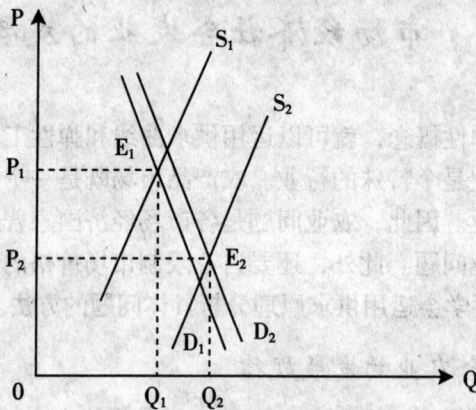

图 2-12　供给的扩大、收入缺乏弹性及需求缺乏弹性导致了农业的衰退

考虑人口增长因素），就是说人们收入增加引起的对农产品需求的增加很少，需求曲线由 D_1 较少地移动至 D_2，竞争性农产品价格趋于下降。价格由 P_1 降至 P_2。同时农产品的需求也缺乏弹性，这表现为图中需求曲线比较陡峭。收入缺乏弹性、需求缺乏弹性导致了农场主和农民的收入下降和农业的衰落。图中方框 $0P_2E_2Q_2$ 的面积小于 $0P_1E_1Q_1$ 的面积。

3. 市场经济条件下农业发展的自然经济规律

图 2-11 和图 2-12 两个模型代表了西方经济学对农业发展规律的认识。短期大丰收和长期技术进步导致的农产品供给增加都不能导致农民收入增长，反而导致农民收入下降。

布拉德利·希勒教授对美国农业经济的实证研究也证实了上述情况。希勒教授认为，农产品市场是完全自由竞争的市场，美国有 200 多万家农场，没有任何一家农场具有影响农产品价格的能力。而且，农业相对于任何其他行业，进入壁垒最低。在一个完全自由竞争的市场上，农产品价格完全由市场供求关系决定。短期大丰收会使供给增加，但由于农产品缺乏需求弹性，供给增加只会导致农产品价格下降和农民收入减少。从长期技术进步的角度看，美国农业技术进步的速度是惊人的。从 1929 年以来，由于技术进步，农业劳动力已减少了 2/3，而农业的产出增加了 60%。每劳动小时的农业产出增长更快，在上述时期内增长了 700%。但是，在 1910~1914 年间和 1998 年，农产品价格对非农产品价格的比率却下降了 50%。[1]

因此，西方学者的研究认为，由于农产品缺乏需求弹性和收入弹性，所以，随着市场经济的发展，农业必然呈现衰落的趋势，农民的收入也必然趋于减少。依据这一研究，西方发达国家解决农业问题的办法是允许农业人口自由流动和向城市转移，充分发挥市场机制对人口、劳动力等资源配置的调节作用，使土地集中于少数农户经营，通过土地的规模经营和提高土地/人口比来提高农民的收入。同时，为了缩小城市和农村居民的生活条件和收入差距，政府有计划的对农村的道路、电力、通信、水利等基础设施投资建设并在必要时对农产品实行支持价格政策或直接给农民现金补助。

4. 我国"三农"问题的根源和出路

随着我国社会主义市场经济的发展，城乡收入两极分化，特别是农民的贫困问题日益突出。"三农"问题成为中央长期关注的一个焦点问题，也是我国社会主义市场经济发展中面临的一个重大社会问题。

借鉴国外的经验，我国学者对于解决"三农"问题存在两种意见：一种意见是主张学习西方的经验，扩大城市规模，发展中、小城市，吸收大部分农业人口进入城市，把土地集中于少数农户经营。这样就能迅速改变农村的贫困面貌。另一种意见是认为西方的经验是不成功的。大量农业人口转移到城市形成城市周边的贫民区，并没有解决贫困问题，还使犯罪率上升，治安恶化。而且政府给农民的财政补贴使政府财政不堪重负。特别是我国还是一个农业人口占多数的发展中大国，数亿农民进入城市是不可想象的。西方的办法不符合中国国情，要探索中国发展新农村的道路。

实际上，西方发达国家解决农业问题的经验只是顺势而为，并没有刻意要建立一种什么模式。现代市场经济本质上是大工业的生产方式，大工业是新兴的生产力，农业是相对落后和衰落的生产力。随着市场经济的发展，农业的衰落和农民收入的减少是一种自然规律和趋势，为了追求较高的收入和富裕的生活，人们自然会想办法脱离农村向工业和城市转移和集中，这表明农业生产力已无力承载过多的人口。但是，一个国家不可能没有农业，不可能没有农产品的供给，如果人们都脱离了农业，这个国家吃什么呢？所以西方发达国家为了避免这种情况的出现，由政府出面对农业实行支持和保护政策。而保护农业发展最有效的办法是缩小城市和农村居民收入和生活条件的差距，这样，才能使一部分农业人口稳定在农村，从事农业经营和农产品的供给。所以，在市场经济条件下，政府对农业的支持和保护政策是十分必要的。当然，这种支持和保护政策设计一定要遵循自然规律，不能人为地限制农业人口的转移和流动。因为，**随着市场经济的发展，农业的衰落和农业人口向工业和城市转移和集中是一种自然规律和趋势，它表明工业生产力是新兴的生产力，农业生产力已无力承载过多的人口。随着相当部分的农业人口转移出土地，才能实现农业人口与农业生产力所能提供的收入的均衡。**而且这种均衡还要和工业社会其他产业的平均收入水平相适应。如果不适应或农业人口收入过低，还

---

[1] 布拉德利·希勒：《当代经济学》第 8 版，人民邮电出版社，2003 年版，第 490~495 页。

会导致农业人口的进一步转移和减少，**直到各产业的人口、各产业生产力提供的收入及各产业的平均收入水平之间达到相对均衡为止，这是自然的经济规律**。可见，西方发达国家解决农业问题的政策和经验是市场经济条件下顺应农业发展经济规律的自然而然的办法，也是在自然经济规律面前政府所能和应该做的。

当然，西方经济学对农业发展规律的研究还只是经验性的，停留在表面现象的描述。马克思生产力发展理论则要深刻得多。根据马克思生产力发展理论，新兴生产力取代落后生产力成为社会发展的主要生产力是生产力发展的自然规律。现代市场经济制度产生和发展是以大工业的生产力的出现为前提和基础的。因此，在市场经济条件下，大工业的生产力是社会发展的新兴和主要生产力；农业生产力的相对衰落不仅因为农产品缺乏需求弹性和收入弹性，还因为农业生产力本身就是以自然生产条件为基础的，它的产出率是受自然条件限制的。但是，**不同产业或生产力发展的差距和趋势并不是农业人口贫困的必然原因，在自由竞争和人口可以自由流动的前提下，市场经济规律会自发调节人口和劳动力在不同产业的重新分配，直到各产业的人口、各产业生产力提供的收入及各产业的平均收入水平之间达到相对均衡为止**。而我国的户籍制度人为限制了市场经济规律的调节作用，把大量过剩农业人口人为锁定在已无力承载的农业生产力上。这样，随着市场经济的发展，城市和农村居民的收入差距必然日益扩大，农业人口的贫困状况必然日益恶化。没有收入也就无力发展各项事业，只能导致贫困的积累和恶性循环。同时，户籍制度使农业人口成为"二等公民"，不能平等享有现代工业社会的"国民待遇"，不能平等参与现代市场社会的竞争。这不仅违背现代社会人权和国民待遇的理念，而且人为恶化了农业人口的生存条件。这是不公正和不公平的。这才是农民贫困的根本原因。

理解了市场经济条件下农业发展的自然经济规律，就可以理解随着我国社会主义市场经济的发展，城乡收入两极分化，特别是农民贫困、农业衰落、农村破败问题日益突出的根本原因是我国长期实行的户籍制度。以下是解决我国农业、农村、农民问题的根本出路：

（1）废除户籍制度，尊重公民在全国范围自由流动和谋生的权利，充分发挥市场机制在各产业、各地区配置资源、人口、劳动力的作用。同时，在全国范围清理户籍制度派生的歧视、限制农业人口公民权利的政策法规，使全体公民平等享有国民待遇。中国的农民具有最顽强的生命力，只要尊重他们平等竞争的生存权利，他们会创造出自己有尊严的生活。实际上，现在每年有上千万的农民已经冲破了户籍制度的限制，到城市打工谋生，这是经济规律对不合理的人为秩序冲击的表现。有些人担心，如果取消了户籍制度十亿人都会跑到北京去。这种担心是没有必要的。当然，开始人口流动会有一些盲目性。但是，市场规律会教会人们理性地选择和流动。更重要的是，废除户籍制度是彻底实现社会公平的前提和一场社会革命。我国的劳动者主体已由两亿多"农民工"构成，劳动在与资本的竞争中本来就处于弱势，再加上户籍制度强加在他们身上的"二等公民"身份，就更恶化了不平等竞争的状况。这是我国劳动者贫困的一个重要的社会制度原因。更严重的是，户籍制度对劳动者的后代也造成了伤害。媒体曾报道武汉市农民工子女上学的一个情况。教育部门为了给农民工子女创造一个良好的受教育环境，要求学校将农民工子女与城市的孩子混班教学，使全体学生都能受到平等的教育。没有想到的是农民工子女却不接受这样的安排，他们感到自己和城市的孩子存在精神和人格的差距，要求自己独立编班。这个事例说明，户籍制度不仅人为恶化了农业人口的生存条件，而且对他们的后代也造成了精神和人格的伤害。比在城市上学的农民工子女状况更差的是还在农村的"留守儿童"，他们的父母长年在外地打工，但由于户籍制度和经济原因不能把孩子带在身边。这些孩子的童年是在孤独和没有家庭关爱中度过的，它所造成的心理和精神的伤害是终身无法弥补的。而他们又将成为中国未来的有心理缺陷的公民，这个伤害对社会的影响是深远的。

（2）政府要顺应经济规律的要求，加强对城市特别是中、小城市基础设施的投资建设，扶持自发形成的商贸中心、产业中心发展为中、小城市，为农业过剩人口脱离土地谋生创造基础条件。例如，据中央电视台 2006 年报道，中国第一村华西村，现在已拥有 3 万人口、30 平方公里土地和每年近千亿元的产值。但是，华西村的致富不是靠农业，而是靠工业及相关产业。这是自发形成的产业中心，有条件发展为中、小城市的。政府应积极扶持它们向城市化发展，围绕工业兴办各类服务业，吸收更多的农业过剩人口。再比如，浙江义乌从一个没有资源、没有产业的农业小县发展为现代城市。义乌从自发形成的小商品贸易中心起步，形成规模后，带动了 27000 家生产小商品的企业形成产业中心，发展成为一个国际化的小商品贸易城市。义乌小商品市场出口贸易额逐年大幅度增长。每天都有来自世界各地的外商采购商品，有外商常驻义乌将义乌的商品批发到世界各地销售。义乌小商品市场经营的商品辐射世界 200 个国家和地区。义乌小商品市场已经成了国际市场。这是一个典型的由自发的贸易中心、产业中心发展为中、小城市的例子，而在这个发展中义乌县政府起了积极的引导和促进作用。

（3）政府要以国家立法的方式提高劳动者特别是艰苦行业和岗位劳动者的最低工资标准，并建立最低工资标准与 GDP 同步增长的机制。我国市场经济的发展基本上是采取逐步放开、自由放任、自发发育的发展策略。在自发发育的市场经济中，由于制度不完善，劳动者处于十分不利的不平等竞争的地位。例如，我国的劳动者主体已由数亿"农民工"构成，他们在全国各行各业已经成为主要的劳动力。但是，由于他们的"二等公民"身份，不得不接受最低的工资、最恶劣的工作条件，而且没有任何社会保障。劳动者的工资十几年来基本保持不变这种状况不仅导致劳动与资本收入的两极分化日益加深，而且使占人口大多数的劳动者长期处于贫困状态。农民工的收入也就是农民的收入，因此，劳动与资本收入的两极分化也就和城市与农村收入差距的扩大联系在一起。这种状况不改变将会引起一系列的社会问题。例如，在 20 世纪 70 年代韩国的新农村建设中，农民工很高的工资收入是韩国新农村建设资金的重要来源之一。而我国新农村建设的一个主要困难是农村没有资金来源，仅靠政府的投入是远远不够的。因此，保障劳动者的权益不仅可以缓解劳动与资本收入的两极分化，增进社会公平，而且对于我国的新农村建设都有重要意义。由于劳动在与资本的竞争中处于劣势和不平等竞争的地位，所以政府要承担起责任，消除不平等竞争的制度障碍，用法律保障劳动者工资与 GDP 同步增长，为新农村建设提供资金来源。

（4）土地要规模化经营，农产品要产业化经营，要充分利用经济全球化的国际分工和现代农业技术知识，走农业规模化、产业化、现代化的道路。在这些方面，政府有大量的工作要做。①有规划地加强对农村道路、水利、通信、电力等基础设施的投资。②允许土地转承包流动，适度集中于种粮农户，形成土地的规模经营，土地的规模经营是现代农业的基本条件。③为农副土特产品的生产、加工、销售，特别是与国际市场接轨提供产业化服务等。在这些方面，我国许多地区已经积累了丰富的经验并取得了显著的效果。④对农民实行直接或间接的补贴政策。为了缩小城乡收入差距，对农民实行补贴政策是各发达市场经济国家的经验。我国 2007 年开始在全国免除农业税和农业特产税；对农村中小学生免除学杂费；最低生活保障制度和合作医疗制度覆盖全国农业人口等。这些政策对于农民休养生息、恢复生机是十分重要的，同时，还要注意培养农业的造血机能，适当的农产品支持价格是必要的。⑤一切要顺应经济规律的要求，对农村、农民各项事业发展要提供政策支持和服务，不能再搞行政命令和包办代替。

（5）改造国民教育体系，为国民提供实际有效的谋生技能和知识的教育培训。我国的国民教育体系严重不适应社会主义市场经济发展的要求，基础教育为高考服务，高等教育为考研和出国服务，这难道是国民教育的目的吗？现代教育的目的是培养具有现代科学技术知识和社会责任感的合格公民。市场经济社会是公民社会，每一个公民都是在市场竞争中谋生和发展的独立的个体或"经济人"，都应该具备现代市场社会谋生和发展的知识和技能，而向国民提供这种知识和技能的教育正是现代国民教育的责任和目的。我国的国民教育体系应该围绕这个目的进行改造，以适应社会主义市场经济发展的要求。

二、政府限制价格的后果和影响

在市场经济条件下，政府对农业的支持和保护政策是十分必要的，各国政府出于保护农业发展的目的经常对农产品价格实行支持价格或保护价格，或者战争期间为限制一些商品的价格上涨实行最高限价政策等。但是，这些政策的运用并不是没有限制的，要兼顾各个群体的利益。下面就分析这些政策对经济运行产生的影响。

1. 支持价格

支持价格是指政府为支持某一行业的生产而规定的高于市场均衡价格的最低限价。

图 2-13 说明政府支持价格的后果是产生过剩。P_1 为政府规定的保护价，它高于市场均衡价格 $\overline{P}_0$，在 P_1 的价格水平，供给量为 Q_2，需求量为 Q_1，$Q_2 > Q_1$，二者的差额即为过剩的数额。政府为维持保护价，就要按 P_1 的价格收购过剩的产品，这就意味着政府通过财政支出补给了有关行业。同时，也意味着消费者要支付较高的价格获得该产品，该产品的生产者也从消费者那里获得额外收益。因此受到保护的行业获得较好的发展机会。以上分析说明，政府对农产品的支持价格政策是以牺牲消费者利益为代价的，因此，各国政府对农产品价格实行支持价格或保护价格时要考虑与消费者利益的平衡。

2. 限制价格

限制价格也称最高限价。是指政府为防止某种产品价格上涨而规定的最高限价低于市场均衡价格的情况。

图 2-13　支持价格导致过剩

图 2-14　限制价格导致短缺

图 2-14 说明政府限制价格的后果是导致短缺。P_1 为政府规定的最高限价，它低于均衡价格 $\bar{P}_0$。在 P_1 的价格水平，供量为 Q_1，需求量为 Q_2，$Q_1<Q_2$，二者的差额即为短缺的数额。限制价格对厂商的影响是厂商缺乏供货的积极性，政府为保证供货，必须强制规定厂商的供货数量，否则短缺会进一步恶化。限制价格对消费者的影响则表现为市场上出现抢购；排队和政府凭票供应。而且还会出现黑市交易，即消费者愿出高价如 P_3 的价格从黑市上购买短缺商品。

三、关于均衡价格方程

如前所述，通过市场调查可以得到某商品的需求表和供给表，并做出某商品的需求曲线和供给曲线，还可以将调查的数字还原为需求函数和供给函数，其表达式分别为：$Q_d=a-bP$，$Q_s=-c+dP$。有些学者认为如果将这两个函数和均衡价格条件 $Q_s=Q_d$ 组成联立方程，就可以求解某商品的均衡价格和均衡数量。

均衡价格联立方程为：

$Q_d=a-bP$（需求函数）

$Q_s=-c+dP$（供给函数）

$Q_d=Q_s$（均衡条件）

例如，假定将第二节、第三节里调查得到的需求函数和供给函数联立求解牛奶市场均衡价格和数量可得：

$Q_d = 12 - 2P$

$Q_s = -4 + 4P$

$Q_d = Q_s$

解：将供求函数代入均衡条件得：

$12 - 2P = -4 + 4P$

$\overline{P} \approx 2.7$

将 $\overline{P} \approx 2.7$ 代入需求函数得：

$\overline{Q} = \overline{Q}_d = 12 - 2 \times 2.7 \approx 6.6$

将 $\overline{P} \approx 2.7$ 代入供给函数得：

$\overline{Q} = \overline{Q}_s = -4 + 4 \times 2.7 \approx 6.8$

如前述，均衡价格是从市场调查中得到的，而不是反过来从需求函数和供给函数中计算出来的。如果颠倒了这个关系就陷入唯心主义的陷阱。例如，如果知道某物品的需求函数和供给函数，就可以知道和计算出该商品的均衡价格和数量。这个想法固然不错，但如何得出供求函数中的 a、b、c、d 四个数值呢？影响一个商品的需求和供给的因素就有几十个，甚至上百个。而且许多因素是不确定的和变动的。平狄克说，你只要依据别人的研究成果，得到 a、b、c、d 四个数值，你就可以在一个火柴盒上计算出某一个商品的均衡价格。但是，均衡价格方程建立已有一百多年了，这个别人在哪儿呢？不通过市场调查和还原是无法得出这四个数值的。但是，一通过市场调查，一种商品的均衡价格和均衡数量就知道了，计算就是多余的了。

有些西方学者总是认为人类可以计算出均衡价格。而且，相应的经济学教科书的编写也是从需求函数和供给函数出发，到均衡价格方程的建立，均衡价格的计算等。给人造成一个错觉，好像市场均衡价格是人类计算出来和决定的。实际上，世界市场经济国家二百多年实际经济生活的事实是没有任何一个商品的均衡价格是人类计算出来和决定的，而是市场供求关系自发调节和决定的。而且，一种商品的均衡价格的决定，不仅涉及该商品自己的供求关系（包含几十个时刻处在变动中的相关变量），还涉及相关商品的供求关系的相互影响（即一般均衡）。萨缪尔森认为，这涉及亿万个已知或未知的时刻处在变动中的相关变量，这是当代最快的超级计算机也无能为力的。[1] 因此，一种商品或各种商品的价格决定和均衡过程是市场机制自发调节和决定的。

---

① 萨缪尔森、诺德豪斯：《经济学》第 16 版，华夏出版社，1999 年版，第 21 页。

本章总结和提要

本章运用实证分析方法、抽象分析方法和数学工具分析了市场供求原理，并初步概括出了市场机制的三个作用。通过本章的学习，重要的是理解市场的定义和竞争性、范围性和社会性特征；供求规律；市场决定价格的机制和配置资源的作用；弹性理论。同时，要学会经济学家观察和分析市场的方法。作为分析方法运用的实例，我们分析了农业问题。

思考题

1. 经济学家是如何给市场下定义的？为什么许多经济学家给市场下的定义都不同？你能给市场下个定义吗？

2. 请评价一下市场的社会性特征，你认为公平竞争有哪些重要意义？

3. 你观察过市场吗？你分析过市场价格波动的原因吗？请运用你经历或观察到的事例说明供求的四条规律。

4. 解释下列判断的对错并说明理由：

（1）自然灾害会提高农产品的价格。

（2）大学学费的上升会减少对大学教育的需求。

（3）政府对小麦实行保护价会增加小麦的供给并降低小麦的市场价格。

（4）养路费改为燃油税会减少汽油的需求。

5. 市场是如何配置资源的？

6. 请做一个市场调查，看哪一个商品的价格是均衡价格方程计算出来并决定的，如果没有，你认为用均衡价格方程计算价格有意义吗？

第三章 需求和消费者行为

本章考察消费者行为，即市场经济系统的消费环节。经济学对消费行为的研究有两个角度，或者说本章的内容有两个方面：一方面，从理性消费者追求效用或满足最大化的角度出发，探讨消费的规律。从理论上说，全体消费者行为的总和就构成了市场需求曲线的基础。因此，通过考察消费规律，可以说明需求曲线的基础。另一方面，了解消费者在想什么、做什么和将会怎样做，就找到了需求。找到了需求就找到了市场。因此，通过探讨消费模式演变的规律，可以为预测需求和市场的变动提供思路。

第一节 效用理论概述

一、效用的概念

消费者行为理论也称效用理论。西方学者认为，消费者购买商品是因为商品有效用，可以满足消费者的某种欲望。因此，经济学将商品的效用定义为：**效用是指消费者消费物品和服务时所感受到的满足程度。商品效用的大小，不是物品本身的属性，而是以消费者的主观评价为转移的。**消费者购买商品就是购买效用或满足。消费者是根据自己对商品效用大小的评价来决定是否购买和愿意付多少钱来购买的。

商品的有用性，斯密、李嘉图和马克思把它称为使用价值，是物品或商品的属性。现代西方学者把它称为效用，不是物的属性。为什么呢？因为在现代西方学者看来，在消费者消费商品的行为中，消费者是主体。商品是否有用，有多大用途或有什么用途，即效用的大小，是以消费者依据自己欲望和需求的判断和评价为转移的。比如，同样的物品，有的人认为它很有用，对自己很重要，如果用货币来衡量，他愿意支付 100 元来购买；而有的人认为它对自己的用途一般，如果用货币衡量他只愿支付 20 元购买；还有人认为它对自己没用，一钱不值。在拍卖市场上，一幅名画可以卖到几十万甚至几百万美元，这是因为名画欣赏家或收藏家认为这幅画对他很重要，他愿意支付这个价格。这在一般人看来简直不可思议。再比如，日本人认为海蜇是一种美味食品，可以给人带来美味享受；美国人见到海蜇就恶心，认为它一钱不值。许多人认为汽车是个好东西，它不仅可以提高行走的效率，开车兜风也是一种心旷神怡的享受。可是，有些人坐在车里头就晕，汽车一动心就跳，这些人认为汽车就是一种自杀器。可见，同样的物品，不同消费者对它的有用性评价是不同的。而购买决策是由消费者做出的，消费者是主体。

边际革命的一个重要历史贡献就是确定了经济生活中的消费者主体地位。在边际革命以前，经济发展是生产者追求利润、发财致富的手段。生产者眼里看不见消费者，为了发财致富甚至坑、蒙、拐、骗消费者。边际革命指出：**生产的目的是消费，消费者才是经济生活的主体**。生产者只有提供了让消费者满意的产品和服务，消费者才会付钱，生产者的产品和服务才有价值，生产者才能发展、壮大。因此生产者必须把消费者放在心上。这个观念的转变，开辟了一个时代，即消费者主权的时代。从那时起，消费者开始被尊为"上帝"。**这是一个历史的进步，这个进步体现在商品有用性，即效用的定义上，也由以物为主体转变为以人为主体**。现代商家提倡的以人为本、个性化服务就源于这一理念。

　　效用概念体现的另一个历史进步是随着市场经济的发展，消费者成熟了。市场为人们提供了五花八门、成千上万种商品，它们是生产者为满足各种各样人的需要、愿望而设计和生产出来的。一个盲目的消费者是人家吃什么他吃什么；人家用什么他用什么。从来没有认真考虑过自己的愿望和需要，没有认真考虑过如何在有限收入的条件下使自己的满足最大化。这种现象有的学者把它称为"羊群效应"、"攀比效应"。这是消费者不成熟的表现。**效用概念体现的是一个成熟的消费者已经意识到，各种各样商品的好坏、效用或价值的大小并不取决于物品本身和别人的评价，而是取决于自己的评价，取决于这些商品在多大程度上能有效率地满足自己的欲望**。因此，一个理性的消费者应该是依据自己的欲望和既定收入，在各种各样的商品中进行选择和权衡，就是说选择对自己最优的性价比，以获得自己满足或效用的最大化。《3000美金我周游了世界》的作者朱兆瑞就是一个精明成熟的消费者。所以，**消费者行为理论分析的一个基本前提就是假定消费者都是理性的或成熟的**。

二、效用的度量

　　由于效用基于消费者的主观心理评价，效用大小的度量问题就遇到了困难。例如，公斤是重量的度量单位，公尺是长度的度量单位。有了度量单位，才能比较重量的大小，长度的多少。那么效用的度量单位是什么呢？没有度量单位又如何度量和比较效用的大小呢？这是一个难题。

　　一些经济学家认为效用无法直接度量，但是可以间接度量。马歇尔说，经济学家并不能衡量心中任何情感本身，而效用正是这种不能衡量的情感。但是可以通过消费者依据对效用的评价所愿支付的价格间接度量效用。例如一公斤香蕉，消费者愿意支付8元的价格，那就表示消费者对一公斤香蕉的效用的评价值为8元（或8个效用单位）。如果卖者要以10元价格出售，消费者就不会购买。一顿晚餐，消费者愿支付30元，那就表示这顿晚餐给消费者提供的效用或享受值为30元（或30个效用单位）。二者的总效用是8+30=38（效用单位）。因此，一些经济学家认为，可以用价格间接度量效用，并比较效用的大小，这种比较和分析也是有意义的。持这种观点的学者被称为基数效用论者。基数效用的意思是说效用可以用数字（价格）表示其度量单位，并比较其大小，而且可以加总求和。

　　另一些经济学家认为，效用是类似于香、臭、美、丑一类的概念，人们可以感受它们程度的差别，而无法度量和用数字表示其大小。比如，当说某人的美丽时，只能说她非常美、很美或比较美，而不能说她有 50 个美、20 个美或 10 个美等。效用也是如此，只能用第一、第二、第三等序数表示效用的等级程度，而不能用数字表示其大小。持这种意见的学者被称为序数效用论者。序数效用论者用几何方法分析消费者行为，基数效用论者用抽象推理的方法分析消费者行为。从经济学的观点看，基数论的方法更有意义。

第二节　边际效用递减规律

一、总效用和边际效用

为了揭示边际效用递减规律，基数效用论者把效用区分为总效用和边际效用。其定义分别为，**总效用（Total Utility）是指消费者消费一定数量的物品所获得的效用量的总和**。**边际效用（Marginal Utility）是指消费者每增加一单位物品的消费所获得的增加的效用**。可见，**一定数量物品的总效用（TU）就是每单位物品的边际效用（MU）之和**。

西方学者认为，物品的边际效用呈递减的趋势，因为随着物品消费数量的增加，消费者的满足程度逐渐饱和。每增加一单位物品消费所增加的满足程度，即边际效用就趋于下降。例如，戈森在说明他的第一定律"（边际）效用递减规律"时举了一个吃面包的例子。一个饥饿的人，吃第一个面包时，他会得到很大的享受或舒服感，假定他对第一个面包的边际效用评价为 10；吃第二个面包时，他得到的享受或舒服感显然不如第一个面包，因为他的饥饿感得到了部分的满足，他对第二个面包的边际效用评价就比第一个面包低，假定第二个面包的边际效用为 6；同样的道理，他吃第三个面包获得的享受或边际效用比第二个面包更低，假定第三个面包的边际效用为 2；如果三个面包吃饱了，那么他再吃第四个面包，就会感到不舒服，就是说第四个面包的边际效用为负值，假定为-4；这样，他消费四个面包所获得的总效用为：10+6+2+(-4)=14。下面就用数字和图形的例子来说明总效用和边际效用的关系。注意表 3-1 中的数字是假定的，只是用假定的数字抽象推理来说明二者的关系。

图 3-1 和表 3-1 的例子表明，随着消费者消费某物品数量的增加，其总效用也在增加，但以递减的速度在增加。因为每增加一单位物品消费所增加的效用，即 MU 是递减

表 3-1　某物品的效用表

某物品的消费量 Q	总效用 TU	边际效用 MU
0	0	0
1	5	5
2	9	4
3	12	3
4	14	2
5	15	1
6	15	0

图 3-1　某物品的效用曲线

的。边际效用递减趋势被称为边际效用递减规律。这是将效用区分为总效用和边际效用，并用抽象推理方法归纳出来的一条重要的消费规律。

二、边际效用递减规律的概念及证明

边际效用递减规律可以表述如下：**当某物品的消费量增加时，该物品的边际效用趋于递减。**

西方学者认为，该规律的证明在经济学上是困难的。经济学者是根据"内省"的方法，即自身消费体验的方法相信该规律是成立的。因为效用是消费者消费物品时感受到的满足程度，这个满足的大小取决于消费者的心理感受和评价。要证明边际效用递减规律是否成立，只有借助于心理学试验。19 世纪 50 年代，心理学家们的实验表明，人对重量、声音、光线的感觉呈现出类似于韦伯—费克纳边际影响递减规律时，经济学者们对边际效用递减规律的成立就具有了更大的信心。萨缪尔森在他的《经济学》第 10 版中描述了这个心理试验的结果。"假设你把一个人的眼睛蒙住，并请他把臂膀平伸，手掌向上，然后把一定的重量置于他的掌上，他肯定会感到重量的存在。当你添加重量时，他也会感到重量的增加。然而，在他的手掌支托相当大的重量以后，当你再加上和开始时加上的相同重量时，他却会告诉你，他并不感到任何重量的增加，换言之，他已经支托的总重量越大，添加的或边际的单位重量对他的影响越小。"

实际上，该规律不仅从心理学试验或自身体验可以感觉到它的存在，而且观察社会经济生活也能观察到它的存在。该规律反映的是社会普遍存在的"物以稀为贵"的社会消费心理现象。当一种物品很稀缺时，人们得到一单位很困难，对它的边际效用评价很高，人们也愿支付很高的价格得到它。当它的数量逐渐增加，人们消费的数量很多时，人们得到一单位很容易，对它的边际效用的评价也逐步降低，人们也只愿意支付较低的价格得到它。例如汽车刚发明时，只有很少的掌握这种新技术的厂家能生产汽车，汽车的产量很少，很稀缺，人们得到一辆汽车很难，汽车的边际效用很高，相对价格也很高（相对价格指相对于收入的价格，例如现在只需几个月或几年的收入就可以买一辆汽车，而在几十年前，则需几十年的收入才能买一辆汽车）。随着技术普及，生产厂家和产量日益增多，人们对它的边际效用评价越来越低，汽车就相对越来越便宜了。大到汽车，小到美容化妆品，每一种新的产品或消费品，从它刚发明很稀缺，到技术普及大量生产，人们对它们的边际效用的评价都呈现出边际效用递减规律。因此，理解这一规律不能仅从消费者一次消费行为中去理解，重要的是从一个较长时期的社会消费心理的变迁中去理解。

三、边际效用递减规律的意义

西方学者认为，边际效用递减规律是消费行为的一条重要规律。它决定消费者对物品价值的评价及对物品的需求，具有多方面的意义：

1. 边际效用递减规律是需求曲线的基础

图 3-2　需求曲线的背后是边际效用曲线

图 3-2 需求曲线为什么向右下方倾斜？比较一下需求曲线和边际效用曲线的特征，我们就可以理解更深层次的原因是由于边际效用递减规律的作用。即随着某物品消费数量越来越多，消费者对该物品的边际效用评价越来越低，所愿支付的需求价格也越来越低，因此，需求曲线上的每一点，体现着消费者依据其对物品边际效用的评价所愿支付的需求价格。需求曲线背后是边际效用曲线。边际效用递减规律是需求曲线向右下方倾斜的更深层次的原因。以上结论是逻辑分析的结果。

2. 边际效用决定物品的需求价格（或价值量）

以上分析的另一个直接的逻辑结果是物品的价值量（更具体说是价格决定的需求方面，即需求价格）是由边际效用决定的而不是由总效用决定的。西方学者认为这一结果可以解释亚当·斯密百思不解的价值之谜，即为什么水对人的生命很重要，效用很大，却价值低廉。钻石对人用处很小，效用很小，却价值昂贵。对这一问题，萨缪尔森解释如下：

首先，由于水的供给是相对充足的，在需求既定的条件下，水的供给曲线与需求曲线相交于较低的位置；钻石的供给是相对稀缺的，在需求既定的条件下，钻石的供求曲线相交于较高的位置。

其次，尽管水的总效用很大，但水的价值是由交点 E 的需求曲线背后的边际效用决定的，而不是由总效用决定的；尽管钻石的总效用不大，但它很稀缺，交点 E_1 的位置很高，交点处需求曲线背后的边际效用很大，所以钻石价格昂贵。

图 3-3　水的供给相对充足，钻石则很稀缺

3. 消费者剩余

以上分析的又一个直接的逻辑结果就是现代经济社会的消费者购买消费品所获得的总效用要大于他所支付的代价。**物品的总效用与消费者所支付的代价的差额，称为消费者剩余。**

理解消费者剩余的关键是不能从消费者一次消费行为中去理解，而是要从一个较长时期的社会消费行为中去理解。下面以一个社会 50 年间对汽车消费的假定的例子来说明消费者剩余。

图 3-4 中描述的是 50 年间一个社会汽车消费的情况。假定在第一个 10 年时，该社会的汽车刚发明不久，产量很少和稀缺，社会可消费的数量如 Q_1 所示，此时汽车的边际效用很高，价格也很高，如 P_1 所示；随着技术的普及，产量的增加，社会可消费的数量也逐年增加，其边际效用和价格也逐年下降，如 Q_2、Q_3、Q_4 所示的情况；到第五个 10

图 3-4　消费者剩余

年，社会可消费的数量达到 Q_5，价格下降到由 E 点背后的边际效用所决定的 P_5。在第五个 10 年，社会的汽车消费者以 P_5 的价格买到 Q_5 数量的汽车，他们支付的总成本或代价是 $P_5 \times Q_5$ 的长方形面积，而他们所获得的总效用是 $OFEQ_5$ 的大梯形面积。因为总效用是每一个单位消费量的边际效用之和。总效用面积减去消费者支付的代价 OP_5EQ_5 的长方形面积就是 FGE 这个三角形，它就是消费者剩余。

消费者剩余反映的是消费者从世世代代人们的努力积累起来的经济社会中得到的好处。萨缪尔森说，为了衡量消费者剩余，人们提出许多巧妙的方法，但在这里那些方法的意义不大。重要的是使人们知道，现代高效率的经济社会的公民们是多么幸运，他们能够以低价购买品种繁多的物品这一事实，说明所有的人都从他们从来没有建造的经济世界中取得利益。[①] 不要忘记，在早些年代，五年或十年前或 20 世纪，这些物品还是稀缺的和价格昂贵的。

第三节　消费者均衡

任何一个理性的消费者都会力图以最小的花费获得最大的效用。消费者均衡问题就是讨论消费者达到效用最大化的条件，或者说讨论消费者如何在各种各样不同价格的众多商品中进行选择和替代以达到最小代价（花费）获得最大效用的均衡。

戈森第二定律，即边际效用相等原则是说，一个消费者如果要从他所消费的一组商品（他喜欢消费的各种商品的组合）中获得最大总效用的均衡，他就要在所需消费的各种商品的数量上进行调整和权衡，使每一种商品的边际效用相等。但是不同的物品具有不同的边际效用，不同的物品具有不同的价格。那么怎么比较不同物品的边际效用呢？怎样比较一辆汽车和一个面包的边际效用呢？或者说怎样使不同物品的边际效用相等呢？因为只有能进行比较，一个消费者才能判断如何将他的既定收入用于各种不同价格的消费品的消费来使他获得最大总效用的均衡。例如，一个消费者需要购买汽车（X）、面包（Y）、衣服（Z）、住房（E）等各种物品，这些物品各自有不同的边际效用和价格。如何在它们之间比较和权衡呢？显然，首先应把它们还原为同一单位的边际效用，才能进行比较。比如，把 X 商品的边际效用 MU_x 除以它的价格，即 $\dfrac{MU_x}{P_x}$，就得到每元钱所买到的 X 商品的边际效用。以此类推，$\dfrac{MU_y}{P_y}$、$\dfrac{MU_z}{P_z}$ …分别表示每元钱所买到的 Y 商品的边际效用，Z 商品的边际效用等。

现在进一步思考就会知道消费者达到最大效用的均衡条件是：

$$\frac{MU_x}{P_x} = \frac{MU_y}{P_y} = \frac{MU_z}{P_z} \cdots = 每元钱的边际效用（或每元钱买到的边际效用相等）。$$

这个条件也是戈森第二定律边际效用相等原则更具体的说明。该公式所表达的思想

---

① 萨缪尔森：《经济学》第 10 版，中册，商务印书馆，1982 年版，第 86 页。

是，或者说消费者均衡条件用经济学语言可表述为：**一个具有固定收入、面临一系列市场价格的消费者，只有当他在购买各种商品上所花费的每元钱买到的边际效用相等时，他才能得到最大总效用的均衡。所以该条件也被称为每元的边际效用相等规律或等边际效用原则。**

如何理解这条规律呢？例如，假定 $\dfrac{MU_x}{P_x} > \dfrac{MU_y}{P_y}$，就是说，如果每元钱买到的 X 商品的边际效用大于每元钱买到的 Y 商品的边际效用，那么追求更多效用的消费者就会将购买 Y 商品的钱转移到购买 X 商品，以得到更多的效用。但由于边际效用递减规律，随着 X 商品的购买量增加，其每元买到的边际效用减少；随着 Y 商品的购买量减少，其每元买到的边际效用增加，直至二者相等为止，消费者才会停止转移和替代。这时消费者消费一定数量的各种商品所获得的总效用达到最大。每元钱买到的边际效用相等，更进一步分析它意味着什么呢？每元钱的支出是消费者的边际成本，买到的边际效用是消费者的边际利益（边际收益），所以该条件也可以说是消费者均衡要遵循边际成本等于边际利益的原则。这一原则是西方经济学中的一条重要原则。

消费者均衡条件的分析是纯粹的逻辑分析的结果。在实际的消费行为中，消费者不可能用上述公式去计算每元钱的边际效用，他也不需要这样做。只要他是力图以最小的花费获得最大的效用，他就会有意无意地按这个逻辑行事。上述公式只是用数学语言抽象地表达了一个经济学的逻辑思想：如果你想把任何有限的资源分配于各种不同的用途，那么，只要一种用途的边际利益大于另一种，把资源从边际利益较低的用途转移到边际利益较高的用途就会使你得到好处———一直到一切边际利益相等时的最终均衡为止。[①] 你的利益总和就达到最大状态。

如果举个实际生活的例子会看到一个理性的家庭主妇如何将有限生活费用在柴、米、油、盐、瓜、果、蔬菜上进行分配。如果她是精明的、有经验的，她会把家庭生活安排得在既定收入前提下的最佳状态，即达到效用最大化。而这个主妇可能完全不懂数学式。而且每个家庭的最佳状态所需要的消费品组合都是不同的，因为每个家庭的偏好和生活习惯不同，对物品效用的评价也不同。有的家庭爱吃鸡，有的家庭偏爱鱼。每个家庭的最佳状态或效用最大化只能由该家庭成员自己做出评价。所谓萝卜白菜各有所爱。所以这个问题从理论上说是个逻辑的问题，从生活上说是个经验和观念的问题。**因此可以理解用效用函数求解效用最大化的做法没有什么意义，而用社会福利函数求解所有家庭的效用最大化的想法更是荒谬。**

效用大小的比较只对单个消费者有意义。或者说，单个消费者可以依据自己的感受评价和比较不同物品效用的大小。**效用大小的比较，是不能在不同消费者之间进行的。**因为同样的物品，不同消费者对它有用性或效用的评价是不同的。比如，有人爱吃鸡，依据对鸡的效用的评价，他愿意支付 10 元的价格购买一只鸡。而有的人看见鸡就恶心，认为它一钱不值。那么，如何在两个消费者之间比较鸡的效用的大小呢？什么样的效用函数能计算出这两个消费者的效用最大化呢？因此，用社会福利函数（社会总效用函

---

① 萨缪尔森：《经济学》第 10 版，中册，商务印书馆，1982 年版，第 87 页。

数）求解所有社会成员的效用最大化的想法是由于没有完全理解效用概念的缘故。

第四节　消费者均衡的几何分析

序数效用论者用无差异曲线分析消费者均衡问题，仍然能得出消费理论的主要部分的结论。因此我们可以把它看做对本章第二、三节逻辑分析的几何证明。

一、消费者偏好的假定

序数效用论者认为，消费者无法用数字精确表示和衡量各种物品或物品组合的效用大小，但消费者可以判断出各种物品或物品组合的效用大小的程度或等级。假定消费者面临一系列各种物品组合的市场篮子：A、B、C 等。每个篮子里包含着消费者经常消费的若干数量食品、衣服等。消费者可以对这些市场篮子的效用等级做出各种判断：A>B，或者 A、B 相同，即二者无差异。

二、无差异曲线（Indifference Curves）

在无差异的若干市场篮子的各种组合表里，我们假定了食品和衣服的 5 种组合。就是说在其中的任一种组合，比如 A，1 单位食品和 6 单位衣服的组合，与其他的组合，

表 3-2　无差异的市场篮子组合

市场篮子	食品	衣服
A	1	6
B	2	3
C	3	2
D	4	1.5
F	6	1

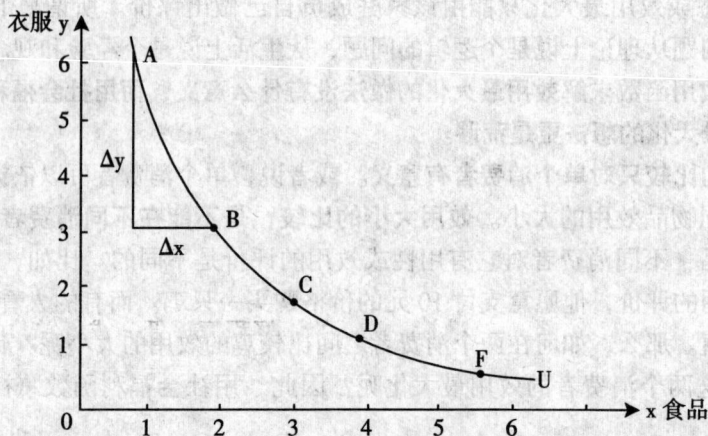

图 3-5　对物品的无差异曲线

比如 D，4 单位食品和 $1\frac{1}{2}$ 单位和衣服的组合，给消费者提供的效用或满足程度都是相同的或无差异的。依据上述假定，把两种物品的组合标在坐标曲线图上，就可以做出无差异曲线。

用横轴代表食品的数量，用纵轴代表衣服的数量，把表中各种组合的数据标在坐标曲线图上就得到 A、B、C、D、F 五种组合的坐标点，连接这些点，就得到一条向右下方倾斜的曲线。这条曲线就是无差异曲线，也称等效用曲线。它代表了能给一个消费者相同满足程度的市场篮子的所有组合。也就是说，该曲线上任一点所代表的食品和衣服的组合对该消费者提供的效用是相同的或无差异的。

无差异曲线具有以下性质或特征：

（1）无差异曲线是一条向右下方倾斜，且凹向原点的曲线，斜率为负值。这表明，在这一条曲线上，为了获得同样的满足程度或效用水平，增加一种商品必须减少另一种商品的数量。或者说，**无差异曲线斜率的经济学意义在于衡量两种物品的相对替代比例。该比例被称为商品的边际替代率。**这表明消费者可以在各种商品之间互相替代，而保持自己的效用水平不变。萨缪尔森把这一性质称为替代规律：一种物品越是稀缺，它的相对替代价值就越大，相对于变得充裕的那些物品而言，它的边际效用会上升。[1]例如，从 A 点到 B 点，消费者愿用 1 单位食品替代 3 单位衣服，而从 D 点到 F 点，消费者只愿用 $\frac{1}{2}$ 单位衣服替代 2 单位的食品。

（2）**在同一坐标平面上有无数条无差异曲线，离原点越近的无差异曲线，代表的效用水平越低，离原点越远的无差异曲线，代表的效用水平越高。**

（3）**在同一平面上任何两条无差异曲线不能相交，因为在交点，两条无差异曲线效用水平相同，与上述性质相矛盾。**

现在进一步讨论商品的边际替代率的性质。**商品的边际替代率（Marginal rate of substitution）** $MRS=\frac{\Delta Y}{\Delta X}$ 是指在保持效用水平不变的条件下，两商品的替代比例，因此**正负号没有意义，取绝对值。**

从图 3-5 中看到，从 A 点到 B 点，消费者愿意减少 3 单位衣服换取 1 单位食品的增加，$MRS=\frac{3}{1}=3$；从 B 点到 C 点，消费者愿意用 1 单位衣服的减少换取 1 单位食品的增加，$MRS=\frac{1}{1}=1$；从 C 点到 D 点，$MRS=\frac{\frac{1}{2}}{1}=\frac{1}{2}$；从 D 点到 F 点，$MRS=\frac{\frac{1}{2}}{2}=\frac{1}{4}$。可见 MRS 呈递减趋势，序数效用论者将这一趋势称为商品的边际替代率递减规律。

商品的边际替代率递减的原因在于：如 A 点是 6 单位衣服和 1 单位食品的组合，由于消费者拥有的衣服较多，因而对每单位衣服的偏好程度较低，或每单位衣服的边际效用较少；拥有的食品较少，因而对每单位食品的偏好程度较高，或每单位食品的边际效

---

[1] 萨缪尔森、诺德豪斯：《经济学》第 16 版，华夏出版社，1999 年版，第 75 页。

用较高，因此，消费者愿意放弃 3 单位衣服换取 1 单位食品，随着由 A 点向 F 点运动，消费者拥有的衣服越来越少，对每单位衣服偏好程度越来越高，或每单位衣服边际效用越来越高，而拥有的食品越来越多，因而每单位食品的边际效用越来越低，因此，消费者只愿以越来越少的衣服替代越来越多的食品，MRS 递减。**所以商品的边际替代率递减规律可以看做是边际效用递减规律的几何证明。**

三、预算线（Budget Line）

无差异曲线只是说明了消费者可以选择和替代各种商品，以达到相同的效用水平。但是这种选择和替代只有在消费者可花费的收入约束下和既定的商品价格条件下才有意义。预算线就是说明消费者选择的约束条件。

假定消费者每天可花费的收入为 60 元，食品价格为每单位 15 元，衣服价格为每单位 10 元，如果该消费者将收入全部用于衣服，可购买 6 单位，食品的消费数量为 0。如果该消费者将收入全部用于购买食品，可购买 4 单位，衣服的消费数量为 0。在两个极端之间还可以有各种选择，如消费 3 单位食品，只能消费 1.5 单位衣服等。这样可以做出下面的图表。

表 3-3　市场篮子和预算线

市场篮子	衣服	食品	总支出
A	6	0	60
B	3	2	60
C	1.5	3	60
D	1	3.333	60
E	0	4	60

图 3-6　预算线

预算线 $M = P_x \cdot X + P_y \cdot Y$

预算线斜率 $\dfrac{\Delta y}{\Delta x} = \dfrac{OA}{OE} = \dfrac{P_x}{P_y} = 1.5$

预算线具有下列性质或特征：

（1）预算线是一条向右下方倾斜的直线，斜率为负值。预算线斜率表示两商品的价格比率，正负号没有意义，取绝对值。其经济学意义为：在收入约束条件下，消费者要增加一单位 x 商品，必须放弃相应比例的 y 商品。在图 3-6 中，这个比例为 1:1.5。

（2）**预算线随收入和价格的变动而变动**。这一性质很好理解，因为预算线就是依据既定收入和价格做出的。假定收入不变，食品价格发生变动，或者食品和衣服两商品的价格都发生变动，可以依据既定收入可以买到的食品和衣服两商品的数量重新画出预算线。假定两商品价格不变，收入变动。可以依据变动后的收入可以买到的两商品数量重新画出预算线。读者可以自己假定收入和价格变动做出新的预算线。

$$预算线斜率为 \frac{0A}{0E} = \frac{\dfrac{M}{P_y}}{\dfrac{M}{P_x}} = \frac{M}{P_y} \cdot \frac{P_x}{M} = \frac{P_x}{P_y}。$$

四、消费者均衡

在了解了无差异曲线和预算线两个工具后，现在用几何方法讨论消费者均衡问题，也就是消费者最大满足或最大效用的选择和条件问题。

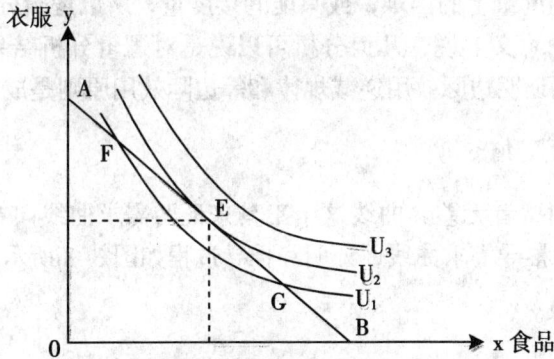

图 3-7　消费者均衡的选择

图 3-7 中，将无差异曲线和预算线放在一个坐标曲线图上，AB 为预算线，代表着消费者既定收入水平和既定价格水平条件下可能买到的两种物品的所有组合。该图上可以有无数条无差异曲线，只画了三条足以说明问题。U₁ 曲线与预算线有两个交点 F 和 G，这表明在消费者预算条件下是可以达到 U₁ 曲线的效用水平的。但 U₁ 离原点较近，它不是消费者既定收入水平下能达到的最大效用水平。U₃ 曲线高于预算线，它是消费者既定收入达不到的效用水平。一个理性的消费者追求的目标是在既定收入条件下获得最大满足或最大效用水平。从图上看到，从几何学意义上只有 U₂ 曲线与预算线的切点 E 能满足这个要求，因此将该点称为消费者均衡点。也就是说，消费者只有选择该点，才能达到既定收入水平下最大满足程度的均衡。

消费者均衡点 E 是几何学方法得出的结论，还要把它和经济学的意义联系起来。

在 E 点，无差异曲线的斜率等于预算线的斜率。无差异曲线斜率的意义是两商品替代比率，预算线斜率的意义是两商品的价格之比。因此，可以把消费者均衡的条件表达为：

$$MRS_{xy} = \frac{P_x}{P_y}$$

这个条件又意味着什么呢？我们回想一下上一节我们用逻辑分析方法得出的消费者

均衡条件的结论：

$$\frac{MU_x}{P_x} = \frac{MU_y}{P_y} = \frac{MU_z}{P_z} \cdots = 每元钱买到的\ MU\ 相等$$

该式中 $\frac{MU_x}{P_x} = \frac{MU_y}{P_y}$ 经整理可得：

$$\frac{MU_x}{P_y} = \frac{P_y}{P_x}$$

因此，$MRS_{xy} = \dfrac{P_x}{P_y} = \dfrac{MU_x}{MU_y} = 每元钱买到的\ MU\ 相等$

该条件的经济学意义为：**一个既定收入的消费者在所消费的各种商品和服务项目的选择和替代中，应遵循每元钱支出（边际成本）所买到的满足程度（边际效用）相等的原则，该消费者总的满足程度（或总效用）就达到最大（无差异曲线代表的是总效用水平）。**

以上分析表明，运用几何方法对消费者均衡问题的分析与用逻辑方法的分析得出了相同的结论。由于效用度量上的困难，或只能间接度量，所以逻辑分析总让人们感到有缺陷。因此，从方法论意义上说，几何分析可以说是对逻辑分析结果的一个几何证明。就是说用几何方法可以证明边际效用递减规律和等边际效用原则是成立的。

五、需求曲线的几何证明

序数效用论者用消费者无差异曲线这个工具来证明需求曲线向右下方倾斜的特征，或者说用无差异曲线来推导需求曲线，证明和推导过程如图 3-8 所示。

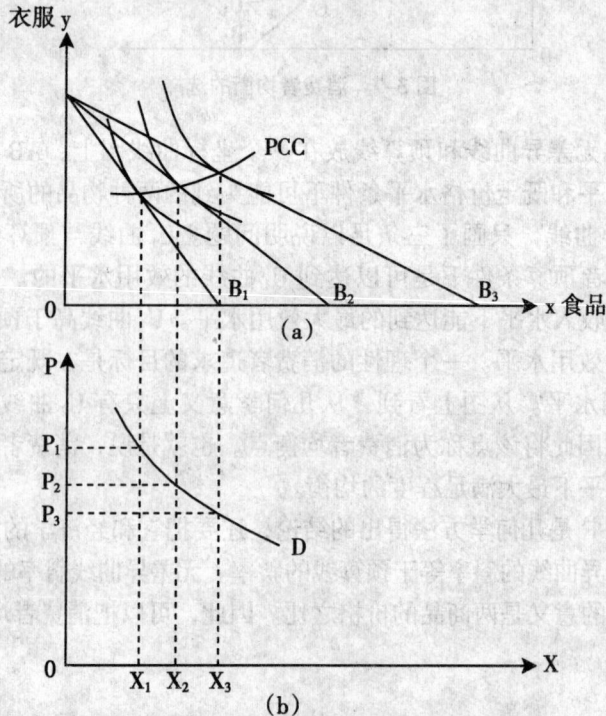

图 3-8　从消费者无差异曲线推导出需求曲线

图 3-8（a）是某消费者的无差异曲线。假定在消费者偏好、收入、衣着价格不变的条件下，食品价格由 P_1 下降至 P_3，相应地该消费者的预算线由 B_1 移动至 B_3，与三条无差异曲线形成三个切点，这表明在收入不变的情况下，由于食品价格下降，消费者效用水平提高了。连接三个切点的 PCC 曲线称为价格消费曲线，它表示在收入既定条件下，某商品价格下降，消费者消费水平或效用水平提高的轨迹。

图 3-8（b）中，随着食品价格下降，消费者无差异组合中食品的消费量相应增加，由 X_1 增至 X_3，连接价格 P 与消费量 X 的三个交点，我们得到一条向右下方倾斜的食品的需求曲线。

第五节　恩格尔定律

对每个消费者来说消费欲望是无限的，但实际消费行为模式则是受收入水平或购买力水平决定的。收入水平和价格变动对消费者的消费行为有重要影响。

一、恩格尔定律及意义

厄恩斯特·恩格尔是 19 世纪普鲁士的统计学者。他通过对不同收入水平的家庭消费支出的调查统计结果发现，**随着人们收入水平的上升，食物开支占收入的百分比趋于下降。这一发现被称为恩格尔定律。**食物支出占收入的百分比称为恩格尔系数。恩格尔定律看上去很简单，但它却有重要的经济学意义。

首先，**恩格尔系数已被世界各国用作判断一个地区或社会（国家）经济发展水平或富裕程度的一个指标。**恩格尔系数越高，意味着该地区居民或消费者要将收入的较大比例（百分比）用于食物的消费支出，解决温饱问题，而没有能力消费其他更高层次的项目。这表明该地区经济发展水平较低，居民比较贫困。恩格尔系数较低，则意味着该地区的消费者只用较少比例的收入就解决了基本的生存（食物）需要，而有更多的收入用于其他更高层次的消费项目，比如汽车、娱乐、旅游、教育等，从而为这些项目的市场发展提供了基础。这表明该地区经济发展水平较高。

其次，**恩格尔定律所揭示的消费者消费模式变动的规律，为预测需求和市场的变动趋势提供了线索。**

萨缪尔森指出，任何两个家庭都不是以完全相同的方式来消费他们的收入，然而对各种收入水平的人们所做的千百次家庭消费开支的调查结果表明，人们把收入分配于食物、衣着、住房和其他主要消费项目上的方式，平均说来，是相当有规律性的。图 3-9 表明了家庭消费支出模式随收入水平变动而变动的规律。[①]

图 3-9 中，在横轴上的每一收入水平与 45° 线做垂线就可以看到每一收入水平上各消费项目开支的比重。图 3-9 反映的调查结果表明，低收入家庭当然必须将他们的收入主要花费于生活必需品、食物、较低水平的衣着和住房。随着收入的增长，人们会吃、

---

① 萨缪尔森：《经济学》第 10 版，上册，商务印书馆，1982 年版，第 294 页。

恩格尔定律

图 3-9　1976 年美国家庭预算开支随收入的不同而表现出有规律的变动

穿得好一些，但更多的消费支出增加在住房、汽车、教育、娱乐、保健等消费项目上。而且在这些项目上消费开支增加的比例大于收入增加的比例，就是说这些项目的收入弹性趋于上升。食物开支所占的百分比则趋于下降，就是说食物的收入弹性趋于下降。可见，收入水平变动是家庭消费模式变动的决定因素。

观察一下成千上万、五花八门的商品市场就会看到一些商品的市场趋于衰落和消亡，一些商品的市场则在兴起和发展，其原因是什么？**一是消费者偏好、时尚、生活习惯、文化传统等的变动。**例如，如果消费者偏好或时尚变化使一些产品成为过时的产品，其市场就会逐步衰落。这种变动一般是无规律可循的。**二是消费者收入水平的变动。**低收入地区，低档饭店、低档服装和房屋租赁市场比较兴旺。随着收入水平的提高，高档食品和服装市场就会兴起。随着收入水平逐步提高到更高的层次，汽车市场、房产市场、娱乐市场、保健市场会逐步兴起和发展，这是有规律可循的。一个汽车制造商或推销商，到一个地方推销汽车产品，那么首先应该调查该地区居民的收入水平及增长速度，知道该地区有多少消费支出会用于或将会用于消费汽车产品的层次，这样，才会知道产品的消费群体有多大，需求有多少，市场份额有多大等。不然就是一个盲目的推销商，可能疲于奔命而收获甚少。

二、恩格尔曲线

恩格尔曲线表示某一物品的消费量与收入变动的关系。因而它是一个有用的市场调查工具。

图 3-10 描述了随着收入的增长，某物品的消费数量变动的情况。在图 3-10（a）中，当收入由 1000 增至 3000 时，仕奇牌西服的消费数量也由 2 单位增至 6 单位。当一种物品的消费量与收入同方向变动，经济学将它称为正常品。在图 3-10（b）中，当收入由 500 增至 2000 时，健力宝饮料的消费量由 10 单位增至 30 单位；当收入由 2000 增至 3000 时，健力宝饮料的消费量却由 30 单位下降至 20 单位。当一种物品的消费量随收入增加而减少时，经济学称它为低档品或劣等品。

图 3-10　恩格尔曲线

从图 3-10（b）中我们还可以看到，正常品和低档品的划分是相对于一定收入水平而言的，因而是相对的。如图 3-10（b）图所示，当收入由 500 增至 2000 时，健力宝饮料的消费量随收入增长而增长，它是正常品，当收入水平在 2000 以上时，它又成了劣等品。以一般的消费行为规律而言，当人们的收入水平较低时，人们更多地消费便宜的低档品；随着收入水平的提高，人们会减少低档品的消费，增加正常品和高档品的消费。但从物品的角度而言，在一定的收入水平范围，它是正常品，到更高的收入水平范围，它又成了低档品。

三、收入效应和替代效应

消费者的收入水平除收入自身的变动外，还受价格水平变动的影响。在消费者收入水平既定的前提下，商品价格变动会对消费者实际收入水平或实际购买力水平和消费方式产生两方面的影响，这种影响分别被称为收入效应和替代效应。

在消费者货币收入水平既定的条件下，物品的价格下降，意味着消费者用该货币收入可购买到更多的物品，即实际购买力水平或实际收入水平提高了。如果物品的价格上升，则意味着消费者用既定的货币收入只能购买到较少数量的物品，或者说消费者的实际购买力或实际收入水平下降了，**经济学家把物品价格变动对消费者实际收入水平的影响称为"收入效应"。**

替代效应是指具有替代关系的商品的价格变动对消费者消费模式的影响。当一种商品价格上升时，其替代品的需求会上升。因为消费者用增加价格相对低廉的替代品的消费来替代价格上升物品的消费，可以排除收入效应的影响（即价格上升对实际收入的影响），使自己的生活水平不至于下降。就是说可以维持相同的效用水平或可以获得更大的总效用。当一种物品价格下降，其替代品的需求会下降。因为这时消费者减少替代品的消费，增加价格下降物品的消费可以提高自己实际收入水平和消费更多的其他物品以提高自己的效用水平。可见替代效应可以强化收入效应。

在商品世界里，许多商品具有相关关系，因而一种商品的价格变动会对消费者的实际收入水平及相关商品的消费和需求发生影响。了解收入效应和替代效应，对于消费者来说，可以在市场价格波动中避免自己效用水平的下降和捕捉提高自己效用水平的机会。对于生产者来说，可以分析、了解和预测消费者实际收入水平的变动以及相关商品需求的变动趋势。那么如何了解商品的相关关系呢？

商品的相关关系可分为替代品和互补品两类。替代品是指两种或几种物品可以相互替代来满足消费者相同的满足或效用水平的物品。当然这要以消费者对这几种商品具有大致相同的偏好为前提。比如苹果和梨，电影票和录影带，大米和面粉等具有替代关系的几种商品，其中一种商品价格变动会对其他替代品的消费量产生重要影响，因此可以通过一种商品的价格变动对其他商品需求的影响来判断商品之间的替代关系。**如果一种物品价格上升，会导致另一种或几种物品需求上升，则这些物品互为替代品。** 如果一种物品价格变动对另一种物品需求没有影响，则这两种物品互为独立品。

互补品是指两种或几种物品必须同时消费才能满足消费者同一消费目的的物品。 比如汽车和汽油、机油，录音机和磁带，课本和笔记本、笔等是具有互补关系的物品。消费者要消费汽车，就必须消费汽油和机油。当价格变动引起一种商品消费量上升，其他相关物品的消费量也会上升，反之亦然。因此，也可以依据一种商品价格变动对其他商品需求的影响来判断商品的互补关系：**如果一种物品价格上升导致另一种物品需求下降，则这两种物品为互补品。**

收入效应和替代效应本来是很简单的概念，有的西方学者要用这两个概念解释"吉芬难题"就使这两个概念复杂化了。1845 年爱尔兰大饥荒，主要的食物就是土豆了，土豆价格上涨，需求量也上涨，出现了需求量与价格同方向变动的违反需求定理的反常情况。吉芬发现了这种情况，并要求经济学的需求定理给予解释，这就是所谓的"吉芬难题"。爱尔兰的土豆也就成了"吉芬物品"。规律只反映普遍情况而不排除个别现象。大饥荒中的情况更是例外。大饥荒中食物奇缺，对食物的需求必然会集中在主要食品土豆身上，而且需求增加、价格上升；价格上升，人们不能不吃，需求也会增加。因为，在大饥荒中只有土豆等食物，可以替代的食品很少。即使土豆的价格上升到比平时肉类食品的价格都高，你还得吃土豆，因为没有肉可吃。如果有肉吃，那还叫饥荒吗？这种情况在饥荒中是普遍的，也是正常的，无须大惊小怪，它也不能推翻需求定理。

本章总结和提要

一个理性消费者的行为实际上是要解决 3 个问题：想要什么（欲望）？能要什么（收入约束）？如何选择？消费者在解决这 3 个问题的过程中会自觉或不自觉地遵循两条基本的消费规律：边际效用递减规律和等边际效用原则。了解了消费者行为的规律就了解了需求变动的规律。全体消费者行为的总和就构成市场的需求曲线。学习本章重点要理解效用的概念、总效用和边际效用的关系、两条消费规律、消费者剩余、收入效应和替代效应和恩格尔定律。

思考题

1. 萨缪尔森说效用是个很奇妙的概念，它奇妙在哪里？你如何评价效用概念体现的两个历史进步？

2. 你是一个理性消费者还是一个盲目的消费者？你在消费中意识到两条消费规律的存在吗？

3. 你同意萨缪尔森对价值之谜的解释吗？

4. 你如何理解消费者剩余？

5. 你注意到身边一些市场在消亡，一些市场在兴起吗？用你观察到的事例说明恩格尔定律。

第四章　生产理论和供给

本章对构成市场经济系统的生产环节进行分析，主要内容包括两方面：一方面从生产者追求产量最大化的行为分析出发，运用生产函数这个工具分析生产的一般规律；另一方面，从生产成本变动规律的分析中说明供给曲线的基础。最后对均衡价格理论做出总结。

第一节　生产理论概述

生产过程是由企业投入各种生产要素：劳动、资本、土地、技术等，产出产品和服务的过程。因此，生产过程也被称为投入产出过程，生产过程的技术关系被称为投入产出关系。

一、生产要素在生产中的特性

1. 各种生产要素在生产上具有相互作用或相互依赖的性质

西方学者认为，物品的产量共同地取决于投入的各生产要素的数量，是各生产要素共同创造的产品和产量。农业时代的威廉·配第把财富生产中的这一特性做了形象的表述：劳动为财富之父，土地为财富之母。产品这个孩子是父母相互作用共同努力的结果。所以，这一特性是亚当·斯密以来西方学者关于劳动、资本、土地、技术四要素共同创造价值的理论在生产论中的具体说明。农业时代只有劳动和土地两种生产要素。在农业生产中，只有劳动，没有土地，或者只有土地，没有劳动，是生产不出任何农产品的，这是一个显而易见的事实。工业革命以后，出现了资本要素（工厂、机器、设备）。同样的道理，只有劳动，没有资本，或者只有资本，没有劳动，也是生产不出任何工业产品的。而且工厂不能吊在空中，必须坐落在土地上，所以劳动、资本、土地共同创造价值和国民财富。20 世纪 80 年代信息技术革命以后，经济学家认为应该把技术作为一个独立的生产要素并入生产方程。现在，经济学家们认为，这四要素是生产中的基本要素，它们相互依赖共同创造产品和产量。

2. 不同的生产要素在一定程度上可以互相替代，因而它们是相互竞争的，但它们不能完全相互取代

西方学者认为，四要素在生产过程中不仅是相互依赖的，而且是相互竞争的。例如，劳动和资本两种要素，如果资本（机器、设备）的价格过高，厂商可以多使用劳动，少使用资本，用劳动替代资本，采用劳动密集型生产方法。这样，劳动的收入会提高，资本的收入会减少。如果劳动的价格过高，则可以多使用资本，少使用劳动，采用资本密集型生产方法。这样，资本的收入会提高，劳动的收入会减少。因此这一特性产生了一个重要的结果：劳动的使用量不仅取决于劳动自身的价格，也取决于资本（如机器）的价格。反过来，资本的使用量不仅取决于资本自身的价格，也取决于劳动的价格。就是说，由于各要素在一定程度上可以相互替代，它们之间存在着激烈的竞争。例如，如果劳动要求的工资过高，厂商可以多使用资本，少使用劳动，就会导致工人失业和劳动收入减少。如果资本（机器）要求价格过高，厂商可以多使用劳动，少使用资本，就会导致资本（机器）过剩和资本收入减少。因此，这种竞争对要素市场各要素的价格决定和平衡有重要影响。但是，尽管各要素在一定程度上可以相互替代，在生产上不能只用劳动不用资本，或者只用资本不用劳动，即它们不能完全相互取代。

上述生产要素在生产上的两个特性是西方经济学生产理论和分配理论的基础。

二、生产函数的概念和性质

由于产出和投入之间存在依存关系，这个关系用数学语言表达就是函数关系，所以，西方学者把投入产出关系称为生产函数。而且可以用生产函数这个工具分析投入产出的一般规律。因此，也可以说生产函数是表示和分析投入产出一般规律的一个工具，**它表示在既定的技术水平和各种生产要素的投入数量条件下，都存在着一个可以获得的最大产品数量。**用公式表示即：

$$Q = f(A)(L、K、\cdots)$$

式中，Q 代表产出量，A 代表技术系数，L、K、……代表劳动、资本等投入的各生产要素的数量。

该定义说明了生产函数的两点性质：**一是一个生产函数代表一定的技术水平的生产，技术进步所引起的各要素生产率提高的百分比称为技术系数。二是生产函数反映的是在既定的技术水平和各要素数量条件下，都存在一个可以获得的最大产量。**

生产函数作为研究生产一般规律的一个工具，就是要说明在生产中如何以最小的投入获得最大产出，从而使有限的生产资源得到最有效率的利用。这个问题既要考虑如何选择各要素的最佳配合比例，因为它涉及生产的技术水平和产出效率，又要考虑各要素的价格，因为它涉及生产成本和投入产出比。这种关系普遍存在于各种各样的生产过程中，因此，可以说每家企业都有自己的生产函数，即自己的投入产出关系。而且不仅一个企业，一个行业或部门，一个国家都有自己的投入产出关系，即总量生产函数。

生产函数只是表示和**抽象**分析投入产出一般规律的一个工具，它只是表示在既定的技术水平和各种生产要素的投入数量条件下，都存在着一个可以获得的最大产品数量。**但并不是说可以用生产函数计算出最大产量。**

例如，柯布和道格拉斯对美国制造业 1899~1922 年间投入和产出的统计资料进行实证分析和研究，发现这一时期资本要素对总产出的贡献是 25%（资本和土地的收入占 GNP 的比重为 25%），劳动要素对总产出的贡献是 75%（劳动的收入即工资总额占 GNP 的比重为 75%），而这一时期美国刚刚进行产业革命不久，技术进步对各要素生产率提高的贡献为 1% 多一点，柯布和道格拉斯将这一研究成果用数学式表示出来，即 Q =

$1.01L^{0.75}K^{0.25}$，Q 为制造业的总产出，1.01 为技术系数，$L^{0.75}$ 表示劳动要素对总产出的贡献为 75%，$K^{0.25}$ 表示资本和土地要素对总产出的贡献为 25%。因此，柯布—道格拉斯生产函数只是表达了美国制造业 1899~1922 年间投入产出的规律，而且这一规律是用对美国制造业 1899~1922 年间 GNP 统计资料的实证分析得出来的，而不是用生产函数计算出来的。

柯布—道格拉斯生产函数的经济学意义：第一，它表明了 20 世纪初美国制造业中劳动和资本两要素在总产出中的贡献比例为 3∶1，这基本上与两要素在国民收入中所占份额是吻合的。第二，技术系数为 1.01，这表明 20 世纪初美国制造业的生产技术水平还是较低的。技术进步使劳动和资本的生产率的提高每年平均在 1% 至 2% 之间。

三、可变要素和不变要素，短期生产和长期生产

考察投入产出的关系，在生产实践中可以观察到，一些要素比较灵活，可以随时或很短时间调整它的投入量来调整产出。比如劳动，厂商可以按照生产的淡季和旺季随时调整劳动要素的投入量来调整产量。经济学一般把短期内可随时调整的生产要素称为可变要素。一些要素一旦投入，就有一个使用周期，长时期在生产中发生作用，而且调整它也需要较长的时期和花费一定的成本，比如资本（厂房、设备等）。经济学一般把短期内相对固定，一般不随时调整的生产要素称为固定要素或不变要素。但是，这只是从生产实际的一般意义上讲的。因为，如果短期内不调整劳动的投入量，只调整资本的投入量来调整产量，那么，劳动就是不变要素，资本就是可变要素。因此，不变要素和可变要素的划分不是依据要素本身的性质，而是依据在短期内是否调整为转移的。因此可以说，只调整一种生产要素来调整产量的生产称为短期生产，调整的这种生产要素称为可变要素。其他不调整的生产要素称为固定要素或不变要素。

与生产要素的调整周期或方式相适应，经济学把生产分为短期生产和长期生产。短期生产是指在该时期里，企业能够通过调整一种可变要素来调整生产的产量。长期生产是指在该时期内，企业可以调整或改变所有要素的投入量来调整产量。或者说，在长期生产中，所有要素都是可变要素。可见，短期生产和长期生产不是时间概念，而是与生产要素的调整方式相联系的。

因此，不变要素、可变要素，短期生产和长期生产是依据生产要素的调整方式和周期来划分的。而不是依据生产要素本身的性质和生产时间的长短来划分的。从理论分析的角度讲，如果考察劳动变动对总产出的影响，假定资本为不变要素，劳动为可变要素；如果要考察资本变动对总产量的影响，可以假定资本为可变要素，劳动为不变要素。相应地，只调整一种可变要素来调整产量的生产称为短期生产。如果要考察劳动和资本的变动对总产量的影响，那么劳动和资本都是可变要素。相应地，调整两种或所有可变要素来调整产量的生产称为长期生产。

第二节　边际产量递减规律

本节考察短期生产行为，即假定企业可以调整一种可变要素的投入量，而不能调整其他固定要素的投入量来调整产出的生产，有的学者把这种生产称为短期生产或一种可变要素的生产函数。如果假定劳动为可变要素，资本等其他要素为不变要素，一种可变要素生产函数式可表示为：$Q=f(L、\bar{K})$，该式表示在资本等其他要素投入既定的条件下，考察劳动投入变动对产量的影响。

一、总产量、平均产量、边际产量

为考察一种可变要素（劳动或资本）的调整（或变动）对产量的影响，把产量分为总产量、平均产量和边际产量。其英文简写顺次为 TP、AP、MP。或者说，为了揭示边际产量的变动规律，经济学将产量分为总量、平均量、边际量，其定义分别如下：

总产量 TP 是指与可变要素的投入量相对应的最大产量。假定劳动为可变要素，其定义公式为：

$$TP=f(L、\bar{K})$$

式中 TP 还是劳动和资本共同创造的。只是 L 为可变投入，$\bar{K}$ 为不变投入。

平均产量 AP 是指每单位可变投入分摊的总产量。假定劳动为可变要素，其定义公式为：

$$劳动的\ AP=\frac{TP}{L}$$

边际产量 MP 是指每增加一单位可变要素投入量所增加的产量。假定劳动为可变要素，其定义公式为：

$$劳动的\ MP=\frac{\Delta TP}{\Delta L}$$

二、总产量、平均产量、边际产量的变动规律

当其他要素投入量不变，只有一种要素 L 的投入量变动，会对产量变动产生什么影响呢？以 1 为单位，顺次增加劳动的投入量（1 单位劳动可以代表 100 工作小时或 1000 工作小时等，将工作小时 × 小时工资，就是每单位劳动投入的价值量。假定其他投入不变。比如，资本的投入是 10 个单位，每单位资本可以代表 10 万或 100 万价值的机器、设备、厂房投资等）。根据上述定义公式，我们可以编制一种可变要素的生产函数表，表中产量的数字，每 1 单位数字代表若干数量的产品。

将表 4-1 中的数字标在坐标曲线图上，可以直观地看到产量随劳动投入增加而变动的规律。图 4-1 反映了各种产量随一种生产要素投入量的增加而呈现出的变动趋势。将其要点归纳如下：

表 4-1　劳动投入变动对产量的影响

劳动投入量 L	资本投入量 K	总产量 TP	平均产量 AP=$\dfrac{TP}{L}$	边际产量 MP=$\dfrac{\Delta TP}{\Delta L}$
0	10	0	0	0
1	10	8	8	8
2	10	18	9	10
3	10	24	8	6
4	10	28	7	4
5	10	30	6	2
6	10	30	5	0
7	10	28	4	2

1. 总产量的变动规律

当边际产量为正值，总产量一直上升，至边际产量为零时，总产量达到最大值，当边际产量为负值，总产量开始下降。

2. 平均产量的变动规律

平均产量也呈先升后降的趋势，而且也与边际产量相关。当边际产量高于平均产量时，平均产量上升；当边际产量低于平均产量时，平均产量下降。因此，下降的边际产量曲线必然经过平均产量曲线的最高点。

3. 边际产量的变动规律

边际产量上升到一定点后就呈下降趋势，当其小于平均产量时，引起平均产量下降，当其为负值时，引起总产量下降。

因此，总产量、平均产量的变动趋势是与边际产量的变动趋势相关的，是由边际产量的变动规律决定的。

边际量是经济学中最重要的概念，为了强调它的重要性，萨缪尔森说，只要记住是狗尾巴摇动狗身子，而不是狗身子摇动狗尾巴，那么经济学并不难学。这里，萨缪尔森把边际量比喻为狗尾巴，把总量、平均量比喻为狗身子。在经济学中是边际量决定总量、平均量的变动趋势，而不是相反。

图 4-1　产量随劳动投入变动而变动的规律

三、边际产量（报酬）递减规律及意义

边际产量递减规律可以表述如下：**在生产的技术条件不变，其他要素投入量不变的条件下，一种要素的投入量逐步增加，其边际产量上升到一定点后，就呈现出下降趋势。**

边际产量递减规律最早是由马尔萨斯发现、提出并证明的。就像所有规律都有例外一样，在实际生产中，该规律也有例外。但是该规律仍是普遍存在于大多数生产过程中的现象。这是可以用实验或实证方法证明的。证明时一定要注意保持技术水平和其他投入不变。从理论上讲，该规律之所以能成立，是因为对于任何产品的生产来讲，各要素都有个最佳配合比例的问题。当可变要素投入为零时，其他要素的投入总是存在的。随着可变要素投入的增加，其边际产量上升，当达到各要素最佳配合比例时，其边际产量也达到最大值。之后再增加可变要素的投入，其边际产量就呈递减趋势了。因为生产要素的组合越来越偏离最佳组合比例。各要素的投入，如资本、土地等都存在这一规律。该规律是生产论说明的第一条生产的基本规律。

该规律的意义是显而易见的。**由于边际产量递减，一种要素的投入不是越多越好，而是有个最佳阶段或与其他要素的最佳组合比例问题，否则就会造成生产资源的浪费。**例如图 4-1 中，可以依据劳动要素投入量的增加，边际产量、平均产量、总产量的变动关系将总产量的增加分为三个阶段。劳动要素最佳投入量在劳动的平均产量达到最大和总产量达到最大值之间（Ⅱ阶段）。当劳动的边际产量为负时，再增加劳动的投入量，显然是一种资源的浪费。因为增加的投入不仅不能引起总产量的增加，反而导致总产量的下降（Ⅲ阶段）。

第三节 替代规律

由于各种生产要素都存在边际产量递减规律，各种要素的投入就不是越多越好，而是有个最佳阶段和与其他要素的最佳组合比例问题，否则就会造成生产资源的浪费。从长期看，在各种要素投入量都可以调整的情况下，企业如何选择最佳要素配合比例，以最小成本生产最大产量。要说明这个问题，为了技术分析的方便，假定企业只投入劳动和资本两种生产要素。或者说，用两种生产要素代表所有可调整的生产要素，它的道理是一样的。这样，可以使用两种可变要素的生产函数这个工具分析这个问题。所以有的学者将这个问题的讨论称为长期生产函数或两种可变要素的生产函数，即 $Q=f(L、K)$。该式表示在 L、K 两种要素的投入量都可调整的情况下，企业如何选择最低成本的要素组合获得最大产量。

一、替代规律及意义

从生产实践中可以观察到，当劳动的价格（工资水平）较低，资本的价格（机器、设备的价格）较高时，企业会多使用劳动，少使用资本，即用劳动替代资本，来生产既

定的产量；反之，当劳动的价格较高，资本的价格较低时，企业又会少使用劳动，多使用资本，即用资本替代劳动来生产既定的产量。而且还可以看到，厂商总是把劳动密集型的产品迁移到劳动力便宜的地区或国家去生产，而把资本密集型的产品迁到资本比较便宜的地区去生产。为什么呢？因为这样将以更低的成本生产既定产量或更多的产量。可见，追求最大利润的企业在生产中遵循着一条规律，即替代规律，我们可以把它表述如下：**替代规律是指不同生产要素可以互相替代来生产同一产量的规律。该规律的意义在于，它使生产者可以依据不同生产要素的价格，选择各种要素的最佳组合比例，以最小成本生产最大产量成为可能。**

当然，理论分析不能停留在经验的表面，下面就进一步深入分析该规律的性质。根据 $Q=f(L、K)$，可以做出等产量曲线。根据既定成本和两要素的价格，可以做出等成本线。运用等产量曲线和等成本线两个工具，通过分析生产者均衡的条件，说明企业如何以最低成本获得最大产出的问题。

二、替代规律的几何分析

1. 等产量曲线

在产量既定的条件下，企业如何选择各要素的配合比例问题可以用等产量曲线来表示。

表4-2　产量既定两种要素的不同组合

组合方式	L	K	产量Q
A	1	5	200
B	2	3	200
C	3	2	200
D	5	1	200

图4-2　等产量曲线

表4-2中，我们假定劳动L和资本K可以有不同的组合方式来生产200单位的产量（即 $200=f(L、K)$）。或者说，既可以用1单位劳动和5单位资本的组合来生产200单位的产量，也可以用3单位劳动和2单位资本的组合来生产200单位的产量等。表4-2中

假定了 4 种组合方式，实际上可以有更多的组合方式供生产者选择。

　　将表 4-2 中 A、B、C、D 四种组合数字标在横轴代表劳动投入的数量，纵轴代表资本投入的数量的坐标曲线图上，连接各点，就得到一条 Q=200 的等产量曲线。它表示在该曲线上的任一点所代表 L 和 K 的组合都可以生产 200 单位的产量。

　　观察等产量曲线，可以看到等产量曲线具有下列性质：

　　第一，一个坐标平面上可以有无数条等产量曲线。离原点越近的等产量曲线，代表的产量水平越低；离原点越远，代表的产量水平越高。

　　第二，任意两条等产量曲线不能相交，否则与第一特征相矛盾。

　　第三，等产量曲线是一条凹向原点，向右下方倾斜的曲线，斜率为负值。等产量曲线斜率的经济学意义有两点：①等产量曲线斜率表示两种生产要素的替代比例，称为两要素的边际技术替代率。记为 $MRTS_{LK}=\dfrac{\Delta K}{\Delta L}$。这里，由于 $MRTS_{LK}$ 只是表示两要素的替代比例，所以取绝对值，不记正负号。例如图 4-2 中，从 A 点到 B 点，表示企业愿意减少 2 单位资本的投入来增加 1 单位劳动的投入。换句话说，用 1 单位劳动替代 2 单位资本，其替代比例为 $MRTS_{LK}=\dfrac{\Delta K}{\Delta L}=\dfrac{2}{1}=2$。②斜率为负值表示 $MRTS_{LK}$ 递减。如果依次计算从 A 点到 B 点，从 B 点到 C 点，从 C 点到 D 点的 $MRTS_{LK}$，它们分别为 2，1，$\dfrac{1}{2}$，可见边际技术替代率递减。

　　$MRTS_{LK}$ 为什么递减呢？是因为要素的边际产量递减规律的作用。在 A 点，是 1 单位劳动和 5 单位资本的组合。资本由于投入单位较多，因而每单位资本的边际产量较低。劳动由于投入单位较少，因而每单位劳动的边际产量较高。从 A 点到 B 点，企业用 1 单位劳动的增加替代 2 单位资本的减少，产量不变，这表明增加 1 单位劳动投入所增加的劳动的边际产量与减少 2 单位资本所减少的 2 单位资本的边际产量是相等的，（或者说 1 单位资本的 MP 只相当于 $\dfrac{1}{2}$ 单位劳动的 MP）所以总产量不变，仍是 200 单位。但是随着由 B 点到 C 点，再由 C 点到 D 点，劳动的投入量逐渐增加，其边际产量逐渐减少，资本的投入量逐渐减少，其边际产量逐渐增加。用劳动替代资本的比例就递减了。这一论点可以用下面的数学方法加以证明：

　　在产量不变的前提下，增加劳动的投入，减少资本的投入。劳动投入的增加带来总产量的增加，其值为 $MP_L \cdot \Delta L$；同样资本投入的减少带来总产量的减少量为 $MP_K \cdot (-\Delta K)$，在等产量线上，总产量不变，其改变量为零，因此可得：

$$MP_L \cdot \Delta L + MP_K \cdot (-\Delta K)=0 \cdots\cdots\cdots\cdots\cdots ①$$

　　由①得：$MP_L \cdot \Delta L = MP_K \cdot \Delta K \cdots\cdots\cdots\cdots\cdots ②$

　　由②得：$\dfrac{MP_L}{MP_K}=\dfrac{\Delta K}{\Delta L}=MPTS_{LK}$

　　可见：两要素的替代比例等于两要素的边际产量之比；沿着等产量曲线，不断用劳动替代资本，资本的边际产量逐渐上升，而劳动的边际产量逐渐下降，其结果是边际技术替代率递减。

2. 等成本曲线

选择最佳生产要素组合比例的问题，是在既定成本和各要素价格的前提下进行的。等产量曲线只是说明了各种生产要素可以相互替代生产同一产量的可能性。在生产实践中，厂商调整各生产要素组合比例是在既定成本条件下，依据各要素的价格及变动进行的。因此，在说明了等产量曲线这个工具的性质后，再来讨论第二个工具等成本线的性质。等产量曲线和等成本曲线与消费者均衡的几何分析运用的无差异曲线和预算线是相同方法。所以，这里可以简化一些。

假定企业的成本为 C，劳动的价格即工资为 W，资本的价格为 r，成本方程：$C = WL + rK$。如果企业将全部成本用来购买劳动，可购买 $\dfrac{C}{W}$ 的数量。另一个极端，如果企业将全部成本用于购买资本，可购买 $\dfrac{C}{r}$ 的数量。据此，可以做出等成本曲线：

图 4-3 描述了等成本曲线。横轴代表劳动的数量，纵轴代表资本数量。纵轴 A 点表示全部成本用于资本可购买的数量。横轴 B 点表示全部成本用于劳动可购买的数量。连接 A、B 点的线称为等成本线。线上任一点表示在两要素价格既定条件下，用既定成本可购买的两要素的任一组合。

图 4-3　等成本线

等成本线具有两点性质：①成本和两要素价格变动，等成本线也会变动。②等成本线斜率的意义为两要素的价格之比。$\dfrac{C}{r} \Big/ \dfrac{C}{W} = \dfrac{W}{r}$（取绝对值）。它表示两种生产要素在成本约束条件下的替代比例。例如，如果工资率为 5 元/小时，资本的价格为 10 元/每单位，企业用 1 单位资本替代 2 单位劳动，而总成本不变。

3. 生产者均衡

可以用等产量曲线和等成本线这两个工具来讨论生产者均衡问题，也就是讨论企业如何以最小投入获得最大产出的条件。这个条件也称生产者均衡条件，生产要素投入量最优组合条件。等产量曲线代表不同要素的替代规律和企业可能的各种选择；等成本线代表在成本约束条件下，不同要素替代的可能性。企业追求最大产量的均衡，就要在成

本约束和替代规律的双重作用下进行权衡、比较和选择。图 4-4 就是对这一选择过程的
描述。

图 4-4　生产者的均衡

图 4-4 中，AB 为等成本线，代表既定成本约束。三条等产量曲线是无数条等产量
曲线中的三条曲线。Q_1 与等成本线有两个交点，但这不是最大产量；Q_3 是既定成本达不
到的产量。从几何学的意义上只有 Q_2 曲线与等成本线的切点 E 点，可以代表在既定成
本条件下最大产量的两要素的最优组合比例。因此，把该点称为生产者的均衡点。在切
点 E 点，等产量曲线的斜率等于等成本线的斜率。等产量曲线斜率的意义是两要素的技
术替代比例；等成本线斜率的意义是两要素的价格之比。因此，有均衡条件：

$$\text{MRTS}_{LK} = \frac{W}{r} \cdots\cdots\cdots\cdots\cdots\cdots\cdots\cdots\cdots\cdots① $$

①式是从几何学意义上得出的均衡条件。我们还必须把它和经济学的意义联系起
来。由于两要素的 $\text{MRTS}_{LK} = \dfrac{MP_L}{MP_K}$，所以由①式可得：

$$\frac{MP_L}{MP_K} = \frac{W}{r} \cdots\cdots\cdots\cdots\cdots\cdots\cdots\cdots\cdots\cdots② $$

由②式可得 $\dfrac{MP_L}{W} = \dfrac{MP_K}{r}$ ＝每元钱成本的边际产量相等$\cdots\cdots\cdots\cdots\cdots\cdots$③

①②③式都可看做生产者均衡条件，但③式更具有经济学意义。如果用经济学语言
表述，可以把企业以最小成本获得最大产量的条件表述如下：**企业只有在各要素的投**
入上使每元钱成本带来的边际产量相等，企业才能实现以最小的成本获得最大产量的
均衡。

第四节　规模收益

各生产要素的调整涉及生产规模的变动。因此，调整生产要素不仅要考虑最佳要素
组合比例的问题，还要考虑最佳生产规模问题。最佳经济规模才能使各要素的效率得到

充分发挥并获得规模收益的好处。

一、规模收益的概念

规模收益（报酬）是指企业从最佳经济规模上获得的好处或收益，它表现为企业投入产出比的提高。

企业的经济规模过小或过大，都会影响所投入的各要素的效率的发挥，从而影响产量最大化的目标。最佳经济规模由于可以使各要素的效率充分发挥，从而提高投入产出比而获得规模收益。

二、最佳经济规模的判断方法

1. 决定企业最佳规模的因素

企业的生产规模不是越大越好，而是有自己的最佳规模。一般来讲，决定企业最佳规模的因素有以下三点：

（1）**产品本身的性质**。就产品本身的性质来说，飞机产品和豆腐产品所要求的最佳生产规模显然有很大的区别。如果把豆腐厂建造得像飞机制造厂那么大的规模，那么黄豆从工厂这个门进去，豆腐从工厂那个门出来就臭了。

（2）**企业面临的市场状况**。就企业面临的市场状况来说，一个地域性的产品和一个国际性产品，其市场容量有很大差异，所要求的最佳生产规模显然也有很大差别。工厂确定自己的产量是依据它面临的市场需求状况，即销售量来确定的。所谓以销定产，有多大市场，生产多大的产量，这是决定企业生产规模的决定因素。否则就会造成企业产品积压，经营困难，甚至破产，更不要谈什么规模收益了。企业面临的市场需求状况是经常变化的。一方面，企业自身不断降低成本在竞争中努力扩大自己的市场销售量或市场份额；另一方面，其他竞争对手也在这样做，而且消费者的偏好经常在变化，有许多不确定因素。而且不同企业的市场需求差别很大。因此，企业必须瞄准变化的市场，随时调整自己的生产规模。

（3）**技术发展水平**。就技术水平来讲，产品和生产的技术水平高低对生产方式和管理模式有不同的要求，而且一些技术水平高、生产工艺复杂的产品本身就要求一定的经济规模，规模过小生产是不经济的。比如，纽扣产品在家庭作坊就可以生产，汽车产品必须要求很大的规模才不会亏损。可见，**最佳经济规模并没有一个固定的模式或公式，而是因产品、市场、技术而异和变动的**。

2. 如何判断企业的最佳经济规模

一般来讲，**判断企业最佳生产规模的方法，可以通过企业生产规模变动与所引起的产量变动之间的关系来考察，即通过投入产出比的变动来考察**。在全要素投入产出比为既定的条件下，企业规模扩大（各要素投入按相同比例增加）所引起的产量变动有三种情况，分别被称为规模收益递增，规模收益不变，规模收益递减。

（1）**规模收益递增**是指在既定的投入产出比的条件下，企业规模扩大带来了投入产出比的提高，即产量增加的比例大于各要素投入增加的比例。规模收益递增，表明企业生产规模扩大带来了生产效率的提高。企业获得了规模扩大所带来的收益和好处。或者说企业获得了规模收益。例如，假定原来企业既定的投入产出比为 1:1，生产规模扩大使企业的投入产出比提高到 1:2。产出增加的比例就是企业获得的规模收益。同时，它也表明企业没有达到最佳经济规模，还可以继续扩大规模。

（2）规模收益不变是指企业规模扩大，投入产出比不变，即产量增加的比例等于各要素投入增加的比例。 规模收益不变表明企业产量的增加是由于投入的增加，企业并没有获得规模继续扩大的好处和收益。例如，当企业生产规模扩大使企业的投入产出比提高到 1:2 后，继续扩大生产规模。但是，企业的投入产出比并没有提高，仍然是 1:2。这说明企业并没有获得规模继续扩大所带来增加的收益，出现了规模收益不变。因此，相对来讲，企业已达到最佳规模，或规模经济，不宜再继续扩大生产规模。如果继续扩大生产规模，就可能出现规模收益递减。当然，判断企业是否达到最佳规模的临界点，就是看继续扩大生产规模是否出现规模收益递减。

（3）规模收益递减是指随着企业规模扩大，投入产出比下降，即产量增加的比例小于各要素投入增加的比例。 例如，当企业投入产出比达到 1:2 的规模经济后，继续扩大生产规模，投入产出比没有提高，反而降为 1:1.5，出现了规模收益递减。规模收益递减表明企业规模已过大了。规模扩大不仅不能获得规模收益，反而引起生产效率的下降和投入产出比的下降，这被称为规模不经济，因此，企业应缩小生产规模。

一般来讲，企业在从小到大的发展过程中，大都经历了规模收益递增、不变、递减三个阶段。这也为判断企业最佳规模提供了思路和方法。但企业的最佳规模是因产品性质、市场变化、技术发展的情况而变动的，因而是相对的，没有一个固定的模式或公式。企业应随着产品、市场和技术水平的变动随时调整自己的生产规模，以获得最佳规模收益。

以上几节，分析和说明了生产的三条基本规律：边际产量递减规律、替代规律、规模收益规律。下面换个角度，从成本变动规律来分析，说明供给曲线的基础。

第五节 成本理论

厂商的生产活动构成产品市场的供给。生产成本是供给价格的基础。本节通过对厂商生产成本变动规律的分析说明供给曲线的基础，即说明供给曲线背后的原理。

一、成本的概念

成本即生产费用，是厂商购买各生产要素的支出总和。 经济学家按生产要素的分类把成本的构成分为四项，即：**成本＝工资＋利息＋地租＋正常利润。**

经济学家对成本的分项与企业会计成本的分项是有差别的。企业会计成本分项要复杂细致得多。如工资一项包括企业使用人工支付的工资、津贴、补助等各项开支。利息一项是通过贷款方式使用银行金融资本的费用。在企业中，不仅包括贷款利息，还包括资本品（机器、设备、厂房等）的折旧、支付的股息或红利等。地租一项包括企业租用地皮或厂房、店面所付的费用。**正常利润一项是企业主自有资本的合理利润和企业家才**

能的佣金报酬。西方学者认为，投资和经营企业需要承担风险和责任，应得到合理的报酬。企业主自有资本的投资也应该按合理的利润率获得报酬。聘用的企业家的报酬一般是年金或佣金的形式，它数额较大，不同于工资，具有利润分成的性质。**正常利润也构成生产成本的一部分。**超过正常利润的部分称为超额经济利润。

西方学者认为，在企业的生产经营活动中，有些企业主拥有一些自有的生产要素，如自有的土地、资金、设备，自己经营企业等。将这些自有要素投入生产，**并不形成企业成本的账面支出**，所以这部分成本称为**隐成本**。与此相对应，企业从市场上购买各要素的支出，形成企业成本的账面支出，这部分成本称为**显成本**。西方学者认为，在计算企业实际生产费用时，这两部分都应包括在内。从这个角度看，企业成本又是隐成本和显成本之和，即：**成本＝隐成本＋显成本。**

机会成本是比较成本概念而不是实际成本概念。企业在选择生产项目时，要从机会成本的角度比较各种项目所需的成本及可能带来的收益，以做出成本最小、收益最大的项目选择。一旦做出选择和投入，就形成实际的成本支出。但有的经济学家认为，从机会成本的角度考虑，做出一种选择是以放弃其他选择为代价的，这个代价即为机会成本。他们认为机会成本也应作为企业做出一种选择的经济成本考虑在内。

例如：一个 19 岁的青年上大学，一年的学费、书本费、食、宿、旅行等费用总计12000 元。这是不是上大学一年的全部成本呢？经济学家认为不是。因为这个青年用一年时间上大学就意味着放弃了用这一年时间做其他事情的机会和可能得到的收益。假定该青年用这一年时间工作，可以获得 18000 元工资收入。经济学家认为，该青年上大学所放弃的这 18000 元收入的机会成本也应计算在他上大学的经济成本之内，这样他上大学的经济成本就是 12000 元＋18000 元＝30000 元。因此，**经济成本＝实际成本＋机会成本。**经济成本是经济学家的一种思想。本节考察的企业成本变动规律是企业的实际成本。

二、成本方程和成本函数

成本方程表示成本的构成。记为：

C＝WL＋rK （假定生产中只有 L、K 两种要素投入）

成本函数表示成本随产量变动而变动的规律。记为：

$C = f(Q)$

用成本方程做出等成本线，是为了表示在成本约束下，各要素替代的可能性。本节的成本理论是为了考察成本随产量变动而变动的规律，因此，运用成本函数这个工具。

三、成本的分类

为了考察成本随产量变动而变动的规律，与产量的划分相对应，经济学将成本划分为总成本、平均成本、边际成本三大类。其英文简写分别为 TC、AC、MC。

由于在成本中，有一部分成本不随产量变动而变动。经济学又将 TC 和 AC 进一步分类为不变成本、可变成本、平均不变成本、平均可变成本。其英文简写分别为 FC、VC、AFC、AVC。

上述各类成本的概念和定义公式如下：

总成本 TC 指企业生产一定量产品所花费的生产费用的总和。总成本可分为不变成本和可变成本两部分，即：TC＝FC＋VC。

不变成本 FC 指不随产量变动而变动的成本。如厂房、设备的投入费用和维护费用，保安人员的工资等。这部分费用即使产量为零也存在，而且不随产量增加而增加。而且它只是分摊到单位产品的成本中，因此也称分摊成本。

可变成本 VC 是指随产量变动而变动的成本。如工人的工资、原材料、动力燃料等费用。这部分成本随产量增加而增加，随产量减少而减少。因此称为可变成本。

平均成本 AC 指单位产量所分摊的总成本。即：$AC = \dfrac{TC}{Q}$。

平均成本也分为平均不变成本和平均可变成本。其定义公式分别为：

$$AFC = \dfrac{FC}{Q}；\quad AVC = \dfrac{VC}{Q}$$

边际成本 MC 指每增加一单位产量所增加的总成本。其定义公式为：

$$MC = \dfrac{\Delta TC}{\Delta Q}$$

四、成本变动的规律

明确了成本的概念和分类，现在来考察各类成本随产量变动而变动的规律。

表 4-3 是某厂商的成本函数表。第一栏是产量；第二至四栏是总成本的各项，以后各栏的数字是依据边际成本和平均成本的定义公式计算出来的。

表 4-3　各类成本随产量增加而变动的规律

| 产量 Q | 总成本 | | | 边际成本 | 平均成本 | | |
	不变成本 FC	可变成本 VC	总成本 TC=FC+VC	$MC=\dfrac{\Delta TC}{\Delta Q}$	平均不变成本 $AFC=\dfrac{FC}{Q}$	平均可变成本 $AVC=\dfrac{VC}{Q}$	平均成本 $AC=\dfrac{TC}{Q}$
0	50	0	50	0	0	0	0
1	50	40	90	40	50	40	90
2	50	70	120	30	25	35	60
3	50	90	140	20	$16\frac{2}{3}$	30	$46\frac{2}{3}$
4	50	120	170	30	$12\frac{1}{2}$	30	$42\frac{1}{2}$
5	50	170	220	50	10	34	44
6	50	230	280	60	$8\frac{1}{3}$	$38\frac{1}{3}$	$46\frac{2}{3}$
7	50	310	360	80	$7\frac{1}{7}$	$44\frac{2}{7}$	$51\frac{3}{7}$
8	50	420	470	110	$6\frac{1}{4}$	$52\frac{1}{2}$	$58\frac{3}{4}$

将表 4-3 各类成本的数量标在坐标曲线图上，就可以得到各类成本的曲线，见图 4-5，从而形象直观地从各类成本曲线的特征上看到各类成本的变动规律。

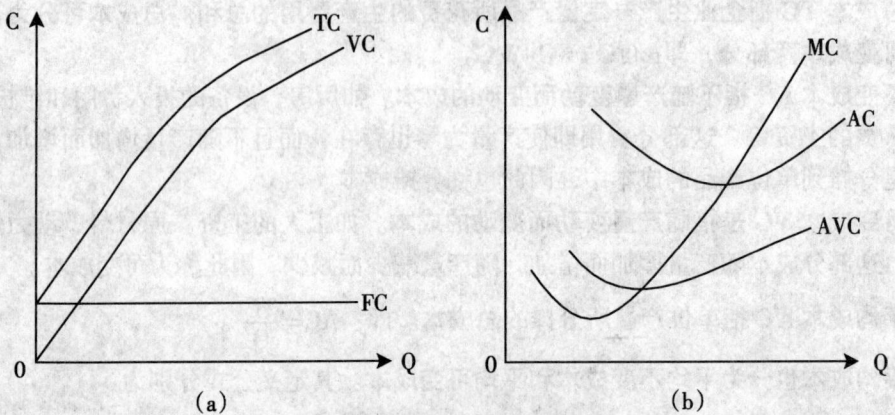

图 4-5　各类成本的曲线

　　现在来观察各类成本的曲线特征及所反映的各类成本的变动规律。

　　根据定义 FC 是一条水平线，它不随产量变动。在其上加上随产量增加而增长的 VC 曲线，便得到上升的 TC 曲线。

　　总成本的变动规律：**总成本随产量增加而增长，它表现为不断上升的 TC 曲线。**

　　边际成本的变动规律：**边际成本随产量增加呈现出先下降后上升的变动趋势。它表现为 MC 曲线先下降再上升，呈 U 形特征。**

　　平均成本和平均可变成本的变动规律：**平均成本和平均可变成本随产量增加也呈现出先下降后上升的变动趋势。它表现为与 MC 相应 AC 和 AVC 曲线也呈先下后上的 U 形特征。**

　　经济学关注的是 U 形的 MC 曲线在其上升过程中依次经过 AVC 曲线和 AC 曲线的最低点，这不是偶然现象。其原因在于，当边际成本 MC 小于平均成本 AC 时，MC 会使 AC 降低。当边际成本 MC 等于平均成本 AC 时，MC 便不再使 AC 下降。当边际成本 MC 上升到大于平均成本 AC，MC 必然使 AC 上升。因此，在上升的 MC=AC 之点，必然存在 AC 的最低点。同样，当 MC 曲线通过 U 形的 AVC 曲线的最低点时，在此点以前，MC 使 AVC 下降，因为 MC<AVC，在此点以后，MC 使 AVC 上升，因为 MC>AVC，可见，AC 和 AVC 曲线的变动是与 MC 曲线相关的，是由 MC 曲线决定的。

　　现在我们来思考为什么 MC 曲线呈现 U 形特征。边际产量 MP 曲线的特征可以理解与边际产量上升阶段对应的是边际成本下降阶段，与 MP 下降阶段对应的是 MC 上升阶段。因为当增加一单位要素投入所增加的产量 MP 是上升的，那么从产量的角度看，增加一单位产量所增加的成本 MC 就是下降的；反之，当增加一单位要素所增加的产量 MP 是下降的，那么从产量的角度看，增加一单位产量所增加的成本 MC 就是上升的。因此，**边际产量递减规律决定了 MC 曲线的 U 形特征和上升趋势。**

五、MC 曲线的意义

　　上升的 MC 曲线依次经过 AVC 曲线和 AC 曲线的最低点意味着什么？

　　从供求理论我们知道，成本是企业制定产品供给价格的基础，如果价格低于企业的成本，企业就会亏损而无能力供货。那么企业是依据哪一类成本制定它的供给价格呢？

沿着上升的 MC 曲线上行，到 MC 与 AVC 的交点。如果企业在该点定价，它只能收回它的 AVC，还不能收回 AFC，存在亏损。继续上行至 MC 与 AC 的交点。如果企业在该点定价，它能收回它的全部成本，从而收支相抵。继续沿 MC 上行，超过 AC 最低点，企业不仅能收回它的全部成本，还可获得经济利润。可见，企业是按它的 MC 制定供给价格的，上升的 MC 曲线就是厂商的供给曲线。这一结论在下一章完全竞争市场的均衡分析中还会验证。

以上分析得出成本理论分析的一个重要结论：**即 MC 曲线是供给曲线的基础。或者说，上升的 MC 曲线就是厂商的供给曲线。**MC 是经济学的一个重要概念，具有多方面意义。

六、关于长期成本的变动

长期中，厂商可以根据各要素价格的变动、市场变动、技术的发展等，选择更好的要素组合比例和最佳经济规模。如果企业选择了更好的要素组合比例和经济规模，从而获得规模收益，那么企业的各类成本将水平下降；反之企业的各类成本将水平上升。因此，**长期中，要素组合比例变动或生产规模变动只影响各类成本的水平上升或下降，并不影响各类成本的变动规律或曲线特征。**

生产同一产品的众多厂商构成一个行业。行业的供给曲线则是各个企业上升的 MC 曲线的水平加总。对于一个自由竞争厂商构成的行业，行业的成本水平上升或下降与单个厂商的成本水平上升或下降是同样的，并不影响各类成本的变动规律或曲线特征。如果一个行业中的个别厂商由于采用了更先进的技术或其他原因，使自己的成本大大低于该行业其他厂商的成本。那么在竞争中，他将把其他厂商挤出该行业，成为该行业的垄断者或寡头。即使如此，也只是他的各类成本水平下降，并不影响他各类成本的变动规律或曲线特征。

我们运用生产函数这个抽象分析的工具揭示了边际产量递减规律、替代规律、规模收益这三条生产的基本规律，并分析了其意义。运用成本函数这个工具揭示了边际成本曲线是厂商供给曲线的基础；从而说明了供给曲线背后的原理。

第六节　生产函数的滥用

一、理论与现实，抽象分析方法

理论经济学是用抽象分析方法揭示经济生活的必然性和一般规律。而现实经济生活是由必然性和偶然性构成的，要复杂得多。初学者对理论分析与现实生活的差距感到困惑是由于不了解抽象分析方法的缘故。

例如，每次分析以厂商追求最大利润为分析前提和出发点。那么现实生活中的厂商是否每次行动都是在追求最大利润呢？有许多事例表明并非如此。比如现代大公司的所有权和经营权分离，使企业在追求利润的同时，还有许多其他目标。但是，正如萨缪尔森指出的，如果企业在计算成本和收益时漫不经心，那么达尔文式的适者生存的规律很可能把它清除出经济舞台。因为生存竞争的必然性始终是支配市场经济中厂商行为的规律。

再如，用生产函数曲线、成本曲线和收益曲线分析得出厂商产量最大化的条件，利润最大化的条件等。那么现实生活中的企业是否也是计算出它的复杂的生产函数曲线、成本曲线和收益曲线来实现它的均衡呢？萨缪尔森说，显然不是，只要到企业了解一下就知道。企业是用很简单的方法，即根据各要素的价格，经过简单的加减乘除就可以找到生产既定产量的最低成本，或既定成本下的最大产量。如表4-4所示。

表 4-4　　既定产量的最低成本的要素组合

组合方式	劳动 L	资本 K	总成本 $P_L=5\$$ $P_K=7\$$	总成本 $P_L=5\$$ $P_K=3\$$	产量 Q
A	1	6	47\$	23\$	346
B	2	3	31\$	Δ19\$	346
C	3	2	Δ29\$	21\$	346
D	6	1	37\$	33\$	346

从表4-4中我们看到，当劳动价格为5\$1单位，资本价格为7\$1单位，厂商经过简单的计算就可找到C种组合方式成本最低。当要素价格发生变动，资本价格下降为3\$1单位，厂商简单计算就可找到B种组合方式成本最低。既定产量的最低成本，反过来就是既定成本的产量最大。实际生活中的厂商都是用这种简单的方法找到他的最低成本或最大产量均衡的。那么厂商是如何找到他的利润最大化的均衡呢？萨缪尔森说，厂商是用在平均成本之上加值的办法来决定它的产品价格和利润率的。例如厂商生产某产品的平均成本是50美元，厂商如果决定要10%的利润率，那么定价为55美元，如果要20%利润率，那么定价为60美元，等等，如此而已。但是，正如萨缪尔森所说的，就厂商能够相当准确地猜到它在什么情况下可以实现最大利润而论，它实际上是在使它的边际收益和边际成本大致相等。它做到这一点，并不使用曲线，而是通过试着干的办法摸索到最佳状态的。[①] 可见，**经济学使用的各种曲线不过是抽象分析的工具，是运用边际增量和抽象分析相结合的方法揭示经济行为背后的、内在的本质规律。不了解这一点，热衷于生产函数、成本函数、收益函数的演算，其实是画蛇添足，差之千里。这是不了解经济学的抽象分析方法的缘故。**

二、生产函数的滥用

如果不是把生产函数看做抽象分析的工具，而是以为用生产函数式就可以计算出所谓的最大产量，这就是生产函数的滥用。下面是一道经常让学生计算的生产函数习题：

① 萨缪尔森：《经济学》第10版，中册，商务印书馆，1982年版，第178~179页。

已知某企业的生产函数为 $Q = L^{\frac{2}{3}} \cdot K^{\frac{1}{3}}$，劳动的价格 $W = 2$，资本的价格 $r = 1$。求：当成本 $C = 3000$ 时，企业实现最大产量时的 L、K 和 Q 的均衡值。

解：解决在 $C = WL + rK$ 的限定条件下，$Q = f$（L　K）的最大值的最优组合问题用拉格朗日方程可得出：

$$MRTS_{LK} = \frac{\frac{\partial f}{\partial L}}{\frac{\partial f}{\partial K}} = \frac{MP_L}{MP_K} = \frac{W}{r}$$

对于 $Q = L^{\frac{2}{3}} \cdot K^{\frac{1}{3}}$

$$\frac{\partial Q}{\partial L} = \frac{2}{3} L^{-\frac{1}{3}} \cdot K^{\frac{1}{3}} = MP_L$$

$$\frac{\partial Q}{\partial K} = \frac{1}{3} L^{\frac{2}{3}} \cdot K^{-\frac{2}{3}} = MP_K$$

因为 $\dfrac{MP_L}{MP_K} = \dfrac{W}{r}$，$W = 2$，$r = 1$

所以 $\dfrac{\frac{2}{3} L^{-\frac{1}{3}} \cdot K^{\frac{1}{3}}}{\frac{1}{3} L^{\frac{2}{3}} \cdot K^{-\frac{2}{3}}} = \dfrac{2}{1}$

整理上式得 $\dfrac{2K}{L} = \dfrac{2}{1}$

那么　　　　　　$K = L$

将 $K = L$ 代入 $Q = L^{\frac{2}{3}} \cdot K^{\frac{1}{3}}$ 得：

$Q = L = K$

将 $Q = L = K$，$W = 2$，$r = 1$ 代入 $C = WL + rK$ 得：

$C = 2L + 1K$

$C = 3L$ 或 $C = 3K$

当 $C = 3000$ 时

$L = 1000$，$K = 1000$，$Q = 1000$

答：当成本 $C = 3000$ 时，企业最大产量时的 L、K 和 Q 的均衡值均为 1000。

这个结果有什么意义？可以说没有任何意义。这个结果是说，当劳动投入为 1000 单位，资本投入为 1000 单位时，可获得最大产量 1000 单位。那么 1000 劳动和 1000 资本是什么？要使这个结果有实际意义必须解决劳动和资本的技术单位问题。劳动的技术单位好解决。1000 单位可以指 1000 个某种技术等级的工人或某种技术等级工人的 1000 个工作小时。资本的技术单位是什么？这是一个无法解决的技术难题。因为资本是指拖拉机、载重汽车、机床、发电机、输油输气管道、厂房、设备等。一个工厂的资本设备是由成千上万种机器、设备、厂房构成的。必须把各种技术设备还原为一个统一的，在生产中发挥效率的技术单位如功率、马力等来表示资本，这 1000 资本才能有实际意义，否则是不能把资本套入函数式，计算出所谓的最大产量的。就是说 Q=1000 没有任何实际意义。英国剑桥学派很早就指出，由于无法解决资本的技术单位这个难题，试图用生产函数式计算出最大产量是一个毫无实际意义的空想，是不可能的，是生产函数的滥用。其次，从纯数学的角度讲，指数运算，底数必须相等。在生产实践中，产量最大化要求劳动和资本的投入量必须相等吗？显然不是。可是，在我们的生产函数运算中，由于是指数运算，其结果必然是 L=K，这种运算有什么意义？纯属无稽之谈。在生产函数中假定 5 单位资本是什么意思呢？这是用假设条件抽象掉资本技术单位无法确定这个难题，只是对资本在生产中的作用进行抽象分析，而绝不是说可以用函数式计算出所谓的最大产量。

以上分析已说明，生产函数从性质上讲是抽象分析投入产出关系一般规律的一个工具，用生产函数计算最大产量，从理论上讲是不可能的，从实践上讲，没有任何一家企业是用生产函数计算出它的最大产量均衡的。那么在教学中让学生去演算生产函数、成本函数有什么意义呢？这显然是教学上的一个误区。造成这个误区的原因是不了解生产函数的性质和经济学抽象分析的方法，而把学生的思路引入歧途。

这个误区对学生的危害是严重的。类似于生产函数、成本函数的演算，收益函数、效用函数、均衡价格方程等的演算也是如此。在西方经济学教学中充满了这种毫无意义的数学游戏。一方面学生花了大量时间、精力去演算这些函数，而对其意义又百思不得其解。本来就没有意义，怎么能有解呢？从而造成西方经济学深奥难懂的神话。另一方面，学生的精力和时间是有限的，这些毫无意义的教学游戏浪费了学生大量时间、精力和生命，把学生搞得疲惫不堪，这种状况是到了应该改变的时候了。

第七节　均衡价格理论小结

西方经济学价值理论的发展经历了亚当·斯密的价值理论，马歇尔的均衡价格理论和凯恩斯的国民收入（国民生产总价值）决定理论三个阶段。马歇尔的均衡价格理论是微观经济学的核心理论。但从价值理论总体上看，它实质上是关于价值量的决定理论。从理论的逻辑演进的角度，在我们讨论分析了第二至四章的内容后，可以对马歇尔的均衡价格理论做一小结。我们可以把均衡价格决定理论的要点归结如下：

（1）均衡价格是指物品的供给量和需求量相一致时决定的市场价格。也称市场出清价格。市场出清是指供求量正好相等，物品全部售出，没有过剩和短缺。但是，这只是价格决定的第一层次。因为供求一致时，不同物品会有不同的价格。比如，为什么供求一致决定的汽车价格是 10 万元一辆，决定的面包价格是 2 元钱一个？要解决这个问题，就要进一步说明供求曲线背后的原理。

（2）需求曲线的背后是边际效用曲线。我们在第三章说明了需求曲线的背后是边际效用曲线，边际效用递减规律是需求曲线向下倾斜的原因。需求曲线上的每一点代表消费者依据对物品边际效用的评价所愿支付的需求价格。

（3）供给曲线的背后是边际成本曲线。本章生产理论中我们说明了供给曲线的背后是边际成本曲线，边际产量递减规律是边际成本上升以及供给曲线向上倾斜的原因。供给曲线上的每一点都代表生产者提供一定量产品依据其边际成本所要求的供给价格。

（4）因此，在均衡价格决定的均衡点上和两个层次上分别有：供给等于需求，边际效用等于边际成本。这四个因素共同决定物品的均衡价格。

因为不同物品的边际成本不同，所以会有不同的市场价格。对于没有边际成本的非生产物品，比如土地、钻石等，在第二层次上是由它的稀缺性所决定的边际效用决定的。

（5）由于供给和需求，边际效用和边际成本都是变动的，因此，物品的价值量或均衡价格本质上具有相对性质。除上述两个层次、四个因素外，价值量或均衡价格的相对性质还由于价值的度量尺度——货币数量的变动。货币数量变动会使价值尺度伸缩，从而它度量的物品价值量也会伸缩。

本章总结和提要

本章说明了边际产量递减规律、替代规律和规模收益 3 条生产的基本规律，要在生产经营中以最小成本获得最大产量和收益，就要按这 3 条规律行事。边际产量递减意味着边际成本上升，通过对成本变动规律的分析说明了供给曲线的基础。此外，还要理解生产要素在生产中的特性、生产函数的含义和边际量的意义。

思考题

1. 仔细说明边际产量递减规律的意义。

2. 你能说明劳动密集型产业和资本密集型产业在世界各地流动和分布的原因吗？

3. 边际成本有什么重要意义？

4. 去一些企业做调查，了解用生产函数能计算出最大产量吗？了解他们是怎样做到使产量最大化的。

5. 你如果经营一个企业，你怎样获得规模收益？

6. 仔细分析一下均衡价格的实质是什么？

第五章　市场论

本章主要内容包括三方面。首先，要对市场机制配置资源的效率进行分析。分析的理论思路是从厂商追求利润最大化的行为出发说明市场机制对追求最大利润厂商的调节和引导，最终会导致一个怎样的资源配置效果。因此，厂商均衡分析不是目的，说明市场配置资源的效率才是本章的目的。其次，要介绍现代市场理论最新的研究成果，不确定性和风险及博弈理论。最后，要对一般均衡论的唯心主义性质进行分析和讨论。

第一节　市场论概述

市场作为经济活动的中心，生产资源的配置和调节、社会财富的生产和分配，以及财富的社会尺度——价格的形成，都是在市场竞争中自然而然解决和决定的。竞争性是市场机制起作用的关键因素。本章进一步讨论市场机制配置资源的效率问题，仍然要抓住竞争性这根主线，并且经济学讨论的市场是指单个商品的市场，有多少种商品就有多少个市场。

一、市场的分类

市场是可以从不同角度分类的。比如，从产品市场划分可以分为：耐用品市场、非耐用品市场、低档品市场、奢侈品市场等。从要素市场划分可以分为：劳动力市场、资本市场、技术市场、土地市场等。由于本章考察和分析的是市场配置资源的效率，而市场竞争程度的强弱对市场配置资源的效率有决定性的影响，所以本章依据市场竞争程度的强弱对市场进行分类。首先，经济学将市场分为两大类：完全竞争市场和不完全竞争市场。对于不完全竞争市场，又依据竞争程度的差别依次分为三个市场类型：垄断竞争市场、寡头市场、完全垄断市场。

西方学者认为，影响市场竞争程度的具体因素主要有以下四点：①同一种产品市场上厂商的数目；②同一种产品的差别程度；③厂商对价格的控制程度；④厂商进出一个行业的难易程度。因此，依据上述因素的差别划分的各类市场的特点如表 5-1 所示。

市场类型和厂商类型是相联系的。例如，如果一个产品的市场是完全竞争市场，那么生产该产品的厂商就是完全竞争厂商。

1. 完全竞争市场

完全竞争市场是众多小厂商生产无差别的同一产品的市场。例如小麦市场。种植小麦的农户众多，而且小麦产品没有什么差别。所以，小麦的价格完全是由市场供求关系

表 5-1　市场和厂商类型的划分和特点

市场和厂商的类型	厂商的数目	产品的差别程度	对价格的控制程度	进出一个行业的难易程度	市场类型的例子
完全竞争市场	很多	无差别	没有	很容易	金融市场，农产品市场
垄断竞争市场	较多	有差别	有一些	较容易	服装、糖果市场等
寡头市场	几个	有或无差别	相当程度	较难	钢铁、汽车市场等
完全垄断市场	1个	唯一产品	很大程度	很困难	公用事业，水电市场

决定的。任何一个麦农都无能力控制市场价格。而且进出小麦行业是很容易的。今年可以种小麦，明年可以改种其他作物等。因此，**完全竞争市场是没有垄断、没有管制、没有干扰造成的变形的纯粹的自由竞争市场状态。**

2. 垄断竞争市场

垄断竞争市场是众多厂商生产有差别的同一产品的市场。例如，服装市场。尽管生产服装的厂商众多，但服装产品在质量、花色、款式、品牌等方面存在差别性。所以服装的价格尽管仍是由市场供求关系影响和决定的，但厂商在一定程度上可以依据自己产品在质量、款式等方面的优势控制价格。比如甲的服装比乙的质量好、款式新，甲就可以比乙卖更高的价格。西方学者对垄断下的定义是：**垄断是对价格的控制。**由于产品的差别性使厂商在一定程度上可以控制价格，该类市场就含有了一些垄断因素，是既有垄断又有竞争的市场。但是由于众多厂商之间的竞争，进出一个行业也是比较容易的，竞争性是主要的。现实生活中的大部分市场是垄断竞争市场。该类市场的主要方面是自由竞争的。

3. 寡头市场

寡头市场是指几个规模很大的厂商垄断一个行业的市场。比如，各国的钢铁市场、汽车市场都是几家大厂商垄断的市场。大厂商被称为寡头。寡头之间的竞争一般会导致它们联合起来控制市场价格和瓜分市场。因此该类市场比垄断竞争市场垄断因素更强，竞争程度更低。

4. 完全垄断市场

垄断市场是指独家厂商垄断某种产品的生产和供给的市场类型。由于在同一产品的生产商中没有竞争对手，厂商在很大程度上可以控制产品价格。该类市场垄断程度最高，竞争程度最低。独家垄断市场只是排除了同一产品生产厂商之间的竞争，它还不能完全排除市场竞争。垄断厂商面对的竞争来自：①生产相关产品或替代品的厂商；②不同地域的市场竞争；③消费者。由于消费者的竞争，垄断厂商的垄断价格常常受到政府管制。

二、完全竞争市场模型的意义

尽管完全竞争市场在现实生活中是不多的，但是完全竞争市场模型的分析却具有重要的方法论意义。**因为要考察市场机制配置资源的效率，首先应该选择一个没有任何垄断因素和干扰的完全竞争市场，才能在一个纯粹的市场状态下说明市场竞争机制对追求最大利润厂商的引导和调节会达到一个怎样的资源配置效果。其次，在说明了完全竞争市场资源配置的效果，才能通过比较说明各类不完全竞争市场中垄断等因素对资源配置效率的损害。最后，现实的市场活动中尽管各种竞争的不完全性经常干扰市场，但是竞争性始终是市场上长久地、持续地起作用的因素。许多竞争的不完全性是转瞬即逝的，因此完全竞争模型的分析有助于理解和说明复杂多彩的现实世界。**从方法论的意义上说，从完全竞争到不完全竞争的分析正是从抽象到具体的分析方法。

萨缪尔森在谈到完全竞争市场模型分析的意义时说："完全竞争模型是假设没有垄断、没有不完全性、没有动态的技术革新及政府的干扰造成的变形等。因此该模型类似于物理学者没有阻力的模型……虽然工程师都知道阻力的存在，他却发现无阻力的模型是个有价值的工具，它有助于说明有阻力的各种情况。我们的理想化的竞争模型也是如此，它有助于理解和说明复杂的现实。因此，它是可以大致描绘现实的。"[1]

正如物理学者运用没有阻力的模型分析建立一种标准，用来测定和说明有阻力的各种情况一样，完全竞争市场模型分析的意义在于**在一个纯粹的市场状态下说明市场竞争机制资源配置最佳效率的标准**。从而帮助人们理解竞争的不完全性和垄断对市场效率的损害。

第二节 完全竞争市场

一、完全竞争市场厂商面临的需求曲线

根据完全竞争市场的特征，完全竞争厂商是既定市场价格的接受者，他不能控制和影响市场价格。这意味着该厂商所面临的需求曲线是一条水平的需求曲线，沿着这一条线，他可以卖掉任何数量的产品，而不会影响价格。就是说，**在完全竞争市场，市场均衡价格是由供求关系决定的。这个价格对于单个厂商来说，就是一个既定的价格。他只能按这个价格出售他任何数量的产品，他既不能影响市场价格，也不能控制和决定自己产品的价格。因此，这个既定的市场价格，就是单个厂商面临的一条水平的需求曲线。**图 5-1（a）中 $\bar{P}$ 为市场供求曲线决定的均衡价格水平，图 5-1（b）表示这一既定的价格水平就是单个厂商面临的水平的需求曲线。之所以要说明单个厂商面临的水平的需求曲线，是因为水平的需求曲线对完全竞争厂商的收益规律有决定性影响。

---

① 萨缪尔森：《经济学》第 10 版，中册，商务印书馆，1982 年版，第 354 页。

（a）完全竞争市场的既定价格　　　　（b）某完全竞争厂商面临的需求曲线

图 5-1　完全竞争市场厂商面临的需求曲线

二、完全竞争厂商的收益规律

1. 厂商收益的概念

厂商收益即厂商的销售收入，是销量与价格的乘积，即 **Q·P**。为分析厂商的收益规律，经济学把厂商收益分为总收益、平均收益、边际收益。其英文简写分别为 TR、AR、MR，其定义公式分别为：

$$TR = Q \cdot P; \quad AR = \frac{TR}{Q}; \quad MR = \frac{\Delta TR}{\Delta Q}$$

2. 完全竞争厂商的收益曲线

依据完全竞争厂商面临的水平的需求曲线和各类收益的定义公式，可以编制某完全竞争厂商的收益函数表。假定该厂商面临的既定市场价格为 P=5 元。这个价格就是厂商面临的水平的需求曲线，在这个价格水平他可以销售任意数量的产品，表 5-2 中假定他销售了 50~250 单位的产品。后面 TR、AR、MR 各栏的数据是按各种收益的定义公式计算出来的。

将表 5-2 的数字标在图 5-2 坐标曲线图上，就得到完全竞争厂商的收益曲线，它可以形象直观地反映完全竞争厂商的收益规律。

完全竞争厂商的收益曲线具有如下特征：第一，AR 曲线、MR 曲线与需求曲线 d 是重叠的。其意义为，对完全竞争厂商来说，在任何销售量上都有 AR = MR = P。第二，TR 曲线是一条由原点出发呈上升趋势的直线。其意义为，对于完全竞争厂商来说，只有通过增加销售量来增加收益。因此，可以把完全竞争厂商的收益规律概括如下：**完全竞争厂商只有通过增加销售量来增加收益，而且在任何销售量上都有 AR=MR=P。**

表 5-2　某完全竞争厂商的收益函数表

价格 P	销售量 Q	总收益 TR=Q·P	平均收益 AR=TR/Q	边际收益 MR=ΔTR/ΔQ
5	50	250	5	5
5	100	500	5	5
5	150	750	5	5
5	200	1000	5	5
5	250	1250	5	5

图 5-2　完全竞争厂商的收益曲线

三、完全竞争厂商的均衡分析

1. 厂商实现最大利润的均衡条件

生产论中讨论了产量最大化的条件，这里进一步说明利润最大化的均衡条件。产量乘以价格是收益。收益减去成本是利润。那么厂商如何实现利润最大化呢？很简单，只要厂商销售一单位产品所获得的收益即 MR，大于生产该单位产品所花费的成本即 MC，厂商的利润总额就在增长。直到厂商销售一单位产品所获得的收益不再带来利润的增加，即 MR＝MC，厂商的利润总额就达到最大量。这个道理就和当边际产量 MP 为零时，总产量 TP 达到最大值是类似的。因此，**MR＝MC 是厂商实现最大利润的均衡条件。这一条件适用于完全或不完全竞争的所有厂商。**

2. 完全竞争厂商的短期均衡分析

了解了完全竞争厂商的收益规律和厂商实现利润最大化的均衡条件，现在可以讨论市场机制对追求最大利润的厂商的调节会导致一个怎样的资源配置效果。说明这个问题要通过短期和长期均衡的分析，先讨论短期均衡分析。

我们知道，在一个完全竞争的市场上，市场价格是由供求关系决定的，而且是随供求关系的变动而变动的。对于众多的，具有不同生产成本状况的完全竞争厂商来说，可能面对时刻变动的不同的既定市场价格。面对既定的不同的市场价格，他们的短期均衡分别有不同的情况，下面用单个厂商的短期均衡图加以分析和说明。

图 5-3 描述的是某完全竞争厂商成本既定，面临不同市场价格时的均衡情况。图中的 MC、AC、AVC 曲线代表该厂商既定的成本状况；P_1、P_2、P_3 代表厂商面临的不同的既定市场价格或水平的需求曲线。

图 5-3 说明，如果厂商面临的市场价格为 P_3，d_3 与该厂商的 MC 曲线的交点 E_3 即为厂商的短期均衡点。在该点，MR＝MC（MR 与 d 曲线重叠）符合厂商利润最大化的条件。但是注意，该点高于厂商的 AC 曲线，因此，厂商在该价格销售他的产品，可获得超额经济利润。

如果该厂商面临的市场价格为 P_2，d_2 与该厂商的 MC 曲线的交点 E_2，即为该厂商的短期均衡点。因为在该点，同样有 MR＝MC 的均衡条件。但是注意，该点正好与 AC 曲线相切。厂商在该价格水平销售掉他的产品，正好收回他的全部成本，既不亏损，也无

图 5-3　某完全竞争厂商的短期均衡

经济利润。

如果该厂商面临的市场价格为 P_1，d_1 与该厂商的 MC 曲线的交点 E_1，即为该厂商的短期均衡点。因为该点同样有 MR＝MC 的均衡条件。但是注意，该点正好与 AVC 曲线相切。因此，厂商在该价格水平销售掉他的产品，只能收回他的 AVC 成本。就是说厂商只能补偿他的工资支出，还不能补偿他的设备损耗，厂商存在亏损。

通过上述分析，可以得出以下两点结论：

（1）**面对既定的市场价格，完全竞争厂商的短期均衡分别有盈利、持平、亏损三种情况。**图 5-3 分析的是单个厂商的成本既定，面对不同市场价格的情况。反过来，在市场价格既定，对于众多的不同成本状况的厂商的均衡分析，道理是同样的。

（2）均衡点 E_1 表明厂商均衡存在亏损，厂商必须采取降低成本的措施。如果无力降低成本，厂商必须停业或退出该行业。因为厂商不能在亏损状态下长期经营，所以该点也称为厂商停止营业点。均衡点 E_2 表明厂商能收回全部成本，所以该点称为厂商收支相抵点。超过该点沿着 MC 曲线上行，厂商获得经济利润，上行越高，利润越大。在每一均衡点上，都有 MC＝P，而且都对应相应的均衡数量 Q_1、Q_2、Q_3。因此，**上升的MC曲线确实构成厂商的供给曲线。单个厂商的供给曲线水平加总，就构成行业的供给曲线。**

3. 完全竞争厂商的长期均衡分析

完全竞争厂商的短期均衡分析表明，无论是单个厂商，还是同行业众多的其他厂商，在既定的市场价格下的短期均衡都可能存在盈利、持平、亏损三种情况。但是在一个完全自由竞争的市场上，竞争机制对追求最大利润的厂商起着充分的调节作用。下面用图 5-4 来说明这种调节的结果。

图 5-4 中，MC、AC 代表厂商或行业的成本状况，P 代表价格。假定生产某种产品的同行业的众多厂商最初面临的既定市场价格为 P_3，在该价格水平销售掉产品，许多厂商或整个行业都存在经济利润。厂商是追求最大利润的，该行业的超额经济利润会吸引其他行业的厂商进入该行业，从而使该种产品的产量和供给量增加。根据供求规律，在需求量为既定的情况下，供给量增加，会压低市场均衡价格水平，从而使 P_3 的价格下行，直到 P_2 为止。这时市场均衡价格与 AC 曲线相切，整个行业的超额经济利润消失，其他行业的厂商也就停止进入该行业。因此，经过一个较长时期的调节，该行业的供给量、需求量和价格就达到稳定的均衡状态。

图 5-4　完全竞争厂商的长期均衡

　　假定生产某种产品的众多厂商最初面临的既定市场价格为 P_1，在该价格水平销售掉产品许多厂商或整个行业存在亏损。在这种情况下，追求最大利润的厂商面临两种选择：一是降低成本以扭亏为盈，二是如果没有能力降低成本只有退出该行业。这样，随着一部分厂商退出该行业，该种产品的产量和供给量减少。根据供求规律，在需求为既定的情况下，供给量减少会使市场均衡价格上升，从而 P_1 会上升至 P_2。这时，市场均衡价格水平与 AC 曲线相切，全行业厂商的亏损情况会消失，厂商也会停止退出该行业，该行业的供给量、需求量和价格达到稳定的均衡状态。

　　上述分析描述的是完全竞争市场厂商均衡的动态过程。在一个完全竞争的市场上，市场价格是由供求决定的，对每个厂商都是一个既定的价格，众多厂商的成本状态又各不相同，因此短期看各个厂商的均衡难免有盈利、持平、亏损三种情况。但从长期看，随着一些厂商的进入和退出，市场竞争机制会调节生产某种产品的众多厂商都达到既无亏损又无盈利的均衡状态。

　　通过上述分析，可以得出如下结论：

　　（1）在完全竞争市场，市场竞争机制会使生产某种产品的众多厂商最终都达到在 E_2 点的均衡。在该点：**MR＝MC＝P＝最低的 AC**，该行业及厂商既无经济利润也无亏损。

　　（2）在完全竞争市场，竞争机制不仅能使全行业的厂商以最低的 AC 进行生产，而且通过竞争和某些厂商的进入和退出，竞争机制还可以使该行业能够以数目合适的厂商进行生产。从而可以避免一个行业厂商数目过多所导致的资源浪费。也就是说，可以避免社会资源在生产某种产品上的配置的不合理或低效率。

　　（3）全行业的厂商都以最低的 AC 进行生产，那么就意味着生产某种产品的社会成本达到最低状态。因此，完全竞争市场，竞争机制会使社会以最低的成本生产某种产品。与第（2）点结合起来，可以说完全竞争机制可以使社会在生产某种产品上的资源配置效率达到最佳状态。这个最佳状态的条件是：厂商的 **MR＝MC＝P＝最低的 AC**。

　　以上分析，证明了在没有干扰的情况下，市场竞争机制可以将一个经济社会的资源合理地、最有效率地分配于各种产品的生产上。**最有效率**是指：一方面，资源的配置没有浪费（厂商数目合适），社会生产成本最低（最低的 AC）。另一方面，消费者能以最低的价格（P＝MC）获得尽可能多的消费品，从而实现了社会的最大经济利益。这样，就证明了亚当·斯密那只"看不见的手"的原理的正确性。以上证明过程是萨缪尔森做出的，这是萨缪尔森对市场机制研究的一个重要贡献。

第三节　不完全竞争市场

一、不完全竞争的含义

不完全竞争市场是指多少含有垄断因素，从而对市场竞争机制造成干扰、限制的、竞争性不完全的市场。依据垄断程度的差别，反过来是竞争程度的差别，经济学家将不完全竞争市场分为三种市场形式，见表5–1。

1. 垄断的定义

西方学者给垄断下的定义是：**垄断是对价格的控制。**通过对完全竞争市场的分析知道，完全竞争厂商是没有经济利润的。原因是完全竞争厂商是既定市场价格的接受者，是受市场价格支配的人。显然，追求最大利润的厂商是不甘心这种状况的。他们在竞争中总是千方百计开发新材料、新资源、新技术或者开发出独一无二的新产品等，努力使自己的产品能比别的竞争对手质量更好，设计更有特色，从而能在一定程度上控制自己产品的价格。就是说比别的厂商卖出更好的价格。这些努力既是厂商追求最大利润的手段，又是使市场竞争出现差别性和产生垄断的原因。可见，**市场竞争一方面促使厂商千方百计降低成本，促使厂商千方百计制造出千差万别、丰富多彩的产品，丰富人们的物质生活；另一方面又使竞争出现差别性和产生垄断。因此，竞争的差别性或不完全性是在市场竞争中自然发展形成的。**

2. 垄断形成的原因

（1）**产品的差别性。**产品的差别性不是指不同产品的差别，而是指同一种产品在质量、款式、花色、品牌等方面的差别。张伯伦认为，"如有差别，则垄断发生，差别的程度越大，垄断的因素也越大"。因为厂商可以根据自己产品的差别性和优势制定较高的价格，从而在一定程度上控制自己的价格。一定程度是说他制定价格仍然要受到供求关系的影响，受到同种产品厂商和消费者的竞争。他制定的价格要与其质量、花色、款式等方面的差别相适应，否则消费者是不接受的。这就是千差万别的同种产品市场上既有不同价格差别，又有激烈的竞争的原因。

（2）**自然垄断。优胜劣汰是竞争的法则。**一些在竞争中开发出新技术、新产品或在其他方面具有优势的厂商在竞争中会逐渐扩大自己的经济实力和生产规模。一旦获得规模收益的优势，他就会以更低的成本优势把其他厂商挤出该行业，自然形成几家大厂商或一家大厂商垄断一个行业的情况。这就是自然垄断。**自然垄断包含的另一层意思是，**从技术上讲，一些行业的生产要求较高的技术水平和较大的生产规模。比如汽车、钢铁、通信等行业。一些在竞争中具有优势的企业，以自己雄厚的经济技术实力优先涉足这些行业，形成规模收益和低成本的优势。一般小厂商是很难与他们竞争的，从而自然形成行业壁垒和垄断。

（3）**对某种生产资源的独占或某种新技术和产品的专利权的独占。**在竞争中，如果企业开发出某种新材料、新资源，那么一定时期中用该材料或资源生产的产品就成为企业独有的产品。企业开发的新技术和产品申报专利，就会受到专利权的保护。在这种情况下，就排除了经济中其他厂商生产同种产品的可能性。独家厂商可以在一定时期内垄断某种产品的生产和供给。

（4）**政府特许**。一些公共服务行业，如自来水、电力行业，需要稳定的供给和价格。政府将这些行业委托给有经济实力和信誉的一家或几家大厂商垄断经营，并根据消费者要求对其价格进行管制。

以上分析表明，垄断因素或竞争的不完全性是在市场竞争的发展中自然形成的。因为，创造出比竞争对手质量更好，设计更有特色的产品，开发新材料、新资源、新技术或者开发出独一无二的新产品等正是厂商竞争和获取最大利润的手段。在竞争中获胜的厂商自然会取得经济规模的优势并走向垄断。但是，**经济学更关注的是垄断因素对资源配置效率的影响**。

二、不完全竞争厂商的收益规律

1. 不完全竞争厂商面临的需求曲线

依据不完全竞争厂商的特征和定义，不完全竞争厂商是在一定程度上能控制自己产品价格的厂商。就是说，面对市场需求状况，不完全竞争厂商可以在高价少销或低价多销的策略上做出选择，控制或确定自己产品的价格。市场需求状况就是市场需求曲线，因此，**不完全竞争厂商面临的需求曲线就是市场需求曲线。它是一条非水平的向右下方倾斜的需求曲线**。说明不完全竞争厂商面临的需求曲线是一条非水平的向右下方倾斜的需求曲线的意义在于，向右下方倾斜的需求曲线对于不完全竞争厂商的收益规律具有决定性的影响。

图 5-5 不完全竞争厂商可以在价格和销量上选择

2. 垄断厂商的收益规律

由于不完全竞争厂商都是面临向右下方倾斜的市场需求曲线，他们具有相同的收益规律。下面以垄断厂商为例说明不完全竞争厂商的收益规律。

依据向右下方倾斜的需求曲线和厂商的收益公式，可以编制某垄断厂商的收益函数表。注意，表 5-3 中假定的商品价格 P 和商品销量 Q 两栏的数字是反方向变动的，它代表向右下方倾斜的市场需求曲线。其余各栏的数字是依据各种收益定义公式计算的。

　　观察该表：①价格和销量的数字反方向变动，代表向右下方倾斜的需求曲线。各栏收益的数字是依据收益公式计算所得。②当价格为 11 时，销售量为 0。这表明，即使是完全垄断厂商，他也不能随心所欲地制定高价。消费者不购买他的产品，他就没有任何收益。

　　将表 5-3 的数据标在坐标曲线图上，可以得到该垄断厂商的 TR、AR、MR 曲线，它可以形象直观地反映不完全竞争厂商的收益规律。

表 5-3　某垄断厂商的收益函数表

商品价格 P	11	10	9	8	7	6	5	4	3	2	1
商品销量 Q	0	1	2	3	4	5	6	7	8	9	10
总收益 TR=P·Q	0	10	18	24	28	30	30	28	24	18	10
平均收益 AR=TR/Q	0	10	9	8	7	6	5	4	3	2	1
边际收益 MR=ΔTR/ΔQ	0	10	8	6	4	2	0	−2	−4	−6	−8

　　图 5-6 中的横轴表示商品的需求和销售数量 Q。纵轴表示商品价格 P。图 5-6(a) 是 AR 和 MR 曲线，图 5-6 (b) 是总收益 TR 曲线。

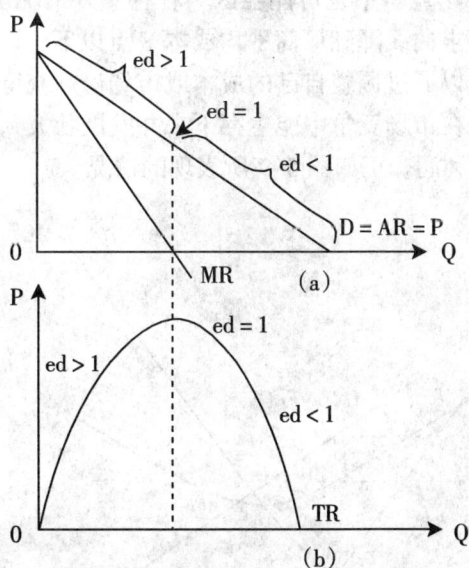

图 5-6　某垄断厂商的收益曲线

　　该垄断厂商的收益曲线表现出如下特征：第一，AR 曲线与需求曲线重合。这意味着在每一销售量上，AR 都等于商品价格。第二，厂商的 MR 曲线也向右下方倾斜，且位于 AR 曲线的左下方。这意味着在每一销量上，厂商的 MR 都小于 AR。第三，厂商总收益 TR 曲线是先上升到最高点后再降。TR 曲线这一特征的原因在于每一销售量上的 MR 值都是相应的 TR 曲线的斜率，即 $MR=\Delta TR/\Delta Q$，因此，当 MR 为正值时，TR 曲线斜率为正，TR 曲线是上升的；当 MR 为负时，TR 曲线斜率为负，即 TR 曲线是下降的；当 MR 为零时，TR 曲线斜率为零，即 TR 达到极大值点。

此外，结合需求弹性知识，从图 5-6 中还可看到，当 ed>1 时，MR 为正值，TR 与销量同方向变动；当 ed<1 时，MR 为负值，TR 与销量反方向变动。

依据曲线特征可以把不完全竞争厂商的收益规律概括如下：**不完全竞争厂商的总收益变动决定于边际收益的变动。当边际收益为正值时，总收益增加和上升；当边际收益为零时，总收益的增加达到最大值；当边际收益为负时，总收益下降。而且，在每一销售量上都有：平均收益等于销售价格，边际收益小于平均收益。**

三、垄断厂商的均衡分析

1. 垄断厂商均衡对资源配置效率的影响

依据垄断厂商的收益规律和成本规律，现在来分析追求最大利润的垄断厂商的均衡对资源配置效率的影响。

图 5-7 是一个典型的垄断厂商的均衡图形。图 5-7 中的 AR、MR 曲线代表垄断厂商的收益规律。MC、AC 曲线代表垄断厂商的成本规律。厂商依据利润最大化的均衡条件 MR＝MC 选择均衡点 E 点所对应的产量 Q_1 和价格 P_1。厂商在 P_1 的价格水平销售掉 Q_1 的产量，可获得垄断利润或经济利润为 P_1HFG 的长方形面积。

当然，垄断厂商在市场竞争中也可能会因为种种意外情况出现亏损、持平等情况。如市场需求发生变化，需求曲线降到厂商平均成本 F 点以下，厂商就会出现亏损等。但是，从长期看，厂商都可以通过调整自己的成本或市场份额获得垄断利润，否则他就会被挤出市场。因此，凡是在市场竞争中能生存下来并发展壮大到垄断地位的厂商，其典型的情况是获得垄断经济利润。正如图 5-7 所表现的情况。

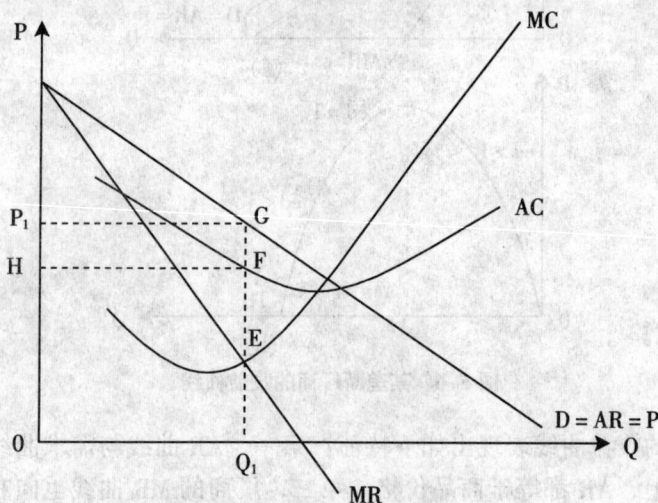

图 5-7　垄断厂商的均衡

从图 5-7 中可以看到垄断厂商的均衡具有下列特征：①垄断厂商的价格高于其边际成本，即 P＞MC（G 点与 E 点的垂直距离）。②垄断厂商的平均成本 AC，不是最低的

AC（即 F 点不是 AC 曲线的最低点）。

上述两点特征表明，对于具有某些垄断势力的厂商来说，通过 MR=MC 取得最大利润的均衡，一方面不会以最低的 AC 进行生产，另一方面又会制定高于其 MC 的市场价格。那么这对社会又意味着什么呢？完全竞争市场均衡分析所揭示的社会资源最佳配置效率的条件：MC＝P＝最低 AC，上述两点特征意味着一方面社会需要花费较高的成本生产较少数量的产品；另一方面消费者要支付较高的价格，获得较少数量的消费品。所以垄断一方面意味着对社会资源的浪费和利用的低效率；另一方面意味着对整个社会的剥削。

2. 垄断的危害

萨缪尔森在谈到垄断的危害时说："垄断的最大祸害并不是它榨取垄断利润，而是它规定的垄断价格远远高于社会按照边际成本所决定的价格。"就是说，"垄断的真正祸害是人为造成的 P 与 MC 的背离"。这种背离，一方面造成生产者以较高的成本（高于 AC 的 U 形曲线的最低点）生产较少数量的产品（没有达到产量最大），这就意味着社会资源的浪费和缺乏效率的分配。另一方面，消费者却要为得到过少的产品而支付过高的价格，这意味着对整个社会消费者的剥削。因此，**"受到剥削的是整个社会，改变这种状况是反托拉斯政策的一个任务"**。[1]

图 5-8 说明垄断造成的社会效率的损失。假定完全竞争市场依据 MC＝P 决定的价格为 P_1，其市场均衡点为 I 点。在该点每个彼此大致相同的消费者都享有马歇尔所说的消费者剩余。如三角形 P_1IF 的面积所示。当垄断者将价格 P 提高到最大利润的 G 点时，价格为 P_2。消费者损失给垄断者的那部分消费者剩余为表示利润的长方形面积 P_1EGP_2。而消费者得到的消费者剩余仅为三角形 P_2GF 的面积。三角形 GEI 代表什么？它代表无谓的损失，即社会每个人都得不到的好处。因此，消费者所失掉的东西，大于垄断利润。即使用整笔征税的办法来把 P_1EGP_2 取回，还是要损失掉由于缺乏效率而导致的"无谓的损失的三角形"。这对社会及每个人都没有好处。对垄断危害的认识是西方国家反垄断政策的依据。

图 5-8 垄断造成的危害

---

[1] 萨缪尔森：《经济学》第 10 版，中册，商务印书馆，1982 年版，第 171~193 页。

四、不完全竞争的形式

1. 垄断竞争市场

垄断竞争市场的竞争是生产有差别的同一产品的众多厂商争夺一个市场份额的竞争。比如食品市场、服装市场、日用消费品市场等。一般来讲，由于厂商众多，每个厂商所占的市场份额都很小，厂商依据自己产品在质量、品种、花色、款式等方面的差别所制定的较高的价格也只是一定程度上偏离在完全竞争条件下所能决定的市场均衡价格。而且由于竞争激烈，厂商经常要以低于其 MC 的价格抛售过时或过剩的产品。最典型的是服装市场，新品种、新款式上市，厂商把价格定得很高（高于 MC），一过时或到年底，降价抛售（低于 MC）。因此，在有众多厂商竞争的垄断竞争市场上，厂商为争夺市场份额所进行的价格战，从一个较长的时期看，是垄断竞争厂商的价格围绕着完全竞争条件下所能决定的市场均衡价格上下波动，它不会长久地、较大程度地偏离 P=MC 的价格。**这里起决定因素的是垄断竞争市场，是众多厂商之间的竞争。他们不可能在价格上保持一致。**那么取一个较长时期的价格平均值，可以说垄断竞争市场是比较或很接近完全竞争市场 P=MC=最低的 AC 的市场效率的。因为垄断竞争市场尽管多少含有一些垄断因素，但主要还是一个自由竞争市场。垄断因素对自由竞争的市场效率损害程度是较小的，最后可以把垄断竞争市场竞争形式的一些特点归结如下：

（1）**竞争形式。有差别的同一种产品市场上，众多厂商争夺市场份额的竞争。**

（2）**竞争手段。以提高产品质量和创造千差万别的花色、品种、款式展开价格战。**

（3）**竞争结果。市场价格围绕均衡价格上下波动。为消费者提供高质量的、丰富多彩的产品和服务。**

（4）**市场效率。非常接近完全竞争市场 P=MC=最低 AC 的效率。**

从市场效率的角度可以把垄断竞争市场和完全竞争市场看作一类，统称为自由竞争市场。现实生活中的绝大部分产品的市场是自由竞争市场。

2. 寡头市场

寡头的竞争是几家大厂商争夺和瓜分市场份额的竞争。由于厂商的数量只有几个，且规模都很大，所占的市场份额也较大。所以竞争就具有了新的特点。正如在现实大商战中看到的景象，在激烈的竞争中，势力较小的寡头会被打败，挤出该行业。最后几个势均力敌的大厂商，在经过激烈的竞争和较量后会意识到，既然谁也打不败对手，那么为了不两败俱伤，在价格上大家保持一致，各占据自己的市场份额，对各方都是有利的。因此，**寡头之间的竞争最终会形成几个大厂商联合起来，以默契或公开的形式共同维持垄断价格瓜分市场的局面。**这个局面一旦形成，也就和独家厂商垄断一个行业基本上是一样的。但寡头之间的联合或合作也受到许多因素限制。如果寡头之间的联合不能形成，那么寡头之间的竞争将导致完全竞争的效果。

寡头之间的竞争是真正意义上的商业战争。实力强大的寡头们力图以价格为武器，击败对手，占据对手的市场份额。因为寡头只要使自己产品的价格比其他对手哪怕低 1 元钱，就会将其他寡头的生意抢走，占据其市场地盘。**决定战争胜负的因素很多，概括起来，主要有以下几个方面：**

（1）武器，即价格。为了降低成本和保持价格优势，寡头们很重视资源、技术的开发和人才的争夺，这就是大厂商都有自己庞大的开发研究中心的原因。除开发新材料、新资源、新技术外，寡头们也很重视技术专家、管理人才的争夺和高素质员工队伍的培养。

（2）人心。即了解和满足消费者的愿望和要求，以获得消费者的好感。大厂商都有自己庞大的市场调查机构，广告宣传队伍及售后服务系统。这些机构是在做争取消费者人心的工作。

（3）战机。市场运行的起伏为厂商提供不同的机遇。研究和预测市场运行规律，则为捕捉战机的重要条件。

（4）阵地。精明的厂商都会将自己的实力不断地从夕阳产业转移至朝阳产业，以在商战中占据有利的阵地。

了解上述商战战略四要素，就能观察到现实中许多的商战实例，并分析它们成败得失的原因。除战略以外，还有战术方面的问题。西方学者用博弈论试图解释和分析寡头市场商战中的战术和策略问题以及对竞争各方的影响。

博弈论主要是由约翰·冯·诺伊曼（1903~1957）创立。博弈论这个术语本来是用在棋弈、桥牌和战争中的。下棋的双方，当一方走一步时，如果他是高明的棋手，他就会猜测和考虑到对方会有怎样的反应，以及采取怎样的策略走下一步。双方都如此较量，就是博弈。**萨缪尔森将博弈论的实质概括为，"两个（或两个以上）自由意志者，可以自行选择影响到双方的策略"**。[①] 下面我们就引用萨缪尔森的图形，举一个商战的例子，了解博弈论的一般意义。

图 5-9 说明寡头之间的价格战。长虹和康佳是我国彩电业的两大巨头，占据我国彩电业市场的绝大部分市场份额。它们之间曾经的价格战是有目共睹的。在长虹公司宣布大幅度降低长虹彩电的价格后，康佳公司为了不失掉自己的市场份额紧接着也宣布康佳彩电降价，幅度与长虹公司差不多。图 5-9 中的垂直箭头表示长虹公司的削价，水平箭头表示康佳公司与此相抗衡的削价。正像长虹和康佳在下棋，轮到长虹走时，它在上下方向移动；轮到康佳走时，它在左右方向移动。结果下完这盘棋，双方都归于破产，因

图 5-9　长虹和康佳的削价战

① 萨缪尔森：《经济学》第 10 版，中册，商务印书馆，1992 年版，第 171~173 页。

为价格降到零。

　　当然，一种情况是双方不会走到这一步就会聪明起来。长虹会意识到，当它降低 P_1 时，对手的 P_2 不会保持不变，会随着 P_1 而降低。原先以为降低 P_1 就会获得更大的市场份额和利润的想法是不明智的。事实上，当康佳做出同样的削价反应时，双方都会向左下方移动，结果双方都只获得更少的利润。因此，明智的办法是双方在价格上能达成一致，把价格抬高到垄断水平。使双方的利润都达到 P>MC 的最大点的均衡。另一种情况是双方在价格上的联合或合作难以达成，一直竞争下去，结果双方的利润都降为零，达到完全竞争市场的均衡。

　　上述竞争策略的结果还可以用"博弈支付矩阵"来表示和说明。图 5-10 中，长虹可以选择不同的 P_1 所代表的策略，即选择某一个竖行。康佳可以选择不同的 P_2 所代表的策略，即选择某一个横行。在 A、B、C、D 四个方框中，左下方的数字表示长虹在不同的价格下所能取得的利润。右上方的数字表示康佳所能取得的利润。例如在 A 方框中，双方的共同利润为 6+6（万元），代表在共同的垄断价格（2 元 = P_1 = P_2）下所能取得的最大利润。假定，A 框的情况是不稳定的，因为如果长虹以为康佳只会停留在这个方框中，它会把 P_1 降低到 C 框，从而占有市场的大部分份额，得到的利润为 9，它给康佳设定的利润为 -2。然而实际上，康佳不会不做出反应，将自己的市场份额让给对方，它当然也会将 P_2 降为 1 元，使自己进入 B 框。在 B 框，康佳为自己设定的利润为 9，为长虹设定的利润为 -2。结果双方都进入 D 框。

图 5-10　萨缪尔森的博弈支付矩阵
（公司名称改为我国读者熟悉的长虹和康佳）

　　在 D 框，康佳选定的横行里，0 是长虹所能得到的最大利润。而在长虹选定的竖行里，0 是康佳所能得到的最大利润。结果双方的利润都为零。处在完全竞争条件下的均衡状态。

　　上述博弈理论的分析表明，寡头之间的竞争最终会导致两种结果：

　　第一种结果是，D 框中的均衡是不稳定的。因为寡头们不会不明智到这个地步，以致谁也得不到利润。他们最终会勾结或联合起来，在价格上达到默契和一致，从而使均衡从 D 框移到 A 框，实现最大垄断利润的均衡。在这种情况下，就会看到寡头市场与垄断竞争市场的一个重要差别：**寡头市场的价格不会围绕完全竞争条件下决定的市场均衡价格上下波动，而是稳定地、长久地偏离均衡价格，即 P>MC。因为寡头们在竞争中一旦达成价格上的默契和一致，该价格就是难以变动和伸缩的。**就是说具有刚性。如果哪一个寡头轻易改变价格，就意味着对其他寡头宣战，会引起新的价格和市场争夺的战火。因此，"和平共处，不要轻易发动战争"是寡头市场"价格刚性"的重要原因之一。

第二种结果是，寡头之间难以达成默契和合作，一直竞争下去，结果就是 D 框中的均衡，双方的利润都为零，达到完全竞争条件下的均衡。萨缪尔森和诺德豪斯认为，"在现实生活中，存在许多阻碍有效勾结的因素。①勾结是非法的。②企业可能通过对所选择的顾客降低价格以增加其市场份额来欺骗协议中的其他成员。在价格保密，产品有差别，企业数目不止几个，或技术变化迅速的市场上，秘密降低价格的可能性更大。③随着国际贸易的不断深入，许多公司不仅要应付国内竞争，还要迎接外国企业的激烈挑战"。因此，"在不完全竞争领域，一些重要的结论如下：①随着不合作或竞争性寡头的增加，一个产业的价格和产量趋向于完全竞争市场的产出情况。②如果企业决定相互勾结，而不是相互竞争，市场价格和数量将接近于垄断所产生的价格和数量。③在许多情况下，不存在寡头的稳定均衡……战略的相互作用可能导致不稳定的后果"。[①] 第③是说，寡头之间竞争的两种结果都不是长期稳定的。两种情况都可能互相转化。所谓合久必分，分久必合，只是时间长短的问题。

寡头竞争形式的一些特点如下：①竞争形式，同一产品市场上，几个大厂商争夺和瓜分市场份额的竞争。②竞争手段，以雄厚的经济实力展开价格战。③竞争结果，第一种情况，勾结性寡头，即寡头之间达成联合，那么寡头垄断价格长期稳定地偏离完全竞争的均衡价格；第二种情况，竞争性寡头，竞争的价格和产出将接近完全竞争市场。④市场效率，勾结性寡头与完全垄断基本相同，即 P>MC。竞争性寡头则接近完全竞争的市场效率。

依据以上特点，从市场效率的角度，可以把勾结性寡头市场与完全垄断市场看做一类，统称为非竞争市场。非竞争并不是没有竞争，而是竞争程度很低。竞争性寡头则可以归到自由竞争市场。

第四节　风险和博弈论

市场经济社会是时刻处在变动中的，变动中的市场意味着充满了不确定因素和无法预见的事情，这种不确定性就是风险。在一个充满机遇和风险的市场上竞争就要求收入或效用的最大化，要实现竞争的目标：一方面要将风险降到最低，另一方面要使收入达到最大，因此要有一个最优的竞争策略，这就是现代博弈论研究的主题。正是从这个意义上，可以说竞争就是博弈。市场中充满了竞争，所以说博弈无处不在。随着人们对市

---

① 萨缪尔森、诺德豪斯：《经济学》第 16 版，华夏出版社，1999 年版，第 142~144 页。

场经济生活认识的深入，现代市场理论在风险和竞争策略（博弈）方面出现了一些新的研究成果。本节我们就介绍西方学者在这些领域最新的思想成果。

一、风险和不确定性

1. 风险的定义

各种不确定性和风险最终都会影响人们的预期收入，或者说由于风险的存在，人们未来的收益是不确定的，会受到意想不到的损失。因此，萨缪尔森将风险定义为：**风险是指人们预期收益的不确定性。**

2. 人们对风险的态度

不同的人们对待风险的态度不同。对待风险的不同态度对于人们的竞争行为和博弈策略有重要影响。因此，依据人们对待风险的态度，经济学将人们分为风险爱好者（risk lover）和风险规避者（risk averse）。在市场竞争中，有些人富有冒险精神，或者说他们是风险爱好者。大部分人在生活中是尽量回避风险，是风险规避者。萨缪尔森对区分这两类人提出了一个比较精确的界定方法和定义：

"若一个人为损失一定量的收入而产生的痛苦感大于他为得到同数量收入的满足感，则他就是一个风险规避者或不愿冒风险者。"[1] 反之，他就是一个风险爱好者。

依据这个定义，可以判断是风险爱好者还是一个风险规避者。比如，抛硬币赌博。若硬币出现正面可得到 1000 元，但风险是，若硬币出现反面，则要支付 1000 元。这种赌博的期望值为零（即赢得 1000 元和输掉 1000 元的概率均为 1/2）。一种期望值为零的赌博称为公平赌博。如果不愿做这样的赌博，那么就是风险规避者；如果愿意做，那么就是风险爱好者。不愿意做，是因为认为损失 1000 元收入产生的痛苦感大于得到 1000 元收入的满足感，所以不愿意冒风险。尽管在像抛硬币这种成败机会均等的情况下，其期望值为零，但根据效用原理，效用期望值为负。因为风险规避者认为获胜得到 1000 元所增加的效用小于失败损失 1000 元所损失的效用。但是，对于风险爱好者来讲，他的效用期望值为正值。因为他认为获胜得到 1000 元所增加的效用大于失败损失 1000 元所损失的效用。所以他愿意冒风险。可见，**人们对风险的不同态度，决定人们在风险博弈中选择不同的他们自己认为最优的竞争策略，用博弈论的术语讲就是占优均衡。**

二、市场机制分解风险的功能

市场机制这只看不见的手在一定程度上能够自动分解风险。随着人们对市场功能认识的深入，市场分解风险的功能表现为以下几种方式。

1. 保险与风险分摊

由于在经济生活中大部分人都不愿意冒风险或尽量回避风险，为满足人们的这种愿望和需要，保险行业或保险市场应运而生。萨缪尔森指出，**保险市场分解风险的功能表现在，它把对一个人来讲是很大的风险分摊给许多人，从而使每个人所承担的风险很小。**

例如，地震、火灾会对个人的生命、房产和企业财产造成重大损失，交通事故经常

---

[1] 萨缪尔森、诺德豪斯：《经济学》第 16 版，华夏出版社，1999 年版，第 157 页。

威胁人们的生命财产安全，失业会使一个人顿时没有了生计，大病会使一家人生活顿时陷入困境。这些经济生活中的风险对一个人或一个家庭来讲都是很大的风险，有时是难以承受的风险。而且这些风险对个人来讲又是难以预料的事件。"保险公司通过集中各种不同的风险来分摊风险，就是说，它为数以百万计的住宅、生命或汽车提供保险。保险公司的优越之处就在于，对个人来说是难以预料的事件，对整个人群来说则具有很强的预见性。"[①]比如说汽车保险，你的汽车什么时候会发生车毁人亡的事故呢？这很难预料。但对于保险公司投保的一百万辆汽车，依据多年的交通事故统计资料，一百万辆汽车每年发生事故的概率和损失就能比较精确地计算或估算出来。保险公司将这个可能损失的数额再加上保险公司的经营管理费用平均分摊到一百万辆汽车车主身上，作为给每辆汽车提供年度保险的保险价格。这个价格或费用相对于你一旦发生事故就要承担几十万元损失的风险来讲就是一笔很小的费用或风险。对于车主来说，他面对的就是这样一种选择或赌博：要么每年损失数百元的固定收入（保险费），要么就承担有千分之一可能性的数十万元的损失。人们对风险的态度不同，会有不同的选择。一般来讲，大多数人不愿冒风险，只要保险价格合理，就会选择保险来避免重大损失。

2. 保险业的双重性质和运行条件

保险公司一方面是私人办的或几个人（集团）办的私人企业，具有追求利润最大化的企业动力倾向；另一方面，保险业的运作是将公众交纳的保险金集中起来，并为公众分散风险。因此，保险业又具有社会公益事业的性质。保险业的双重性质决定了保险市场的繁荣和正常运转需要两个重要的条件：**第一个条件是保险的范围必须很大，或者是必须存在大量的、独立的随机事件**。例如，一家保险公司如果只吸收了 100 辆汽车、100 个人和 100 所住宅投保，它就很难经营下去。因为它保险的范围很小，随机事件很少（只有 300 个），发生风险的概率很高且难以估算，保险价格也无法降低，对公众也没有吸引力。在这么小的范围，分摊到每一个人身上的风险仍然很大。也就无法起到保险业分摊和降低风险的作用。如果一家保险公司能吸收 100 万辆汽车、100 万人和 100万所住宅投保车险、人寿险和住宅险，情况就不一样了。在这么大的范围和 300 万个随机事件中，各种风险的概率和损失都能比较精确地估算出来。而且把这个损失分摊到300 万人（随机事件）身上，每个人承担的风险很小，保险价格也很低，对公众也具有吸引力。同时，随机事件很多，保险公司自身的经营成本和风险也很小，保险公司就能有效率地运转。因此，保险的范围越大，随机事件越多，或者说保险公司吸收的客户越多，分摊到每一个人身上的风险就越小，保险市场不仅能繁荣发展，而且能更好地发挥市场机制分解风险的功能。而要做到这一点，还必须具备**第二个重要条件，就是保险行业的从业人员必须具备良好的为社会公益事业服务的道德素质**。保险行业具有双重性质，这种双重性质要求保险公司在追求自己合理利润的同时，要承担起为公众分解风险的社会责任。如果保险公司过于追求企业私利（私人企业的个人利益）和利润最大化，从而扭曲了风险损失的概率，制定过高的保险费率（保险价格），减小了公众躲避和防止风险的动力，或者说降低了公众投保的积极性，就会发生道德风险和逆向选择，从而

---

① 萨缪尔森、诺德豪斯：《经济学》第 16 版，华夏出版社，1999 年版，第 158 页。

危及保险行业的发展。

　　道德风险和逆向选择。道德风险（moral hazard）和逆向选择（adverse selecting）不仅会发生在保险公司方面，也会发生在公众方面。从保险公司方面讲，道德风险和逆向选择的表现是，如果保险公司过于追求企业私利而损害为公众分解风险的社会责任，保险公司的社会道德素质就不高。这种较低的道德素质会使保险公司制定高于风险损失概率和合理经营成本的保险费率（保险价格）从而损害公众投保的积极性，使投保人数减少。这样，保险公司就造成了道德风险。从第一个条件知道，投保人数越多，保险公司的运营成本和经营风险就越小。投保人数减少就意味着保险公司的运营成本和经营风险增大。运营成本和经营风险增大，又导致保险公司进一步提高保险费率，保险费率提高又导致投保人数进一步减少，这就是逆向选择。显然，这种道德风险和逆向选择最终会导致保险公司因无人投保而破产，被清除出保险市场。依据以上分析，将道德风险和逆向选择定义如下：**道德风险是指行为人因缺乏基本社会道德或社会责任感而导致的个人利益或社会利益受到损失或风险。逆向选择是指行为人因缺乏基本社会道德或缺乏对市场经济规律的认识而导致的个人经营行为或社会行为的逆向发展。**

　　在发达国家保险市场的发展过程中，都经历了这种大浪淘沙的竞争过程。缺乏社会责任感的保险公司由于道德风险和逆向选择而被逐步淘汰，具有社会责任感的保险公司在竞争中生存下来，并逐步扩大其保险范围。这一点对于发展中国家新兴的保险业的发展是有启示意义的。萨缪尔森指出："如果能满足下述各项条件——存在很多种风险，所有风险都或多或少具有独立性，随机事件的概率也可以准确地估计，**并且不为个人利益所腐蚀**——私人保险市场就会有效率地运转。"[①]

　　道德风险和逆向选择在公众方面的表现主要是在更具有公益性质或公共品性质的保险品种上，如失业保险、养老保险、医疗保险等。由于这些品种更具有公共品的性质，信息不对称和市场失灵使道德风险和逆向选择表现得更严重，私人保险公司很难在这些品种上经营并最终退出了这些品种。这些品种最后由政府介入和承担，向公众提供社会保险。失业保险、养老保险、医疗保险就成为国家福利政策的重要内容。这个问题超出了市场机制调节的范围，将在第七章微观经济政策中的福利政策中讨论。

　　总之，只要满足上述两个条件，私人保险市场就能繁荣发展，从而更好地发挥市场机制自动分解风险的功能。在市场失灵的公共保险领域，则应由政府承担起社会保险的责任。

　　3. 投机和套利——市场运行在空间和时间上的均衡

　　经营风险的重要来源之一是市场运行在空间和时间上的不均衡。这种不均衡表现为同一商品价格在不同地区（空间）、不同时期（时间）的价格差距。这种不均衡会导致同一商品市场价格的波动。不均衡程度越大价格波动的幅度越大。市场价格是经营者确定自己正确的竞争行为和策略的信号。如果这个信号波动不定，经营者就会无所适从。如果市场价格下降到经营者成本以下，经营者的经营就会陷入困境而面临破产的危险，这就是经营风险。

---

　　① 萨缪尔森、诺德豪斯：《经济学》第16版，华夏出版社，1999年版，第159页。

　　一种商品价格的供求均衡起初是在不同的地域范围进行，然后要在一国范围进行，最后这个均衡过程要在全球范围进行。不同地区、不同国家的价格差距最终都会在这个均衡过程中消失，形成大体一致的市场价格。因此，市场价格在空间和时间上的均衡是市场运行的内在要求，而这个要求的实现则是通过投机和套利活动完成的。或者说，市场机制这只看不见的手创造了投机和套利条件和行为（机会）来完成自己的均衡过程，化解市场运行中的风险。

　　由于人们对市场经济的认识不足，对市场中的投机和套利行为曾有许多责难，甚至认为它们是造成市场风险的因素。随着人们对市场经济认识的深入，人们对投机和套利行为的经济性质有了全新的认识。萨缪尔森在谈到投机和套利行为的经济性质时指出，"投机市场不仅从时间上和空间上促进了价格及配置形式的改善，还有助于风险的转移。这些任务都是由那些想从价格变动中获利的投机商完成的。事实上，这表现了看不见的手在起作用，即将商品从其数量丰盛时（价格低）到其数量较少时（价格高）进行重新配置……投机可以提高（经济社会）总体效用和分配效率"。[①]

　　萨缪尔森给投机下的定义是，**投机（speculation）就是从市场价格差价中获利或套利（arbitrage）的活动**。投机套利活动一般有两种形式，一是从时间价格差距上套利，二是从空间地区价格差距上套利。例如，农产品市场，在小麦收获季节，由于新出产的小麦数量多，市场价格会下降，投机商大量买进，仓储几个月，等到小麦价格上涨时卖出，就可以获得小麦市场的时间差价。这种投机活动的经济作用是将各种商品从数量丰盛时期"运送"到稀缺时期。从而缓解同一种商品在不同时期的价格差距，提高人们消费商品的效用水平。我们前面说过，一种商品价格的供求均衡首先是在不同地域范围进行的。同一种商品在不同地区的市场上有不同的价格。这种市场价格的地区差距为投机套利行为提供了机会。

　　投机商从价格低的地区买进，转手就在价格高的地区卖出，以套取地区差价。显然，这种从空间上运送商品的套利活动有利于调节不同地区的供求关系，拉平相同产品在不同地区市场上的价格差价。在经济全球化的今天，看到这种投机套利活动不仅在一国市场范围内的不同地区进行着，而且在世界市场上的不同国家之间进行着。正是这种投机套利活动使同一种商品的地区差价、国家间差价逐步缩小和趋于均衡。市场经济的运行也更趋于稳定和有效率。

　　三、博弈论

　　1. 博弈论的含义
　　博弈论也可译为"对策论"。**博弈论的实质是竞争对手之间策略和对策之间的对弈**。埃维纳什·迪克西把博弈论的精髓概括为，"**战略性思维是在了解对手在做与你相同的事时战胜对手的一门艺术**"（1991 年）。策略论也好，艺术论也好，这说明人们对博弈论的精髓概括起来是不容易的。之所以不容易，是因为博弈论不仅涉及的范围很宽，而且层次也有高低。将军们在战场上博弈，棋手们在棋盘上博弈，商家在商场上博弈，政治家

　　① 萨缪尔森、诺德豪斯：《经济学》第 16 版，华夏出版社，1999 年版，第 157 页。

在官场上博弈，艺术家在舞台上博弈，运动员在竞技场上博弈。**实际上，每个人在一生中为了生计都在与自然界、与社会、与特定的人群博弈。**例如，萨缪尔森的"看不见的手博弈"是在与谁博弈呢？是与市场规律博弈，或者说是与市场经济的社会规律博弈。尽管人们在竞争中都想获得最大利润，但是，在完全竞争的市场中，市场这只看不见的手最终会使人们在零利润上达到均衡，这对经济社会的效率是最有利的。再如，萨缪尔森的"污染博弈"是在与谁博弈呢？是与自然界博弈，自然界虽然是无声的，但它也是有生命的，会惩罚追求私利的污染行为。由于在这个领域市场失灵了，自然界的惩罚迫使政府承担起保护自然环境的责任。在这些博弈中，由于人们对社会发展规律和自然界发展规律以及人生意义的认识不同和对风险的态度不同，人们在博弈中有完全不同的策略选择和价值取向。有人以成败论英雄，有人为信仰和道义舍生取义。有人求名，有人逐利。有人追求社会地位，有人追求自己合意的生活方式。所谓谋事在人，成事在天；所谓人在江湖，身不由己。这都是人们在追求和博弈中由于自然或社会因素的限制而发出的无力回天感叹。所以，博弈论是一个丰富多彩的领域，关于论述博弈策略和艺术的文献可以说是浩如烟海。我国古文献中就有《对策论》的专著。而且，我国古人将决定博弈双方胜败的因素归结为"天时"（自然规律或自然因素）、"地利"（社会规律或社会因素）、"人和"（对弈双方人的因素或团队的因素）三大要素。这种概括是很精辟的，它概括出了决定博弈双方胜败的高层次因素。实际上，竞争策略或斗争艺术相对于这三大要素来讲还是博弈论中低层次的因素。例如，辽沈战役后，国民党军队辽沈战区最高指挥官杜聿明将军在总结战役失败原因时，百思不得其解，最后得出一个结论："战争没有规律可循。"因为在杜聿明将军看来，国民党军队在军力、武器装备和军队指挥官的战略、战术素质方面远远高于人民解放军。特别是国民党军队的高级军官中许多人是在黄埔军校和美国西点军校受过训练的高级将领。可是，战役为什么就打败了呢？从战略、战术博弈方面分析成败的原因确实无法理解。实际上，国民党百万军队一溃千里的真正原因是毛泽东已经在政治博弈上打败了蒋介石，已经占了"天时、地利、人和"的优势，几百万军队不过是蒋介石的殉葬品。

从以上对博弈论范围和层次的大致勾画中可以了解，在博弈论这个迷人的领域里，数学模型的作为是十分有限的，这是一个思想和智慧的领域。就像美军的数字化师可以取得一战、一役的胜利，但它不可能征服伊拉克民族一样。博弈中的优胜者属于那些对自然、社会发展规律有着深刻理解和认识的人；属于那些对人类精神领域一切优秀的思想成果有深刻领悟的人；属于那些运用这些思想成果推动社会进步的人。当然，这都属于一些高层次的博弈。在许多具体的情况下博弈模型的分析经常得出一些完全相反的结论。因为，每一个博弈模型都有一个前提条件或假定条件，前提条件一变，博弈结果就不同甚至完全相反。这就适用哲学上的一个重要原理：具体情况，具体分析。任何事情都会在具体的时间、地点和情况下有一个最优选择。

2. 博弈论在经济学上运用的一些例子

（1）**囚徒的困境**。囚徒的困境是博弈理论在经济学上运用的一个著名的例子。

假定，张某和李某是两个囚犯，曾共同作案。两个囚犯被分别关在两个囚室。法官和每个囚犯单独进行同样的谈话。法官说，"我已有足够的证据判处你们 1 年监禁。如果你单独坦白交代，虽然犯罪的严重程度应该判刑 10 年，但我可以只判你 5 个月，判你的同伙 10 年。但是，如果你们两人都坦白交代，那么，你们两人都要被判处 5 年徒刑"。在这种情况下，假定你是囚徒张某，你会怎样选择呢？显然，你首先会想到，哎呀，要是能和李某沟通一下信息就好了，两人达成合作协定，坚决不坦白。这样，两人都能得到最好的结果：只坐 1 年牢（图 5-11 中 A 框的均衡）。但遗憾的是无法和李某沟通信息，无法达成合作意向。在牢房里只能单独考虑自己的出路。这样，你就陷入两难选择的困境。如果不坦白，好的可能性是，你可能得到较好的结果：只坐 1 年牢（如果李某也不坦白的话）。坏的可能性和风险是，如果李某坦白了，你就要坐 10 年牢（B 框的均衡）。这个风险大得让人难以承受。如果坦白，好的可能性是你只坐 5 个月的牢（C 框的均衡）。坏的可能性是，即使李某也坦白了，你最多只坐 5 年牢（D 框的均衡）。因此，权衡之下，从个人利益最大化的原则，你会选择坦白。就是说，在非合作的情况下，你会选择从 A 框进入 C 框。李某和你同样的处境，也会有同样的思考，从他个人利益考虑，他最后也会选择坦白，即选择从 A 框进入 B 框。这样，你们两人必然进入 D 框的最终均衡，两人都被判 5 年徒刑。

图 5-11　囚徒的困境

因此，囚徒困境博弈模型的分析可以得出两点结论：①追求自己利益最大化（自私自利）必然导致较长的刑期——5 年。这显然对双方都不是最好的结果。②合作比不合作好。如果两囚犯能合作，则两人都可以得到最好的结果——只坐 1 年牢。

但是，以上两点结论都是从个人的角度考虑个人利益最大化得出的结论。**如果换一个角度，从社会利益最大化的角度考虑，以上博弈结果可以得出完全不同的另外两点结论**：①两囚徒追求个人利益最大化的博弈最终导致了社会利益的最大化或最佳结果。因为两囚徒所犯罪行或给社会造成的危害应该受到 10 年刑期的惩罚。由于两囚徒坦白，依照法律可以减轻惩罚，但也应该受到 5 年刑期的惩罚。所以，这个结果既体现了法律的尊严，又维护了社会正义和利益，从社会利益看是最合理的结果。②不合作比合作好。因为两囚徒如果合作，他们就会只坐 1 年牢，从而逃避了法律的惩罚，损害了社会正义和利益。如果他们不合作，他们追求个人利益最大化的博弈最终会导致坦白和社会利益得到维护，即他们都坐 5 年牢。

可见，同一个博弈模型，同样的博弈结果，从不同角度看问题，就得出完全不同或相反的结论。因此，看问题的角度是重要的。

有的学者用囚徒的困境博弈模型的分析结果（前两点结论）否定斯密看不见手的原理。我们得出的后两点结论表明，该博弈模型不仅不能否定斯密原理，反而证明了该原理的正确性。因为两囚徒追求个人利益最大化的博弈最终导致了社会利益的最大化或最佳结果。斯密看不见的手的原理说的是看不见手的调节会导致社会利益提高而不是个人利益最大化。

（2）**看不见的手博弈**。图 5-10 "萨缪尔森的博弈支付矩阵"描述的是两个寡头企业的价格战，与萨缪尔森的"看不见的手博弈"模型结构相同。可以将该图形看作"看不见的手博弈"模型，并从博弈论的角度进一步分析寡头垄断市场和完全竞争市场在市场这只看不见的手的调节下，最终的博弈结果。

如果康佳和长虹达成低产出高价格的合谋垄断协定，则双方都进入 A 框的最大利润的均衡，即各自得到 6 万元的垄断利润。这时就出现了**合谋博弈**的合作性均衡（cooperative equilibrium）状态。在这种状态下，双方合作者的利益达到最大化。但是，经济社会的社会利益和效率受到损失，看不见的手的作用受到限制。

如果康佳和长虹达不成合谋垄断，因为垄断是非法的，而且合谋各方经常为了自己的利益欺骗对方导致合作破裂。这样，市场竞争就会导致各方走向有效的或**对抗性博弈**的非合作均衡（noncooperative equilibrium）状态。看不见的手就能充分发挥作用，最终使博弈各方都达到零利润的均衡（即 D 框的均衡），经济社会达到完全竞争的效率状态，社会经济利益达到最优状态。

可见，萨缪尔森的看不见的手博弈模型的分析得出了与囚徒困境博弈模型前两点结论完全相反的两点结论：①在一个完全竞争的经济中，追求自己利益最大化的、非合作的竞争，必然导致经济社会资源配置的最佳效率。竞争者最终都会达到在零利润上的均衡（即 D 框的均衡）。经济社会的利益达到最优，这对经济社会来讲是最好的结果。②不合作比合作好。竞争者之间的合作或合谋，必然导致低产出高价格的垄断（即 A 框的均衡）。这不仅导致经济社会资源配置效率的损失，也导致消费者利益的损失。因此，竞争经济中的合作必然损害经济社会的利益。这就是政府为什么用反垄断法严惩那些合谋控制价格、瓜分市场的垄断行为的原因。

这种完全相反的结论说明什么呢？它说明在有些情况下，从个人的角度看，单独追求个人利益最大化并不一定能获得理想的结果，合作比单干好。如囚徒困境博弈模型分析得出的前两点结论。看不见的手博弈模型从个人利益角度分析也可以得出这个结论。康佳和长虹这两个竞争对手如果从它们企业私利的角度考虑，显然合作或合谋比单独竞争好。如果合作，合谋双方都可以获得 6 万元的垄断利润。如果单独竞争，双方都只能得到零利润。同样是看不见的手博弈模型和囚徒困境博弈模型，如果从社会利益的角度看，非合作的对抗性博弈中，最大限度地追求个人利益与最大限度地促进社会利益是一致的。它会导致社会利益的最大化。因此，从社会利益的角度看，企业之间的竞争（不合作）比企业合作或合谋好。可见，在有些情况下，对个人是最优选择，对社会就不一定是最优选择。对社会是最优选择，对个人就不一定是最优选择。要具体情况，具体分析，特别要注意看问题的角度。

（3）**对抗性博弈，纳什均衡。** 现在，用萨缪尔森的对抗性博弈模型讨论垄断竞争市场的价格战。一般来讲，垄断竞争市场的价格战由于厂商众多，厂商之间难以在价格上达成合谋垄断。但是，由于市场的地域分割和发展的不平衡，一些垄断竞争厂商在局部市场的合谋垄断的情况也是经常发生的。下面就以松花江汽车和长安汽车的价格战为例，讨论垄断竞争市场的对抗性博弈，以了解博弈理论的一些重要概念。

我国的汽车厂商在国内市场上讲其规模属于寡头垄断企业，不是垄断竞争的小企业。但这也是相对而言的，随着我国加入世界贸易组织，进入国际市场的竞争，相对于世界市场而言，我国的汽车厂商还属于发展中的小企业。在 20 世纪 90 年代，我国的汽车市场还是几家寡头企业联合垄断的市场，各汽车厂商都有自己相对稳定的销售区域和市场份额，汽车价格稳定且远远高于其成本，存在巨额垄断利润。随着"入世"和对世界市场开放，我国的汽车厂商开始了竞相削价争夺市场份额的竞争。因为只有获得了较大的市场份额，才能扩大自己的生产规模。只有获得了规模收益，才能在世界市场的竞争中站住脚和生存下去。我国汽车市场的价格战也是有目共睹。那么，汽车厂商的这种对抗性博弈最终会导致一个什么结果呢？

图 5-12 中 A 框的均衡，可以反映松花江汽车和长安汽车在 20 世纪 90 年代的情况。那时它们都采取高价格（垄断价格）的销售策略，并各自获得自己的垄断利润。长安汽车 2000 元，松花江汽车 1000 元。

图 5-12　萨缪尔森的对抗性博弈模型

随着"入世"和对世界市场开放，松花江汽车开始意识到扩大市场份额的重要性，放弃高价格的销售策略，选择了降低价格至正常价格的竞争策略，即进入 C 框。这时，松花江汽车由于销售量或市场份额的扩大，获得 1500 元的利润。长安汽车由于仍然采取高价格的销售策略，销售量下降，出现了 300 元的亏损。这时，松花江汽车选择的竞争策略可以称为**占优战略**，即无论其他博弈者采取何种战略，该博弈者的战略总是最好的。

这时，长安汽车就面临竞争战略的选择或两难处境。是继续采取高价格的销售策略，并希望松花江汽车也回到高价格销售策略上呢？还是降低价格至正常价格，夺回自己的市场份额呢？实际上，希望松花江汽车回到高价格销售策略上来是不现实的。这里涉及博弈论的一条基本准则：**即把自己的战略建立在假定对手会按其最佳利益行动的基础上**。松花江汽车会考虑到，如果它回到高价格销售策略上，长安汽车如果降低价格至正常价格，松花江汽车就会出现 200 元的亏损。如 B 框的情况。所以，松花江汽车不会回到高价格销售策略上来，仍然会采取正常价格的占优战略，这符合松花江汽车的最佳利益。这样，长安汽车的占优战略也必然是降低价格至正常价格，以夺回自己的市场份额，消除亏损，争取盈利，即进入 B 框。

这样，松花江汽车和长安汽车最终都采取正常价格的占优战略，并进入 D 框的均衡，各自得到 100 元的正常利润。

在对抗性博弈中，当博弈各方都采取占优战略时，达成的均衡称为纳什均衡（Nash equilibrium）。以数学家约翰·纳什的名字命名。因为每一方选择战略时都没有共谋，他们只是选择对自身最有利的战略，而不考虑社会福利或其他群体的利益。因此，**纳什均衡也被称为非合作均衡**。

萨缪尔森给纳什均衡下的定义是，**纳什均衡是一个在其他博弈者的战略给定时，没有一方还能改变自己获利的状况。也就是说，博弈各方选择的都是对自己最优的战略，而且这种战略也是对其对手战略的最佳反映。**

依据该定义，松花江汽车和长安汽车在 A 框的合谋垄断均衡不是纳什均衡，后来展开价格博弈最终进入 D 框的非合作性均衡才是纳什均衡。而且前面讨论的囚徒困境博弈模型的均衡以及看不见的手博弈模型的均衡都是纳什均衡。**可见，纳什均衡强调的是对抗性博弈，而且强调博弈各方都采取了占优战略，而且没有任何一方还能改善自己获利状况的均衡。**

对于每一个在市场经济社会生活的人，对于每一个在市场竞争中求生存的人，博弈模型或理论的分析告诉人们：首先，要知道一个人想做什么和能做什么完全是两回事。应该考虑的不是我想做什么，而是应该考虑我能做什么。其次，要找到最能发挥自己的潜能、长处和优势的职业和岗位。美国人有一个格言：**上帝对每个人都是公平的，关键在于你要找到自己的岗位**。每个人的潜能、长处和优势都不同，适合别人的职业和岗位并不一定适合你。在这样的岗位上，以你的劣势和别人的优势竞争，你必然是博弈的失败者。找到了最适合你自己的岗位，发挥出你自己的潜能和优势，取得的成就和收益，就是你自我价值的实现。就是你的**纳什均衡**。你应该感到满足和欣慰。可能有人比你更强，做得更好。你不要和别人比，人比人永远气死人。当然，这不排除你努力，把事情做得更好。最后，记住博弈论的一条基本准则：**即把自己的战略建立在假定对手会按其最佳利益行动的基础上。博弈各方都采取了自己的占优战略达成的均衡就是纳什均衡**。当然，任何时候都不要忘记具体情况具体分析。

第五节 市场制度资源配置效率的总结

一、亚当·斯密"看不见的手"的原理的证明

通过前三节的分析我们可以对市场制度资源配置效率做一小结，其要点如下：

第一，完全竞争市场模型的分析表明：在市场竞争机制能充分发挥作用，没有垄断等干扰因素造成的变形的纯粹市场状态下，市场竞争会使社会在每一种产品生产上达到：一是 $MR=MC=P$；二是厂商的数目合适，即资源配置不多也不少；三是 AC 达到最低。综合上述三点，就是社会经济资源配置和利用的最佳、最有效率的状态。其标准或条件是 $MR=MC=P=$ 最低的 AC。

第二，市场制度在其自身发展中会产生竞争的不完全性或垄断因素。因为优胜劣汰是竞争的法则，竞争的优胜者会随着其经济实力的扩大而自然走向垄断。但是，垄断竞争市场和竞争性寡头市场由于竞争性起主导作用，其市场效率接近完全竞争市场。

第三，完全垄断和勾结性寡头市场的厂商为追求最大利润的均衡，一方面会制定高于其 MC 的价格，另一方面又不会以最低的 AC 生产产品。这表明垄断一方面限制了市场机制的作用，损害了竞争机制配置资源的效率，造成社会有限经济资源的浪费和社会产品的无谓损失。另一方面，垄断导致消费者以较高的价格买到较少数量的产品。因此，垄断是对整个社会的剥削。这就是经济学者建议政府施行反垄断法来限制市场的垄断因素和促进市场竞争的原因。

二、关于帕累托最优状态的标准和条件

1. 帕累托最优标准和条件的内容

意大利经济学家帕累托用几何方法提出了他的经济社会效率最优状态标准和条件。下面简要介绍如下：

（1）**帕累托最优状态标准**。为简单起见，帕累托把消费者效用、福利、生产者产量、社会经济资源配置效率统称为社会经济利益。

假定一个社会由若干人组成，如果提高一个人的利益而又不损害和降低其他成员的利益，那么这个社会的经济利益就存在着改进和提高的余地，这被称为帕累托改进。显然只要存在帕累托改进，社会经济利益就没有达到最优状态。

如果提高一个人的利益就会损害和降低其他成员的利益，那么就意味着这个社会的经济利益已不存在改进和提高的余地了。就是说不存在帕累托改进了。也就是说社会经济利益已达到了最优状态，这就是帕累托最优状态标准。即：**如果提高一个人的利益就会损害或降低其他成员的利益，社会就已达到最优状态。**

应该说，帕累托最优状态标准所表达的思想是有意义的，**它有利于对社会经济生活方方面面的细节改进和提高，以促进社会经济整体利益的优化。**正是从这个意义上，帕累托提出了一个效率优化的标准和概念。如果从实际出发去探求实现这一最优状态的途

径或条件，意义会更大。在实际生活中，这个效率优化的标准和概念是很好运用和把握的。只要对社会经济生活方方面面的细节改进和提高，而又不损害和降低其他社会成员的利益，就会促进社会经济整体利益和效率的优化和提高，这是很有意义的。但是，帕累托不从实际出发，这个标准就成了人的头脑设想的美好愿望。从这个美好愿望出发，帕累托用几何方法推论出的实现最优状态的条件是不成立的，是没有任何实际意义的空想。

（2）**帕累托最优状态条件。**帕累托从这个设想的理想状态出发，用几何方法（埃奇沃思方盒）推论达到帕累托最优状态需具备以下三个条件，即：交换的最优条件、生产的最优条件、交换和生产的最优条件。下面看这些最优条件是如何推出的。

1）交换的最优条件。将 A、B 两个消费者的无差异曲线坐标对角连在一起就构成交换的埃奇沃思方盒。方盒中两个消费者的两条无差异曲线的切点即为两个消费者的均衡点 E 点。该点有交换的最优条件：**任意两个消费者对任意两商品的边际替代率相等。**用公式表示即：

$$\text{MRS}_{XY}^{A} = \frac{P_X}{P_Y} = \text{MRS}_{XY}^{B}$$

式中：A、B 为任意两个消费者，X、Y 为任意两商品。

图 5–13　交换的埃奇沃思方盒

2）生产的最优条件。将 A、B 两个生产者的等产量曲线坐标对角连在一起，就构成生产的埃奇沃思方盒。

方盒中两个生产者的两条等产量曲线的切点即为两个生产者的均衡点 E 点，该点有生产的最优条件：**任何两种生产要素的边际技术替代率对任意两个生产者都相等。**用公式表示即：

图 5-14 生产的埃奇沃思方盒

$$\mathrm{MRTS}_{LK}^{A} = \frac{W}{R} = \mathrm{MRTS}_{LK}^{B}$$

式中：A、B 代表任意两个生产者，L、K 代表任意两种生产要素。

3）生产和交换的最优条件。帕累托将交换的最优条件和生产的最优条件连接起来就得到生产和交换的最优条件：任何两种产品的边际转换率等于它们的边际替代率。用公式表示即：$\mathrm{MRT}_{XY} = \mathrm{MRS}_{XY}$（对所有消费者）

2. 帕累托最优条件的唯心主义性质

从效用理论知道，由于物品效用的大小或等级顺序取决于消费者个人的判断，对同一个人而言，不同物品的效用是可以比较的。但效用不能在不同的人之间进行比较。因为不同消费者由于生活习惯不同、偏好不同、宗教信仰等的不同，不同的人在许多情况下对同一个物品或服务对自己提供的效用或福利的评价是不同的。因此，单个消费者的无差异曲线分析是成立的，把两个消费者的无差异曲线对角连在一起得出任意两个消费者对任意两商品替代率相等，就不能成立。比如，有人爱吃鸡，有人连鸡味都不愿闻。就物品来讲，大到汽车、飞机，小到纽扣、香皂，千差万别。那么任意两个消费者怎么可能对任意两商品替代率（替代比例）相等呢？该式即使在几何学意义上或数学意义上能成立，它在经济学上有什么意义呢？它对实际经济生活又有什么意义呢？正如阿罗不可能定理表明的，由于消费者偏好不同，所以社会福利最大化函数或效用函数不可能成立一样，帕累托最优条件也不可能成立。说它不成立，是因为它没有任何实际的意义，社会不可能按这个条件找到最优状态，也不可能按这个条件判断最佳经济效率。这是典型的由空想到空想的唯心主义。从头脑设想的理想状态出发，然后用数学公式推论实现这种理想状态的条件，而且不考虑和验证这些条件在实际经济生活中是否成立，是否有意义，是典型的唯心主义认识方法之一。第一个条件不成立，后面的条件是和第一个条件相联系的，也就没有讨论的意义了。

三、关于社会福利最大化的函数

社会福利函数是社会所有个人的效用水平的总函数，它和帕累托最优交换条件的推论犯了同样的错误。阿罗不可能定理认为：在非独裁的情况下，不可能存在有适用于所有个人偏好类型的社会福利函数。换句话说，当一个社会有一个独裁者，让全社会的人都有相同的偏好的情况下，社会福利函数才能成立。例如，希特勒命令全体社会成员说，你们必须都愿意吃鱼。全体社会成员回答，是，我们都愿意吃鱼。希特勒说，鱼的效用是每公斤 10 元，全体社会成员回答，是，我们对鱼的效用的评价都是每公斤值 10元。只有在这样的社会，才能用社会福利函数计算出全体社会成员的总效用或福利水平。这种社会在现实中存在吗？

第六节　一般均衡论的唯心主义性质

一般均衡论是经济学的一个神话。本节我们用存在决定意识的唯物主义认识论和黑格尔的意识决定存在的唯心主义认识论的对比分析，来分析这个神话的唯心主义性质，以及对经济学的影响。

一、一般均衡论的思想内容

瓦尔拉的一般均衡论所要表达的思想是：经济学所研究的只是单个产品的供求均衡，例如，苹果市场的供求均衡分析，面包市场的供求均衡分析等。这只是单个市场的或局部的均衡分析。在成千上万个商品世界中，各种商品的供求均衡和价格是相互影响的。例如，蔬菜、水果、粮食、肉类、禽蛋、奶品等成千上万种食品对消费者来说都具有相关的替代关系。多吃水果，可以少吃蔬菜；多吃蛋奶，可以少吃肉类；多吃肉类，可以少吃粮食等。如果人们对蛋奶和肉类的偏好发生变化，多吃蛋奶，少吃肉类。那么蛋奶的供求关系决定的均衡价格就会上升；肉类的供求关系决定的均衡价格就会下降。由于成千上万种食品存在替代关系，它们的均衡价格决定就是相互影响的。瓦尔拉设想是否在这种相互影响中存在着成千上万个商品市场，同时或共同达到均衡，即一般均衡呢？

瓦尔拉建立了一个联立方程试图说明一般均衡的存在问题。一般均衡的联立方程含义如图 5-15 所示。

我们知道牛肉的均衡价格方程为：

$Q_d = a - bP$ （需求函数）

$Q_s = -c + dP$ （供给函数）

$Q_d = Q_s$ （均衡条件）

面包、苹果以及成千上万种食品（用 n 代表），每一种食品的均衡价格决定都有一

A 牛肉价格的决定　　　B 面包价格的决定　　　C 苹果价格的决定

图 5-15　一般均衡方程图示

个均衡价格方程。把成千上万个均衡价格决定方程（n 个）联立起来，就是瓦尔拉的一般均衡方程。当然，成千上万个商品均衡价格决定方程（n 个）的联立只是表现了商品价格决定之间的横向联系，从纵向的角度讲，每一个商品均衡价格的背后，都有生产该商品的劳动市场的均衡、资本、土地、技术等要素市场的均衡以及货币市场的均衡。因此，一般均衡方程代表的是整个商品社会成千上万种商品生产、交换、分配、消费的庞大系统的均衡。

按数学的逻辑，要证明一般均衡存在，一般均衡方程必须有解。但是，这个方程能有解吗？单个商品（比如牛肉）的均衡价格决定方程自它建立以来，一百多年了，它在数学上是否有解仍然是个未解决的问题。因为无法解决方程中 a、b、c、d 四个系数值的确定问题（它涉及几十个时刻处在变动中的相关变量），所以，单个商品的均衡价格决定方程至今仍然是一个数学上的假设。一百多年了，连一个商品的均衡价格方程的解都没有解决，却要奢想解决 n 个（成千上万种）商品的联立方程的解，这个解涉及亿万个已知或未知的时刻处在变动中的相关变量，这是不是痴人说梦啊。

在瓦尔拉创立一般均衡方程时，经济学家们还不太懂数学，感到这个方程很神秘，提出了一个伟大的设想。瓦尔拉也因此成名。瓦尔拉死后，经济学家们发现瓦尔拉的方程没有解，不成立。一些学者仍然不甘心，继续运用数学发展的最新成果——集合论、拓扑学等最新方法试图证明一般均衡方程有解。结果他们证明只有在极其严峻的假设条件下一般均衡方程才能有一组解，而且这些假设条件不可能在现实中存在。因此，这种证明的结果在现实中就失去了意义。英国经济学家卡尔多写道："理论家已经成功地证明，一般均衡论的含义不可能在现实中存在。但是，他们还未能把这一信息传达给西方出版的经济学教科书的作者们，或传达到西方的教室中去。"[1]

卡尔多的说法并不正确。不能说数学方法证明不了的东西现实中就不存在。我们生活的现实商品世界中，成千上万种商品的供求及价格在一定程度上是相互联系和影响的，但又是相对稳定的。这本身就是一般均衡的存在方式。只是这种存在是瓦尔拉方程说明和证明不了的。正如萨缪尔森说的，这是一个连当今最快的超级计算机也无能为力的涉及亿万个已知或未知变量和相关关系的生产和分配的问题，这是市场机制自行调节和解决的，这是市场机制的奇迹所在。[2] 而且，**市场从它产生的那天起就具有世界市场的**

① 鲍斯金编：《经济学与人类福利》，学术出版社，1979 年版，第 1240 页。
② 萨缪尔森：《经济学》第 16 版，华夏出版社，1999 年版，第 21 页。

性质。成千上万种商品价格的均衡过程以及它们之间相互影响的一般均衡过程起初是在地域的范围进行，然后是在一国的范围进行，最后，这个均衡过程要在全球范围进行。**在经济全球化的今天，我们已经看到了这一过程。**如此巨大的一个均衡过程，而且是亿万个已知或未知变量时刻处在调整中的动态过程，岂是一个一般均衡方程能解决的问题？**一般均衡方程的性质可以说是由于不完全了解价值、价格和市场的本质而产生的一个梦想。**

二、一般均衡论的唯心主义性质

用均衡价格方程计算出每一种商品的均衡价格；用效用函数计算出消费者的效用最大化；用生产函数计算出生产者的产量最大化；用收益函数计算出公司的收益最大化；用帕累托的埃奇沃思方盒给经济社会提供最优状态标准和条件；用瓦尔拉的一般均衡方程完成整个经济社会的均衡，多么完美的一座理论大厦。问题是实际经济生活的事实如何呢？**二百多年来，世界市场经济国家实际经济生活的事实是：**没有任何一种商品的价格是靠均衡价格方程计算出来的；没有任何一个消费者的效用最大化是靠效用函数计算出来的；没有任何一家企业的产量最大化是靠生产函数计算出来的；也没有任何一家企业的最小成本是靠成本函数计算出来的；更没有任何一家公司的收益最大化是靠收益函数计算出来的。帕累托最优状态条件毫无实际意义，社会既不可能按这个条件找到最优状态，也不可能按这个条件判断最佳经济效率。一般均衡方程更是一个毫无实际意义的梦想。这些事实都是显而易见的。走出家门就是市场，那里有成千上万种商品，我们可以去调查和了解，看哪一个商品的价格是通过均衡价格方程的计算确定的？哪怕找到一个这样的商品也算有根据。我们周围有各种各样的企业，我们可以到任何一家企业去调查和了解，看哪一家企业的最大产量是通过生产函数的计算得到的？萨缪尔森早在20世纪80年代就指出，根本就不是那么回事，这到企业一了解就清清楚楚。①我们都是消费者，可以问我们自己，我们的效用最大化是靠效用函数的计算得到的吗？这些事实并不需要费力就可以了解的。**这就提出了一个问题，这些梦想者为什么完全不顾实际经济生活的事实，痴心梦呓一百年而不醒呢？**

要揭开这个谜还要回到黑格尔哲学的认识论逻辑。黑格尔认为，人的意识认识到的存在才有存在的意义，人的意识认识不到的存在就不存在，或者说即使存在也没有意义。按照这个认识论逻辑，梦想者的思考逻辑是设定一个理想状态，然后用数学公式推导实现理想状态的条件，而且得出的这些条件和结论是不需要经过事实检验的。因为这些没有被人的意识认识到的事实是不存在的，或者说即使存在也是没有意义的，更不要说用这些事实检验条件和结论了。这样，梦想者可以任凭意识的梦游，可以完全不顾实际经济生活的事实，建立起脱离实际经济生活、毫无实际意义的、从空想到空想的经济学理论大厦。

作为对照，我们看看实证分析方法的认识论逻辑。通过对实际经济生活的观察，提出假说。然后通过对实际经济生活的调查、分析，用事实检验这些假说。最后，把符合

---

① 萨缪尔森：《经济学》第10版，中册，商务印书馆，1982年版，第178页。

经济生活事实的，正确反映经济生活规律的假说上升为理论。这样的经济理论才能揭示实际经济生活的客观规律，才能帮助人们正确地认识我们的实际经济生活，帮助人们解决实际经济生活中的问题，才能对实际经济生活的发展具有指导意义。这种方法的认识论前提是存在决定意识的唯物主义认识论。通过对实际经济生活的观察提出假说，是意识对存在（客观事实）的反映。就是说，**实证分析方法承认存在是第一性的，意识是第二性的**。然后，用事实检验假说是否正确。就是说人们的意识是否能正确地反映客观存在，必须经过客观存在的事实的检验。最后，把能正确反映客观存在的假说上升为理论，就完成了意识对存在的认识过程。从实际经济生活出发，到接受事实的检验，到符合事实，再到指导实际生活，是唯物主义认识论的基本要素。**因此唯物主义认识论认为事实是检验一种理论是否正确，是检验真理的唯一标准。**

唯物主义认识论认为，市场经济系统是按照它自身的、内在的、客观规律自主运行的。而不是按照人们意识的主观设计、计算运行的。人们的意识是否正确反映和认识了市场经济运行的客观规律，必须经过市场经济运行客观规律事实的检验。只有符合客观规律事实的经济理论才是能够指导实际经济生活的科学的理论。设定一个理想状态，然后用数学公式推论实现这种理想状态的条件，单就一个具体的分析方法而言，本也无可非议。**问题的关键是得出的条件和结论必须经过客观事实的检验，只有符合客观事实的条件和结论才能把它上升为理论**。否则，就是从空想到空想的唯心主义的伪科学。**真理和谬误就在这一步之遥**。萨缪尔森指出，经济学必须解释现实经济生活，"经济学若无解释力，就无所谓科学"。[①]经济学的目的是为了揭示和说明实际经济生活的客观规律，帮助人们深入理解现实生活，而不是为了编织神话和梦想。

黑格尔的意识决定存在的认识论逻辑二百多年至今对人们仍有很大的影响，是因为这个逻辑确实反映了人们精神生活的一些现象，许多人相信这个逻辑是对的。例如，人们经常听到的一句话：信则有，不信则无。就是说，人的意识相信或认为某种东西存在，它就存在。人的意识不相信或不认为某种东西存在它就不存在。比如，在宗教问题上，你如果信教，那么宗教对你就是存在的，就会对你的生活产生很大的影响。你如果不信教，那么宗教对你就是不存在的，就不会对你的生活产生任何影响。现实生活中，信教的人把他们一生中相当多的时间用于宗教活动。而不信教的人，按他们自己的意愿生活，并没有受到那个"上帝"或"神"的惩罚。所以，生活中确实存在这种现象，许多人就是这么认为的。那么，如何解释这种现象呢？从认识论的角度讲，首先，这种现象是一些人把客观存在与人的意识对客观存在的映象混为一谈。比如，宗教并不是一种客观存在，而是一些人的意识对现实生活（客观存在）的一种认识、理解和信仰，即一些人的意识对现实生活（客观存在）的一种映象或反映。你如果相信某种宗教，只是说明你对现实生活的认识和理解与那些人相同，与那些人具有相同的生活信仰或宗教信仰。你如果不相信某种宗教，只是说明你对现实生活的认识和理解与那些人不同，你有另外一种对现实生活的理解和认识，或者说你有另外一种信仰或主义，这种信仰会支配和影响你过另外一种生活。其次，人的意识对存在具有反作用。就是说人们对现实生活

---

① 萨缪尔森：《经济学》第16版，华夏出版社，1999年版，第5页。

的认识和理解产生的信仰又会反过来支配人们的行为和生活方式。正是由于人们（的意识）对现实生活（客观存在）有各种各样的反映、认识和理解，所以世界上出现了各种各样的宗教或主义。这些宗教或主义又反过来支配和影响人们过着各种各样的生活。最后，如果理解了存在决定意识，同时意识对存在又具有反作用，那么就可以理解，如果人们的意识能够正确地反映和认识现实生活的意义，从而产生一种对现实生活正确的理解和信仰，就会使人们过一种健康、幸福的生活。如果人们的意识没有正确地反映和认识现实生活的意义，从而产生一种对现实生活错误的理解和信仰，就会使人们过一种荒谬的生活。在人类几千年生活的历史长河中，人们可以看到一种对生活错误的理解和宗教可以使人们荒谬地生活几百年，甚至上千年。随着人们视野的扩展，看到其他地方的人们完全过着另外一种生活，这才发现自己以前对生活的理解是多么荒谬。历史告诉我们，对客观世界的正确认识，对于我们的生活是多么重要。

三、唯心主义认识论对经济学的危害

前面已经说明了从均衡价格方程、效用函数、生产函数、成本函数、收益函数到帕累托最优条件的推论，社会福利函数的推论，一般均衡方程的推论等一整套理论体系是典型的从空想出发，用数学公式去构建空想主义大厦的唯心主义，毫无实际的理论意义，这是连西方主流经济学都抛弃的东西。我们看一看萨缪尔森、斯蒂格利茨等西方主流经济学家的著作，在他们的著作中，根本就没有这套理论。他们认为这套理论是完全脱离实际生活、毫无实际意义的东西。令人不解的是在我们的一些教科书里却充斥着这些东西。学生学习经济学是为了解决实际经济生活中的问题，花了大量时间和精力却得不到解决实际经济问题的知识和要领，自然感到头痛。这是我国学生感到西方经济学难学的最主要原因。

这种偏向的形成有一个历史原因。20世纪80年代，我国刚引进西方经济学的时候，受"左"的思想的指导，这就是只想学西方的技术，不想要西方的意识形态。经济学语言表达的内容都被认为是意识形态，不要。数学公式是技术，没有意识形态，都搬了进来。这样，我国编写的西方经济学教科书，没有思想，没有逻辑，只有数学公式的堆积。而理论经济学原本就是一门关于经济思想的学科，没有思想，经济学还有什么？这就是学习经济学的学生为什么花了大量时间和精力却收获甚少，感到痛苦甚至感到绝望的原因。

这种偏向形成的一个现实原因是我国市场经济的历史很短，我国的学者和教师缺乏对市场经济的感性认识，更不要说上升到理性认识。知识的缺乏必然产生迷信，特别是对数学语言的盲目崇拜。这样的崇拜自然使人们完全丧失了对用数学语言包装的现代唯心主义的分析批判能力，使它能在我国经济学界风行十多年，对我国经济学的研究和发展造成了严重的损害。

以下两个典型事例足以说明上述问题：

2002年5月下旬的一天，××电视台一位主持人说，我国GDP每年增长7%~8%，可是许多企业在亏损，许多上市公司的业绩也不尽如人意，许多观众对这个矛盾现象感到困惑。现在我们请一位经济学专家给大家解释这个问题。一位经济学专家出现在画面

上说，"GDP 是个人消费支出加私人投资支出加政府支出加净出口，和企业经营没有关系。"此论令人吃惊，再一看屏幕，是××电视台，字幕上打的是"经济学专家"。最后主持人总结说，"我们的专家已经说了，GDP 增长和企业经营没有关系，所以大家也不必感到困惑。"这样的场面，如果不是亲眼所见，确实让人难以置信。萨缪尔森指出，尽管宏观经济学几乎在所有的问题上都存在争论，但是在 GDP 的概念上，经济学家是没有分歧的，是很清楚的。把 GDP 定义为最终产品的价值总和是因为 GDP 概念要反映一个经济社会所有企业（无论是生产中间产品还是最终产品的企业）新生产价值的总和，即所有企业生产的价值增值部分的总和。因此，GDP 的增长是直接与企业的生产经营相联系的。但是，在 GDP 的核算上，一件产品是最终产品还是中间产品不取决于产品本身的性质，而取决于产品的最终用途。例如，一吨煤，如果居民买回家做饭取暖用，它就是最终产品；如果工厂买去烧锅炉作动力燃料，它就是中间产品。一件衣服，如果居民买来穿，它是最终产品；如果工厂买去当工作服发，它就是中间产品。一个面包，如果居民买来吃，它就是最终产品；如果工厂买去给职工当免费午餐，它就是中间产品。正是由于人们无法从产品本身的性质上区分它是最终产品还是中间产品，所以把最终产品价值加总求和来直接核算 GDP 是无法操作的。经济学只能寻找间接核算的办法。由于 GDP 是市场成交值概念，成交值的含义是供给方提供的最终产品的价值量＝需求购买方支出货币的价值量。因此，无法把最终产品的价值加总求和来直接核算 GDP，但可以把购买最终产品的支出加总求和来间接核算 GDP。这样，GDP 等于个人消费支出加私人投资支出加政府支出加净出口，即 $GDP=C+I+G+(X-M)$。但是，最终产品的购买者绝不等于最终产品的创造者，最终产品还是由企业创造和生产出来的。如果说 GDP 的增长和企业经营没有关系，那么 GDP 是什么？难道所有的企业都亏损了，GDP 照样增长吗？

　　第二个事例，是 2003 年我国学术界进行的一场价值理论的讨论。如此大规模的一次讨论，争论的核心分歧竟然是"价值"这个词的含义是什么？一种观点认为，价值这个词的本质含义是指"国民财富"。另一种更强的观点认为，价值的本质含义不是指国民财富，而是指一种"关系"。从西方经济学的角度讲，从亚当·斯密到现代西方经济学，价值一词就是指"国民财富"，这一点毫无疑义。亚当·斯密的《国民财富的性质和原因的研究》中，把国民财富就称为国民生产的总价值。只有一个例外，就是马歇尔把价值称为一种"关系"。但是马歇尔这样讲，是为了把价值和价格说成一回事，以建立他的均衡价格理论。这是一种实用主义的说法。从马克思政治经济学的角度讲，马克思认为，商品具有两重属性。一是它的物质属性，或使用价值。即它是一种有用的物质产品。二是它的价值属性。价值属性的本质含义是什么？是表示商品是一种有价值的财富，你要得到它必须支付其价值（即支付一定量货币）或用其他等价值的商品交换，它不是你可以无偿或随便拿走的东西。一种物品（使用价值）必须同时具有价值属性它才成为一个商品，一个财富。或者说，使用价值和价值是商品同时具有的两种属性，二者缺一不成其为商品，是不能把它们割裂开来和对立起来的。是不能说使用价值是财富，价值不是财富的。例如，商店里的一双皮鞋，它的物质属性或使用价值是：它是牛皮做的一种物品，可以穿用。它的价值属性是标价 200 元。没有标价的物品不是商品。价格是用货币表示的该商品的价值或价值量。你不支付 200 元是拿不走的，是享用不上使用价值的。更重要的是，正是由于商品具有价值属性，它才可以在市场上出售和交换，成为社会成员都可以接受的财富。社会成员都可以接受的财富是什么？是社会财富或国民财富。就是说，价值不仅是财富（商品）的属性之一，而且使财富（商品）具有了社会财富的性质。从这个意义上说，我们说价值的本质是社会财富或国民财富。一个国家一年生产的商品总量构成一国一年创造的国民财富总量。所以，国民财富（商品总量）仍然具有两种属性或两种表现（或存在）形式。一方面它表现为若干万吨食品和钢铁、若干万辆汽车、若干万套衣服等实物形式（使用价值），另一方面它表现为若干万元价值，即国民生产总价值或 GDP、国民收入（国民收入，更具体说，是国民或生产要素所有者获得的货币现金收入）。更明确地说，在商品经济社会，商品和货币（价值）是国民财富存在的两种具体形式。所以，当我们说一个国家一年创造 10 亿元 GDP，一方面是指这个国家一年生产的成千上万的食品和钢铁、汽车、衣服等商品的价值总量是 10 亿元，另一方面是指该国国民或生产要素所有者获得了价值 10 亿元的货币现金收入。你不支付 10 亿元，你是享用不上这些商品的。所以，GDP 是一个市场成交值概念。它体现的是一国国民生产和成交的商品（最终产品）的价值总量。因此，价值的本质就是国民财富。国民财富同时具有的使用价值和价值两种属性是割裂不开的。我们一些学者总是要把它们割裂开来，总是在不相容的对立中思维，用马克思的话说，这是形而上学的表现，是缺乏抽象思维能力的表现。

现在，我们来谈谈价值关系。由于价值是商品的属性之一，所以价值关系首先体现的是商品或财富的生产、交换、分配、消费关系，即财产关系或物的关系。其次，商品关系、财产关系或物的关系本质上体现的是人与人之间的关系。因此，全面理解价值关系要包括物的关系和人的关系这两个层次的关系。马克思批评西方学者只看见物的关系看不见人的关系是一种极端片面性，而我们一些学者只看见人的关系看不见物的关系不也是一种极端片面性吗？正是这种片面性使我们一些学者认为，价值不是财富，只是一种人与人关系。我们的人民辛勤劳作创造价值，难道他们创造的不是财富？只是一种关系？一个国家是靠 GDP（国民生产的总价值）生存和发展的，难道我们靠吃"关系"身上就长肉吗？实际上，经济学就是揭示我们实际生活的规律和道理的。只要联系实际经济生活去思考，经济学的原理和范畴并不难理解。

数学在经济学中的科学运用具有重要意义，如果不是经济学中的数学革命，现代经济学也不可能取得今天的成就。但是，萨缪尔森倡导的数学革命的实质内容是什么？是将边际增量分析方法和抽象分析方法相结合，而不是要把理论经济学数理化。不了解这一点，只要是相关关系，就要用数学公式表示，恨不得把整个理论经济学数理化。一个简单的经济学问题，非要用一个复杂的数学模型来分析，浪费了学生大量的时间和生命。经济学家要考虑经济学的社会责任。特别是在唯心主义认识论基础上的数学在经济学中的滥用已经对经济学的发展造成了严重危害，这些我们应该正视和反思。

本章总结和提要

本章用完全竞争市场和垄断市场的比较分析证明了市场制度是最有效率的社会经济制度，并说明了垄断对市场效率的危害。博弈理论分析了寡头之间的竞争，寡头之间的竞争最终会导致两种结果：竞争性寡头接近完全竞争的市场效率；勾结性寡头与完全垄断基本相同。依据以上研究，经济学家认为，应该尽量限制垄断因素危害，提高市场的竞争效率，这也是反垄断法的经济学依据。

思考题

1. 萨缪尔森是如何证明市场制度效率的？你认为他的证明是否成立？

2. 在市场竞争没有干扰的情况下，市场竞争会使经济效率达到最优，这个最优状态的标准和条件是什么？它对生产者和消费者意味着什么？

3. 什么是垄断？垄断的危害是什么？反垄断符合谁的利益？

4. 为什么寡头之间的竞争最终会导致两种不同的效率结果？

5. 什么是风险？你对风险持什么态度？

6. 你如何理解道德风险和逆向选择的含义？

7. 萨缪尔森认为投机是有益于市场均衡的行为，你同意吗？

8. 什么是纳什均衡？

9. 你认为帕累托最优状态的标准和条件有意义吗？或者存在什么缺陷？

10. 请评价对一般均衡论的唯心主义性质的分析。

第六章　要素市场的价格决定和财富分配

本章对构成市场系统的分配环节，即要素市场的供求关系及价格决定进行分析。正如我们在市场系统循环图中所看到的，在要素市场上，劳动、资本、土地、技术等各要素的所有者（公众）以要素供给者的身份出现在市场上，厂商则作为要素的需求者出现在市场上，通过要素市场供求双方的竞争、比较、权衡及所决定的要素价格和交易数量，各要素的所有者依据要素市场决定的各要素价格和自己提供的要素数量获得收入，社会财富自然而然以工资（劳动的价格）、地租（使用土地的价格）、利息（货币资本的价格）、利润（企业资本的价格）等形式分配给各要素的所有者。例如，美国制造业劳动力市场供求关系决定的劳动的价格为 17 美元/小时（劳动的价格以小时工资表示），如果你是一个美国制造业的工人，你一年提供 1500 工作小时的劳动供给（每周工作 35 小时，一年工作 43 周），你一年可获得工资收入 17×1500＝25500 美元。就是说，市场以工资的形式把 25500 美元的财富分配给你。可见，社会财富的分配问题，也就是各要素价格的决定问题，因为各要素价格的不同或变动，每个社会成员分得的财富就有很大的不同，而这些又都是市场经济系统自然而然调节和解决的。本章只是从理论上说明市场系统对社会财富的分配是依据什么原则进行的，以及存在一些什么问题。

社会财富的分配问题是涉及全体社会成员（各要素所有者）的切身利益问题，也是社会最敏感的问题。劳动与资本的对立和冲突的根本原因就在于财富分配上的巨大差距。是谁在分配社会财富？是社会的统治者或管理者吗？不是，是市场。那么市场又是依据什么原则分配社会财富的呢？为什么有人富有人穷？它公平吗？怎样促进社会财富的公平分配？这些问题不仅是社会成员关注的问题，也是经济学家深入探讨的问题。

第一节　生产要素的需求

生产要素的价格也是由要素市场的供给和需求决定的，本节分析要素市场的需求方面。

如上所述社会财富分配问题也就是讨论工资、地租、利息等要素价格的决定问题。但问题并不这么简单，财富分配问题是直接和财富生产相联系的。在社会生产函数 $Q = f(L, K\cdots)$ 中，我们只知道社会总产品 Q 是劳动、资本、土地、技术等各要素相互依赖、共同生产的，但不知道在总产品 Q 中，各要素各自的贡献份额是多少。如果我们知道在总产品 Q 中各要素各自的贡献份额是多少，那么各要素按各自的贡献在总产品 Q 中获得各自的份额，即谁创造多少财富，谁获得多少收入，那么财富的分配就是公平合理的，社会成员也不会在财富分配问题上产生分歧和争论。正是由于我们不知道在总产品 Q 中，各要素各自的贡献份额是多少，那么，市场机制或供求关系又是依据什么原则将总产品 Q 分配给各要素呢，它公平合理吗？这是长期困扰经济学家的一个难题，被称为分配之谜。19 世纪末，美国经济学家约翰·B. 克拉克提出了各要素依据其边际产品或边际产出率得到各自在总产品 Q 中的相应份额的理论，即边际生产率分配论。或者说，市场机制是依据各要素的边际产出率将总产量 Q 分配给各要素的，对这个难题提出了一个解释。这个解释被西方经济学界认可，克拉克也因此享有盛誉。从此，克拉克的边际生产率分配理论成为要素需求曲线背后的原理和基础。

一、要素需求的两个特征

西方学者认为，在要素市场上，厂商对要素的需求与在产品市场上消费者对产品的需求相比，有两个不同的特征。

1. 厂商对要素的需求是"引致需求"

"引致需求"的含义是说厂商对要素的需求是由消费者对产品的需求引起的。因为要素不能用于消费，只能用于生产产品。如果消费者不需要产品，厂商也就不会需求要素。所以，要素的需求曲线可以直接由产品的需求曲线派生出来，见图 6-1。要素需求的这一特征还引起了一个重要的经济后果，即厂商对要素的需求量取决于该要素的边际产品价值与厂商购买一单位该要素所需支付的价格（要素的边际成本）之比。例如，如果厂商增雇一个工人每小时增加生产的产品价值是 4 元，而支付给该工人每小时工资为 5 元，那么厂商就不会雇用该工人了。

图 6-1 表明，白菜地的需求曲线是由白菜的需求曲线引致的或派生的。当白菜的需求曲线向上移动时，白菜地的需求曲线也会向上移动。

图 6-1　对商品的需求引致对生产要素的需求

2. 厂商对要素的需求是"共同的相互依赖的需求"

这个特征来自生产的技术要求。**它的含义是，由于各种生产要素在生产上是相互依赖和相互竞争的，每种要素又是不可缺少的，所以厂商对要素的需求就是共同的和相互依赖的需求。**这一特征产生了一个重要的经济后果，即厂商对每一种生产要素的需求量，不是单独取决于该生产要素自己的价格，而是取决于一切生产要素的价格。例如，一个厂商在考虑对劳动的需求量时，它不仅要考虑劳动的价格，还要考虑资本的价格，如果资本价格便宜，他就会增加资本需求量来在一定程度上替代劳动，减少劳动的需求量。可见，**这一特征直接影响各要素参与产品的分配，即在财富分配上，各要素是相互竞争的。**如果资本（机器）要求的价格过高，厂商会减少资本的需求量，增加劳动的使用量，资本得到的收入或分得的财富反而会减少。同样的道理，如果劳动要求的价格过高，厂商会减少劳动的需求量，增加资本的使用量，劳动得到的收入或分得的财富也会减少。因此，在社会财富的分配上，不是哪个生产要素要求多高的价格，就可以分到多少财富的。市场供求机制在各要素价格之间有一个协调和均衡的作用。

要素需求的两个特征决定了厂商使用要素的两个原则。这两个原则也是影响要素需求的两个因素。

二、厂商使用要素的两个原则

1. 两个概念

（1）**要素的边际产品和要素的边际产品价值。是指在其他条件不变的情况下，每增加一单位某种生产要素所增加的产品或产品价值。**要素的边际产品和边际产品价值用下列符号表示：

MP（Marginal Product）边际产品

MPP（Marginal Physical Product）边际物质产品

MRP（Marginal Revenue Product）边际收益产品 = MR·MP

VMP（Value Marginal Product）边际价值产品 = P·MP

MP、MPP 没有区别，都是以实物产品形态表示要素的边际产出率的，也即生产论中的边际产量。MRP 和 VMP 则是以价值产品形态表示要素的边际产出率的，但二者有区别，MRP = MR·MP，VMP = P·MP，MR 为产品的边际收益，P 为产品的价格。如果是完全竞争市场，有 MR = P，则 MRP = VMP；如果是不完全竞争市场，有 MR ≠ P，则 MRP ≠ VMP。有的西方学者认为分配问题也要考虑不完全竞争的影响，所以有了 MRP 和 VMP 的区分。但是我们认为，讨论市场机制分配社会财富的一般原则，也要在没有干扰的纯粹的市场状态下进行。因此本章的分析和讨论的基本前提是完全竞争市场，这是本章的重要假定，所以 MRP = VMP。

（2）**要素的边际成本。是厂商增加购买一单位某种生产要素所支付的价格或代价。**由定义可知，MFC = 要素的价格。

2. 两个原则

（1）**第一原则：MRP = MFC。**即厂商使用的要素的边际收益产品要等于要素的边际成本。如何理解这一原则的意义呢？厂商收益最大化的条件是 MR = MC，这一条件也支配着厂商使用要素的原则，当厂商使用某要素的边际收益产品 MRP 大于其边际成本 MFC 时，厂商增加使用该要素的数量会使企业的总收益增加，但由于要素的边际产量或边际收益递减，随着该要素使用数量的增加，直到 MRP = MFC 时，厂商的总收益达到最大化的均衡点，这时，厂商再增加使用一单位该要素，不会带来收益的增加，厂商就不会再增加该要素需求量了，这一原则表明，厂商对要素的需求量是和厂商利益最大化的均衡目标相联系的。MR = MC 的条件适用于完全竞争和不完全竞争的所有厂商，所以 MRP = MFC 也是如此。买方垄断的情况有所不同，但我们讨论的是市场机制分配财富的一般原则，这种一般原则只有在完全竞争的条件下才能体现。从抽象分析方法的角度讲，对这种极个别的情况没有必要展开分析了。

（2）第二原则：$\dfrac{MRP_L}{W} = \dfrac{MRP_K}{R}$。厂商使用要素的第二原则是各要素的边际收益产品与其价格之比要相等。该原则是由要素需求的第二特征引起的，该等式的含义是，厂商花在购买各要素上的每元钱所带来的边际收益产品相等。否则，替代规律会使厂商重新调整对各要素的需求数量。

上述对厂商使用要素两个原则的分析表明，厂商对各要素的需求数量是与厂商最大产量的均衡或最大利润的均衡相联系的。

三、要素需求曲线的基础

要素需求特征的分析，说明要素的需求曲线是直接从产品的需求曲线派生出来的；使用要素的原则分析说明厂商对要素需求的数量是和厂商最大产量和利润的均衡相联系的。下面讨论要素需求曲线的基础，即克拉克的边际生产率分配理论。该理论说明了要素需求曲线背后的原理。

克拉克的思路是这样的：对一个既定的生产函数，$Q=f(L、K\cdots)$，只知道总产品 Q 是各要素共同生产的产品，但不知道各要素各自的贡献份额是多少，那么市场供求机制是依据什么原则把总产品分配给各要素的呢？它公平合理吗？

为分析简便，假定只有 L、K 两个要素来分配这个总产品，即生产函数为 $Q=f(L、K)$。先讨论工资，即劳动份额的决定。依据劳动的边际产品或边际收益产品递减规律，以及厂商使用劳动要素的原则，MRP=MFC 和 MFC=W 的关系，可以编制下列劳动的边际产品和边际收益产品表（见表 6-1）。

表 6-1　劳动要素的边际产品或边际收益产品

要素数量 L	L 的边际产品 MP_L	产品价格 P	MRP 或 VMP=MP·P	要素价格 W
1	10	2	20	20
2	9	2	18	18
3	8	2	16	16
4	7	2	14	14
5	6	2	12	12
6	5	2	10	10
7	4	2	8	8
8	3	2	6	6

表 6-1 中，要素数量 L 一栏，假定厂商对劳动要素的使用或需求由 1 单位增至 8 单位。劳动的边际产品 MP_L 一栏，依据边际产量递减规律，假定，当劳动使用量为 1 单位时，其边际产品为 10 单位，当劳动使用量增至 2 单位时，增加的这一单位的劳动的边际产品为 9 单位，当劳动使用量增至 3 单位时，增加的第三单位的劳动的边际产品为 8单位，以下类推。产品价格 P 这一栏，假定在完全竞争的产品市场上，劳动要素的产品

为一个既定的市场价格 2。劳动的边际收益产品 MRP 和边际价值产品 VMP 一栏，由于完全竞争市场 MR＝P，所以 MRP＝VMP＝MP·P，即该栏的数字是边际产品与产品价格的乘积。要素价格 W 一栏，由于使用劳动要素的 MFC＝W，在完全竞争市场，厂商需求要素的原则为 MRP＝MFC＝W，该栏的数字与 MRP 一栏相同。

　　将表 6-1 中劳动的 MP 和 MRP 的数字与劳动需求量或使用量的对应数字标在坐标曲线图上，就得到劳动的边际产品曲线和劳动的边际收益产品或需求曲线。

　　从图 6-2 中看到，劳动的 MP 曲线（a）乘以价格 2 就得到劳动的 MRP 曲线（b），而且 MRP 曲线与劳动要素的 W 线重叠。这表明：要素的边际产品或边际收益产品递减规律是要素需求曲线的基础，或者说要素需求曲线背后是要素的边际产品或边际收益产品曲线。图中 S 曲线代表 5 单位（或 5 个人）劳动使用量或供给量，即劳动的供给曲线。

图 6-2　劳动的边际产品曲线和 MRP（需求）曲线及国民产品的分配

　　现在继续讨论工资份额的决定，假定厂商雇用或使用了 5 个工人，从图 6-2（b）上可以看到，第一个人的 MRP 很大，是 20 元（10 单位 MP×2）；第二个人的 MRP 为 18元；第 5 个人的边际收益产品为 12 元。那么如何确定这 5 个人的工资呢？因为他们都是同样的人，只能得到相同的工资，是第一人的 MRP，还是第 5 人的 MRP？克拉克和萨缪尔森认为，在自由竞争的条件下，如果厂商支付给第 5 个人的工资超过他的 MRP，他就不会雇用第 5 人，所以一切被雇用的工人只能得到最后一人的最少的 MRP 作为工资。即 6 单位 MP 乘以 2 元的产品价格等于 12 元（MRP）。该厂商支付的工资总额为 5×12＝60 元（见图 6-2（b）中的长方形面积）。

　　同样的道理可以说明国民生产总值中的工资份额的决定，假定全国工人总数为 500万人，那么工资总额为 500 万×12＝6000 万元。

　　那么，第一人或其他人超过最后一人的 MRP 部分哪去了？它留在厂商手里，构成利息或利润，即资本的收入，见图 6-2（b）中三角形的面积。那么这不是资本剥削劳动吗？不要着急，让我们换一下图 6-2 中的符号，来考察资本份额的决定。假定图 6-2 中横轴代表资本的数量，纵轴代表资本的 MP 或 MRP。资本的边际产品或边际收益产品递减，构成图中资本需求曲线的基础。假定资本的使用数量（供给量）也为 5 个单位，那么同分析劳动一样，现在图中方框部分就是根据第 5 单位资本的 MRP 所决定的利率水平及所有资本所得的利息收入部分。图中的三角形面积则是前面几单位资本多的 MRP 部分构成的工资收入，那么这是不是劳动剥削了资本了呢？显然都不是，这只是以一种抽象的方式来说明，各要素的收入是由它们的边际产品或边际收益产品决定的。

这样，克拉克用这种简单的方法抽象地说明了各要素的收入是依据其边际产品（或边际收益产品）得到它在总产品 Q 中的相应份额的。由于在完全竞争条件下，P 是个常量，可以省略掉。这样 MRP 也可省略为 MP，克拉克的结论可表示为：

工资＝劳动的边际产品 MP_L

利息＝资本的边际产品 MP_K

……

以下以此类推。

克拉克的说明方法过于简单，以致人们疑惑这个结论是否成立。为了消除这一怀疑，西方学者用欧拉定理证明了克拉克的结论是成立的。证明过程如下：

克拉克的结论可表示为下述公式，假定 $Q=f(L、K)$

$$Q=L\cdot MP_L+K\cdot MP_K \tag{1}$$

即总产量等于劳动要素的投入数量乘以劳动的边际产品加资本要素的投入数量乘以资本的边际产品。如果能够证明该式两边正好相等，那么克拉克的结论就能成立。

由于 MP_L 可以表示为 $\frac{\partial Q}{\partial L}$，$MP_K$ 可表示为 $\frac{\partial Q}{\partial K}$，所以（1）式可表示为：

$$Q=L\cdot\frac{\partial Q}{\partial L}+K\frac{\partial Q}{\partial K} \tag{2}$$

在完全竞争和其他条件不变情况下，欧拉证明（2）式等式两边相等。该式表明，总产量 Q 百分之百分配给各要素，不多也不少，因此（2）式被称为产量分配净尽定理，或欧拉定理。

这样，欧拉定理证明了克拉克的要素边际生产率分配理论是成立的。它说明市场机制是按各要素的边际产品或边际产出率来分配社会总产品的。

至此，我们就完成了要素需求方面的分析，我们可以把本节分析的结论总结如下：

（1）要素的需求曲线是直接从产品的需求曲线派生出来的。

（2）要素的需求数量是和厂商最大产量和利润的均衡相联系的，或者说是生产函数决定的。

（3）要素需求曲线的背后是要素的边际产品或边际收益产品曲线，要素的边际产品递减规律是要素需求曲线的基础。它表明市场机制是按照各要素的边际产出率来分配社会总产品的。

综上所述，决定要素需求曲线的因素有：产品的需求、生产函数、要素的边际产出率。以上三点适用于所有要素需求曲线的说明。

第二节　劳动的供给及工资的决定

一、工资的定义

工资是劳动的价格，或劳动要素的价格。工资可分为名义工资和实际工资。名义工资是以当年货币额表示的工资。实际工资是指货币工资在一定时间和地区的实际购买力。

例如，美国 1966 年到 1976 年名义货币工资增长了 100%，而这一时期物价水平上涨了 50%，那么以货币工资指数比价格指数 200/150＝4/3，表明实际工资只增长了 1/3。

二、劳动的供给曲线

劳动的供给曲线受到以下三个因素的影响：

1. 人口数量及劳动力占人口的比例

人口数量过多，会使劳动要素的供给大于需求而压低一般工资水平。这也是世界上人口密度大的国家一般工资水平较低的原因。

2. 劳动力的质量

劳动力质量包括劳动力的技术水平、工作态度、受教育程度等多方面因素。一个高质量的劳动力相当于几个、几十个一般劳动力的供给。

3. 周或年工作小时

在前两项为既定的前提下，劳动的供给数量是以工作小时来衡量和计算的，而且这一项对经济学特别有意义，是因为一方面劳动的供给和需求决定一般工资水平，另一方面工资水平对每年的工作小时的供给会产生增加或减少两方面的影响。

假定一个劳动者每周愿意提供 35~40 小时的劳动供给，那么其余的时间就是闲暇时间。经济学家把公众对劳动的供给看做是在劳动和闲暇之间做出选择。劳动可以获得工资收入，但要受累；闲暇可以获得享受（效用），但要付出代价，即放弃收入机会（机会成本）。一般来讲，工资水平较低，公众会选择增加劳动供给替代闲暇，以获得更多的收入，经济学家把它称作替代效应。工资水平较高时，人们收入高，比较富裕可能会使人们倾向于减少工作时间、多享受闲暇的选择，经济学家把它称作收入效应。但另一方面，小时工资率较高，意味着每小时闲暇的机会成本也较高，这也可能使人们减少闲暇时间，增加劳动时间。一般来讲，随着收入提高，人们有能力享受更多的闲暇，收入效应会大于替代效应。这也是经济学家把劳动的供给曲线画成先上升后弯曲形状的原因。

如图 6-3 所示是一般的劳动的供给曲线。在 C 点以下，替代效应大于收入效应；在 C 点以上收入效应大于替代效应。

三、一般工资水平的决定

劳动的需求曲线与供给曲线的交点，即劳动市场的均衡点，它决定一般工资水平和就业的劳动数量，见图6-4。

图 6-3　劳动的供给曲线

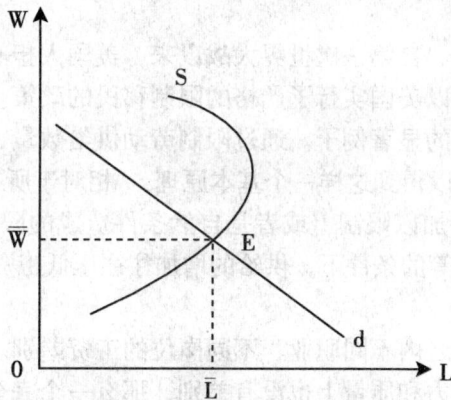

图 6-4　一般工资水平的决定

我们不要忘记供求曲线背后的因素。这些因素通过影响供求曲线的变动来影响一般工资水平的变动。

四、工资的国民差异

以上我们只是说明了一般或平均的工资水平的决定。现实的经济生活中工资的差别是很大的，不仅各国的一般工资水平不同，而且一国之内，不同地区、不同岗位、不同职业、不同人群的工资差别也很大。工资理论需要对这些差别做出解释。

1. 各国一般工资水平的差异

一般来讲，造成各国之间一般工资水平差异的有以下几个因素：

（1）**人均资源占有量**。一国人均占有的资源：土地、矿产、森林等的量，直接影响单位劳动的边际产品的量。例如，一个国家一亩土地上站着10个人，另一个国家一亩土地上站着2个人，那么哪个国家的L的MP高是很明显的。

（2）**资本和技术**。一国的资本存量的多少，技术水平的高低，对劳动的边际产出率有重要影响。资本存量多，意味着一单位劳动可以和较多的资本共同发生作用，其MP自然也比较高。技术水平高，意味着单位劳动的质量高，其生产率水平也高。

（3）**人口的数量**。前面我们已经谈到人口数量过多，在劳动需求既定的情况下，会

表6-2 各国一般工资水平的差异

制造业的一般工资水平

地区	美元/小时 1995 年
西德	31.88
日本	23.66
美国	17.20
意大利	16.48
英国	13.77
韩国	5.25
墨西哥	1.51
印度	0.71

资料来源：U.S. Burean of Labor Statistics Monthy Labor Review 1996。

压低一国的一般工资水平。自第一次世界大战以来，美国人担心大量移民涌入美国，会降低他们的生活水平，所以美国实行了严格的限制移民的政策。萨缪尔森认为，这是在工资市场上干扰自由竞争的显著例子。通过限制劳动供给数量，移民政策把美国的工资保持在高水平上。由此可以得到这样一个基本原理："相对于所有其他生产要素而言，如果对任何级别的劳动供给加以限制（或者是自然条件造成的限制），会提高该级别劳动的工资率；在其他条件相等的条件下，供给的增加往往压低工资率。"[①]

2. 国民工资差异

现在我们来讨论一国之内不同职业、不同岗位的工资差别。如果所有的工作岗位都是相同的，人们在工作能力和质量上也没有差别，那么一个完全竞争的劳动市场的竞争会使人们都得到相同的工资。因此，萨缪尔森认为，造成国民工资差异的主要原因有以下几方面：不同工作岗位的差别；人们工作能力和质量的差别以及劳动市场竞争的不完全性。

表6-3 美国不同的主要工作部门的工资差异

产业	1996 年全日制工人的平均工资（美元/年）	1997 年 1 月平均小时工资（美元/小时）
农业	18709	—
采矿业	48329	16.05
制造业	37165	13.02
零售业	18821	8.23
餐饮业	—	5.93
服务业	29935	12.25
计算机编程	—	22.74
金融和房地产业	44629	13.16
政府机构	35300	—

资料来源：美国劳工部。

[①]萨缪尔森：《经济学》第 10 版，中册，商务印书馆，1982 年版，第 273 页。

　　不同工作岗位的差别是指工作条件的差别。有的岗位工作条件较好，比如办公室的工作，应征者多，供大于求，工资水平会由于竞争而被压低。有的岗位工作条件差，如野外工作、高空作业、脏累的工作，等等，应征者较少，供不应求，工资水平就会提高。所以一般蓝领工人的工资要高于白领工人的工资。这种单纯用来补偿不同工作岗位、工作条件差别的工资差别，被称为"补偿性的工资差别"。

　　劳动者教育和训练的程度不同，工作能力和质量也是不同的，这种劳动质的差异，在不同岗位和职业的各个等级上都是明显的。这种由于劳动质的差别造成的工资差异称为"非补偿性工资差别"。

　　现实生活中有许多因素制约着劳动市场的竞争，这种竞争的不完全性也造成一些工资上的差别。概括起来，劳动市场竞争不完全性的表现有：①地区性的工资差别。由于信息不完全、居住习惯、交往范围等因素，劳动者从一个地区迁移至另一个地区并不是很方便的。这是经济发展水平不同地区存在较大工资差异的一个重要原因。②种族、性别歧视。这种现象是社会文化、心理对劳动市场竞争的干扰。随着社会文明程度的提高，这种干扰会减少。③厂商的工资政策等。

3. 劳动市场的一般均衡

　　尽管工资存在着种种差异，但由于不同的工作之间具有流动性，在竞争的作用下，萨缪尔森认为："市场往往造成这样一种工资差别的均衡形式，在这种形式下，每一类别的劳动的总需求正好等于其竞争的供给。只有这样，才会出现工资差别既不缩小，也不扩大的一般均衡。"因此，在了解了造成国民工资差异的各种因素后，我们仍不难理解供求原理仍是各种工资决定的基础。

第三节　地　租

　　本节讨论土地这一生产要素的价格决定。

一、地租的概念

　　土地作为生产的一种重要资源，其本身是否具有价值，在西方学者中的认识并不一致。例如萨缪尔森认为，土地本身没有价值，土地的价值是由土地产品的价值引起的。这种看法与西方学者对于价值质的规定是矛盾的。既然价值质的规定是社会财富，那么土地本身是能给人们提供各种效用的（如种植作物、盖房屋，等等），被人们视为重要财富并可以交换的物品，所以土地本身也具有价值。土地的价值量的决定在于土地资源的稀缺性和供求关系。乡村的土地和城市的土地相比，价值量（或价格）差别很大。原因在于城市的土地与乡村的相比更为稀缺，有更多的需求。

　　土地可以直接在市场上交易，交易价格称为土地的价格。

　　土地租借出去所获得的收益称为地租。所以地租是土地服务的价格。

　　这两种价格都是由土地的稀缺性、边际产出率及供求关系决定的。

二、土地租借市场的特点及地租的决定

土地的需求曲线与其他要素相同。土地的供给具有新的特点：**土地的供给来自大自然的赋予，其数量是既定的、不变的。**就是说，土地的供给量不以市场价格的高低增减供给量，因此土地的供给曲线是一条完全没有弹性的垂直线。**土地供给的这一特点决定了地租水平的变动完全取决于土地需求的变动，**如图 6–5 所示。

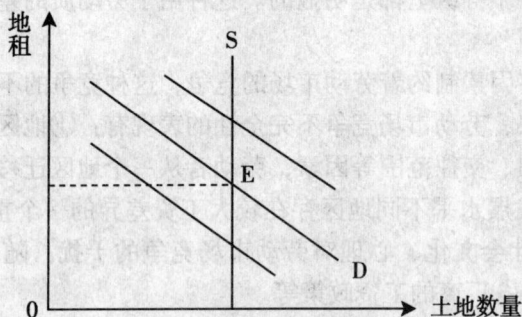

图 6–5　地租的决定

图 6–5 说明地租的决定。需求增加，则地租上升，需求下降，则地租下降。

三、土地收益的性质："自然剩余"

西方学者认为，地租收益是不花费任何代价和成本的纯经济收入。被称为"纯粹经济地租"，它具有**"自然剩余"**的性质。**"自然剩余"**的含义是指它是大自然恩赐的收益。地租收益的这一性质产生了两个问题：①它被私人占有是否合理？这个问题一直是西方分配论中争论的一个焦点。②对地租收益征收重税会不会影响生产的积极性或效率？西方学者认为，"自然剩余"完全被私人占有是不合理的，应该对地租收益征收重税，而且由于土地的供给是既定的，征收重税不会影响生产效率和积极性。因为征收重税并不会使土地的供给减少。就是说，土地的供给没有弹性，征收重税只是使土地所有者不花代价得到的面包大一点和小一点而已，土地所有者不会因为面包小一点就把土地荒废而不出租。社会的土地供给量不会因为征收重税而减少。

由于地租是自然恩赐的、供给不变的土地的收益，西方学者认为，一切具有上述两个特征：自然恩赐、供给不变的稀缺资源的收益，都具有地租的性质，可以称为一般化的地租或准租金。例如，具有天赋才能的歌星的收益就具有地租的性质。西方学者认为，**对具有地租性质的收益征收重税既不会影响生产效率，又能为增加公共收入和收入再分配提供资金。这是赋税政策在调节分配和效率方面的一个重要原理。**

第四节　资本和利息

一、资本要素的特殊性质

资本资源是现代工业社会最重要，也是最复杂的生产要素。西方学者认为，劳动资源、土地资源都不是经济社会生产出来的。劳动资源的数量不取决于经济情况，而取决于生物和社会因素。土地资源则是数量既定的自然资源。因此，**这两种生产要素被称为"初级生产要素"**。资本要素与初级生产要素相比，其特殊性质在于：①资本要素（资本物品）是由经济社会生产出来的，而且能不断地生产出来和积累起来。②生产资本物品是为了用做投入以便进一步生产更多的消费品。就是说，资本物品既是产出物，又是投入品，其寿命长短不一。③资本物品的投入会带来收益，而收益率又反过来调节资本物品的生产和积累数量。由于以上特性，**资本要素被称为"中间生产要素"**。

资本具有两种形式，实物形式和价值形式。资本物品是资本的实物形式，它是指各种建筑、机器、设备、工具，等等。 这些资本物品可以直接投入生产，也可以在竞争的市场上交易或出售。资本物品还可以被租借出去，以获得一定的租金收益。租金率一般比照货币金融资本的年利息率。**资本的价值形式表现为货币形式，称为金融资本。**

由于资本要素的上述特殊性质和复杂形式，资本和利息理论是分配论中最复杂的部分，理解利息的性质，要从讨论资本要素的本质入手。

二、资本的本质：资产的资本化和资本化的价值

在任一时期（比如说一年）人们从事劳动或其他经济活动取得的收入（income）用于个人消费后的余额，构成人们积累的财富（wealth）或称资产（assets）。

对于这些资产人们可以有两种处置方式，第一种处置方式是继续用于消费，即购买日用消费品、服务、娱乐等，那么这些资产的价值就会被逐步消费掉，以致你就没有了任何资产。第二种处置方式是将**这些资产或其中的一部分用于投资，以获得更多的将来的收益。这就是资产的资本化。投入的资产的价值，就成为资本化的价值。**

资产资本化的方式很多，你可以将这些资产购置房产，出租以获得租金收益；如果有好的项目，也可以购置机器、设备进行生产以获得更多的利润。如果没有好的项目，你可以把它存入银行，让银行代你去投资，而你可以获得利息收益，还可以购买股票，以获得股息收益等。一旦你这样做了，你的这部分资产就变成了资本，资产的价值就成为资本化的价值，它可以不断地给你带来收益。

经济学认为：**凡是能提供财产收入的资产（如一笔提供年利息收入的存款，一张提供年金收入的契约，一幢或一块提供租金收入的房产或地产，等等），其价值都是资本化的价值。** 正是从这个意义上，我们可以理解资本的本质：**资本是带来收益（价值）的价值。** 换句话说，不能带来收益的资产就不是资本。

在经济学家看来，资本不论采取何种形式（实物形式、货币形式），不论转移到哪

一个人的手里，它总能带来收益，而且永远能带来收益，这正是从资本本质上讲的。所以资本价值也被称为永久性收入的价值，或称永久性的资本化价值。其公式可表示如下：

$$V = \frac{N}{R}$$

式中：V 为资本化的价值（如果现在要兑现现金，也称作"现在的贴现值"）；N 为永久性的年收入（资本按百分比所得的年收益）；R 为利息率（资本收益率的百分比）。

永久性收入的价值的最典型例子是提供永久性年金收入的契约。假定某人一生劳作和经营积累了 500 万元的资产，但他的子女既不善经营，也不会理财，只会吃、喝、玩、乐。那他去世后，这笔财产就会在他子女手上消费一空，他的子孙后代就会受穷。为了避免这种后果，他把这笔财产永久性地抵给银行，就相当于把 500 万元永久性存入银行一样。他和银行签一张契约，契约规定，他的子孙后代的任何人都不得从银行提取这笔财产，但他的子孙后代都可以凭这张契约每年从银行获得一笔年金收益。假定某年的利息率为 6%，那么该年这笔财产的年金收益为（依据上面的公式）：

500 万元 ×0.06＝30 万元

就是说该年他的某一代子孙可以从银行获得 30 万元的年金收入。这张契约可以被他的子孙后代代代继承，而他的子孙后代世世代代每年都可以从银行获得一笔年金收益。这笔财产就成为永久性资本化的价值。一般来讲，银行的平均年利率为 5%，每年 25 万元年金，20 年就可以收回 500 万元的本金，以后就是该资本价值为子孙后代创造的纯收益了。所以，资本化价值的本金，也被称为 20 年收益的价值。

三、资本的净生产率

为什么资本价值会带来收益呢？因为资本物品具有一个净生产率，人们节省一些眼前的消费，把收入的一部分用于生产资本物品，人们可以得到更多的将来的消费品。

资本的净生产率是指，在扣除一切折旧之后，资本具有一个可以用每年的百分比表示的净生产率。萨缪尔森举了两个岛屿的例子来说明资本具有一个净生产率是一个技术上的事实。

为了理解这一点，我们再举一个例子。假设，某工厂的原料矿（甲地）离加工厂区（乙地）距离 100 公里。我们要将 10 吨的原料货物从甲地运往乙地，我们可以用两种方式完成这个工作量。第一种方式是完全用人力，即劳动。假设一个工人背负 20 公斤货物，1 小时可以走 10 公里。那么完成这个工作量需 5000 个工作小时。假定每小时工资为 3 元，那么完成这个工作量创造价值为 15000 元。第二种方式是我们用一辆 10 吨的载重汽车（资本品）完成这个工作量。时速 50 公里，2 小时就可以完成这个工作量。假定该车价值 20 万元，使用寿命 10 万公里，即每公里折旧费 2 元。完成这个工作量需折旧 200 元，油耗 25 升 ×3 元＝75 元，司机小时工资 10 元（司机为复杂劳动，工资高两倍）。那么完成该工作量的成本总计 200＋75＋10×2＝295 元。假定运费价格为 0.6 元/公里，那么该车运费收入为 0.6 元 ×10 吨 ×100 公里＝600 元，减去成本 295 元，该车新创造价值为 305 元。

我们现在来分析用这两种方式完成这同一工作量的差别。

首先，既然完成的是同一工作量，那么两种方式创造的价值应该是相同的，但我们看到它们之间有很大的一个差额。劳动的净收入为 15000 元，汽车（资本品）的净收入为 305 元，二者差 14695 元。这个差额意味着什么？经济学家把这个差额归结为技术进步给社会带来的好处，称为**"生产者剩余"**。就是说**用资本物品（汽车，它是技术进步的成果）从事生产，它实际创造的价值大于它得到的报酬，它给社会提供了一个"剩余"**。正是由于有"生产者剩余"，才会有"消费者剩余"。消费者才会以较低的价格获得较大的效用。

其次，为什么 2 小时一辆货车可以完成 5000 个工人 1 小时的工作量呢？显然，因为这辆货车的机械力做的功和 5000 个工人的力做的功是一样的，尽管它得到的报酬比 5000 个工人得到的总报酬少得多，只有 600 元，在扣除折旧等成本后，它净生产价值为 305 元，这个净生产价值与资本物品价值的比率称为资本的净生产率。即 $\dfrac{305}{200000} \times 100\%$。理解了资本的净生产率，我们就可以理解西方学者对资本积累的来源和利息率性质的看法。

利息率的性质是资本的净生产率。萨缪尔森给一般市场利息率下的定义为：**市场利息率是任何无风险的借款；或任何无风险的资本资产的价值在竞争的市场上每年所获得的收益的百分比。**

在任何时期，各种风险程度不同的资本都有与一般市场利率相适应的利息率，并随之变动而变动。例如，银行的一笔投资贷款，如果贷款项目风险过高，那么银行会在一般利率水平上再加上风险利率。

资本积累的来源是节俭。即人们减少现在的消费，把收入节省下来用于资本物品的生产。因此，人们现在的收入和消费水平是资本积累速度的限制因素。如果收入高，人们就可以用更多的收入生产资本物品，资本积累速度就快。反之，资本积累就慢。西方学者认为，利息率的作用之一是诱使人们牺牲现在的消费来增加储蓄和资本的数量。但随着资本数量的增加，资本的边际收益率递减，资本的净生产率、利息率也越来越低，这是一个矛盾。

四、利息的定义和利息率的决定

理解了利息率的性质，我们现在可以将利息定义如下：**利息是资本服务的价格。**

与其他生产要素一样，资本的需求曲线由资本的边际产出率和对资本的需求数量决定；由于边际收益递减规律，它是一条向右下方倾斜的曲线。

资本的供给曲线，短期由既定的资本物品的存量决定，由于短期看，既定存量是固定的，所以资本短期供给曲线是一条垂直线。如图 6-6 所示，短期资本供给曲线与资本需求曲线的交点 E，为短期均衡点及所决定的利率水平。短期均衡的含义是该均衡还是变动的。因为如果利率水平比较高的话，会吸引人们把一部分收入储蓄起来，储蓄的增加意味着社会新资本的形成和增加。随着新资本的增加，一方面资本边际产出率递减，另一方面，资本数量增加使资本短期供给曲线逐步向右移动，直到 S′点对应的 E′点。利率降到很低的水平，人们停止储蓄，新资本形成停止，就达到了长期稳定的均衡。这是对资本市场均衡的一个一般的动态的描述。有许多因素会影响利率的变动。如新技术的发明会抵消资本边际收益率递减规律的作用，使资本需求增加，利率上升；利率上升，资本会由于正储蓄而增长，利率下降，资本会由于负储蓄而减少，等等。因此，长期均衡点 E'代表在技术水平不变情况下的稳定、长期均衡。

图 6-6　一般利息率的决定

第五节　公平与效率

　　前面几节，我们已说明了市场制度是如何分配社会财富的。从以上分析中我们看到，各要素通过市场竞争以及要素市场决定的各要素的价格（其背后是各要素的边际产出率）和自己提供的要素数量得到各自在总产品中的相应份额，这似乎看不出有什么不公平。或者说，市场是按照供求关系和各要素的边际产出率来分配社会财富的。**因为市场制度在财富分配上对各要素实行的是同一原则和标准。因此，就制度而言，它是公平合理的。**但是，现实生活中却存在着收入和财富分配的巨大差距或不平等，其原因何在？它公平吗？另外，照顾公平是否会影响市场制度竞争的效率？社会应该如何在公平与效率这对矛盾中做出选择？这是本节要讨论和回答的分配论中的一个重要问题，也是现代经济社会面临的一个重要选择。

一、洛伦兹曲线和收入分配的不均等

　　洛伦兹曲线是分析和衡量收入分配不均等程度的一个工具。美国统计学家 M. O. 洛伦兹在考察收入和财富在国民之间分配的不均等时，依据统计资料，将一国总人口按收入由低到高排队，分成若干等级，然后将各等级的收入占国民总收入的百分比由低到高累计排队，将人口累计的百分比和收入累计的百分比的对应数值标在图形上，就得到洛伦兹曲线。假定将某国居民的家庭收入分为 5 个等级，最低收入的 20% 人口的收入占国民总收入的比重为 5.1%，第二个 20% 人口的收入占国民总收入的比重为 6.6%（累计为 11.7%），其余依次类推，就得到表 6-4，将表 6-4 所对应的数据标在曲线图上，就得到图 6-7 的洛伦兹曲线。

　　在图 6-7 中，横轴 OF 表示人口的百分比。纵轴 ON 表示收入的百分比。45°线 OH 为绝对平等线。折线 OFH 为绝对不平等线。弯曲的曲线 OEH 即为洛伦兹曲线。

　　显然，洛伦兹曲线弯曲度越小，越靠近 45°线，表示一个国家或地区的收入分配越均等；洛伦兹曲线弯曲度越大，越靠近折线 OFH，表明一个国家或地区收入分配越不均等。

表 6-4　收入分配的不均等

单位：%

人口累计	收入累计
20	5.1
40	11.7
60	31
80	58
100	100

图 6-7　洛伦兹曲线

　　洛伦兹曲线将 OFH 的面积分为 A 和 B 两部分。A 为不平等面积，A+B 为完全不平等面积。不平等面积与完全不平等面积之比称为基尼系数。设 G 为基尼系数，则：

$$G = \frac{A}{A+B}$$

　　基尼系数是表示一个国家或地区收入分配不均等程度的一个指标。显然，基尼系数不会大于 1，也不会小于 0。基尼系数越大表明收入分配越不均等。

　　用洛伦兹曲线这个方法和工具可以直观地分析和比较不同国家和地区收入与财富分配的不均等程度。根据萨缪尔森的研究，在发达的市场经济国家中，日本和瑞典的洛伦兹曲线最平坦，收入分配最为平等。美国和加拿大的洛伦兹曲线最不平坦，收入分配最不平等。而且财富占有的不平等远远大于收入分配的不平等。比如，在美国，1%的家庭占有大约全部财富的 40%。

二、收入分配不均等的原因

萨缪尔森在他的《经济学》第 10 版中谈到在自由竞争的市场制度下收入分配的不均等时说："在自由放任的完全竞争下，残废人可能要挨饿，儿童可能会营养不良，洛伦兹曲线所表明的收入和财富分配的不平等在几代人中也许不会消失，或者永远存在下去。""因为人们并没有被赋予相等的购买力，某些人非常贫穷，然而原因并不在于他们本人，某些人非常富有，却未必由于其本人和其先人的美德和努力。因此，按照许多不同的伦理体系的标准，存在于个人需求曲线之后的货币选票的数量未必是公平合理的，甚至是不能容忍的。"但是，"如果以货币财富为代表的选票，天赋的能力，在生命的早期所受到的熏陶和训练这些事物的最初分配是恰当的，那么完全竞争可能导致比许多封建贵族道德的传统所能允许的还要广泛的平均主义社会"。[①]

可见，萨缪尔森认为，市场制度分配收入的原则是公平的，但是由于历史的、社会的原因导致了收入分配的巨大差距和不公平。具体讲，导致收入分配不均等的原因有以下几方面：

1. 财产的差别

造成收入差别最主要的因素是由于财产占有的不均等造成的。富人的收入主要是财产的收入，而穷人没有任何财产，只靠劳动获得收入。财富占有上的差别从历史上看主要有两方面的原因：一是封建社会遗留的等级差别和财富占有的不平等。市场制度并不是从天上掉下来的，是从封建等级社会的解体中产生的。人们在进入市场制度前财富占有已经不平等，就是说在进入市场制度前人们并没有被赋予相等的货币购买力或选票。而这种财富占有上的差别在进入市场竞争后必然导致不平等竞争和收入差距的扩大，因为优胜劣汰是竞争的法则。英国社会的不平等更多的是由于财产差别造成的，因为英国是具有长期的封建等级社会历史的国家。

造成财富占有差别的第二个因素是运气和勇于革新、探索的企业家精神。美国人强调这一点是因为美国是一个没有封建社会历史的国家。美国是从世界各地去的拓荒者新开发的国家。在拓荒时代积累起来的财富中，企业家精神和运气起了决定性的作用。正如萨缪尔森所说，在《华尔街日报》和伦敦的《金融时报》中，这种由于搞革新和交好运而在大约 30 年中发财致富的故事比比皆是。

2. 个人能力的差别

个人能力差别是造成劳动收入差别和不均等的主要原因。人们的能力是有差别的，即使一个家庭内部也存在着明显的体力和智力的差别，这种差别对于人们之间的竞争自然会有影响。人们能力的差别一方面是由于遗传，另一方面是由于社会环境，即成长过程中所具有的政治、经济、文化条件。

3. 教育和训练机会的差别

是否能获得受教育和训练的机会，对于人们的社会能力的发展和培养具有重要意义，从而也对人们在市场竞争中是否具有优势地位和获得更多收入具有重要影响。在封

---

① 萨缪尔森：《经济学》第 10 版，中册，商务印书馆，1982 年版，第 114~115 页，第 358 页。

建等级社会，受教育是上层社会的特权。在市场经济社会，是否能获得受教育和训练的机会则取决于经济情况 。昂贵的学费是贫穷家庭支付不起的。

除上述主要原因外，种族歧视、性别歧视等社会的不平等也影响收入分配的不平等。以上我们介绍了萨缪尔森对于收入分配不均等的主要原因的看法，此外还有下面第四个重要原因。

4. 市场竞争的不完善或垄断势力的限制

市场制度的基础是参与市场竞争的各方具有平等的地位。正如在商品市场上，生产者和消费者在平等地位基础上的公平竞争，才能决定商品的均衡价格并公平协调生产者和消费者的利益一样，在要素市场上，资本和劳动只有在平等地位基础上的公平竞争，才能决定合理的要素的均衡价格并公平分配社会财富。但是，由于历史的、社会制度方面的原因，资本和劳动地位是不平等的，这是市场竞争不完善的一个重要原因。

德国人认为，传统的资本主义企业制度是资本所有权的企业制度，在这种企业制度中，资本和劳动的地位是不平等的，这是导致资本和劳动收入不平等的一个重要原因。因此，德国人建立了资本和劳动共享企业产权的"合作产权"企业制度，并在这种企业制度基础上建立了德国的"社会市场经济模式"。我们将在第十四章介绍德国模式的重要思想。

法国经济学家让·保尔·菲杜西在《民主与市场》一书中指出，市场需要相互抗衡的势力。例如，劳动市场只有在雇主和雇员都能自由组织起来保卫各自权益的情况下，才能正常运转。《当中国改变世界》一书的作者，法国经济学博士埃里克·伊兹拉莱维奇指出，中国市场经济还处在初始阶段，"法律建设还处在萌芽状态，制衡势力几乎不存在"。[①]这一点正是我国市场经济发展中，资本和劳动收入两极分化的重要原因之一。作者在书中生动深刻地描述和分析了我国市场经济初级阶段资本和劳动收入两极分化的现状和原因。广东的一位老板说，广东的工资 10 年以来一直没有涨过，10 年以后他也不认为有涨工资的必要。这句话使参加法国驻华大使馆商务处召集的中国投资机会研讨会的法国工业界人士大为震惊。"尽管在至少 10 年以来，广东省的工业生产以每年 20% 的速度增长，但工资却基本没动，而且在最近几年也不大可能提高。"而日本、韩国在经济起飞时期，劳动者的工资与 GDP 基本保持同步增长。作者也看到了中国的人口压力，"离开农村的农民、被国营企业解雇的工人、刚走出学校的年轻人，这些人都是目前的工业革命在中国制造出的大量'劳动力后备军'。有几亿人在待命，准备接受任何报酬的工作。这个后备军的存在对工资的影响很大，对工作条件的影响也很大"。但是，人口压力只是影响工资的一个因素，它不是导致劳动力工资低下的必然原因。就人口压力而言，日本的人口密度是全世界最高的，它的人口压力不亚于中国，但是日本的劳动者工资水平居世界第二位，比美国还高。作者指出："在那些最发达的资本主义国家……资本家早已懂得，为了使自己的产品拥有购买者，就必须使职工获得足够的工资。这是汽车制造商亨利·福特在 20 世纪初的天才直觉。……发达国家甚至接受了组织工会的自由，

---

① 埃里克·伊兹拉莱维奇：《当中国改变世界》，中信出版社，2005 年版，第 11、59、61 页。

承认他们的职工有通过集体组织来保卫自己利益的权力。"① 因此，中国劳动力一盘散沙，不能组织起来与资本平等竞争，是资本与劳动收入两极分化、财富分配不公正的主要原因。这里有社会、文化、市场竞争制度不完善等多方面的原因。

过去，我们一直认为市场经济必然导致劳动和资本收入的两极分化，这是必然性，是市场规律。德国人和法国人的思想给了我们很大的启发。市场经济制度的基础是参与市场竞争的各方必须具有平等的地位，在平等地位上的公平竞争，才有完善的市场经济，才能使全体社会成员心情舒畅地充分发挥自己的潜能，才能充分激发市场竞争的高效率。我国尽管进行了30多年的社会主义市场经济的改革与发展，但是，由于历史的、文化的、社会的原因，劳动和资本的地位一直是不平等的。资本处于强势，劳动处于弱势，要素市场的这种不平等竞争是劳动者一直处于贫困地位的一个重要原因。因此，增进社会财富的平等分配，需要完善市场竞争制度。这不仅需要社会文化建设，需要劳动和资本都具有现代民主意识，还需要政府为促进要素市场平等竞争的一系列制度建设。**首先，**资本所有者应该明白，财富是劳动和资本共同创造的，资本只有尊重劳动的平等地位，企业才会有长远的凝聚力和竞争力。特别是我国的资本所有者要向亨利·福特先生学习，要懂得为了使自己的产品拥有购买者，就必须使职工获得足够的工资。这是一个富有经济哲理和现代民主意识的思想。**其次，**劳动者也应该明白，创造社会财富只靠劳动是不行的，必须与资本合作。但是，这种合作是在平等地位上的竞争与合作。劳动者要作为一个要素获得与资本平等的地位，必须以工会的形式组织起来形成与资本平等的抗衡势力，来维护自己的权益。这是发达市场经济国家成功的经验。**最后，**政府要承担起自己的社会责任。建设劳动与资本平等竞争和合作的要素市场只靠劳动和资本自身是不够的，还需要政府为促进要素市场平等竞争进行一系列制度建设，这包括企业制度、法律制度、市场竞争秩序、社会财富再分配的制度，等等。在这方面，德国、日本、法国等发达市场经济国家都有很成功的经验。市场经济社会发展具有共同的一般规律，发达市场经济国家的经验对我们后来者是有借鉴意义的。

通过上述分析我们看到，收入分配不均等主要是由于历史的、社会的和市场制度不完善等多方面原因，而不是由于市场制度分配财富的原则。但是市场制度的不完善和不平等竞争会扩大这种不均等的差距。正如我们在第二章说明市场的竞争性特征时指出的，市场竞争遵循优胜劣汰、胜者全得的原则。历史的、社会的原因形成的人们财富占有的不平等必然导致不平等竞争，而市场胜者全得的竞争原则又必然使收入和财富进一步向竞争的优胜者集中，这是市场经济社会收入两极分化的一个重要原因。由于竞争的优胜者只是社会成员中的少数，所以市场竞争一方面极大地促进了社会经济效率的提高；另外又使社会大多数成员处在低收入、贫困的地位，这是不公平和不公正的。收入的两极分化不仅会导致社会成员严重的利益冲突，还会危害社会的安全、稳定和效率，所以公平与效率的矛盾是市场经济社会必须妥善处理的一个基本矛盾。

① 埃里克·伊兹拉莱维奇：《当中国改变世界》，中信出版社，2005年版，第11、59、61页。

三、公平与效率的矛盾——一个世纪的选择

工业革命开辟了人类历史的新纪元。从那时起，民主、自由、平等就成为人类追求的崇高理想。但是由于历史文化的差异和工业文明发展程度不同，人们对这个理想的认识和理解上有很大的差异。

对于平等的理解，西方社会更注重政治权力的平等和经济机会的平等。政治权力的平等是指"人人生来平等"，人人应该享有平等的选举权和被选举权，言论和思想自由，等等。经济机会的平等是指人人应该享有平等的机会参与竞争和获得相应的收入，不应该有种族、性别、宗教信仰的歧视，等等。东方社会更注重经济结果的平等，即不论职业、岗位、能力及贡献的差别，人们都应该享有相同的收入和消费水平。

人们在意识和认识上的差异是一个方面，另一方面是经济社会本身发展的矛盾。前面几章已经证明市场制度可以极大地促进社会经济效率的提高，本章也说明了在财富占有不平等和个人能力差别的前提下，市场竞争机制会扩大财富和收入分配的差距和不平等，效率和公平的矛盾由此产生。

在整个 19 世纪，自由竞争的市场制度高效率地促进了西方工业社会财富的巨大增长。但同时，财富和收入分配差距的日益扩大，导致了严重的社会冲突。这种社会冲突最终导致了 20 世纪前半期的两次世界大战和几十个东方国家抛弃了市场制度选择了社会主义。这种结果使西方工业国家意识到社会公平的重要性，开始花大力气增进社会经济平等。这包括累进收入所得税政策，救助社会贫困人口的各种社会福利政策、医疗保险、失业保险，等等。这些努力缩小了收入分配的差距，增进了社会的平等。但是这些增进平等的努力是有代价的，这就是经济效率的损失和经济增长率的下降。到 20 世纪七八十年代，一方面西方工业国家的经济增长率持续下降，政府财政收入减少；另一方面政府为增进平等，每年要维持巨额财政支出，其中各种福利支出占财政总支出的比例平均高达 3/5 以上。这种人不敷出的循环导致西方工业国家几十年间积累了庞大的财政赤字。损失效率的后果，迫使西方社会不得不考虑如何在不使国家破产的前提下，重新设计和调整反贫困和增进平等的政策。在此背景下，20 世纪 80 年代以来，经济自由主义重新抬头，强调减少政府干预，发挥市场机制的作用以提高效率，减少和调整福利政策以促使人们通过竞争获取收入。至 20 世纪末，这种提高效率的努力，又使缩小了的收入分配差距重新扩大，西方社会仍然处在公平与效率这对矛盾的两难选择之中。

增进社会经济平等，为什么会损失效率呢？让我们来看一个极端平等的社会情况，这就是社会主义半个世纪的实践。社会主义国家确实实现了广泛的社会平等。但是实现广泛的社会平等是以生产资料公有制和社会生产统一计划管理来排除市场机制在资源配置和收入分配等方面的调节作用为前提的。全体社会成员不论岗位、职业及能力、贡献的差别，由国家统一平均分配收入，岗位、技术等级的工资差别是微不足道的。这种广泛平等的经济社会运行几十年的结果如何呢？这是众所周知的。由于经济效率的损失，它导致了广泛的社会贫困。经济效率为什么会损失呢？这主要是由于两个方面原因：一方面，从微观上看，由于全体社会成员不论努力与否，不论贡献大小，都得到而且只能得到相同的收入，这就排除了任何成员通过努力获得更多收入和改善自己生活的可能

性。这种可能性的排除，使社会成员从根本上丧失了努力工作的积极性和动力，而这个动力正是一个经济社会经济效率的源泉。而且，人是有惰性的，不努力就可以获得收入，为什么还要去吃苦受累呢？况且吃苦受累并不能得到更多的收入。在这样的状态下，一个经济社会怎么可能有活力和效率呢？另一方面，从宏观上看，要保证社会财富的统一平均分配，就必须对社会生产进行统一的计划安排和管理。那么这对资源配置效率有什么影响呢？全国的资源和数百万种不同品种、规格、花色的产品生产由政府的计划首脑配置和安排，那么，这位首脑有多大的能力呢？他在安排生产计划时，能将社会数亿成员中的每一个人每年想吃些什么、穿些什么、用些什么都考虑得那么周到、安排得那么合适，这可能吗？设想一下，你是计划委员会的主任，你在安排全国的生产计划时，能考虑到数亿社会成员中 A 先生需要一双某种款式的皮鞋，或者 B 女士需要一件某种花色的裙子吗？稍加思考，我们就会理解，这是不可能的。在人类智力和社会技术发展的现阶段，这是人的能力所做不到的事情。就像萨缪尔森说的，这是一个现代最快的超级计算机也无能为力的事情。其结果，就是政府计划安排生产的一些产品，不符合居民的需要，居民不购买，造成局部过剩；居民需要的一些产品，政府却没有安排生产，造成短缺。以至于 20 世纪六七十年代社会主义国家有了一个专有名词"短缺经济"。结构性短缺和过剩并存的现象意味着什么？它意味着社会需要的产品本来可以生产出来，却没有生产出来；它意味着稀缺的经济资源生产了一些社会不需要的产品，造成资源的浪费。这种资源配置的低效率和浪费，使稀缺的资源更加稀缺。在这两方面原因的作用下，社会主义国家的低效率和普遍贫困就不足为奇了。

1978 年，邓小平首先意识到了这种贫困对一个经济社会意味着什么。提出了"贫穷不是社会主义"的口号。在中国发起了引入市场竞争机制的经济体制改革。把社会主义可以集中社会力量办大事的优势和市场机制的高效率结合起来，取得了巨大的成功。30 多年的改革开放彻底改变了中国人的命运和面貌，它所爆发出来的经济能量和取得的巨大成就令世界感到惊讶。它使全世界想起了拿破仑的一句名言："当中国觉醒的时候，世界将为之震撼。"尽管收入分配差距的扩大带来了一些社会问题需要关注和解决，但这一成就的巨大意义怎样评价也是不过分的。正如江泽民指出的，它开始了中华民族的伟大复兴。

然而仅仅滞后了 10 年，1989 年，普遍的社会贫困最终导致了前苏联及东欧国家经济的衰败。这一事实说明了什么？它说明没有效率的经济社会是无法生存的。这一事实所体现的经济学的真理对那些至今对我国的经济体制改革心存疑虑，对平均主义分配理想抱有幻想的人们应该是一个有意义的启示。

纵观人类一个世纪的探索，我们能得到一些什么启示呢？

（1）效率和公平对一个经济社会都是重要的，但二者又是矛盾的。只有效率没有公平社会将发生严重的利益冲突；只有公平没有效率社会将破产和消亡。因此，二者都很重要，必须兼得。二者又是矛盾的，提高效率水平会损害公平程度，提高公平程度又会损害效率水平，因此在二者兼得的情况下，完全的效率和完全的公平都是不可能的，社会必须做出哪个为主、哪个为次的选择。

（2）经济学的理论和历史已经证明，市场制度的竞争性越高、越完善，其资源配置

和利用效率越高；资源利用效率越高，社会财富增长越快；财富增长越快，才能越快地为解决社会财富分配不均和贫困提供条件。因此，保证市场制度的效率是主要的，社会应在保证市场制度效率的前提下，兼顾解决公平问题。效率优先、兼顾公平是处理这一矛盾的唯一选择。

（3）本章的分析已表明，市场按各要素的边际产出率和供求关系分配社会财富的制度是公平合理的。现实生活中的不平等主要是由于历史的、社会的和市场制度不完善等原因造成的。这里有合理的因素，也有不合理的因素。不合理的因素如财富占有的不平等、垄断、种族、性别歧视，等等；合理的因素如个人能力的差别、勇于探索、创新的企业家精神，等等。在所有这些因素的前提下，市场竞争会扩大财富和收入分配的差距，这会造成社会的不平等和不公正，是需要解决的。搞清楚造成不平等的原因和机制有利于社会在设计增进平等的政策上更细致、更合理，而且尽量不要损害效率。

（4）基于对公平与效率问题的上述认识，经济学家提出的缓解二者矛盾的对策是：以反垄断政策来限制市场的垄断因素，提高市场的竞争程度，以充分发挥市场配置资源的效率；以税收政策、社会福利和保险政策来兼顾公平，缩小收入分配的差距。这些政策都是有意义的，但是需要改进。增进公平的政策要尽量避免损害效率，如对土地和歌星的收益征收重税，既不损害效率又为增进公平提供资金。提高效率的政策要尽量不损害公平，这是政策最优搭配的设计原则。

（5）最后，我们要明确：现代经济学已经证明市场竞争制度是工业社会最有效率的社会经济制度。但是，这个制度也存在着致命的缺陷，而且这个缺陷是市场制度自身无法克服的。这就需要政府承担起社会责任，制定相应的微观经济政策，弥补市场制度缺陷，促进市场制度更有效率的运行。

本章总结和提要

本章说明了市场是按照各要素的边际产出率和市场供求关系（包括要素市场的供求关系及各要素之间的竞争）分配社会财富的。由于市场在财富分配上对各要素实行同一的规则，因此就市场制度而言，它是公平合理的。现实生活中财富分配的不平等有历史的原因，也有社会原因，还有市场制度不完善的原因。特别是劳动与资本收入的两极分化是由于要素市场的不平等竞争造成的，是不公平的。

公平与效率的矛盾困扰了人类一个世纪。在富裕的市场经济国家，欧洲人选择了公平优先、兼顾效率；美国人选择了效率优先、兼顾公平。在新兴市场经济国家效率优先、兼顾公平是普遍的选择，这可能与市场经济社会发展的一般规律相关。

思考题

1. 要素的需求曲线是由哪些因素决定的？其意义是什么？

2. 你同意克拉克对分配之谜的解释吗？为什么？

3. 你如何理解工资的国民差异？我们现实生活中的工资差别合理吗？

4. 什么是"自然剩余"？为什么说对土地的收益征收重税不会影响生产效率？

5. 为什么把资本称为中间生产要素？什么是资产的资本化和资本化的价值？

6. 什么是"生产者剩余"？它是怎样产生的？

7. 仔细分析书中的例子，你是否认为资本有一个净生产率？

8. 请通过社会调查或到统计部门收集相关数据，做出你家乡地区的洛伦兹曲线。

9. 你同意萨缪尔森对于收入分配不均等原因的分析吗？你对德国人和法国人的思想有什么评价？

10. 你认为应该怎样处理公平与效率的矛盾？为什么？

第七章　微观经济政策

本章将讨论市场制度的缺陷、混合经济、市场失灵等问题，以及针对这些问题的微观经济政策。

第一节　混合经济和市场失灵

一、混合经济

混合经济是萨缪尔森首先提出的概念。它描述和概括了现代西方工业国家普遍具有的特征。**混合经济的含义是指：现代经济社会是由政府经济部门（公共经济部门）和市场经济部门（私人竞争的市场经济部门）两部分组成的混合体。**该特征表明现代西方工业社会与19世纪的自由竞争的资本主义社会相比已发生了重大变化。19世纪的西方工业社会是单纯的自由竞争的市场经济社会。政府不干涉社会经济事务，只是承担"守夜人"的职责。政府从经济社会征收一笔税款，用这笔税款供养政府的职能人员，养一支军队和警察，对外保护国家安全，对内维护社会秩序。除此以外，政府不干涉任何社会经济事务。自凯恩斯主义以来，政府逐渐承担起了管理和服务社会经济发展的责任，并形成了一个重要的公共经济部门。因此，现代西方经济社会已不是单纯的市场经济，而是两部分的混合体。

二、公共经济部门和市场失灵

公共经济部门是政府用纳税人（公众）的钱投资、管理并向公众提供公共物品和服务的经济部门。如公共的道路、桥梁、城市基础设施的投资建设，公共的电视、广播和信息传播系统，气象服务部门，国家和社会的安全服务部门（军队和警察），环境的监测、保护和治理污染，公共资源的保护和开发，公共教育和基础科学技术的研究开发，公共医疗服务等。

公共经济部门是非竞争的经济部门，或者说在该部门市场竞争机制不起调节作用。也就是说，在该部门市场失灵了。混合经济意味着现代西方工业国家已不是单纯的市场经济，或者说市场竞争机制的作用已不是涵盖整个经济社会了，那么不受市场机制调节的公共经济部门的公共物品的生产效率该如何保证呢？或者说，在公共物品的生产上，市场竞争机制不起作用，市场失灵了，公共物品的生产效率问题就成了经济学家关注的重要问题。此外，还有私人市场经济部门和公共经济部门的结合部产生的外部性问题

（也称外部经济效果），在这个领域，市场竞争机制也不起调节作用。因此，在公共物品的生产上，以及公共经济部门与私人市场经济部门结合部产生的外部性问题上，市场失灵了。

三、市场制度的缺陷

市场竞争机制是有效率的，同时市场制度也是有缺陷的，归纳起来市场制度有以下几点缺陷：

1. 垄断势力

优胜劣汰是竞争的法则，在市场竞争中胜者全得的规则使优胜者会自然走向垄断。因此垄断势力是市场经济系统内部自然产生的一种因素或势力；另外，垄断又对市场竞争机制效率的发挥是一个限制，垄断势力越大，市场竞争效率的损害和损失越严重。因此，垄断势力是市场制度自身的一个缺陷，因为它损害了市场竞争效率的发挥。

2. 信息不完全性

微观经济学有一个完全信息假定，即在分析市场经济系统运作时，假定参与市场运作的生产者或消费者在面临选择时，具有完全信息。比如，一个消费者在购买物品时，假定他对所需购买的物品质量、性能、价格等多方面的信息完全了解。完全信息的假定从方法论的意义上说，它是抽象分析方法的需要。从理论意义上说它意味着，如果参与市场运作的各方具有完全信息，那么市场系统将更有效率的运作。遗憾的是，市场经济系统从它产生的那天起直到今天，参与市场系统的各方，生产者、消费者的信息都是不完全的。一方面是由于市场系统每时每刻都在产生大量信息；另一方面，人们的认识能力是有限的，任何一个生产者或消费者在有限的时间和各种条件限制下，都不可能完全了解与他有关或有意义的所有信息。这种信息不完全性对市场系统运作的效率是一个限制或损害，因此，我们说信息不完全性是市场经济系统本身的一个缺陷。

3. 收入分配差距的扩大

市场竞争机制一方面会促进经济效率的提高；另一方面又会导致收入和财富分配差距的扩大和经济不平等。收入分配差距的扩大不仅会导致社会利益冲突，它还会导致有效需求不足和生产过剩，从而使经济效率遭到损失。因此，收入分配差距扩大也是市场经济系统本身产生的，是市场经济效率受到损害的一个缺陷。

4. 经济的周期波动（简称商业周期、经济危机）

市场经济系统运行的历史表明，它具有不稳定的、周期性波动的特征。市场经济系统运行的周期性波动或危机使社会财富和经济效率受到重大损失，这是市场经济制度的一个重要缺陷。经过一个多世纪的艰苦探索，尽管周期之谜至今还没有完全解开，但人类已认识到了造成经济周期波动的一些原因和机理，并通过财政和货币政策调节经济运行，以缓解经济波动的幅度，提高市场经济运行的稳定性。针对危机缺陷的一系列反危机的宏观经济政策是宏观经济学的主题。

市场经济系统的四个缺陷限制了市场竞争机制效率的发挥。

四、关于市场失灵的定义

在混合经济中公共物品的生产和外部性问题上，市场竞争机制不起调节作用，从而使经济效率受到损害；市场机制自身的四个缺陷也限制和损害了市场竞争效率的发挥。正是从市场效率受到损害和限制的意义上，西方学者把它称为市场失灵，并认为造成市场失灵的原因或因素有公共物品、外部性、垄断势力和信息不完全性。西方学者关于市场失灵的看法有两个缺陷：第一，在逻辑上，西方学者混淆了一个重要的界限，这就是在混合经济中，市场竞争机制起调节作用的范围和市场机制不起调节作用的范围。严格讲，在公共物品生产和外部性问题上，市场机制不起调节作用，只有在这个范围才可以讲市场失灵了。市场机制的缺陷只是限制了市场竞争效率的发挥，不能说市场机制完全不起作用。第二，西方学者对导致经济效率损失的因素看的不全面。公共物品和外部性，再加上市场机制的四个缺陷，导致经济效率损失的因素一共有六个，而西方学者只看到了四个。

从市场经济效率受到损害和限制的意义上，可以把市场失灵定义如下：**市场失灵是指市场竞争机制不起作用的经济领域，如公共物品、外部性，以及限制市场竞争机制作用的因素，如垄断势力、信息不完全、收入分配差距扩大、经济波动导致的经济效率损失的情况。**

由于这些因素所导致的经济效率的损失是市场经济系统自身无法克服的，所以需要针对这些因素制定一些微观经济政策，以完善市场制度的缺陷，提高经济效率。就是说，针对市场失灵的微观经济政策的目标是促进经济效率的提高，使市场经济系统更完善和有效率地运作。

下面讨论针对公共物品和外部性及市场经济系统三个缺陷的微观经济政策。

第二节　公共物品

一、公共物品的定义和特性

政府公共经济部门向公众提供的产品和服务称为公共物品。萨缪尔森给公共物品下的定义是：**"公共物品是指那种不论个人是否愿意购买，都能使整个社会每一成员获益的物品。"**比如公共道路、桥梁、国防安全服务、气象预报服务等。这些物品和服务，不论每一个人是否愿意付钱购买，它都能提供方便和益处，是社会经济生活不可缺少的。为了深入理解公共物品的特殊性质，可以把它和私人物品作一下比较。萨缪尔森指出，**"私人物品恰恰相反，是那些可以分割，可以供不同人消费，而且对他人没有外部收益或成本（外部经济效果或负效果）的物品"**。[①]通过比较，我们可以看到公共物品与私人物品相比有三个不同的特性：

---

① 萨缪尔森、诺德豪斯：《经济学》第16版，华夏出版社，1999年版，第268页。

第一，私人物品具有排他性，公共物品是非排他性的。或者说，私人物品是可分割的，公共物品是不可分割的。就是说，私人物品可以按单位分割开来，只有购买者才能消费和享用，不购买的人是不能消费和享用的。公共物品是不可分割的，一旦提供，任何人都可以享用。例如气象预报，一旦广播，谁都可以收听。不论其是否付钱，而且不会因为某人享用了气象服务就排斥其他人享用。一条公路或城市公共设施，一旦建成，谁都可以享用，无法把它分割开来，按单位出售。

第二，私人物品具有竞争性，公共物品是非竞争性的。就是说，一方面，私人物品生产一定的数量要花费一定的成本，增加一个消费者消费一单位产品生产者就要增加一单位产品生产的边际成本。另一方面，公共物品的生产尽管也要花费成本，但公共物品一旦生产出来提供给公众消费，再增加多少消费者消费成本也不会增加。例如气象服务，气象预报一经广播，10 个人享用可以，再增加 1 万个人享用也可以，并不增加气象服务的成本。

第三，私人物品没有外部性，公共物品具有外部性。

二、公共物品生产和消费的机制

由于公共物品的两个特性：非竞争性和不可分割性，公共物品和服务的收费十分困难。仍以气象服务为例，一方面，气象服务部门广播了气象预报以后，它不知道哪些具体的人享受了气象服务，该向哪些人收费；另一方面，如果向公众收费，人们会说我没有收听气象预报，不应该交费，尽管每个人都在收听气象预报。就是说，在公共物品的消费上，人们都想做免费搭车者。可见，在这种情况下，如果哪一个私人投资者投资一个气象站，他连成本也收不回来，只有破产。

综上所述，可以理解公共物品的生产和消费是一个非竞争的经济领域，在这个领域，市场竞争机制无法起到调节作用。或者说，在这个范围市场失灵了。正因为如此，私人投资者不愿意也不可能涉足这个领域。然而，在现代经济社会公共物品的生产和消费又是一个不可缺少的部门，该由谁来承担呢？责任自然落在政府身上。

建设一个气象服务系统、国防和警察系统，投资市政设施和公共道路等，都是要花钱的。既然无法收费，那么这些钱从哪里来呢？来自政府的税收。就是说，政府采取征税的办法一次性向公众征收了公共物品的服务费。因此，在现代政府的税收中有一部分是用于公共物品的生产和管理的；在公众交纳的税款中，也有一部分是享用公共物品服务的费用。政府采取征税的办法向公众征收公共物品的服务费，然后用这笔费用投资和生产公共物品，并向公众提供公共物品和服务。这就是公共物品生产和消费的机制。在这个机制中，政府成为公共物品的生产者和管理者，公众成为公共物品的消费者，市场竞争机制不起作用。

三、公共物品生产的效率

公共物品的生产如何保证以最小的成本和花费获得最大产出或社会效益呢？一方面人们关心政府在公共设施的投资上、在公共物品的生产上是否能精心安排、精打细算，不浪费纳税人的钱；另一方面，人们关心是否能享受到等值的公共物品的服务。

一些学者用虚假的供求曲线来分析公共物品生产的效率问题，这没有意义。到目前为止，人们还没有找到更好的办法来保证公共经济部门的效率，从可行性上讲，以下两个办法可以提高效率。

1. 成本—收益分析

政府在进行公共物品或公共项目的生产和投资上应参照市场机制 MC=MR 的收益最大化的条件，对公共物品的生产进行成本—收益分析。比如，政府如何来确定某项公共设施或物品是否值得生产以及应该生产多少呢？它首先应估算该项目所需花费的成本以及它可能带来的收益或社会福利，然后把二者加以比较。如果评估的结果是该公共物品的收益大于或至少等于其成本，它就值得生产。因为许多情况下，公共物品的收益或社会福利是无法用货币来衡量的，所以公共物品的收益评估是一项专门的技术，应由专家组成的专门机构进行。

2. 报告—监督机制

政府是用纳税人的钱进行公共物品生产的。因此，政府有责任向纳税人报告公共物品生产的资金使用情况以接受纳税人的监督。在重大公共投资项目上还应采取民意测验的办法让公众参与选择，以减少政府选择的失误率。这个机制在一些发达国家的政府部门已程度不同地建立起来和运作。

以上两个办法都还是被动的或间接的办法，由于公共物品的生产和消费领域缺乏竞争性，其效率问题仍是经济学关注的一个重要问题。

四、政府和公共选择

政府通过向纳税人征税，除了维持政府部门的运转，还要向纳税人提供公共产品和服务。随着经济社会发展的规模越来越大，政府的规模和承担的经济责任、提供的公共产品和服务的规模也越来越大。除了像公共道路、桥梁、公共安全等传统的公共品，又增加了公共医疗、公共教育、公共环境资源保护、基础科学的研究开发、增进社会平等的转移支付等。这样，政府的经济活动（税收和支出）占 GDP 的比重也越来越大。比如，第一次世界大战前，美国联邦、州和地方政府的收支只占 GDP 的 10%强，20 世纪50 年代，占 20%左右。1996 年美国联邦、州和地方政府雇用的人员超过了 2000 万，占总人口的 7%左右；政府支出为 2.4 万亿美元，占 GDP 的比重达到 30%左右。[①] 欧洲各国和日本由于建立了更广泛的社会保障制度，政府支出占 GDP 的比重比美国更高。我国的情况，2006 年，我国 GDP 总值达到近 20 万亿元，中央财政收支规模达到近 4 万亿元，占 GDP 总值的 20%左右，加上地方政府收支，我国政府收支规模已占 GDP 总值的30%以上。我国的政府雇员是多少？这是个很复杂的问题。比如，2005 年 5 月 26 日《经济日报》在《我国公务员规模是否适度——访国家行政学院经济学部副主任王健》一文中，王健教授就认为，"美国、法国的政府公务员与财政供养人员数量相同，所以美国的'官民比'为 1:12，法国为 1:12。财政供养人员或曰广义公务员占总人口的比例：美国仍旧为 1:12，法国为 1:12。中国公务员数量大大超出发达国家。中国公务员'超标'

---

① 迈克尔·帕金：《经济学》第 5 版，人民邮电出版社，2003 年版，第 353 页。

近 20 倍"。但据人民网相关资料，中国的"公务员"，按照 2006 年 1 月 1 日实施的《公务员法》的界定，大体上是通常所说的"党政干部"，包括了"党、政、群"三大领域，即国家行政机关干部（近 650 万人）、党派机关专职干部和主要人民团体的专职干部之和，近三年规模约为 1100 万人。"财政供养人员"，包括了党政机关干部、事业单位干部、两者的工勤人员和退休人员、农村部分领补助的村组干部，目前规模约为 5000 万人，占总人口的 4%。依据"财政供养人员"占总人口的比例，我国有的学者认为，我国公务员的规模还远低于发达国家。

由于政府的规模和政府经济活动规模越来越大，对经济社会的效率和公平的影响也越来越大，以前经济学家的注意力主要致力于理解市场的运作，现在开始关注政府行为对经济社会的影响，这就产生了公共选择问题。约瑟夫·熊彼特在《资本主义、社会主义和民主》一书中开创了公共选择理论。萨缪尔森指出：规范性的政府理论研究政府为提高人民的福利应该采取哪些适当的政策。"但经济学家对政府就像对市场一样了解得很清楚。政府也会做出坏的决定或将很好的计划执行得很糟，正如存在垄断和污染这样的市场不灵一样，也存在政府干预导致浪费或不恰当的收入再分配这样的政府不灵。……有关政府不灵的深入研究，对于我们理解政府的局限性和确保政府计划适度或不造成浪费十分关键。"① 一般来讲，公共选择问题关注以下几个主要问题：如何保证政府为公共利益服务？如何选择适度的政府规模以及政府规模对社会经济效率的影响？如何在政府税收、政府规模和政府提供的公共产品服务之间选择一种有利于经济社会发展的恰当比例？等等。

如何保证政府为公共利益服务？政府本来就是社会公共利益的代表机构，政府的公共权力本来就是为公共利益服务的。但是，这只是从政府机构本身的性质上讲的。在市场经济条件下，每一个人都在追求自己的利益，政府也是由一些人组成的，这些人不可能生活在真空里。如果进入政府机构的人不是为了追求公共利益，而是为了追求自己或小团体的私利，这个社会就很可怕了。例如，2007 年 3 月 23 日，中央电视台 12 频道法制栏目报道了山东淄博市罗村镇政府的抗法事件。10 多年前，罗村镇政府将一条村镇公路交给承包人修建。路建好后，罗村镇政府拖欠工程款 150 多万元十几年不还，逼得承包人破产，农民工长期拿不到工资，有的农民工已经死亡。罗村镇政府并不是没有能力偿还工程款。罗村镇政府年收入 1000 多万元，镇政府盖了豪华办公楼，镇长、书记配有豪华专车。当承包人起诉到淄博市法院，法院执行局到罗村镇政府强制执行时，镇政府竟然纠集 20 多人暴力抗法。这一事件典型地说明了一旦政府被一些追求自己或小团体私利的人所控制，而且政府权力不受制约，对经济社会造成的后果。

再比如，我国公民普遍关注的行路难问题。公路本是政府用纳税人的钱修建的，具有纯粹的公共品性质，理应让纳税人无偿使用。贷款修路只是资金融通方式的变通，因为贷款最终还是用纳税人的税款偿还的，它不能掩盖公路是纯粹的公共品性质，也不能成为收费的理由。美国全国的高速和普通公路都是不收费的，因为用纳税人的钱修建的公路再向纳税人收费是不公正和非法的，纳税人是不答应的。公路的养护费用通过汽油

---

① 萨缪尔森：《经济学》第 16 版，华夏出版社，1999 年版，第 232 页。

税收取，用路多就用油多，用油多交纳的公路养护费也多，这对社会各方面都是最公平合理的制度。我国的公路由交通部垄断经营，交通部把纳税人的钱修建的公共品变成了本部门的"私产"，不仅重复向纳税人征收养路费，过路还要征收过路费。有些城市的市政部门也不甘落后，你交通部门征收养路费和过路费，我就可以对城市的道路桥梁征收道桥费，中国公路征费名目之多，为世界之最。2009 年，中央政府下决心实行了费改税的改革，这表明政府也在进步。

以上事例说明，在市场经济社会中政府也会出现不灵，因为进入政府的人员也可能犯错误，也可能追求自己的私利。实际上，在西方发达市场经济国家早期，上述情况都出现过，有些情况甚至严重得多，有些地方政府无法无天甚至变成了带有"黑社会"性质的利益集团。正因为如此，西方学者认为，选择一种有效的机制，制衡政府的权力，保证政府有效地为公共利益服务是重要的。

如何选择和控制适度的政府规模？这个问题之所以是公共选择理论的一个重要问题，是因为如果政府规模过大，就要征收过多的税收，就要加重纳税人的负担和损害市场经济效率；如果政府规模过大，政府的税收就只能维持政府机构的运转，而无力给社会提供公共品和服务，社会将面临公共品和服务短缺的困扰，这同样会损害社会经济利益。

多大的政府规模才是适度的这是一个很复杂的问题。从西方学者的争论来看，自由主义学者由于反对政府过多干预经济，总是认为政府规模过大；主张政府干预经济的凯恩斯主义的经济学家则认为政府规模应该与社会经济发展规模和政府承担的公共服务规模相适应。从西方发达市场经济国家一百年的发展历史来看，随着社会经济规模的扩大和政府承担的公共服务的规模扩大，政府规模也存在扩大的趋势。但这有一个条件，就是政府规模要与政府承担的公共服务的规模相适应才是适度的。不能只看政府雇员占总人口的比例。以上面提供的材料为例，我国有的学者依据我国政府雇员占总人口的 4%（这个数据并不完全准确），就认为我国公务员的规模还远低于发达国家。这个看法不是很科学的，因为它忽略了政府承担的公共服务的规模这个条件。尽管我国的社会主义市场经济体制改革已经进行了 30 年，政治体制的改革却远远滞后，政府的服务观念和职能的转变还远远没有完成，更不要说政府的公共服务的规模了。我国政府现在做的事情和西方发达市场经济国家一百年前政府做的事情差不多。做这些事情，占总人口 1% 的政府规模已经是很大的政府规模了，更不要说占总人口的 4%。

例如，一方面，我国政府官员多，无事做的现象十分普遍，已经引起社会上下的高度关注；另一方面，我国公民看病难、上学难、行路难、住房难成了一个普遍的社会问题。诸多难表明政府提供的公共品和服务严重不足和短缺。比如，政府公共财政投入，公路交通方面只占公路建设资金的 15%，医疗方面只占医疗机构运行费用的 20%，教育方面只占学校经费的 50%，住房方面公共财政没有投入，反而要征收高额的税费和土地金。那么，公共品和服务为什么严重不足和短缺呢？因为政府财政首先要维持政府机构的运转，才有余力提供公共品和服务。那么，公共财政余力不足可以增加税收呀，税收要考虑经济社会的承受能力，税收过重会损害企业和纳税人的生产积极性，从而损害社会经济效率。这就是政府规模、公共服务和社会经济发展的矛盾。如何解决这个矛盾是公共选择的一个重要课题。如果不能较大幅度提高税收，又要解决公共品和服务严重不足的矛盾，一种选择就是缩小政府规模。因此，我国许多经济学家认为，政府机构改革已经成为我们社会主义市场经济改革进一步发展的"瓶颈"，应该按照市场经济的要求精简政府机构和人员，建立小政府、大社会的社会管理机制。所以，公共选择仍然是我们面临的有着十分重大的现实意义的问题。

第三节　外部性问题及对策

一、外部性或外部经济效果的含义

外部性是指一个经济单位或人的经济活动对外部，即其他人，社会造成的影响所产生的经济损失或经济利益，不予赔偿或没有得到补偿的情况。萨缪尔森给外部性下的定义是：**外部性是一个经济机构对他人福利施加的一种未在市场交易中反映出来的影响。**

什么是未在市场交易中反映出来的影响呢？在市场经济中，两个私人厂商之间，如果 A 厂商的经营给 B 厂商造成损害或经济损失，B 厂商就会要求 A 厂商给予赔偿，而 A 厂商也会按照市场约定俗成的规则（造成多大损失给予多大赔偿）给予赔偿。在厂商和消费者之间或两个私人消费者之间也是如此。因此，在市场经济部门中，私人经济单位之间相互对福利或利益的影响都会在市场交易中得到反映（即补偿）。所以，**市场经济部门内部或私人物品可以说不存在外部性问题，是有效率的。**如果一家企业向天空排放废气，造成空气污染，给周围居民的生活质量造成损害，情况又怎样呢？因为天空是公共的资源，谁都可以利用，所以企业也无需向任何人赔偿这种损失（在环境保护法实施以前，情况就是这样）。比如，某企业是某城市空气污染的大户，由于空气污染，该市市民每年要额外得许多疾病，花许多冤枉的医疗费。但如果找该企业要求赔偿，该企业会说我是向天空排放烟尘的，我又没有把烟筒伸到你们家窗户里，你凭什么让我赔偿呢？这就是企业对周围居民福利造成的损害未在市场交易中反映的情况，这就产生了外部性问题。可见，**外部性问题是私人经济部门和公共经济部门之间（或结合部）以及公共经济部门内各经济单位之间产生的问题。在这个范围内市场机制不起作用或失灵了。**

外部性有多种形式，有些是正的（也称外部经济），有些是负的（也称外部不经济）。例如，企业向公共的河流排放有害废水，杀死鱼类，污染河流，但企业却无需向任何人赔偿这种损失，这就造成外部不经济；贝尔发明了电话，使我们无数人受益，但我们并没有向贝尔付钱，贝尔的发明就造成了外部经济。

二、外部性的非效率

1. 外部不经济对社会效率的损害

外部不经济最典型的例子就是对公共环境和资源的污染和损害，人类的经济活动本身就是不断地污染环境和消耗资源。只是一方面在早期由于人口稀少，经济活动的规模也小，这种污染是大自然自身的净化功能可以承受的。随着人口增长，经济活动规模日益扩大，污染的规模超过了大自然的承受能力，环境问题就成了人类关注的严重问题。另一方面，公共的河流、大气、海洋、森林是人们共有的生活环境和资源，谁都可以利用，谁都可以损害而无需赔偿，正是这种外部性的无效率加剧了公共环境和资源的恶化趋势。

私人企业的有害废水、废气在没有限制的条件下是不会处理就排放的。因为处理这些废水、废气是要花费私人成本的。而企业这样做实质上是把本该由私人承担的治污成本推给了社会。环境污染的日益严重，损害了公众的生活质量，公众就会要求政府治理污染。治理污染是要花钱的，这被称为社会成本，这个成本如果由政府出，等于由纳税人即公众出，这显然是不公平的。然而，经济学家关心的不仅是是否公平，而且还关心这样做对社会经济资源配置和利用效率的影响。因为厂商对环境造成的损害如果不受到追究、补偿和付出代价，它就不会停止损害。而政府不断地花钱治理污染，就意味着无休止地增加纳税人的负担和把社会经济资源不合理地分配和浪费，这就会导致资源配置和利用的无效率和无谓的损失。显然避免这种无效率的损失就要按照市场规则，由污染者承担治理污染的成本。

2. 外部经济的社会效率的损失

外部经济最典型的例子是技术发明。技术发明作为一种资源和公共品一样，是一种不可分割的资源。人人都可以享用和受益，而又不需支付发明的成本。因为技术发明的成本很昂贵，但复制却很低廉。在这种情况下，如果不采取一些措施保护发明人的权益和使发明人的成本得到补偿，就会损害技术创新的积极性和效率。因此专利权保护法和知识产权的保护就是为了避免这种外部经济的非效率。

外部性的非效率另一个典型表现就是公共经济部门和私人经济部门之间的非市场交易行为。政府部门每年要从市场经济部门采购大量物品。采购者个人是用公共部门的钱为公共部门采购物品，他个人没有利益。但这种采购权，却可以为个人谋取利益。售卖者是市场经济的私人企业，它是为个人谋取利益的。他知道如果给采购者个人一些好处就可以高价推销质次的物品。价格和质量是相对的，质次是相对于高价而言的，并非是质量低劣不能用的物品。在这种非市场的交易行为中，得到好处的是采购者个人，受损害的是公共经济部门的公共利益和效率，这是公共经济部门成本高、效率低的一个重要原因，这也是国有企业效率低下的一个致命原因。为了避免这种低效率，许多国家政府采取了集中、统一、公开招标的方式进行政府采购，对公共投资项目进行公开招标等，既降低了成本、提高了效率，又防止了腐败。这种招标采购方式的实质是用市场办法规范公共经济部门的行为。

三、针对外部性问题的对策

外部性的这种非效率是由于市场机制不起作用导致，矫正这种非效率应该按照市场制度边际成本=边际收益的效率原则制定相应的政策进行调节。为此，经济学者提出以下政策建议：

1. 使用税收、罚款和津贴的办法

对于造成外部不经济的企业，政府应采取罚款或征税的办法，追究其经济赔偿责任。例如，上述造成大气污染的例子，政府应该向污染者征税或罚款，其数额要等于治理污染所需的费用。就是说，要让污染者承担治污所需的成本，从而使污染者的边际收益和边际成本相等。这样，企业就会明白，任何给社会或他人造成损害都是要付出代价或成本的，为了避免私人成本的上升，企业就会千方百计减少污染，停止损害，从而避免社会经济资源无效率的配置和浪费，就像市场竞争机制调节的那样。现代的环境保护法就是依据这一原则制定的，它规定了各种废气、废水的排放标准，超标准排放就要受到严厉的处罚和巨额罚款，这种措施也被称为对企业的社会管制，尽管这一措施还有许多问题有待研究，但它大大减少了厂商对环境的污染及政府治理污染的费用，也就大大减少了资源的浪费。

政府用环境保护法规对企业进行社会管制的办法是政府命令而非市场办法的观点是不对的。这个办法实质上是让政府作为公共环境和资源的监护人向私人企业部门宣布公共环境和资源的利益不得侵犯，侵犯了就要赔偿，如此而已。就像私人经济部门中私人企业之间约定俗成的市场规则一样，侵犯了别人的利益就要赔偿。当然，在许多情况下，零排放是不可能的，所以要制定合适的排放标准。至于罚款数额是多少才合适、怎样计算，是否能精确做到边际收益正好等于边际成本，这都是不重要的。许多污染的损害价值是无法用货币来衡量的，私人经济部门中的一些损害也是无法用货币来衡量的，比如精神损害。所以，损害就要赔偿就是市场办法，大致差不多就可以了，要把排放标准、税收数额计算的那么精确，还要做到边际收益正好等于边际成本，就有点不太现实。

对于造成外部经济的企业或个人，政府则可以采取津贴的办法给予补偿。比如上例的技术发明，除专利法、知识产权保护法规以外，政府还应对有重要发明和创新的人给予特殊津贴，以补偿他们对社会做出的贡献。

2. 使用规定财产权的办法：科斯定理

科斯认为，在许多情况下，产生外部性问题是由于财产权不明确，如果国家采取规定或明确财产权的办法，市场机制就会起调节作用。有些外部性问题就不会发生。例如，一条公共河流的污染，由于河流是公共的资源，谁对它也没有财产权。因此，谁都可以向河流排放污水而不受到追究，这就必然导致河流的污染日益严重。如果国家将河流的财产权分段赋予流经地段的当地政府，或水资源开发利用公司之类的单位，那么上游的污染者必然会受到下游被损害者的追究和赔偿要求，就像市场机制在产权明确的私人经济单位之间的调节那样，其结果必然是有效率的。因此，科斯认为，**只要财产权是明确的，并且其交易成本为零或者很小，则无论在开始时将财产权赋予谁，市场均衡的最终结果都是有效率的。这被称为"科斯定理"**。或者可以这样说，在有产权和低交易成本的情况下，就没有外部性。比如私人市场经济部门中的情况，交易各方考虑了所有的成本与利益。对于科斯定理还需要强调一点的是，科斯认为，产权归谁并不重要，只要明确产权，市场机制就会起调节作用，其结果必然是有效率的。科斯定理当然只适用于可以明确产权的情况，比如河流、湖泊等。一些无法明确产权的情况，如上例的空气，则适用上述的成本等于收益的原则。

3. 公开、竞价、招标的办法

矫正公共经济部门或企业与私人经济部门的非市场交易行为的关键是在采购和销售

等关键环节上采取公开、竞价、招标的办法避免个人行为，强化企业行为。这样不仅会避免非市场交易行为，防止腐败，而且会避免该行为对价格体系的干扰和造成价格扭曲。这一点对于提高社会主义市场经济国家的效率，特别是国有企业的效率，防止政府腐败尤为重要。竞价、招标办法的关键是公开、透明，禁止暗箱操作。

四、环境经济学和资源经济学

外部性问题尽管涉及许多方面的问题，比如知识产权的保护、公共经济部门和私人经济部门之间的非市场交易行为等，但是，外部性问题更关注的是公共的环境和资源的保护问题。哈佛大学生物学家威尔逊说："环境保护……将人类视为一种紧密地依存于自然界的生物物种。……地球上许多重要的资源正在枯竭，大气的质量在恶化，世界的人口膨胀到了危险的程度，自然生态系统这一健康环境的源泉正在不可逆转地退化……每当这个严峻的现实及其后果困扰于心的时候，我的困惑就禁不住会激进的无以复加：人类是不是要自杀？"

威尔逊的这段话涉及两个问题：公共资源和环境的保护。这两个问题又是联系在一起的。资源的掠夺性开采必然导致环境的破坏。

1. 环境经济学

把环境保护称为环境经济学是因为如果只是发现环境日益恶化，要求政府作为公共环境的监护人保护环境，阻止私人生产的外部性破坏环境，那还只是环境保护，不能称为环境经济学。随着人类知识的积累，人们发现环境保护的目标不是简单地让政府阻止污染就能实现的。必须权衡环境保护的成本和利益，这就涉及经济学的问题。这样，环境保护问题也就成了环境经济学。它探讨的核心问题是环境保护的成本和利益的权衡。

比如，环境问题产生于工业化进程中的空气、水和土地的污染。以空气污染为例，空气污染涉及臭氧层空洞、酸雨、烟雾、温室效应（全球变暖）等。科学家认为，臭氧层空洞是空调、塑料泡沫制品、工业溶剂如除臭剂、杀虫剂等喷雾剂排放氯气的结果。臭氧层空洞使得不断增多的紫外线辐射到地球表面，引起皮肤癌、白内障和免疫系统失调。全球变暖是由于道路交通和发电等排放的二氧化碳造成的。还有的科学家认为，大部分气温上升发生在 1940 年之前，牛和其他牲畜引起的沼气，以及电冰箱排出的一氧化二碳也引起气温升高。尽管对于全球变暖的原因科学家们还在争论，但是科学家们一致认为，全球变暖将对全球生态系统和人类生存环境造成严重威胁。还有空气中的悬浮物（烟雾）是由于工业和汽车排放的废气造成的。一些科学家认为，这些悬浮物会引起癌和其他疾病，严重损害人们的健康。

显然，如果要完全阻止这些污染，就要停止工业化进程，彻底改变人们的生产方式和生活方式，回到农耕时代去。显然这不可能。任其污染，人类的生存环境会受到威胁。那么，唯一的选择是治理和控制污染。治理和控制污染是要花费成本的，这意味着要将一定的经济资源用于保护环境，而放弃将这些资源用于增加收入的其他项目。当然，高质量的环境会提高我们的生活质量，比如少生病，延长寿命等，也会给人们带来利益。特别是随着人们收入水平的提高，对高质量环境的需求也越来越大。这就涉及治理、保护环境的成本，即放弃的收入与得到的利益之间的权衡问题。

　　如何评估污染的成本呢？污染的形式多种多样，其危害有近期的，也有长远的。其范围有小范围的，也有大到全球的。开始，经济学家们认为评估污染的成本就要能够确定污染危害的货币价值。比如，有效率的排污费应该依据社会边际成本等于社会边际收益来确定，这样就必须计算出污染危害的货币价值。但是，经过各种努力，许多类型的环境危害是无法计量其货币价值的。实际有效的评估污染成本的方法不是计算污染危害的货币价值而是计算治理污染的成本。比如，治理一吨废水的成本是多少？限制排放一立方米废气导致产出损失多少？运走和处理一吨垃圾的费用是多少？等等，这是可以精确计算的。可以依据污染的各种情况选择多种方法：

　　（1）政府管制。 政府管制就是政府通过征税、罚款、征收排污费等方法来限制和治理污染。这种方法的经济学原理就是让污染者承担治理污染的成本。比如，征收一吨废水的排污费要等于处理一吨废水的成本，对石油泄漏、化学品泄漏的污染罚款要等于处理和清洁这些污染的成本等。当然，也可以适当超过治污成本以对污染者加强制约和激励。比如美国1980年通过的《环境反应、补偿和责任综合法案》允许环境保护局对产生泄漏但没有帮助清除的厂商征收3倍的损害赔偿金。可以说，几乎对所有污染的外部性，政府都可以依靠直接管制加以控制。这会大大减少环境的污染。比如美国1970年的《空气洁净法》将二氧化碳、二氧化硫等三种主要污染废气的规定排放量降低了90%。尽管政府管制有显著的效果，但经济学家还是相信只有使排污费、罚款的征收依据社会边际成本等于社会边际收益的原则，治理污染才是有效率的。萨缪尔森认为，"进一步的研究还表明，由于使用命令—控制管制法，实现环保目标的成本已经在不必要的增加"。[①]所以经济学家们还是在探索有效的市场办法，以提高治理污染的效率。

　　（2）市场办法。 市场办法可以有两种选择。

　　第一种是明确产权。 依据科斯定理，只要有产权存在，不管将产权赋予谁，市场均衡的结果都是有效率的。因此，对于具有外部性的公共的河流、湖泊等环境项目，凡是能明确产权的，都将产权明确，并赋予相关单位。这样，市场机制就会自动起调节作用，就像产权明确的私人品一样，是有效率的。

　　第二种是可交易的排污许可证。 即政府提出减少排放的政策目标，假设政策目标是减少100吨二氧化硫的排放，将这个目标分解到该地区所有排放二氧化硫的厂商，每个厂商要减少4吨的排放。政府发放排污许可证，并且这个许可证可以在厂商之间交易。由于不同厂商减少排放的成本不同，比如，炼铜厂减少一吨二氧化硫的排放，需要花费300元，发电厂只需要100元，这种成本差别就创造了有趣的经济机会。这两个厂减少8吨排放的总成本是$300 \times 4 + 100 \times 4 = 1600$元。由于炼铜厂减少排放的成本比较高，炼铜厂会向发电厂购买4吨的排污许可证，自己不减少排放。由于发电厂减少排放的成本比较低，它如果将4吨排污许可证以每吨200元的价格卖给炼铜厂，自己减少8吨的排放，没有任何成本损失。在这个交易中，两个厂都得益，每个厂都减少了400元的成本损失。对社会来讲，社会实现了减少8吨的排放目标，而且成本是$100 \times 8 = 800$元，治理污染的社会成本减少了一半，社会也得益。布拉德利·希勒教授指出，可交易的污染

---

①　萨缪尔森：《经济学》第16版，华夏出版社，1999年版，第271页。

许可证制度更加充分地利用了市场激励，它的主要优势在于它们对最小化治污成本的控制激励。"可交易的污染许可证从 1992 年首次出现以后，已经成为污染控制的一种通行机制。1996~1997 年期间有 500 多万张许可证在市场上公开交易。并且许可证市场已变得日益有效率，具有看得见的'投标'与'喊价'、经纪专家和低交易成本。许可证的价格也在稳步下降，表明公司发现了控制污染的更廉价的方法。它们不一定拥有冶炼厂或发电厂，但它们现在能够把其污染控制技术卖给最高的出价者。随着许可证市场的扩大，环境工程厂商盈利机会已经增加。这大大提高了生产率并减少了 25%~34%的环境保护成本。"①

由于明确产权和可交易的污染许可证这两种市场办法能够满足治理污染的社会边际成本等于社会边际收益的原则，所以经济学家更关注这两种办法的普及及运用，以提高环境保护的效率。

2. 资源经济学

资源经济学主要关注些什么问题呢？依据萨缪尔森的研究，**首先**，什么是重要的自然资源？萨缪尔森认为，它们包括土地、水和大气，所以自然资源和环境的含义一样，都是另一种形式的生产要素，它们是为人类服务的。**其次**，经济学将自然资源分为可分割资源（比如土地、石油、矿产、森林等）和不可分割资源（比如空气、海洋等）。不可分割资源是一种具有外部性的资源，会出现严重的市场失灵。经济学家认为可分割资源是没有外部性的。如萨缪尔森认为，在一个运行良好的竞争性市场，我们能够期望可分割资源将被有效地标价和分配。**最后**，经济学又将资源分为可再生资源和不可再生资源。不可再生资源是指供给量既定，不可能短期再生的资源，比如煤、石油及各种矿藏。可再生资源是指它们的效用能够有规律地补充，只要管理得当，它们就能产生无穷无尽的效用的资源，比如太阳能、河水、森林、耕地（指耕地的不断再生植物的能力，不是指土地数量）。对于这两种资源经济的利用，可再生资源比较简单，只要能够明智地不断地获得可再生资源的效用就可以了。对不可再生资源的经济利用，环境学家们认为，由于这些资源是不可再生、数量有限的，应当加以保护，为子孙后代留些资源，这样才能实现可持续发展。经济学家认为，不可再生资源尽管数量有限，但不是必不可少的，所有的资源都有替代品。一种资源用尽了，市场价格机制会引导技术进步并开发出替代品。所以关键在于如何更经济合理地利用不可再生资源。持这种观点的经济学家用资源价格变动趋势来证明他们的观点，"技术变化和新发明带来的降价影响抵消了消耗带来的涨价影响。例如，铜制电话线已经被更便宜、原材料更丰富的光纤电缆所取代。这种变化发生在大多数的自然资源领域"。②而且，萨缪尔森认为，自然资本（资源）和其他形式的资本之间是存在替代关系的。

萨缪尔森的观点是有根据和有道理的，也是值得思考的。不过对于不可再生资源的利用，还是应该谨慎的。美国只有 3 亿人口，还把煤、石油等矿产资源封存和保护起来，留给子孙后代使用。我国有 13 亿人口，人均资源占有量是非常低的，但我们现在

① 布拉德利·希勒：《当代经济学》，人民邮电出版社，2003 年版，第 484 页。
② 萨缪尔森、诺德豪斯：《经济学》第 16 版，华夏出版社，1999 年版，第 267 页。

还在大量出口这些宝贵的不可再生资源。比如，晋煤新闻中心 2007 年 1 月 15 日关于"我国主要能源产品进出口贸易统计"称：

"多年来，煤炭一直是我国的优势矿产，也是最重要的能源出口产品之一，其出口量和出口额持续增长，在世界上占有重要地位。2005 年我国煤炭出口量 8462.74 万吨，是 1990 年的 3.55 倍，年均增长 10.6%，占当年石油、天然气和煤炭出口总量的 77.7%，占当年世界煤炭出口量的 10%。2004 年以来，由于国内能源供应紧张，对煤炭的需求增长强劲，导致我国煤炭出口量持续减少，而进口量不断增加。煤炭一直是我国出口创汇的主要产品，1990 年以来，累计净出口额达 352 亿美元，2005 年净出口额为 48.7 亿美元。从我国石油出口情况来看，2005 年我国石油的出口目的地有 114 个国家或地区，比 1993 年增长 165.1%。我国石油出口以东亚及周边国家或地区为主，出口量占我国石油出口总量的 76%，比 1993 年降低了 11.3 个百分点，而我国对其他各地区的石油出口比重均有不同程度增长。同时，随着我国经济的高速增长，对石油产品的需求量也不断增大，加上受国内供应能力的制约，我国石油对进口的依赖程度进一步提高。1991 年我国成品油开始出现净进口，1993 年我国石油有了净进口，到 1996 年我国开始了原油的净进口，至此我国石油产品全面净进口，而且进口量持续增加。"

从这个统计数据中看到，我国对不可再生资源的利用缺乏战略性的思考和保护。当然，在经济比较落后时期，主要靠出口煤炭等能源产品换取宝贵的外汇。现在，我国已有充足的外汇储备，而且受到人民币升值的压力，巨额外汇储备在日益贬值。我们还有什么理由要出口这些宝贵的不可再生资源来创汇呢？2003 年我国开始的新一轮经济强劲增长，能源紧张引起社会关注，石油实现了净进口。但煤炭的出口仍然十分巨大。现在确实到了对我们的能源政策进行战略思考的时候了，国家应该禁止煤炭、石油等不可再生资源的出口，制定资源环境保护法规保护我们的不可再生资源。

第四节　反垄断政策

一、反垄断政策的依据和问题

市场竞争自然会产生一些垄断势力，即在竞争中获胜的企业随着规模的扩大自然会走向垄断，但垄断又会对市场竞争效率造成损害。因此，西方学者认为，为了提高经济运行的效率，政府应采取反垄断政策和限制企业规模的办法来限制垄断因素的发展，提高市场的竞争程度和经济效率，这就是反垄断政策的依据。

企业在竞争中走向或形成垄断的方式主要有两种：一种方式是企业间以协议或口头默许的方式，在产品价格、销量（市场份额）等方面达成联合，以垄断市场，这种方式也称为卡特尔式的企业联合垄断，是企业在竞争方式上采取不正当竞争行为形成的联合垄断。另一种方式是企业通过兼并（外部扩张）和企业自身实力的增长（内部扩张）从而占据或垄断一个行业大部分市场份额的情况，这种企业扩张并占据市场统治地位的垄断方式被称为康采恩式的企业集中垄断。在反垄断政策的早期，人们没有注意区分这两种不同方式的垄断，只是笼统地反垄断，特别是反对康采恩式的企业集中垄断，即在企业结构上反垄断。这就产生了一个问题，难道在竞争中发展壮大就是罪过吗？就应该受到管制的待遇？这是否违背了自由竞争的原则呢？这确实是一个矛盾。这个矛盾使西方国家反垄断政策的司法实践经常左右摇摆。

另外，垄断既然是市场竞争发展的一个趋势，这自然应该有它的道理，它是否是生产社会化的一种形式呢？比如在今天的美国，和众多小厂商并存的是 1000 家大公司垄断和领导着美国主要的行业和产业的生产。这些大公司在生产上更注意计划性和协调，由于公众持股比例的增大，资本社会化程度也在提高，公司在生产目标和行为方式上都发生了一些重要的变化，[①]当然这一趋向的性质还不宜过早下结论，还有待观察和思考。

二、反垄断政策的实践和矛盾

为了限制垄断因素，提高市场竞争程度，西方各国都程度不同地制定了反垄断法或反托拉斯法。但是，由于早期的反垄断法律没有注意区分这两种不同方式的垄断，并且与自由竞争原则相冲突，反垄断政策的实践是在矛盾中发展的。这里我们以美国为例，作一简单介绍。

从 1890 年到 1950 年，美国国会通过一系列法案反对垄断。如谢尔曼法（1890）、克莱顿法（1914）、联邦贸易委员会法（1914）、罗宾逊—帕特曼法（1936）、惠特—李法（1938），等等。这些法律规定，限制贸易的协议或共谋垄断或企图垄断市场、兼并、排他性规定、价格歧视，不正当竞争或欺诈行为等都是非法。例如谢尔曼法规定：任何以托拉斯（联合）或其他形式进行的兼并或共谋，任何与他人联手或勾结起来限制洲际或国际的贸易或商业活动的合同，均属非法。克莱顿法修正和加强了谢尔曼法，禁止不公平竞争，宣布导致削弱竞争或者造成垄断的不正当做法为非法。联邦贸易委员会法规定，建立联邦贸易委员会（FTC）作为独立的管理机构，授权防止不公平竞争以及商业欺骗行为等。

这些反垄断法律只是表达了政府反对垄断、鼓励竞争的意向和决心以及一般原则，对于许多具体的经济活动没有明确的概念来界定其合法还是非法，因此，反垄断法的实施和操作是在理论和实践的矛盾中发展的。

在反垄断的早期，人们更关注企业结构造成的垄断，结构性反垄断的司法实践却处在两难选择的矛盾中。经济理论认为垄断主要产生于企业的结构，即大企业集团独占一个行业或产业大部分市场份额的情况，因为这种企业或产业结构限制和排斥竞争。因此在结构上反垄断就要解散垄断组织，限制企业规模。谢尔曼法颁布后，美国反垄断的第一次浪潮是着力于解散垄断组织。比如，1911 年美国最高法院命令美国烟草公司和美国标准石油公司等 40 多家大垄断公司分别肢解为若干独立的小公司。再如，现代著名的美国电话电报公司被肢解的案件：1983 年以前美国电话电报公司（贝尔系统）垄断了美国电信业务的 80%~90%，1984 年被肢解为 7 个独立的电话公司。再就是当代轰动全美的微软公司涉嫌垄断案。

---

① 加尔布雷思：《新工业国》，商务印书馆，1980 年版。

　　难道企业发展壮大就有罪吗？这也确实从法理上说不过去。例如，1920 年美国钢铁公司（摩根集团）在其高峰时，垄断了美国钢铁市场 60% 的市场份额，但美国最高法院认为，企业规模大小本身并不构成违法问题。然而 1945 年美国铝公司案则相反，美国铝公司占有 90% 的铝市场份额，但它们达到这一步的手段都是合法竞争，然而法院却判决美国铝公司违法，认为哪怕是合法获得的垄断权力，也会引起经济病态，应当判罪。再就是现代著名的、历时最久的美国国际商用机器公司（IBM）案件。1967 年政府指控 IBM 公司垄断了 76% 的市场份额，IBM 顽强抗诉，此案久拖不决，直到里根政府上台，1982 年此案撤销，不了了之。结构性反垄断司法实践的矛盾，一方面和经济思想潮流的变化有关，例如 20 世纪 80 年代经济自由主义兴起，里根政府撤销了许多企业管制措施，企业又掀起了大规模的兼并浪潮；另一方面也确实是由于理论与实践的矛盾，例如，经济理论认为，垄断会维持高价格，但有的实践表明，集中程度高的产业比集中程度低的产业价格下降更快。

　　上述种种矛盾，根源于反垄断政策与自由竞争原则的矛盾。美国人在这种矛盾的实践中思考，力图使反垄断政策与自由竞争原则统一起来。特别是经济全球化时代的到来，使美国人的反垄断思想和法律观点发生了重大变化：一是限制企业规模或结构性反垄断既违反自由竞争原则又不利于美国企业参与国际市场的竞争。而且大企业集团雄厚的经济实力是新技术、新发明开发研究的条件，大企业一般是技术创新的承担者，那么"杀掉这种下金蛋的鹅就是愚蠢的"。二是实践表明，只要大企业之间不勾结，就存在激烈的竞争，就是有效率的，只有企业的勾结行为才损害市场竞争效率，才是应该受反垄断法限制的。基于上述认识，美国最新的反垄断思想认为，企业在竞争中发展壮大是不违法的。或者说，反垄断法不再限制企业规模的扩大，而是注重在企业竞争行为上反对不正当、不公平竞争行为。

三、美国最新的反垄断法律观点

　　美国最新的法律观点认为，下述企业不正当竞争行为为非法：

1. 竞争性企业之间规定价格、限制产量和瓜分市场的协定

　　这实际上是指传统的卡特尔式的企业联合垄断行为。这表明美国最新的反垄断法律观点从理论上区分了企业在竞争中走向或形成垄断的两种方式，不再认为康采恩式的企业集中为非法。即企业在合法竞争中从小到大从而占有一定的市场份额不再是非法，只有竞争性企业的联合垄断行为才是非法。

2. 低价倾销（即企业以低于其成本的价格销售产品）也称掠夺性定价

　　企业以低于其成本的价格销售产品，实际上就是企业以自杀的竞争方式掠夺其竞争对手的市场份额。这是大企业打败小企业经常采用的一种不正当竞争方式。但是，在国际市场竞争中，由于不同国家经济发展水平差距较大，不同国家生产要素的价格和产品成本差距也较大。发展中国家低成本、低价格的产品进入发达国家的市场，经常对发达国家的市场造成冲击，发达国家经常怀疑发展中国家存在低价倾销行为。比如，我国"入世"后几年间，产品遭遇了 900 多起国际上的反倾销诉讼和调查就属于这种情况。在这种情况下，只要企业产品价格不低于企业正常成本就不属于低价倾销的不正当竞争

行为。

3. 捆绑销售

购买者只有购买 A 商品企业才出售 B 商品，这是常见的企业推销滞销商品的一种方式。这种方式从企业的角度讲是一种不正当竞争的方式；从消费者的角度讲是对消费者选择权的一种限制，对消费者是不公平的。

4. 价格歧视

企业对不同顾客按不同价格出售相同商品。这种情况就是常见的企业以"会员价"、"内部价"的方式促销商品，这种行为很明显是对消费者权益的侵犯，对消费者是不公平的。因此是不公平的竞争行为。

以上行为都是企业不公正、不公平竞争的行为，不公平竞争对市场参与者公平交易的权利和市场机制的效率造成损害，因此被认为非法。由于美国在经济上和经济学发展上在世界具有领导地位，美国最新的反垄断法律观点也被世界所接受。

四、反垄断法的宗旨和意义

反垄断法的宗旨是保护和鼓励公平竞争，以提高市场经济运行的效率，公正地维护市场参与者的合法权益。只有一个公平自由竞争的市场，才是一个完善的高效率运转的市场，这也是各市场经济国家的共识。但是，由于历史的、社会的原因，垄断因素并不仅仅产生于企业联合垄断，社会权力、政治权力都会造成市场垄断，损害市场公平竞争和市场参与者的合法权益。因此，排除各种垄断势力和因素，建设一个公正、公平、自由竞争的市场是各市场经济国家都坚决实行反垄断政策的目的和意义。

例如，我国由于历史和体制的原因，交通、石油、通信、建筑、医疗、教育等行业都是由政府部门垄断经营的。这些行业提供的产品和服务有的具有纯粹的公共品性质，如交通部门；有的具有纯粹的私人品性质，如石油、通信、建筑部门；还有的具有半公共品半私人品性质，如医疗、教育部门。随着市场化、企业化的改革，中央政府也想了许多办法加快这些部门的改革，促进这些部门的竞争，提高这些部门的效率。但是，由于部门利益的驱使，这些部门在某种程度上维持着垄断经营。这种垄断经营造成了诸多社会问题。

石油、通信和住宅是现代公民的基本生活资料，具有纯粹的私人品性质。在我国传统的计划体制中，这些产品和服务都是由能源部、信息产业部、建设部垄断经营和管理的。随着市场化、企业化的改革，政府也想了许多办法促进这些部门的竞争，提高这些部门的效率。比如，为了打破汽油市场中石化独家垄断的局面，政府又组建了中石油等其他油品供给公司，试图促使企业之间展开竞争，形成汽油市场合理的市场价格。但是，中石油和中石化分家后，中石油每公升汽油的价格只比中石化低了 1 角钱以示"竞争"，几个月后，就恢复了原价，与中石化保持相同的价格，联合起来共同垄断了中国的油品市场。能源部几家企业的联合垄断经营导致中国油品市场的价格只升不降，说是和国际油价接轨，国际市场油价升它也升，国际市场油价降它不降反而升。2006 年，国际市场油价上升到每桶 70 美元，中国的汽油价格也上升到创纪录的每公升 5 元人民币，比食用油都贵了。可是，国际市场油价下降到每桶 50 美元，中国的汽油价格仍然维持每公升 5 元人民币的高价不降，石油公司还说，即使这个价格我们还在亏损，就是说，石油公司要扭亏为盈，汽油价格还要涨。2006 年国家拿走了石油公司 300 亿元的超额垄断利润，可这都是中国纳税人的权益啊。这里看到垄断是如何侵犯消费者权益的。因此，不深化能源部门的企业体制改革，打破能源部几家企业的联合垄断，中国的消费者只能感叹买车易、养车难。

通信部门的情况与石油部门大同小异。尽管国家为了促进通信行业的企业竞争，形成通信市场合理的市场价格做了许多工作，比如组建了中国联通、中国电信、中国网通、中国移动等众多的公司。但是，在信息产业部的统一政策和领导下，中国的通信市场仍然是企业联合垄断经营的局面。信息产业部不顾中国消费者多年的质疑和抗争，在通信产品和服务上至今维持高价格，而且是巧立名目（比如，收了装机费还收月租费）变本加厉地维持垄断价格只升不降，获取超额垄断利润。美国公民的收入平均是中国公民收入的 30~40 倍，而中国公民支付的各类通信产品和服务的价格平均是美国公民支付价格的 5~7 倍。可见我国完善社会主义市场经济的道路还任重道远，特别是反垄断的任务异常艰巨。

问题最多的还是建筑市场。尽管经过多年的市场经济改革，我国建筑行业已经形成了一批数量可观的民营建筑企业，但是，由于土地的国家所有制，由于城市不许居民私人集资建房，建筑资源和项目仍然控制在建设部及相关政府部门手里。建设部及相关政府部门对建筑资源的垄断，导致了民营建筑企业之间的竞争，主要不是在竞争如何降低建筑成本，为居民提供物美价廉的住房产品上，而主要是在如何从政府相关部门拿到土地资源和建筑项目上竞争。这种竞争必然导致回扣之风和非市场交易行为的大量存在，并且形成了建筑行业的潜规则。这种资源垄断和回扣等非市场交易行为不仅产生腐败，而且严重扭曲了我国住房市场的价格。因为建筑商花出去的每一分钱，最终都是由消费者埋单的。这导致我国住房价格高于正常建筑成本几倍甚至 10 倍以上。2006 年，在消费者住房难的呼声中，国家和政府下大力气整顿建筑市场的秩序，希望把不正常的住房价格降下来，但收效甚微。这难道真是市场的力量吗？《山西晚报》2007 年 1 月 17 日题为"合作建房戳穿商品房暴利窗户纸"的评论指出："据《中国工商时报》昨日报道：深圳首例个人合作建房者们将于春节期间搬进新房了，这些建成后的成品房纳税后的每套总价约为 7.5 万元，即均价约为 1623 元/平方米，而附近销售中的商品房均价都在 6000 元/平方米以上。报道称，这将成为个人合作建房组织在全国范围内最先崛起的样板房。"这个报道可以说非常典型地说明了我国建筑市场的暴利和黑洞有多大，也为我们解决住房难问题指出了希望。政府应该排除各种干扰，积极支持个人合作建房组织或公民个人合作建房，这是解决畸形建筑市场问题的有效途径，也是解决住房难这一重大民生问题的有效途径。我国媒体已经注意到了个人合作建房组织或公民个人合作建房的最大阻力来自建筑商和地方政府中的官商勾结，这是问题的要害所在。所以，地方政府是否能积极支持和帮助个人合作建房组织或公民个人合作建房是对地方政府是否关注民生、是否坚决反腐败的一个考验。

以上分析说明了反垄断政策的宗旨和意义，建设一个完善的市场经济社会离不开政府的反垄断政策。2006 年我国政府提出要加快反垄断法的出台，我们期望它尽快出台，并希望它能解决我国市场的反垄断问题，促进我国社会主义市场经济的完善和发展。

第五节　信息不完全性及对策

一、信息不完全性的含义

西方经济学有一个完全信息的假定，即假定消费者和生产者对于他们面临选择的有关经济情况都拥有完全的信息。例如，当一个消费者购买物品时，假定他对物品的价格、质量、性能等多方面情况完全了解。这个假定从方法论的意义上讲，它是抽象分析的需要；从理论意义上讲它意味着，如果参与市场运作的各方都拥有完全的信息，市场系统将更有效率地运作。

但市场系统从它产生那天起参与市场运作的各方的信息都是不完全的，因此，可以说信息不完全性是市场系统本身具有的一个特点，或者说是一个缺陷。

这个缺陷从哲学的角度看是不可避免的。一方面，市场系统本身是不断发展的，每时每刻都有大量的新产品、新技术、新信息产生；另一方面，参与市场运作的各方了解信息的认识能力又是有限的。在当今的信息时代，任何一个生产者或消费者都不可能完全了解每一个新信息对自己生活的意义。出于无奈，有的学者提出人们只需了解有用信息，不需要了解完全信息。

综上所述，可以将信息不完全性的含义概括如下：**由于市场系统和人们认识能力本身的限制，参与市场的各方在许多情况下对于他们面临选择的有关经济信息的了解总是有限的，不完全的。** 这种信息的不完全性对市场效率会产生不利的影响。

信息不完全性对市场效率的不利影响的例子很多，在实际经济生活中经常看到一个谣传会引起消费者错误的购买决定和价格的异常波动，价格的异常波动又给生产者一个错误的市场信号；厂商广告中的不实、夸大之词常常引起消费者上当受骗。而有些保健品也确实对一些人有效果，另一些人使用则没有效果；消费者经常由于对他所需购买的物品的性能、质量等信息不了解而放弃购买决定等。

二、针对信息不完全性的对策

为了消除或减轻信息不完全性对市场效率的不利影响，政府应该采取的对策是建立规范市场运作的一些法规和制度措施。

1. 质量标准

各国政府对各类产品的生产都制定了质量标准体系，其中有行业标准，国家标准、国际标准等。这种质量标准制度一方面对厂商的生产行为是个规范，厂商不得以不规范生产的伪劣产品欺骗消费者；另一方面也是对社会和消费者的一个产品质量的保证和承诺。厂商执行的标准越高，越能受到消费者信任。消费者在选择产品时，不需要了解产品质量方方面面的信息，只要了解该产品执行的是哪类质量标准。一般来讲，行业标准是产品必须达到的最低质量标准，达不到这个标准就是不合格的伪劣产品；国家标准是在一国范围要求该产品达到的技术质量标准，它比行业标准要高。国际标准是在世界范围各国都接受的标准，也是最高的标准。消费者在选择产品时，了解了产品执行的质量标准，就会对产品质量有一个基本的判断和信任，这就大大减少了消费者由于信息不完全造成的购买决策的障碍。

2. 消费者权益保护法规

消费者权益保护法规是规范市场交易行为的法规。各国的法规大同小异，但基本原则是：厂商不得隐瞒应该向消费者提供的有关产品信息，不得向消费者提供虚假的产品信息来误导消费者。消费者由于虚假信息的误导而造成的损失，厂商负有赔偿责任等。因此消费者权益保护法规的意义在于规范市场交易行为，消除由于信息不完全造成的市场交易障碍，提高市场交易的效率。消费者要学会运用消费者权益保护法规保护自己的权益，最重要的是在购买产品时特别是重要耐用品时，一定要索要和保存购物发票，这是消费者权益受到损害时寻求法律保护的凭证。

3. 委托—代理问题

在许多企业中，物业的所有者、业主由于对物业经营的方方面面的信息和知识不足，因而将物业委托给在这方面具有较多信息和专业知识的物业经理经营。这就是由于信息不完全或信息不对称（业主的信息不如物业经理的多）产生的委托—代理问题。

由于业主的信息比物业经理的少，监督物业经理的代价高昂，而且在许多情况下，业主不可能对物业经理实行完全有效的监督，这就使物业经理追求自己的利益和目标成为可能，甚至以不惜牺牲业主的利益为代价，在这种情况下，就会使企业的经营效率受到损失。因此信息不完全性和代价高昂的监督如何影响代理人的行为？什么样的机制可以使物业经理具有为业主利益工作的动力，从而保证企业的效率是委托—代理问题讨论的实质问题。

从经济人的利益原则讲，每个人都在追求自己的最大利益，业主的目标无疑是使他的物业利润最大化，代理人即物业经理的目标是什么呢？如果物业经理只是拿固定的报酬或工资，那么取得一点利润可以给业主交代就可以了，追求最大利润与他的关系不大。即物业经理不会以追求最大利润为目标。这种目标上的差异必然影响企业的效率。因此从利益原则上讲，要使物业经理为业主的利益目标工作，就要设计一种激励机制使物业经理按一定比例分享利润的增长部分。由于物业经理分享的只是利润增长中的一部分，业主的利益也在增长，而且这样一来，业主的目标也就成为物业经理的目标，企业才能是完全有效率的。激励机制的设计是管理学的重要课题，而且有许多不同情况下的设计方案，理论经济学只是说明原则，即利益原则是激励机制的核心。

第六节　反贫困和福利政策

市场竞争机制会扩大收入分配的差距，收入分配差距的扩大会导致严重的社会利益冲突，损害经济社会的效率。只有改善收入分配的不平等程度，缩小收入分配的差距和消除贫困，才能促进经济社会的稳定发展。19世纪末和20世纪初，西欧一些国家的政府首先承担起了这一责任，他们认为政府对人民的基本福利负有责任。政府的这一新的观念和职能被认为是西方福利国家或福利政策的起源。

一、福利政策的目标和内容

发达市场经济国家福利政策的基本目标：一是对国民提供基本的生活保障；二是改善收入分配的不均等程度，增进社会经济平等。

现代西方工业国家一般都根据本国的经济发展水平规定了国民的最低收入水平或最低生活水平标准（贫困线），对达不到这一收入标准的低收入或无收入的孤寡老人、残疾人、妇女、儿童、失业者等贫困人口由政府给予程度不同的福利补助或救济金，以保障国民的基本生活和儿童的正常发育。

福利补助的形式多种多样，如公共养老金、食品补助、住房补助、现金补助、失业保险、医疗补助或保险等。

政府的福利政策支出来自纳税人的税收，因此政府资助贫弱人口的福利支出是和国民收入再分配的税收政策相联系的。

二、税收政策

个人累进所得税政策对于缩小收入分配差距，为政府的福利政策提供资金来源起着重要作用。下面以美国为例，介绍西方的个人累进所得税政策（见表7-1）。

表7-1　1976年美国个人所得税累进税率

单位：美元

①个人净收入	②个人所得税	③平均税率（%） ③=②÷①	④纳税后可支配的收入 ④=①-②
1500以下	0	0	1500
2000	70	3.5	1930
3000	215	7.2	2785
4000	370	9.2	3630
5000	535	10.7	4465
10000	1490	14.9	8510
20000	3960	19.8	16040
50000	16310	32.6	33690
100000	44280	44.3	55720
200000	109945	55.0	90055
400000	249930	62.5	150070
1000000	669930	67.0	330070
10000000	6939930	69.7	3030070

资料来源：萨缪尔森：《经济学》第10版，上册，第237页。

从表7-1中看到，收入越高，个人所得税率累进越高，纳税后个人可支配收入的差距大大缩小了。另外，政府的税收收入是施行福利补助政策的重要资金来源。由此可以理解现代西方政府是如何利用税收政策和福利政策来调节国民收入的再分配，增进经济平等的。

另外，也可以看到如此高的个人所得税率对人们投资和生产的积极性是有影响的，投资和生产的积极性下降就会使经济效率受到损害。20 世纪 70 年代美国个人累进所得税率达到历史最高，其中最高税率达到 69.7%，这意味着一个美国家庭，如果年收入在 10000000 美元，就要交 700000 美元的所得税。这对人们的投资和生产积极性确实有很大的影响。进入 20 世纪 80 年代，随着提高效率，改进福利政策的呼声高涨，里根政府采取了一系列减税政策，到克林顿政府个人累进所得税的最高税率降到 39%，同时对高收入家庭加征 10% 的特别税。布什政府又进一步提出减税计划，该计划最高税率将降到 33%。当然，最高税率下降，其他税率也累进下降。在美国政府降低税率促进人们的投资和生产积极性、提高效率的同时，美国的经济学家则在考虑改进福利政策，使福利政策的设计既要有利于救助贫困人口、增进经济平等，又要有利于促进他们积极工作，增进社会经济效率。福利政策改进的一个典型方案就是负所得税方案。

三、福利改革：负所得税方案

在西方国家中，福利政策尽管对帮助穷人，改善收入不平等，消除贫困起到了积极的作用，但从实践中看，福利政策的一个负效果是对经济效率的损害。对经济效率的损害不仅在于过高税率影响了人们投资和生产的积极性，而且由于广泛的福利培养了人们的惰性。福利政策本身的一些缺陷也使一些能参加工作的穷人放弃参加工作。比如，一个接受福利补助的父亲，如果有一个报酬数百元的工作机会，那么接受这个工作就会使他损失数千元的救济金。因为一旦参加工作，有了收入，福利补助就取消了，所以权衡之下，还是不工作为好。这种情况的普遍存在无疑是对社会经济效率的一种损害。而且纳税人也对政府有意见，他们认为，他们纳的税款资助了一些能工作而又不参加工作的人。

因此，如何既向贫困人口提供补助，又能鼓励他们积极工作，西方学者提出了一个两全的方案：负所得税方案。

负所得税的含义是，对于处于贫困线以下的家庭被认为是没有能力纳税的，他们应该得到政府的补助。这种补助是一种相反方向的赋税，即负所得税。而负所得税方案与单纯的福利补助政策不同的是，在福利政策下，一个人即使得到一个劣等的工作，也会马上失掉一切补助，负所得税方案则鼓励穷人积极参加工作，改善自己的经济状况，即使他们通过自己的努力挣到 1000 元，甚至 100 元收入，也会提高自己的纳税后收入。表 7-2 说明了这一方案的思想内容，表中的数字是假定的，它可以根据一国的贫困线或

表 7-2　可能的负所得税方案

单位：美元

私人挣到的收入	税款的代数值纳税为+，得到补助为−	纳税后的收入
0	−3000	3000
2000	−2000	4000
4000	−1000	5000
5000	−500	5500
6000	0	6000
7000	+500	6500

最低收入水平线而修改。①

　　表7-2表达的思想是，如果公民个人挣到的收入为0，他可以到政府相关部门领取3000美元的补助，即他纳的是负所得税，纳税后的个人可支配收入为3000美元。如果他积极寻找工作，挣到2000美元收入，但还在贫困线水平以下，他还可以到政府相关部门领取2000美元的补助，他的纳税后的个人可支配收入增加到4000美元。就是说，积极工作可以增加自己的纳税后的个人可支配收入。挣到6000美元收入，达到贫困线水平，既不纳税也不需要补助，个人挣到的收入超过6000美元，就开始纳正税，超过的越多，个人累进所得税率累进得越高，个人纳的正税也累进增加。

　　萨缪尔森说："负所得税规定最低收入水平，同时保护积极性和管理效率，收入高于规定的贫困线，人们自然要随着收入的增加而多纳税，收入低于贫困线，则应得到转移支付，即实际上的负所得税，应该注意，第三栏的数字表明积极性受到保护，个人努力挣钱总是有助于提高个人实际得到的净收入。"

　　可见，该方案既有利于兼顾公平又有利于提高效率，是对单纯的福利补助政策的一个重要改进。经济学家的研究成果得到政府的采纳。20世纪90年代美国联邦所得税以所得税抵免的方式（即负所得税）对低收入者进行补助，同时又鼓励低收入者积极工作。但是该方式补助的只是参加工作的人，对于无能力参加工作的贫困人口的福利问题则需要不同的福利补助方式。

四、医疗保健和改革

　　给国民提供基本的医疗保健服务是西方发达市场经济国家福利政策的一项重要内容，从20世纪初期开始西方发达市场经济国家就程度不同地建立起了惠及全民的公共医疗保健体系。但是随着西方工业社会进入富裕社会，医疗保健需求日益增加，医疗保健业也就成为近十年发展最快的一个行业。由于医疗保健品或服务兼有公共物品和私人物品的双重性质或特点，医疗保健业的一些资源浪费和经济效率问题成为西方经济学关注的福利改革的热点问题。

　　医疗保健业的公共品性质表现在流行传染病的防治、医药、生命科学的研究，良好的医疗条件关系到公众的健康水平和社会劳动生产力水平的提高。国民健康水平又是福利国家的一项重要标志。正是由于这一性质，政府介入了医疗保健业，承担起了向国民提供基本的医疗保健服务的责任，特别是向无收入或低收入人群提供的医疗服务成为社会福利的一项重要内容。

　　医疗保健业的私人品性质表现在医疗、保健产品和服务又是成本昂贵、资源有限、可分割的、竞争性很强的行业。增加一个消费者享受医疗服务就要增加一单位医疗成本。如果社会成员都不计成本地将医疗保健品和服务当作免费品来享用，那么，无病保养，小病大治的情况就会发生，这被称为道德风险。实践表明，这种道德风险导致了医疗费用和成本迅速上升，以致达到纳税人和社会都承担不起的地步。这种情况表明稀缺的医疗资源没有被有效率的利用，存在着巨大的浪费，这是现代西方社会政府提供的免费医疗陷入困境和医疗福利改革呼声高涨的原因。

---

① 该表说明引自萨缪尔森：《经济学》第10版，下册，第240页，该表假定的贫困线水平为6000美元。

　　医疗保险业的情况也不尽如人意，医疗保险是消费者向保险公司缴纳一定的医疗保险金（有全额、大额等之分），当消费者有病治疗时，则由保险公司支付医疗费用（也有全额或大额之分），这被称为第三方支付，这种机制的问题是，一方面第三方支付仍然会产生道德风险问题，甚至会加剧道德风险，因为消费者治疗费用没有花够他投保的金额，他会有一种吃亏的感觉。另一方面，由于消费者与保险公司的信息不对称，会导致保险公司的逆向选择，消费者对自己的健康状况的信息是最清楚的，而保险公司并不清楚，因此保险公司在制定保险费率时为了预防大病风险，一般都根据平均成本来定保险费率，即费率都比较高。这被称为逆向选择。这种逆向选择对消费者产生的影响是，二十几岁年轻人投保的人数越来越少，因为他们认为，年轻时期生病的概率很小，支付如此高的保费是不值得的，等到四五十岁的高生病期再投保。随着高龄人群投保人数的增加，保险公司的风险更大，保险费率更要提高。这种逆向选择的循环使医疗保险费成了低收入者支付不起的费用。这就失去了医疗保险保证公众健康的作用。

　　以上说明了医疗保健业的双重性质以及道德风险、信息不对称、逆向选择所产生的高成本、低效率，资源浪费严重，纳税人和社会不堪重负的问题。由于上述原因，医疗保健业的改革成为当代西方社会和经济学界关注的热点。改革的思路和难点在于：既然医疗保健产品和服务具有双重性质，那么医疗保健业应该设计和建立政府和市场相结合的运行机制。在医疗保健业要搞清楚哪些是政府管理的范围，即政府向公众提供哪些医疗保健公共品的服务；哪些是市场机制调节的范围，在这个范围，公众要承担一定的医疗成本。**改革的目标是，既要公平地向公众提供基本的医疗保健服务，保证国民的健康水平，又要使稀缺的医疗资源有效率地利用，避免浪费和无谓的损失。**根据这一目标，发达市场经济国家对自己的国民医疗保健体系进行了改革。尽管各国的改革措施略有差异，但基本精神是，依据医疗保健品的双重性质，政府承担起了向国民提供基本的医疗保健服务的责任，保证国民的基本健康需要，特别是向无收入或低收入人群提供的医疗服务成为社会福利的一项重要内容。同时，利用市场供求机制，充分调动一切医疗资源，满足社会不同收入成员的各种医疗服务需要。

　　医疗保健服务关系到国民的基本健康和生存需要，也是我国社会主义市场经济发展中面临的一个重大社会问题。为了更好地借鉴发达市场经济国家的经验，下面介绍欧洲和日本的医疗保健业改革。

1. 欧洲国家的社会医疗保障制度改革

　　欧洲是社会医疗保障制度的发源地。在欧洲各国，把国民的健康和医疗保健服务看成是公民基本的生存和社会权利，认为国家应该承担起公民的基本医疗保健服务。在这一理念指导下，早在 20 世纪上半期，欧洲各国都程度不同地建立起了惠及全民的社会医疗保障制度，这也是欧洲国家福利政策的重要内容。20 世纪 90 年代，欧洲各国开始的社会医疗保障制度改革主要是由于以下两方面原因：

　　一方面，随着欧洲进入富裕社会，人们对医疗保健服务的需求日益增强。同时，人口老龄化日益加剧，欧盟国家 65 岁以上老人占总人口的比例将从 1995 年的 15.5%上升到 20%；医保福利使医患双方缺乏费用制约；再加上道德风险、逆向选择等因素使医疗费用迅速上升，达到国家和社会承担不起的地步。

另一方面，随着经济全球化和国际间竞争日益激烈，国家和企业的压力越来越大。从微观上讲，过高的、法定的企业医疗保险缴费增大了企业运营成本和产品价格，从而使产品和企业的国际竞争力下降。从宏观上讲，过高的医保福利导致政府支出和税收增加，最终恶化企业的经营条件和该国的投资环境。最后，欧洲各国政府财政赤字和公债余额已经十分巨大，按财政政策安全线标准，政府财政赤字和公债余额必须控制在年GDP 的 3%和 60%以内，这在客观上抑制了国家在医保方面增加财政投入的可能。

在此情况下，20 世纪 90 年代，欧盟开始医保改革。改革的目标是，在国家承担公民的基本医疗保健服务的前提下，节省费用和提高服务效率、质量两大目标并举。在改革的制度安排方面，一方面抑制不合理的需求。例如，尽可能减弱由于医患双方严重信息不对称造成的供方诱导需求，同时，建立一种抑制需方过度需求的约束机制。比如提高患者支付比例。另一方面，从供给方面，在医疗保健服务单位引入竞争机制，建立促进降低成本、改善服务、提高效率的激励机制。

2. 日本社会医疗保障制度改革

日本社会医疗保障制度面临和欧洲国家相同的问题，为解决医疗费用不断上升，社会不堪重负的问题，日本的改革措施有以下几项：

（1）老年医疗费改革。长期以来，日本 70 岁以上老人看病，无论实际花费多少，本人每次只交 530 日元，而且一月内已交过 4 次，其后无论看几次病都可免费。由此形成一些老人没事就到医院看医生的习惯，针对这一现象，日本政府决定对老年医疗费实行个人负担 10%的新措施。

（2）对医院实行医疗费用承包制或定额制。

（3）对药费实行国家统一定价，医疗基金按国家定价报销的制度。日本也是药费占医疗费比例较高的国家。日本全国有 400 家民营制药企业，医疗机构为了牟利，尽可能压价购买药品，同时，医生尽可能给患者多开药。为改变这一局面，日本实行对国家认可的 12000 种药品实行国家统一定价，如一片抗生素 100 日元，医疗机构无论多少价格购买，医疗基金都只报 100 日元。

（4）对医院和诊所进行分工和调整。日本有 9000 家医院和 90000 家诊所。由于人们普遍迷信大医院，造成医疗资源和费用的浪费。为了改变这一状况，医疗改革将进一步划分医院和诊所的功能。当参保者患普通病时，先要到诊所治疗，诊所医生认为需要到大医院治疗时，由医生出具介绍信方可到大医院就医。这样既可减少医疗费用浪费，也可使大医院集中精力治疗大病。

第七节　微观经济学的总结

整个微观经济学理论分析的逻辑结构可以用图 7-1 表示。

首先，把微观经济学对市场经济系统各个环节的理论分析联系起来思考一下，就会感到市场经济系统确实是人类社会的一个奇特的创造。

理论经济学要揭示市场经济系统的本质和运行规律，就要运用抽象分析的方法，因

现代混合经济社会

市场经济体系（私人竞争的经济部门）　　　公共经济部门（政府管理的经济部门）

图 7-1　微观经济学理论分析结构

此，经济学假定：一是参与市场运作的各方，即消费者和生产者都是理性的追求自身最大利益的经济人；二是参与市场运作各方都具有完全信息；三是产品市场和要素市场都是没有任何干扰和变形的完全竞争市场。在上述假定条件下，经济学就能透过混乱的表面现象，揭示市场系统内在的、本质的运行规律。

在产品市场上，消费者依据对各种产品效用的评价决定自己愿意支付的需求价格，选择自己效用最大化的消费品组合，他们做到这一点不需要数学公式，只需要理性和经验即可。生产者依据消费者对各种产品的需求数量和需求价格决定生产什么产品和以怎样的成本组合来生产这些产品，即怎样生产。他们做到这一点，也不需要生产函数和成本函数的计算，只需要理性和经验即可，经过供求双方的比较，权衡和竞争，在完全竞争的条件下，市场机制最终会使生产者以最低的平均成本提供成千上万种产品的供给，消费者以最低的价格获得各种消费品。稀缺的资源得到最有效率的利用，社会福利或效用达到最大化。

在市场经济系统循环的下部，即要素市场上，消费者以要素供给者的身份提供劳动、资本、土地、技术等要素的供给，并决定自己的供给价格；生产者以要素需求者的身份出现在市场上，根据各种产品生产上对各要素的需求数量和需求价格，选择自己最低成本的要素组合。通过供求双方的比较、权衡和竞争，在完全竞争的条件下，市场机制最终会根据各要素的边际产出率和供求数量决定各要素的均衡价格，消费者依据各要素的市场价格和自己供给的各要素数量获得各种收入；生产者依据要素的市场价格决定自己最低成本的要素组合。社会财富以工资、利息、地租等形式自然而然分配给社会成员。稀缺的经济资源自然而然以最有效率的方式得到配置，因为这种配置是以生产各种产品的最低平均成本组合为前提的。

这就是微观经济学所揭示的，在没有干扰的纯粹的状态下市场经济系统运行的规律。还要指出的是市场经济系统运行的形式是不断地由均衡到不均衡再到均衡的循环运动。因为供给和需求、边际成本和边际效用总是处在不断地变动和调整中的，因而市场系统所决定的交易条件或财富度量尺度：均衡价格具有相对的性质，正是在这种运动的形式中，成千上万自发的生产和消费得到调节，效率得到保证。

萨缪尔森在 20 世纪末对市场经济体系探索中有了新发现，他说："市场经济是一部复杂而精良的机器，它通过价格和市场体系对个人和企业的各种经济活动进行协调。它也是一部传递信息的机器，能将成千上万的各不相同的个人的知识和活动汇集在一起。**在没有集中的智慧或计算的情况下，**它解决了一个连当今最快的超级计算机也无能为力的涉及亿万个未知变量或相关关系的生产和分配等问题。""这才是人类社会真正的奇迹所在。"[①]

这里，我们要强调一下萨缪尔森**没有集中的智慧或计算**这句话的含义。自瓦尔拉以来，人类一直有一个梦想，这就是有一个社会智能机构能够计算出均衡价格、最大产量、最大效用以及整个经济社会的均衡等。萨缪尔森的研究认为，人们不可能计算出市场。事实证明这是一个连当今最快的超级计算机也无能为力的事情，这是市场机制自行调节和解决的。正如在效用理论一章中指出的，作为供求均衡一方的需求，其基础是效用，而效用是一个基于人们心埋评价的、无法把握其变动的东西。一方面，效用不能在不同消费者之间进行比较，有人爱吃鸡，有人看见鸡就恶心，你用什么样的函数能计算出这些人的效用最大化呢？更重要的是另一方面，即使一个消费者能够对各种商品的效用的大小进行评价和比较，但是，一个消费者对各种商品的偏好和效用评价的变动频率是相当快的。今天你认为这套服装特别漂亮，明天你看到一套更漂亮的服装，马上对这套服装效用的评价大大贬值。今天你在一家餐馆吃牛排感到很好吃，明天到另一家餐馆吃驴肉感到更香，使你不再光顾牛排馆。这种变化每时每刻都在发生，而且只在我们心中，别人谁也无法知道，只有通过我们实际的购买行为才能表现出来。而一旦形成实际的购买行为，就形成了实际需求的变动和均衡价格的决定，还要你计算什么？你如果想计算出一般均衡价格，你必须事先知道亿万人心中对亿万种商品效用评价的变动，这可能吗？马歇尔早就说过，经济学家不能衡量人们心中情感本身，而效用正是这种无法衡量的情感。我们也已经指出，**市场从它产生的那天起，就具有世界市场的性质。**成千上万个商品价格的均衡过程以及它们之间相互影响的一般均衡过程起初是在地域的范围进

---

① 萨缪尔森、诺德豪斯：《经济学》第 16 版，华夏出版社，1999 年版，第 21 页。

行，然后是在一国的范围进行，最后，这个均衡过程要在全球范围进行。在今天的经济全球化时代，已经看到了这个过程。如此巨大的一个均衡过程，而且是亿万个已知或未知变量时刻处在调整中的动态过程，特别是人类的欲望和需求是一个时刻处在变动中的东西。面对一个如此巨大和动态的市场，人类的计算能力确实太苍白了。即使以后人类发明了更先进的计算机，要想计算出 60 亿人心中情感的变动，也是一件不可思议的事情。因此，可以理解，市场机制的调节比任何计算都更实际和有效率，这是人类社会真正的奇迹所在。

市场经济这部自主运动的复杂精良的机器，它的**调节机制**是什么呢？或者说，在市场经济中，一个经济社会生产什么产品？为谁生产产品？怎样生产产品？这些问题是怎样解决的呢？**是市场供求机制形成的均衡价格自行调节和解决的。**生产什么产品？厂商依据市场价格信号的引导。一种产品价格上升，意味着该种产品的社会需求增加和厂商获利机会的来临。厂商会自动将资源转移到该种产品的生产上。一种产品价格下降，意味着该种产品的社会需求减少，继续生产会导致产品的积压和资源的浪费。厂商会自动将资源转移出该种产品的生产。为谁生产产品？厂商依据消费者的货币选票。就是说，谁支付货币购买产品，厂商就为谁生产产品。这样，厂商的产品才有销路才能获利，消费者也才能得到自己需要的产品。怎样生产产品？以最好的技术和最低的成本生产产品。因为，消费者是追求以最低的花费获得最大的效用的。你如果不能以最好的技术和最低的成本向消费者提供质优价廉的产品，其他厂商就会取代你。你就会被市场淘汰出局。

市场经济这部自主运动的复杂精良的机器，它的**动力机制**是什么呢？**是参与市场竞争和运作的各方对自身利益的追求。**厂商追求利润最大化，工人追求收入最大化，消费者追求效用最大化。厂商要得到自己的最大利润，就必须为社会和他人提供最好的产品和服务。工人要得到自己的最大收入，就必须为社会和他人提供最好的工作质量和数量。消费者要得到自己的最大效用，就要求厂商必须提供最低价格的优质产品和服务，并依据自己的既定收入，在各种商品和服务的性价比中比较和权衡，以获得自己满足的最大化。在这种追求中，社会利益在人们不知不觉的情况下得到了最大限度的促进。每个人都在追求自己的利益，但有一只看不见的手却引导他们在不自觉中最大限度地促进了社会利益。这就是调节市场的自然秩序。

人类对市场经济体系的认识和探索经历了两个多世纪才达到今天的水平。同时，全世界现在有 70%的人口接受了市场经济制度。在兴奋之余，不能忘记最先发现市场这只看不见的手的亚当·斯密。萨缪尔森在他的《经济学》第 10 版中评价斯密的这一发现时说："亚当·斯密最伟大的贡献在于他在经济学的社会世界抓住了牛顿在天空的物质世界所观察到的东西，即自行调节的自然秩序。斯密所传达的福音是：你认为，通过动机良好的法令和干预手段，你可以帮助经济制度运转，事实并非如此，利己的润滑油会使齿轮奇迹般地正常运转，不需要计划，不需要国家元首的统治，市场会解决一切问题。"

斯密由于他的伟大发现而兴奋的忘乎所以，当然人类的认识也是逐步深化的，在斯密那个时代，有这个发现已是很伟大了，不可能一发现一个新事物就把它认识的完全、彻底。经过两个多世纪的探索，人类今天对市场经济体系的认识比亚当·斯密时代要深刻、全面得多了。

　　市场经济体系除了自行调节的高效率外，它还是有缺陷的。或者说，微观经济学一方面证明了市场制度是有效率的，另一方面也指出市场制度是有缺陷的。比如，垄断势力的产生会降低市场竞争程度，损害市场效率；信息不完全性，会损害市场的运行效率；收入分配差距的扩大会导致社会成员严重的利益冲突、损害经济效率；外部性的污染问题会威胁人类的生存环境，损害经济效率；周期性的经济危机和波动会导致社会财富和资源的重大损失，损害经济效率。这些缺陷是市场经济系统自身产生的，又是自身不能克服的。所以，需要政府制定相应的微观和宏观经济政策来规范和调节市场经济的运行，排除障碍，促进市场经济系统更有效率的运行。

　　此外，在现代社会，市场经济体系并不能覆盖全部社会经济生活。公共经济部门是现代经济社会的一个重要经济部门，又是市场竞争机制调节不到的一个范围，这就产生了公共物品和外部性问题，因此，需要政府承担起管理和服务社会经济发展的责任。

　　基于上述认识，在世纪之交，经济学对政府的职能做了新的界定，在过去守夜人的职能上又增加了新的经济职能。总的原则是，在市场竞争机制能充分起作用的范围，不需要政府做什么，政府只需要做市场机制做不了的事情。如以法律手段克服市场机制的缺陷、帮助市场机制更有效率的运行和增进经济平等；管理好公共经济部门，提高效率，保护公共环境和资源，为社会经济发展服务；以适当的政策手段缓解和消除市场经济系统的波动幅度，促进国民财富的稳定增长等。

　　世界各国有不同的历史和文明，但是市场经济社会却有着相同的发展规律，这就是经济社会发展的一般规律。凡是走市场经济道路的国家，不管它具有怎样不同的文化，都遵循了这些相同的发展规律，遇到了相同的社会问题。西方理论经济学中科学合理的思想成果正是先走市场经济道路的国家对市场经济社会一般发展规律、对市场经济社会发展中遇到的矛盾和问题以及解决这些矛盾和问题的探索和经验的总结。这些思想成果对于后走市场经济道路的国家来说，具有宝贵的借鉴意义。我国的社会主义市场经济的改革和发展已经进行了30年，在取得巨大经济增长和成就的同时，发达市场经济国家早期遇到的社会矛盾和问题在我国都出现了：收入两极分化和社会分裂；垄断和社会腐败；环境污染和资源掠夺性开采；社会良知丧失和教育腐败；等等。这些问题是政府的失误吗？不是，是经济学家失职。经济学家如果能抛弃意识形态的偏见，如果能客观地借鉴现代经济学成熟的思想成果，那么在改革初期，经济学就能预见到我国市场经济的发展将会遇到怎样的社会矛盾和问题，应该给政府提出怎样的预防措施和制度安排建议，就可能避免走弯路，就可能避免出现这些严重的社会矛盾和问题，社会主义市场经济就可能发展得更完善、更顺利。

本章总结和提要

　　市场经济制度除了资源配置的高效率外，也是有缺陷的。本章针对市场失灵和缺陷问题说明了相应的微观经济政策。学习本章重点要理解在公共物品、外部性领域市场机制为什么不起作用？垄断势力、信息不完全、收入分配差距扩大、经济危机等怎样损害了市场效率？经济学家为了弥补市场制度的缺陷提出了哪些微观经济政策？这些政策是否促进了市场制度更有效率的运行？是否还有更好的政策和办法？

思考题

1. 你如何理解市场失灵的含义？
2. 仔细分析公共品和私人品的区别，思考一下公共品的生产为什么没有效率？
3. 公共选择理论主要探讨什么问题？有什么重要意义？
4. 请用你观察到的事例说明外部性的含义。
5. 什么是环境经济学和资源经济学？
6. 你对美国最新的反垄断法律观点有什么评价？
7. 反垄断政策的宗旨和意义是什么？
8. 信息不完全性的含义是什么？你购物索要和保存购物发票吗？
9. 反贫困和福利政策产生的背景、内容和意义是什么？
10. 你认为负所得税方案对于提高社会公平和效率有意义吗？为什么？
11. 请仔细研究本章对微观经济学的总结，理解市场奇迹的含义。

中篇　宏观经济学

宏观经济学是从整体上考察和说明市场经济系统的运行质量、波动原因及政府可能采取的对策，以促进市场经济系统的稳定运行和国民财富的稳定增长。

第八章　国民收入的核算和循环

作为宏观经济学的开篇，本章的主要内容有：说明宏观经济学的研究对象和政府的经济职能；探讨国民经济运行质量的度量指标和核算方法；通过对国民收入循环的分析概括出国民收入总公式，作为分析宏观经济问题的工具。

在宏观经济学中，政府是一个重要的角色。理论经济学或宏观经济学的任务就是通过对市场经济系统或国民经济运行质量、波动原因的探讨和分析为政府的行动提供理论依据和政策建议，帮助政府更好地发挥其职能，尽到其责任。对于普通公民来说，学习宏观经济学，可以深入理解市场经济社会运行中出现失业、通货膨胀、经济危机等现象的原因和原理，更好地预测经济运行的趋势，安排好自己投资和消费的决策。

第一节　宏观经济学导论

一、宏观经济学的研究对象

经济学的研究对象是市场经济体系，从两个角度考察市场经济体系，经济学分为微观经济学和宏观经济学。**宏观经济学是从整体上考察和说明市场经济系统的运行质量、波动原因及政府可能采取的对策，以促进市场经济系统的稳定运行和国民财富的稳定增长。**

宏观经济学是凯恩斯在 20 世纪 30 年代大危机的背景下创立的。30 年代世界范围的大危机使世界市场经济国家的经济运行质量受到严重损害，国民财富受到严重损失。所以，凯恩斯的注意力首先集中在探讨经济波动（危机）的原因和可能的反危机对策。经济学用 GDP 指标来反映市场经济整体运行的质量，用实际 GDP 指标的变动来反映市场经济运行的波动幅度。这样，将一个国家或地区 10 年、50 年或 100 年的实际 GDP 指标的统计数据标在坐标曲线图上，就可以直观地看到该国家或地区市场经济的波动及幅度，如图 8-1 所示。

从图 8-1 中可以看到，市场经济的运行呈现周期性起伏波动的特征。依据经验可以知道，在经济运行的谷底，会出现市场价格低迷（通货紧缩）、生产过剩、工人失业和设备闲置等经济现象。而且当出现这种经济现象时国民收入在减少，经济运行质量在下降。在经济运行的峰顶，会出现严重的通货膨胀现象。当经济运行出现通货膨胀现象时，货币收入会迅速贬值，它意味着实际收入在迅速减少。因此，市场经济运行中的这两种情况：通货膨胀和通货紧缩（或失业）都意味着经济运行质量不佳，国民收入在损

实际的 GDP

图 8-1 市场经济运行的周期性波动

失和减少。那么，是什么原因导致市场经济运行的起伏波动？或者说是什么原因导致通货膨胀和失业？如何消除通货膨胀和失业？或者说如何消除市场经济运行的起伏波动，促进市场经济的稳定运行和国民财富的稳定增长？就是宏观经济学首先要探讨和解决的主要问题。因此，萨缪尔森指出，促进价格稳定、充分就业和 GDP 的稳定增长是宏观经济学追求的三大目标。

二、宏观经济学的发展与现状

宏观经济学自 1936 年由凯恩斯创立，到 20 世纪 80 年代已基本形成了凯恩斯主义比较完整的宏观经济学体系。20 世纪 80 年代，发达市场经济国家出现的"滞胀"现象，对凯恩斯主义主流经济学是一个严重的挑战。凯恩斯主义由于无法解释"滞胀"现象的原因和找到解决"滞胀"现象的对策而陷入困境。同时各种自由主义学派兴起，反对凯恩斯的国家干预主义，主张彻底回到自由竞争的市场经济秩序。宏观经济学的发展出现了长达 30 年的论战和混乱状态。用萨缪尔森的话说，宏观经济学除了在 GDP 的概念上没有分歧以外，几乎所有的宏观经济学问题都存在分歧和争论，宏观经济学至今仍处在混乱状态。

尽管西方经济学界学派林立，一片混战，但是根据各派分歧的根本点，可以把它们基本分为两大派别：一派是现代凯恩斯主义主流经济学派。其代表人物有，保罗·萨缪尔森、詹姆斯·托宾、罗伯特·索洛、弗兰科·莫迪、阿瑟·奥肯、约瑟夫·斯蒂格利茨等人。另一派是新自由主义学派。新自由主义学派众多，主要学派及代表人物有：货币学派，其代表人物是米尔顿·弗里德曼；供给学派，其代表人物是拉弗；理性预期学派，其代表人物是罗伯特·卢卡斯；弗莱堡学派，其代表人物是瓦尔特·欧肯；以及新自由主义的精神领袖哈耶克、制度学派、公共选择学派等。

两大派的根本分歧在于：凯恩斯主义主流经济学派认为，市场经济制度是一个很好的有效率的经济制度，凡是市场能做好的事情都应该由市场来做。但是，市场经济制度存在着致命的缺陷，比如"胜者全得"的竞争原则导致市场垄断；收入分配差距扩大导致社会成员严重的利益冲突；外部性的污染问题导致人类生存环境的损害等；特别是经济周期波动和危机使国民财富遭到重大损失。由于市场经济体系本身无法克服这些缺陷，所以必须由政府承担起责任，运用相应的微观和宏观经济政策干预和调节经济运行，消除或缓解经济周期波动，促进国民财富的稳定增长。因此，凯恩斯主义也被称为国家干预主义。

新自由主义学派认为，市场经济制度是一个完善和谐的系统，供给会自动创造需求，供求会自动平衡。市场系统的供求机制会自发调节和解决一切经济问题，不需要政府干预经济运行。政府的干预越少，市场经济的运转就越有效率。因此，自由主义学派坚决反对凯恩斯的国家干预主义，主张彻底回到自由竞争的市场经济秩序。萨缪尔森指出，新经济自由主义的信念承袭了亚当·斯密古典主义的传统。

面对宏观经济学的混乱状态，要学好宏观经济学必须注意两个原则：

1. 逻辑和历史相一致的原则

依据存在决定意识这一原理可知，**经济社会的不同发展阶段产生和决定不同阶段的经济理论和思想，它是对不同阶段的社会经济生活发展规律的认识和经验总结。另外，不同阶段的经济理论又对处在不同发展阶段和层次的经济社会的发展具有指导意义。**西方工业发达国家经济社会的发展经历了工业化的初级阶段（自由竞争的资本主义阶段）、中级阶段（垄断资本主义阶段）和现在的后工业化社会阶段（经济全球化阶段）三个阶段，相应的经济学理论的发展经历了亚当·斯密的经济自由主义、凯恩斯的国家干预主义和现代凯恩斯主义在国际经济领域的扩展和发展，也即国际经济学的发展三个阶段。因此，经济自由主义学派的理论本质上是自由竞争的资本主义阶段的产物，它不代表当代经济学发展的主流。凯恩斯主义遇到困难并不意味着历史会倒退，而是表明随着历史发展到一个新阶段，凯恩斯主义的政府宏观调节政策仅限于一国范围之内已经不够了，需要向国际范围扩展。理解了经济理论的发展与历史的联系，有助于我们系统理解经济理论发展内在的逻辑联系，不被学界混乱的表象所迷惑，造成逻辑和思路的混乱。而且从某种意义上说，宏观经济学就是关于国家干预的经济学，自由主义既然反对国家干预，实际上它就没有宏观经济学，宏观经济学只属于凯恩斯主义。所以不要被西方经济学界的论战所干扰，首先应该系统了解凯恩斯国家干预主义的基本理论和思想。

2. 注意理论的细节和研究方法

从某种意义上说，宏观经济学的混乱状态表明宏观经济学处在一个突破和创新的时期，所以在学习中要注意经济理论的细节和研究方法。因为只有注意细节才能发现理论体系**逻辑上的漏洞和缺陷**，取得理论创新的学习成果。

三、政府的经济职能

在市场经济国家发展的 300 年间，在凯恩斯以前的时代，政府是不干涉经济生活的。政府只承担维护社会安全和秩序的责任，即只承担"守夜人"的职责。自凯恩斯主义开始，政府开始认识到市场经济的缺陷并承担起了反危机和促进国民经济稳定运行和增长的责任。20 世纪 30 年代著名的罗斯福新政开了政府干预经济运行的先河。经过 70 多年的探索和混合经济社会的发展，人们和社会日益明确了政府应承担的主要经济责任和职能。一般来讲，政府的职能主要有以下几方面：

1. 政府的社会职能

（1）维护社会安全和秩序的职能，也即"守夜人"的职能。在亚当·斯密时代及很长的一个时期，人们认为政府只要尽到"守夜人"的责任，即维护国家安全和社会秩序的责任，其他事不需要政府去做，市场会解决一切问题。这就是自由竞争的资本主义时代对政府职能的看法。

（2）维护社会公正，是指保障社会公民的民主、自由、平等的权利。西方社会认为，人人生来平等，只有保障每个公民平等的社会权利，社会才是公正的。开始人们认为这个责任就该由政府来承担，政府应该建立起维护社会公正的法律秩序，后来人们认识到，这个责任应该由政府和公民共同承担，正如恩格斯所说，一个恶劣的政府是应该由恶劣的臣民来负责的。当然政府还是应该负主要责任，在社会成员中，政府毕竟是强者。政府应和公众一道建立起一个独立于社会和政府的法律机构，来维护社会的公正。

2. 政府的经济职能

提高经济效率和增进经济平等或公平是在人们认识到市场经济系统的缺陷和经济社会发展出现重要的公共经济部门后，认为政府应承担的两项经济职能。在宏观层面上，尽管政府宏观经济政策的主要目标是反经济波动，但效率和公平在宏观经济政策的设计上仍然是政府关注的目标。

促进国民经济的稳定增长是指政府应承担起对付经济危机的责任，采取适当的财政和货币政策、手段消除或缓解市场经济系统运行中出现的失业和通货膨胀的压力，以提高市场经济运行的稳定性。市场经济系统能够稳定运行，不仅可以避免财富和资源的巨大浪费和损失，还可以促进国民财富的稳定增长。西方学者认为价格稳定、充分就业和经济增长是宏观经济学追求的三大目标。可见，政府这一职能的重要意义。

提高国民经济的生存质量是指政府在公共资本的积累（社会基础设施的投资）、基础科学技术的研究、开发和国民教育、公共环境和资源的保护及合理开发利用等方面应承担起责任，这关系到国家和社会的生存环境和未来的发展。近两个世纪追求经济增长导致了严重的环境污染、资源枯竭、大气变暖、物种灭绝、生态恶化，威胁到人类社会的生存环境，已引起社会的高度关注。人们认为政府应在这方面承担起责任，以保障国民经济、社会的可持续发展。

国际经济政策是随着当代经济全球化的发展趋势给政府提出的一个新的责任。在经济全球化的国际竞争和协调中，政府已成为一个独立的重要的竞争角色，成为一国经济的代表。在国际竞争的世界市场中，政府应该依据本国的国情制定相应的经济发展战略和产业政策以提高本国经济的整体实力，并制定相应的国际竞争战略和政策，争取本国经济在世界市场的竞争中获得最大的利益。同时，也要承担起对国际社会应承担的责任。

帮助政府承担起经济职能的责任是宏观经济学的任务。因此，可以把宏观经济学追求的目标概括如下：

（1）保持价格稳定，探讨造成通货膨胀的原因和机制，为政府消除通货膨胀提供理论依据和政策建议。

（2）实现充分就业。探讨造成生产过剩危机和失业的原因，为政府的反危机政策提供依据。

（3）促进经济的稳定增长。探讨经济增长的因素和机制，促进实际 GDP 保持与潜在 GDP 的同步增长。

（4）保障国民经济的可持续发展。保护资源和环境，提高国民的教育和健康水平，促进技术水平的提高，提高国民经济的生存质量。

（5）有利有节地参与国际竞争并承担国际社会的责任。

第二节　几个重要的国民收入总量指标

我们已经知道市场经济系统是个自主循环和运行的经济系统。那么如何判断市场经济运行的质量呢？我们需要一套衡量经济运行质量的指标体系，就像医生给病人看病通过体温、血压、脉搏几项指标就能基本判断病人身体的基本质量状况一样，通过这套指标体系可以基本判断市场经济系统运行的质量、异常情况等。本节我们就来讨论这套指标体系的意义。

一、国内生产总值（GDP）

经济学将 GDP（Gross Domestic Product）定义为：**国内生产总值是一个经济社会一定时期（一般为一年），在一国之内生产的最终产品（包括物品、劳务和资本品）的价值总和。GDP 是对社会经济活动质量的一个基本度量指标。**

GDP 是宏观经济学最重要的、核心的总量指标，其他指标都是由 GDP 派生出来的。搞不清楚 GDP 指标的含义，整个宏观经济学都会理不清楚，所以理解 GDP 指标的意义是十分重要的。什么是最终产品？为什么将 GDP 定义为最终产品的价值总和？它有什么意义？让我们举个例子来说明。

以皮鞋的生产为例。一双皮鞋从生产到消费者手里要经过养牛场生产出牛皮，皮革厂把牛皮加工处理成制鞋的鞋料，制鞋厂生产出皮鞋，售鞋商销售给消费者等诸多环节。假定养牛场以 30 美元的价格将牛皮卖给皮革厂（牛皮是初级产品，其全部成本都是新生产价值，假定一双皮鞋的牛皮成本为 30 美元，这 30 美元也是养牛厂的新增价值）；皮革厂将牛皮加工成鞋料，以 50 美元价格卖给制鞋厂，皮革厂扣除 30 美元牛皮的价值，新生产价值，即增值为 20 美元；制鞋厂制成皮鞋以 80 美元价格卖给售鞋商，制鞋厂扣除 50 美元鞋料的价值，增值 30 美元；售鞋商以 90 美元价格卖给消费者，售鞋商扣除 80 美元皮鞋的进货价值，增值 10 美元。**皮鞋到消费者手里被消费掉，所以是最终产品。而牛皮、鞋料等则是中间产品。**那么，皮革厂、制鞋厂、售鞋商为什么会有价值增值呢？因为他们在把牛皮加工制造成皮鞋和销售给消费者的活动中，像养牛场一样，也要消耗劳动、资本、土地、技术等要素。就是说，他们也要雇佣劳动、使用机器设备、租用场地，他们支付的工资、利息、租金等，构成他们的生产成本和新生产价值。

为什么将 GDP 定义为最终产品的价值总和？我们把生产皮鞋的各中间环节的**产品价值**相加与生产皮鞋的各中间环节的**价值增值部分**相加做一个比较：

$$30\$ + 50\$ + 80\$ + 90\$ = 250\$$$

$$30\$ + 20\$ + 30\$ + 10\$ = 90\$$$

把生产皮鞋的各中间环节的价值增值部分相加正好等于一件最终产品的市场卖价。可见，**把 GDP 定义为最终产品的价值总和，是因为 GDP 这个指标要反映一个经济社会一定时期所有企业（不论是生产最终产品还是中间产品的企业）新生产价值的总和，即价值增值部分的总和。**这个价值增值部分的总和就是一个经济社会的总产出。因此，GDP 的增长与企业的生产经营活动有着直接的联系，一个国家一年的 GDP 是多少是指这个国家所有企业的新生产价值或总产出是多少，是指这个国家一年新生产的总价值是多少。GDP 或总产出不是指一国所有企业生产的产品价值的总和，而是指一国所有企业在生产中新增价值或新生产价值的总和。

此外，全面理解 GDP 的概念还有一些细节需要说明：

1. GDP 是一个市场价值概念，即市场成交值概念

各最终产品的价值是通过合法的市场交易价格计入国民收入账户的。自己生产自己消费的自给自足生产等非市场活动以及地下交易、黑市交易等活动无法计入 GDP。

2. GDP 计量的是最终产品价值

中间产品价值不计入 GDP 以避免重复计算。可见，**市场交易的价值总额，并不就是 GDP 总值**，例如，如果把制鞋的各中间环节的产品价值相加，市场交易总额为：30 + 50 + 80 + 90 = 250（美元）。计入 GDP 的只是 90 美元最终产品价值。

3. GDP 是计划期内所生产而不是所售卖掉的最终产品价值

例如，某企业年产 300 万美元的产品，只卖掉 200 万美元产品，所剩 100 万美元的产品则视为企业自己买下的存货计入 GDP。相应，虽然生产 300 万美元产品，却卖掉 350 万美元产品，计入 GDP 的仍是 300 万美元产品，只是库存减少 50 万美元产品。这个细节只是为了 GDP 核算方法的需要和方便，而不影响 GDP 是市场成交值的概念。

二、GDP 和 GNP 的差异

GNP（国民生产总值）是指在一定时期内（一般为一年），本国的生产要素所生产的（包括在国外生产的）最终产品（包括物品、劳务和资本品）的价值总和。

GNP 与 GDP 的差别在于，GNP 包含着本国公民和资本从国外获得的收入。GDP 包含着外国公民和资本从本国获得的收入。或者说，GNP 是一个国民概念，它指一国国民在世界范围内生产的国民收入；GDP 是一个国土概念，它指在一国领土范围内所有企业（无论是本国企业还是外国企业）生产的国民收入。例如，一家在中国生产的美国公司所获得的利润构成中国 GDP 的一部分，因为这些价值是在中国生产的；这些利润却是美国 GNP 的一部分，因为这是美国人的资本的收入。同样，一家在美国开业的中国公司的收入构成中国 GNP 的一部分，但却是美国 GDP 的一部分。

某国的 GNP 和 GDP 的差额与外国人所获得的净收入是相一致的。当某国的 GNP 大于 GDP 时，表明本国公民从外国获得的收入大于外国公民从本国获得的收入，反之亦然。某国的 GDP 减去国外要素净支付（本国公民和资本从国外获得的收入减去外国公民和资本从本国获得的收入）即为某国的 GNP。

在 1991 年以前，美国都是使用 GNP 指标，用 GDP 指标取代 GNP，根据多恩布什和费希尔的说明是出于以下三个原因：

"直到 1991 年 11 月以前，美国都是以 GNP 作为对经济中产出的基本衡量指标，转而使用 GDP 是出于如下三个理由：一是大多数其他国家都使用 GDP，这使得国际间比较变得容易些；二是由于国外净收入的数据不足，GDP 则较易衡量；三是相对于 GNP 而言，GDP 是对经济中就业潜力的一个较好的衡量指标。对美国来说，GDP 和 GNP 之间的差异非常小，在分析美国经济时用 GDP 就没有什么差别，而对其他一些经济来说，这个差别是相当大的。例如，加纳 1990 年的 GDP 是 GNP 的 103.7%；瑞士 1990 年的 GDP 是 GNP 的 95%。"[①]

三、GDP 的增长率、名义 GDP 和实际 GDP

GDP 是对国民经济运行质量的基本度量指标，它是通过 GDP 的增长率来反映经济运行质量的。当一国一年的 GDP 是增长的，那就表示该国一年新生产的价值或财富在增加，经济运行的质量基本上是好的。当一国一年的 GDP 增长率在下降或者是负值，那就表示该国一年新生产的价值或财富在减少，经济运行质量在下降。

由于 GDP 是一个市场价值概念，即市场成交值概念，当观察 GDP 的增长或变动时就会发现，GDP 的变动是由于两个因素的变动：一是社会生产的最终产品和劳务的量的变动；二是产品价格的变动。可以设想，某国两年中生产的最终产品和劳务的量相同，但第二年的价格上涨了一倍，那么该国第二年的 GDP 就是第一年的两倍。可见，考察 GDP 的增长，排除价格因素的影响是有实际意义的。为此要区分名义 GDP 和实际 GDP。

1. 名义 GDP 和实际 GDP 的定义

名义 GDP 是指在核算期内以该期价格计算的（或以现值货币计算的）最终产品价值。一般来讲，各国公布的当年 GDP 都是名义 GDP。

实际 GDP 是指以不变价格或基年价格计算的最终产品价值。将名义 GDP 折算成实际 GDP 要使用一般价格指数这个工具，所以一般价格指数也称 GDP 折算指数或 GDP 紧缩指数（GDP deflator）。例如，假定以 1990 年的价格为基年价格或不变价格，那么 1990 年一般价格指数为 100% 或 1，如果 1983 年一般价格水平比 1990 年低 15%，那么 1983 年一般价格指数为 85% 或 0.85；如果 1998 年一般价格水平比 1990 年上涨了 50%，那么 1998 年一般价格指数为 150% 或 1.5；这样，把各年的名义 GDP 除以各年的一般价格指数，就得到各年的实际 GDP。用公式表示：

$$1998 \text{ 年实际 GDP} = \frac{1998 \text{ 年名义 GDP}}{1998 \text{ 年一般价格指数}}$$

2. 衡量 GDP 增长率的三种方法

衡量 GDP 的增长率，可以衡量名义 GDP 的增长率、实际 GDP 的增长率，以及人均实际 GDP 的增长率，它们分别有不同的经济意义。

如果要计算 1998 年 GDP 比 1997 年增长了多少，简单的公式为：

$$\frac{1998 \text{ 年 GDP} - 1997 \text{ 年 GDP}}{1997 \text{ 年 GDP}} \times 100\%$$

---

① 多恩布什、费希尔：《宏观经济学》，中国人民大学出版社，1997 年版，第 26 页。

其结果为一个百分比，它表示 1998 年 GDP 比 1997 年增长或下降了百分之几。
多恩布什和费希尔测算了美国 1980~1992 年 GDP 的增长率，结果见表 8-1。

表 8-1 衡量 GDP 增长率的三种方法

单位：美元

年份	名义 GDP	实际 GDP	人均实际 GDP
1980	2708	3776	16579
1985	4038	4280	17887
1992	6060	4980	19500
年均增长率 1980~1992 年	6.9%	2.3%	1.4%

注：1. 名义 GDP 和实际 GDP 两栏的单位为 10 亿美元，人均实际 GDP 单位为美元。
　　2. 实际 GDP 和人均实际 GDP 以 1987 年为基年价格计算。

名义 GDP 增长率的经济意义在于它可以反映一定时期价格水平变动对 GDP 的影响。从表 8-1 中看到，1980~1992 年名义 GDP 的年均增长率比实际 GDP 年均增长率平均高 4.6%，这个差额来自价格上涨率，即通货膨胀率。通货膨胀率是指一定时期内一般价格水平上升的百分比。该例子说明，那一时期，美国年均通货膨胀率为 4.6%。通货膨胀率也意味着货币财富的贬值率，通货膨胀率过高，意味着货币财富贬值迅速，经济运行质量下降。

实际 GDP 增长率的经济意义在于它反映一个社会实际产出的增长。经济的增长率是指实际 GDP 的增长率，它排除了价格水平变动的影响，能反映一个国家实际物质财富增长和变动的水平。

人均实际 GDP 指标的意义在于反映社会国民福利水平的变动。例如，如果一国某年实际 GDP 增长了 2%，但人口却增长了 4%，那么即使该国 GDP 在增长，而该国的国民生活水平却在下降。人均实际 GDP 指标用实际 GDP 总额除以人口数量获得。人均实际 GDP 增长率低于实际 GDP 增长率，意味着社会存在失业、人口增长较快或人均生产率下降等。可见，仅用 GDP 增长水平判断经济运行质量还是不够全面的，还需要综合考察通货膨胀率和失业率两个指标。

四、价格指数、通货膨胀和通货紧缩

通货膨胀率是指一般（或平均）价格水平上升的百分比。与通货膨胀率的概念相对应，**通货紧缩率则是指一般（或平均）价格水平下降的百分比。**一般价格水平是指成千上万种物品和劳务的加权平均价格水平。经济学用价格指数这个工具衡量一般价格水平的变动。萨缪尔森给价格指数下的定义是：**价格指数是关于平均价格水平的指标。**

常用的价格指数有消费价格指数（CPI），它是对有代表性的数百种消费品的价格经过加权平均后的价格指标；生产价格指数（PPI），它是对生产和批发环节的有代表性的几百种原料、半成品等价格经过加权平均后的价格指标；GDP 紧缩指数是 GDP 所有组成部分的消费品、资本品、劳务的加权平均价格指标。

最常用的反映通货膨胀率的指标是消费价格指数（CPI），下面以 CPI 为例来说明如何计算 CPI 指标及如何用 CPI 衡量通货膨胀率。

CPI 测度的消费品有数百种。例如，美国的 CPI 指标测度的是普通城市居民最常用的 476 种消费品的平均价格。为分析简便，假定消费者只购买三种消费品，食物、住房、衣服，又假定消费者在食物上的花费占其全部支出的 20%，住房上占 50%，衣服上占 30%。这个百分比就是加权平均的权数。

以 1998 年为基年，基年的每种商品的价格指数都为 100%，简写为 100，这样 1998 年的 CPI = $(0.2 \times 100) + (0.5 \times 100) + (0.3 \times 100) = 100$；假定，1999 年食品价格上涨 2%，其指数升至 102；住房价格上升 6%，其指数升至 106；衣服价格上涨 10%，其指数升至 110；我们来计算 1999 年的 CPI：

1999 年 CPI = $(0.2 \times 102) + (0.5 \times 106) + (0.3 \times 110) = 106.4$

1999 年的通货膨胀率为：

$$\frac{106.4 - 100}{100} \times 100\% = 6.4\%$$

可见，用 CPI 表示的通货膨胀率的计算公式为：

$$当年的通货膨胀率 = \frac{CPI（今年）- CPI（去年）}{CPI（去年）} \times 100\%$$

通货膨胀率意味着货币财富的贬值率。通货膨胀率过高，意味着货币财富贬值迅速，经济运行质量下降。通货紧缩则意味着社会有效需求不足，供大于求，市场价格低迷。经济运行质量也不佳。

五、失业率和潜在的或充分就业的 GDP

一国的劳动资源或劳动力人口包括就业人口和失业人口。西方国家在计算失业率时，首先将一国的成年人口分为劳动力人口和非劳动力人口；其次又将劳动力人口分为就业人口和失业人口。就业和失业的定义为：**有工作的人是就业人口。没有工作而在寻找工作的人是失业人口。没有工作但不找工作的人不属于劳动力，也不属于失业人口。失业率是失业人口占劳动力人口的比率**。就是说，失业率不是指失业人口占成年人口的比率，而是指失业人口占劳动力人口的比率。

$$成年人口 \begin{cases} 非劳动力人口（退休、残疾、靠年金生活的人员） \\ 劳动力人口 \begin{cases} 就业人口 \\ 失业人口 \end{cases} \end{cases}$$

$$失业率 = \frac{失业人口}{劳动力人口} \times 100\%$$

当经济社会存在较高的失业率和设备闲置，实际 GDP 的增长就没有达到它的潜在水平。它意味着经济运行质量不佳，社会存在资源浪费。社会本来可以生产出来的财富，却没有生产出来，这对一个经济社会来讲是不经济和低效率的。

潜在的或充分就业的 GDP 是指社会经济资源如劳动、资本、土地被充分利用所能生产的 GDP。这是经济运行的理想状态和目标。一个高质量、高效率运行的经济社会，应该是价格稳定（没有通货膨胀或低通胀率）、充分就业（资源充分利用，没有失业或最低失业率）和 GDP 的增长达到它的潜在水平，这就是宏观经济学的三大目标。

六、几个相关的国民收入总量指标

理解了 GDP 的概念以及 GDP 和 GNP 差异，现在用 1991 年美国《当今商业综览》的资料来说明从 GDP 到个人可支配收入 PDI 各总量指标之间的关系。

表 8-2 中来自国外的要素净支付是指本国公民和资本从国外获得的收入减去外国公民和资本从本国获得的收入，所以称为净收入。这个净收入可以是正值，也可以是负值。

表 8-2   1991 年 GDP 和个人可支配收入

单位：10 亿美元

国内生产总值 GDP		5677.5
加：来自国外的要素净支付	17.5	
等于：国民生产总值 GNP		5695.0
减：资本损耗（折旧）	626.1	
等于：国民生产净值 NNP		5068.9
减：间接税	475.2	
其他	49.4	
等于：国民收入 NI		4544.3
减：公司利润	346.3	
社会保障缴款	528.8	
加：政府和企业向个人转移支付	771.1	
利息调整	251.1	
红利	137.0	
等于：个人收入 PI		4828.4
减：个人所得税和非税支付	618.7	
等于：个人可支配收入 PDI		4209.7

社会在生产新增价值的过程中要损耗资本的价值，从 GDP 中减去资本损耗价值，意味着从社会新生产的价值中用一部分补偿损耗掉的资本价值。剩下来的称为**国民生产净值 NNP**，它表示一个经济社会一定时期净增加的价值。

从 NNP 中减去间接税（政府收入），就得到**国民收入 NI**，它是指各生产要素所有者所获得的工资、利息、租金的总和。

从 NI 中减去公司未分配利润、企业和个人的社会各种保险、保障缴款；加上政府和企业对个人的各种福利、退休金等转移支付，就构成居民**个人收入总额 PI**。

从 PI 中减去个人所得税（政府的收入）和非税支付，就得到**个人可支配收入PDI**。**它是社会公民可支配的收入或货币购买力的总额。**

以上指标统称为国民收入总量指标。

第三节　国民收入的核算

既然 GDP 是最终产品的价值总和，它反映一个经济社会新生产价值的总和，那么从逻辑上核算 GDP 就把最终产品的价值加总求和就可以了，但在实际操作上这是不可能的。因为**一件产品是否是最终产品，不取决于产品本身的性质，而取决于产品的最终用途**。例如，一吨煤如果居民购买用于取暖做饭的燃料消费，它就是最终产品，如果工厂购买用于动力燃料，它就是中间产品；一件上衣，如果居民买来穿，它是最终产品，如果企业买去当工作服发，它就是中间产品；一个面包，如果居民买来吃，它就是最终产品，如果企业购买用于员工的免费午餐，它就是中间产品；甚至原料、半成品这些不能消费的物品，如果用于出口，卖到国外，它就是最终产品。再比如在饭店吃的一顿大餐，它是最终产品还是中间产品关键在于看谁埋单，如果是消费者自己埋单，它就是最终产品；如果是哪一个公司的老总埋单，并回公司作为招待费报销了，这顿大餐就成了中间产品。因为，它作为招待费进入公司的经营成本。可见，**就产品本身来看，面对市场上成千上万种产品，无法区分哪些是最终产品，哪些是中间产品，直接核算最终产品价值是无法操作的。经济学必须考虑寻找间接核算的办法。**

一、用支出法间接核算 GDP

支出法也称产品流动法。**用支出法核算 GDP 就是用将社会购买最终产品的支出加总求和的办法来间接核算 GDP。**这种方法的思路是，因为 GDP 是市场价值概念，即市场成交值概念，在最终产品供求双方的成交额中，产出价值总额也就等于需求支出货币的价值总额。

GDP

↑

最终产品的成交值

∧

供给方提供的最终产品的价值＝需求购买方支出货币的价值

因此，无法直接测度最终产品或产出总额，但可以测度购买最终产品的支出总额来间接核算 GDP。但最终产品的购买者不等于最终产品的创造者，最终产品是企业生产出来的。

哪些是最终产品的购买者呢？

1. 居民个人消费支出总额（用 C 表示）

包括居民个人在耐用消费品（电视、汽车等）和非耐用消费品（食物、衣着等）及劳务（医疗、理发等）消费上的支出总额。购买住宅的支出不包括在该项之内，而算作投资。该项核算表明，居民个人消费的产品和服务一律视为最终产品。

2. 国内私人投资支出总额（用 I 表示）

投资支出是指私人和企业对资本品的购买支出总额，包括住宅、厂房、设备、机器、存货等。资本品被看作最终产品，是因为它与原材料等中间产品的区别在于，原材料等中间产品在生产中一次被消耗掉，而资本品则是部分地被消耗，即折旧。由于这一特点，当年的投资支出总额即总投资又被分为重置投资（补偿当年消耗的资本部分）和净投资两部分。例如，某国当年的投资支出总额为 1000 亿货币单位，其中补偿旧资本损耗（折旧）300 亿货币单位，称为重置投资，剩余 700 亿货币单位则为社会当年净增加的投资，称为净投资。所以总投资＝重置投资＋净投资。

存货指企业当年生产出来没有销售掉的产品，用支出法核算 GDP 把它视作企业自己买下的库存，列在投资支出中核算。

3. 政府购买支出和投资总额（用 G 表示）

是指各级政府购买的物品（办公物品、设备等）、劳务（政府各级官员、公务员、警察等的工资、津贴支出）和公共资本投资（市政、道路等的建设投资）的支出总额。

政府购买支出一项比较复杂，分歧和问题也较多，需要详细讨论。

首先，政府购买支出来自政府的税收，因此，政府购买支出与经济社会不是交换关系，而是无偿征收关系。就是说，政府的购买行为只不过是把征收的货币税改换成征收物品和劳务税而已。因此把政府购买支出总额计入 GDP 就以为政府各级公务员、军队、警察的劳务也创造 GDP，这是误解。他们不创造 GDP，他们是纳税人供养的政府职能人员。政府购买的物品和劳务支出是纯粹的消费支出。因此，政府购买的任何物品都被视为最终产品。但最终产品的购买者并不等于最终产品的创造者。

其次，西方学者认为政府公务人员、警察等的劳务也创造 GDP 的理由之一是，私人业主雇用的保安人员的劳务创造 GDP，这和私人业主向政府纳税、委托政府雇用警察、军队为私人业主提供保安和安全服务的道理是一样的。这种观点忽视了商务劳务和政府劳务的一个重要区别。价值是商品的属性，在市场经济中，只有从事商品生产和具有商业性质的劳务活动才创造价值和 GDP。政府公务人员的劳务是执行政府管理职能，它不是商务劳务。所以它不创造价值和 GDP。克林顿政府上台，立即大规模裁减政府机构人员，此举是消灭美国历届政府积累的天文数字的财政赤字和保持美国低通胀率、持续 90 个月强劲增长的重要因素之一。

再次，认为政府支出增加有效需求，拉动 GDP 增长，对 GDP 有贡献。有贡献不等于创造 GDP，而且对这个观点要做具体分析。政府支出中要区分消费性支出（对物品和劳务的购买）和生产性支出（公共资本、基础设施的投资），消费性支出实质上是将货币税改征为实物税，并给经济社会留下一个多余的货币额，不仅是对社会财富的一个纯粹的扣除，还会导致通货膨胀；生产性支出则会纳入经济社会的生产循环，促进 GDP 的增长。

最后，政府支出的另外两项需要特别说明。一项是政府的转移支付支出，即发放的救济金、补助、福利金等。这部分支出不在政府支出项目下计入 GDP，是因为救济、福利金是发给无收入或低收入居民个人的，这部分政府支出会直接转化为无收入或低收入居民的个人消费支出。因此，它在居民消费支出总额中已计入 GDP 了，这里就不再重复计算了。**另一项是政府购买劳务的支出。即政府支付给各级官员、公务员、警察、军人的工资、津贴支出。**有一种观点认为，这部分支出不应该作为政府购买支出计入 GDP，因为，这部分支出作为公务员、警察等的工资收入立即转化为他们的个人消费支出，这已在居民个人消费支出总额中计入 GDP 了，再计入就是重复计算。从支出法的角度看，这个观点是有一定道理的，是应该进一步研究和思考的。

4. 净出口

净出口是指进口和出口的差额。用 X 表示出口额，M 表示进口额，则（X–M）就是净出口。因为出口表示本国产品卖到国外，其收入被视为购买本国产品的支出，计入购买本国最终产品的总支出。

以上四个项目表明，个人购买的消费品和劳务，私人投资生产资本品过程中购买的各种原材料，政府购买的消费品和原材料（公共资本品的投资），以及卖到国外去的产品、半成品、原材料等，一律视为最终产品。

把以上四个项目加总，用支出法核算 GDP 的公式可表示为：

$$GDP = C + I + G + (X - M)$$

二、用收入法间接核算 GDP

收入法也称成本法。**用收入法核算 GDP 就是将各生产要素：劳动、资本、土地等的收入加总求和的办法间接核算 GDP。**这种方法的思路是，因为 GDP 表示的是一个经济社会的产出，即新生产价值。仍以前面皮鞋生产企业为例，企业会有产出是因为它投入了各生产要素，企业的生产一方面创造出新增价值产品，另外，这些新增价值产品的价值又以货币形式转化为各要素的收入，因此，收入＝产出。

为了理解收入＝产出的关系，以某企业的收入产出报表为例来说明。

从表 8–3 中看到，企业产出（增值产品）的价值正好和企业各要素收入相等。一个企业是这样，全社会也是这样。所以用收入法核算 GDP 就是将社会纳税前的工资总额、利息总额、地租总额及企业未分配利润等加总求和来核算 GDP。

表 8–3　某皮革厂的产出收入报表

单位：美元

收入	（支）	产出	（收）
工资	100000	生产出成品（鞋料）	500000
利息	30000		
地租	20000	减购买原料、牛皮等	300000
利润	50000		
收入总计（货币）200000		产出 200000（增值产品）	

GDP＝工资总额＋利息总额＋地租总额＋利润总额

用收入法核算 GDP，还有些细节需要说明。

1. 工资

包括工资收入者所得工资、其他补助及福利项目的收入，还包括个人必须缴纳的所得税等直接税。

2. 利息

包括个人和公司存款的利息收入。政府公债利息不包括在该项目内，它被视为政府转移支付。

3. 租金

包括土地、房产等出租人所得的租金收入及专利权、版权等收入。

4. 利润

公司税前利润包括企业应缴纳的所得税、保险税、股东红利及公司未分配利润。公司未分配利润是留存于企业用于再投资的部分，被称为公司净储蓄。与此类似的一个项目是折旧，折旧是公司从利润中提留的资本损耗部分，用于更新资本的重置投资部分，在更新前被存留于企业，也是企业收入的一部分，只是用收入法核算 GDP，把折旧部分作为一个单项列出。

5. 非公司企业主收入

该项包括个人经营的小业主、农户、医生、律师等业主的收入。因为小业主经营，其工资、利息、租金和利润不好区分，统称为小业主收入。

6. 企业转移支付和企业间接税

企业转移支付是指企业支付的退休金等；企业间接税是指企业缴纳的营业税、产品税等，它构成政府收入。用收入法核算，这些项目也都算作企业纳税前收入的一部分计入 GDP。

这样，从核算细节的项目上，用收入法核算 GDP，有 GDP＝工资＋利息＋租金＋利润（包括小业主收入）＋企业转移支付和间接税＋折旧。由于支出法和收入法都是间接核算方法，所以用两种方法核算的结果往往不一致，还要加上统计误差，如表 8-4 所示。

表 8-4　1996 年美国 GDP

单位：10 亿（当年）美元

支出法或产品流动法		收入法或成本法	
1. 个人消费支出	5208	工资和其他补助	4427
其中耐用品	635	净利息	425
非耐用品	1535	租金收入	146
服务	3038	企业间接税和调整	553
2. 私人国内总投资	1116	折旧	830
住宅投资	309	非公司企业收入	520
企业投资	781	税前公司利润	736
存货变动	26	股息	305
3. 政府购买和投资	1407	未分配利润	202
4. 出口净额	−95	公司利润税	229
出口	871		
进口	966		
GDP	7636	GDP	7636

资料来源：萨缪尔森：《经济学》第 16 版，华夏出版社，1999 年版，第 323 页。

在收入法核算的 GDP 各项中，企业间接税及个人和企业收入中缴纳的所得税等直接税部分构成政府的税收收入（用 T 代表），剩余的收入从最终用途看，一部分是用于消费（再加上政府转移支付的部分），仍用 C 代表，剩余的部分则用于储蓄（用 S 代表）。因此，用收入法核算 GDP 可表示为以下公式：

GDP=C+S+T

三、GDP 的总公式

通过用两种方法核算 GDP，可以得出 GDP 的总公式：

C+I+G+X ≈ GDP ≈ C+S+T+M

公式的左边是用支出法核算的 GDP 各项。总支出也就是总需求，因此公式左边也可看作总需求各项。公式的右边是用收入法核算的 GDP 各项。另外把（X-M）中的 M 移到右边成为正值，总公式的等号也相应变为约等号。由于收入等于产出，总产出也即总供给，因此，右边各项也可看做总供给的各项。可见，由于 GDP 是个市场价值概念，在国民收入总公式上，也即 GDP 的概念本身就包含了总需求等于总供给，总支出等于总收入的总量平衡关系。

最后，对于总公式还要说明一点，如果把政府转移支付（用 R 表示）考虑进总公式，那么总公式可表示如下（注意根据在支出法中对转移支付的说明，消费 C 项中已包含了 R 部分）：

（C+R）+I+（G-R）+X ≈ GDP ≈（C+R）+S+（T-R）+M

这样，等式两边正负 R 相抵，总公式还是可以表示为：

C+I+G+X ≈ GDP ≈ C+S+T+M

第四节　国民收入的循环

通过说明 GDP 的核算，已理解了 GDP 这个总量指标从各个角度所体现的总量关系。本节再从总量循环的角度（即物品的循环和货币的循环）考察 GDP 的运动，会有新的发现。

一、两部门循环模型

在一个经济社会中，如果先不考虑政府部门的收支活动（T、G），不考虑进出口贸易（X、M），那么 GDP 的循环运动就在两个部门（企业部门、公众部门）间进行，相应 GDP 公式就简化为：

C+I=GDP=C+S

当说一个经济社会一年产出 1000 亿 GDP 时，一方面意味着该社会的企业部门产出价值 1000 亿的实物产品和劳务（最终产品）；另一方面，由于产出＝收入，它意味着该社会的公众部门（各生产要素的供给者）获得 1000 亿的货币收入。所以，图 8-2 连接企业部门、公众部门、要素市场、产品市场的循环模型中，内圈的线条箭头代表物品的

图8-2 两部门收入循环模型

循环，外圈的线条箭头代表货币的循环。

在循环的上部，公众部门通过要素市场向企业部门提供价值 1000 亿的劳动、资本、土地等各要素的供给，企业部门支付 1000 亿货币的工资、利息、地租支出购买这些要素。通过市场交换，价值 1000 亿的劳动、资本、土地等要素实物进入企业部门从事生产。价值 1000 亿的货币以工资、利息、地租的形式进入公众部门构成公众部门 1000 亿的货币收入。在循环的下部，企业部门生产的价值 1000 亿的最终产品提供给产品市场；公众部门则用 1000 亿货币收入购买价值 1000 亿的产品和劳务。产品全部卖掉，1000 亿货币作为企业部门的销售收入又回到企业部门，价值 1000 亿的实物产品进入公众部门消费。GDP 能够正常地循环。

现在分析储蓄和投资。由于分析是抽象分析，所以假定银行获得的储蓄都来自公众部门，企业的投资都来自银行贷款。

假定公众部门将货币收入中的 200 亿货币不用于消费，而是储蓄到银行，那么这 200 亿货币就流出了 GDP 的循环，所以，储蓄称为国民收入循环的"漏出"。如果这 200 亿货币停留在银行，没有贷出去，那么国民收入循环流中就少了 200 亿货币，这会出现什么情况呢？显然，这意味着产品市场上有 200 亿的实物产品卖不出去。因为产品市场上有价值 1000 亿的实物产品，而公众部门只支出了 800 亿货币购买 800 亿价值的产品消费，其结果就意味着有 200 亿价值的产品过剩。一部分企业会由于收不回流动资金而停业，工人则会失业，GDP 就不能正常循环，只能均衡在 800 亿的水平上。在低水平的均衡上，社会存在失业和设备闲置。存在失业 GDP 怎么还是均衡的呢？因为 GDP 是市场价值概念，200 亿货币留在银行，200 亿实物产品不能成交，出现过剩，GDP 的成交值只有 800 亿，这 800 亿的 GDP 因为是成交值，所以是均衡的，只是均衡的水平较低。

如果银行将这 200 亿货币贷给企业投资，这 200 亿货币就又流回到国民收入循环。所以投资被称为 GDP 循环的"注入"。这 200 亿货币流入循环系统，那么国民收入循环中的实物产品和货币在价值量上又平衡了，即总供给等于总需求，国民收入又能正常循环，并均衡在 1000 亿的水平上。失业和过剩就会消失。

如果银行吸收了 200 亿的储蓄，但贷给企业投资的金额为 100 亿，另 100 亿贷不出去，积压在了银行。就是说，投资（100 亿）＜储蓄（200 亿），结果和 200 亿储蓄停留在银行对国民收入循环的影响一样。国民收入循环中实物产品价值有 1000 亿，而购买这些实物产品的货币收入只有 900 亿。其结果是价值 100 亿的实物产品过剩，卖不出去。生产这 100 亿实物产品的企业流动资金收不回来，被迫停业，工人失业。GDP 只能均衡在 900 亿的低水平上。

如果银行贷给企业投资的货币金额不仅是储蓄吸收的 200 亿，而是 400 亿（银行的贷款资金不仅来自储蓄，还有自有资金），即投资（400 亿）＞储蓄（200 亿）。国民收入循环中的实物产品价值只有 1000 亿，货币收入或货币购买力现在是多少？公众部门储蓄的 200 亿，银行通过贷款投资渠道又注入了国民收入循环，而且还多注入了 200 亿。这样，国民收入循环中的货币收入或货币购买力是 1200 亿。1200 亿的货币购买力购买价值 1000 亿的实物产品，其结果是实物产品的价格平均上涨 20%，或一般价格指数上涨 20%，经济社会会出现 20% 的通货膨胀。名义 GDP 会在 1200 亿的水平上达到均衡。实际 GDP 只有 1000 亿，名义 GDP 超过实际 GDP 200 亿是因为社会出现了 20% 的通货膨胀率。

因此，从两部门循环模型分析中，可以得出以下结论：在两部门收入循环的条件下，当投资小于储蓄时，I＜S，国民收入循环会出现生产过剩和失业；当投资大于储蓄时，I＞S，国民收入循环会出现通货膨胀和货币贬值；因此，GDP 正常循环的条件之一是投资＝储蓄，即 I＝S。

以上西方经济学的两部门循环模型分析只是考虑了实物产品和货币收入在价值总量上的平衡。它的缺陷是没有考虑产品结构的平衡。例如，假定一个经济社会生产的资本物品过多，消费品过少，那么即使实物产品和货币在价值总量上是平衡的，也会出现资本品的局部过剩和消费品的局部不足，一方面一些生产资本品的企业会由于生产过剩而停产或失业；另一方面，消费品市场会因供不应求而价格上升。马克思的再生产理论讨论的就是在盲目生产条件下，由于固定资本更新周期不同引起资本更新比例变动所导致的资本品和消费品生产比例失衡，两大部类交换困难，从而出现生产过剩危机和经济波动。当然在现代经济社会中，企业严格以销定产、按销售合同确定生产计划会减少盲目性和缓解这种情况。但从总量循环上看，宏观经济波动经常使合同难以执行，因此，产品结构平衡仍是一个值得注意的问题。

二、三部门循环模型

在两部门循环的基础上加上政府部门的收、支活动就成为三部门循环模型。它对应的 GDP 公式为：

$$C+I+G=GDP=C+S+T$$

政府的收支活动对 GDP 循环有什么影响？一方面，政府向企业和公众征税，构成政府的收入，这就把一部分货币从国民收入循环中抽出；另一方面，政府通过消费和投资支出又将这部分货币注入国民收入循环。因此，政府收支活动与储蓄、投资活动对 GDP 循环的影响是一样的道理。假定，政府征收了 200 亿的货币税收，但只支出了 100 亿，就是说政府把 100 亿货币留在手中（财政盈余），那么 GDP 循环中货币就少了 100 亿，就有 100 亿价值的实物产品卖不出去，出现产品过剩和失业；如果政府征收了 200 亿税

图 8-3 三部门收入循环模型

收，却支出了 300 亿（财政赤字），那么 GDP 循环中实物产品的价值量就小于货币价值量，循环中货币过多，1100 亿货币购买价值 1000 亿的实物产品，其结果是出现通货膨胀，价格上升 10%。如果政府征税 200 亿，又支出 200 亿，那么国民收入循环中货币价值量与实物产品价值量相等，GDP 循环就正常运行，失业和通货膨胀都不会出现。

可见，三部门循环分析可以得出国民收入正常循环的第二个条件：政府收支平衡，即 G=T。

三、四部门循环模型

在三部门循环的基础上，再加上国际贸易活动（进出口）（称为国际部门），就成为 GDP 的四部门循环模型。其对应的 GDP 公式为：

$$C + I + G + X \approx GDP \approx C + S + T + M$$

由于只是抽象地分析国民收入物品和货币的循环，所以把国际贸易加入这个循环要有两个假定：第一，不考虑国际间汇率的差别，即假定本国货币与外国货币是相同的货币，汇率为 1:1。第二，不考虑政府的关税活动，即假定国际贸易是没有限制的自由贸易。

现在分析进出口对 GDP 循环的影响。假定该经济社会将生产的价值 1000 亿产品中的 200 亿实物产品出口到国外，收回 200 亿的货币收入，没有进口。那么国内 GDP 循环中，只剩价值 800 亿的实物产品，而货币却有 1200 亿。结果会出现 50% 的通货膨胀率。

假定该经济社会将 1000 亿货币收入中的 200 亿货币从国外进口价值 200 亿的实物产品，没有出口，那么，200 亿货币流到国外，200 亿实物产品进入国内循环。GDP 循环中，货币数量只剩 800 亿，而实物产品价值却有 1200 亿，其结果是 30% 的实物产品过剩，卖不出去。

如果在上面第一种极端情况下，将出口收回的 200 亿货币收入再从国外进口价值

200亿的实物产品，即出口=进口，那么国内GDP的循环中实物产品的价值量=货币价值量，循环正常进行，没有通胀和过剩。从四部门循环分析中，可以理解为什么各国都严厉打击走私活动。走私是货币通过"黑道"流到国外，实物产品也通过"黑道"流入国内市场。由于走的是"黑道"，政府无法知道其交易的数量是多少。例如，假定走私的规模是100亿，就意味着有100亿货币流到国外，100亿实物产品进入国内市场，这样在国民收入循环中，货币只有900亿，实物产品则有1100亿，其结果是200亿的实物产品过剩。因此，走私活动会严重损害国民收入总量平衡。

因此，以四部门循环分析又得出GDP正常循环的第三个条件：进出口贸易平衡，即X=M。

四、国民收入总公式的意义

$$（总支出或总需求）\quad（总产出或总供给）$$
$$C+I+G+X \approx GDP \approx C+S+T+M$$
$$I=S$$
$$G=T$$
$$X=M$$

在国民收入总公式中，不考虑等式两边的C项，等式两边就各剩下三项。从国民收入循环分析中得出上述三个等式是GDP正常循环的条件。所谓正常循环的条件，也就是GDP均衡的条件，总供给和总需求均衡的条件。但是这三个条件是从GDP定义本身，从理论分析上概括出来的。

在实际经济运行中，这三个条件又是总供给和总需求出现失衡的三个环节。例如，当经济运行低迷，投资机会不多的情况下，银行吸收的储蓄并不一定能全部贷出去转化为投资，投资和储蓄并不一定相等，I<S，总需求小于总供给，GDP也只能均衡在较低的水平，社会存在失业和设备闲置。再如，经常从政府年度报告中听到当年财政出现赤字或盈余，进出口贸易出现逆差或顺差等。可见，在实际经济运行中，政府收支也不一定平衡对外贸易也不一定平衡。那么，国民收入总公式的分析又有什么意义呢？

1. 国民收入总公式分析的第一个意义是从理论上概括出了GDP稳定增长的三个条件

从理论上说，在国民经济运行中，只要实现I=S、G=T、X=M这三个条件的平衡，经济社会就能实现价格稳定（没有通货膨胀），充分就业（没有失业）的GDP的稳定增长，也就是实现GDP的增长达到潜在的充分就业的GDP的增长水平。

2. 国民收入总公式分析的第二个意义是对国民经济运行或GDP增长中的失衡状态做了初步的诊断

从GDP循环分析中，可以理解当I<S或I>S时，当X<M或X>M时会对GDP的总量平衡关系，即总需求和总供给的平衡产生什么影响。例如，当I<S时，总需求小于总供给，社会会出现生产过剩和失业。这样，当经济运行出现失业，通货膨胀或实际GDP水平下降，就会初步判断可能会在哪个环节出了问题，或者说经济运行在哪个环节上"生病"了。

3. 国民收入总公式分析的第三个意义是为政府这位"医生"监护国民经济健康成长和稳定运行提供了思路和手段

在 GDP 总公式中，政府收入和支出，即 T 和 G 两项是政府可以自主运作的，而其余各项 C、I、S、X、M 则是市场机制自发调节和运作的。这样当市场经济系统的运行出现失衡或波动时，即经济运行出现失业、通货膨胀和 GDP 下降等不健康状态时，政府可以通过收入和支出政策来调节和平衡失衡的总量关系，促进市场经济系统的稳定运行。例如，当 I<S 时，经济会出现失业和 GDP 均衡水平下降，那么政府可以采取扩大公共投资即增加政府支出的手段，使 G>T，来平衡总量关系。再如，当 X>M 时，经济会出现通货膨胀，这时政府可以采取减少政府支出的办法，使 G<T，或者利用关税政策调节进出口数量、品种来平衡总量关系等。

以上三点就是 GDP 总公式分析的理论意义和实际意义。

GDP 是一个经济社会一年新生产价值的总和，它是对经济运行质量的一个基本度量指标。通过对 GDP 核算和循环的分析概括出了 GDP 的总公式，并对总公式的理论意义和实际意义进行了说明，从而为以后各章讨论总量关系的细节和政府的政策作用提供了思路和铺垫。

本章总结和提要

经济学家用 GDP、通胀率、失业率等指标衡量国民经济运行质量的变化。特别是实际 GDP 指标，它不仅反映经济社会实际财富的变动，由于它是个市场成交值概念，这个指标本身又体现总需求和总供给的总量平衡关系。经济学家用 GDP 指标的两种间接核算方法概括出国民收入总公式，通过对国民收入循环的分析，说明了总需求和总供给总量平衡的条件，以及总量失衡的初步原因和对我们经济生活的影响。

思考题

1. 宏观经济学追求的目标是什么？这些目标对我们的经济生活有什么意义？
2. 你如何评价现代凯恩斯主义主流经济学派和新自由主义学派的根本分歧？
3. 经济学用哪些指标衡量国民经济运行的质量？这些指标有什么意义？
4. 仔细分析和说明 GDP 名义 GDP 和实际 GDP 潜在的或充分就业的 GDP 的区别和联系。
5. 用支出法间接核算 GDP 的原因和思路是什么？
6. 经济学是怎样概括出国民收入总公式的？
7. 走私对国民经济总量关系有什么危害？
8. 说明国民收入总公式分析的意义。

第九章　国民收入的波动

根据历史和逻辑相一致的原则，本章运用凯恩斯的简单国民收入模型讨论均衡国民收入的决定以及消费、储蓄和投资关系的细节，本章的目的是对国民收入的波动和经济周期的原因进行探讨。

第一节　凯恩斯的 45°线模型

凯恩斯的 45°线模型也称国民收入决定模型。它是宏观经济学第一个总量分析模型。它形象、直观地表达了凯恩斯主义一些主要的宏观经济思想，也是西方学者用来分析宏观经济学重要理论问题的一个基本工具。下面介绍一下这个模型的基本含义及运用。

一、45°线模型的含义

把国民收入总公式 $C+I+G+X \approx GDP \approx C+S+T+M$ 标在 45°线坐标曲线图上就是凯恩斯的国民收入决定模型。

图 9-1 中，横轴代表总产出或总供给，即 $C+S+T+M$ 总额，纵轴代表总支出或总需求，即 $C+I+G+X$ 总额，45°线把坐标平面平分为两半，线上任一点到横轴和纵轴的距离相等，所以 45°线上任一交点都有均衡国民收入，即总支出与总产出相等的国民收入。均衡国民收入就是国内生产总值 GDP。

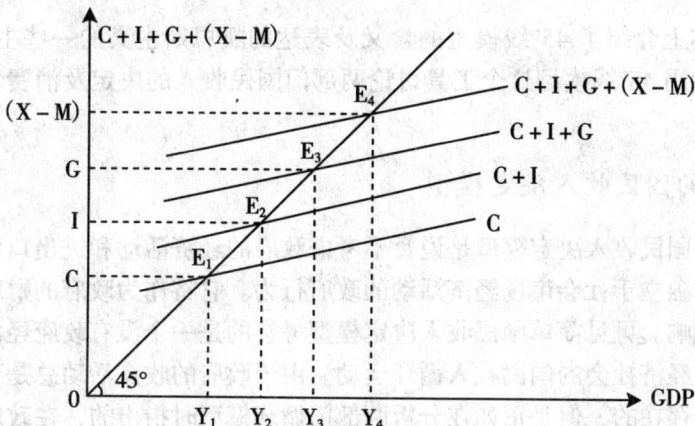

图 9-1　凯恩斯国民收入决定模型

图 9-1 中，C 为消费曲线，它与 45°线的交点对应的纵轴上的刻度代表总支出中消费支出的数额，在 C 曲线上加上投资支出 I 的数额就是 C+I 曲线。在 C+I 曲线上加上政府支出的数额即为 C+I+G 曲线。在 C+I+G 曲线上加上出口的数额即为 C+I+G+X 曲线。该曲线即为总需求曲线或总支出曲线。

从图 9-1 中看到，如果只考虑消费支出 C 的数额，C 曲线与 45°线相交于 E_1 点，均衡国民收入为 Y_1 的水平；加上投资支出总额，C+I 曲线与 45°线相交于 E_2 点，均衡收入达到 Y_2 的水平；加上政府支出总额，C+I+G 曲线与 45°线交于 E_3 点，国民收入达到 Y_3 的水平；加上出口，国民收入达到 Y_4 的水平。观察图 9-1 要注意两点：一是总需求支出增加或减少，即总需求曲线上移或下移，会导致 45°线上均衡点上移或下移，其对应于横轴的均衡国民收入会增加或减少。这表明均衡国民收入水平取决于总需求的支出水平。二是总需求曲线中的各项：C、I、G、X，其增加或减少都会导致总需求曲线上移或下移，从而导致均衡国民收入增加或减少。

通过上述简单的分析可以看到，该模型直观地表达了凯恩斯主义一些重要的宏观经济思想：

（1）均衡国民收入水平取决于总需求（即有效需求）的支出水平。凯恩斯认为，均衡国民收入（即国民生产总值）不取决于产出总额，而取决于有效需求支出总额。即有效需求支出增加，均衡国民收入水平提高，有效需求支出减少，均衡国民收入水平下降。凯恩斯的这个思想可以概括为：需求创造产出和供给，这也被称为凯恩斯定理。这与古典经济自由主义的萨伊定律供给创造需求，正好相反。

（2）政府支出政策能有效地影响均衡国民收入水平。即政府支出增加，均衡国民收入水平提高，反之，则均衡国民收入水平下降。由于政府支出 G 是总需求曲线中的一项，政府支出增加或减少会导致总需求曲线上移或下移和均衡国民收入水平上升或下降。

（3）消费、投资和出口是拉动经济增长的三驾马车。即消费、投资、出口额增加，能有效地提高均衡国民收入水平。总需求中的各项除去政府支出 G，就是消费、投资和出口。因此，凯恩斯认为，促进消费、投资和出口额的增加能有效增加总需求和促进 GDP 的增长。

以上从总体上介绍了 45°线模型的含义及表达的凯恩斯主义的一些主要经济思想。下面说明如何运用 45°线模型这个工具讨论两部门国民收入的决定及消费、投资、储蓄关系的细节。

二、简单的国民收入决定模型

所谓简单的国民收入决定模型是说暂不考虑政府的经济活动和进出口贸易。政府的收支活动是相对独立于社会市场经济活动的政府行为。它将作为政府的财政收支政策对经济活动施加影响。可见简单国民收入决定模型考察的是一个没有政府经济活动，没有国际贸易的简单经济社会的国民收入循环运动。由于政府的收支活动总是存在的，进出口贸易活动也是存在的，但是正如在分析两部门循环模型时指出的，在政府收支平衡的前提下，模型循环的价值总量不变；在假定外汇汇率为 1:1，进出口贸易平衡的前提下，模型循环的价值总量也不变。因此也可以说简单国民收入决定模型考察的是在政府收支

平衡、进出口贸易平衡前提下的一个简单经济社会的 GDP 的运动。

　　与简单国民收入模型对应的国民收入总公式为 C+I=Y=C+S。用 Y 代替 GDP 是因为从 GDP 到 PDI 指标有差别，因此准确地说用 Y 是代表个人可支配收入 PDI。相应的简单国民收入决定模型的图形如图 9-2 所示。

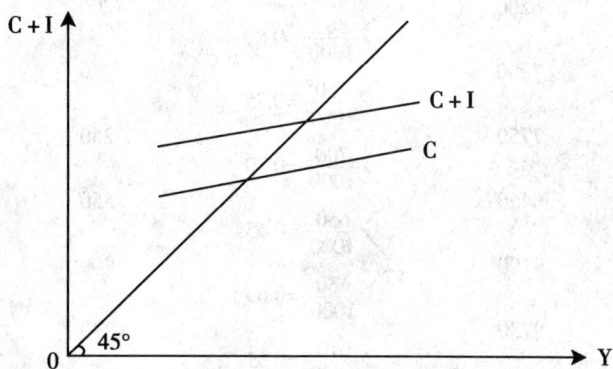

图 9-2　简单国民收入决定模型

　　从简单国民收入公式和简单国民收入模型中看到，在一个简单的经济社会中，C、I、S 三个因素决定均衡国民收入水平。

第二节　消费、储蓄和投资

一、收入与消费、储蓄的关系

　　Y=C+S 的式子表示，个人可支配收入最终分为消费和储蓄两种用途，而且 Y-C=S。因此，收入是影响消费和储蓄的重要因素。对许多家庭消费模式的研究和统计资料显示，随着国民收入的增长，社会消费总额和储蓄总额都在增长。但消费的增长相对于收入的增长来说是以递减的速度增长，而储蓄的增长相对于收入的增长是以递增的速度增长。这种随着收入增长，消费和储蓄增长中呈现出的不同趋势，凯恩斯把它称为边际消费倾向和边际储蓄倾向，见表 9-1。

　　从表 9-1 中看到，随着收入的增加，消费和储蓄都在增长。但二者增长的趋势是不同的，它表现为边际消费倾向递减（由 0.80 至 0.61）和边际储蓄倾向递增（由 0.20 至 0.39）。这种不同趋势在西方工业社会工业化的初期和成长期是符合实际情况的。

　　边际消费倾向（MPC）是指消费增量与收入增量的比值。它表示增加一单位收入中，用于增加的消费部分的比率（例如 0.80 表示增加的 1000 亿收入中用于消费增加的部分为 80%）。**也表示消费随收入增长而以递减速度增长的关系。用公式表示：MPC=** $\frac{\Delta C}{\Delta Y}$（例如上表中收入增量由 6000 亿美元至 7000 亿美元，$\Delta Y=1000$ 亿美元，消费增量由 6200 亿美元至 7000 亿美元，$\Delta C=800$ 亿美元，$MPC=\frac{\Delta C}{\Delta Y}=\frac{800}{1000}=0.8$）。

表 9–1 边际消费倾向和边际储蓄倾向表

单位：亿美元

个人可支配收入 Y	消费开支 C	边际消费倾向 $MPC=\dfrac{\Delta C}{\Delta Y}$	净储蓄 Y–C	边际储蓄倾向 $MPS=\dfrac{\Delta S}{\Delta Y}$
6000	6200		–200	
		$\dfrac{800}{1000}=0.80$		$\dfrac{200}{1000}=0.20$
7000	7000		0	
		$\dfrac{750}{1000}=0.75$		$\dfrac{250}{1000}=0.25$
8000	7750		250	
		$\dfrac{700}{1000}=0.70$		$\dfrac{300}{1000}=0.30$
9000	8450		550	
		$\dfrac{650}{1000}=0.65$		$\dfrac{350}{1000}=0.35$
10000	9100		900	
		$\dfrac{630}{1000}=0.63$		$\dfrac{370}{1000}=0.37$
11000	9730		1270	
		$\dfrac{610}{1000}=0.61$		$\dfrac{390}{1000}=0.39$
12000	10340		1660	

注：该表数字是假定的。假定个人可支配收入以 1000 单位增长，是为了便于用数字的例子说明收入与消费、储蓄的关系，及掌握如何测算边际消费倾向和边际储蓄倾向的方法。

边际储蓄倾向（MPS）是指储蓄增量与收入增量的比值。它表示增加一单位收入中用于增加的储蓄部分的比率，也表示储蓄随收入增长而以递增速度增长的关系。用公式表示：

$$MPS=\frac{\Delta S}{\Delta Y}$$

MPC 和 MPS 表示消费和储蓄随收入增长而变化的依存关系。这种关系用数学语言讲就是函数关系，所以 MPC 和 MPS 用数学语言表达就称为消费函数和储蓄函数，其数学表达式分别为：

1. 消费函数：C=a+bY

式中 a 表示必不可少的消费部分，即收入为 0 时举债或使用以前的储蓄（如上表中的负储蓄）也要有的消费；b 表示边际消费倾向，b 与 Y 的乘积表示所增收入中消费占的部分或收入引致的消费。所以 C=a+bY 表示的经济含义为：消费等于自主消费与引致消费之和。

将表 9–1 收入和消费两栏的数字标在 45°线坐标曲线图 9–3 上，可以得到消费函数曲线，它可以直观地反映边际消费倾向的性质。

从图 9–3 中看到，由于边际消费倾向递减，随着收入增长，C 曲线越来越偏离 45°线，消费曲线与 45°线的垂直距离显然是储蓄的部分。在收支平衡点 A 的左边，C 曲线处在 45°线的上方，它表示社会存在负储蓄。在 A 点收入和消费支出相等，过 A 点随着收入的增加，消费的增加呈递减的趋势，这就是凯恩斯的边际消费倾向递减规律在图形上的表现。

2. 储蓄函数

由于 S=Y–C=Y–(a+bY)=–a+(1–b)，所以储蓄函数表达式为：

图 9–3　消费函数曲线

$$S = -a + (1-b)Y$$

把表 9–3 收入和储蓄两栏的数字标在坐标曲线图上,可得到储蓄函数曲线(图 9–4)。

图 9–4　储蓄函数曲线

从消费函数和储蓄函数的说明中,可以看出这两个函数为互补函数。表 9–3 数字中,边际消费倾向和边际储蓄倾向之和永远等于 1,就说明了这种关系。

二、消费和储蓄的关系

$Y-C=S$ 的式子表明个人可支配收入减去消费等于储蓄,这个关系是很重要的。一个经济社会如果消费较少,那么一年收入中剩下用于储蓄的部分就较多。储蓄较多意味着社会新资本形成较多,国民收入就能较快增长。反之,储蓄少,新资本形成就少,经济增长就慢。从这个意义上说储蓄率是经济潜在增长能力的一个重要参考指标。

随着收入增长,消费和储蓄增长的不同趋势是凯恩斯对 19 世纪西方工业国家的研究提出的,也基本上符合工业化初期阶段和成长阶段的情况。随着西方发达国家进入后工业化社会,特别是 20 世纪中期以后,这种情况发生了变化。以美国为例,根据萨缪尔森的研究,美国战后国民储蓄率一直在 6%~8% 之间徘徊。20 世纪 80 年代以后持续下降至 4%~5% 之间。国民储蓄率的下降趋势引起美国经济学家的关注,因为如此低的储蓄率不要说新资本形成缓慢,就是旧资本的更新也很困难。因为,4%~5% 之间的储蓄率意味着美国国民资本的更新周期在 20 年以上。而且,在这 20 年间没有任何新资本的形成。因此它对未来的经济增长将产生严重的影响。

　　许多西方学者认为，发达国家社会保障体系的完善是国民储蓄率不降的重要原因。根据生命周期学说，人们在工作时期储蓄是为了为老年不能工作退休后储备一笔基金。而社会保障体系的完善则消除了个人储蓄的必要性，使人们的储蓄观念淡化。

　　还有的西方学者认为，储蓄率下降是经济增长率下降的自然产物，在收入快速增长时期，社会自然会形成可观的储蓄和净投资。相反，在一个停滞的经济社会，储蓄率和净投资自然会下降。

　　还有的学者认为，国民储蓄率下降是由于累进个人所得税的高税率。这种看法也有道理，高税率使政府拿走了私人用于储蓄的部分，从而使社会的资本投资日益成为政府行为，这是否是社会发展模式变化的一个信号呢？

三、储蓄和投资的关系

　　从消费函数曲线图 9-3 上看到，随着收入的增长，消费曲线与 45°线之间的缺口越来越大。这个缺口的垂直距离就是储蓄。如果储蓄能全部转化为投资支出，则总需求与总供给相等，国民收入的均衡就处在 45°线上的 B 点，如果 S 不能全部转化为 I，I < S 就会出现失业，国民收入只会处在一个较低的均衡水平上。所以储蓄和投资的关系是很重要的。

　　自由主义的、古典的经济学家认为，储蓄和投资总是恒等的，因为供求机制会自动调节储蓄和投资，使之趋于相等。凯恩斯和萨缪尔森否认了这种一致性，他们认为储蓄和投资是不同的人出于不同的目的和动机各自独立进行的，所以二者不一定正好相等，这是造成总量失衡、过剩、失业的重要原因之一。

1. 储蓄和投资的差异

　　国民储蓄是指个人、企业和政府储蓄的总和。企业储蓄的动机是投资，但储蓄的主要来源是个人或家庭，其动机是各种各样的，或者为了应付不测之需，或者为了养老等。萨缪尔森认为，不论其动机是什么，个人储蓄往往和企业的投资机会没有直接的关系。

　　投资是指新资本的形成。经济生活中，某人买了一幢房产，他说他是在"投资"。这种说法从微观经济学个人行为的角度讲是对的。但从宏观经济学的观点看，这只是资产转移，只是房产从房产公司转移到个人手里，并没有出现新资本的形成或增加。**宏观经济学所讲的投资是指实际资本物品的生产和形成**。因此投资是企业和公司的行为。什么因素决定企业的投资行为呢？首先是经济的景气度，或者说是整个经济活动的收益率。如果企业的经营收益率在上升，企业就会产生扩大投资的冲动。其次是投资的成本。投资成本包括贷款利率的高低，以及贷款的难易程度。最后是对未来收益的预期。对未来收益的预期则涉及更多的因素，政治经济环境是否宽松，经济是否能继续成长等。可见决定企业投资行为的因素很多，而且和储蓄没有必然的联系。

　　历史统计资料表明，投资在不同年份的波动性是很大的。通过分析造成投资波动的各种原因，萨缪尔森把造成投资变动的原因大致分为两类：第一类是经济体系以外的因素，如战争、自然灾害、新技术、新产品发明、政治动荡、新资源新机会的发现等。第二类是经济体系以内的因素，如收入的变动、利率的变动都会对投资变动产生影响。萨缪尔森认为，历史事实表明，第一类因素是引起投资数量剧烈变动的主要原因。由于这些因素是经济体系以外的因素，又是不可预测的因素，所以投资的变动目前尚无规律可循。当然如果出现新技术发明，可以预测投资将会有很大的增长，不可预测是指不知道什么时候会出现新技术发明，等等。因此，企业的投资机会与储蓄也没有必然的联系。

2. 储蓄和投资的关系

由于影响储蓄和投资的各种因素是独立的，多方面的，所以二者的关系比较复杂，但还是可以概括为以下几方面：

（1）尽管储蓄和投资各自具有独立性，但投资仍然受到储蓄的限制。在任何时期，投资的规模都受到储蓄所能提供的资金限制。

（2）由于投资的剧烈变动主要由经济体系以外的因素引起，尚无规律可循。一方面，西方学者认为投资的剧烈波动是造成经济波动的主要原因；另一方面，经济学者由于还没有完全了解投资变动的规律，只能根据已知的条件预报和调节经济波动，还不能完全消除经济周期。"经济预报还只是凭直觉的艺术，而非凭观察的科学。"

（3）尽管收入和利率不是投资变动的主要因素，但它们对投资变动还是有一定的影响。一般来讲，收入增加，投资会增加，收入减少，投资也会减少；利率提高，投资会减少，储蓄会增加，利率降低，投资会增加，储蓄会减少。因此，运用某种政策手段调节利率，通过利率来影响储蓄和投资，使之趋于平衡在一定程度上还是有意义的。

通过上述分析，可以得出以下两点结论：

第一，传统的自由主义的经济学者认为，经济体系内部存在自发调节的机制，使投资必然等于储蓄，即储蓄和投资恒等。依据这一观点，在 C + I = Y = C + S 的公式中，等式两边就是恒等的，总需求和总供给自然是平衡的，国民经济会均衡、稳定地运行，政府干预就没有必要，宏观经济学也没有必要建立了。显然，经济危机和波动的事实不支持这种见解。

第二，GDP 是市场价值概念，因此经济体系内部的供求机制在一定程度上可以调节投资和储蓄，从而调节均衡收入水平。但投资和储蓄是相互分离、由不同的人各自独立进行的行为，市场供求机制并不能保证二者必然相等。更重要的是投资的剧烈变动主要来自于经济体系外力的作用和影响，而经济体系的内部机制不可能决定和调节外部因素。因此，当投资的波动超过一定程度时，经济体系内部没有良好的自发调节的机制使投资和储蓄必然相等，必须通过政府采取适当的宏观经济政策进行调节，这是凯恩斯主义强调政府干预经济必要性的一个重要的理论依据。

萨缪尔森认为"除非执行适当的宏观经济政策，否则自由放任的经济制度不能保证投资的数量会处于正好维持充分就业的水平；不小到造成失业的地步，也不大到造成通货膨胀的地步。就总投资和货币支出能力而论，自由放任制度没有良好的自动调节设备"。[①]

3. 投资函数

利率在一定程度上会影响投资和储蓄。所谓一定程度是指利率只能部分地影响投资

---

① 萨缪尔森：《经济学》第 10 版，上册，商务印书馆，1982 年版，第 292 页。

的变动。所以据此还是可以建立投资与利率之间的函数关系。

投资函数的表达式为：I=e-dr

式中 e 表示不受利率影响的企业自主或自发投资部分，也就是说这部分投资主要受经济体系以外因素和收入的影响；d 表示受利率影响的投资部分，即利率每上升或下降一个百分点，投资会减少或增加的数量。"-"号表示投资与利率存在反方向变动的依存关系。

假定，投资函数为：I=1500-300r，（单位：亿美元），可以做出投资函数的曲线图形。

图9-5　投资函数曲线表明，投资 I 与利率 r 成反方向变动

投资函数曲线又称投资需求曲线，也称投资边际效率曲线，投资边际效率是从资本边际产出率概念引申出来的。

由于投资是指实际资本物品的形成，也就是资本的需求，所以把投资函数曲线图中横轴 I 换成 K（资本），投资函数曲线就是资本需求曲线。资本需求曲线的背后是资本的边际产量曲线或资本边际产出率曲线，凯恩斯把它称为资本的边际效率（MEC）曲线，只是换了个称呼而已，实际上是一个概念。

资本净产出率表现为一般（平均）的市场利息率。凯恩斯把资本边际效率（MEC）定义为一般市场贴现率。贴现率是指如果一笔在数年后才可以兑现的资产收益现在要兑现，银行要依据利息率扣回这数年间的利息收益，才能兑现。现在的兑现值银行称为贴现值，利息率称为贴现率。所以这不过是利息率的另一个角度的说法。

讨论利息率，资本的边际产出率或边际效率是为了解释投资为什么与利率成反方向变动的关系。理论上分析的资本净产出率体现为一般无风险的市场利息率，是一种抽象分析。它是社会实际生活中千差万别的各种资本项目不同的净产出率的一个平均值。而且还不包括各种风险因素。当企业与公司选择投资机会与项目时，它们会把该投资项目的预期收益率（该资本项目的净产出率加上各种风险因素的考虑和折扣）与一般市场利息率进行比较，因为贷款利率是投资成本，只有收益高于成本才值得投资，所以当利率高时，投资成本较高，许多项目就不值得投资了，投资就会减少；当利率降低时，投资成本降低，许多项目又值得投资了，投资就会增加。

第三节　均衡国民收入的决定

本节运用凯恩斯简单国民收入决定模型讨论一个简单的经济社会均衡国民收入的决定问题。联系上一节消费、储蓄和投资关系，通过这个模型的讨论可以理解凯恩斯均衡国民收入水平取决于有效需求支出水平的思想，以及有效需求不足，国民收入只能均衡在较低水平，社会会存在生产过剩和失业的思想。

一、用消费和投资说明均衡收入的决定

图9-6中横轴代表国民收入或总产出 Y，纵轴代表有效需求支出总额，即消费支出＋投资支出之和。

图9-6　均衡国民收入决定于有效需求（实际总需求）的支出水平

消费曲线 C 代表社会消费支出总额，在消费曲线上加上投资支出额就得到 C＋I 的总支出曲线。C＋I 曲线与45°线的交点 E 就是国民收入的均衡点，可见有效需求支出额决定均衡国民收入的水平。

显然，只有当纵轴代表的居民、家庭的实际消费支出和企业的实际投资支出之和与横轴代表的企业的实际产出相等时，国民收入才处于均衡的 E 点，这时既不会有生产过剩和失业，也不会有通货膨胀。但是成千上万各自独立的家庭支出和企业投资支出又怎么能正好与企业的产出相等呢？下面就进一步分析当总支出与总产出出现较小程度的差异时，市场供求机制如何在一定程度上调节国民收入达到均衡水平。

第一种情况，假定居民、家庭和企业的 C＋I 支出总额小于企业的产出总额 Y，如图9-6上均衡点 E 的右方 F 点所示，C＋I 曲线低于45°线。在这种情况下，显然企业的存货会增加，销售量会减少，企业能收回的支出小于它生产 GDP 的各项开支，利润率下降，企业将被迫缩减产量，GDP 或 Y 会收缩至均衡点。由此可以得出得论，当 C＋I＜Y 时，会导致国民收入收缩。

第二种情况，假定居民、家庭和企业的 C＋I 支出总额大于企业的产出总额 Y，如图

9-6 上均衡点 E 的左方 G 点所示，C+I 曲线高于 45°线。在这种情况下，市场需求旺盛，企业存货减少，销售量增加，企业会开足马力增加产量，产出的增加会使国民收入扩张至均衡点 E。由此可以得出结论，当 C+I＞Y 时，会导致国民收入扩张。

进一步推论，当 C+I＝Y 时，国民收入达到均衡状态。由于 C+I＝Y＝C+S，所以也可以说，当 I＞S 时，国民收入扩张；当 I＜S 时，国民收入收缩，当 I＝S 时，国民收入达到均衡状态。

但上述分析只适合于总支出和总产出存在较小程度差异的情况，或者说，当总支出和总产出存在较小程度的不等时，或者 I 和 S 存在较小程度差异时，市场供求机制可以在一定程度上调节国民收入达到均衡状态。

当总支出和总产出，或者 I 和 S 出现较大程度的差异或不等时，市场供求机制就没有能力调节国民收入了。这时的国民收入仍然是均衡的（因为 GDP 是个市场价值概念），只是均衡的水平低于实际产出或高于实际产出，就会存在失业、过剩或通货膨胀。如图 9-7 所示。

图 9-7　均衡收入与失业和通货膨胀

图 9-7 中，C+I 曲线为实际总支出曲线或有效需求支出曲线。Y_1 和 Y_2 两条垂直的虚线代表实际产出或充分就业的潜在产出水平。先假定第一种情况，即社会实际产出为 Y_1 的水平，但社会有效需求支出 C+I 水平很低，二者的差距如 G 所示，C+I 支出曲线与 45°线相交，均衡收入为 $\bar{Y}$ 的水平，社会存在大量的产品过剩，即 $\bar{Y}$ 与 Y_1 数量的产品卖不出去；从而导致企业流动资金无法收回，工人大量失业。第二种情况，假定社会实际产出为 Y_2 的水平，但社会有效需求支出即 C+I 支出水平却大大超过了实际产出水平，如 F 点所示，C+I 曲线大大高于 45°线，这时均衡国民收入水平仍然由有效需求支出水平决定，即在 E 点达到均衡，名义 GDP $\bar{Y}$ 的水平超过实际 GDP Y_2，这表现为社会物价上涨，通货膨胀。

由于 GDP 是一个市场价值概念，即市场买卖双方成交值的概念，所以萨缪尔森说，即使在社会存在失业或通货膨胀的情况下，GDP 也是均衡的（只不过是均衡水平是高于实际产出，还是低于实际产出水平而已）。讨论均衡收入的决定问题意义不大，宏观经济学探讨的是造成国民收入波动、失业和通货膨胀的原因。凯恩斯认为，由于边际消费倾向递减和投资收益率的不确定性，社会有效需求支出水平总是低于实际产出水平，因此，失业和生产过剩是经济社会经常出现的情况。

通过上述分析，可以得出以下结论：

第一，均衡国民收入水平由有效需求水平或实际的 C+I 支出水平决定。有效需求水平增加，均衡国民收入水平提高；有效需求水平减少，均衡国民收入水平下降。

第二，当有效需求支出水平与总产出水平存在较小程度的差异时，市场供求机制在一定程度能自动调节有效需求和产出水平。当 C+I>Y，或 I>S 时，均衡国民收入扩张；当 C+I<Y，或 I<S 时，均衡国民收入收缩；当 C+I=Y，或 I=S 时，国民收入达到均衡状态，经济社会不存在生产过剩、失业和通货膨胀。

第三，当有效需求支出水平与总产出水平存在较大程度差距时，或 I 和 S 出现较大程度差距时，市场机制就没有能力自动调节有效需求和产出水平。这时，均衡国民收入水平仍由有效需求支出水平决定。当有效需求支出水平大大低于实际产出水平（或潜在产出水平）时，均衡收入水平低于实际产出水平（或潜在产出水平），社会存在生产过剩和失业；当有效需求支出水平大大高于潜在产出水平时，均衡收入水平（名义国民收入）高于潜在产出水平，就会存在通货膨胀。

二、用消费函数预测均衡收入水平

由于消费和收入之间存在依存关系，可以用消费函数来预测均衡国民收入水平。

依据 $\begin{cases} Y=C+I & (收入恒等式) \\ C=a+bY & (消费函数) \end{cases}$

解上述联立方程，就得到均衡收入公式：

$$Y=\frac{a+I}{1-b}$$

如果从社会统计资料中得到社会必需的消费额 a，边际消费倾向 b，社会投资总额 I，就可以预测当期的均衡国民收入水平。

例如，假定消费函数为 C=900+0.8Y，投资为 200（单位：亿美元），则当期的均衡收入大约为：

$$Y=\frac{900+200}{1-0.8}=5500 \ (亿美元)$$

这个预测值只考虑了 C+I 支出，还没有考虑政府和对外贸易活动的影响，所以只是大约。考虑上述两个因素的影响，还要加上政府支出净值（政府支出减去政府税收收入）×支出乘数和净出口（出口减去进口）×支出乘数，预测就会更精确些。

第四节 国民收入的波动

萨缪尔森认为，对宏观经济学来说，均衡国民收入决定并不重要。由于 GDP 是市场成交值概念，无论均衡水平高低，或者说无论是否出现生产过剩、失业或通货膨胀，

GDP 都是均衡的。宏观经济学关注的是国民收入的波动，即失业或通货膨胀的原因和对策。下面讨论国民收入为什么会出现波动。为此还需要了解收入和投资相互作用的机制，即乘数原理和加数原理。这两个原理是大多数西方学者解释经济波动原因的理论组成部分。

一、乘数原理

1. 投资乘数

从图 9-6 中可以看出投资对国民收入水平的作用和影响，即投资增加会引起国民收入增加或均衡收入水平提高；投资减少则会引起国民收入减少。乘数理论是要进一步说明增加一笔投资，引起的国民收入增量将是投资增量的数倍，就是说投资增量对收入增量具有乘数的作用。

表 9-2　投资乘数模型

单位：亿美元　MPC=4/5

	ΔI 投资增量	ΔY 收入增量	ΔC 消费增量	ΔS 储蓄增量
第一轮	1000	1000	800	200
第二轮		800	640	160
第三轮		640	512	128
第四轮		512	409.6	102.4
第五轮		409.6	327.7	81.9
…		…	…	…
合计		5000	4000	1000

假定，由于新技术、新产品发明引起社会投资增加了 1000 亿美元，即表中投资增量 ΔI 为 1000 亿美元。这对国民收入会有什么影响呢？首先第一轮，当社会增加 1000 亿美元的投资，就意味着对资本物品的购买增加了 1000 亿美元，这 1000 亿美元就会转化为生产这些资本物品的厂商支付给各要素的收入，即 Y 就有 1000 亿美元的增量（ΔY）。假定边际消费倾向 MPC 为 $\frac{4}{5}$，那 ΔY 的 1000 亿美元中又会有 800 亿美元转化为消费增量（ΔC），200 亿美元转化为储蓄增量（ΔS）。这就是第一轮各栏的数字。而收入增量的循环才刚刚开始，再看第二轮。

第二轮，消费增量的 800 亿美元又构成对社会最终消费产品 800 亿美元的购买额，这个购买额又转化为生产这 800 亿美元消费品的厂商及各要素的收入，从而使 Y 又增加 800 亿美元。根据边际消费倾向，这 800 亿美元的收入增量又分解为 640 亿美元的消费增量和 160 亿美元的储蓄增量。

第三轮，640 亿美元的消费增量又导致收入增加 640 亿美元……如此循环，读者可以自己计算第六轮、第七轮等的数字，最后进行加总，就会看到 1000 亿美元投资增量导致了 5000 亿美元的国民收入增量。就是说国民收入增量的倍数是 5，或者说乘数是 5。

进一步思考为什么乘数是 5 呢？显然这与边际消费倾向有直接的联系。如果社会的

边际消费倾向为 $\frac{3}{4}$，那么读者用上面的方法重新计算一下各栏的数字，就会发现国民收入增量只增长了 4 倍，或者说乘数为 4。如果 MPC 为 $\frac{5}{6}$，通过计算就会发现乘数为 6，因此，可以把投资乘数的公式归结为：

如果用 K 代表投资乘数，则：

$$K = \frac{1}{1-MPC} = \frac{1}{MPS}$$

投资乘数可定义为：投资乘数是边际储蓄倾向的倒数，它表示投资的增加或减少所导致的国民收入增加或减少的倍数。

投资的减少会引起收入成倍减少吗？是的，乘数是一把"双刃剑"，投资的增加会引起国民收入成倍增加，投资的减少也会引起国民收入成倍减少。试想一下，如果由于战争、自然灾害或经济增长速度下降等原因使投资者对投资前景看淡，社会投资支出减少 1000 亿美元。那么意味着什么呢？它意味着生产这些资本品的厂商的资本品销售不出去，厂商生产这些资本品的开支收不回来，厂商就不能支付各要素的工资、利息、租金等，从而收入将减少 1000 亿美元。假定 MPC 还是 $\frac{4}{5}$，那么减少的 1000 亿美元收入又意味着对生产消费品厂商的购买额减少 800 亿美元，从而使生产消费品的各要素收入减少 800 亿美元，上表各栏的数字就成了负循环，最终导致收入减少 5000 亿美元。

乘数原理的分析告诉人们，投资的波动会导致收入更大幅度的波动，或者说收入波动的幅度大于投资波动的幅度，这就是乘数原理的经济学意义。

乘数公式是依据数字推理抽象分析概括出来的，从逻辑上讲是成立的。而且，在实际的经济运行中，增加一定数量的投资，确实对国民收入增量有倍数的影响。但是这个倍数是否就像乘数公式计算得那么准确就不一定了。例如，美国国民储蓄率不到 10% 时，假定是 10%，那么根据乘数公式美国的投资乘数应该是 10，但根据萨缪尔森的研究，美国的投资乘数只是 3。这么大的差距原因是什么，有些因素还说不清楚，但收入多轮循环中的漏洞肯定是存在的。这个例子表明，对乘数公式不能机械地运用，要依据具体情况进行测算。但是乘数原理表明的投资波动会导致收入更大幅度的波动这一点是肯定的。

2. 支出乘数

如果将表 9-2 投资乘数模型中的投资增量 ΔI 换成政府支出增量 ΔG 或净出口增量 ΔX，或消费增量 ΔC，通过同样的数值推理分析，可以看到政府支出增加、净出口增加，或消费增加，对国民收入增量都具有倍数的影响，其收入循环的原理是相同的。因此，萨缪尔森认为，总支出中各项，C＋I＋G＋(X－M) 的增量，对国民收入增量都具有乘数作用，萨缪尔森把它们统称为支出乘数。就是说，投资乘数、政府支出乘数、净出口乘数，可以统称为支出乘数，其收入循环的原理是相同的，其公式与投资乘数公式相同。

我们可以把乘数原理的要点归纳如下：

(1) 投资乘数是指投资增量对国民收入增量具有倍数或乘数的影响。乘数公式可定义为边际储蓄倾向的倒数，即 $K = \frac{1}{MPS}$。

（2）投资乘数是一把"双刃剑"。因此，乘数原理的重要经济意义在于表明投资波动会导致国民收入更大幅度的波动。

（3）总支出各项的增量对国民收入增量具有相同的倍数或乘数影响。因此，政府支出乘数、净出口乘数和投资乘数统称为支出乘数。

二、加速原理

乘数原理说明了投资波动对国民收入的波动具有倍数的影响。加速原理则要说明收入的变动对投资的变动具有加速的影响。就是说，收入的增加会引起投资的加速增加，收入的减少会引起投资的加速减少。

1. 加速原理模型

加速原理是萨缪尔森首先提出并加以说明的，下面引用萨缪尔森的模型加以说明。

加速原理模型的建立有三个假定条件：

（1）一个典型的制造纺织品的厂商，它的资本产出比为 2:1。即生产 1 美元产量，需要 2 美元设备。

（2）该企业的资本设备总值 6000 万美元，它由 20 台新旧不同的机器构成，每台价值 300 万美元。

（3）每年磨损一台，需重置投资一台价值 300 万美元的设备。

假定该厂商的产品为最终产品，厂商的年销售额的变动也即收入的变动。加速原理模型将收入的变动率与投资变动率联系起来，见表 9-3。

表 9-3　加速原理模型

单位：万美元

时间①	年销售额②	年销售额的增减③	资本存量④=②×2	净投资⑤=③×2	重置投资⑥	总投资⑦
第一阶段						
第一年	3000	0	6000	0	300	300
第二年	3000	0	6000	0	300	300
第三年	3000	0	6000	0	300	300
第二阶段						
第四年	4500	1500	9000	3000	300	3300
第五年	6000	1500	12000	3000	300	3300
第六年	7500	1500	15000	3000	300	3300
第三阶段						
第七年	7500	0	15000	0	300	300
第四阶段						
第八年	7350	-150	14700	-300	300	0

第一阶段，厂商每年的产销额稳定在 3000 万美元的水平，产销额的变动为 0，这由每年 6000 万美元的 20 台机器生产，每年只需重置一台 300 万美元的机器，所以每年净投资为 0，重置投资为 300 万美元，每年的总投资也稳定在 300 万美元的水平。

第二阶段，假定第四年年产销额增加到 4500 万美元，也就是说年产销额比上一年增加了 1500 万美元，增长率为 50%，那么设备需要增加多少呢？按 2:1 的资本产出比，需要增加 1500×2=3000（万美元），即 10 台机器的设备投资。所以第四年资本存量增加到 9000 万美元，净投资增加了 3000 万美元，重置投资仍是一台 300 万美元的机器，那么总投资就增加到 3300 万美元，比上一年增加了 1000%；可见年产销额或收入 50% 的增长，引起总投资 1000% 的增长。或者说，收入小幅度的增加，就引起了投资的大幅度加速增加，这就是加速原理这一名称的来源。

但在第二阶段要保持每年的总投资稳定在 3300 万美元的水平，不发生波动（因为投资的波动会引起收入更大幅度的波动）。那么每年的年产销额都必须增加 1500 万美元。**这样就骑在了老虎背上**，必须不停顿地奔跑，使年产销额每年不停顿地增加 1500 万美元。然而经济发展的每个时期都不可能有需求和消费的不停顿的增长，它总有个阶段性的尽头。一旦年产销额停止增长，那么会发生什么事情呢？我们来看第三阶段。

第三阶段，假定第七年年产销额停止增长，仍然是 7500 万美元，那么投资会发生什么变动呢？从表 9-3 中看到，由于销售额没有增加，也就没有必要增加设备投资，这样净投资下降为 0，总投资就由上一年的 3300 万美元下降为 300 万美元。可见，销售额或收入的零下降，就引起了总投资 90% 的下降，而且根据乘数原理知道，投资的下降或减少，又会引起国民收入成倍的下降或减少。

所以，萨缪尔森认为，即使销售额或消费维持在一个很高的水平，没有下降，只是停止增长，衰退也会到来。经济运行就像一架飞机，一旦升空，就必须不停地加油飞行，一旦停止，就会掉下来。

第四阶段，销售额只下降了 150 万美元，就使总投资下降为 0。

从加速原理模型的分析中我们看到，该模型是用数字推理的方法就收入变动对投资变动的影响进行的一种**抽象分析**。

2. 乘数原理和加速原理分析的经济学意义

加速原理模型的分析表明，**就收入变动对投资的影响来看，社会对于资本品的需求，不论是存货还是设备，主要取决于生产销售或收入增长的水平。净投资的增加，只有在销售收入增加时才会出现。随着销售额和收入增长，投资会以更快的速度加速增长。根据乘数原理，投资的增加又对收入产生倍数的影响，从而展开增长的循环。一旦销售额和收入停止增长，投资又会以更快的速度加速下降。投资的下降又导致收入以倍数下降，从而展开下降的循环。可见乘数原理和加速原理说明的收入和投资的相互推动作用是经济运行中产生波动的一个内在的重要机制。**

是什么因素决定产销额和收入开始增长，从而展开增长循环；又是什么因素扭转了增长的趋势，使产销额和收入停止增长，从而展开下降的循环呢？显然是社会消费水平。当社会消费需求增加，才会推动产销额、收入、投资的增长循环；当社会消费需求停止增长，才会导致产销额和收入停止增长，趋势发生逆转。

那么又是什么因素影响社会消费需求增长的速度呢？

（1）人口数量。其增长速度是非常缓慢的。

（2）人们的消费习惯或生活方式，人们消费习惯和生活方式的改变需要一代人一代人的更替，其速度也是很慢的。老年人往往很难接受新产品的广告宣传，社会倡导新生活方式、消费方式往往是年青的一代容易接受。

（3）财富和收入分配的不均等。在经济增长中，财产的收入占据了新增收入的大部分，而富人的人数很少，消费也有限。低收入者人口众多，而收入增加有限，消费也就受到收入的限制。这也是社会消费增长赶不上生产和收入增长的一个重要因素。

理解了限制消费增长速度的因素，就可以理解当消费开始增长就会推动产销额、收入、投资的增长循环。由于消费增长赶不上生产和收入的增长速度，因此消费水平总会在一个阶段停止增长。趋势开始逆转，产销额、收入、投资开始下降的循环，直至谷底。沉寂一段时期，消费又开始复苏，经济又开始第二轮起伏波动的循环。

理解了消费增长速度赶不上生产和收入增长的速度，就可以理解为什么 19 世纪发达国家过剩的生产能力总是试图向外扩张，开发海外市场。本国消费市场的狭小，是过剩资本和生产能力向外扩张的经济动力和原因。

同时还可以理解 20 世纪 30 年代凯恩斯革命以后，发达国家通过改善收入分配不均等程度以提高社会消费水平，通过扩大政府在公共基础设施等方面的支出以提高社会有效需求，来推动经济增长的努力是有意义的。

第五节　经济周期和预测

一、经济周期的定义和一般特征

经济周期也称商业周期，它是指经济运行中周期出现的复苏、繁荣（峰）、衰退、萧条（谷）、再复苏的起伏循环。一个周期包括上述四个阶段，在没有政府干预以前，**自然周期的时间长度一般是 8~10 年。**经济学家一般认为上述四个阶段是经济周期的典型特征。

要描述每个阶段的特征还要回到政府干预以前的自然状态。

图 9-8　经济周期的特征

复苏的典型迹象是消费增加使销售额开始上升，销售额的增加使生产和收入开始增长，失业率下降投资增加，价格上升。然后是收入和投资的相互推动使经济增长加速，银行信用膨胀，价格迅速上升，直至峰顶。**峰顶的典型特征是严重的通货膨胀。**然后是暴跌和恐慌,银行信用紧缩,经济开始衰退。**衰退的典型特征是销售额开始下降,价格出现下降,通货膨胀消失,失业率开始上升。**生产出现过剩,经济落入谷底。**谷底的典型特征是广泛的失业、生产过剩和设备闲置。**低迷和萧条一个时期,消费又开始复苏,经济又开始下一轮循环。

自从生产和消费以交换为纽带的市场经济取代自给自足的小农经济以来,二百多年中,商业周期成为世界各工业国家的普遍特征。萨缪尔森根据对数十次经济周期的实证研究认为(把数百年几十次经济波动或实际 GDP 的波动标在坐标曲线图上,它呈现出千姿百态的山峰和峡谷),没有任何两次经济周期是完全相同的(指波动幅度和时间)。如图 9–9 所示。因此,不存在像月亮运行和钟摆摆动那样准确的公式,以被用来预测将来的周期。就其表现形式和缺乏规律性来说,就像流行病和天气一样,变化无常。

图 9–9 经济周期的波动

对照萨缪尔森的经济周期实证研究的结果,有意思的是,有些学者竟然奇思妙想,从乘数模型和加速模型这两个抽象分析模型中居然概括出数学公式,并且还计算出经济周期。计算出的经济周期:两年复苏,两年繁荣,两年衰退,两年萧条。摆动得像钟表一样精确。不知道这种计算结果符合哪个国家经济周期的事实?是否经过事实的检验?还有的西方学者,由于他们用数学公式计算的结果无法接受经济周期波动事实的检验,于是他们就干脆宣布不存在经济周期。这种逻辑就是说,事实必须符合数学公式计算的结果,如果不符合,事实就不存在。连经济周期的事实都不承认了!

萨缪尔森指出,值得注意的是在凯恩斯以后的时代,由于西方各工业国家普遍采取了反危机的财政和货币政策干预经济运行,经济周期尽管没有绝迹,但其特征发生了变化:

首先,严重的萧条已不再出现,衰退时间也缩短了。半个多世纪以来,现代社会的年轻人已感受不到 20 世纪 30 年代的大恐慌了。

其次,同一次经济周期在一切国家同时出现的情况没有了。20 世纪 70 年代的能源危机,90 年代的金融危机只出现在局部地区,没有扩展到全世界。

最后,今天谈论衰退的标准也提高了。衰退不仅表示经济活动绝对量的下降,而且也表示经济增长速度小于充分就业的增长速度。这种成长中的衰退开始于 1973 年。

这些特征的变化是人类对市场经济体系认识进步的结果。尽管人类还没有完全解开经济周期之谜,从而消除经济周期,但人类已认识到了造成经济波动的部分原因和机制,通过政府财政政策和货币政策的调节,缩小经济波动的幅度,提高经济运行的稳定性，在今天已经是可以做到的事情了。

二、关于经济周期原因的研究

到底是什么原因导致经济周期波动？数百年来，西方学者进行了苦苦的探索，提出了几十种经济周期理论。下面介绍有代表性和影响较大的几种观点并进行分析和探讨。

1. 消费不足论

认为消费或有效需求不足是导致经济周期波动的原因的学者很多，但对消费不足的原因又有不同看法。

凯恩斯认为，由于边际消费倾向递减，公众随收入的增加，消费支出只以递减速度增加，剩余的部分则转为储蓄。同时，由于资本边际收益递减和资本收益预期的不确定性，这部分储蓄不一定能全部转化为投资支出。这就决定了有效需求支出，即 C+I 支出总是不足。有效需求支出不足积累到一定程度就会造成生产过剩、经济波动或危机。

霍布森、斯威齐等人认为，由于收入分配不均等，富人收入过多而人数较少，消费支出有限，低收入者人口众多，但收入较少，购买力有限，从而导致社会消费不足和生产过剩。

2. 技术创新论

熊彼特认为，技术发明和创新导致投资高涨和繁荣，但技术创新过程不是连续的过程，有高潮和低潮，从而导致经济的上升和下降，形成经济周期。

3. 货币和信贷的扩张和收缩导致经济周期

货币学派的弗里德曼认为，银行货币和信用的扩张导致利率下降，从而引起投资增加，走向繁荣；银行货币和信用紧缩导致利率上升，投资减少，走向衰退。因此，消除经济波动的途径是稳定增加货币供给量的政策。

4. 太阳黑子论

该理论认为，太阳黑子的周期性活动引起气候异常，导致农业周期，农业周期又引起工业周期。

5. 资本和耐用品的更新周期

萨缪尔森认为，在所有部门中，耐用品和资本品部门的周期性波动是最大的。他说，如果我们做出生铁产量和香烟消费量的图形加以对照，我们很难在后者中看出经济周期的痕迹，然而，在生铁的产量中，除了经济周期以外，几乎什么也没有。为什么如此？因为香烟是非耐用消费品，无论年成好坏，人们的消费量是一样的。而生铁是各种资本品和耐用品的主要原料之一，如工厂设备和耐用机械、厂房和住宅建造、汽车……以及其他耐用品都要用它作原料。耐用品的需求天然具有猛烈波动的性质。在坏年成，人们可以无限期推迟购买新耐用品，在好年成，大家可以突然同时决定买进可用十年之久的耐用品。

萨缪尔森的这个看法类似于马克思的看法。马克思认为固定资本的更新周期是经济波动的物质基础。因为固定资本的更新周期一般在 8~10 年。

6. 政治因素论

波兰经济学家卡莱斯基认为，执行凯恩斯主义政策的政府在取得接近充分就业的成效时，也会导致"成本推动的通货膨胀"。因为工资上涨，从而推动价格上升。政府制止这种通货膨胀的唯一办法是人为制造一次停滞和衰退。但是民主政体的选民们不会长期容忍这种停滞。于是政府又重新开始推进充分就业以及成本推动的通货膨胀，从而不可避免地导致另一次人为的衰退。总之，混合经济制度本身会产生出由于政府主动制止和推进经济而造成的新类型的周期，这并不是由于政府官员的愚蠢，而是由于充分就业和价格稳定之间存在着基本的矛盾。政府往往处在一个两难选择的境地。

7. 乘数—加速原理导致经济波动

萨缪尔森认为，收入和投资的相互推动作用是导致经济周期波动的内在机制。萨缪尔森把西方学者的几十种研究理论分为外因论和内因论两类。凡认为经济体系以外的因素如战争、技术创新、太阳黑子等导致经济波动的被称为外因论。凡认为经济体系以内的因素如投资、收入、消费不足等导致经济波动的被称为内因论。内因论认为经济体系内部存在自我推动的机制，每一次扩张为收缩创造条件，每一次收缩又为扩张创造条件。过程的进行是循环往复有规律进行的。乘数—加速原理就是内因论的一种典型理论。现在大多数经济学家相信乘数—加速原理导致的投资和收入的相互推动机制是经济周期的主要原因。萨缪尔森认为，在各种解释周期原因的理论中，每一种理论都有一些合理的因素，但又没有一个能放之四海而皆准。因此，周期之谜仍没有完全解开。

以上介绍了西方经济学关于经济周期原因探讨的几种有代表性的观点。以下是对周期之谜做的一些探讨：

第一，探讨经济周期之谜应该在经济周期的自然状态下，确定一个周期的起点和终点。从谷底开始复苏是周期的起点，然后至顶峰，再回到谷底这个终点，为一个完整的经济周期。

第二，明确了起点和终点，应该把影响经济波动的各种因素区分为必然因素和偶然因素。必然因素决定周期的启动、增长循环、逆转、下降循环至谷底，一个完整的过程。偶然因素只影响每一个周期波动幅度大小、波动时间长短上的千差万别。表现在图形上如萨缪尔森所说，呈现出千姿百态的山峰和峡谷。导致经济周期波动的根本原因，只能从必然因素中去寻找。

第三，消费的增加是周期启动的原动力。消费增加、销售额开始上升，才引起销售收入和生产的增长，经济走出谷底，失业率下降。销售收入增加才引起净投资的增加，净投资的增加才会引起收入成倍增加，从而展开收入和投资相互推动（乘数—加速原理）的增长循环。这时，生产和收入增长加速，信用开始膨胀，价格快速上升，同时，消费增长速度与生产和收入的增速拉开距离。差距的拉大表现为消费增长相对于生产和收入的增长显得缓慢和停滞，生产过剩最终爆发，市场上堆满了销不出去的产品，企业的流动资金收不回来，银行的贷款收不回来，发生信用危机和恐慌，价格出现暴跌、银行出现紧缩，失业迅速增加，经济跌至谷底。这就是一个自然状态的经济周期的典型过程。这个过程清楚地表明，消费增长和生产、收入增长速度上的差距是导致趋势逆转、经济衰退的根本原因。

第四，消费增长速度与生产和收入增速的差异是由于两个方面原因。一方面，生产和收入具有一个相互推动的加速机制，乘数—加速原理。另一方面，消费的增长没有加速机制。收入的增加会拉动消费增长，但这种拉动作用是十分有限的。这是因为消费增长速度受两个因素制约：①自然因素，即人口增长速度和消费习惯改变十分缓慢。②社会因素，即收入分配不均等，使收入增长部分的相当比例不能转化为消费支出。

第五，消费增加是周期启动的原动力，消费停滞是趋势逆转的根本原因。因此，导致一个周期启动和趋势逆转的是消费而不是投资。熊彼特看到了新产品、新技术的发明所引起的投资高涨和经济繁荣，但他没有进一步思考新技术发明为什么会引起投资的高涨？这是因为新技术、新产品发明引起了人们生活方式、消费方式的革命。比如电灯、电话、汽车等的发明，极大地改变了人们的生活方式，开辟了人们新的消费领域，从而使消费迅速增长，消费的增长才会引起生产和投资的高涨。对人们的生活没有意义的技术发明是没有市场的，也不会引起投资和生产的增长。

第六，综上所述，消费增长、乘数—加速机制、消费增长速度慢于投资和收入增长速度、趋势逆转是导致经济波动的必然因素。此外，各种偶然因素则引起一个周期在幅度和时间上的千差万别。例如，影响投资波动的偶然因素很多，战争、自然灾害、人们对未来的预期、政治动荡等。但这些偶然因素只是影响各个不同的经济周期在波动幅度的大小和波动时间的长短存在不同差异。

三、经济周期的预测

由于人类还没有完全解开经济周期之谜，只能依据对影响经济周期变动的有关变量的认识程度来预测经济周期的变动，把握经济运行的脉搏。经济预测对于政府宏观经济政策的运用是一个有意义的参考和帮助。

一般来讲，经济预测学家们关注以下几项指标的变动来预测经济变动趋势：

1. 社会零售总额的变动

月销售额的上升或下降是对社会消费需求变动的一个灵敏的反应指标。从加速原理模型分析中知道这一指标变动对经济影响的意义。

2. 重要的存货和投资的变动

销售额上升，企业存货会减少，投资会增加；销售额下降，企业存货会增加，投资会减少。

3. 失业率和通货膨胀率的变动

经济复苏和上升，失业率会下降，通胀率会上升；经济下降，价格会下降，失业率会上升。

4. 每季的 GDP、PI 的变动

在经济增长中，GDP 和个人收入总额总是增加的；当趋势发生逆转，则 GDP 和 PI 都会下降。

现代的经济预测学家用两种方法预测经济周期。一种是人工预测，他们利用统计资料，建立社会零售总额、重要的存货和投资、通货膨胀率、失业率、GDP 等几十个重要指标变动的曲线图，再加上经验和感觉，用来预测宏观经济变动的趋势，到目前为止，预测的准确率在 40%左右。另一种是用经济计量和预测模型预测，计量经济学家建立了几万个方程，把相关变量代进方程，运用高速计算机计算模型的成千上万的变量来预测经济变动趋势，到目前为止，预测的准确性比人工预测提高了几个百分点。尽管经济预测的准确率还不到45%，计量经济学家还在努力，经济预测学也将发展成为一个专门的学科。

本章总结和提要

　　经济学家通过对消费、储蓄和投资关系细节的分析，认为投资波动是导致国民收入波动的主要因素。通过乘数原理和加速原理这两个抽象模型的分析揭示了收入和投资的相互推动作用是经济运行中产生波动的一个内在的重要机制。现在大部分经济学家接受这个看法。但是，由于导致经济波动两个拐点的原因还说不清楚，经济周期之谜还没有完全解开。尽管人类还没有完全解开经济周期之谜，从而消除经济周期，但人类已认识到了造成经济波动的部分原因和机制，通过政府财政政策和货币政策的调节，缩小经济波动的幅度，提高经济运行的稳定性，在今天已经是可以做到的事情了。

思考题

　　1. 什么是凯恩斯定理？仔细分析45°线模型表达的经济思想。

　　2. 有的经济学家认为储蓄和投资必然恒等，凯恩斯主义认为二者不一定恒等，你同意哪一种意见？为什么？

　　3. 什么是均衡国民收入？它和GDP是一回事吗？

　　4. 说明乘数原理和加速原理分析的经济学意义。

　　5. 用你的经历说明经济周期的特征。

　　6. 你同意经济学家对经济周期原因的解释吗？你对经济学家的哪一种解释更感兴趣？为什么？

第十章 政府的财政政策

本章我们运用凯恩斯国民收入模型讨论政府的财政收支政策对国民收入的影响，以及政府如何运用财政政策对付失业、萧条和通货膨胀。

第一节 政府干预经济的必要性

一、充分就业的 GDP 和"浪费的生产缺口"

图 10-1 中向上倾斜的直线代表充分就业的或潜在的 GDP 的增长。因为劳动、资本等资源的数量是逐年增加的。所以把潜在 GDP 的增长曲线描绘成一条向上倾斜的直线。图中的曲线代表起伏波动的实际 GDP（不是名义 GDP）的增长曲线。从图中可以看到，只有在经济高涨时期可以达到充分就业，但这个时期很短，大多数时期是不能实现充分就业的萧条或增长迟缓的时期。从统计资料中可以看到，这符合大多数工业国家的实际情况。

图 10-1 萨缪尔森将实际 GDP 与充分就业的或潜在的 GDP 之间的差距称为"浪费的生产缺口"

萨缪尔森把实际 GDP 曲线与潜在的 GDP 曲线之间的差距称为"浪费的生产缺口"。可以看到，越是在萧条的谷底，这个缺口越大。之所以称为浪费的生产缺口，是因为大量失业和设备闲置意味着社会经济资源的浪费，意味着可以生产出来的社会财富没有被生产出来，意味着生活水平不必要的损失。正是从这个意义上，萨缪尔森认为，世界上存在着三种贫穷：①由于缺乏生产能力和自然灾害而造成的老式的贫穷。②"富裕之中的不必要的贫穷"。就是说，有生产能力，但由于经济制度内缺乏购买力导致的资源浪费造成的不必要的生活水平的损失和贫穷。③由于不能把富裕的 GDP 良好的分配造成

的贫穷。老式的贫穷由于技术的进步已被现代社会所克服。避免生产能力的浪费和把富裕的 GDP 良好的分配，则是现代社会政府的责任。萨缪尔森认为，20 世纪 30 年代的大萧条的缺口造成的经济损失和巨大浪费，能够和第二次世界大战消耗的全部经济资源等量齐观。可见，实现充分就业对一个经济社会来说具有十分重要的意义。市场经济的自发运行不仅不可避免地会出现经济波动、萧条和失业，导致国民财富的重大损失，而且自发的市场竞争必然导致收入的两极分化和收入差距的扩大，使一部分社会成员不能分享经济社会发展的成果。就是说，市场由于不能良好地分配 GDP，也会造成富裕社会中一部分社会成员的贫穷。例如，一位美国经济学家 Michael Harrington 写了一本书《另一个美国》（The Other America）。在书中作者指出，在美国这个世界上最富裕的国家（GDP 占世界 GDP 总值的 1/3），仍然有 2000 万人口生活在贫困中，社会看不见他们的面孔，听不见他们的声音，他们生活在被富裕社会抛弃的角落。再比如，我国三十多年的社会主义市场经济的改革和发展，国民财富获得巨大增长，取得了巨大的经济成就。但是，收入的两极分化问题也受到政府的高度关注。因此，凯恩斯主义认为，解决社会的这两种贫穷，自发运转的市场经济制度是无能为力的，必须由政府承担起责任。

二、政府干预经济的必要性

　　浪费的生产缺口给经济社会造成的资源浪费和生活水平的损失，这是对二百多年间市场经济运行中周期性波动和危机事实的理论概括和说明。从亚当·斯密以来，自由主义经济学家们一直相信市场机制具有自动调节供求均衡和经济运行的功能，实现社会经济利益的最优化，从而反对政府干预经济，主张经济自由主义政策。从微观的角度看，这是有道理的，市场机制确实具有政府力所不及的功能。因此，在微观的竞争性领域应充分发挥市场机制的作用，政府不应干预经济，政府只应针对市场机制的缺陷制定相应的微观经济政策和制度建设以提高市场运行的效率。在竞争性领域，凡是市场能解决的问题政府不应去干涉。但是，从宏观上看，即从市场经济系统运行的整体上看，二百多年经济周期波动的事实表明，市场机制缺乏调节经济周期波动的良好设备，不能保证国民经济在价格稳定、充分就业的基础上稳定增长。因此，**凯恩斯主义主张，政府从宏观上干预经济运行是必要的，这种必要性基于以下两点依据和认识：**

　　第一，经济周期波动造成的财富的巨大损失和收入不平等造成的贫穷以及垄断、外部性等缺陷是市场经济本身无法克服的，必须由政府承担起责任。

　　第二，政府能够干预经济运行不仅是因为政府是独立于市场经济系统以外的力量，而且还因为政府的财政收支政策能有力地影响市场有效需求，从而调节市场经济系统的总量关系，保证国民收入的稳定增长。这是凯恩斯主义和经济自由主义的根本分歧所在。

第二节　政府财政政策对国民收入的影响

　　政府的财政政策是指政府的税收和支出政策的总和。税收政策包括对各种产品和不同社会成员制定怎样的税种、税率，以保证政府的收入。支出政策包括政府怎样在维持政府机构运转、公共建设投资、社会福利转移支付等项目上安排自己的支出。

凯恩斯的简单国民收入模型是一个很有用的工具，它可以直观地表现政府收入和支出政策对均衡国民收入的影响。下面讨论这个问题。

经济波动不仅表现为浪费的生产缺口、失业、设备闲置、萧条，还表现为价格上涨、通货膨胀。下面用凯恩斯的45°线模型说明政府收入和支出政策对均衡国民收入的影响。

一、通货紧缩缺口和通货膨胀缺口

1. 通货紧缩缺口

通货紧缩缺口是指 C+I 支出或社会消费和投资支出总额小于充分就业的 GDP 水平的差额。根据乘数原理，这个差额会导致 GDP 的收缩。下面用图 10-2 来说明通货紧缩缺口。

图 10-2　通货紧缩缺口

图 10-2 中，假定充分就业的收入为 7000 亿美元，而实际的 C+I 支出曲线与 45°线的交点 E 为 5000 亿美元。这意味着由于有效需求或社会购买力不足，社会的均衡收入水平没有达到充分就业的水平，差额为 2000 亿美元，社会存在失业和设备闲置。这还意味着，如果要达到充分就业的收入水平，社会缺少一个支出额。如 F 点和 N 点垂直距离所示，假定投资乘数为 3，这个缺口约为 2000/3 =700 亿美元。就是说，如果社会能增加 700 亿美元的支出就能消除通货紧缩缺口，实现充分就业的 GDP 的增长。

这个缺口还意味着，如果社会不能增加 700 亿美元的支出额，那么均衡收入水平会从充分就业的 F 点下移至 E 点，因为根据乘数原理，投资的缺少将使收入成倍减少和紧缩。所以这个缺口被称为通货紧缩缺口。

2. 通货膨胀缺口

通货膨胀缺口是指 C+I 支出，即社会消费和投资支出总额大于充分就业的 GDP 水平的差额。这个差额不会导致实际 GDP 的增长，因为社会已经实现了充分就业，所有资源已被充分利用。这个差额只会导致价格上涨，即通货膨胀（它表现为名义 GDP 的上涨)。由于这种通货膨胀是由于总支出或总需求大于充分就业的 GDP 水平引起的,所以被称为需求拉动的通货膨胀。下面用图形来说明通货膨胀缺口。

在图 10-3 中,假定充分就业的均衡收入水平为 7000 亿美元。而社会 C+I 支出总额却达到 9000 亿美元,与 45°线相交于 E′点,E′点的均衡收入水平代表社会名义 GDP 水平的均衡点,而不是实际 GDP 水平,因为 7000 亿美元的水平社会已实现了充分就业,所有资源被充分利用,所以实际 GDP 就不会超过 7000 亿美元的水平。名义 GDP 大于实际 GDP 2000 亿美元意味着社会存在通货膨胀,也就是说社会存在一个过多的支出额,表现在图形上如 H、J 点的垂直距离。假定乘数为 3,这个过多的支出额约为 2000/3 ≈ 700 亿美元。就是说,由于 C+I 支出大于实际产出 700 亿美元,导致社会出现价格上涨或通货膨胀,名义 GDP 上升至 9000 亿美元水平。因此,H、J 垂直距离被称为通货膨胀缺口。

图 10-3　通货膨胀缺口

这个缺口意味着社会要消除通货膨胀必须减少 700 亿美元的支出额(假定乘数为 3),如果社会能减少 700 亿美元支出,C+I 曲线就会下降到 J 点与 45°线相交,社会就实现充分就业、价格稳定的均衡。

C+I > C+S 700 亿美元,也就是说 I > S 700 亿美元,任何时候投资都要受到储蓄所能提供的资金限制,那么这超过储蓄 700 亿美元的投资来自哪里呢?经济运行低潮时期,I < S,银行储蓄不能全部转化为投资,有一部分剩余沉淀在银行里;在高涨时期,这些沉淀的储蓄都转化为投资支出,从而使该年的 I > S,总需求大于产出。

二、政府支出政策对通货紧缩缺口的影响

政府如何运用它的财政收支政策对付通货紧缩缺口。以图 10-4 为例,社会的均衡收入水平为 5000 亿美元。这个 5000 亿美元收入水平已经包含了政府收支平衡前提下的既定收支活动。现在社会由于缺少 700 亿美元支出(通货紧缩缺口)而没有达到充分就业的收入水平,如果政府在既定收支平衡基础上,另外增加 700 亿美元支出,即 G′,就可以把社会总支出曲线 C+I+G′上移至 F 点与 45°线相交,从而消除通货紧缩缺口,提高均衡收入至 7000 亿美元水平（假定政府支出乘数为 3），实现充分就业的 GDP 的增长，但代价是 700 亿美元的财政赤字。

图 10-4　增加政府支出 G′，可以实现充分就业的均衡

消除通货紧缩缺口的另一个办法，是在政府收支平衡的既定前提下，政府支出不变，减少 700 亿美元税收。税收是对社会可支配收入的扣除。减少税收意味着增加社会可支配收入，社会可支配收入的增加会使社会消费 C 和投资 I 增加，C+I 曲线会上移至 F 点与 45°线相交（假定支出乘数为 3）。这同样意味着政府在新的收支平衡水平上，增加了 700 亿美元支出，同样可以消除通货紧缩缺口，实现充分就业的 GDP 增长，其代价仍是 700 亿美元的财政赤字。

以上分析表明，政府增加支出（或减少税收）的政策可以消除通货紧缩缺口，提高均衡收入水平，但其代价是政府财政赤字的增加。同时要说明，由于政府支出增加与投资增加对均衡收入具有相同的影响。因此，**萨缪尔森认为，政府支出对均衡收入同样具有乘数效应，可以把政府支出乘数、税收乘数和投资乘数统称为支出乘数。计算公式与投资乘数的公式相同。**

三、政府收支政策对通货膨胀缺口的影响

当国民经济运行出现通货膨胀缺口，政府能做些什么？下面以图 10-5 为例讨论这个问题。

图 10-5 表明（仍以图 10-3 的假定），由于 C+I 支出超过充分就业的 GDP 700 亿美元，从而导致名义 GDP 达到 9000 亿美元水平，社会存在一个 700 亿美元的通货膨胀缺口。同样，在 C+I 支出总额中，已包括了政府收支平衡前提下的既定收支活动。那么政府在这个既定前提下，减少 700 亿美元的政府支出，即-G′，就可以把总支出 C+I 曲线下移至 J 点与 45°线相交，从而消除通货膨胀缺口，实现充分就业、价格稳定的均衡收入。而且，政府财政会出现 700 亿美元的财政盈余。

消除通货膨胀缺口的另一个方法，是在政府收支平衡的既定前提下，政府支出不变，用增加税收 700 亿美元的办法，也可以消除通货膨胀缺口。因为税收增加，意味着居民可支配收入减少，消费和投资也会减少。C+I 曲线将会下移到 J 点与 45°线相交，通

图 10-5 减少政府支出和增加税收可以消除通货膨胀缺口

货膨胀缺口消失，社会实现充分就业的 GDP 的均衡。同时，政府财政将增加 700 亿美元的盈余。

通过上述分析可以理解，在政府收支平衡的前提下，税收不变，减少支出，或支出不变，增加税收都可以消除通货膨胀缺口，实现价格稳定、充分就业的 GDP 均衡，而且政府会有一个财政盈余。

四、平衡预算乘数

正如上面的分析和说明，凯恩斯主义认为，在政府收支平衡基础上，增加政府支出可以增加有效需求和就业，可以消除通货紧缩缺口，促进 GDP 增长到潜在产出水平，但其代价是政府财政赤字的增加。美国的布拉德利·希勒教授认为，在上述基础上，如果增加政府支出 700 亿美元，再增加税收 700 亿美元，就是说用增加的税收来增加政府支出，而且增加税收的数额与增加的政府支出数额相等。那么，既能保持政府财政预算平衡，又能使社会有效需求增加 700 亿美元。就是说，政府支出增加的**平衡预算乘数为 1**。因此，希勒教授提出了平衡预算乘数的概念。在图 10-4 的例子中，通货紧缩缺口 700亿美元，均衡收入与潜在 GDP 的差距 2000 亿美元，政府支出乘数为 3。那么，增加 700亿美元政府支出，就可以达到 7000 亿美元的潜在 GDP。同时，政府财政出现 700 亿美元赤字。而按希勒教授的意思，由于平衡预算乘数为 1，那么政府要增加 700 亿美元支出，同时，增加 700 亿美元税收。这样，既能使政府财政保持预算平衡，又能使均衡收入达到 7000 亿美元的潜在 GDP。因此，希勒教授认为，他的平衡预算乘数概念的分析得出了一个"出乎意料的结果"。[①]

那么，平衡预算乘数概念的分析是如何得出这个结果的呢？下面看看希勒教授这种"现收现付"平衡预算对总支出影响的分析：

"政府支出的增加意味着新注入 500 亿美元，但同时家庭将由于支付〔政府〕新的〔500 亿美元〕税收而减少他们的消费。根据边际消费倾向〔MPC〕，当可支配收入减少

---

① 布拉德利·希勒：《当代经济学》，豆建民等译，人民邮电出版社，2003 年版，第 181 页。

〔多少〕时消费将减少多少。每年消费者支出最初的减少额等于 MPC×500 亿美元。

因此，消费的减少少于政府支出的增加就意味着政府支出的净增加。（希勒教授没有考虑税收增加引起的投资减少）最初由于平衡预算支出引起的总支出变化是：

最初增加的政府支出＝500 亿美元

减最初减少的消费支出＝MPC×500 亿美元

总支出最初的净变化量＝(1－MPC)×500 亿美元

与其他支出的变化一样，这些最初增加的总支出将启动乘数调节过程。支出的积累变化将由于乘数作用变得很大。这个例子中，总支出积累（最终）的变化是：

乘数×每年起初的支出变化＝总支出的积累变化

乘数×(1－MPC)×500 亿美元＝500 亿美元

因此，平衡预算乘数为 1。在本例中，政府支出每年增加 500 亿美元，同时增收 500 亿美元税收，每年仍将使总需求增加 500 亿美元。"

希勒教授的分析存在逻辑上的缺陷和漏洞。希勒教授在接下来分析"税收与投资"中指出：减税也是增加投资支出的一种有效手段。一旦投资支出的增加额进入循环流，它也会对总支出产生乘数效应，这就像消费支出的最初变化引起的乘数效应。因此，减税经常被用来刺激消费（C）和投资（I）。克林顿、布什总统都曾用减税政策刺激消费和投资。既然希勒教授接受政府减税会增加消费和投资的观点，那么，政府增加税收不会减少消费和投资吗？为什么在上面分析中，政府增加 500 亿美元税收，只减少消费（MPC×500 亿美元），不考虑投资也会减少（MPS×500 亿美元）呢？因为，政府增加 500 亿美元税收，意味着居民个人可支配收入减少 500 亿美元，居民个人可支配收入依据边际消费倾向 MPC 和边际储蓄倾向 MPS 分为两部分，所以居民个人可支配收入减少 500 亿美元，意味着消费额会减少（MPC×500 亿美元），同时，储蓄额也会减少（MPS×500 亿美元）；因为储蓄额会转化为投资额，所以储蓄额减少（MPS×500 亿美元），也就意味着投资也会减少（MPS×500 亿美元）；如果考虑投资也会减少（MPS×500 亿美元），平衡预算乘数的分析还能成立吗？因此，希勒教授平衡预算乘数的分析是不能成立的。不过这种讨论可以加深对凯恩斯主义政府财政政策的理解。

五、政府的转移支付和乘数

在政府支出中除了维持政府机构运转的消费性支出，还有公共投资支出和**转移支付**支出。政府转移支付是指政府发放给低收入或无收入人群的福利金、失业保险金、退伍军人的救济金等。这些人得到政府的补助金是要用于生活和消费支出的。因此，政府转移支付支出是直接增加社会消费支出（C）的。因此，政府公共投资支出和转移支付支出直接增加社会 C、I 支出，并对 GDP 的增加具有乘数效应，其乘数公式与投资乘数公式相同。

政府转移支付支出不仅是增加社会有效需求的一种方式，它还有很重要的经济性质。政府发放给低收入或无收入人群的福利金、失业保险金、退伍军人的救济金等，具有增进社会经济平等、给劳动者提供安全保障、对社会有贡献人士提供经济补赏（退伍军人津贴等）的经济性质。因此，政府转移支付是政府对 GDP 进行良好的再分配，以消除第三种社会贫穷的一个重要方式，这对于建设一个公平、安全、和谐、稳定发展的经济社会具有重要意义。正因为如此，政府转移支付支出在发达市场经济国家的政府支出中平均占到 50% 以上的比例。

政府的消费性支出，尽管也增加社会总支出或有效需求，但它的经济性质是对国民财富的一种扣除。

以上抽象分析了政府收支政策对均衡收入的影响，说明了政府如何运用财政收支政策对付通货紧缩缺口和通货膨胀缺口，这种分析尽管简单但很重要。

第三节　政府的财政政策

一、财政政策的概念

财政政策是指政府税收和支出政策的总和。在政府收支平衡的前提下，增加政府支出或减税，会导致国民收入增加，称为扩张性财政政策，扩张性财政政策是以财政赤字为前提的；在政府收支平衡的前提下，减少政府支出或增税，会导致国民收入减少，称为紧缩性财政政策，紧缩性财政政策会增加政府的财政盈余。

二、财政政策的目标和原则

1. 现代功能财政思想

在凯恩斯以前的时代，政府应保持财政收支平衡是不可动摇的一个信条和原则。在凯恩斯发现增加政府支出可以增加有效需求和就业，可以抑制生产过剩和萧条后，西方学者认为，**政府财政应该发挥财政收支政策调节总需求的功能以促进充分就业的国民收入增长为目标，而为实现这一目标，不怕出现财政赤字。这就是现代功能财政思想。**现代功能财政思想使西方国家政府理财观念发生重大变革，它为政府从被动的、消极的保持财政收支平衡转为主动的、积极的运用财政政策干预宏观经济运行开辟了道路。

2. 逆风向而动的总需求管理政策

功能财政思想使现代西方各国财政思想发生重大变化。战后西方发达工业国家的政府纷纷采纳了凯恩斯的总需求管理政策，扩大政府支出，促进充分就业和经济增长。这一政策的运用导致了欧美发达国家战后新一轮经济复兴和繁荣。但随着时间推移，各国政府都积累了庞大的财政赤字。例如，第二次世界大战以后，美国克林顿政府上台前的历届政府累积的财政赤字就达 60000 亿美元，日本政府从 20 世纪 70 年代初开始实行凯恩斯的总需求管理政策，累积的财政赤字曾达 70000 亿美元。意大利、英国、法国、德国等发达工业国家累积的财政赤字也曾十分巨大。尽管按照功能财政思想，不怕财政赤字，但巨额财政赤字到底对未来的经济社会有什么影响，理论上还是说不清楚，所以这一状况日益使人担忧。

美国的阿尔文·汉森提出，**由于市场经济运行是周期性起伏波动的，在经济萧条的年代，采取增加政府支出的扩张性财政政策，这时财政赤字会增加；在经济高涨的年代，则采取减少政府支出的紧缩性财政政策，使财政盈余增加。这样，从一个较长的时期看，既能缩小经济波动幅度，又能实现财政收支大致平衡，以缓解赤字压力。这就是"逆风向而动的总需求管理政策"。逆风向而动的总需求管理政策只是为了缓解财政赤字压力，功能财政思想还是第一位的。

3. 积极的财政政策

萨缪尔森把现代功能财政思想和逆风向而动的总需求管理政策结合起来，概括为积极的财政政策。他在《经济学》第 10 版中写道，"**积极的财政政策就是决定政府税收和开支的方法，以便有助于①削弱经济周期的波动，和②维持一个没有过度通货膨胀和通货收缩的不断成长和高度就业的经济制度**"。这一表述清楚地说明，针对市场经济运行的周期性波动危机和不稳定性，政府财政政策的目标就是积极运用财政政策工具削弱和缓解经济周期波动的幅度，提高市场经济运行的稳定性，促进国民财富的稳定增长。当然，在萨缪尔森《经济学》第 10 版的 20 世纪 80 年代，政府财政政策主要关注上述两个目标。随着现代经济社会的发展，社会经济公平日益成为社会关注的重要目标，而且政府财政支出中政府转移支付占了一半以上的比重。因此，可以提出积极财政政策第三个重要目标：**③良好的分配 GDP，促进经济社会公平、和谐、稳定的成长，使全体社会成员公平分享经济增长的成果**。

积极财政政策的"积极"两字是相对于"消极的"保持财政收支平衡的政府传统理财观念而言的。这就是西方国家财政政策的目标和原则。

4. 现代公债理论

阿尔文·汉森的逆风向而动的总需求管理政策，从理论上讲，经过一个较长时期的运作既能削弱经济周期波动的幅度，又能保持财政收支大致平衡。但从实践上看，它只能缓解财政赤字的压力，并不能保持财政收支大致平衡。因为，在经济周期波动中，经济高涨的时期很短，政府财政获得盈余的时期也很短，大部分时期是低迷和萧条时期，因此政府财政赤字的积累是有增无减。为了对付财政赤字的压力，西方国家又创造出了公债这一财政政策的工具和现代公债理论。

政府的公债是指政府借的债务。政府债务分为外债和内债。外债是本国政府向外国政府的借款，这是要偿还的，这对本国的政府和人民都是一种负担。现代公债理论讨论的是内债即本国政府向本国人民的借债。战后由于西方国家执行凯恩斯的总需求管理政策，财政赤字大量增加，为了弥补财政赤字，各国政府又相继发行了大量的政府债券，向公民借款。政府债券分短期、中期和长期债券，短期有 1~2 年期债券，中期有 3~5 年期债券，长期有 10~20 年期债券甚至更长。政府每年支付债券利息，到期归还本金。由于政府公债是用于公共投资支出，到期归还本金又往往靠发行新债归还旧债，进行累积循环。例如，政府第一年发行了一年期 1000 亿美元政府债券用于公路投资。第二年到期，政府没有钱归还，那么再发行 2000 亿美元债券。用其中的 1000 亿美元归还到期的旧债，剩下的 1000 亿美元再进行新的投资。这就是累积循环。2000 亿美元就是政府的**当年公债余额**。由于历年累积的公债余额巨大（如 1998 年美国累积的公债余额达 50000 亿~60000 亿美元），所以公债问题成为西方社会上下关心和争论的一个重要问题。人们关心公债到底具有什么性质，它是不是人民的一种负担？它对未来的经济社会到底有什么影响？

西方学者认为，从性质上讲，内债是人民自己的政府向人民自己借债，它不同于外债，不构成人民的负担。因为政府借的内债是用于各种公共项目，如公路、信息网、公共建筑等的投资，使人民成为国家的公共资本物品的债权人。而且人民也把自己手里的政府债券视同存款单一样，是一笔财富。资本和财富并没有损失。而且这些资本物品将促进经济的发展，给子孙后代带来更多的财富和消费品。政府一届一届传下去，人民的债权也一代一代传下去，这些债券不过是人民对公共资本物品所有权的凭证，对未来的经济社会不会有不良影响，还可看做公共资本积累的一种方式。

基于上述认识，公债成为现代西方国家一个重要的、身兼二职的宏观经济政策工具。从财政政策上讲，它是筹措资金弥补政府财政赤字，增加公共投资支出的一个重要工具。而且通过公债的买卖，它又可以调节货币供给量，成为政府实施货币政策的一个工具，所以公债在现代西方社会具有重要的作用。

5. 财政政策的安全线标准

以上介绍了政府财政政策目标和原则的基本理论，现代功能财政思想、逆风向而动的总需求管理政策、积极财政政策和现代公债理论是四个重要的基本理论。那么，在调节经济运行中，赤字财政政策的运用，政府公债的累积循环是否就没有限制呢？美国财政部认为，**当年财政赤字的规模不得超过当年 GDP 总值的 3%，这是美国的赤字财政政策的安全线标准。欧盟认为，一国政府公债累积余额不得超过一国一年 GDP 总值的 60%，这是欧盟的公债政策的安全线标准**。就是说，在积极财政政策的运用上，只要不超过这两个界限，就是安全的。这两个标准是欧美发达国家在长期运用积极财政政策的实践中积累的经验。

6. 积极财政政策的意义

凯恩斯主义积极财政政策的思想是现代政府理财观念的深刻变革和进步。**它使政府从一个消极的保持财政收支平衡的经济社会的消费者转变为一个积极运用财政收支政策调节经济运行、促进经济增长的经济社会的管理者**。对这一变革的重要意义，人们的了解还是不够的。例如，中国香港的一位记者给朱镕基总理送了一个"赤字总理"的绰号，就表明这位记者对现代功能财政思想和积极的财政政策基本上不了解。20 世纪 90 年代后半期，中国经济可以说是内忧外患。从外部讲，中国经济受到亚洲金融危机的压力和威胁。国外需求减少，出口持续下降，对中国出口企业造成巨大压力；而且，由于国内银行系统坏账比例居高不下，亚洲金融危机严重威胁国内金融体系的安全和稳定。从国内讲，从北到南松花江、黄河、长江几大水系普遍发生严重涝灾，使国内经济遭受重大损失。而且，走私猖獗，民营资本外逃。另外，腐败因素也使相当数量的国民收入漏出国民收入循环。依据国民收入循环原理，可以理解这些因素对中国国民收入总量平衡的影响。在以上因素的影响下，中国经济多年在通货紧缩的状态下运行，有效需求不足，市场价格低迷，产品积压，工人下岗，企业设备闲置。在这种情况下，中国政府一方面打击走私、反对腐败；另一方面，运用积极财政政策和稳健的货币政策干预宏观经济运行。每年在政府收支平衡的基础上增加 3000 亿元左右的政府支出（赤字）和 1500 亿元左右的国债投资拉动经济增长。五年间，建成了 10 万公里的公路（其中包括 2 万公里的高速公路），2 万公里的铁路，2500 公里的长江堤坝以及大大小小 2 万个工程，包括在建的长江三峡葛洲坝水力发电枢纽工程、青藏高原铁路、西气东输和南水北调工程。这些大工程无论是从技术水平还是从工程规模上讲，都是当今世界一流的跨世纪的伟大工程。这些投资拉动每年的 GDP 保持了 7%~8%的增长速度，取得了举世瞩目的经济成就。中国政府在运用积极财政政策调节经济运行中表现得十分自信和成熟。因为在亚洲金融危机的背景下，每年增加 4500 亿元的政府赤字和国债投资是要冒风险的。为了防范风险，政府在安排赤字规模和国债投资规模时始终注意安全线标准。例如，2002年安排的赤字规模为 3198 亿元，占当年 GDP 总值 10 万多亿元的 2.9%。五年累积的公债余额为 8000 亿元，离 60000 亿元的公债安全线界限余地还很大（我国当时每年 GDP总值 100000 亿元人民币左右，60% 为 60000 亿元人民币）。有了这个底线，政府在运用积极财政政策中做得从容不迫。朱镕基总理在 2002 年底的经济工作会议后的记者招待会上指出，我们执行的是积极财政政策。本届政府是搞了许多赤字和债务，但这些债务我们没有把它吃掉喝掉，而是抓住机遇用于国内的投资建设。本届政府是给下届政府留下了巨额债务，但也给下届政府留下了 20000 亿元的优质资产。这些资产将促进中国经济的发展，给子孙后代带来更多的财富。可以说，在如此困难的情况下，中国政府取得的巨大经济成就，是运用积极财政政策干预经济运行的一次成功的精彩的实践。

政府的财政政策是政府税收和支出政策的总和。但政府的财政政策的作用不仅仅是运用财政收支政策调节总需求，缓解和缩小经济周期波动幅度，提高宏观经济运行的稳定性。政府的财政政策还能发挥缩小收入分配差距、增进社会经济平等、提高社会经济效率的作用。这些作用是通过税收政策和支出政策的设计来实现的，下面讨论税收政策和支出政策的细节。

三、税收政策

税收是政府收入的主要来源，对于不同收入的企业和公民个人制定合理的税率，既涉及保证政府的既定收入以满足政府的各项开支；又涉及国民收入的再分配，提高社会有效需求。因此，设计和制定科学合理的税收政策具有重要意义。

1. 税收的性质和原则

（1）税收的性质。西方学者认为，**税收的经济性质是如何将满足社会公共需要的资源从各个家庭和他们的企业中取出，以备作为公共物品和劳务来使用。税收表面上看是征收的货币税，而实质上这些货币代表的是政府将各种经济资源从私人家庭和企业中取出，集中起来以用于各种公共利益的目标。因此，税收政策本质上是如何处理和协调私人利益和社会公共利益的关系问题。**

（2）税收的方式。当政府决定要征收一定数额的税收时，它可以采取多种方式。

一种方式是直接从公民个人和企业的收入中征税，称为直接税。如个人所得税、工薪税（社会保险税）、遗产税等。**直接税是因为它直接体现了税收的归属问题。即体现了公民个人所承担的税收份额，体现了不同收入的公民个人为公共利益贡献的份额和承担的牺牲的大小。**例如，根据 1996 年美国联邦累进个人所得税率，年收入 50000 美元的家庭，个人所得税率是 9%，要交纳 4474 美元的个人所得税，或者说要为公共利益贡献 4474 美元。年收入 10000000 美元的家庭，个人所得税率是 33%，要交纳 3260399 美元的个人所得税，或者说要为公共利益贡献 3260399 美元。由于直接税体现的利益关系比较直接，因此直接税税率的调整就比较敏感，征收成本也较高。美国联邦个人所得税税率的调整一般要经过美国国会的讨论和批准。

另一种方式是对商品和服务征税，称为间接税。 如货物税、销售税、烟草税、汽油税、进口关税等。这些税种之所以称为**间接税是因为它们只是间接地体现了税收与公民个人的利益关系**。这些税种的税收只是由相关产品的生产者和消费者承担的，而且到底是由生产者还是由消费者承担的，即这些税收的归属问题，经济学家还存在着争论。例如，政府征收 10% 的烟草税。那么这个税是由生产香烟的企业承担了，还是由吸烟的消费者承担了？有的经济学家说是由企业承担，有的经济学家说是由消费者承担，而且还画了许多复杂的图形进行分析。实际上这个问题很简单，到底是由谁承担完全是依据市场供求关系的变动随时调整的。当市场需求旺盛，企业生产的香烟供不应求，企业会把这 10% 的烟草税直接加到香烟的价格上，由吸烟的消费者承担；当市场低迷，需求不足时，企业为了保持自己的市场份额不减少，香烟的价格不涨，10% 的烟草税加到企业成本上，企业的利润减少 10%。10% 的烟草税就由企业全部承担了。如果企业的利润空间没有那么大，不能完全承担这笔税收，企业会权衡利弊，自己承担一部分，把香烟的价格上调一些，让消费者承担一部分。总之，这个问题是由市场供求关系调整解决的，没有一个固定的定式。由于间接税体现的利益关系不直接，其税率的调整社会也不敏感，因此征收费用比较便宜，管理也比较容易。

（3）税收的原则。税收既然是体现公共利益和私人利益的关系问题，就有一个公平合理的问题。有人说税收就是从鹅身上拔毛，又不能让鹅叫唤。或许有人认为这好办，把鹅嘴捆起来，想拔多少拔多少，鹅也不能叫唤。过去的皇帝就是这样征税的。现代文明国家的一个理念是政府和公民都是平等的法人，政府的税收要让公民感到合情合埋，鹅才不叫唤。因为只有公平合理的税率才能为社会不同收入的公民所接受，政府的税收体系才能有效率地运行。因此，西方学者认为税收制度设计应遵循下述几个主要原则：

1）**受益原则。** 该原则认为对于不同收入的个人征收的税应与他们从政府公共服务中获得的利益成比例。例如，高收入者更多地享受政府提供的财产安全的保护，因此高收入者应比低收入者缴纳更多的税款。再比如汽油税，这种税款是用于公路的建造和维护，因此它直接使纳税人受益。

依据受益原理征税对纳税人是公平合理的，但不能将所有的税种都基于这一原理，比如为国防安全需要征税，按受益原理，全体社会成员都应该缴纳相同的税款，但低收入者显然是交不起的。再比如为受教育缴纳的税款，是否孩子多的家庭应该缴纳更多的税款呢？显然这一原则在低收入孩子多的家庭中也是很难施行的。因此就需要考虑其他的原则，即支付能力原则。

2）**支付能力原则。** 该原则认为，人们纳税的数额应与其收入和财富相对应。就是说，收入和财富越多的，缴纳的税也应当越多。依据这一原则设计的税收制度主要体现在累进个人所得税。这种税制也就具有了收入再分配的性质。

上述两项原则体现了税收制度设计上的横向公平和纵向公平原则。横向公平指收入相同的人在纳税上也应相同；纵向公平指收入不同的人在纳税上也应不同。

3）**效率原则**。税收不仅影响收入分配和公平问题，还影响经济效率。现代经济学者日益关注税收制度对经济效率的影响，认为税收制度设计应尽量以最小的经济效率损失来增加政府收入为原则。例如，亨利·乔治认为，对土地的收益征收重税不会影响生产效率。因为土地的供给完全没有弹性，征收重税土地的供给也不会减少，生产的效率不受任何损失。进而现代的效率税收理论提出拉姆塞税收原则，该原则认为政府应对那些供给和需求没有弹性的投入和产出征收重税。例如，土地的收益、歌星的收益等，这既不会影响经济效率，又会增加政府的公共收入。

再如，西方学者认为对个人所得征税后就不应再对公司所得征税，否则就是双重征税，使公司没有能力再投资和扩大生产，从而影响经济效率。还有对于个人所得税高税率的争论等，这些都反映了经济学者日益关注税收对效率的影响。

2. 税收制度对经济运行的影响

西方国家的税收制度除在税种上区别为直接税和间接税，还在不同税种的税率上分为累进税、比例税、累退税等。累进税率是指税率随收入的增加而累进地提高。例如，个人所得税是累进税，公民个人随着收入的提高，其纳税额占收入的比例也累进地提高。比例税是指按收入的固定比例征税，例如，美国工薪税（社会保险税）就是固定比例税，雇主和雇员不论收入多少，都要按 15.4%和 18.3%的固定比例缴纳工薪税（1996年）。累退税，一般来讲，间接税是累退的，如销售税，随着销售额增加，其所缴纳的销售税率会下降。

累进的个人所得税是西方工业国家最重要的税种，也是政府收入中占主要部分的税收。讨论税收制度的设计如何影响收入分配、增进社会经济平等，如何提高社会经济效率和对宏观经济运行的产生影响，主要是讨论累进的个人所得税制度的经济作用。下面以美国联邦的个人所得税制度为例来讨论这个问题。

依据受益原则、支付能力原则和效率原则设计的个人所得税制度，以及该制度所体现的经济思想和发挥的经济作用可以通过表 10-1 来说明，该表看上去很简单，但它包

表 10-1　1996 年美国 4 口之家的联邦所得税

单位：美元

①调整的总收入（扣除与减免之前）	②个人所得税	③平均税率 ③=②÷①×100%	④边际税率	⑤可支配收入
5000	-1709	-34	-34	6709
10000	-2152	-22	0	12152
20000	-338	-2	31	20338
50000	4474	9	15	45526
100000	14338	14	28	85662
150000	27300	18	33	122700
250000	60900	24	35	189100
1000000	302279	30	41	697721
10000000	3260399	33	41	6739601

资料来源：萨缪尔森、诺德豪斯：《经济学》第 16 版，华夏出版社，1999 年版，第 237 页。

含了经济学家丰富的思想成果和智慧。

表10-1列出了美国1996年4口之家的联邦所得税的个人（或家庭）纳税前收入、平均税率、边际税率及纳税后个人可支配收入。从表中看到：第一，24000美元以下的低收入家庭纳的是负所得税。正如反贫困和福利政策中介绍的萨缪尔森的负所得税方案表达的思想。一方面为了给低收入家庭提供基本的生活保障，增进社会平等；另一方面又要鼓励低收入家庭努力工作，以提高社会经济效率。经济学家提出了负所得税方案，这个方案被政府采纳，落实到税收制度中。按照美国政府的规定，个人年收入在6000美元以下为贫困人口。4口之家为$4 \times 6000 = 24000$美元。就是说年收入在24000美元以下的家庭为贫困家庭。政府要向这些低收入家庭进行转移支付的补贴。第二，平均税率和边际税率随收入的增加而累进地提高。当家庭收入超过24000美元，就开始纳税，收入越高，纳税的税率越高，这样政府从高收入家庭征收的税款补给低收入家庭，纳税后家庭可支配收入的差距缩小了。

进一步思考，可以理解累进个人所得税制度的经济作用有以下三点：

（1）**缩小收入分配差距，增进社会经济平等**。一方面，从表10-1中看到，收入越高，所得税率越高，缴纳的税款越多。另一方面，政府又从收的税款中对低收入家庭进行转移支付的补贴。它的经济意义不仅在于缩小收入分配差距、增进经济平等，更重要的意义在于它增加了社会有效需求。

（2）**增加社会有效需求，提高社会经济效率**。因为低收入家庭的收入是不足以应付消费支出的，政府的补贴都将或绝大部分都会转化为低收入家庭的消费支出，从而使社会有效需求增加。有效需求不足是现代工业社会经济运行中的主要障碍，增加有效需求从宏观上看会提高经济运行的效率，促进国民收入增长。

（3）**"内在稳定器"的作用**。这是说累进的个人所得税制度具有自动缓解经济波动幅度的内在稳定器作用。因为税收是对居民个人可支配收入的一种扣除。在经济高涨时期，个人收入增加，根据累进税率，扣除的部分累进地增加，从而自动减少货币购买力或有效需求，抑制经济的过度膨胀。在经济萧条时期，个人收入减少，从而扣除的部分也累进地减少，自动增加社会购买力和有效需求，缓解有效需求不足的矛盾。因此，现代西方的累进个人所得税制度具有自动缓解经济波动幅度的稳定作用。

四、财政支出政策

现代西方国家政府支出项目可分为三大块：第一块是维持政府机构正常运转的消费开支，这包括政府公务人员、警察、军队的工资、薪金支出及办公用品、警务费用、军费的开支。第二块是公共项目的投资支出，这包括公共基础设施，如公路、铁路基础设施等的投资，基础科学技术、教育的开发等，这一块支出被认为是生产性的。第三块是社会福利转移支付，这一块支出具有收入再分配的性质。表10-2是美国1998年财政年度联邦支出的各个项目，从中可以看出这三大块各自占的政府总支出的比例。

根据表10-2资料来分析一下现代政府支出构成，从中可以理解现代政府财政支出的主要经济作用。

表 10–2　美国联邦 1998 年财政支出

支出项目	预算支出（单位：10 亿美元）	占总支出的百分比
1. 社会保险	384.3	22.8
2. 国防、退伍军人津贴和国防事务	315.3	18.7
3. 医疗卫生	345.3	20.5
4. 收入保险	247.5	14.7
5. 政府债券利息	249.5	14.8
6. 教育、培训、就业和社会服务	56.2	3.3
7. 运输、商业和住房	42.6	2.5
8. 能源、自然资源和环境	24.6	1.5
9. 科技、航空和技术	16.5	1.0
10. 一般政府支出	12.9	0.8
11. 农业	12.3	0.7
12. 其他各种支出及对冲收入	–19.9	–1.2
总计	1687.5	100

　　资料来源：萨缪尔森、诺德豪斯：《经济学》第 16 版，华夏出版社，1999 年版，第 233 页。

1. 维持政府机构正常运转的消费支出

即上述的第一块支出。表中第 10 项一般政府支出和第 2 项国防、退伍军人津贴和国防事务支出，构成该项支出总和，约占政府财政总支出的 20%。该项支出也称传统政府支出项目，即政府执行"守夜人"职能或社会管理和安全维护职能的支出。从经济性质上讲，该项支出具有纯粹消费的性质，是政府消费性支出，所幸它在现代政府总支出中占的比重很小。

2. 公共资本项目的投资支出

表 10–2 中的第 5、6、7、8、9、11 项支出都属该项支出，该项支出约占政府财政总支出的 20% 多。但公共资本项目投资的一个重要方式是通过发行政府债券筹集资金，政府则支付债券利息。从表 10–2 中看到 1998 年政府支出的债券利息为 2495 亿美元，按 5% 或 6% 的债券利率计算，它意味着到 1998 年政府累计的债券总额约 50000 亿美元。它代表着一个庞大的公共资本积累的规模。

该项政府支出具有重要的经济意义。首先，它属于生产性支出，它为经济社会的发展提供基础设施和技术支持，而且该项支出和投资支出一样，进入经济社会的生产和收入循环，对国民收入增长具有倍数的影响。其次，该项支出是政府调节经济运行的重要手段。在经济萧条的时期，政府进行公共项目的投资和建设是增加有效需求、扩大就业、抑制萧条的有效手段。在经济高涨时期停止或减少该项支出，当然这需要精心的规划和安排，因为项目投资有一个时间周期。

3. 社会福利、保险、转移支付支出

从表 10–2 中可以看到，该项支出占了现代政府财政支出相当大的比例。第 1、3、4 项约 50% 多。这表明现代政府的财政在国民收入再分配上起到了日益重要的作用。国民财富再分配的经济意义和作用有以下几方面，一方面增进经济平等和增加有效需求；另一方面缓解经济波动的幅度。以失业保险为例，当人们失业时，即开始向政府领取失业保险金；当人们重新就业时，失业保险金即停止支付，并开始缴纳失业保险金。因此，在经济高涨的年代，人们高度就业，失业保险制度自动吸收过多的购买力，抑制经济的膨胀；而在萧条年代，失业保险制度又自动增加失业者的消费能力和有效需求，缓解经济的下降幅度。可见，失业保险制度也具有反经济周期的"内在稳定器"的作用。

五、财政政策的结构

政府的财政政策是政府收支政策的总和，那么在政府收入政策上，如何将政府收入总额（税收总额）分摊到不同收入的公民和不同性质的产业上。或者说，不同收入的公民和不同性质的产业各应该承担多大比例的政府税收。这个比例的安排不仅可以调节不同收入的公民的收入，而且可以调节不同性质的产业的产业结构。比如，政府如果要支持某种产业的发展，就可以适当减免该产业的税收，给该产业留下更多的投资和积累资金；政府如果要限制某种产业的发展，就可以适当增加该产业的税收。在政府支出政策上，政府消费性支出、公共资本投资支出、政府转移支付各应该安排多大比例，这个比例对于抑制通货膨胀、提高经济运行质量、增进社会经济平等有着很大的影响。这些问题就是政府财政政策的结构问题。因此，可以说**政府财政政策结构是指政府收支在不同公民、产业和支出项目上的安排比例**。由于现代市场经济国家政府支出总额已经占到一国 GDP 总值的 20%~40%，而且在现代经济社会政府的财政政策能极大影响经济社会的产出、就业、价格和福利。因此，**合理的政府财政政策结构不仅仅影响经济社会的产出，还会影响经济社会的生活质量**。

在政府财政政策运用的早期，经济学和政府的注意力主要集中在运用政府收支政策调节总需求，以促进 GDP 的稳定增长。随着政府收支规模越来越大，人们发现，政府在税收项目和支出项目上的不同安排对经济社会生活质量有很大的影响，从而日益关注政府财政政策的合理结构问题。

例如，在盲目扩大政府支出促进充分就业和经济增长的思想指导下，美国历届政府积累了 60000 亿美元的财政赤字。克林顿政府上台后，在政府财政政策结构上做了重要的调整。在税收政策上，一方面，提高高收入者的纳税比例，个人累进所得税最高税率提高到 39%，同时，对高收入者加征 10% 的特别税，以支持政府减少赤字和增加公共投资的政策目标；另一方面，对小企业和高技术领域的中小企业分行业采取减免税政策，以鼓励它们积极投资，创造更多的就业岗位。在支出政策上，一方面，大规模精简政府机构和人员，削减行政经费开支，削减国际预算和不适当的福利支出等，减少政府的非生产性支出，以减少和消除财政赤字；另一方面，扩大生产性的公共基础设施的投资支出，如高速光纤通信网络（信息高速公路）、交通、教育、高科技的研究开发等。这样的财政政策结构调整，不仅大大改善了美国经济的运行质量，也改善了美国社会的生活质量，实践表明克林顿政府的财政政策是成功的，它保持了美国经济持续 8 年的强劲、稳定的增长。美国经济学家认为，美国经济的潜在 GDP 年增长率为 2.5%，最低的惯性通货膨胀率为 3%，最低的自然失业率为 5.5%。在克林顿政府执政的 8 年中，GDP 年均增长率达到 4%，超过了潜在 GDP 增长率；通货膨胀率稳定在 3% 左右；失业率稳定在

4%左右，都低于最低水平。特别是在克林顿政府上台前，前任历届美国政府累积的财政赤字达到 60000 亿美元。克林顿政府通过大规模削减政府的非生产性开支，在任职的第六年就消灭了历届美国政府积累的天文数字的财政赤字，出现了 200 亿美元财政盈余，到克林顿政府卸任时，政府财政盈余达 2000 多亿美元。再比如，中国政府在 20 世纪 90 年代中期，运用积极财政政策在亚洲金融危机期间促进了中国经济的稳定增长，取得了很好的成绩。但是，政府投资的重点都集中在公共基础设施上。21 世纪初期，中国社会收入两极分化问题突出出来，政府积极调整政府支出政策，逐步加大了政府转移支付的比例。政府社会最低保障基金将要覆盖全国农村人口，这样的财政政策结构调整对于增进社会经济平等，提高社会经济生活质量无疑具有重要意义。这些都是财政政策结构影响经济社会生活质量的显著例子。

经济社会运行质量一般可以通过 GDP 的构成反映出来，政府的财政政策结构对于调节 GDP 构成也有重要意义。一般来讲，比较合理的 GDP 构成中，社会消费支出应占 GDP 的 65%，社会投资支出应占 GDP 的 25%，进出口贸易应占 GDP 的 10% 左右。合理的 GDP 构成反映的是比较高的经济生活质量。

第四节　政府支出：消费性支出和生产性支出

20 世纪 70 年代末，西方工业社会出现"滞胀现象"，财政政策的作用受到怀疑。从西方学者的争论看，古典主义或自由主义学派的学者认为，政府支出是非生产性的消费支出，它不创造 GDP，而凯恩斯主义的主流经济学派则认为政府支出是生产性的，它创造 GDP。实际上这两种看法都是片面的。即不能笼统地说政府支出都是生产性的或都是消费性的，而应具体分析。

一、政府非生产性支出的经济性质及影响

政府非生产性支出或消费性支出是指政府用于办公用品、设施、公务人员工资、警察、军队的经费支出，这些支出是实现政府的社会管理的职能。

现代西方主流经济学的一个观点是笼统地认为政府支出创造国民收入即 GDP，而不管这种支出是生产性支出还是非生产性的消费支出。或者说，认为政府对物品和劳务的购买支出，即办公物品的购买和公务人员的工资、警察、军费支出这种纯粹的非生产性消费支出也创造 GDP。形成这种观点的原因如下：

第一，从 GDP 指标核算上，政府购买支出额构成 GDP 的组成部分。最终产品的购买者不等于最终产品的创造者，所以应排除间接核算方法造成的错觉。

第二，西方学者认为，政府对经济社会提供的管理和安全保障服务，与企业管理人员、保安人员的服务具有相同的性质，因此，政府的服务与经济社会之间是交换关系。这种观点犯了两点错误：

一是 GDP 是国民生产的价值。价值是商品的属性，它的产生是以商品经济的生产和交换为前提的。换句话说，在社会财富表现为价值的市场经济条件下，只有从事商品生

产和商务服务（劳务）的经济单位和个人才创造价值或 GDP。企业的管理人员和保安人员是企业这个经济或生产单位的构成部分。他们作为一个经济单位的整体发挥生产的职能；政府的公务人员、警察、军队是政府这个非生产的社会管理机构的构成部分，他们作为一个非经济单位的整体发挥社会管理的职能。尽管两者都提供劳务服务，但正如亚当·斯密指出的，前者是创造价值的生产性劳动，后者是不创造价值的非生产性劳动。两者在经济上具有完全不同的性质。

　　二是政府及各职能部门与经济社会之间不是交换关系。理解这一关系要分两步走。第一步，政府对经济社会来说，我给你们提供管理和安全服务，所以你们应该纳税，这似乎是一种交换关系。然而商品交换关系基于两个原则：①自愿；②平等交换。政府向各经济单位征税，既不依据纳税人是否自愿，也不依据是否向纳税人提供了等值的服务，而是依据政府的需要和纳税人的收入依法强制征收。因此，征税关系不是交换关系。政府将无偿征收的税款以经费和工资的形式拨付给其职能部门和人员，以维持政府机构运转和发挥其社会管理职能。因此，政府机构及其人员是靠纳税人的钱供养。第二步，政府各职能部门和人员用这些货币去市场购买各种办公物品和消费品表面上看是交换关系，实质上政府的购买行为是将征货币税改征实物税，把货币退还给经济社会，把实物给政府。因此，只要确定第一步政府向经济社会取走的货币是无偿征收关系，就可以确定第二步政府购买行为的实质是向经济社会无偿征收实物税，而把货币退还给经济社会。因此，政府消费性支出的经济性质是对社会实物财富的一个纯粹的扣除。

　　在理解了上述关系的实质，下面看看政府的非生产性支出对经济社会的影响。

　　假定一个经济社会一年生产了价值 10000 亿美元的 GDP，这意味着一方面该社会各要素所有者获得价值 10000 亿美元的货币收入；另一方面，该社会生产出价值 10000 亿美元的实物产品和劳务。该社会用 10000 亿美元收入去购买 10000 亿美元价值的实物产品和劳务，供求是平衡的。

　　现在假定政府第一步从该社会征收 1000 亿美元货币收入税，第二步政府将这 1000 亿美元货币还给经济社会，改从该社会征收价值 1000 亿美元的实物产品和劳务消费掉了，看该经济社会会发生什么情况。当初政府征收的 1000 亿美元货币又还了回来，该经济社会的货币收入还是 10000 亿美元，政府第二步从该社会征走的价值 1000 亿美元实物产品被政府消费掉了，就是说彻底扣除了，这样该社会剩下的实物产品价值只有 9000 亿美元。那么，10000 亿美元的货币收入交换或购买 9000 亿美元的实物产品和劳务，其结果是什么？物品和劳务的价格上涨 10% 左右，就是说该社会会出现 10% 左右的通货膨胀率。

　　当然，实际经济情况不会像简单的算术这么简单。一般来讲，市场经济系统的运行由于种种原因总是生产过剩，那么这个过剩的多余的实物产品被政府拿走消费掉对经济社会的影响是有利的，或者说政府消费性支出也增加有效需求。但随着政府机构越来越大，拿走的部分越来越多。当拿走的部分超过了过剩的部分，不利影响就出现了。现代社会政府庞大的消费支出成为通货膨胀的一个因素，其道理就在这里。

二、政府生产性公共投资支出的经济性质及影响

政府税收的一部分是用于公共基础设施或公共资本品生产的投资支出，如公共道路、设施的投资，基础教育和科学技术的开发研究、公共资源、环境的开发保护等。把政府的这部分支出称为生产性支出。因为这部分支出创造国民财富和 GDP，并进入社会生产的收入循环，它与政府消费性支出具有完全不同的经济性质。

为了理解政府生产性支出的经济性质，比较一下私人投资和政府投资的过程和结果。

私人投资过程就是私人将自己挣得的一部分收入用于购买各种生产要素进行资本品的生产，这部分支出在生产中转化为各要素的收入，生产出的资本品归私人投资者个人所有。资本品不能用于个人消费，它将在今后的生产中继续发挥作用。

政府投资过程就是政府将私人挣的收入无偿征收来，用于购买各种生产要素进行资本品的生产，这部分支出在生产中同样转化为各要素的收入，只是生产出的资本品归政府或社会所有。生产出的资本品同样不能用于政府消费，它将在今后的社会生产中继续发挥作用。

通过比较看到，政府无偿征收的一部分收入，只要是用于投资支出这部分支出就具有社会生产的性质。就是说这部分支出仍是经济社会生产过程的一个组成部分，这部分支出通过转化为各要素的收入，重新进入经济社会的收入循环。差别只在于生产由私人组织变为由政府组织；政府无偿征收的关系只是体现为生产出的资本品的所有权无偿由私人转移给政府或社会。

那么，为什么政府的消费支出不能进入经济社会的收入循环呢？把上述征税关系的两步并为一步，就会发现，政府用于消费部分所征收的实质是实物税，而不是收入。因为货币不能直接消费，所以政府第二步才会把这部分货币收入退还给经济社会，改征实物产品消费。而且，政府消费与经济社会的消费存在本质的不同。从事商品和服务生产的经济单位的消费是再生产生产能力的一个环节，比如工人吃了食物，长出力气以便再进行生产活动。政府部门的消费则是维持其管理的职能。因此，政府的消费是对经济社会创造的实物财富的一个纯粹的扣除。

综合以上分析，可以得出以下结论：

第一，政府用于购买办公物品及公务人员工资等部分的支出称为非生产性消费支出。非生产性消费支出的实质是社会实物产品的扣除，并给社会留下一个等值的收入额，这个多余的收入额在超过过剩产品的情况下，将导致社会的通货膨胀。

第二，政府用于公共设施的投资支出是生产性支出，其实质是将私人投资转变为政府投资，将私人生产转变为社会生产，它仍是社会生产过程的继续，是社会公共资本积累的一种方式。

第三，削减政府非生产性消费支出是消除通货膨胀的手段之一，而且是没有成本的最好办法。

三、克林顿政府财政政策实践的意义

20 世纪 70 年代末，西方社会出现"滞胀现象"，凯恩斯主义的财政政策陷入困境。

80 年代经济自由主义抬头，对政府的财政政策提出怀疑。90 年代克林顿政府上台，重新强调了政府管理经济的重要性，并大刀阔斧地实施了重建美国的计划。克林顿政府的财政政策结构调整还包含了一个重要内容，这就是一方面大规模减少政府的非生产性支出；另一方面增加政府的生产性支出。克林顿刚上台时说，在管理经济方面，"政府必须做更多的工作"。克林顿卸任时说本届政府为美国人民创造了 2000 多万个就业岗位，促进了美国经济持续 8 年的强劲增长，消灭了 60000 亿美元的财政赤字，实现财政盈余 2000 多亿美元。克林顿 8 年的政绩表明，在领导经济社会的发展方面政府确实能做很多工作。

克林顿政府财政政策成功的实践意义在于，它表明在现代经济中，政府对经济的正确领导和管理具有重要意义。20 世纪 70 年代末凯恩斯主义财政政策陷入困境的原因之一是由于笼统地认为政府支出会创造 GDP 这样一种含糊不清的观念所致，它导致了政府机构和消费性开支的无限制扩张及持续的通货膨胀，这是使西方经济陷入滞胀困境的重要原因之一。在明确了财政支出中生产性支出和非生产性支出对经济的影响后，应该明确积极的财政政策是指运用增加或减少公共投资支出和转移支付的政策来调节经济运行，而不是增加政府消费性支出的政策。相反，政府的消费性支出应尽量减少到最低限度。政府的消费性支出是通货膨胀的一个重要因素，通过削减政府非生产性消费支出是消除通货膨胀的手段之一，而且是没有成本的最好办法。

亚当·斯密在《国富论》里就详细论述了政府的消费性支出的经济性质，认为政府的消费性支出是对国民财富的一个纯粹的扣除，一个国家要增加资本积累，促进国民财富的增长，就要尽量缩小政府规模和消费性支出。在这一经济思想的指导下，许多发达国家特别是欧洲国家都是小政府大社会。20 世纪 90 年代美国克林顿政府通过精简政府机构和规模，消灭财政赤字和促进经济增长的实践更证明了亚当·斯密经济思想的正确性和重要意义。由于历史和文化的原因，我国社会至今还是一个政府机构十分庞大的社会，这个庞大政府机构是公共财政和国民经济发展的一个沉重负担。早在延安时期，毛泽东就提出了"精兵简政"的口号。随着我国市场经济的发展，政府机构迅速膨胀，对国家财政造成了巨大压力。20 世纪 90 年代，朱镕基总理为了缓解财政压力，解决吃饭财政问题，下大决心提出并实施了三年精减政府机构人员 50% 的政府改革。我国许多学者都指出，我国社会主义市场经济的改革和完善的一个主要"瓶颈"就是政府机构的改革，应该适应市场经济规律的要求，建立小政府大社会、低成本高效率的社会管理机制。这对于要完成建设一个完善和谐的社会主义市场经济社会的目标来说，具有非常重要的意义。

本章总结和提要

　　财政政策是 20 世纪经济学最重要的发明之一。由于政府支出是总需求的一部分，而且政府支出规模占 GDP 的比重很高，因此政府的财政收支政策能有效地调节总需求和总供给的关系，缓解经济波动的幅度，提高经济运行的稳定性。但是，对于政府支出，我们要区分消费性支出和生产性支出。我们应该明确积极的财政政策是指运用增加或减少公共投资支出和转移支付的政策来调节经济运行，而不是增加政府消费性支出的政策。相反，政府的消费性支出应尽量减少到最低限度。政府的消费性支出是通货膨胀的一个重要因素，通过削减政府非生产性消费支出是消除通货膨胀的手段之一，而且是没有成本的最好办法。这是"滞胀现象"给我们的启示。

思考题

1. 请评价三种贫穷及政府干预经济的必要性。
2. 画图并说明通货紧缩缺口和通货膨胀缺口。
3. 请评价现代功能财政思想的内容和意义。
4. 什么是积极的财政政策？
5. 政府公债的性质和作用是什么？
6. 累进个人所得税制度的作用和意义是什么？
7. 你认为政府支出是消费性支出还是生产性支出？为什么？
8. 你同意削减政府非生产性消费支出是消除通货膨胀的手段之一，而且是没有成本的最好办法吗？

第十一章 货币理论和货币政策

物品有价格，而且物品的价格是用货币表示的，所以说明物品的价格变动离不开货币理论。在现代货币理论的基础上，货币政策也成为调节经济运行的重要工具。本章就讨论这两个问题。

第一节 货币的本质

一、货币与资产和财富

人们在一定时期内从事劳动或投资取得的收入（Income）用于个人消费后的余额构成人们积累的财富（Wealth）或称资产（Assets）。个人或社会的财富有两种存在形式：

第一种形式：**金融资产**（Financial assets）。按流动性可分为货币和证券资产两项。

货币，也称交易货币。包括钞票与硬币和活期存款。在西方，居民或公司的活期存款和支票可随时购物、付账及到银行兑付。因此，**活期存款被视同为流通中的货币，称为银行货币**。货币是流动性最好的金融资产，能随时通过交易转换成其他形式的资产。

证券资产，包括定期存款、政府债券、股票等一切有价证券。该种金融资产流动性差一些，要受一定时期的限制。例如，一张 10 万美元 3 年期的政府债券，在 3 年期限届满以前它是不能转换为其他形式的资产的。

第二种形式：**实物资产**（Real assets）。包括房地产、各种机器、设备、车辆、成品、半成品及各种耐用生活用品。**实物资产是财富的实物形式，金融资产是财富的价值形式**。

货币作为价值和财富的化身，是金融资产中流动性最好的一种财富形式。

二、货币的本质

1. 简要的货币发展史

在商品经济以前的时代，人们偶然发生的交换行为是以物物交换为特征的。随着生产的社会分工出现，商品经济产生，交换的频繁和物物交换的不方便便出现了固定充当交换中介物的物品，这就是货币的产生。货币的发展经历了商品货币、金属货币、纸币、银行货币（活期存款，以支票结算）等阶段，到将来没有货币（电子货币，用信用卡结算）的经济社会。

商品货币阶段是货币产生的初始阶段。在物物交换时代，最初的物物交换很不方便。例如，甲有物品 A，乙有物品 B。甲想用自己的 A 物品交换乙的 B 物品，但是，乙不接受甲的 A 物品。这样，甲想要得到 B 物品，就必须找到一个乙愿意和可以接受的 C 物品。甲先用自己的 A 物品交换 C 物品，然后再用 C 物品和乙交换自己需要的 B 物品。这样，**C 物品就成为甲乙双方交换的中介物品**。随着交换范围的扩大，人们都这样做，**交换中介物品的职能逐步集中在人们都愿意接受的几种物品上**。比如烟草、皮革、羊、钻石、珠宝等。不同国家人们生活习惯不同，人们都愿意接受的物品也有差别，但这不影响交换中介物品的性质。**正是从交换中介物品的性质和职能上，货币史上把这些物品称为商品货币**。它们作为交换中介物为人们的交换提供方便并能扩大人们交换的范围。由于这些物品是**人们都愿意接受的物品**，所以它们被人们称为是有**价值的物品。价值概念由此产生**。所以价值概念的产生是和货币的产生紧密联系在一起的。**也正是从货币最初始的形式上，可以体现货币价值的本质：货币价值是人们都愿意和可以接受的财富，即社会财富**。在商品货币时代和后来的金属货币时代，**充当交换中介物品的货币价值本身就是实际的物质财富，而且是被人们都接受的社会财富**。所以货币价值成为社会财富的化身引起人们的崇拜。由于人们的个人财富只有通过货币价值的衡量、中介和交换才能转化为社会财富，而这个转化过程并不是很容易的（即使在现代经济社会，不同的私人企业的个人产品也只有通过货币价值的衡量、中介和交换才能销售出去，转化为社会财富，才具有价值。而这个销售过程、转化过程仍然是不容易的）。所以人们以为货币价值具有一种神奇的力量，产生所谓货币拜物教，价值拜物教。但这不是迷信，不是宗教，确实是那个时代自然的产物。**个人财富通过货币价值衡量、中介和交换转化为社会财富，是交换经济、市场经济创造的神奇过程。而且，这个过程最初在地域的范围进行，然后扩展到国家的范围，最后这个过程要在全球范围进行**。这个过程至今没有被人们完全认识清楚，所以价值的本质至今也没有被人们完全认识清楚。

　　金属货币时代产生于人们交换范围特别是地域范围的进一步扩大和生产的进步。随着人们交换的地域范围的进一步扩大，商品货币携带越来越不方便，而且也不易保存。设想一下，你从太原赶上一群羊（商品货币）去上海购物，这羊群货币既不便携带又不易保存，到上海恐怕剩不下几只羊了。所以，这种不方便限制了人们交换的地域范围的扩大；同时，人们发现和生产出了价值昂贵的贵金属。贵金属价值昂贵，一枚小小的金币可以代表很大的价值量，而且容易保存、携带方便，可以到很远的地方去与人们交易。这些优点使金属货币逐步取代了商品货币。在这个时代，金币、银币作为交换的中介物在人们的交易中流通。但是，金属货币是以自身的重量代表价值量的。在流通中因逐渐磨损而不足值，就导致了货币史上著名的劣币驱逐良币的现象。人们把足值的良币保留在家中，而把不足值的劣币投入流通。这种情况不仅使商品交易的信誉受损，而且使流通中的金属货币日益稀缺和不安全。为了避免金属货币在流通中的磨损和不安全，一些大的商家联合起来，把金属货币封存库中，发明了代表金属货币价值的代金券、代银券（也称金票、银票）用于相互间的交易往来。**金票、银票是印有该商家特殊符号、记号和代表该商家保有的金属货币价值量的纸张**。它可以代表该商家的金属货币在相互信任的商家之间进行交易往来。**这就是现代纸币最初的形式**。例如，山西平遥日升昌票号在中国金融史上具有重要地位，就是因为日升昌票号是中国历史上第一家发明银票这种货币形式并在全国范围经营银票通兑业务的第一家民间金融组织。但是，随着商品经济的发展，人们交易的范围和规模（交易物品的种类和数量）越来越大，这种民间自发的仅限于大商家之间流通的金票、银票和非常稀缺的金属货币已经不能满足普通民众日常交易的需要。流通货币奇缺，人们交易和生活非常不便，甚至被迫回到物物交换的时代。**政府最终介入货币领域，逐步收回民间的金属货币封存国库，发行纸币用于一国之内的交易需要。**金属货币退出流通，进入了纸币时代。注意，商品货币和金属货币都是商品交换中民间自发产生的用于交换媒介的物品，只是到了金属货币向纸币过渡阶段，政府才介入货币领域。

纸币时代的来临在货币发展史上具有重要意义。**从货币性质上讲，货币发展第一次出现了货币价值实体与货币价值形式（价值符号）的分离。**在商品货币和金属货币时代，货币价值在把不同公民的个人财富转化为社会财富的过程中，一方面执行衡量公民个人财富价值量的职能（计价、记账单位）和交换中介的职能（转化职能）；另一方面，商品货币和金属货币本身就是实际的物质财富，或者说是价值实体。而纸币本身没有价值，因为它不是价值实体或实际的物质财富，它只是金属货币（价值实体）的代表，或者说是价值符号。所以纸币要在一国范围内被公民接受和流通，必须借助国家的力量。萨缪尔森给纸币下的定义是，**纸币是政府发行的法定货币。**而且，依据纸币只是价值符号的性质，为使公民信任纸币，政府发行的纸币数量必须以国库的金属货币储备为依据。**货币价值实体与货币价值形式（价值符号）的分离并没有影响货币价值的本质和货币在使不同的个人财富转化为社会财富的过程中执行衡量个人财富价值量的职能（计价、记账单位）和交换中介的职能（转化职能）。但是，这种分离影响了人们对货币本质的认识。**例如，现代货币数量论对货币本质的看法是：货币是一种计价、记账单位和充当交换媒介的物品，它本身没有价值。应该说，货币数量论对货币本质的认识停留在了纸币货币的表面，是有缺陷的。如果说货币本质上不是价值或没有价值，它又如何在将不同的个人财富转化为社会财富的过程中执行计价（衡量或计量价值量）、记账单位和交换中介的职能呢？

纸币的发行数量以金属货币储备为依据使政府发行的纸币数量受到限制。随着市场经济的发展和市场交易规模的进一步扩大，流通货币的不足成为经济发展的制约。**银行信用制度迅速发展，并创造出现代最重要的一种货币形式：银行货币（活期存款）。**在信用高度发达的现代西方社会，公民个人和企业将纸币现金以活期存款的方式存入银行（早期活期存款不计利息，现在计少量利息），就可以从银行得到一本现金支票。公民可以用这种银行支票购物、付账和在交易中结算。因此，**银行支票被视为流通中的货币，称为银行货币。**银行货币的重要意义在于，银行货币的数量通过银行信用的扩张和收缩可以**成倍地增加和减少。**因此，萨缪尔森认为，从数量上讲，银行货币是现代最重要的货币形式之一。

在计算机时代，交易越来越多地使用信用卡。比如美国，大量交易是靠信用卡完成的。由于计算机全国联网，大部分公民都在银行里有一个账户，这个账户是计算机自动管理的。公民工作或经营获得的收入，是一笔数字打入公民自己的账户。公民消费，无论是购物、住店还是给汽车加油，都可以用信用卡交易。一张信用卡可以走遍美国。交易双方用信用卡结算，不使用货币，交易的结果表现在银行电脑中客户账号上数字的增减。**以信用卡交易的形式被称为电子货币**。到这个阶段，货币连最后的价值形式都没有了。所以现代西方社会的人们已经感到没有货币的时代已经来临。

　　货币真的会在人们的经济生活中消失吗？货币价值在商品货币和金属货币时代以价值实体的方式存在。纸币时代来临，货币价值实体与货币价值形式分离，货币价值以价值符号的形式存在。在经历了纸币和银行货币阶段，到将来的电子货币时代，价值符号的形式也将消失了，货币价值真正成了一个幽灵。**但是，这个幽灵是真实存在的**。否则，又是谁在经济社会中把不同的个人财富转化为社会财富的过程中，执行衡量、计量不同个人财富价值量的职能和交换中介的职能呢？

　　2. 简要的货币理论史

　　随着货币本身的发展，人们对货币的认识也在发展。与货币金属论相比，货币数量论对货币本质的看法发生了根本的变化。

　　与商品货币到纸币时代对应的货币理论是货币金属论，与纸币到信用卡结算时代对应的货币理论是货币数量论。

商品货币：羊、烟草、皮革等 ⎫
金属货币：金、银、铜等　　　⎬ 货币金属论
纸币货币：政府发行的法定货币 ⎭

银行货币：(活期存款) 以支票结算 ⎫
电子货币：以信用卡结算　　　　　⎬ 货币数量论

　　货币金属论对货币本质的看法简单地说要点如下：**货币是固定充当一般等价物的特殊商品。货币本身（金属货币）具有价值，是价值或财富的代表。纸币没有价值，它只是金属货币的价值符号。因此，政府发行的纸币数量必须以国库的金属货币储备（黄金、白银）为依据，否则就会造成纸币的贬值。**

　　货币金属论的流通公式为：

$$M = \frac{PQ}{V}$$

　　式中：P 为一般价格水平，Q 为商品总量，V 为货币流通速度（周转次数），M 为流通中所需的货币数量。

　　该公式表示：商品的价值总量（P×Q）决定流通中所需的货币数量。

　　现代货币数量论认为，**从本质上讲，货币是用做交换媒介和计账，计价单位的一种物品，它本身没有价值。它的价值是它的购买力，而它的价值或购买力的大小则是由货币供给数量决定的，与货币供给数量成反比。**[①]

　　货币数量论的交换方程：

$$MV = PQ \text{ 或 } M = \frac{PQ}{V}$$

　　式中：M 为货币供给量，P 为一般价格水平，V 为货币流通速度（周转次数），Q 为

---

① 美国费雪所著的《货币的购买力》（1911）是系统完整阐述现代货币数量论的一本专著。

商品销售总量。

该式表达的两个基本命题：一是货币供给量 M 决定一般价格水平 P，而不是相反。就是说否定了货币金属论认为的价格水平决定流通中所需的货币数量 M。二是因为 M 的变化不会引起 V 和 Q 的变化，所以 M 与 P 之间不仅同方向，而且同比例变动。

因此，**货币数量论认为，M 是外生变量，P 是由 M 决定的内生变量。货币供给量的变动是价格变动的原因。那么，政府对货币供给量的控制就能有效地影响价格水平。**

既然货币本质上是一种交换媒介，那么货币的发行、供给数量以国库的黄金储备为基础和限制就没有必要了。事实上，现代西方许多国家的货币发行量已经和金属储备脱钩。萨缪尔森指出，在美国，1933 年以前，黄金证券经常流通，人们可以依据黄金证券向美国财政部请求兑换黄金。1933 年，议会决定国家收回一切黄金证券，在收回时，只能兑换普通纸币，不能兑换黄金。从 1975 年以来，美国公民可以持有黄金，但普通公民所持有的黄金价格与黄金的官价不发生关系。萨缪尔森在他的《经济学》第 10 版中写道，"从理解货币的性质的观点来看，黄金证券和金币的取消能使问题简单化。现在的学生不像早几代的学生那样，被某种神秘的信念领入歧途，认为'黄金储备'是使得纸币具有价值的东西。肯定地说，黄金本身与这一问题没有什么关系。流行的说法认为，'如果纸币能够兑换黄金，它的价值会较高。'每个专家都知道，事实是恰恰相反。如果黄金不在货币方面使用的话，那么黄金作为一种金属的价值会比它现在的价值低得多。我们会有较便宜的首饰和结婚戒指，而南非和俄国的采矿者会得到较少的收入"。"坚决的保守派为什么在今天还要恢复金铸币的真正原因并不是他们认为黄金使得货币具有价值。原因在于他们知道政府的措施在今天能够有力地影响货币的价值，他们确信这种权力会被政府加以滥用。因此，他们宁可把自己的命运托付给开采金矿造成的行情起伏上，而不信任易犯错误的或被认为是腐化的政府。"

但是，今天黄金在国际贸易的支付和国际储备上还具有一定限度的作用。这也是黄金在现代经济中所保持的已经缩小的职能。

现代货币数量论的重要意义在于它为现代西方政府的货币政策提供了理论基础。货币政策就是政府控制和增、减货币供给量的政策。在货币金属论的基础上，政府纸币发行量受国库金属货币储备量的限制，是不能随便增减的。在货币数量论的基础上，由于货币发行量与金属储备脱钩，货币供给量就成了政府手中不受限制，可以灵活运用，为促进充分就业、价格稳定增长目标服务的一个有力的工具。

三、货币的计量

为了计量货币供给量，西方学者将货币分为狭义货币和广义货币。

$M_0=$ 流通中的交易货币，即纸币＋硬币
$M_1=M_0＋$ 活期存款
$M_2=M_1＋$ 定期存款＋借贷机构存款
$M_3=M_2＋$ 政府债券

（M_0、M_1 狭义货币；广义货币）

在计算货币供给量时，M_0、M_1 和 M_2 是经济学家和政府经常使用的概念，M_3 只是偶尔用到。经济分析中分析的货币供给量只指 M_0、M_1 和 M_2。

第二节 银行制度与存款创造

政府的货币政策是通过银行制度的传导起作用的，所以，要了解政府货币政策的作用机制，首先要了解现代西方的银行制度。

一、西方银行制度的性质和作用

西方国家的银行系统是由政府办的中央银行和私人办的商业银行两部分组成。

中央银行（在美国是联邦储备银行，英国是英格兰银行，法国是法兰西银行等）是政府的金融机构。一般来讲，其业务主要有三项：一是垄断发行本国法定货币，所以也称发行银行。二是以债务方式接受商业银行缴存的存款准备金，以贴现方式对商业银行发放贷款，故也称银行的银行。三是代理国库，即经办政府收支、管理国家储备和外汇、制定和推行国家金融政策，故又称政府的银行。因此，**中央银行在性质上是政府的金融机构。**

商业银行在性质上是以办理吸收存款和发放贷款为主要业务，在资金融通中经营谋利的金融企业。 或者说，在西方国家，商业银行是个人开办的经营货币的私人企业。它和工业企业的区别就在于，工业企业经营的是产品，商业银行经营的是货币。公民个人（或几个人合伙）只要具有良好的经营信用记录，资产达到政府要求的规模，就可以申请开办商业银行。商业银行一般通过以下三种方式经营谋利：一是吸收社会存款和发放贷款。贷款利息收入减去存款利息和经营成本（银行职员的工资、房租和办公费用支出），就构成商业银行的利润。二是直接投资以获得投资收益。商业银行有雄厚的货币资金，如果有安全性高、收益高的项目，商业银行就会直接投资。三是炒汇以获得汇差收益。在经济全球化和信息化的时代，由于许多国家实行了浮动汇率，就为商业银行在国际金融市场经营各国货币创造了机会，通过低吸高抛获得汇差收益。

尽管商业银行在性质上只是私人开办的金融企业，但在现代银行制度中却具有重要的作用。萨缪尔森指出，商业银行最重要的经济作用在于接受活期存款和承兑该存款的支票。尽管商业银行不是社会上唯一的金融组织，其他还有保险公司、证券公司等，但是根据规定，只有商业银行能接受"活期存款"。因此，它是唯一能提供"银行货币"的组织。**商业银行在经济上的重要性就在于：信用和存款创造是通过商业银行进行的。**

二、银行制度的存款创造

1. 存款准备金制度及作用

西方国家一方面为了防止商业银行因挤兑风潮而倒闭，另一方面，更重要的是为了中央银行能控制商业银行的"银行货币"供给量。**中央银行对商业银行吸收的存款规定了一个必须备有的准备金，称为"法定准备金"。准备金占存款的比例称为"法定准备率"。** 不同期限的存款法定准备率也不同。一般来讲，存期越长，准备金率越低，比如5%、3%等，存期越短，准备金率越高，比如15%、20%等。

例如，假定规定的三个月存期的存款的法定准备率 r_d 为 20%，那么，任一家商业银行如果吸收三个月存期的 100 万美元的存款，必须将其中的 20%，即 20 万美元作为准备金留存银行或缴存中央银行，其余 80 万美元商业银行才能作为短期信贷或长期抵押贷款的资金贷出。

在银行业的初期，存款准备金制度的主要作用是为存款人大量提取现金做准备。如果商业银行没有足够的现金兑付存款人，就会发生信用危机。如果商业银行的资本金不足以兑付存款人的存款，就会导致金融危机和商业银行的破产。依据企业破产法，一旦商业银行宣布破产，其债务也一笔勾销。就是说，如果商业银行破产，存款人没有及时提取存款，存款人的存款就可能被勾销而遭受重大损失。这就是为什么在经济波动时，商业银行门前挤满了要求兑付存款的人群的原因。这也就是所谓的"挤兑风潮"。现代西方发达国家的政府为了稳定金融，对商业银行的个人存款提供政府担保。政府保证存款本金不受损失，不保证利息收入。所以，在发达国家挤兑风潮已不再出现。**在现代西方发达国家，法定准备金制度的作用主要是使中央银行能够控制商业银行所创造的"银行货币"的数量。**因为提高准备金率，会缩小银行货币的供给量，降低准备金率，会扩大银行货币的供给量。规定了一定的准备金率，中央银行就能够限制商业银行"银行货币"数量的增长，使它处于政府想要有的水平。

2. 银行制度的存款创造过程

银行的存款创造过程是个很奇妙的过程，过去只是把它笼统地称为银行信用，而且是一个很模糊不清的概念。**萨缪尔森第一次理解和说明了银行信用的性质，并概括出了现代最重要的货币形式之一："银行货币"，这是萨缪尔森的一个重要贡献。这一贡献的重要意义在于它使我们可以对"银行信用"进行定量分析，比较精确地把握银行信用扩张和收缩的规模。**下面就以萨缪尔森的方式来说明这一过程。

假定某家银行接受了一笔 10000 美元的活期存款，银行给存款人一本支票，存款人可以用支票去购物或付款，但累计支付金额不能超过他在银行的 10000 美元活期存款。把接受这笔 10000 美元存款的银行称为第一级银行，并假定存款准备金率为 20%，这家银行的资产负债表见表 11-1：

表 11-1 第一级银行的资产负债表

单位：美元（r_d 20%）

资 产		负 债	
准备金	2000	存款	10000
贷款与投资	8000		
总计	10000	总计	10000

银行吸收的存款是银行的负债。银行依据准备金率将其中的 2000 美元作为准备金留存银行，而将其余的 8000 美元现金贷出或投资，这两项构成银行资产。

在离开这一家银行的时候，看一下 10000 美元的活期存款活动使流通中的货币数量发生了什么变化？存款人手中持有的，随时可以支付的价值 10000 美元的支票（银行货币），再加上银行贷出的 8000 美元现金，总计 18000 美元。可见，从货币供给的角度讲，银行的活动已经创造了 8000 美元的净增加。

但是，整个银行系统的反应还没有结束，得到 8000 美元贷款的人通常会把这笔款用于投资或消费，即把它支付给其他人，而其他人又支付给另一个其他人，不论经过多少人的手，最后的人也会把这笔款存入某家银行。因此，起首的第一级银行流出的 8000美元现金又流入到银行系统的某家其他银行，称它为第二级银行。这样，第二级银行又增加了 8000 美元的新存款，依据准备金率，留下 1600 美元准备金，将 6400 美元贷出或投资，而得到这 6400 美元贷款的人就像上面的过程一样，不管经过多少人的手，这6400 美元又会存入银行系统的第三家银行，如此反复，还有第四家、第五家银行等。表 11-2 说明了银行存款的多倍扩大过程。

表 11-2　银行制度的存款创造过程

单位：美元（r_d 20%）

银行	新存款	新贷款与投资	准备金
起首第一级银行	10000	8000	2000
第二级银行	8000	6400	1600
第三级银行	6400	5120	1280
第四级银行	5120	4096	1024
第五级银行	4096	3276.8	819.2
⋮	⋮	⋮	⋮
	+	+	+
整个银行制度的总和	50000	40000	10000

通过银行系统的连锁反应，最初的 10000 美元现金存款成了银行的准备金，留在了银行。同时，银行系统的活期存款额成了 50000 美元，这意味着流通中有价值 50000 美元的支票（银行货币）在流通。银行货币以 5:1 之比被创造出来。从货币供给的角度看，10000 美元活期存款导致的净增加的货币额为 50000-10000=40000 美元。

萨缪尔森说，"银行存款总额数倍于现有的纸币现金总额并不是什么值得奇怪的事情。……应该牢牢记住这一件事情：**银行存款（银行货币）是现代货币的三种形式之一，而且在数量上是最重要的**"。[①]

在上面的例子中为什么银行货币以 5:1 之比被创造出来呢？因为假定的准备金率是20%，即 1/5。如果准备金率下降为 10%，那么通过上面例子的计算就知道，银行货币会以 10:1 之比被创造出来。反过来，如果准备金率上升至 25%，那么银行货币会以 4:1之比被创造出来。可见，政府或中央银行降低准备金率会扩大银行货币的供给量，提高准备金率会缩小银行货币的供给量。

综上所述，可以说，**银行的存款创造是指现代银行系统所具有的信用功能，即银行货币扩大和收缩的一种功能**。

法定准备金率的倒数称为存款乘数。它表示银行货币扩大或缩小的倍数。例如，法

[①] 萨缪尔森：《经济学》第 10 版，上册，商务印书馆，1982 年版，第 435 页。

定准备金率 $r_d = 1/5$，那么存款乘数为 5/1 = 5。**存款乘数的意义在于可以使人们比较精确地估算出银行货币（信用）的规模。例如，假定知道整个银行系统的准备金为 1000 亿美元，准备金率平均为 10%，那么就可以估算出流通中的银行货币数量为 10000 亿美元。**

知道了银行货币的扩大，那么什么是收缩呢？存款乘数与投资乘数一样是一把"双刃剑"，它可以导致银行货币的成倍扩大，也可以导致银行货币的成倍缩小。

仍以前面的例子为例，假定起初的第一家银行 10000 美元的存款人将 10000 美元取出去购买国债，那么整个银行系统会发生什么反应呢？第一家银行只有 2000 美元准备金，它要支付存款人 10000 美元现金，必须收回它贷出的 8000 美元，这样得到这 8000 美元贷款的人就必须到第二家银行取出 8000 美元存款，而第二家银行也只有 1600 美元的准备金，这又导致第三人从第三家银行取出 6400 美元存款，如此循环直到整个银行系统减少 50000 美元的活期存款或银行货币。可见 r_d 为 1/5 时，减少一笔存款会使银行货币以 5：1 的比例收缩。

那么有人说如果得到贷款的人不把钱存入第二家银行，或者付给第三人，第三人也不存入银行，而是锁在自己的保险柜里。或者第一家银行的 8000 美元只贷出去了 5000 美元，其余的贷不出去，那么这个银行货币的创造如何进行呢？不否认上面的情况都会发生，但是以上的分析是用一种数字推理的抽象分析方式说明现代银行系统所具有的信用扩大或缩小的功能，这是银行系统本身所具有的一种功能。个别人有把钱锁在保险柜的偏好或习惯，但如果全体公民都把钱锁在保险柜里，就没有了现代银行制度。另外，上述两种情况说明，理论上的存款乘数是不可能精确的。存款乘数只是用抽象推理的方法概括出来的银行系统本身具有的银行货币（信用）扩大和收缩的一种功能。在实际的银行系统的运行中，银行货币循环中的"跑冒滴漏"是不可避免的。有人会把钱锁进保险柜，也有银行吸收的存款不能完全贷出去。所以实际的存款乘数与理论的存款乘数是有差距的。而且实际的存款乘数只有通过对实际的银行货币循环的统计数字中得到，没有一个固定的公式把它计算出来。因为任何公式都无法计算出一个经济社会会有多少公民把钱锁进了保险柜。投资乘数或支出乘数与存款乘数的道理一样。投资乘数也是用数字推理的抽象分析方法从理论上概括出来的。在实际的经济运行中，社会增加一笔投资或政府增加一笔支出，在收入多轮循环中，"跑冒滴漏"也是不可避免的。例如，政府增加 1000 亿元支出用于公路建设投资，政府投资在各国都是"唐僧肉"，在投资资金运作的各环节中不乏贪官污吏。假定，在这个过程中贪官贪污了 200 亿元，并把这 200 亿元锁进了保险柜或存到国外银行。那么实际的投资乘数与理论的投资乘数就存在很大差距，这种情况用什么公式可以计算出来呢？因此，理论的投资乘数或支出乘数与实际的支出乘数是有差距的。实际的支出乘数只有通过实际经济运行中的统计数字得到，没有一个固定的公式可以精确地计算出实际的支出乘数。有些学者把存款乘数、投资乘数、支出乘数的公式搞得十分复杂，费了不少脑筋，总是幻想计算出精确的乘数，这是不了解理论经济学抽象分析方法的缘故。

这一节对我国的读者比较生疏，是因为我国社会和银行系统信用发展程度比较低。银行货币的使用仅限于企业，还没有像西方发达国家那样扩大到全体公民，所以我国居民的活期存款不具有银行货币的功能，企业的活期存款具有该项功能。可见货币政策的运用受到社会和银行系统信用发展程度的限制。但是，发达市场经济国家的今天，就是我们的明天。从第一节货币理论对银行货币的说明和本节银行存款创造过程的说明，可以理解，**银行货币本质上是一种信用货币。它的流通和运用是以全体社会成员良好的信用素质为前提的。**如果公民的信用素质不良，可以设想，假定某人在银行存了10万元活期存款，银行给他一本现金支票，并且约定某人累计开出的现金支票的金额不得超过在银行的存款金额。但是某人不讲信用，空白支票上的数字是可以任意填写的，他开出30万元的支票买辆汽车，再开出100万元的支票买套住宅。汽车销售商和房地产商拿他的现金支票去他的存款银行兑取现金。结果他只有10万元存款，让银行拿什么兑付？如果银行追寻某人，又要花费额外的费用和成本。因此，不讲信用的社会银行货币是无法流通的。另外，银行货币的流通需要银行系统有一套严密的监督管理制度。现金支票持有人累计开出的支票金额不得超过他在银行的活期存款金额是银行货币流通的基本前提，也是支票持有人和银行的基本约定。超过就称为"透支"。透支分为"善意透支"和"恶意透支"。善意透支是事前与银行有约定，在紧急情况下可以透支一定的金额，并在一定期限内归还。恶意透支是没有和银行约定的透支行为，是一种严重的失信行为，是不诚实、没有信用的行为。恶意透支损害了银行货币流通的安全，为防范这种损害，银行想过不少办法。计算机革命为银行防范透支行为提供了有效的技术支持。例如，在美国，如果某人有恶意透支行为，银行电脑就会将某人的这种"劣迹"自动记录在案，并终身伴随。由于全国银行系统电脑是联网的，任意一家银行都可以从电脑上查到某人的"劣迹"而拒绝与某人往来，既不接受他的存款，也不给他开设账户，某人的经济生活将受到严重影响。这个办法保障了银行货币流通的安全，又促进了整个社会信用水平的提高。

第三节　货币市场的均衡和利率的决定

政府的货币政策是通过影响利率来起作用的，所以在讨论货币政策以前，还要说明货币市场的均衡和利率的决定问题。

一、货币的需求分析

凯恩斯认为，**货币需求是指人们宁肯牺牲利息收入而把货币保留在手边的愿望。或者说，货币需求量是指人们保留在手边的现金数量。**显然，人们将货币留在手边是以牺牲利息收益为代价的，这个代价被称为**货币需求的机会成本**。如果利率较高，那么货币需求的机会成本也较高，将会影响人们的货币需求数量。

凯恩斯认为，人们之所以把一部分现金不存入银行获取利息收入，而放在手边，是因为货币同其他金融资产相比，流动性最好，能随时满足人们的三种动机需要：交易动机、预防动机和投机动机。所以凯恩斯又把人们对货币的需求动机称为"流动性偏好"。

1. 交易动机和预防动机

交易动机是指购物或交易的需要和方便。预防动机是指应付不测之需，如突然出现的某种需要用钱的事情等。

凯恩斯认为，人们出于交易动机和预防动机而保留在手边的货币量的大小，取决于人们收入的多少。收入少的人，其交易额也少，收入多其交易额也多，预防不测之需也是如此。所以交易需求和预防需求的货币量与收入同方向变动，是收入的函数。如果用 L_1 表示出于两种动机的货币需求量，K 表示该需求量占收入的比例，Y 表示国民收入，则 L_1 需求函数可表示为：

$L_1 = L_1(Y) = KY$　　　　$K > 0$

例如，假设 K 为 1/4，

则，当 Y＝4000 亿元时，L_1 ＝ 1000 亿元

　　　　Y＝5000 亿元时，L_1 ＝ 1250 亿元

2. 投机动机

投机动机是指人们保留这部分货币是供投机性的证券（债券或股票）买卖之用。所以这也是证券市场上所需的货币量。

证券市场上，证券价格与利率成反方向变动。

$$证券价格 = \frac{证券收益}{利息率}$$

例如，一张每年可获得 10 元收益的证券，在利率为 5%时，价格为 $\frac{10}{0.05}$ ＝ 200 元，在利息率为 4%时，价格为 250 元，在利率为 6%时，价格为 $166\frac{2}{3}$ 元。

因此，当利率提高时，证券价格会下降，人们抛出货币，买进证券，人们手中持有的货币数量就少；当利率下降时，证券的价格会上升，人们会抛出证券，换回货币，人们手中持有的货币数量增加。

因此，凯恩斯认为，人们出于投机动机的货币需求量，取决于利率的变动，与利率反方向变动，是利率的函数。

如果用 L_2 代表货币的投机需求，r 代表市场利率，h 代表货币投机需求对利率的反应系数（即 r 上升或下降一个百分点，投机需求的货币量减少或增加 h 美元），则货币的投机需求函数可表示为：

$L_2 = L_2(r) = -hr$

负号表示货币投机需求量与利率成反方向变动，其曲线向右下方倾斜。

3. 货币总需求函数

综合上述两式，可以得到货币总需求函数：$L = L_1 + L_2 = KY - hr$

货币需求函数表示对货币的总需求量是人们对货币的交易需求、预防需求和投机需求的总和。也综合了货币需求量与国民收入和利率的关系。这一关系可以从图 11-1 货币总需求曲线图形上直观地看出。

A. 假定 Y＝4000 亿元，K＝1/4，则 L_1 ＝1000 亿元。

B. 假定利率为 4%时，L_2 ＝200 亿元；利率为 6%时，L_2 ＝100 亿元。

C. 表示 A、B 相加之和构成对货币的总需求。假定国民收入为 Y＝4000 亿元时，若 r＝4%，则货币总需求 $L = L_1 + L_2 = 1000 + 200 = 1200$ 亿元；若 Y 不变，利率上升至 6%时，

A. 交易和预防需求 $L_1 = K_Y$　　B. 投机需求 $L_2 = -hr$　　C. 货币总需求 $L = L_1 + L_2$

图 11-1 货币需求曲线

货币总需求将减为 1100 亿元。

二、货币的供给

一般来讲，货币供给数量首先是一个存量概念。货币存量是指在一定时点上一个社会所保有的不属于政府和银行的所有纸币、硬币和银行存款。其次，在既定货币存量的前提下，政府的货币政策能有力地调节货币供给量的变动。或者说在既定存量前提下，货币供给数量决定于政府的货币政策，由中央银行控制和决定。其方式一是通过公开市场业务增、减纸币和硬币的供给量；二是通过调整准备金率增、减银行货币的数量。因此，货币供给量不依存于其他变量（如利率），而是决定利率及其他变量的因素。或者说，它是一个外生变量，其大小与利率无关，而是决定利率的因素。因此，在图形上，货币供给曲线是一条垂直于横轴的直线。

三、货币市场的供求平衡和利率的决定

图 11-2 中，横轴代表货币数量 M，纵轴代表利率水平 r，图中向右下方倾斜的曲线是货币总需求曲线，垂直于横轴的曲线是货币供给曲线，它代表一个既定的货币存量。

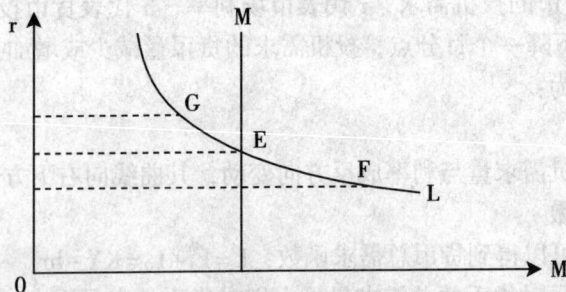

图 11-2 货币市场供求均衡决定利率水平

货币市场供求曲线的交点 E 点，即为货币市场的均衡点，它决定货币市场的均衡利率水平。或者说，当货币需求量等于货币供给量时，货币市场才会达到均衡状态，利率也才会稳定在均衡利率的水平上。

在货币供给为既定的前提下，货币需求量大于货币供给量时（如图中 F 点），市场利率低于均衡利率，这时人们会感到手中保存的货币不足，就会卖出有价证券，以增加

手中持有的货币数量。有价证券的抛售会导致证券价格下降和利率上升。利率的上升，一方面会减少投机动机对货币的需求；另一方面会使投资收入减少，使人们对货币交易需求减少，直到货币需求量与供给量相等时为止，利率才会稳定在均衡水平上。反过来，当货币需求量小于货币供给量时（如图中 G 点），市场利率会高于均衡利率，这时人们会感到手中货币太多，就会将多余的货币买进有价证券，从而导致证券价格上升和利率下降。利率下降一方面会引起货币投机需求增加，另一方面又会引起投资和收入增加，进而引起人们对货币交易需求的增加，直至货币供求相等时为止，利率才会稳定在均衡水平上。

以上分析可以得出两点结论：一是在货币供给既定的情况下，货币需求大于货币供给时，会使利率上升，货币需求小于供给时，会使利率下降。二是在货币供给既定的情况下，货币市场具有自动趋于均衡的趋势。

四、货币供给变动对货币市场均衡和利率的影响

在任一时点，货币供给存量是既定的。货币供给量的变动则取决于政府的货币政策，那么货币供给的变动对货币市场的均衡和利率会有什么影响呢？

从图 11-3 中可以直观地看到，在货币需求不变的情况下，货币供给数量增加，由 M_1 至 M_3，会使均衡水平和利率下降，由 E_1 至 E_3，r_1 至 r_3。货币供给数量减少，由 M_1 至 M_2，会使均衡水平和利率上升，由 E_1 至 E_2，r_1 至 r_2。**由此可以得出结论，由于货币供给的变动取决于政府的货币政策，因此，政府的货币政策能够改变货币市场的均衡水平和利率水平。**

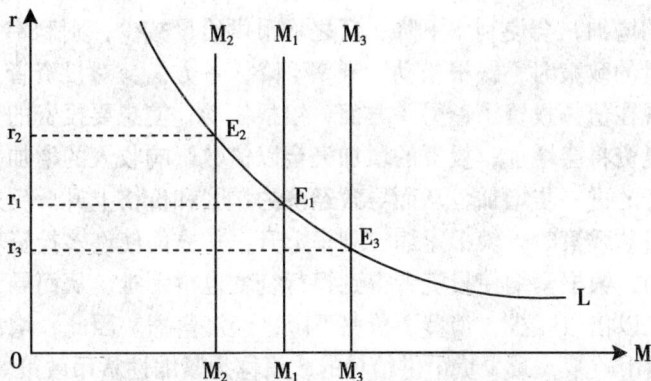

图 11-3 货币供给量变动对均衡和利率的影响

货币供给变动对均衡利率的影响是政府的货币政策对经济运行发生作用的切入点。在理解了现代银行制度和货币市场的均衡后，下面就来讨论政府的货币政策及作用。

第四节　货币政策

一、货币政策的概念和意义

货币政策的概念可以定义如下：**货币政策即政府增、减或控制货币供给量的政策。增加货币供给量称为扩张性货币政策，它会导致利率下降，投资、消费和国民收入增加。减少货币供给量的政策称为紧缩性货币政策，它会导致投资、消费和国民收入减少。**通过控制货币供给量影响利率水平，通过利率影响投资、消费和收入。货币政策成为现代西方社会政府调节经济运行的一个重要工具。

萨缪尔森在他的《经济学》第 10 版中谈到货币政策的意义时写道："一切经济学派在今天都同意，对于宏观经济学来说，货币供给的变动是重要的。在早几个世纪中，金矿和银矿的偶然发现使货币供给处于混乱状态。在今天的一切国家中，这种情况一去不复返了。"由于货币和黄金脱钩，我们将看到，"决定一个国家货币供给的是该国自己的中央银行……我们只需分析政府如何使用它的钞票印刷机，来支付它自己的开支或者贷款给私人商业银行。……因此，现代混合经济不再受投资变动这一种因素的支配……通过控制活动力强大的商业银行的准备金，通过控制自己的预算赤字和盈余，现代政府可以调节、控制和抵消投资 I 和消费 C 由于外部因素而引起的波动"。

二、货币政策的作用机制

货币供给量的增加，会使利率下降；反之货币供给量减少，则利率上升。当政府采取增加货币供给量的政策时，银根松动，利率下降，一方面，对投资者来说，以前不值得投资的项目，现在值得投资了；另一方面，银根松动，使想要投资的人能容易地得到银行贷款，从而投资将会增加，投资的增加又会以倍数影响收入的增加，收入的增加又会导致消费和投资的进一步增加，从而导致经济的扩张和价格上升。反过来，当政府采取减少货币供给量的政策时，银根紧缩，利率上升，一方面使许多投资项目现在不值得投资了；另一方面，银根紧缩使投资者得到银行贷款也很困难，从而导致投资减少，投资的减少引起收入以倍数减少，消费、价格下降，经济紧缩。因此，增加货币供给量的政策称为扩张性货币政策，减少货币供给量的政策称为紧缩性货币政策。

一般来讲，当经济萧条时，采取扩张性货币政策有利于增加有效需求，或者说使 C+I+G 曲线向上移动，促进经济复苏；在通货膨胀和经济过度高涨时，采取紧缩性货币政策，有利于减少有效需求，使 C+I+G 曲线向下移动，降低或消除通货膨胀，从而减少经济波动的幅度，提高经济运行的稳定性。

三、主要的货币政策手段或工具

政府控制或增、减货币供给量的手段是什么呢？政府的中央银行增、减货币供给量的手段或主要的货币政策工具有三个：公开市场业务；贴现率政策；改变商业（成员）

银行的法定准备率。

1. 公开市场业务

公开市场业务是指在公开市场上政府债券的买卖业务。在美国，政府的或联邦储备银行的公开市场委员会及下设的公开市场办公室主持该项业务。

政府发行公债，即卖出政府债券，就是用债券换回货币（现金）。它意味着吸收或减少社会的现金存量。这些现金构成商业银行的准备金。因为不论政府债券的买者是谁，保险公司、商业银行、大商行、经纪人等，这些买者大都用他们的银行支票偿付他所购买的债券。中央银行依据这些支票向商业银行提取现金，从而使商业银行失掉相当数量的准备金。公众购买政府债券，如果用现金，就要提取在银行的存款，其结果同样使银行的准备金以相等的数量减少。依据存款乘数原理，假定准备金率为20%，商业银行准备金减少一元，将导致银行货币（活期存款）以5:1之比减少。例如，假定政府售卖100亿元的政府债券，将使商业银行准备金减少100亿元，活期存款减少500亿元，它意味着流通中的银行货币减少500亿元。

反过来，政府买进政府债券，就是用现金货币换回债券，它意味着社会现金存量增加，这些增加的现金将存入各级银行，从而导致商业银行准备金以相同的数量增加，和银行货币以5:1之比增加（仍以上面的假定为例）。

可见，政府债券的买卖可以灵活、方便地调节货币存量及银行货币的供给量。西方学者认为，它比财政政策更方便和灵活。就是说，政府可以随时根据需要使用该项政策手段稳定经济运行。事实上，在美国，公开市场委员会几乎每个月都在开会，来讨论决定是要通过购买政府债券把更多的准备金注入银行制度，还是要通过出售政府债券来紧缩银根。

2. "时滞效应"和行政手段

银行货币的扩张和收缩有一个时间过程，就是说有一个时效问题。有些经济学家认为货币存量变动到对利率发生影响，再到对投资和消费产生作用有一个时间过程。这两种情况是一回事，称为"时滞效应"。政府开始施行货币政策到政策产生效果之间有多长时间？或者说"时滞效应"有多长时间？有的经济学家说三个月，有的经济学家说六个月。实际上，"时滞效应"的时间长短是依据不同经济社会经济运行效率的具体情况来确定的。有的经济社会运行效率高，货币流通速度快，"时滞效应"的时间就短。反之，有的经济社会货币流通速度慢，运行效率低，"时滞效应"的时间就长。由于这个原因，在紧急情况下，政府有时直接采用行政手段变动利率，实施货币政策。例如，美国股市一下跌，格林斯潘就跑出来宣布降低利息率，这是典型的用行政手段干预利率的事例。

3. 贴现率政策

中央银行给商业银行的贷款，称为"贴现"，贷款利率称为"贴现率"。**贴现率政策就是中央银行对商业银行的贷款利率政策。**

一般来讲，中央银行降低贷款利率，即贴现率，会鼓励商业银行增加向中央银行的贷款，从而增加商业银行的准备金。反之，提高贴现率，则会使商业银行减少向中央银行的贷款。但是从政府的角度看，该项政策手段的作用是被动的。因为当政府想增加货币供给时，它只能降低贴现率，等待商业银行光顾，而不能去招揽主顾。因此，它不能使它的贷款数量正好达到它想要有的水平。所以该项政策手段的作用是十分有限的，只能对政策目标起补助作用。而公开市场业务则能主动直接地将货币供给数量控制在政府想要有的水平。

4.改变准备金率

改变准备金率可以改变银行货币扩张或收缩的倍数，从而增加或减少银行货币的供给数量。但是该项政策手段对银行系统的影响和作用是迅速、猛烈的，一般不经常使用。在紧急关头，该项政策手段具有紧急刹车或迅速启动的作用。当通货膨胀严重，政府需要迅速减少货币供给时，采取提高准备金率的政策，可以使银行货币成倍地迅速减少。反之，当萧条严重时，采取降低准备金率的政策，可以使银行货币迅速增加，银根松动，促进经济加速复苏。

四、凯恩斯陷阱和货币政策的有限性

由于货币政策是通过影响利率进而影响投资、消费和收入的。因此，凯恩斯认为，当利率降低到最低水平（当然不可能是零利率，图 11-4 上假定为 2%），再增加货币供给量也不可能使利率下降，如图 11-4 所示货币需求曲线上的水平区域。在这个水平区域里，货币供给数量的变动，对利率不产生任何影响，从而对投资和收入也不发生任何影响，货币政策失去了效果。所以说这个区域是货币政策的"陷阱"。这种情况是凯恩斯从理论分析上提出来的一种极端情况，并称之为"流动性陷阱"。一些西方学者也将它称之为"凯恩斯陷阱"。但是凯恩斯自己也声称，在实际上这种情况从未发生过。直至 60 年后的今天，西方学者仍没有发现出过类似的情况。因此，凯恩斯陷阱至今还是一个理论分析上的假设。

图 11-4　理论上分析的凯恩斯陷阱的极端情况

最后，在结束本节时，用萨缪尔森的一个图示，见图 11-5，对本节的内容作一个小结。

A.中央银行通过公开市场业务或改变准备金率来调节商业银行活动力强大的准备金。B.准备金的变动使商业银行的银行货币扩张或收缩，从而控制货币供给数量。C.货币供给数量的变动影响资本市场的利率水平和得到贷款的难易程度。使 C+I+G 曲线移动，最终决定价格水平，实际产量和 GDP，在菱形的上方可以看到，财政政策也对 C+I+G

政府的货币政策如何影响国民收入的决定

图 11-5　货币政策与国民收入决定结合在一起

曲线发生影响。这样就综合了现代政府调节经济运行的两种手段：财政政策和货币政策。只不过财政政策是直接作用于总需求 C+I+G 曲线，货币政策是通过影响资本市场的利率来间接作用于总需求。最后不要忘记，现代货币政策的理论基础是现代货币数量论，其作用的条件是现代银行制度信用发展的水平。

第五节　证券市场

如前所述金融资产有两种形式。现代西方居民手中除持有货币现金和银行支票（活期存款）这种流动性最好的金融资产外，另一种重要的金融资产就是各种有价证券。这包括定期存款、政府债券、公司股票等。

定期存款一般是指三个月以上的银行存款。由于商业银行是私人经营的金融企业，在经济危机中，商业银行也会因破产而倒闭，那么银行存款也是有风险的。现代西方一些发达国家的政府承担起了稳定金融的责任，对商业银行个人存款提供政府担保，保证本金价值，其利率由短期市场利率决定。

政府债券是指中央政府及各级地方政府发行的债券。政府承诺到期支付本金，分期支付利息。因此政府债券类似于银行定期存款，但政府债券被认为是最安全的证券投资，因为它的本金和利息（收益率）是政府保证的。

股票是购买公司或企业资本部分所有权的凭证。它参与公司或企业净利润的分红，**分红所得称为股票的红利**。股票可以买卖或交易，**公开交易的股票称为普通股票。交易股票的场所称为股票市场，也称证券市场**。在股票市场上除主要交易股票外，还交易其他证券，如债券、期货等。股票是现代居民手中最重要的一种证券资产，下面就以股票市场为例讨论和分析证券市场的一般性质和特点。

一、股票市场的性质

现代企业或公司的一个重要特征是公司资本的社会化。即公司资本以股票形式为公众所拥有。相应地，股票市场也成为资本市场的一个重要形式和市场经济系统的一个重要组成部分。

公众购买股票是因为公众手中的闲散资金较少，不足以开办一个公司或企业，但可以通过购买大公司的股票，成为大公司部分资本的所有者和股东，并参与公司净利润的分红。因此，**从性质上讲，公众购买股票的行为，是资产资本化的投资行为，公司股票是公司资本所有权的凭证。**

公众一旦购买了某公司的股票，就不能退股，但股票可以有偿转让或交易，这就形成了股票市场，即世界各地的股票交易所。大的股票交易所一般都在世界大的金融中心，比如纽约、中国香港地区、东京、伦敦、法兰克福、多伦多等。因此，**从性质上讲，股票市场是公司资本所有权的交易市场，即资本市场。**

公司一旦发行股票并上市交易，就是将公司资本的所有权出售给公众。公司的经营者就必须向公司的所有者——持股的公众负责。这包括公司必须按股份制度规范运作，必须定期向持股的公众披露公司资本的经营业绩、盈利能力、红利等方面的信息。一旦公司经营不佳，资产贬值，就会导致公众抛售该公司的股票和公司股票价格的下跌。

二、股票价格的决定

1. 利率

公司股票的价值代表的是公司资本的现值及未来的盈利能力。因此，公司股票的上市价格是根据资本贴现值公式：V=N/R 确定的。 例如，一张年红利收益为 1 美元的股票，假定市场利率为 5%，那么该股票的市场价格为：1 美元/0.05＝20 美元。就是说，当市场利息率为 5% 时，该股票价格是年红利收益的 20 倍，这被称为"市盈率"。如果市场利息率下降为 4%，那么股票价格就上升为 1 美元/0.04＝25 美元。或者说："市盈率"上升为 25 倍。因此，降低利息率，会使股票价格上升，提高利息率会使股票价格下跌，原因就在这里。

2. 公司业绩

从公式 V=N/R 中还可看到，在利息率 R 为既定的情况下，决定股票价格的就是公司业绩，即每股的年红利收益 N。假定公司业绩，即每股红利从 1 美元提高到 2 美元，那么股票价格将上升至 2 美元/0.05＝40 美元。因此，**市场利息率和公司业绩是决定股票价格的两个基本因素。** 市场利息率决定于货币市场供求关系及政府的金融货币政策，公司业绩决定于公司基本面和成长性。可见，股票的价格波动与货币市场、政府的货币政策和公司经营状况有密切的联系，股票市场也就成为研究公司经济的一个重要窗口。

3. 供求关系

股票价格的决定因素不仅仅是利率和公司业绩这两个基本因素，还有许多其他因素，第三个重要因素就是**股票市场上的供求关系。** 股票市场上，**股票的数量代表的是上市公司的数量及公司资本的价值总和，这构成股票市场上企业资本（资本物品）的供给数量。进入股票市场的货币资金总量构成对资本物品的货币购买力，即货币需求。** 根据市场供求原理，当进入股市的货币资金过多，即需求大于供给，会导致股票价格上涨和股票市盈率上升。反之，则会导致股票价格下跌和市盈率下降。因此，**这一因素把金融市场的波动与股票市场的波动紧密联系在一起，并为股票市场的投机和炒作提供了条件。** 例如，几家大券商集中资金（货币购买力）购买一两只股票，利用股票市场供求关系，就可以把该股票的价格拉高到令人不可思议的地步。

4. 宏观经济波动

股票市场是集资本市场、金融市场、货币市场于一身的市场，对宏观经济波动具有灵敏的反应。一般来讲，宏观经济处在上升时期，股市价格也会一路走高，牛气冲天。经济出现衰退，股市价格也会一路狂跌，长期低迷。

5. 人们对公司未来盈利能力的预期

由于股票价格不仅代表公司资本的现值，还代表公司未来的盈利，因此，人们对公司未来盈利能力的预期就成为影响股票价格的一个因素。如果人们预期某只股票未来的盈利能力会上升，就会买进某只股票而把该股票价格推高。正是由于这个原因，股票市场上小道消息满天飞。这些消息会通过影响人们的预期来影响股票价格。

6. 影响公司经营业绩的信息和事件

这个因素是指公司经营过程中发生的重大信息和事件。好的信息和事件会使公司股票价格走高，但是如果发生导致公司经营失败的重大事件就会对公司股票价格产生致命的影响。正是由于这个原因，金融专家建议人们购买股票时不要把宝押在一只股票上，购买一组股票可以降低股票投资风险。

除了以上 6 个主要因素，还有许多相关或不相关的因素。甚至世界上任何一个角落发生的偶然事件如石油价格上涨、战争、自然灾害都会影响股票市场的价格波动。这些偶然事件会通过影响人们的预期来影响股票价格。

综合上述分析，决定和影响股票价格的主要因素有：**利息率、公司业绩、股市供求关系、宏观经济形势、预期、信息和偶然事件**，因此就可以理解，股票市场是最敏感、波动最大的资本市场。

衡量和记录股票市场价格波动或变动趋势，使用股票价格指数这个工具。**股票价格指数是若干有代表性的公司的股票价格的加权平均数。**例如，纽约股市的道琼斯工业股票指数（DJIA）是美国 30 家大公司股票价格的加权平均数。斯坦普尔指数是美国最大的 500 家公司的股票价格的加权平均数。股指的波动直观地体现了股票市场价格波动的幅度和趋势。

了解了股票市场的性质和知识，下面讨论股票市场运作的一些特点。

三、股票市场运作的特点

1. 收益和风险

股票市场是一个高收益、高风险的市场。股市上一夜之间暴富、资产翻倍的故事和一夜之间财富贬值甚至千万资产荡然无存的故事比比皆是，这体现了股市高收益、高风险的特点，也正是由于此，股票市场是一个充满诱惑和挑战的市场。

股票的收益率不仅包括每年所得的红利，还包括因股票价格上涨、资产升值获得的资产增值收益。假定，某人在 2008 年底购买了中国香港地区股市公司价值 10000 港元的一组股票（几种股票的组合）。到 2009 年底，该股票投资获得 382 港元的红利。另外，如果 2009 年是个牛市之年，股指一路攀升，到 2009 年底这组股票市值总和为 14280 港元。那么股票价值升值率为 42.8%，2009 年股票收益率总计为 $(382 + 4280) / 10000 = 46.62\%$。

如此高的收益率是令人兴奋的，但是如果遇上经济不景气，股指一路下跌（称为熊市），年收益率还可能是–20%，即资产贬值20%。如果遇上股市崩溃（经济危机），资产还可能荡然无存！例如，1929年10月的股市崩溃，到1933年的谷底时，纽约股市的市价下跌了85%。这就是股市风险。**风险是指投资收益的可变性或不确定性。**

股市风险不仅来自宏观经济波动，还来自股市的投机和炒作。即股票价格也受股市供求关系的影响。如果几个大券商集中资金购买一两家公司的股票，利用供求关系，就可以把这几家公司的股票价格抬高到令人不可思议的地步，如果经受不住每天10%，甚至30%的升值率的诱惑而在高价位买进，可能就上当入套，大券商们变现出局，股价一落千丈，而被高位套住的则几年不得脱身，除非忍痛"割肉"（高价买进，只能低价卖出），拿回很少的本金。

2. 投机和泡沫

股票市场是一个充满投机气氛和容易产生泡沫的市场。

股市的投资者一般可以分为两类。第一类是根据上市公司的实际资产情况、经营业绩、盈利能力、成长性等公司基本面来选择购买和投资股票的。这类人购买股票是资产资本化的投资行为，他们是股市真正的投资者。持投资理念的人认为，股票的价格应该根据和反映公司资产和盈利能力的内在实际的价值，即应该依据资本贴现值公式 $V = N/R$ 来确定合理的市盈率和价格。如果某家公司的基本状况良好，而它的股票市场价格又低于它合理的市盈率和价格，那么该股票就是值得买进和投资的。用这种方法投资股市的投资者一般是比较安全的，其收益率一般也会高于银行同期存款的利息收益。但这种致富之路是缓慢的，其收益是和公司业绩的成长相联系的。

第二类购买股票的投资者，是因为他们看到股票价格每天都在涨、跌、波动，他们认为如果低价买进某只股票，再高价卖出，就能很快获得价差收益。因此，这类投资者已经忘记了股市本来的性质，他们购买股票，不考虑公司业绩，只是为了低价买进，高价抛出，即投机股市。一方面，由于股票价格受多种因素的决定和影响每天都在波动，而且大卖家还经常利用供求关系抬高或压低股票价格，编织陷阱和圈套；另一方面，缺乏耐心的、急于想获得价差收益的投资者又不乏其人，因此股票市场又是一个充满投机气氛的市场。

当投机情绪和气氛主导股市时，就容易产生投机泡沫。**股市泡沫是指股票市场平均的市盈率和价格超过了它合理的，即按资本贴现值公式测算的市盈率和价格。**超过的程度越大，泡沫越大。如前述人们的预期也会影响股票的价格。当人们购买股票是因为人们预期股票会增值，而且认为在升值后可以把它卖给别人的时候，这种购买行为本身就会抬高股票价格，股市投机中充满了这种自我承诺。一些游戏市场的高手经常会制造一些热点来挑起人们的希望和梦想，这导致人们买的越多。买的越多，投机泡沫越大。然而股票盈利都是账面上的，一旦人们试图将股票变现为现金，泡沫就会消失，股价就会狂泻，这就是所谓的"崩盘"、"崩市"或称股市崩溃。历史上著名的股市泡沫和崩溃如"郁金香热"、"南海泡沫"、1929年10月的纽约股市大崩溃等。现代著名的一次股崩发生在1987年10月19日的纽约股市，开盘三小时内，道琼斯股指狂泻508.32点，跌幅达22.62%，相当于美国全年国民生产总值1/8的5000亿美元的市值化为乌有。其实，造成股市泡沫的原因不仅仅是预期、缺乏耐心、投机心理等这些主观心理因素，客观上讲，不管人们的期望值有多大，只有货币现金才能把股票价格抬起来。因此，股市泡沫是和货币市场的失衡相联系的。货币收入过剩，过多的货币现金进入股市，是造成股市泡沫的客观条件和原因。

四、股市投资策略

了解了股市的性质和运作特点，下面探讨一下股市投资的策略。

多年来，人们为寻找股市赚钱的法则或公式进行了大量的研究工作，其中包括探讨股票价格变动的规律。捕捉到股票价格变动的规律，也就抓住了赚钱的机会，这对于股市投机者们无疑是重要的。但是，经济学家和金融学家们对投机性市场价格进行的长期研究认为，人们不可能了解价格变动的规律，或者说，不可能猜透市场。该理论被称为"有效市场理论"。该理论认为，股票价格会对新闻和多种意想不到的事件迅速做出反应，而人们是无法预见到那些意想不到的偶然事件的。因此，股票价格会随着无规则事件的发生而无规则地变动，这像随机行走一样。

该理论存在很大争议是自然的。因为该理论只看到了股市的投机性和不规则的偶然事件对股票价格的影响这些表面因素。这些因素并不是股市的全部，如前述，决定股票价格的基本因素有利息率、公司基本面和业绩、股市供求关系、宏观经济形势。这些因素决定股市价格走向的大趋势，这是可以把握的。预期、信息、偶然事件，这些因素只是影响股票价格在大趋势上的小波动，这些波动是不规则的，像随机行走一样。就像事物的发展是由必然性和偶然性构成的一样，股市也是如此。把握了决定股市价格走向趋势的基本因素，是可以认识股市运动规律的。

基于上述认识，对股市投资策略提出以下建议：

1. 把握大势

就是说要把握大的宏观经济形势。股票市场集资本市场、货币市场于一身，对宏观经济波动有灵敏的反应。把握了宏观经济运行的大趋势，也就把握了股市运行的大趋势。一般讲，经济处在复苏和上升时期，股市也必然是牛气冲天。因此，在复苏时期投资股市是绝好的时机。选择质地优良、市盈率较低的股票一般会获得丰厚的收益。当经济过热，股市泡沫也很大的时候，一定要警惕并果断出局，因为股市对经济趋势的逆转一般会提前做出反应。除了宏观经济大的周期，股票市场自身每年有一个最高点和最低点，就是说有一个自身的小周期。香港有股市经验的老太太，一年就去两次股市。在最低点时去股市买一组股票，在最高点时去股市全部抛出。如此，既能获得比银行存款丰厚的收益，又能避免每天泡在股票市场心惊肉跳。

2. 分散投资

就是说不要把宝押在一只股票上，应分散投资一组股票。因为不可能了解上市公司的所有情况，一个偶然的事件就可能导致一个公司经营失败。所以"不要把所有的鸡蛋放在一个篮子里"是安全投资的法则，它可以把投资风险降到最低。

3. 关注投资基金

投资基金公司是股票市场上的专业投资公司。一些好的基金投资公司一般都集中了一些金融专家、股市投资专家和操盘高手，并能给基金购买者较高的收益回报。如果是上班族，没有时间在股票市场投资，又想分享股票市场的高收益，不妨关注一下好的投资基金公司。购买该公司的基金，让该公司替你投资。好的基金投资公司资金雄厚，是股票市场的战略投资者，一般会比散户获得更好的收益。

本章总结和提要

　　货币政策是20世纪经济学第二个最重要的发明。由于货币政策比财政政策更方便、灵活，限制条件和负作用（财政赤字）更少，现代政府更多使用货币政策调节经济运行。货币政策就是政府增、减或控制货币供给量的政策。通过控制货币供给量影响利率和价格；通过利率和价格影响消费、储蓄和投资；通过消费、储蓄和投资影响GDP的变动方向。货币政策的作用不像财政政策直接作用于总需求，它有一个时间过程或时滞效应。货币政策的发明需要货币理论、银行制度的创新。现代货币数量论是货币政策的理论基础。现代商业银行制度是货币政策发挥作用的传导机制。银行货币是现代最重要的货币形式。

思考题

1. 说明现代货币数量论的内容及意义。
2. 你如何理解货币的本质？
3. 商业银行是什么性质的机构？它在经济上的重要性是什么？
4. 你如何理解银行货币是现代最重要的货币形式之一？
5. 请说明货币需求和供给的含义。
6. 货币政策的内容和意义是什么？
7. 比较财政政策和货币政策的作用机制，二者有什么不同？
8. 注意一下政府在调节经济运行中常用哪些货币政策工具，为什么政府在货币政策工具上经常有所选择？

第十二章　IS-LM 模型

财政政策和货币政策是 20 世纪经济学最重要的贡献，它使政府能有效地调节和缓解经济周期的波动幅度，提高经济运行的稳定性。这是经济学的进步对经济社会的贡献。但是，在经济调节和运行中，经济学家们发现，财政政策和货币政策的理论效果和实际效果存在差距。而且，两种政策调节手段还存在相互干扰和如何搭配使用的问题。为了分析差距的原因，给政府提供一个更精确、更具体的政策效果分析和政策搭配使用的选择工具，就需要建立一个新模型，即 IS-LM 模型。本章就介绍和讨论宏观经济学的这个核心模型，这也是宏观经济学的第二个总量分析模型。该模型最初是由希克斯和汉森建立的，故又称希克斯—汉森模型。本章介绍多恩布什对该模型最新的解释。

第一节　IS-LM 模型的理论思路

在第九、十章，排除了货币市场，单独分析了产品市场均衡、波动及财政政策的作用。在第十一章，又排除了产品市场，单独分析了货币市场的均衡及货币政策的作用。**这种抽象分析的方法有利于排除两个市场相互之间的干扰，深入理解两个市场各自内部的细节和作用机制。**

然而在经济运行中，这两个市场既是可以相互区别的，又是相互联系、相互作用和影响、密不可分的。把对两个市场分析的思路整理一下，可以得到如图 12-1 所示的两个市场相互影响和联系的结构。

图 12-1　产品市场和货币市场的相互联系和影响

　　凯恩斯的产品市场的收入模型分析了总需求和总供给的均衡决定收入 (GDP) 水平，以及消费、投资和财政政策是决定总支出的重要因素，没有说明利率变动对产品市场的影响。

　　对货币市场的分析说明，货币市场的供求均衡和货币政策影响和决定利率，利率的变动影响 I、C，从而影响总需求和均衡收入水平。就是说利率也是影响总支出的重要因素。

　　另外，收入的变动反过来又对两个市场的均衡发生影响。比如，收入增加一方面会引起 I、C、G 增加，即总需求增加；另一方面，又会引起货币需求 L_1 增加，在货币供给为既定的情况下，使利率提高。利率的提高，又会引起 I、C 下降，即总支出和均衡收入水平下降。

　　进一步思考两个市场的相互影响和作用，又会发现，财政政策和货币政策也会由于两个市场的相互影响而使其作用大打折扣。比如，扩张性财政政策会使均衡收入水平提高。但收入水平提高，又会引起货币需求增加和利率上升，利率的上升又会引起 I、C 的下降和收入减少，从而抵消或部分抵消财政政策的扩张作用。再比如，扩张性货币政策会由于降低利率，使 I、C 增加和均衡收入水平提高。但收入水平提高又会使货币需求增加和利率上升，引起 I、C 减少来抵消或部分抵消货币政策的扩张效果。因此，一旦把两个市场联系起来，单独分析两个市场时的一些结论就要做出修正和补充，这种补充是在两个市场相互联系的基础上使分析进一步深入。

　　这样就需要建立一个新模型来综合分析两个市场的相互影响和作用及对均衡收入水平的决定，从图 12-1 中看到，利率和收入是两个市场相互联系和影响的纽带。因此，将要建立的这个新模型，即 **IS-LM 模型的理论思路是：在一定的利率和收入水平上的两个市场的均衡，以及两个市场的均衡水平的变动与均衡收入水平和利率水平变动之间的相互影响和作用。**

　　从以上的说明中，可以理解 IS-LM 模型是在第九、十、十一章内容的基础上扩展的新内容，即两个市场的相互联系和影响。而且该模型还能更具体地分析宏观经济政策，即财政、货币政策的作用效果。比如，财政政策的扩张效应扣除由于两个市场的相互作用而打的折扣 (有的学者称为负效应、挤出效应等)，才是它实际能产生的效果。实际上，IS-LM 模型的主要目的是为政府的宏观经济政策运用提供一个具体的政策分析和选择的工具。由于上述理论和实际的意义，IS-LM 模型成为现代宏观经济学的一个重要模型。自它建立以来，已被西方学者使用了半个多世纪。下面讨论 IS 曲线的含义及包含的经济内容；LM 曲线的含义及包含的经济内容；IS-LM 模型及意义。

第二节　产品市场及 IS 曲线

一、IS 曲线的建立

　　IS 曲线要反映产品市场的均衡及对应的收入和利率的关系。为此，要把利率引入均衡收入公式。

在第九章得出的均衡收入公式为：$Y = \dfrac{a+I}{1-B}$

投资函数为：$I = e - dr$

在该式中，投资还是一个外生变量，如果把投资函数引入均衡收入公式，投资就成了内生变量，而且也建立起了均衡收入与利率的关系，均衡收入公式就可以写成：

$$Y = \frac{a+e-dr}{1-B}$$

该式表达了产品市场的均衡所决定的均衡收入和利率之间存在着反方向变动的关系。因为投资函数中受利率影响的投资部分与利率反方向变动，这部分投资又是均衡收入的决定因素，因此，收入也与利率反方向变动。

例如，假定消费函数为 $C = 300 + 0.85Y$，投资函数为 $I = 1500 - 300r$，

则，当 r 为 1 时，$Y = 10000$ （图 12-2 中 a 点）

当 r 为 2 时，$Y = 8000$ （图 12-2 中 b 点）

当 r 为 3 时，$Y = 6000$ （图 12-2 中 c 点）

当 r 为 4 时，$Y = 4000$ （图 12-2 中 d 点）

如果做一个坐标曲线图，以横轴代表收入，纵轴代表利率，把利率和收入对应的数字标在坐标点上，就可以得到产品市场一系列均衡点所对应的均衡收入和利率。

图 12-2　IS 曲线

图 12-2 中 a、b、c、d……各点都有产品市场的均衡，因为它们是从均衡收入公式推导出来的。连接 a、b、c……各点的曲线被称为 IS 曲线，在该曲线上的任一点都有产品市场的均衡。I=S 是产品市场均衡的条件，因此该曲线被称为 **IS 曲线**。它代表着产品市场均衡以及与之对应的 **r 和 Y 关系的表列**。

二、IS 曲线的斜率

1. IS 曲线斜率的意义

IS 曲线向右下方倾斜，斜率为负值。其意义为，**对应于产品市场的均衡，均衡收入与利率成反方向变动的关系**。为什么如此呢？考察以下总支出与利率的关系。

首先，总支出或总需求（用 AD 表示）即 AD＝C＋I 是两部门循环模型的总支出，其总额已包含了政府收支平衡前提下的政府支出 G，因为政府支出和收入总是存在的，在政府收支平衡前提下，从两部门循环模型和三部门循环模型分析中知道，均衡收入即两部门总支出 C＋I 总额不变。即 Y＝AD＝C＋I。

其次，已知投资中受利率影响的投资部分（有的西方学者称为计划投资或意愿投资）与利率反方向变动，自主投资部分不受利率变动的影响。不仅如此，总支出中的 C 项，即消费部分，也有一部分受利率的影响，与利率反方向变动。比如，利率下降会使短期消费信贷增加，从而使 C 增加。反之，则会使 C 减少。因此，有必要把总支出 C＋I 重新划分为两部分，一部分是 C、I 中不受利率变动影响的部分，称为自发支出，用 A 代表。另一部分是 C、I 中受利率变动影响的部分，用 Br 代表，这样，总需求 AD＝A－Br。

式中负号"－"表示受利率影响的支出部分与总需求 AD 反方向变动。例如，从一个既定的利率出发，当利率下降一个百分点，那么 B×（－0.01）为负值，AD＝A－（－Br）＝A＋Br，总需求会上升；当利率上升一个百分点，那么 B×0.01 为正值，AD＝A－（＋Br），总需求会下降。因此，该式表达了总需求与利率反方向变动的关系。

明确了上述两点，现在可以用凯恩斯的收入模型推导 IS 曲线，以利于更深入理解总需求与利率的关系以及 IS 曲线与收入模型的联系及包含的经济内容。

图 12-3 用凯恩斯 45°线收入模型推导 IS 曲线，从一个既定的利率水平出发，比如

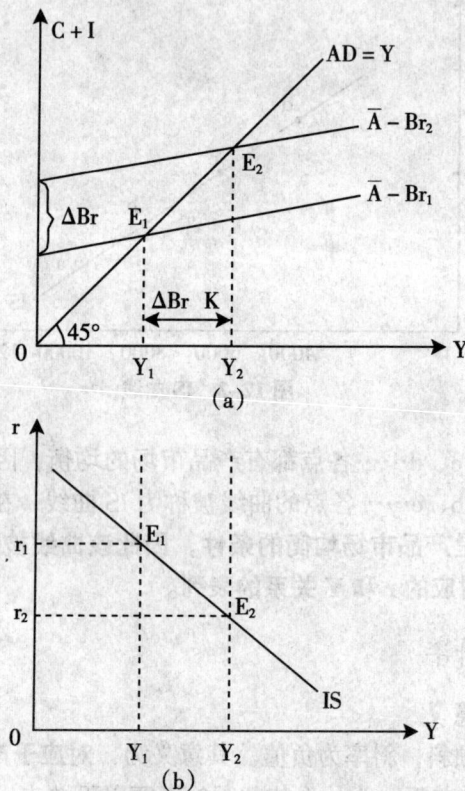

图 12-3　用收入模型推导 IS 曲线

说 r_1，与之对应的均衡收入为 Y_1，以及产品市场的均衡点 45°线上的交点 E_1。

现在假定利率由 r_1 下降到 r_2，利率下降使计划的或合意的、意愿的投资增加，短期消费信贷增加，从而使总需求曲线上移，与 45°线交于 E_2 点，总支出曲线上升的截距或两条总支出曲线的垂直距离等于由于利率降低增加的 I 投资和消费 C 部分的数额，即 ΔBr。ΔBr 乘以支出乘数就是 Y_1 到 Y_2 之间的距离。消费支出、政府支出与投资支出一样对国民收入具有乘数作用，统称为支出乘数，用 K 表示。

再看图 12-3 中的（b）幅，从图 12-3（a）幅上 45°线的均衡点 E_2 做垂线就得到图 12-3（b）幅上对应的 Y_2，Y_2 与 r_2 的交点即为与 Y 和 r 对应的产品市场的均衡点图 12-3（b）幅 E_2 点，连接（b）幅上 E_1 和 E_2 点，就得到 IS 曲线。当然，可以用同样的方法找到利率变动对应的 IS 曲线上的其他各点。从上述推导中可以理解，由于总需求或总支出与利率反方向变动，因此均衡收入与利率反方向变动，IS 曲线的斜率为负值。

2. 影响 IS 曲线斜率的因素

从上述推导过程还可以理解，**IS 曲线斜率的大小，或者说 IS 曲线倾斜的程度是比较陡峭（斜率大）还是比较平坦（斜率小）取决于投资支出和消费支出对利率变动反应的敏感程度以及支出乘数的大小。**

如果投资和消费支出对利率变动反应不敏感，就是说利率变动 1 个百分点，只引起投资和消费支出很小的变动，而且支出乘数也比较小，那么利率下降，总需求曲线上升的幅度就小，均衡收入增加的幅度也小。IS 曲线就比较陡峭，斜率较大；反之，IS 曲线就比较平坦，斜率较小。

如果投资和消费支出对利率反应不敏感，但支出乘数较大，那么，利率下降，尽管总需求上升的幅度 ΔBr 较小，但均衡收入增加的幅度 $\Delta Br \cdot K$ 较大，IS 曲线就会比较平坦，即斜率较小。

如果投资和消费支出对利率反应很敏感，但支出乘数较小，那么利率下降，尽管总需求上升的幅度 ΔBr 较大，但均衡收入增加的幅度 $\Delta Br \cdot K$ 却较小，IS 曲线就会比较陡峭。理解了投资和消费支出对利率反应的敏感程度和支出乘数这两个影响 IS 曲线斜率的因素，其他各种情况就可以从图 12-3 中的（a）幅推而知之。

三、IS 曲线位置的移动

图 12-4 中，利率没有变动，但 IS 曲线却移动到 IS′的位置。原因在于总支出中不受利率变动影响的投资和消费支出的 A 项，即自发支出增加，使总支出曲线上移，与 45°线交于 E_2 点，均衡收入由 Y_1 增至 Y_2，增加的数额等于 $\Delta \overline{A} \cdot K$。在相应 r_0 水平上的 IS 曲线的均衡点由 E_1 移至 E_2，而且在每一个利率水平上，均衡收入水平都提高了，因此，IS 曲线的位置由 IS 移至 IS′。IS 曲线水平移动的距离也就是均衡收入增加的数额，等于 $\Delta \overline{A} \cdot K$。

由此可以得出结论：自发支出增加使 IS 曲线右移。反之，自发支出减少，IS 曲线左移。进一步推论可知，扩张性财政政策，即政府在收支平衡前提下，增加政府支出即 ΔG 或减税，使 IS 曲线右移；紧缩性财政政策，即在收支平衡前提下减少政府支出或增加税收，使 IS 曲线左移。

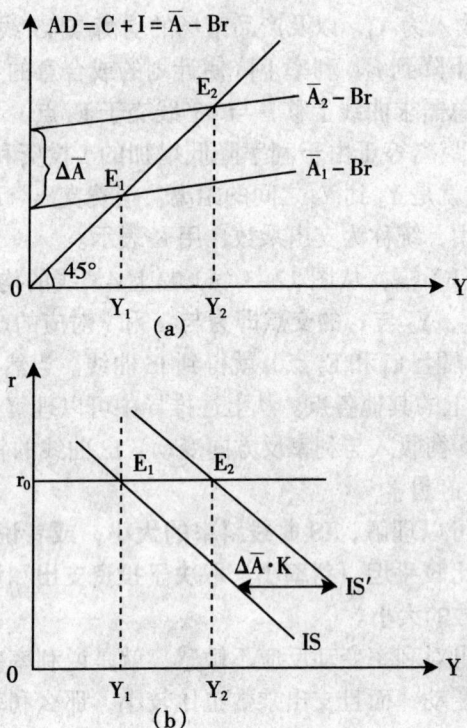

图 12-4　IS 曲线位置的移动

至此，完成了对 IS 曲线的分析，可以看到 IS 曲线与 45°线收入模型的联系，并把产品市场的均衡与利率和均衡收入联系起来。最后再把 IS 曲线的要点总结如下：

第一，IS 曲线是产品市场的均衡与利率和均衡收入关系的表列。

第二，IS 曲线的斜率为负值。其意义为总需求及均衡收入与利率存在反方向变动的关系。

第三，IS 曲线斜率的大小，取决于投资和消费支出对利率变动反应的敏感程度及支出乘数的大小。

第四，自发支出的变动和政府的财政政策将移动 IS 曲线的位置。

第三节　货币市场和 LM 曲线

一、LM 曲线的建立

LM 曲线要反映货币市场的均衡以及与之对应的利率和收入的关系。这一对应关系可以直接从货币市场均衡公式中得到。

在第十一章里已经说明货币供给 M 取决于政府的货币政策。因此，在这里把它看做一个既定的量。货币需求为 $L=L_1+L_2=KY-hr$。因此，货币市场的均衡公式为：

$$M=L$$

或：$M = KY - hr$

该式即为 LM 曲线的数学表达式，它反映了货币市场均衡时所对应的 r 和 Y 的关系。

例如，假定货币供给 $M = 1000$（单位为亿美元），货币交易需求 $L_1 = 0.5Y$；货币投机需求 $L_2 = 800 - 200r$，则货币市场均衡为 $1000 = 0.5Y + 800 - 200r$，

解该式得 $Y = 400 + 400r$

因此，当 $r = 1$ 时，$Y = 800$

　　　　　$r = 2$ 时，$Y = 1200$

　　　　　$r = 3$ 时，$Y = 1600$

　　　　　$r = 4$ 时，$Y = 2000$

　　　　　……

如果做一个坐标曲线图，以横轴代表均衡收入，以纵轴代表利率，把上面 r 与 Y 对应的数字标在坐标图上，就可以得到货币市场一系列均衡点所对应的收入和利率的组合。

图 12-5 中，a、b、c、d……各点都有货币市场的均衡，因为它们是从 $L = M$ 这一均衡条件得出的。由于货币市场的均衡条件是 $L = M$，所以连接各点的曲线被称为 **LM 曲线**。它代表着货币市场一系列不同的均衡水平与对应的 r 和 Y 关系的组合表列。

图 12-5　LM 曲线

二、LM 曲线的斜率

1. LM 曲线斜率的意义

LM 曲线向右上方倾斜，斜率为正值，**其意义为货币市场的均衡水平与利率和收入同方向变动。为什么呢？**

进一步考察货币市场均衡与 LM 曲线的联系，以利于深入理解 LM 曲线包含的经济内容。

在讨论货币需求与 LM 曲线的关系时，多恩布什和费希尔特别强调名义货币需求和实际货币需求的区别。他们认为，当价格指数为 1 时，名义货币需求等于实际货币需求。当价格上涨 1 倍时，即价格指数为 2 时，为了保持货币实际购买力不变，名义货币需求量也要增加 1 倍。显然，这是从价格变动决定货币数量的角度讨论问题的。而现代

货币数量论恰恰相反，是货币数量决定价格水平。即在既定的货币供求数量和价格水平条件下，货币供给量增加 10%，价格指数会上升 10%。由于货币数量与价格指数同方向、同比例变动，因此，从货币数量论的角度看，讨论 LM 曲线，强调名义货币需求和实际货币需求的区别没有实际意义。这个问题，学者们的意见还不一致，为了避免无休止的争论，这里假定货币供给和需求数量都是实际数量，或者说，假定价格指数始终为 1。

由于货币市场的均衡只决定利率，不决定收入（或者说它通过决定利率间接对收入发生影响）。因此说明 LM 曲线与货币市场均衡的联系，只能从收入变动对货币市场均衡的影响出发。图 12-6 中的（a）幅，从既定的收入水平 Y_1 出发，这一收入水平对应着既定的利率水平 r_1 和货币市场上 L 和 M 的交点 E_1，如图 12-6（b）幅。同时也得到 LM 曲线上的一点 E_1，如图 12-6（a）幅。

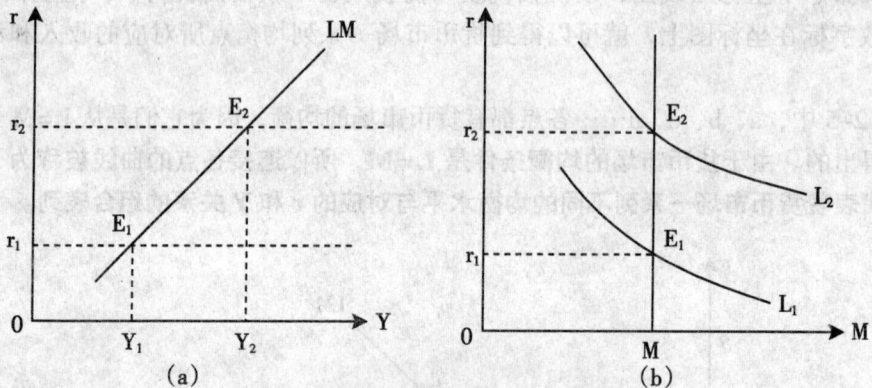

图 12-6　LM 曲线与货币市场的均衡

现在考察收入由 Y_1 增加至 Y_2 对货币市场均衡的影响。收入水平的提高，引起在每一利率水平上货币需求的增加，在货币供给为既定不变的情况下，货币需求曲线由 L_1 移至 L_2，与货币供给曲线相交于 E_2 点，以在更高的收入水平上实现货币市场的均衡。同时又得到 LM 曲线上又一个均衡点 E_2，如图 12-6（a）幅。对所有的收入水平同样操作，就可以得到 LM 曲线上一系列的点。

货币市场均衡水平与利率和收入同方向变动，它还意味着什么呢？利率水平提高会引起 L_2（货币投机需求）减少。但是在货币供给既定的条件下，货币市场均衡水平提高，利率的提高，必然是由于货币需求的增加，而货币需求的增加又是和收入水平提高相联系的。可见，从货币市场均衡水平提高的角度看，利率上升将伴随收入上升。或者说，货币需求对收入的反应始终大于货币需求对利率的反应，即 KY>hr。

2. 影响 LM 曲线斜率的因素

从上述分析中，还可以理解，LM 曲线斜率的大小，即 LM 曲线比较陡峭还是比较平坦，取决于货币需求对收入反应的敏感性（以 k 度量）和对利率反应的敏感性（以 h 度量）。$\frac{k}{h}$ 是 LM 曲线的斜率，当货币需求对收入反应敏感性越强（k 值越大），对利率反应和敏感性越小（h 值越小），则 LM 曲线就越陡峭。反之，LM 曲线越平坦。

三、LM 曲线位置的移动

从图 12-6 货币市场均衡与 LM 曲线联系的分析中看到，在货币供给既定的条件下，货币需求的变动表现为货币市场均衡水平（点）在一条 LM 曲线上点的位置的变动。那么货币供给的变动会对 LM 曲线产生什么影响呢？下面将看到货币供给的变动将移动 LM 曲线的位置。

图 12-7 描述了货币供给的增加将使 LM 曲线向右移动。先看（a）幅，假定最初的货币市场均衡在 E_1 点，与它对应的利率水平 r_1 以及（b）幅 LM 曲线上的 E_1 和均衡收入 Y_1。

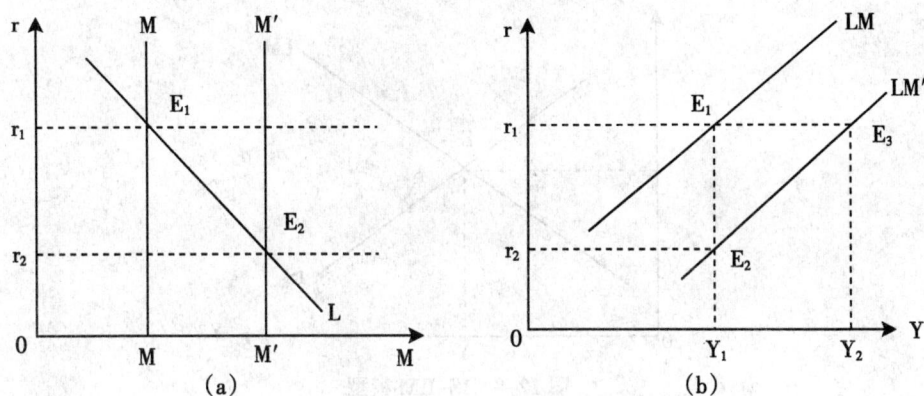

图 12-7　货币供给增加，使 LM 曲线位置右移

现在假定，货币供给由 M 增加至 M'，货币市场在 E_2 点达到新的均衡，相应地利率由 r_1 降至 r_2，如图 12-7（a）幅。r_2 与 Y_1 对应的交点 E_2，如图 12-7（b）幅，是新的 LM' 曲线上的一个均衡点。在收入既定的情况下，利率下降会引起货币需求增加，以及收入增加和利率的回升，直至 E_3 点的均衡点。可见在利率既定的情况下收入都增加了，在收入既定的情况下，利率都下降了。因此，LM 曲线的位置由 LM 移至 LM'。反之货币供给减少，将使 LM 曲线向左移动。

至此，就完成了对 LM 曲线的说明。最后把 LM 曲线的要点总结如下：

第一，LM 曲线是表示货币市场均衡与利率和均衡收入组合的表列。

第二，LM 曲线的斜率为正值，它表明在货币供给既定的情况下，收入的增长必然伴随货币需求的增加和利率的上升。即收入和利率同方向变动。

第三，在货币供给既定的条件下，货币需求的变动会使货币市场的均衡水平在一条 LM 曲线上变动。货币供给的变动（即政府的货币政策）会移动 LM 曲线的位置。

第四节　IS-LM 模型

GDP 是一个市场价值概念。就是说，一国国民生产的最终物质产品用货币表示其总价值，才称为国民生产总值。因此，讲均衡国民收入实际上是指两个市场同时达到均衡时所决定的国民收入水平。在分别讨论了 IS 曲线和 LM 曲线的含义及包含的经济内容后，现在就可以用 IS-LM 模型来表示两个市场同时达到均衡时所决定的均衡收入和利率水平，从而对均衡收入变动及引起它变动的因素进行更具体的分析。

一、IS-LM 模型的含义

如图 12-8 所示把 IS 曲线和 LM 曲线共同放在横轴为 Y，纵轴为 r 的坐标曲线图上就得到了 IS-LM 模型。它表示了两个市场同时达到均衡时所决定的均衡收入 $\bar{Y}$ 和利率水平 $\bar{r}$。

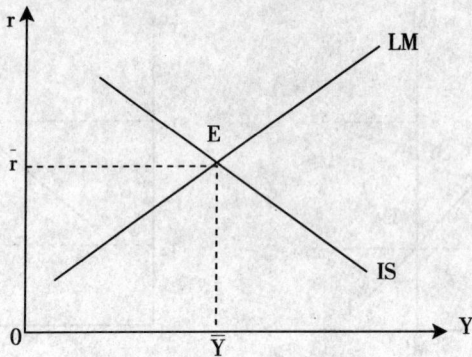

图 12-8　IS-LM 模型

理解该模型的含义还要注意以下两点：

首先，IS-LM 模型是在产品市场均衡和货币市场均衡的前提下，讨论两个市场的相互影响及对收入的决定作用。这两个市场的非均衡状态在第九、十一章中已分别讨论过，并说明了市场供求机制在一定程度上会自动调节使之达到均衡。IS-LM 模型是在第九、十一章分析的基础上，即在更高的层次上讨论两个市场的相互影响问题。因此，在 IS-LM 模型上就没有必要再重复分析两个市场的非均衡状态，这样会使问题的讨论具有层次性、逻辑更清楚。

其次，IS-LM 模型不考虑价格 P 的变动，就是说假定 P 为不变价格，或一般价格指数始终为 1。因为这个模型还容纳不了价格变动造成的影响，这是该模型的一个缺陷。后面将在 AD-AS 模型，即总需求和总供给模型中引入价格，再讨论价格变动和收入的关系。

二、两个市场的相互影响

理解了 IS-LM 模型的含义，现在可以运用该模型讨论两个市场的相互作用如何影响均衡收入的实际变动。

1. 自发支出变动对收入的影响

自发支出的变动会移动 IS 曲线的位置。在图 12-9 中，自发支出增加使 IS 曲线上移至 IS′，相应地均衡点 E_1 移至 E_2，收入由 Y_1 增至 Y_2，利率由 r_1 升至 r_2。反之，如果自发支出减少，读者可以自己画图得出结论。因此，均衡水平、收入、利率与自发支出同方向变动。

图 12-9 自发支出增加对收入的影响

需要注意的是，从几何图形上可以看到，ΔY 增加的幅度（Y_1 至 Y_2 的距离）小于自发支出 $\Delta\bar{A}$ 与乘数 K 的乘积（IS 至 IS′的水平距离）。为什么会如此？仔细观察该图会理解，原因在于 LM 曲线的斜率。如果 LM 曲线是水平的，那么，IS 曲线的水平移位与收入变动是一样的，而且利率不变。这一点读者可以自己作图加以证明。那么，这一现象说明什么呢？显然，自发支出的增加会对收入产生倍数的影响，但在货币供给不变的情况下，投资的增加必然会引起货币需求的增加和利率的上升。利率上升又引起计划或意愿的投资和消费（即受到利率影响的 I、C 部分，ΔB）减少，进而引起收入倍数减少。结果，如图 12-9 所示，Y 的实际增长小于 $\Delta\bar{A}\cdot K$ 的理论水平，ΔY 的实际增长为 $\Delta\bar{A}\cdot K-\Delta Br\cdot K=\Delta Y$。

图 12-10 说明了自发支出减少对均衡收入的影响。假定由于自发支出减少，使 IS 曲线由 IS 移至 IS′，收入由 Y_1 下降至 Y_2，利率由 r_1 下降至 r_2，从图 12-10 中看到，ΔY 实际减少的水平（Y_1 至 Y_2 的距离）小于 $-\Delta\bar{A}\cdot K$ 的理论水平。原因在于，$\Delta\bar{A}$ 的减少使利率下降，利率的下降使 ΔB 增加，因此，ΔY 实际下降的水平为 $\Delta Y=-\Delta\bar{A}\cdot K+\Delta Br\cdot K$。

图 12-10 自发支出减少对收入的影响

通过以上分析，可以得出结论：自发支出增加，会使均衡收入增加，但由于两个市场的相互作用，均衡收入实际增加的数量为：$\Delta Y = \Delta \bar{A} \cdot K - \Delta Br \cdot K$。自发支出减少，会使均衡收入减少，但由于两个市场的相互影响，均衡收入实际减少的数量为：$\Delta Y = -\Delta \bar{A} \cdot K + \Delta Br \cdot K$。

2. 其他影响均衡收入的因素

在讨论 IS、LM 曲线时，除了自发支出变动可以移动 IS 曲线外，财政政策和货币政策也可以分别移动 IS 曲线和 LM 曲线。因此，IS-LM 模型重要的实际意义是讨论政府财政和货币政策在两个市场相互影响下的实际政策效果，从而为政府的政策选择提供一个可操作的工具。下一节就来讨论这个问题。

第五节　IS-LM 模型的意义

当经济运行出现严重失业或通货膨胀时，就是说当市场机制已无力将经济调节到充分就业的均衡时，就需要政府运用财政和货币政策来调节。而且，一般来讲，财政政策的运用限制条件比较多，货币政策则比较灵活，许多情况下需要两种政策的配合使用。本节就运用 IS-LM 模型对财政政策、货币政策的实际效果和配合使用的情况进行分析。

一、财政政策对均衡收入的影响

在前面 IS-LM 模型的讨论中，没有考虑政府的税收和支出政策。政府的税收是居民和社会可支配收入的扣除，即 C、I 项的减量；政府支出包括维持政府机构运转的消费性支出、公共设施的投资支出、各种福利的转移支付支出，又是 C、I 项的增量。在政府收支平衡的条件下，增减量相抵，前面 IS-LM 模型的均衡收入水平不变。因为在任何时候，政府的收支总是存在的，因此，可以把政府收支平衡的量作为一个既定的前提。财政政策实际上讨论的是政府收支在收支平衡前提下的增量（或减量）部分，即 ΔG。因此，扩张性财政政策是指三种情况：税收不变，支出增加；支出不变，税收减少；税收和支出都增加，但税收的增量小于支出的增量。因此，扩张性财政政策必然导致财政赤字。紧缩性财政政策则反之。

在明确上述规定后，可以理解扩张性财政政策和紧缩性财政政策对均衡收入的影响与自发支出的增加和减少对均衡收入的影响是相同的。

图 12-11 描述了扩张性财政政策对均衡收入水平的影响。假定经济起初的均衡水平是 IS 曲线和 LM 曲线的交点 E_1，对应的是 Y_1 和 r_1。图中垂直的虚线 E_2Y_2 代表潜在的或充分就业的收入水平 Y_2。因此，起初的均衡水平是较低水平的均衡，社会还存在着大量的失业。在货币市场不变的情况下，如果政府采取扩张性政策，可以使 IS 曲线向右上方移动至 IS′，从而使 LM 曲线与 IS 曲线相交于 E_2 点，使经济达到充分就业的均衡水平。

均衡收入的增量 ΔY，小于 $\Delta G \cdot K$（IS 至 IS′ 的水平距离）。其原因在于，由于 LM 曲线是非水平的，扩张性财政政策使利率水平上升（由 r_1 升至 r_2），利率水平上升，引起私人投资和消费信贷减少，这就是西方学者称之的"挤出效应"或财政政策的"负效应"。因此，财政政策的扩张效应扣除"挤出效应"，才是均衡收入的实际增长水平，即：

$$\Delta Y = \Delta \overline{G} \cdot K - \Delta Br \cdot K$$

紧缩性财政政策对收入和利率的影响如图 12-12 所示的分析。

图 12-11　财政政策对均衡收入的影响

图 12-12　紧缩性财政政策对收入和利率的影响

假定经济起初的均衡水平是 IS 曲线和 LM 曲线的交点 E_1 点，对应的为 Y_1 和 r_1。图中垂直的虚线 $E_2 Y_2$ 代表潜在的或充分就业的收入水平 Y_2。因此，起初的市场均衡水平是比较高的，名义 GDP 水平超过了实际 GDP 的增长，社会存在严重的通货膨胀。在货币市场不变的情况下，如果政府采取紧缩性财政政策，就可以使 IS 曲线向左下方移动至 IS'，与 LM 曲线相交于 E_2 点。通货膨胀消失，经济达到充分就业的均衡收入水平。

均衡收入的减量 ΔY，小于 $\Delta G \cdot K$（IS 至 IS' 的水平距离）。其原因在于由于 LM 曲线是非水平的，紧缩性财政政策使利率水平下降（由 r_1 降至 r_2）引起私人投资和消费信贷增加，即 I、C 项或 ΔB 增加。I、C 项的增加又引起收入以倍数增加。因此，财政政策的紧缩效应加上由于利率下降引起的私人投资和收入增加的部分才是国民收入实际减少的数量。即：

$$\Delta Y = -\Delta G \cdot K + \Delta Br \cdot K$$

通过以上分析看到财政政策与均衡收入和利率同方向变动。

二、货币政策对均衡收入的影响

在 LM 曲线的讨论中已说明，政府增减货币供给量的政策能移动 LM 曲线的位置。因此，可以用 IS–LM 模型讨论政府货币政策的影响。

图 12–13 描述了扩张性货币政策对收入和利率的影响，假定经济起初的均衡在 E_1 点，对应的收入 Y_1 和利率 r_1。图中垂直的虚线 E_2Y_2 代表经济达到充分就业的收入水平 Y_2，因此，起初的均衡水平存在着失业，在产品市场不变的情况下，如果政府采取扩张性货币政策，使 LM 曲线右移至 LM′，与 IS 曲线相交于 E_2 点，便可使经济达到充分就业的均衡水平。

图 12–13 扩张性货币政策对均衡收入的影响

要注意的是，增加货币供给量的扩张性政策并不直接增加总需求，因此，两条 LM 曲线之间的水平距离没有意义。扩张性货币政策是通过降低利率间接影响总需求。利率下降，由 r_1 至 r_2，引起受利率影响的投资和消费部分增加，即 ΔBr 增加，增加部分与乘数的乘积就是收入增加的幅度，即 $\Delta Y = \Delta Br \cdot K$。

以上分析表明，扩张性货币政策与收入同方向变动，与利率反方向变动。

图 12–14 描述了紧缩性货币政策对收入的影响。假定经济起初的均衡水平为 E_1 点，对应的收入 Y_1 和利率 r_1。Y_1 的均衡收入水平超过了充分就业的收入水平 Y_2。由于资源

图 12–14 紧缩性货币政策对收入和利率的影响

已被充分利用，因此，实际的收入水平不会达到 Y_1 的名义 GDP 水平，社会出现通货膨胀。在产品市场不变的情况下，如果政府采取紧缩性货币政策使 LM 曲线左移至 LM′，与 IS 曲线相交于 E_2 点，则可以使经济恢复到消除通货膨胀的充分就业的均衡。

从以上分析看到，紧缩性货币政策使利率上升，由 r_1 至 r_2，使收入水平下降，由 Y_1 至 Y_2。原因在于利率水平上升引起投资和消费减少，即 ΔB 减少，$\Delta Br \cdot K$ 就是 Y 下降的幅度。即 $\Delta Y = \Delta Br \cdot K$。

三、挤出效应

现在进一步讨论财政政策的挤出效应。要讨论的问题是什么因素决定挤出效应的幅度和规模。

通过自己画出斜率不同的各种 IS 曲线和 LM 曲线，可以证明以下结论：

第一，LM 曲线越平坦，利率上升越少，收入增加越多，表明政府支出增加的挤出效应越小，反之越大。

第二，IS 曲线的斜率不论大、小，对挤出效应不发生影响。

第三，乘数越大，IS 曲线水平移动的幅度越大，收入和利率同比例增加。因此，乘数与挤出效应同比例、同方向变动。

因此，影响挤出效应大小的是 LM 曲线的斜率和乘数的大小。

为进一步理解上述结论，有必要讨论一下经济学家关注的两种极端情况：凯恩斯陷阱和古典情形的情况。

图 12-15 中 LM 曲线的水平区域称为凯恩斯陷阱区域。LM 曲线的垂直区域称为古典区域。从图形上可以看到，当经济处于凯恩斯陷阱，财政政策会对均衡收入发挥完全的乘数效应。换句话说，由于 LM 曲线是水平的，挤出效应为零。可见在该区域财政政策可发挥最大作用，货币政策则没有效果。

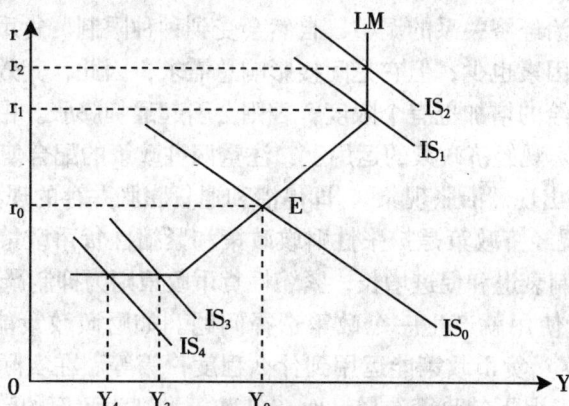

图 12-15　凯恩斯陷阱和古典情形

在 LM 曲线垂直的古典区域，政府支出增加或减少对均衡收入没有作用，只影响利率水平的变动，这表明，由于 LM 曲线是垂直的，政府支出政策的扩张效应被完全挤出。或者说挤出效应最大。因此，在该区域财政政策无效，货币政策有效。

四、政策组合和选择

财政政策的挤出效应可以通过货币政策的配合使用而抵消，就是说，两种政策的组合使用有机会收到更好的效果。如图 12–16 所示。

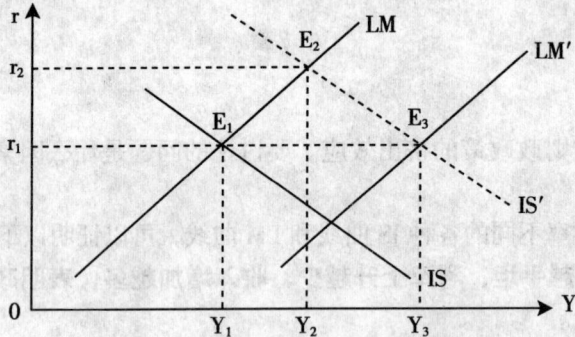

图 12–16 财政和货币政策的配合使用

图 12–16 描述了两种政策配合使用的效果。假定经济起初的均衡为 E_1 点，对应的收入 Y_1 利率 r_1。政府增加支出的政策使 IS 曲线移至 IS′，相应地利率升至 r_2，由于较高的利率挤出私人投资和消费，收入仅增至 Y_2。如果政府同时采用扩张性货币政策使 LM 曲线移至 LM′，那么经济将在 E_3 点达到均衡；原来的利率水平不变，收入将增至 Y_3，就是说财政政策的扩张效应将完全发挥。

一般来讲，财政政策可以直接作用于总需求，扩张效果迅速。但它的限制条件比较多，比如财政扩张意味着赤字的增加。西方各发达国家由于多年实行凯恩斯的总需求管理政策，日益积累了庞大的财政赤字，使财政政策的运用日益困难。再比如，财政政策的实施涉及各种具体方式：增加公共投资支出、减税、减少国际支出，减少福利政策支出等，这涉及各种政治经济关系的调整，自然会受到种种限制。货币政策的运用一般比较灵活、方便，限制因素也少，但它是间接影响总需求，因此，其效果的发挥有一个时效问题。而且货币供给的增加也有个限度，否则会引起通货膨胀。由于上述种种限制条件，现代西方国家在宏观经济政策的运用上，注重两种政策的配合使用。比如，20 世纪 70 年代末，美国经济出现"滞胀现象"，即停滞和通货膨胀并存的现象。贯穿整个 20 世纪 80 年代的美国宏观经济政策是扩张性财政政策和紧缩性货币政策配合使用，扩张性财政政策的目的是抑制衰退和促进增长，紧缩性货币政策则为抑制严重的通货膨胀。

两种政策的配合使用就产生一个政策选择问题。如财政政策能运用到什么程度？（因为有种种限制因素）货币政策能运用到什么程度，等等。在实际经济运行中，政府经常会遇到种种复杂情况下的政策选择，而 IS–LM 模型则为政府的政策选择提供了一个具体的可操作的分析工具。

图 12–17 中，假定现在的经济处在 E_1 点的均衡，没有达到充分就业的收入水平，社会存在较严重的失业。如果要实现充分就业的均衡，必须实行扩张性政策将收入移至 Y_2 的水平。从图 12–17 上看到要实现这一目标有三种选择：一是单独采用扩张性财政政策

向右移动 IS 曲线至 E_2 点；二是单独采用扩张性货币政策将 LM 曲线向右移至 E_3 点；三是扩张性财政、货币政策同时配合使用，向右移动 IS 和 LM 曲线至 E_2 和 E_3 之间的某一点。这三种政策选择都可以使 Y_1 移至 Y_2 的水平，实现充分就业的 GDP 均衡。

图 12-17 政策选择

具体讲，政府扩张性财政政策的运用一般都是投资大型的社会基础工程的建设，有一个时间周期，如我国的三峡水利枢纽工程、青藏高原铁路工程等，这样的工程一旦开工，就有 8 年、10 年甚至更长的建设周期。在这个时期政府每年都要投入几百亿元来保证工程的按期完工，就是说要不断实施扩张性财政政策。如果这期间出现了经济过热和严重的通货膨胀，该怎么办呢？如果停工，会造成重大经济损失；如果继续投入和建设，会加剧通货膨胀的程度。在这种情况下，政府可以采取**扩张性财政政策和紧缩性货币政策配合使用**的选择。扩张性财政政策使工程继续进行；紧缩性货币政策抑制严重的通货膨胀，使经济回到充分就业的 GDP 均衡。以图 12-17 为例，假定政府单独采用扩张性财政政策移动 IS 曲线至 E_2 点；实现了充分就业的 GDP 均衡。但工程没有完工，还要继续投入和建设。就是说 IS 曲线要继续向右移动。如果 IS 曲线向右移动超过 E_2 点，就会出现经济过热，超过的程度过大，就会出现严重的通货膨胀。这时政府就应该采取紧缩性货币政策向左移动 LM 曲线，消除通货膨胀，使经济回到充分就业的 GDP 均衡。在 E_2 点的上方，充分就业的 GDP 的虚线上会出现一个新的均衡点。

再比如，政府长期使用扩张性财政政策会积累庞大的财政赤字，为了缓解财政赤字的压力，在可能的情况下，政府应该少使用扩张性财政政策，多使用货币政策来调节经济达到充分就业的 GDP 均衡。还以图 12-17 为例，在经济没有达到充分就业的收入水平的情况下，不使用扩张性财政政策，单独采用扩张性货币政策将 LM 曲线向右移至 E_3 点。这样，在财政赤字不增加的情况下，仍然达到实现充分就业的 GDP 均衡的目标。那么，在经济没有达到充分就业的收入水平的情况下，实现充分就业的 GDP 均衡目标，能不能使财政赤字减少呢？也是可以的。例如加大扩张性货币政策的力度，将 LM 曲线向右移至超过 E_3 点，同时采用紧缩性财政政策，将 IS 曲线左移。这样，在 E_3 点的下方，充分就业的 GDP 的虚线上会出现一个新的均衡点。**扩张性货币政策和紧缩性财政政策配合使用**，既实现了充分就业的 GDP 均衡的目标，又使财政赤字减少。

扩张性货币政策和扩张性财政政策配合使用的情况，往往是财政政策和货币政策的运用受到某种情况的限制。比如，以图 12-17 为例，如果政府单独采用扩张性财政政策移动 IS 曲线至 E_2 点；政府没有那么多投资项目，而且财政赤字压力也很大，只能向右移动 IS 曲线很小距离；这时，可以同时采用扩张性货币政策，将 LM 曲线向右移至充分就业的 GDP 的虚线上与 IS 曲线相交，就实现了充分就业的 GDP 均衡的目标。

还以图 12-17 为例，如果将代表充分就业的 GDP 的垂直虚线向左移动至均衡点 E_1 的左方，就是经济社会均衡收入水平超过了充分就业的 GDP 水平的情况，或者说是名义 GDP 超过了实际 GDP 水平的情况。这时，经济社会会出现严重的通货膨胀。如果要消除通货膨胀，实现充分就业的均衡，必须实行紧缩性政策将收入移至 Y_2 的水平。从图 12-17 看到要实现这一目标同样有三种选择：一是单独采用紧缩性财政政策向左移动 IS 曲线至 E_2 点；二是单独采用紧缩性货币政策将 LM 曲线向左移至 E_3 点；三是紧缩性财政、货币政策同时配合使用，向左移动 IS 和 LM 曲线至 E_2 和 E_3 之间的某一点。这三种政策选择都可以使 Y_1 移至 Y_2 的水平，消除通货膨胀，实现充分就业的 GDP 均衡。

当然，在通货膨胀、经济过热的情况下，是采用紧缩性财政政策、降低财政赤字水平、增加政府财政盈余的好机会。在可能的情况下，应该尽量采用紧缩性财政政策缓解财政赤字压力。但是，财政政策的限制条件比较多，如果政府投资的公共工程还没有完工，政府就不能减少投资，或只能有限减少投资。这时，政府就只能单独采用紧缩性货币政策消除通货膨胀，或紧缩性财政政策和紧缩性货币政策配合使用，消除通货膨胀。

政策的选择和配合有各种情况。以上分析了**扩张性财政政策和紧缩性货币政策配合使用、扩张性货币政策和紧缩性财政政策配合使用、扩张性货币政策和扩张性财政政策配合使用**等情况，还有两种政策配合使用的其他各种情况。理解和学会了 IS-LM 模型这个工具，就可以运用这个工具去分析各种情况下的政策组合和选择问题。

本章总结和提要

IS-LM 模型是宏观经济学第二个总量抽象分析模型。它要解决的问题是财政政策和货币政策的实际效果。比如，财政政策的效果必须扣除挤出效应才是它实际产生的作用，货币政策的实际效果与理论效果也存在明显差距。此外，它为政府财政政策和货币政策的搭配使用提供了一个具体的分析选择工具。

思考题

1. 仔细分析 IS-LM 模型建立的依据，思考它是一个抽象分析模型还是一个数量分析模型？

2. 说明 IS 曲线的含义。

3. 说明 LM 曲线的意义。

4. IS-LM 模型的意义是什么？

5. 什么是挤出效应？它是怎样发生的？

6. 请运用 IS-LM 模型分析紧缩性货币政策和紧缩性财政政策配合使用的情况。

第十三章　通货膨胀和失业

本章依据逻辑和历史相一致的原则，讨论20世纪70年代末以来西方工业国家出现的停滞（失业）和通货膨胀并存的现象，即"滞胀现象"。并对由这一现象引起的新经济自由主义学派的兴起做出评价。然后，介绍当代凯恩斯主流经济学对"滞胀现象"最新的研究进展，主要是萨缪尔森对通货膨胀和失业这两个现象全面研究的最新成果。最后，介绍宏观经济学第三个总量模型 AS–AD 模型。

第一节　"滞胀现象"的挑战

经济理论的发展总是随着经济社会实践的发展而发展的。经济社会的发展总是不断地出现新的矛盾和问题，而经济学正是从不断地研究和解决这些新矛盾和新问题中获得发展和完善。20世纪30年代的大危机，产生了凯恩斯的经济学说。在随后的三四十年里，随着凯恩斯反危机的"总需求管理"政策的运用和实践，宏观经济学也获得了长足的发展，形成了我们第八章到第十二章所介绍的基本理论和原理。特别是财政政策和货币政策的发现是20世纪经济学最重大的成就和进展，它导致了欧美发达市场经济国家战后第二次复苏和繁荣。然而，从70年代末开始，随着西方发达工业国家由工业化的中级阶段进入后工业化社会阶段，西方经济社会的发展出现了一个新的矛盾现象，即GDP的增长停滞、失业与通货膨胀并存的现象。这个现象被简称为"滞胀现象"或"滞胀问题"。

一、凯恩斯主流经济学的困难

"滞胀现象"之所以成为经济学关注的热点和难点问题，是由于以下两方面原因：

一方面，停滞、失业与通货膨胀并存，或同时出现，与传统的商业周期或经济周期的特征是矛盾的。在传统的经济周期中，当经济上升至快到峰顶和达到峰顶的阶段才会出现引人注意的通货膨胀现象，而不会有失业；当经济下降至快到谷底和达到谷底的阶段才会出现显著的失业现象，而不会有通货膨胀现象。就是说，通货膨胀和失业在传统的商业周期中是峰顶和谷底两个阶段各自特有的现象，而且二者是不见面的。相应地，凯恩斯主义的经济理论的解释是，当总供给大于总需求时，经济会出现过剩和失业现象；当总需求大于充分就业的总供给时，经济就会出现通货膨胀现象。那么，通货膨胀和失业同时出现的原因是什么？该如何解释？显然，用传统的供求失衡原理是无法解释和说明滞胀并存现象的。

另一方面，滞胀并存现象给凯恩斯主义的宏观财政和货币政策的运用提出了难题。当经济出现过剩、失业、停滞时，采取扩张性财政和货币政策可以消除失业、过剩、促进经济复苏；当经济出现通货膨胀时，采取紧缩性财政和货币政策可以消除通货膨胀现象。那么，当失业和通货膨胀同时出现，又该如何运用这些宏观经济政策呢？显然，从逻辑上讲，如果采取紧缩性政策，有利于抑制通胀，但又会加重失业的程度；如果采取扩张性政策，有利于减少失业，但又会加重通胀的程度。这样，在滞胀并存的情况下，政府的宏观经济政策的运用就处在了一个两难选择的境地。

凯恩斯主流经济学就遇到了一个新的难题和挑战。三十多年来，围绕"滞胀现象"，西方经济学界展开了激烈的争论、探索和思考，至今仍没有一个完善的答案，争论仍在进行。用萨缪尔森的话说，宏观经济学除 GDP 的定义没有分歧以外，几乎所有的问题都存在分歧和争论。宏观经济学至今仍处在混乱状态。

由于主张政府干预经济的凯恩斯主义的主流经济学陷入困境，20 世纪 80 年代初新自由主义学派重新抬头，为反映这一时代的理论思考过程，以下简单介绍一下主要经济自由主义学派的观点和见解。

二、新经济自由主义学派的兴起

新经济自由主义学派众多，影响较大的、直接反对凯恩斯主义的自由主义学派主要是美国的新经济自由主义学派，主要有货币主义、供给学派、理性预期学派等。此外，德国的弗莱堡学派在经济自由主义学派中也算独树一帜，影响很大。这里主要介绍一下这四个学派的理论观点和政策主张，下一节对以哈耶克为代表的新经济自由主义经济学派作一个总的分析和评价。

1. 货币主义学派的理论观点和政策主张

货币主义是 20 世纪 50~60 年代在美国出现的一个自由主义经济学派，亦称货币学派。其代表人物是美国芝加哥大学教授弗里德曼。他著述很多，因货币主义的兴起获诺贝尔经济学奖。货币学派的理论观点主要有以下几点：第一，货币学派认为，滞胀现象是凯恩斯主义扩大政府支出的财政政策造成的。因为政府支出增加会提高利率和挤出私人投资。一般来讲，政府支出是非生产性的，私人投资是生产性的。非生产性支出增加，其结果是通货膨胀，生产性私人投资减少，其结果是产出下降和停滞、失业。这就造成了滞胀并存的现象。第二，货币主义也反对凯恩斯主义依据情况而变动的货币政策。弗里德曼认为，货币政策从实施到发生作用和效果有一个时间过程，即时滞效应。时而增加货币供给量，时而减少货币供给量，会由于经济情况的变化而收不到预期的经济效果，只会导致经济混乱。第三，对于造成通货膨胀的原因，货币主义认为，"通货膨胀是，而且只能是由于货币数量的增长速度快于产出的增长速度造成的。正是在这个意义上，通货膨胀在任何地方都永远只是一种货币现象"（弗里德曼，1987）。这是货币学派对通货膨胀原因的看法，凯恩斯主流经济学认为造成通货膨胀的原因有很多，货币数量过多只是原因之一，这个问题在本章第三节介绍。货币学派的政策主张是单一货币政策。货币主义主张，政府只需按照经济增长率的一定比例，实行稳定增加货币供给量的单一货币政策，市场机制就会促进经济的稳定增长，此外不需要政府过多干预经济。因此，货币主义从本质上是反对政府干预经济的自由主义学派。

货币主义的理论在西方经济学界产生了重要的影响。例如在货币主义的影响下，美联储从 20 世纪 60 年代中期开始就把货币供给量而不是利息率作为货币政策控制的目标，而且在控制经济运行上更重视货币政策的作用。再如，1979 年撒切尔夫人出任英国首相后，在英国实施了货币主义政策的试验。严格控制货币增长率，大幅度削减政府财政支出，改革税制，采取了多项削弱政府干预经济的措施，等等。尽管这个试验最后是失败的，但当时却使货币主义的身价大大提高。

2. 供给学派的观点和政策主张

供给学派是 20 世纪 70 年代在美国兴起的一个自由主义经济学流派。其代表人物有拉弗、万尼斯基、罗伯茨等。**供给学派的理论观点主要有以下几点：第一，供给学派认为，滞胀现象是凯恩斯主义总需求管理政策造成的后果。**凯恩斯的逻辑是需求会创造供给和产出（这个逻辑也被称为凯恩斯定理）。但实际上，需求扩大不一定会造成实际产量的增长。因为需求扩大必然引起利率上升，利率上升又引起私人投资减少和产出下降。而且需求扩大超过实际产出的增长就会导致通货膨胀，从而出现滞胀局面。**第二，供给学派认为，应该恢复"供给创造需求"的萨伊定律。**拉弗指出，该定律"不仅概括了古典学派的理论，而且确认供给是实际需求得以维持的唯一源泉"（拉弗，1980）。**第三，供给学派认为，经济停滞是凯恩斯主义高税率政策和福利政策造成的。**经济增长取决于供给的增加，供给的增加取决于劳动、资本的投入数量的增加或投资规模扩大，而凯恩斯主义为维持庞大政府支出的高税率政策，特别是对高收入者的累进税率政策严重影响了人们的投资积极性。同时，政府的社会福利支出又培养了人们懒惰习惯。这两方面的综合作用使劳动供给减少，私人投资下降，从而导致经济增长停滞。依据上述理论观点，**供给学派提出的政策主张：一是政府应大规模减税和减少社会福利支出，提高私人投资的积极性，鼓励人们通过市场竞争去获得收入；二是取消对企业的限制，排除限制企业自由竞争的障碍；市场机制会自动调节供给和需求，政府管制和干预的越少，市场经济的运行就越有效率。**1981 年，里根政府提出的"经济复兴计划"声明以供给学派的理论为依据，施行供给学派的主张，这使供给学派的身价大大提高。比如里根政府大规模减税和削减福利，取消许多对企业的管制政策，以鼓励企业竞争。但美国经济并没有像计划预期的那样顺利发展，大部分目标也未能实现。特别是里根政府杀贫济富的政策，扩大了收入分配差距，激化了社会利益冲突。因为，减税主要是减了高收入家庭的累进所得税，而减少福利主要是削减了低收入家庭的福利补助。因此，该政策的实施，使 20 世纪 70 年代已经缩小的收入分配差距重新拉大。经济复兴计划实施不久，美国经济就陷入"二战"以来最严重的一次经济危机。供给学派也随之销声匿迹。

3. 理性预期或新古典宏观经济学派

理性预期学派也称新古典宏观经济学派，是 20 世纪 80 年代在美国兴起的一个自由主义学派。其代表人物有诺贝尔经济学奖获得者罗伯特·卢卡斯以及萨金特·巴罗等。预期是指人们对未来经济形势的判断和预测。**理性预期则是指人们在充分的经济信息的基础上对未来的经济发展趋势所做的正确的、理性的判断和预测。**随着计算机发明和人类进入信息社会时代，人们获取信息和形成自己对经济发展趋势的预测已十分方便。现代经济学家们都认为预期在经济生活中是十分重要的，特别是理性预期是决定人们经济行为的一个重要因素。在凯恩斯主义陷入困难的情况下，以卢卡斯为代表的理性预期学派，从理性预期出发提出了他们的见解和主张。

理性预期学派的理论观点主要有三个：第一，在市场供求机制的作用下，工资和价格是灵活的，能迅速对市场变动做出反应。就是说，市场供求机制能够灵活、有效地调节经济运行，解决一切经济问题。而凯恩斯主义主流经济学认为，资本主义发展到垄断阶段，大垄断企业能有效控制工资和价格，工资和价格具有刚性，不能灵活地随供求变动而变动。这一观点表明理性预期学派承袭了亚当·斯密以来的古典主义传统，因此，它被称为新古典宏观经济学派。**第二，在今天的信息时代，人们能够充分利用所有可以获得的经济信息对未来的经济发展趋势做出理性预期，并决定自己的行动。因此，政府的宏观经济政策是无效的。**理性预期学派认为，政府的宏观经济政策是可以被人们预期的，因此政府无法用宏观经济政策来"愚弄"人民。萨缪尔森认为这个观点是全新的，并且认为依据上述两点理论，理性预期学派对凯恩斯主义的宏观经济政策的效果提出了一个惊人的看法，即由于市场机制的运行是有规律的，工资和价格是灵活的，人们依据自己的理性预期决定自己的行为，不会被政府的扩张或收缩政策"欺骗"和左右。因此，**政府的宏观经济政策是无效的。这就是理性预期学派的"政策无效性定理"。**进一步说，该定理含义是说，在理性预期和工资、价格灵活性的前提下，被人们预期到的政府政策无法影响实际的产出和失业。**第三，理性预期学派用理性预期来解释宏观经济的失业、萧条、通货膨胀等现象。**他们认为，经济运行中之所以会出现失业、通货膨胀、衰退等现象是由于人们的预期出现了错误，从而导致错误的经济行为。随着人们逐步在充分的信息基础上矫正自己的预期和行为，做到理性预期，就会采取正确的行为，上述现象就会消失。经济就会在市场机制的调节下正常运作。政府的扩张和收缩政策是能被人们预期的，因此，它对影响人们的经济行为是无效的，只会造成经济混乱。所以**理性预期学派认为，政府应彻底退出对经济生活的干预。**这表明理性预期学派是属于彻底的反对政府干预的经济自由主义学派。因此，理性预期学派的人类理性可以充分、正确地了解未来经济发展趋势的观点与哈耶克的人类理性有限性的观点是矛盾的。哈耶克认为，人的理性永远无法做到对客观世界的"全知"，所以，人的理性是有限的。

尽管对理性预期学派的观点存在很大争议，但它提醒了现代经济学家对预期的重要性的重视。萨缪尔森认为，"最重要的是，它提醒我们注意，经济中充满了聪明的信息处理者，他们对政策做出反应，有时甚至能预期到政策。而这种作用和反作用实际上能够改变经济行为的方式"。正因为如此，理性预期学派对现代宏观经济产生了重要影响。理性预期学说也被现代主流经济学吸收消化，并运用在很多问题的分析上。在分析中西方学者又进一步把预期区分为适应性预期（或"后顾型预期"）和理性预期（或"前瞻型预期"）两个范畴。适应性预期是指人们仅仅机械地根据过去的经验形成自己的预期；理性预期的含义前面已说明。经济学家们认为，理性预期的重要性在于它对理解人们的行为十分关键。

4. 弗莱堡学派

弗莱堡学派是德国经济学家瓦尔特·欧肯和弗兰茨·贝姆等人以德国弗莱堡大学为中

心在 20 世纪 30 年代初创立的德国新自由主义学派。**弗莱堡学派最大的特色是对社会公平的关注。**他们认为，传统的资本主义自由放任的市场经济制度导致的人类生存竞争，使大多数人处在贫困和尊严丧失的地位，是不人道和不公正的。因此，德国弗莱堡学派与美国新自由主义学派最大的区别之一在于，**弗莱堡学派主张的不是自由放任的市场经济，而是有意识加以指导的，也就是社会指导的市场经济，即"社会市场经济"。**其经济运作方式是"自由竞争"辅之以"国家的有限干预"。而其理想的经济制度是"**市场效率＋社会公平**"。为了达到社会公平，弗莱堡学派提出了著名的"经济人道主义"主张。该主张认为，资本主义是"歪曲"的市场经济，是市场经济的一种"历史形式"，与社会主义完全计划经济一样，都不是"经济的理想典型"。而"社会市场经济"既不是资本主义，也不是社会主义，是社会发展的"第三条道路"，即**"经济人道主义"道路。其基本内容有三个：一是反对垄断，尤其是特权垄断。**该学派认为，当代资本主义就是垄断。垄断是对人类自由、尊严、公正的最大侵犯，也是对自由竞争的市场经济秩序的严重损害。**二是"社会伙伴关系"。**该学派认为，工人和资本家的命运是联系在一起的，因此，应该建立工人和资本家之间互助互利的伙伴关系。该学派的这个思想体现在德国独特的企业制度设计上。德国企业的最高权力机构是"理事会"。在"理事会"成员构成上，资方代表和劳方代表各占一半。资方代表中出任一名主席，劳方代表中出任一名副主席兼人事经理。由"理事会"聘任和监督企业的总经理。这就从制度上保证了资方和劳方在利益上的相互制衡和互助互利，既避免了资方滥用权力伤害工人的尊严和利益，又使企业作为一个"利益共同体"的整体参与市场竞争。**三是公平分配。**目标是使"人人都成为财产所有者"。为此目的，该学派认为要积极推行"人民股票"措施，使职工都成为企业的股东。该学派还特别强调福利国家的重要性，主张实行累进个人所得税制度。这表明该学派与其他新自由主义学派不同，主张政府要在国民收入再分配上承担起消除贫困、增进公平的责任。

第二节　经济全球化及新经济自由主义的性质和影响

新经济自由主义在世界已风行了二十多年，据此人们认为凯恩斯时代已经结束，世界经济又回归到了自由主义时代。本节通过对新经济自由主义性质及影响的原因的深入分析，说明上述看法既不符合经济学发展的方向和主流，也不符合世界经济发展的历史事实。这一节对于正确理解当代世界经济发展的历史趋势和当代经济学发展的方向是十分重要的。

一、新经济自由主义的性质

新经济自由主义从狭义上讲是指以哈耶克为代表的当代经济自由主义理论和思想；从广义上讲包括所有反对凯恩斯国家干预主义的经济自由主义学派。

新经济自由主义的代表人物是奥地利经济学家弗里德里希·奥古斯特·冯·哈耶克。他 1889 年生于奥地利，20 世纪 40 年代从英国移居美国。曾在英国伦敦经济学院、德国弗莱堡大学和美国芝加哥大学任教。1974 年获诺贝尔经济学奖。20 世纪 40 年代以来，他出版了《通往奴役之路》、《自由宪章》、《法、立法和自由》等一系列推崇自然社会秩序和经济自由主义的著作和论文，成为现代经济自由主义的集大成者和突出代表。1944 年他出版的《通往奴役之路》一书被看作是新自由主义的宪章。新自由主义经济学的"新"字有两方面的含义：一方面，它是对古典经济自由主义的继承和发展。哈耶克不仅承袭了亚当·斯密和魁奈的自然秩序、个人自由和私有财产不可侵犯、市场制度是最完善的制度等自由主义思想传统，而且进一步从哲学、社会学、法学等更宽的领域拓展和深化了对自由主义思想的发掘。因此，哈耶克的经济自由主义被称为古典自由主义的更新。另一方面，哈耶克的自由主义"新"在它的时代特征。它是以反对凯恩斯的国家干预主义和苏联的政府中央集权的社会主义计划经济制度为旗帜的。哈耶克反对形形色色的国家干预和政府计划，主张彻底回到自由竞争的市场经济秩序。

　　哈耶克的新自由主义与凯恩斯主义同时代产生，由于凯恩斯主义适应了资本主义发展到垄断阶段的时代要求，开辟了经济学史上的凯恩斯时代。在凯恩斯主义盛行的三四十年里，哈耶克的新自由主义只是停留在书斋里，影响并不大。20 世纪 70 年代末，凯恩斯主义陷入困境。哈耶克的学生，货币学派的弗里德曼首先对凯恩斯主义发起攻击，标志着 20 世纪 80 年代自由主义兴起的开端。继而供给学派、理性预期学派风行整个 80 年代。后来人们发现哈耶克是现代自由主义的集大成者，特别是英国首相撒切尔、美国总统里根公开宣称自己是哈耶克的信徒，哈耶克的著作一时洛阳纸贵，《通往奴役之路》也被人们从故纸堆里翻了出来，重获重视。经济学界就把货币主义、供给学派等众多自由主义学派统统归到哈耶克新自由主义旗下。实际上，哈耶克只是个精神领袖，在经济学上并无多少建树。这些众多的自由主义学派背景不同，研究问题的角度、思路和观点也有差别。例如，尽管都反对凯恩斯的国家干预主义，货币学派还给政府留了一项任务，即用单一货币政策调节宏观经济；供给学派也给政府留了一项职能，即要用低税率政策促进投资；产权与制度学派则赋予了政府合理的规定产权的使命；弗莱堡学派则认为政府应通过有限的干预促进公平；理性预期学派最彻底，他们没有给政府在经济事务中以任何权力，认为政府可以彻底地退出对经济的干预。尽管有这些差别，自由主义学派在主张彻底回到自由主义市场经济秩序的立场上是基本一致的。

　　哈耶克的新经济自由主义的核心思想源于以下几个基本命题：第一，人类的生存条件决定人的本性是利己主义者。人们谋生的必要条件是人身自由和私人财产安全必须得到保障。因此，人身自由和私有财产（或财产私有制）神圣不可侵犯。这是由人的本性决定的自然社会秩序，也是以分工和交换为前提的、自然形成的市场经济秩序的两个基石。自由竞争的市场经济秩序是最合乎人的本性和理性的、最有效率的社会经济秩序。第二，只要不对他人构成侵犯，任何人都有选择自己认为合意的生活方式的权力，任何人也没有权力将自己的意志和效用函数强加于别人，包括国家在内。第三，人的理性永远无法做到对客观世界的"全知"，因此，人的理性是有限的。有限的理性不可能设计出完善的人类社会合作的秩序。社会秩序是自发形成、扩展和完善的，而非人为设计的，任何人为设计最终都会破坏自然社会秩序。对人类自由秩序威胁最大的是总有些政治家试图超越理性所能去"设计人类的前途"。第四，以上三个命题的一个必然结论是在社会经济生活中任何国家强制和干预最终都会导致对人类自由的奴役、对人身权利的侵犯、对自然社会秩序的破坏。国家和政府的作用是维护自然社会经济秩序和法律，保障社会安全。

要深入理解新经济自由主义的性质，还需要了解西方经济学界的分歧。凯恩斯主流经济学派和新自由主义学派两大派的根本分歧在于：

凯恩斯主流经济学派认为，市场经济制度是一个很好的有效率的经济制度，凡是市场能做好的事情都应该由市场来做。但是，市场经济制度存在着致命的缺陷，比如"胜者全得"的竞争原则导致市场垄断；收入分配差距扩大导致的社会利益冲突；外部性的污染问题导致人类生存环境的损害等；特别是经济周期波动和危机使国民财富遭到重大损失。由于市场经济体系本身无法克服这些缺陷，所以必须由政府承担起责任，运用宏观经济政策干预和调节经济运行，消除或缓解经济周期波动，促进国民财富的稳定增长。因此，凯恩斯主义也被称为国家干预主义。

新经济自由主义学派认为，市场经济制度是一个完善和谐的系统，供给会自动创造需求，供求会自动平衡。市场系统的供求机制会自发调节和解决一切经济问题，不需要政府干预经济运行。政府干预的越少，市场经济的运转就越有效率。因此，自由主义学派坚决反对凯恩斯的国家干预主义，主张彻底回到自由竞争的市场经济秩序。萨缪尔森指出，新经济自由主义的信念承袭了亚当·斯密古典主义的传统。

如何评价凯恩斯主义遇到困难后，新经济自由主义的兴起，是一个复杂的问题。一方面，从经济学本身发展的逻辑来讲，经济自由主义理论和思想是自由竞争的资本主义发展阶段的产物。尽管凯恩斯主义遇到了困难，但历史不可能倒退，经济自由主义不可能代表经济学发展的方向，也不可能成为当代经济学发展的主流。另一方面，由于世界经济发展的不平衡性，发达工业国家的发展已经走完了工业化的初级阶段（自由竞争的资本主义阶段）、中级阶段（垄断资本主义阶段），到了后工业化社会阶段。而世界上许多落后国家、刚开始走市场经济发展道路的国家，才刚开始进入工业化的初级阶段或中级阶段，也就是说，它们刚开始走发达国家一百年前走过的道路。从这个意义上说，经济自由主义思想和理论正是这些国家经济社会发展所需要的。也正是由于这个原因，新经济自由主义在当代世界仍有广泛的影响。下面就分别讨论这两方面的问题。

二、新经济自由主义已不符合历史潮流

存在决定意识，经济社会的不同发展阶段决定和产生不同阶段的经济理论和思想，这是人类意识对不同发展阶段经济发展规律和经验的理论总结。另一方面，不同发展阶段的经济理论和思想对处在不同发展阶段和层次的经济社会的发展具有指导意义。发达工业国家的发展经历了工业化的初级阶段、中级阶段到现在的后工业化社会三个阶段，相应地经济学的发展也经历了亚当·斯密的经济自由主义、凯恩斯的国家干预主义到现代的凯恩斯主义在国际范围的扩展，即发达国家在国际范围的经济协调和发展，国际贸易和金融的协调和管理，这些内容也可以概括为国际经济学的发展。如表 13-1 所示。

因此，从经济学发展的逻辑来看，从逻辑和历史相一致的原则上讲，新经济自由主义不代表当代经济学发展的方向，也不能成为当代经济学发展的主流。滞胀现象出现于

表 13-1　资本主义工业化

初级阶段	中级阶段	后工业化社会阶段
自由竞争的资本主义	垄断资本主义	经济全球一体化
斯密的经济自由主义	凯恩斯的国家干预主义	国际经济学的发展

20 世纪 80 年代初，这正是发达国家从工业化的中级阶段向后工业化社会过渡的时期。所以，滞胀现象只是一个信号，它表明发达国家经济社会发展到一个新阶段，凯恩斯主义的宏观经济政策仅限于一国范围之内的调节已经不够了，随着经济全球一体化的发展和资本的国际扩张，发达工业国家的经济已紧密连接为一体。因此，对于发达国家来讲，凯恩斯主义的宏观经济政策只有扩展到更大的范围应用才有更好的效果。就是说，经济联系紧密的发达国家必须联合起来，采取相同的宏观经济调节政策才能协调各发达国家的经济发展。例如，20 世纪末世界经济发展最重大的一个事件是欧洲大陆的统一。几十个国家连接为一体，实行统一的财政和货币政策。这一事件的重大意义在于它代表着人类社会未来统一的历史趋势。所以，当代经济理论和思想发展的重要方向是各国经济的联系和协调发展，国际贸易和金融的协调和管理。也就是说，是凯恩斯国家干预主义在国际范围的扩展。

因此，滞胀现象的出现并不意味着凯恩斯主义的过时。特别是由于世界各国经济发展的不平衡性，工业化发展处在初级阶段或中级阶段的国家，国际经济联系还不太紧密的国家，凯恩斯主义的宏观经济调节政策在一国范围内仍是十分有效的。例如，20 世纪 90 年代后半期，中国政府采用凯恩斯主义的积极财政政策和稳健货币政策调节宏观经济运行，取得举世公认的重大成就。即使在发达工业国家，凯恩斯主义宏观经济政策的运用，尽管受到国际经济联系的限制，也不是完全没有意义的。因为现代发达工业国家的资本和生产的社会化已达到很高的程度（其表现为股份制大企业的发展和垄断、公共经济部门的发展），政府经济管理的责任和作用日益重要和不可缺少。反对政府干预经济的自由主义从整体上讲已不符合历史趋势和时代潮流。20 世纪 80 年代，尽管自由主义流派在发达工业国家曾风行一时，但毕竟是短命的。20 世纪 90 年代，克林顿政府上台，重新强调了政府管理经济的重要性，并大刀阔斧地实施重建美国的计划。克林顿政府认为，在干预经济方面，政府必须做更多的工作。而克林顿政府 8 年的政绩表明，在管理经济方面，政府确实能起重要的作用。克林顿政府重建美国计划的财政政策组合，在一定程度上被认为是新凯恩斯主义政策的初步实践。

当然，说新经济自由主义思想已不符合历史潮流是说它不代表经济学发展的方向，并不是说它完全没有意义。在现代经济社会，无论是发达国家还是落后国家，一国经济的发展都是由两个层次构成的。一是市场自发调节的微观经济，二是政府调节的宏观经济，两个层次缺一不可。在微观经济层次的构建上，经济自由主义或新经济自由主义都是有功的。从历史上看，从亚当·斯密到马歇尔，整个 19 世纪是经济自由主义时代。经济自由主义是反对封建专制主义的思想旗帜，它对于扫除封建专制残余，建立现代市场经济制度，完善现代经济社会的微观基础，建立了历史的功绩，积累了丰富的思想成果。这些思想成果都被吸收到现代主流经济学的微观经济学中。即使在现代，由于世界经济发展的不平衡，在落后国家和发展中国家，新经济自由主义思想成果对于这些国家建立和完善现代市场经济制度，排除各种观念和体制上的障碍，仍有重要意义。新经济自由主义对于我国学术界接受市场经济制度也可以说是功不可没。但是，新经济自由主义的错误在于过分夸大了市场机制的调节作用，极端反对政府干预宏观经济运行，主张彻底回到市场自发调节的自由主义经济秩序。这显然是无视人类经济社会一个世纪的发展变化，对人类在经济学领域一个世纪探索的思想成果毫无了解，主张人类社会彻底回到 19 世纪。所以，这种思潮不可能成为经济学的主流。现代主流经济学由微观经济学和宏观经济学两部分组成，所以主流经济学并不排除吸收新经济自由主义学派在一些具体问题上的合理见解。西方主流经济学正是在争论中不断地吸收和综合各学派的合理见解的过程中，完善自己的理论体系的。当代的西方主流经济学理论仍然是以萨缪尔森的《经济学》第 18 版为代表的，主张政府管理和干预经济运行的凯恩斯主义经济学。

三、新经济自由主义在当代世界具有广泛影响的原因

从上述新经济自由主义的核心思想可以理解新经济自由主义在经济学上确实没有太多的新贡献，但为什么新经济自由主义在当代世界有如此广泛的影响？除了世界经济发展的不平衡这个大的背景外，具体讲还有**两方面的原因：一方面，新自由主义适应了发达工业国家资本国际扩张的需要；另一方面，新自由主义经济学又符合落后国家完善和发展市场经济制度的需要。**同时，经济全球化为新经济自由主义的发展提供了特殊的历史条件。下面就来讨论这几方面的原因。

1. 经济全球化是信息技术革命引起的客观历史趋势

20 世纪最后 20 年出现的经济全球化的趋势是信息技术革命引起的资本生产力新一轮全球扩张的必然历史趋势，不是哪一个人、哪一个组织或哪一个国家刻意发起和推动的。对于这一趋势，150 年前的马克思早有预见。马克思说，资本主义市场经济（也称资本主义生产方式）从它产生的那天起，就具有"世界历史的性质"，市场是"世界市场"。马克思还说，资本主义生产方式是伴随着大工业的生产方式登上历史舞台的，也可以把"资本主义生产方式"和"大工业的生产方式"视为"同义语"。资本主义生产方式的历史使命是把大工业的生产方式扩张到全世界。在这一历史使命没有完成以前，资本主义生产方式是不会退出历史舞台的。这是一个不以人的意志为转移的客观的自然历史过程（马克思，1845）。从 19 世纪到 20 世纪末，资本生产力在欧美发达工业国家完成了第一轮扩张。20 世纪末出现的新一轮扩张的显著特点是速度快、规模大、范围广。资本生产力的触角伸到了全球几乎所有的落后国家和发展中国家。之所以有这个新特点，是由于信息技术革命为资本生产力的扩张提供了技术支持和内在动力。随着电脑的发明以及电视、通信、交通工具的革命，世界迅速变小了。生产、交易和资本的流动已经超越了国界，在全球范围进行。当今发达工业国家的生产，其原料来自世界各国，其产品销往世界各地。一家公司的总裁在有一台电脑的办公桌前就可以控制遍布全球的生产和销售系统；地球上任意两个角落的两个人的通话就像在家里谈话一样方便；日行万里在今天已不是神话；任何一国的公民从市场上可以买到产自世界各地的产品，从电视上可以迅速看到地球任意一个角落发生的事件。**生产的信息化，使全球经济紧密地连**

接为一体，使各国经济和政治的摩擦和沟通变得日益频繁和必要。世界各国及公民正处在一个以空前的速度和规模进行磨合和沟通的时期。"地球村"的二百位"村民"正在努力探索和建立"村民"们都能接受的国际政治和经济行为规则和秩序。这就是我们看到的 **20 世纪末信息技术革命引起的生产信息化、经济全球化、政治国际化的历史趋势。这一历史趋势为发达工业国家和经济落后国家提供了不同的历史机遇和挑战。**

　　2. 新经济自由主义符合发达国家资本国际扩张的需要

　　经济全球化的趋势为发达工业国家的资本的国际扩张提供了空前的历史机遇。对 20世纪 70 年代末发达工业国家出现"滞胀现象"的原因，诺贝尔经济学奖获得者、新古典经济增长理论的创立者美国的罗伯特·索洛提出了一个深刻的解释。他认为，**工业时代，资本积累或资本深化是经济增长的主要因素。70 年代末，发达工业国家的资本深化终止了。也就是说，到 70 年代末，发达工业国家的资本积累已达到了饱和。"资本深化终止"使发达工业国家的产出增长停滞。另一方面，低收入人口要求增加工资和收入，收入的增长，又必然导致通货膨胀。这是发达国家出现"滞胀现象"的一个重要原因。** 由于发达工业国家的资本积累都达到饱和，发达工业国家要摆脱滞胀困境，唯一的出路就是使发达国家的过剩资本向落后的发展中国家扩张。而要使过剩资本顺利地、"自由"地扩张到落后国家，发达国家就要要求落后国家打开国门，开放市场，遵循自由竞争的市场经济规则。这就是美英等发达国家 1989 年形成"华盛顿共识"的深刻的历史背景。所谓"华盛顿共识"是指美国财政部、国际货币基金组织和世界银行 1989 年在华盛顿达成的共识。该共识起初是为拉丁美洲国家解决沉重债务负担提出的一个解决方案。该共识认为和要求债务国必须实行私有化、市场化、自由化的经济体制改革才能促进经济发展。经济发展收入增加才能偿还债权国和世界银行的债务。在东欧剧变后，"华盛顿共识"又被英美发达国家推荐给俄罗斯作为转轨药方，成为"休克疗法"的基本内容。在亚洲金融危机时期，国际货币基金组织又以亚洲国家是否接受"华盛顿共识"作为是否向这些国家提供贷款援助政策的依据和条件。因此，"华盛顿共识"成为美英等发达国家向落后国家推行以私有化、市场化、自由化为内容的经济自由主义政策的代名词。要特别指出的是，"华盛顿共识"并不是意味着发达工业国家自己要搞"新经济自由主义"，而是标志着发达工业国家的政府已经意识到了新经济自由主义符合资本国际扩张的需要，是打开发展中国家市场，排除资本向落后国家扩张的障碍的有利的理论思想武器。** 发达国家向落后国家推行新经济自由主义政策，它自己并不搞经济自由主义，它自己仍然运用凯恩斯主义的积极财政政策和货币政策调节和控制本国经济的运行，只不过是矫正了政府政策对市场的过度干预。而且，**发达国家向落后国家推行经济自由主义政策这一行为本身，恰恰表明发达国家的政府已经有意识地利用国家和政府的力量为过剩资本的国际扩张开辟道路、创造条件和提供政策支持，这是凯恩斯国家干预主义政策在国际竞争中新的应用形式。在经济全球化的竞争中，政府已成为一个独立的重要的竞争角色。** 优胜劣汰是竞争的法则。因此，在经济全球化的潮流中，在国际市场竞争中，发达国家自然而然具有绝对的优势和主导地位，获得了巨大的经济利益和发展机遇。而且，在市场竞争中，每个人、每个企业、每个国家都是以追求自己利益最大化为行为准则的。因此，对于经济全球化的潮流对抗它是没有用的，只会损害自己。发达国家的行为和政策也是在国际市场竞争中竞争主体自然而然的行为。美国作家诺姆·乔姆斯基在《新自由主义和全球秩序》(第5页)一书中写道,"因为美国只是出于自身利益的需要来推行其全球体系谋划的。作为世界的强者,美国意欲筹划的是如何运用这一强国地位及影响去建立一个符合自身利益的全球体系"。所以,对于落后国家和发展中国家而言,尽管我们在国际竞争中处在劣势地位,但必须客观地认识到,这完全是信息技术革命导致的资本国际扩张的历史趋势的自然而然的表现。落后国家应该做的不是对抗和指责这一趋势,而是考虑如何在经济全球化的趋势中发展壮大自己。要发展壮大自己,建立和完善市场制度确实是非常重要的,但更重要的是吸收凯恩斯主义的思想成果,这就是运用国家和政府的力量,稳定宏观经济运行,制定符合本国国情的发展战略和产业政策及国际竞争战略,有利有节地参与国际市场的竞争。因此,对发展中落后国家来说,凯恩斯主义更重要。

3. 新经济自由主义也符合发展中国家发展市场经济制度的需要

经济全球化的潮流给发展中落后国家既提供了机遇也提出了严峻的挑战。**从一定意义上说,20世纪末席卷全球落后国家的私有化、市场化、自由化改革,并不完全是发达国家强加给落后国家的,而是落后国家自身经济社会发展的内在要求。**其表现是20世纪最后20年,几乎所有的落后国家都达成了一个共识,就是要富民强国必须走市场经济的道路,并不约而同地进行了市场化的经济体制改革。因为它们看到,只有这样才能融入世界经济发展的大潮流,走上经济和国家复兴之路。正是由于这个原因,新自由主义在世界落后国家有着广泛的市场和影响。因为自由竞争时代的思想成果经济自由主义正是处在市场发育和完善阶段的落后国家所需要的,是落后国家经济社会自身发展也会产生和认可的思想。之所以强调经济自由主义在落后国家有广泛的市场和影响是因为发达国家早就建立和运行着完善的市场经济制度,发达国家经济思想和政策的主要方面是宏观经济的调节和国际竞争战略的调整。所以,从一定意义上说,经济自由主义也不是发达国家强加给落后国家的。**在当今世界,无论是一个人还是一个国家,对于某种主义或思想,如果不是你自己感到需要和认可,别人是无法强加于你的。**落后国家取得的走市场经济发展道路的共识是正确的,关键在于这条路怎么走。正如美国著名经济学家约瑟夫·斯蒂格利茨指出的,"对广大发展中国家来说,市场机制确实是非常重要的,但不要以为似乎只要施行了私有化和自由化,市场就会自动解决经济发展的一切问题"。从20世纪80年代到21世纪初的20多年里,在广大实行市场化经济改革的落后国家中,有取得巨大成功的国家,比如中国;也有失败的国家,比如阿根廷;还有走了曲折道路付出巨大损失和代价的国家,比如俄罗斯。总结这些国家的经验教训,我们看到,凡是取得成功的国家,都是在发展市场经济的同时,更注重吸收当代凯恩斯主流经济学的思想成果,运用国家和政府的力量牢牢掌握本国经济发展的命运;凡是失败和走了弯路的国家,其最大的教训恰恰是放弃了凯恩斯主义,以为"万能"的、自由放任的市场经济就能使国家经济走向繁荣。特别需要指出的是,在当代经济全球化的潮流中,在国家间竞争日益激烈的条件下,对于中小发展中国家来说,一国的政府如果不能承担起调节和稳定本国宏观经济发展的责任,没有自主发展本国经济的战略,只是打开国门,开放市场,听任市场机制的自发调节是很危险的。其必然的结果就是,发达国家的资本蜂拥而入占领一国的市场，控制一国经济发展的命脉，使一国完全丧失自主发展本国经济、掌握本国经济命运的主权，成为发达国家的经济附庸。这样，在世界经济发展平稳的时期，该国是发达国家经济发展的边缘地带，世界经济的发展一有波动，该国又是发达国家转嫁经济危机最好的地区。这就是"阿根廷模式"失败的最沉痛的教训。

4. 凯恩斯主义才是发展中国家更需要的

中国经济体制改革的成功和取得的巨大经济成就是当代世界经济发展中最辉煌的篇章之一。中国的成功不仅在于采取稳健（摸着石头过河）、务实（不论黑猫白猫抓住老鼠就是好猫）的态度逐步实现了向市场经济的转轨；更在于中国采取开放的态度，广泛吸收日本、美国、欧洲等发达国家经济增长成功的经验以及当代凯恩斯主义主流经济学最新的成果，独立自主地制定了符合本国国情的经济发展战略和产业政策以及有利有节的国际竞争战略；特别是运用凯恩斯主义的积极财政政策和稳健的货币政策强有力地控制着国家宏观经济（包括金融）的稳定运行。例如，其中最精彩的一页是亚洲金融危机时期中国政府的表现。在金融危机席卷亚洲各国的几年里，中国政府对外承诺人民币不贬值，承担起了一个发展中大国稳定国际金融的责任；对内实行积极财政政策和稳健的货币政策，既稳定了国内金融和宏观经济的运行，又以每年增加 4500 亿元政府投资的气魄（每年增加 3000 亿元左右的财政赤字和 1500 亿元左右的国债投资，而且这是在亚洲金融危机的背景下运作的），扩大内需和拉动经济增长。在亚洲及世界经济一片萧瑟和动荡中，整个中国是一个生机勃勃的经济建设大工地，成为当时世界经济发展中一道独特的风景线。中国政府对国际社会负责任的态度和取得的巨大经济成就，特别是中国政府在国际竞争中独到的战略眼光和融入国际经济发展潮流的决心和魄力赢得了国际社会的尊重。世界银行首席经济学家——美国的约瑟夫·斯蒂格利茨在比较中国和俄罗斯经济转轨的发展道路时，对中国的发展道路给以充分肯定的评价。特别是他在总结了受"华盛顿共识"误导的发展中国家的经验教训后，对广大发展中国家的经济发展提出了中肯的建议。1998 年 1 月，斯蒂格利茨在芬兰赫尔辛基的联合国大学发表年度讲演时指出，对广大发展中国家来说，市场机制确实是非常重要的。但不要以为似乎只要实行私有化和自由化，市场就会自动解决经济发展的一切问题。**发展中国家要使市场经济平稳地运转应该做到：第一，政府要执行宏观经济政策，保证宏观经济稳定。但宏观经济政策的内容应该扩大，不应只局限于防止通货膨胀和财政赤字。不但要稳定物价，避免汇率和利率的人为扭曲，而且应该把充分就业、稳定生产和金融、促进长期增长作为宏观稳定的内容。要避免金融危机，金融自由化必须在政府建立了对金融业的有效监督和规则之后才能放手进行。第二，要特别强调竞争环境的培育对市场机制的成熟是至关重要的。促进私有化和自由贸易，凡是市场能够做好的事就应该交给市场去做。但私有化之前必须建立一个竞争性环境和健全政府各项必要的、有利于市场发育和竞争的规则，使政府能有效发挥其弥补市场机制不足的功能。第三，不要只追求 GDP 指数的提高，还要追求包括健康、教育质量、自然资源和环境保护在内生活水平的实质提高；要追求平等的发展，使社会各阶层都能平等分享经济发展的成果；要追求民主的发展，即公民能够以各种方式广泛地参与关系到自己切身利益的决策。**从以上斯蒂格利茨的建议中可以看到，执行宏观经济政策；培育市场竞争环境，弥补市场机制的缺陷；扩展社会发展目标；都是社会经济发展中政府应该起的作用和承担的责任。可以说，该建议体现和扩展了当代凯恩斯主流经济学最新的思想成果，这正是发展中国家最需要的。

四、结论

第一，在经济全球化的今天，一方面，世界经济的发展是不平衡的。发达国家已进入了后工业化社会和知识经济时代，而大部分发展中落后国家还处在工业化的初级或中级阶段，有些国家甚至还处在农业社会阶段。另一方面，无论是发达国家还是落后国家，一国经济的发展都是由两个层次构成的：一是市场自发调节的微观经济层次；二是政府调节的宏观经济层次。世界经济发展阶段的多样性决定了和产生了经济理论的多样性，而一国经济由两个层次构成又为一国充分利用人类经济思想的一切优秀成果促进本国经济的发展提供了机遇。例如，对于发展中落后国家来讲，新经济自由主义优秀的思想成果对于促进本国市场经济的发育和成长，对于促进本国微观经济基础的完善具有十分重要的意义。但更重要的是吸收凯恩斯主义的优秀思想成果，这就是运用国家和政府的力量，稳定宏观经济的运行，促进国家经济的成长，有利有节地参与国际市场的竞争。总之，在当代经济全球化的潮流中，发展中国家要注意排除阶级的、民族的偏见，客观认识历史发展的趋势和自己所处的阶段，广泛吸收人类一切优秀的思想成果，既要独立发展本国的经济，又要敢于融入国际经济社会发展的潮流。这是人类社会终将要走向统一的历史要求。

第二，滞胀现象是工业社会由中级阶段向后工业化社会过渡出现的现象。它有两方面的意义：一方面，它表明处在工业化初级和中级阶段的国家是不会出现滞胀现象的，处在这些阶段的国家，凯恩斯主义的财政和货币政策对于调节市场经济的运行有着实际有效的现实意义。另一方面，罗伯特·索洛对于滞胀现象的主要原因的解释是正确的。进入后工业化阶段的发达国家由于资本深化或资本积累饱和而出现滞胀现象，要求过剩资本向世界不发达国家和地区转移。从经济学的意义上讲，这是市场经济具有世界市场性质的必然表现，也是资本完成它的历史使命的必然要求。滞胀现象的出现表明进入后工业化阶段的发达国家的财政和货币政策仅在本国范围内应用已经不够了，滞胀现象只是一个信号，它表明发达国家经济社会发展到一个新阶段，凯恩斯主义的宏观经济政策仅限于在一国范围之内的调节已经不够了，随着经济全球一体化的发展和资本的国际扩张，发达工业国家的经济已紧密连接为一体。因此，对于发达国家来讲，凯恩斯主义的宏观经济政策只有扩展到更大的范围应用才有更好的效果。就是说，经济联系紧密的发达国家必须联合起来，采取相同的宏观经济调节政策才能协调各发达国家的经济发展。例如，20世纪末世界经济发展最重大的一个事件是欧洲大陆的统一。几十个国家连接为一体，实行统一的财政和货币政策。这一事件的重大意义在于它代表着人类社会未来统一的历史趋势。所以，当代经济理论和思想发展的重要方向是各国经济的联系和协调发展、国际贸易和金融的协调和管理。也就是凯恩斯国家干预主义在国际范围的扩展。

第三，从经济学本身的发展来讲，新经济自由主义不代表经济学发展的主流和方向。更不能说凯恩斯主义过时了，又回归到了经济自由主义时代。代表经济学发展主流和方向的是凯恩斯主义在国际领域的扩展，是国家间竞争关系的调整，是国际贸易和金融的协调、管理和发展，这些内容可以概括为国际经济学的发展。

在完成了对当代经济自由主义的分析和评价，再回到当代凯恩斯主流经济学发展的思路上。介绍凯恩斯主流经济学对滞胀现象的成因及对策问题的探讨，主要是萨缪尔森最新的研究成果。要说明滞胀现象的成因，首先要对通货膨胀和失业这两个现象进行全面研究。下面介绍现代通货膨胀理论和现代失业理论，以及反通胀和失业的代价和政策选择问题。

第三节　现代通货膨胀理论

一、通货膨胀的定义和衡量

通货膨胀是指一般价格水平的上涨。通货膨胀率是指一般价格水平上涨的百分比。

一般价格水平是指一个经济社会中商品和服务的价格经过加权平均后的平均价格，也即价格指数。因此，**价格指数是关于平均价格水平的指标，也是衡量通货膨胀的指标。**常用的价格指数有消费价格指数（CPI）、GDP 紧缩指数和生产价格指数。关于价格指数的加权平均方法，第二章已经说明，这里不再重复。一般来讲，人们通常用 CPI 指标表示通货膨胀率，其计算公式为：

$$通货膨胀率 = \frac{CPI（今年）\updownarrow CPI 去年}{CPI 去年} = 100\%$$

例如，今年的 CPI 是 215，去年的 CPI 是 200，那么今年的通货膨胀率为：

$$\frac{215-200}{200} \times 100\% = 7.5\%$$

依据通货膨胀的严重程度，或者说依据价格水平上升百分比的大小，萨缪尔森把通货膨胀分为三种类型：

1. 温和的通货膨胀

其特点是年通货膨胀率为 1 位数，价格上涨缓慢且可以预测。人们对货币还比较信任，相对物价也比较稳定。而且研究表明，温和通货膨胀时期，经济增长一般比较强劲。

2. 急剧的通货膨胀

其特点是年通胀率以 2 位数或 3 位数急剧上升，而且价格上涨变的不可预测。货币贬值迅速，资本逃向国外，人们囤积商品，购置房产，手中只保留最低限度的货币以应付日常交易之需。

3. 恶性通货膨胀

其特征是指各种价格以 1000% 以上的惊人速度迅速上升，价格体系和市场经济陷入瘫痪和崩溃。恶性通货膨胀最典型的例子是 20 世纪 20 年代的德国。当时该国为还债大量印刷纸币，货币发行量以惊人速度增长。从 1922 年 1 月至 1923 年 11 月，该国价格指数从 1 上升到 1 百亿，就是说两年间平均价格上升了 1 百亿倍。这意味着什么？假如在 1922 年初有 5 亿元财产，那么到 1923 年底这些钱连一块糖都买不到。急剧的通货膨胀最清楚地显示了它是由于纸币的大量发行超过了实际产出造成的。这使许多经济学家相信，通货膨胀仅仅是一种货币现象。

经济学家一般认为，可预期的温和的通货膨胀对经济效率以及收入和财富的分配几乎没有什么影响。价格仅仅成为人们调整自己行为的可以变动的标准。

当通货膨胀变的不可预期，如急剧的、恶性的通货膨胀，就会造成严重的社会影响，它使货币贬值，价格扭曲，引起社会恐慌等。下面就讨论这个问题。

二、通货膨胀的经济影响

通货膨胀之所以成为经济社会反对的头号"敌人"，是因为急剧的、恶性的通货膨胀会对经济社会造成下列影响。

1. 它使人们的货币财富和收入迅速贬值

30%的通货膨胀率意味着手中的货币和货币收入贬值30%。用经济学家的话说，流通中的现金是实际利率为零的货币。如去年通胀率从0上升到30%，则现金的实际利率就从每年的零利率降为-30%。正因为如此，严重的通货膨胀会使以货币存款方式保有财富的人受到重大损失。人们急于抛出货币，购置房产、囤积商品。

2. 通货膨胀会导致财富在债权人和债务人之间的再分配

假如你欠别人10000元钱，那么50%的通胀率会使你获得50%的意外收益。因为你现在偿还债权人11000元钱（假定利率10%），实际上，由于货币贬值，你只偿还了5500元钱。对于债权人来说，则意味着损失了50%。因此，通货膨胀往往有利于债务人而有害于债权人。但经济学家认为，在更多的时候，通货膨胀只是将收入和资产搅和在一起，在全体居民中间随机地重新分配，而不会冲击某个社会群体。

3. 严重的通货膨胀导致价格扭曲、损害经济效率

物品的价格是生产者和消费者调整自己经济行为的信号。在严重的通货膨胀时期，价格的变动及相对价格的混乱无序，使人们难以适从。而且以货币表示的收入、税收等都出现扭曲和变形，经济效率自然受到损害。除了在微观上通货膨胀会导致货币贬值、收入再分配和损害效率，从宏观上看通货膨胀对经济增长有什么影响呢？西方学者最新的一项研究表明，低通胀率的国家经济增长最为强劲。高通胀率和通货紧缩的国家经济增长则较为缓慢。

表13-2是对127个国家综合研究的结果。这个结果对于人们关心的理想的通胀率

表 13-2　通货膨胀和经济增长

通胀率（每年%）	人均 GDP 的增长（每年%）
-20~0	0.7
0~10	2.4
10~20	1.8
20~40	0.4
100~200	-1.7
1000+	-6.5

资料来源：萨缪尔森、诺德豪斯：《经济学》第16版，华夏出版社，1999年版，第472页。

是多少的问题给出一个答案。因为较高的通胀率是有害的，也是经济社会要避免和反对的。但抑制通胀率是有代价的，因此，确定一个理想的通胀率的范围，对于社会的政策选择和权衡是有意义的。

三、通货膨胀的原因和类型

从形成通货膨胀的原因分析，现代通货膨胀理论把通货膨胀分为三种类型：预期和惯性通货膨胀；需求拉动的通货膨胀；成本推动的通货膨胀。

1. 预期和惯性通货膨胀

萨缪尔森认为，在现代经济社会，在没有需求拉动和供给冲击的情况下，仍然存在一个惯性通货膨胀，它每年保持一个同样的速率。比如 20 世纪 90 年代，美国的物价一直以每年 3%左右的速度稳步上升，就是说在此期间，美国的惯性通胀率为每年 3%。由于惯性通胀率是在没有供给和需求冲击下的通胀率，所以有人把它称为基础通胀率、核心通胀率或可预期的通货膨胀率。

那么形成惯性通货膨胀的原因是什么呢？西方学者的解释是，大多数工资和价格的确定是着眼于对未来经济形势的预测或预期。例如当年的通胀率为 3%，人们预期下一年的通胀率也会是 3%，那么为了避免损失，人们就会将工资和价格提高 3%，如此循环，将导致每年的通胀率以 3%的速度螺旋上升。因此，可以把这种类型的通胀定义如下：**由于通过预期未来经济形势确定工资和价格增长率的企业行为导致的通货膨胀称为预期和惯性通货膨胀。**

西方学者认为，一般来讲，只有在发生供给或需求冲击的情况下，惯性通胀率才会发生变动。就是说，假定正常的、稳定的惯性通胀率为 3%，如果需求拉动或生产成本上升（供给冲击）使价格上升，通胀率就会超过 3%的水平。

2. 需求拉动的通货膨胀

需求拉动的通货膨胀就是传统的通货膨胀类型。在 GDP 总公式中已说明，当投资支出、政府支出和净出口增加，导致总需求超过潜在产出水平，就会出现通货膨胀。

从货币政策的角度看，货币供给增加超过实际货币需求，会使总需求增加和价格水平上升，走向通货膨胀。

因此，综上所述，可以把需求拉动的通货膨胀定义为：**由于投资增加、政府支出增加、外贸顺差和货币供给增加引起的总需求增加超过潜在产出水平导致的通货膨胀被称为需求拉动的通货膨胀。**

3. 成本推动型通货膨胀

在近半个世纪中，特别是滞胀现象出现以来，出现了一种新的通货膨胀类型。萨缪尔森通过考察半个世纪价格变动的历史发现，"现在的价格变动只是沿着一个方向，经济衰退时是上升，经济繁荣时是更快的上升。世界上所有市场经济的情况几乎全都如此。现代的通货膨胀与过去简单的需求拉动的通货膨胀的区别在于：价格和工资在实现充分就业之前就开始上升，甚至在 30%的生产能力闲置，10%的劳动力失业的情况下，价格和工资也在上升。这种现象称为成本推动的通货膨胀或称为供给冲击的通货膨胀"。"成本推动型通货膨胀在市场经济早期尚未出现，这种通货膨胀首次发生在 20 世纪 30

年代和 40 年代。"① 萨缪尔森将这种新类型的通货膨胀定义为，**在失业率很高且资源利用不足时，由于成本上升造成的通货膨胀称为成本推动型通货膨胀。**

那么，为什么在失业和资源闲置的情况下，成本还会上升呢？西方学者认为，这是由于"工资粘性"所致。

"工资粘性"是指工资不随经济周期劳动市场供求变动而上下起伏，而是保持稳定和上升的现象。对于造成"工资粘性"的原因，西方学者的解释是，一方面，现代大企业的发展需要培养和保持一个稳定的、高效率的员工队伍。而保持高效率的员工队伍的重要条件是稳定的效率工资制度。效率工资制度是指高于劳动市场出清价格，即一般工资水平的，可以鼓励员工高效率工作的工资制度。一般大公司都采取效率工资制，认为这有利于培养员工的责任感，可以使员工更有效率地为企业工作。而且业主认为，降低工资去雇佣低效率、不熟练的失业人员对企业是不合算的。因为现代生产都是高技术装备的复杂的生产过程。尽管不熟练的失业人员工资较低，但他们需要一个培训、熟练、协调的过程，这个过程企业损失的产出要大于少给他们的工资。另一方面，大企业都有工会组织，企业的工资水平一般是由劳资双方经过长期谈判，以合同的方式确定下来的，而且一定三年不变。从工会的角度讲，每次谈判，工资是只能涨、不能降；从业主的角度讲，工资只是涨多少的问题，降低工资是很困难的。因为降低工资，对员工队伍的积极性和稳定性影响重大。以上两方面的原因是大公司工资水平不随商业行情起伏，而是保持稳定增长的主要原因。中、小企业的业主为了不使自己的人才流失和员工队伍稳定，一般也会比照大公司的工资政策制定本企业的工资政策，这就导致了整个社会的"工资粘性"。

工资是企业成本的主要部分，成本又是企业产品价格的决定因素。因此，工资的稳定和增长决定了企业成本的稳定和增长，成本的稳定和增长又决定了企业产品价格的稳定和上升，不会由于衰退而下降。或者说，"工资粘性"又导致了"价格粘性"。因此，"工资粘性"所导致的成本推动的通货膨胀是滞胀并存现象的一个重要成因。

西方学者不仅用"工资粘性"解释衰退和失业时仍会存在成本推动的通胀现象。而且用"工资粘性"还可以说明成本推动的通胀会加重失业的程度。由于成本推动，企业产品价格不会由于衰退而下降。但衰退意味着社会需求减少和销售额下降。不能降低价格，就只有减少产量。减少产量必然导致裁员和失业增加。

由此可以看到，成本推动型通货膨胀的出现，或者说"滞胀现象"的出现是和现代西方经济社会由众多小企业自由竞争的资本主义阶段向大企业的垄断阶段的过渡和发展相适应的。从时间上看，成本推动型通胀出现于 20 世纪 30~40 年代，这正是这个过渡完成的时期，导致今天的美国是一千多家大公司即寡头企业垄断和领导美国的产业界。世界各发达国家的情况也基本类似。垄断造成的竞争不完全性限制了市场机制的作用，其结果或表现就是市场价格和工资不能灵活地随市场供求关系变动而变动，并调节供求关系。因此，一旦垄断在经济中占了支配地位，自由竞争时代的传统商业周期的特征自然会发生变形。因此，可以说垄断是"滞胀并存"现象的重要原因之一。

① 萨缪尔森、诺德豪斯：《经济学》第 16 版，华夏出版社，1999 年版，第 474 页。

现代通货膨胀理论的研究认为，造成通货膨胀的原因或因素是很多的，而不是像货币学派认为的那样，只是货币增长过快这一种原因。综合上述三类通货膨胀，可以看到造成通货膨胀的主要原因有：人们的预期、投资增加、政府支出增加、外贸顺差、货币供给增加、工资率上升、原材料价格上涨等众多因素。

第四节　现代失业理论

一、失业的定义和衡量

西方学者将一国的成年人口分为非劳动力人口和劳动力人口两类。非劳动力人口包括：退休人员、身体不佳不能工作人员和在家操持家务不愿去找工作的人员。例如在美国，成年人口中的 34% 属于这一类人员。非劳动力人员不属于失业人口。劳动力包括就业人口和失业人口。

二、失业的影响

失业不仅是经济问题，而且是社会问题。从经济上讲，失业意味着社会劳动资源的浪费和产出的损失。奥肯法则表明，失业率上升 1 个百分点，产出将下降 2 个百分点。可见失业对国民经济的影响是严重的。

失业的社会影响也是严重的，用萨缪尔森的话说，失业使成千上万人面对收入减少的困境而痛苦挣扎，情绪低落，健康恶化，家庭紧张，社会动荡。

美国的阿瑟·奥肯首先发现了产出变动与失业变动之间存在显著的数量相关关系，这个关系被称为奥肯法则。**奥肯法则指出：实际 GDP 相对于潜在 GDP 每下降百分之二，失业率就上升百分之一。**

例如，假定初期的 GDP 是潜在 GDP 的 100%，失业率为 6%，那么 GDP 下降至潜在 GDP 的 98%，失业率会由 6% 上升至 7%。或者当失业率由 6% 上升至 7%，GDP 会下降至潜在 GDP 的 98%。

奥肯法则的一个重要结论是实际 GDP 必须保持与潜在 GDP 同样快的增长才能防止失业率的上升。也即 GDP 必须不断增长，才能保证失业率留在原地。

奥肯法则揭示的产出率变动与失业率变动之间 1:2 的负相关关系是依据美国经济社会的情况。各国经济社会运行效率不同，经济情况也有很大差别。各国产出率变动与失业率变动之间的负相关关系应该依据各国的具体情况具体测定，不能一概而论。

三、失业的原因及类型

依据造成失业的原因，西方学者将失业分为三种类型。

1. 摩擦性失业

摩擦性失业是指人们在职业之间、地区之间变换工作而产生的短期失业。即使经济处于充分就业的水平，也会发生一些工作岗位上的变动。人们辞掉现在的工作，去寻找更好的工作，在找到新工作前就处于失业状态。由于产生这种失业的原因是人们为了寻找更好的工作，所以这种失业被认为是自愿失业。

2. 结构性失业

结构性失业是指经济中产业结构的变动造成的失业。在经济发展和成长中，一些产业兴起，一些产业衰落。衰落的产业，劳动力过剩，造成失业；兴起的产业，劳动力供不应求。但衰落产业的失业人员又不能适应新兴产业的技术要求，或者需要经过长期培训才能上岗。这就造成了结构性失业。

3. 周期性失业

如果所有产业、行业或部门的失业率都出现上升，那么就是总支出和总产出下降造成的失业，失业就具有明显的周期性质。或者说，周期性失业是由于经济周期和衰退造成的失业。

区分周期性失业、摩擦性失业和结构性失业，有利于分析劳动市场的具体情况和选择具体的对策。摩擦性失业和结构性失业水平较高可能反映的是经济成长中产生结构性变化。或者说，在经济高速成长的繁荣阶段，通货膨胀现象存在的情况下，也会出现摩擦性和结构性失业。

四、"工资粘性"与非自愿失业

工资粘性或工资刚性会加重失业的程度，下面讨论工资缺乏灵活性对失业的影响。

根据供求原理，在一个自由竞争的市场上，价格的上升或下降将会出清竞争市场。不会有过剩或短缺。因此，西方学者认为，如果劳动市场是自由竞争的，工资对供求关系能做出灵活的反应，就不会存在非自愿失业，失业都是自愿的。如果工资不能对供求关系做出灵活的反应，就是说工资具有粘性或刚性就会造成非自愿失业。萨缪尔森用图13-1说明了自愿失业与非自愿失业的区别。

图 13-1　刚性工资引起非自愿失业

图 13-1 描述了弹性工资和刚性工资对失业的影响。图中劳动的供给曲线呈垂直的部分，表示已达到充分就业的数量，这时劳动的供给曲线是没有弹性的。垂直部分表明，就业数量对工资水平变动没有反应。先来看图 13-1 (a)，由于工资是具有弹性的，

能对供求关系的变动做出灵活反应，所以，供求曲线的交点 E 点决定工资水平。E 点对应的横轴就是在这个工资水平上愿意工作的就业数量（W 点至 E 点的距离）。E 点至 F 点的距离代表什么呢？萨缪尔森的解释是，这部分工人虽愿意工作，但他们要求较高的工资，就是说 EF 线段表示这部分工人不愿在现行的市场工资率下工作，所以他们是自愿失业的。

再看图 13-1（b），如果工资具有粘性或刚性，就是说工资对劳动市场供求关系变动反应迟缓或没有反应，而是保持高于市场供求关系决定的市场工资率水平，如 W₂，就会造成非自愿失业。图中 W_2 的水平虚线与需求曲线交点 H，为在 W_2 工资水平下就业的劳动数量。H 点与 G 点的水平距离代表什么？它代表愿意在 W_2 工资水平上工作的工人都找不到工作岗位，因此，他们是非自愿失业。为什么工资刚性会导致非自愿失业呢？萨缪尔森的解释是，当工资缺乏弹性或具有刚性，过高的工资率会使寻找工作的合格工人的数量大于可提供的工作岗位。图 13-1（b）中愿意在 W_2 水平工作的工人数量是供给曲线上的 G 点，而企业需要雇佣的数量是需求曲线上的 H 点。由于工资高于市场出清水平，于是出现劳动供给过剩，H 点至 G 点的水平距离即为供给过剩的数量，也即非自愿失业的失业者。萨缪尔森将非自愿失业定义为：合格劳工不能在现行工资水平下找到工作的情形。相应地，自愿失业则定义为：在现行的市场工资率下，不愿工作的劳工。

五、自然失业率和最低可持续失业率

实现充分就业是宏观经济学和宏观经济政策的目标之一。那么充分就业是否意味着所有工人都能就业呢？根据以上对失业类型的分析可以理解，即使在宏观经济均衡运行、健康成长的时期，也会存在摩擦性失业、自愿失业或结构性失业。因此，西方学者认为，充分就业并不意味着所有工人都能就业，任何时期都存在一个最低的自然失业率或最低可持续失业率。

自然失业率假说认为，在宏观经济均衡运行，劳动市场也均衡时，仍然存在摩擦性失业、自愿失业等，这就是自然失业率。因此，自然失业率是自愿失业和摩擦性失业人数与劳动力人口的比率。假定自然失业率为 4%，那么相应的自然就业率就为 96%。这时经济就达到了充分就业。当实际的失业率为 3% 时，就称为低于自然失业率；当实际失业率为 6% 时，就称为高于自然失业率。

自然失业率的意义是要表明，在经济均衡运行的状态下也存在一个最低的失业率，这是经济运行的正常状态。在自然失业率情况下，政府就没有必要再采取扩张性降低失业率的政策，即使采取这种政策也没有效果。

萨缪尔森认为，在宏观经济均衡运行的状态下，也就是说在经济运行不存在向上和向下压力的状态下，也存在一个最低的、基础的、稳定的、惯性通货膨胀率。萨缪尔森将最低的自然失业率与基础的、稳定的通胀率联系起来，提出了最低可持续失业率的概念。最低可持续失业率是指，从长期看只存在一种与稳定的通货膨胀率相一致的最低失业率。经济处在这种失业率时，通货膨胀是稳定的，不存在向上或下降的趋势。

以上分析表明，在衰退和失业的情况下，仍会存在成本推动的通货膨胀。在经济成长和通货膨胀的情况下，也会存在摩擦性和结构性失业。那么在经济运行或经济周期的各个阶段，失业和通货膨胀并存就成了一种经常的现象。在这种情况下，与稳定的通胀率相一致的最低失业率就被认为是经济运行的正常状态。

第五节 反通货膨胀和失业的政策选择

西方学者认为，当经济处在惯性通货膨胀和最低可持续失业率的正常状态下，政府没有必要采取针对通货膨胀和失业的宏观政策。但是当通胀率超过了惯性通胀率，失业率也超过了自然失业率，经济就处在了非正常状态。这时就需要政府采取政策措施，那么该如何进行政策选择呢？

西方学者认为，通货膨胀和失业之间存在此消彼长的关系，特别是在滞胀并存的情况下更是如此。就是说降低通胀率会导致失业率上升和产出下降；降低失业率又会导致通胀率上升和财富贬值。这就提出一个问题，宏观经济学追求的充分就业和价格稳定两个目标是否可以兼得？如果不能兼得，又该如何取舍和选择？或者说，在滞胀并存的经济社会，宏观经济政策的运用是有代价和成本的。紧缩性反通货膨胀政策的代价是失业率上升和产出下降；扩张性降低失业率政策的代价和成本是通胀率上升和财富贬值。那么在二者不能兼得的情况下，应该如何选择一个成本最低的政策组合呢？下面就来讨论这些问题。

一、菲利普斯曲线

英国经济学家菲利普斯通过研究英国失业率和工资率水平之间的关系后发现在失业率与货币工资率的变动之间存在着一种负相关关系。这种关系用曲线来表示就被称为菲利普斯曲线。后来，由于工资率的稳步上升与成本推动的通货膨胀率存在着必然的内在联系。萨缪尔森认为可以用该曲线来表示通货膨胀率与失业率之间此消彼长的关系。

图13-2是短期菲利普斯曲线。从图中可以看到与5%的通胀率对应的是3%的失业

图13-2 短期菲利普斯曲线

率，与3%的通胀率对应的是4.5%的失业率。就是说，假定初期的通胀率为5%，失业率为3%，那么如果采取紧缩性政策，降低通胀率至3%，失业率会上升至4.5%。

在滞胀并存的状态下，就是说在失业和通货膨胀并存的经济社会中，依据一定时期的统计资料，将与通货膨胀率对应的失业率的坐标点标在坐标曲线图上就可以做出短期菲利普斯曲线。短期菲利普斯曲线提供了一个通货膨胀率与失业率负相关关系的组合菜单，为政府的政策选择提供了一个方便的工具。政府可以权衡降低通货膨胀率的成本和降低失业率的成本，在二者之间做出选择。

西方学者认为，从长期看，随着GDP增长达到其潜在水平，失业率会降低至最低可持续失业率水平，通货膨胀率也会稳定在惯性的可预期的通胀率水平。这时如果GDP的增长超过其潜在水平，会使通胀率上升，超过惯性通胀率，但失业率不会再下降至最低可持续失业水平以下。因此，长期菲利普斯曲线是垂直的，它垂直于最低可持续失业率的水平上，见图13-3。在这个水平，通货膨胀率上升，失业率不会下降，或者说从长期看通胀率和失业率之间不存在负相关关系。例如，相当一段时期美国政府在进行宏观政策调控时，把2.5%经济增长率视为潜在GDP的增长率，5.5%的失业率视为最低可持续失业率；3%的通胀率视为惯性的可预期的通胀率。一旦经济增长超过2.5%的水平，失业率处在5.5%的水平，政府政策的目标就定为防止通胀率上升超过惯性或可预期的水平。

图13-3　长期菲利普斯曲线

当经济运行出现失业率高于最低可持续失业率水平，通胀率也高于惯性的预期的通胀率水平，经济就处在短期的非正常状态，也就是短期菲利普斯曲线描述的状态。这时通胀率和失业率之间就存在负相关关系，政府的调控政策选择就有一个成本和代价的问题。

西方学者认为，最低可持续失业率（或自然失业率）是经济运行中的摩擦所造成的自然状态，是不可能再降低的。但有的学者认为，可以通过提供信息服务培训来降低摩擦性失业和结构性失业，通过改革失业保险制度，提高失业人员就业积极性。以上措施可以降低最低可持续失业率。但萨缪尔森的研究认为，在过去40年的巨大社会变迁中，美国的最低可持续失业率是十分稳定的。就是说是很难降低的。因此，只有在出现高于最低可持续失业率的情况下，才有必要采取相应的反失业政策措施。

二、降低通货膨胀率的代价

短期菲利普斯曲线可以说明反通货膨胀率的代价。如果菲利普斯曲线比较平缓，那么降低通胀率就会使失业率大大提高，并造成产出的较大损失。如果菲利普斯曲线比较陡峭，那么稍稍提高失业率就会使通胀率迅速下降，或者说降低通胀率的代价就比较小。

西方学者的研究表明，降低通胀率的代价会因国家、地区、初始的通胀率以及采取的政策不同而不同。奥肯法则指出的失业率上升 1 个百分点，产出就下降 2 个百分点，即失业率和产出 1:2 的负相关关系是以美国的经济为对象测定的。各国经济情况不同，经济结构和经济运行效率差别很大，失业率与产出的负相关比例也不一定相同，要依据不同国家的情况具体测定。以美国为例，萨缪尔森的研究认为，就 1996 年的情况，要让通胀率下降 1 个百分点，就会使当年失业率上升 2 个百分点。依据奥肯法则，失业率上升 2 个百分点，会使当年 GDP 下降 4%，即损失 3000 亿美元的产出（1996 年美国潜在 GDP 为 7.6 万亿美元，按 1996 年价格计算）。就是说，以 1996 年的情况，降低 1 个百分点通胀率的代价或成本是 3000 亿美元产出的损失。可见这个代价是不能不考虑的。

由于降低通货膨胀率的代价高昂，经济学家们不得不考虑在什么情况下才有必要通过紧缩经济提高失业率来降低通胀率。一般来讲，在温和的通货膨胀的情况下是没有必要采取紧缩政策降低通胀率的。一方面，温和的通货膨胀有利于促进经济强劲增长，而且对社会的影响又不大。另一方面，紧缩性政策代价过高，得不偿失。只有在急剧通货膨胀的情况下，才有必要采取反通货膨胀政策。这时高昂的代价也是无可奈何的。正因为如此，西方学者一直在探索一些代价较低的反通货膨胀政策。这些政策被称为收入管制政策或收入政策。下面做一简要介绍。

三、收入政策

1. 工资——物价管制

在欧洲和美国近年来一直采用工资——物价管制办法对付成本推动的通货膨胀。管制的方式分为劝说、指导、强制三种。就是说，政府依据情况的轻、重、缓、急程度，采取规劝、指导性意见和强制措施限制企业的工资和物价上涨率。但是从实践上看，劝说、指导没有效果，强制管制又违背市场原则。现在已很少用该办法来抑制通货膨胀。

2. 基于税收的收入政策（TIP）

具体办法是：向那些工资收入上升较快的人征税；而向那些工资收入增长较慢的人提供补贴。但这种办法限制收入增长效果十分有限。

由于上述收入管制政策的效果很不理想，有的西方学者主张还是要依靠市场竞争力量来调节工资和价格，他们认为应解除对产业的政府管制，消除不合理的反托拉斯法和妨碍市场竞争的因素。只有市场竞争力量才会恢复工资弹性。但是在大企业垄断占支配地位的今天，这种想法是很难实现的。

总之，萨缪尔森认为，上述政策的作用是十分有限的，经济学者还没有找到一种有效而持久的收入政策来对付通货膨胀。如何寻找办法摆脱这种必须以高失业率来抑制通货膨胀率的两难困境，仍是现代宏观经济学最关心的难题之一。

四、财政政策的结构调整、最低代价的反通货膨胀办法

20 世纪 90 年代美国经济持续 8 年的强劲增长的同时，失业率持续下降并稳定在最低可持续失业率的水平（4%~5%），通货膨胀率也持续下降并稳定在 3%左右的惯性通胀率的水平，这是和克林顿政府大规模削减非生产性政府支出，扩大生产性投资支出的财政政策有着必然的联系。据此是否可以说精简政府机构，减少非生产性开支是代价最低的抑制通货膨胀的办法呢？

第六节　AS-AD 模型

本节介绍宏观经济学第三个总量模型：AS-AD 模型，也称总供给和总需求模型。

滞胀现象出现以后，经济学家们想建立一个模型来分析一般价格水平与总产出的关系，从而对滞胀现象做出解释，这就是第三个总量模型 AS-AD 模型。但是西方学者对这个模型的解释存在分歧，或者说这个模型还是个不太成熟的模型。下面的介绍是按萨缪尔森的解释来说明的。

一、AS-AD 模型的含义

图 13-4 即为 AS-AD 模型。横轴（或数量轴）表示经济的总产出（实际 GDP 总量）。纵轴代表一般或平均的价格总水平，即所有商品的加权平均价格，即一般价格指数。或者常用消费价格指数 CPI 来代表。以 Q 表示产出水平，以 P 表示一般价格水平。

图 13-4　总供给和总需求模型

向下倾斜的曲线是总需求曲线（Aggregate Demand）简称 AD 曲线。它代表在其他因素不变时，经济中所有实体、消费者、企业、政府在不同的价格水平上愿意购买的数量，即总支出 = C + I + G + (X − M)。

向上倾斜的曲线是总供给曲线（Aggregate Supply）简称 AS 曲线。它代表在其他因

素不变时，在每一价格水平上企业愿意生产和出售的数量，即总产出＝C＋S＋T。

国民产出和总价格水平由总需求曲线和总供给曲线的均衡点 E 决定。这时企业愿意生产和出售的数量正好等于消费者和其他需求者愿意购买的数量。从图 13-4 中看到，在均衡点 E，产出水平为 2200，总价格水平或价格指数为 110。这也被称为宏观经济均衡的产出和价格水平。

宏观经济均衡是指总供给和总需求达到均衡时的产出和总价格水平的组合。在均衡状态，卖方和买方都不再愿意改变他们的需求量或供给量。这时也不存在价格变动的压力。

从图 13-4 中可以看到经济是如何达到宏观经济均衡的。假定价格水平高于均衡价格水平，如图 13-4 上所示价格指数为 140 时，企业愿意出售的数量为 C 点，大于买方愿意购买的数量 B 点，商品就会过剩，厂商会减少产量、降低价格。随着价格水平的下降，买方卖方之间的差距会逐步缩小，直至 P＝110、Q＝2200 这一均衡状态为止。

如果初始的价格水平低于均衡价格水平，如图 13-4 所示的价格指数为 80，这时企业愿意出售的数量为 D 点，小于买方愿意购买的数量 F 点。需求大于供给，价格会上升，企业会增加产量，直至 P＝110、Q＝2200 这一均衡状态为止。

二、总需求曲线的变动和说明

由于总需求曲线代表的是在货币供给量、资本存量等因素不变条件下，在给定的价格水平上，社会愿意购买的总产出数量，即总支出＝C＋I＋G（X－M）。因此，能使总需求曲线发生变动的因素包括：

1. 宏观经济政策

包括财政和货币政策。政府扩张性财政和货币政策会导致在每一价格水平上总需求增加，从而会使总需求曲线向右移动，反之，政府紧缩性财政政策和货币政策会导致在每一价格水平上消费、投资等支出减少，总需求减少，总需求曲线向左移动。

2. 外生变量

如国外对本国产品的需求增加，即净出口增加；技术进步使私人投资增加；收入增加使居民消费支出增加等。这些因素的增加会表现为在每一价格水平上总需求增加，即 AD 曲线向右移动。反之，C、I、（X－M）各项减少，会导致 AD 曲线向左移动。

三、总供给曲线的变动和说明

由于总供给曲线代表的是在其他条件不变的情况下，所有企业愿意生产的产出总量与总体价格水平的关系。因此，构成总供给基础的因素，也即能使总供给变动的因素有：

1. 潜在产出

它取决于一国经济可利用的劳动、资本及自然资源等投入品的数量及技术水平。或者说，潜在产出可定义为：潜在 GDP 是指在失业率处于最低可持续失业率水平时，一国经济的生产能力（各投入品的数量及技术水平）所能达到的最高国民产出。劳动的数量、资本存量增加，开发出新的自然资源、技术水平提高等，会导致在每一价格水平上产出增加，AS 曲线会向右移动。反之，劳动供给量、资本存量、自然资源减少，会导致在每一价格水平上产出减少，AS 曲线会向左移动。

2. 投入成本

投入成本即各投入品的价格。如石油、钢材等原材料价格上升，劳动的工资率上升等，会使投入成本上升。投入成本的提高会导致在每一价格水平上产出减少，AS 曲线会向左移动。反之，各投入品价格下降，会导致在每一价格水平上产出增加，AS 曲线会向左移动。

3. 政府的宏观经济政策

政府的扩张或紧缩政策会通过影响投资、资本存量、投入品价格等来影响总供给曲线。比如，政府限制或取消福利支出的政策会增加劳动的供给量，政府鼓励投资的政策会增加资本存量，从而使总产出在每一价格水平上增加。AS 曲线向右移动。政府紧缩性政策会使投资减少，AS 曲线向左移动。

四、总供给曲线的形状

关于总供给曲线的形状，西方学者的说明存在分歧。或者说在总供给曲线形状的解释上，古典主义或经济自由主义与凯恩斯主义主流经济学存在分歧。

古典主义认为，价格和工资是有弹性的，任何过剩的供给和需求都能被很快消除。并且，在总供给和总需求受到冲击后能重新回到充分就业的均衡水平。因此，古典主义或经济自由主义认为，市场供求关系的调节，能够使经济保持在充分就业的均衡水平上运行，所以，AS（总供给）曲线是一条垂直于潜在产出数量的曲线，或称为充分就业的、潜在产出曲线。凯恩斯主义学者认为，经济运行是周期性波动的，从短期（经济萧条或低迷时期）看，经济并不总是在充分就业的均衡水平上运行。但从长期看，产出总会达到充分就业的、潜在产出水平。所以，可以接受古典主义的潜在产出曲线，把它称为长期总供给曲线。

凯恩斯主义学者认为，在短期内，即经济没有达到充分就业的低迷或萧条时期，产量和价格存在正相关关系，就是价格上升，产量也会增加，总供给曲线是缓慢向上倾斜的。尽管工资和价格存在粘性，但供求关系在一定程度上还是能起调节作用的，只不过调整过程是缓慢的。因此，短期总供给曲线是一条向上倾斜的曲线。从长期看，当产出达到潜在产出水平，产量就不会随着价格上升而增加了。而且长期中，工资和价格有充分的时间调整，所以长期总供给曲线是垂直于潜在产出的一条直线。当总供给达到潜在产出水平，总供给曲线成垂直的，总需求的变动就只影响价格水平，而不影响实际产出。就是说，当总供给达到潜在产出水平，总需求的增加只会导致价格水平上升或通货膨胀，它表现为名义 GDP 的增长超过实际 GDP 的增长。因为，实际 GDP 或实际产出的增长不会超过潜在产出或潜在 GDP。

因此，凯恩斯主义主流经济学把总供给曲线分为短期总供给曲线和长期总供给曲线。短期总供给曲线是倾斜上升的，长期总供给曲线是垂直的。

图 13-5　短期总供给曲线和长期总供给曲线

五、需求冲击和通货膨胀

在了解了 AS-AD 模型的含义及影响 AD 和 AS 曲线的因素后，现在可以运用该模型分析一些宏观经济现象。萨缪尔森说，现在重要的宏观经济学的理论问题都可以用该模型进行分析。下面运用该模型分析一下需求冲击造成的通货膨胀和需求不足造成的衰退，以及供给冲击造成的滞胀现象，以了解西方学者运用该模型的分析方法。

图 13-6 描述了总需求的急剧增加或称需求冲击如何造成通货膨胀现象。需求冲击或因新技术发明引起的投资的迅速增加；或因战争导致的对战时物资需求的急剧增加，或因政府采取了急剧的增加总需求的扩张性政策等，都会使总需求曲线 AD 向右移动。

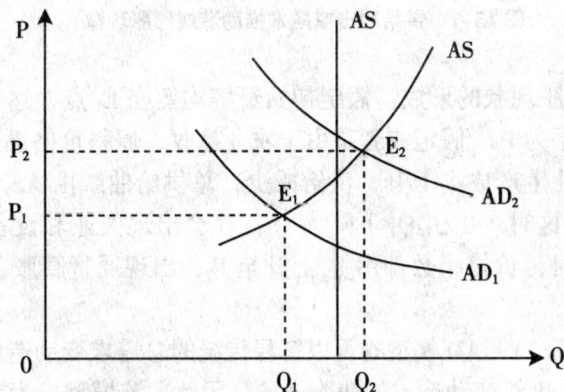

图 13-6　需求冲击造成的通货膨胀

假定初始的经济处在 E_1 的均衡点。均衡产出为 Q_1 的水平，这个产出水平较低，社会存在失业现象，价格指数水平为 P_1。假定由于新技术发明引起了投资的迅速增加，推动 AD_1 移动到 AD_2 的位置，在 E_2 点与总供给曲线相交。这时均衡产出（名义 GDP）达到 Q_2 超过潜在产出水平，价格指数水平上升到 P_2 的水平，社会出现通货膨胀现象。

还可以用图 13-6 说明总需求减少造成衰退现象。假定初始的经济均衡在 E_2 的水平，这时经济存在严重通货膨胀现象。假定政府为抑制通货膨胀采取紧缩政策使总需求迅速减少，AD 曲线由 AD_2 移动到 AD_1，使经济均衡在 E_1 的水平，价格指数由 P_2 下降为 P_1，通货膨胀下降或消失，产出由 Q_2 下降为 Q_1，社会出现失业和衰退。这就是政府在反通货膨胀时经常人为造成衰退的情况。

六、供给冲击和滞胀现象

供给冲击是指由于生产成本发生变化从而使总供给发生变动的情况。供给冲击可能是急剧的，比如自然灾害使农业严重歉收，原材料价格急剧上涨或石油危机使原油价格迅速上升等。原材料或燃料价格上升会使企业生产成本迅速上升，使总供给迅速减少，总供给曲线向左移动。供给冲击也可能是缓慢的，比如工资的稳定增长，使生产成本稳定上升，总供给曲线缓慢向左移动。如图 13-7 所示：

图 13-7 供给冲击或成本推动造成滞胀现象

图 13-7 描述了滞胀现象的形成。假定初始经济均衡在 E_1 点，达到充分就业的产出水平 Q_1，价格指数水平为 P_1。假定或者是由于农业歉收，原料价格迅速上升；或者由于工资稳步上升，使产业生产成本上升，供给减少，总供给曲线由 AS_1 左移至 AS_2，与总需求曲线交于 E_2 点。这时产出由 Q_1 下降为 Q_2，社会出现失业和设备闲置，产出没有达到潜在水平，而同时，价格指数却由 P_1 上升至 P_2，出现通货膨胀，经济社会处于滞胀状态。

从上述分析中看到，AS-AD 模型既可以解释传统的总需求变动造成的通货膨胀和衰退现象，又可以解释总供给变动造成的滞胀现象。因此，该模型成为现代西方学者研究宏观经济的一个主要工具。

本章总结和提要

本章内容涉及 20 世纪 80 年代以来宏观经济学发展中面临的热点和难点问题，对于新经济自由主义学派与凯恩斯主流经济学派的根本分歧以及新经济自由主义学派的历史地位在第二节最后的结论中做了全面的总结，这个总结对于理清当代经济学界的争论和主流经济学的发展思路是非常重要的。

为了解释和弄清楚"滞胀现象"的原因，主流经济学派全面研究了通货膨胀和失业现象，提出了当代通货膨胀理论和失业理论。由于在滞胀并存的状态下，通货膨胀和失业存在负相关关系，政府的宏观经济政策的运用就面临两难选择和成本代价的权衡问题。菲利普斯曲线为政府的权衡和选择提供了一个技术分析的工具。为了更好地解释和分析"滞胀现象"，经济学又建立了第三个总量分析模型，即 AS–AD 模型。该模型不仅能解释传统的需求拉动的通货膨胀，还能解释现代成本推动的通货膨胀和"滞胀现象"。该模型已成为当代经济学家分析宏观经济问题的一个重要工具。

思考题

1. 为什么"滞胀现象"成为经济学关注的热点和难点问题？

2. 你同意货币学派的理论观点和政策主张吗？为什么？

3. 请评价供给学派的观点和政策主张。

4. 在自由主义学派中你最欣赏什么观点？为什么？

5. 请仔细分析自由主义学派与凯恩斯主流经济学派的根本分歧，你同意和反对什么观点？并说明理由。

6. 你同意罗伯特·索洛对"滞胀现象"原因的解释吗？说明理由。

7. 你同意本书作者对当代经济自由主义的分析和评价吗？说明理由。

8. 你遇到过通货膨胀的困扰吗？通货膨胀有什么危害？

9. 请说明需求拉动的通货膨胀和成本推动型通货膨胀的形成原因。

10. 什么是奥肯法则？它对所有国家都适用吗？

11. 说明失业的原因及类型。

12. 运用短期菲利普斯曲线分析在滞胀并存的状态下政府宏观经济政策的成本和代价问题。

13. 仔细分析 AS–AD 模型的含义，并用该模型解释"滞胀现象"。

第十四章 经济增长理论

经济增长作为宏观经济学的一个基本理论问题，它思考和探讨的是这样一些问题：是什么原因使经济社会的财富像滚雪球一样越滚越大？财富增长的源泉是什么？财富增长的机制和途径是什么？经济增长对人类未来会产生什么影响？等等。人类经历过漫长的难以维持温饱的农业社会，在这个阶段，财富的增长是非常缓慢的。工业革命以后，工业国家的社会财富 200 多年间获得了巨大的增长。同时，仍然停留在农业社会阶段的许多国家依然处在非常贫困的境地。统计资料显示，最发达国家和最贫困国家人们收入水平的差距在 100 倍之多。巨大的反差使人们对经济增长问题产生了浓厚的兴趣。追求富裕美好的生活是人类本能的愿望。那么，为什么同在一个地球上，生活水平的差距却如此之大？甚至同在一个国家也是如此。比如中国，30 年的改革开放，大家在相同的起跑线上起跑。30 年后，最发达的东部地区人均 GDP 达 4000 多美元，已达到中等发达国家的水平，而最贫困的西部地区人均 GDP 不足 1000 元人民币，生活水平的差距达 30 倍之多。

经济增长理论将帮助人们寻求这些问题的答案。本章介绍西方学者在经济增长问题上探索的最新成果。主要内容有：经济增长的定义和衡量指标；经济增长的源泉和模式问题；经济增长模型；经济增长核算问题以及经济增长的限制因素及可持续发展问题。

第一节 经济增长的定义和衡量

一、经济增长的定义

什么是经济增长？西方学者普遍接受的是库兹涅茨的定义：**一国的经济增长可以定义为给居民提供的种类日益繁多的经济产品的能力长期上升，这种不断增长的能力是建立在先进技术以及所需要的制度和思想意识之相应的基础上的。**

该定义强调增长能力、先进技术以及相应的制度（机制）、思想观念基础。许多研究经济增长问题的经济学家认为，落后国家最主要的是观念的落后，有了先进的观念，才会创造先进的机制或经济制度，有了先进的经济制度，才会创造技术开发和经济增长的能力。因此，思想观念和经济制度是经济增长能力和技术进步的基础。

萨缪尔森把经济增长能力具体归结为潜在 GDP 的增长，或者说是一国劳动数量和质量、资本存量、技术开发能力和水平的增长和提高。他给经济增长下的定义为：**"经济增长代表的是一国潜在 GDP 或国民产出的增加"，"与之密切相关的是人均产出增长率**

的提高，它决定一国生活水平提高的速度。"

该定义强调潜在 GDP、GDP 和人均产出率的提高。因为收入增长是决定国民生活水平和方方面面能力增长的决定因素。收入提高，人们才会有条件受更好的教育，获得先进的观念和思想。收入提高，人们才会积累更多的资本，以获得更大的增长能力，等等。

这两个定义尽管强调的角度不同，但经济学家们认为，GDP 的增长（人均 GDP 增长）、增长能力和技术水平提高与经济制度、思想观念（教育水平），这几方面是相辅相成、互相促进的。一方面，收入增长为劳动者的身体素质、教育机会、技术水平提高、资本积累等经济社会各方面能力的提高和发展提供条件；另一方面，劳动者教育水平、技术水平、资本存量的提高和增加又会创造更多的收入。因此，经济学家们认为，仅用 GDP 和人均 GDP 增长率指标衡量经济社会增长是不够的，应该有一套综合指标来反映经济社会的增长。

二、经济增长的衡量指标

联合国开发计划署提出了一个人力发展指数指标（Human Development Index，缩写为 HDI），用来衡量各个国家的经济增长水平。HDI 包括四个指标：人均实际 GDP，出生时的预期寿命、入学率和成人识字率。它表明经济增长不仅是指收入水平的提高，还有国民生活水平（寿命）和教育水平的提高。

表 14-1　各类国家的基本指标

国家分组		人口 1995 年（百万）	GDP 值 1995 年（10 亿美元）	人均 GDP		成人文盲率 1995 年	预期寿命（年）
				1995 年水平（美元）	1985~1995 年增长率 %		
低收入国家	中国和印度	2130	1035	499	6.1	32	66
	其他国家	1050	317	290	-1.4	46	56
中低收入国家	如秘鲁、泰国	1153	2026	1670	-1.3	20	67
中高收入国家	如巴西、马来西亚	438	1982	4260	0.2	14	69
高收入国家	如美国、日本	902	22486	32029	1.9	<5	77

　　资料来源：世界银行：《世界发展报告 1999》。引自：萨缪尔森、诺德豪斯：《经济学》第 16 版，华夏出版社，1999 年版，第 435 页。

从表 14-1 中看到，全世界 50 多亿人口中，30 多亿人口生活在低收入国家，10 多亿人口生活在中低收入国家，二者之和占总人口的 80%，年收入在 4000 美元以上的中高和高收入人口只占总人口的 20%，而最低收入（人均 290 美元）的国家和高收入国家的差距达 100 倍之多。

三、经济增长的意义

萨缪尔森在谈到经济增长的意义时指出："自 1900 年以来，（美国）实际 GDP 几乎增长了 18 倍。这也许是本世纪最重要的一个经济现象。持续快速的经济增长使得先进工业国家能给它的居民提供更多的福利，更好的食物，更大的住房，更多的医疗，以及对污染的控制，对孩子的普及教育和为退休者提供广泛的补给。……经济增长无疑成为各国长期经济成就的一个最重要的标志。"

实际上，20 世纪最后 20 多年，让世界都感到惊讶的一个最重要的经济现象是中国的崛起。30 年的改革开放，中国将政府管理与市场经济结合起来，取得了巨大的经济成就。依据 1979 年中国经济年鉴的统计，1979 年中国国民收入为 3350 亿元人民币，人均国民收入为 345 元人民币；2007 年中国 GDP 达到 246600 亿元人民币，人均 GDP 达到 2000 多美元，19000 多元人民币。GDP 总值和人均 GDP 增长分别在 70 多倍和 55 倍以上。当然，由于国民收入统计指标和方法的变迁及物价水平的大幅上升，无法做精确的比较。但是从人们的实际生活水平上看，扣除物价水平的上涨因素，10 倍的增长基本上是符合实际情况的。根据一些国际组织和世界银行的测算，自 1978 年以来，中国 GDP 增长了 10 倍，在世界排名第六，人均 GDP 增长 7 倍，出口增长了 45 倍。如果按"购买力平价"方法计算，中国 GDP 总值位居世界第二位，仅次于美国。这是中国在改革开放三十年间取得的成就，大大超过了世界其他国家的经济增长速度。

第二节　经济增长的源泉和模式

经济增长是 20 世纪各国追求的目标。起初是欧、美，后来是日本和东南亚各国，最后中国异军突起。尽管各国经济增长的道路各不相同，但是经济学家们总是试图从中找出一些共同的东西，就是经济增长的源泉和最佳模式究竟是什么？

一、经济增长的源泉

西方学者认为，经济增长的源泉是人力资源、自然资源、资本积累、技术创新四个要素，萨缪尔森把它们称为经济增长的四个轮子。

1. 人力资源

一国的劳动资源包括劳动力的数量和质量两方面。许多经济学家认为，劳动力的质量是一国经济增长最重要的因素。劳动力的质量包括劳动力的受教育水平、责任感、纪律性等综合素质。一个国家可以进口最先进的技术装备，但只有高质量的劳动力才能使这些先进的技术设备充分发挥作用。而且高质量的劳动力有能力在生产实践中不断地革新和改进工艺流程。萨缪尔森认为这种涓涓细流的技术创新是生产率提高的最重要因素。因此，教育的普及和人力资本的开发对经济增长具有重要意义。

2. 自然资源

一国拥有的土地、矿产、森林、水流、环境质量等构成一国的自然资源。自然资源是产出的第二大传统要素。许多国家是凭借丰富的自然资源发展起来的，比如加拿大、中东石油地区的国家。但日本和中国香港几乎没有什么自然资源可利用，但却是经济增长最成功的国家和地区。因此，一些经济学家认为，自然资源拥有量并不是经济增长成功的必要条件。

3. 资本积累

资本积累是指实际资本物品，如工厂、铁路、建筑、设备、公路、车辆等的形成。一国的资本存量是物质财富增长能力的一个重要指标，资本物品也是工业社会最重要的生产要素之一。西方学者认为，20 世纪对公路、铁路、汽车、电厂的投资浪潮极大地提高了社会生产率。电脑和信息高速公路对 21 世纪的作用，将如同铁路和高速公路在 20 世纪曾起过的巨大作用一样。

4. 技术创新

谈到技术创新，人们都会想到人类历史上一些重大的技术发明，如蒸汽机、发电机、火车、电话、汽车、飞机、电脑等。这些技术创新中的伟大发明曾极大地提高了社会生产率，这无疑是非常重要的。但是萨缪尔森认为，我们不应忽视技术创新的另一个重要方面，他说，**技术进步更主要的是以一种无声的，不为人察觉的方式、不断以微小的改进来提高产品质量和产出数量。** 这种技术创新的涓涓细流为提高人们的生活水平做出了极大的贡献。因此，技术创新不只是科学家、技术专家才能做出的贡献，我们每个普通公民都能为社会的技术进步做出贡献。你所要做的就是把你手边的工作做好，做的更好，不断改进和提高工作的效率和质量。

一个国家的技术创新能力不仅仅是指有多少智力资源，如科学家、工程师、技术专家等，更重要的是要有一种机制来调动和激励这些智力资源不断创新、开发和推动技术进步。 萨缪尔森指出，"人们日益明确地认识到，技术进步不只是简单机械地找到更好的产品和工艺流程。相反，快速创新需要培育一种企业家精神。以当今美国计算机工业为例，在该领域，即使是最热衷于此的人也难以跟上硬件和软件加速更新的步伐。为什么企业家精神在美国能生存发展，而不能在俄罗斯这个大科学家、工程师和数学家众多的地方生存发展呢？根据对硅谷的调查研究，关键原因在于对自由开放精神的向往和对自由市场利润的追逐。这一点，与莫斯科僵硬保守的中央计划氛围形成强烈反差"。

二、经济增长模式和发动机

劳动、资本、土地（自然资源）和技术创新这四个要素必须以一种方式有效率地结合起来，形成一种合力才能推动经济增长。**劳动、资本、土地（自然资源）和技术创新这四个要素结合的不同方式或机制，构成不同的经济增长模式。** 在人类历史上，不同的国家曾走过两种极端的模式。

1. 纯粹的自由竞争的市场经济模式

一种极端是纯粹的自由竞争的市场经济模式。**在这种模式中各种经济资源由自由竞争的市场机制自发地组织起来进行运作，政府不干预经济活动；只是承担"守夜人"的责任，即维护社会的安全和秩序。** 在微观经济学中已说明了自由竞争的市场经济是如何运作的。**这种模式的动力机制是参与市场运作的各方对自身利益的关切和追求。** 工人追求收入最大化，业主追求利润最大化，消费者追求效用最大化等。**这种模式的调节机制是市场供求关系形成的均衡价格。** 价格机制自动调节稀缺资源的配置、社会财富的生产、收入的分配、产品的消费等，微观经济学已经证明。从微观的角度看，**市场经济制**

度是最有效率的，市场竞争促使参与市场运作的各方以最小的代价、最少的资源耗费来获得最大的收益和利益，从而导致社会经济资源最有效率的利用。更主要的是人们要以最小的成本获得最大收益就要不断开发新技术、新产品和新资源。因此，自由竞争和对自身利益的追求又构成了推动技术进步和创新的动力机制和源泉。正因为如此，西方学者把市场经济机制称为经济增长的发动机。在市场机制的调节下，一个经济社会生产什么，为谁生产，怎样生产的问题自动得到解决。生产什么产品？厂商依据市场价格信号的引导，一种产品价格上升，意味着该种产品比较稀缺，生产它会获得更多的利润。为谁生产？厂商依据消费者的货币选票。消费者购买什么产品，厂商就生产什么产品，这样厂商才会获利。怎样生产产品？以最低的成本和最好的技术生产。如果你不这样做，市场竞争机制将把你淘汰出局。因此，**市场竞争机制可以自动地把各种生产要素有机地协调起来，为经济增长的目标努力。**纯粹的自由市场模式是19世纪大多数工业国家采用和经历的增长模式。它也确实促进了经济的快速增长。

但是，经过一个多世纪的实践，人们逐步认识到，该种模式也有很大的缺陷。比如，社会需要的公共物品没有人去投资生产；市场竞争的"胜者全得"原则导致垄断，损害市场效率。私人企业追求最小成本的努力导致人类生存环境的污染和恶化（外部性问题）。收入分配差距的扩大和不公正，导致社会成员的利益冲突。更主要的是市场经济的自发运作会出现周期性的经济波动和危机，这会导致社会财富和资源的巨大浪费和损失。认识到这些缺陷，凯恩斯革命以后，西方工业国家的政府承担起了管理社会经济生活的责任，以弥补市场经济的缺陷，并发展出政府与市场经济结合的各种增长模式。如美国的混合经济模式，日本的东亚经济模式，德国的社会市场经济模式，等等。

2. 前苏联的社会主义计划经济模式

另一种极端的经济增长模式是前苏联的社会主义计划经济模式。**在这种模式中，完全排除了市场经济的调节，全国的经济资源归国家所有，由国家统一配置和调节。全国的生产、收入分配、产品消费由国家计划管理和运作。**我国改革开放前，也是这种经济增长模式。**该种增长模式的优点在于：它可以集中社会的经济资源完成社会经济增长的重大项目建设；它消除了社会财富分配的不公正，实现了广泛的社会平等；它消除了社会生产的无政府状态，避免了经济波动和危机，使社会经济有计划增长。**该模式在社会主义初期也确实促进了经济的巨大增长。但是，经过半个世纪的实践，人们逐步认识到，这种模式的最大缺陷在于，微观经济主体失去了活力。个人和企业都是机械地按上级的指令行事，失去了主动性、创造性和进取心，这样经济增长的主体就失去了动力。另外，社会成员的需求是多种多样而且是不断变化的，政府不可能完全、迅速地了解社会成员方方面面的各种需求并及时计划安排生产各种产品去满足社会成员的需要，这就造成了短缺经济。认识到该种模式的缺陷，20世纪80年代以后，社会主义国家纷纷进行经济体制改革，把政府管理与市场竞争机制结合起来，形成了社会主义或国家管理的市场经济模式。一些西方学者也把该模式称为政府和市场结合的混合经济模式。20世纪末，政府和市场相结合是现代世界各国经济增长模式的共同特征。在经济增长模式的探讨中，各国关心的核心问题是如何处理政府与市场竞争机制的关系问题。

三、政府与市场的关系

在处理政府与市场的关系问题上，**一种观点认为，应该划分政府管理和市场调节各自的范围。**该观点认为，在微观经济领域即企业和个人经营的竞争性领域或范围，应该由市场机制调节，政府不应干涉。市场竞争机制会有效率地把各种经济资源组织起来，以最低成本获得最大产出。在宏观经济领域即市场机制顾及不到的、有缺陷的、非竞争领域或范围，应该由政府管理和承担起责任。如公共物品的投资和管理（市场失灵问题）、市场竞争秩序的规范和管理（垄断和信息不完全问题）、资源和环境的开发和保护（外部性及可持续增长问题）、国民收入的再分配（贫困和收入分配差距过大问题）、促进国民收入的稳定增长（反危机、失业、通胀的宏观经济政策问题）、基础科学和国民教育的资助和开发（人力资本开发问题）以及开放和对外贸易的战略和政策问题等。总之，**该观点认为，市场能做的事情由市场去做，市场做不了的事情由政府做。这样就把政府和市场各自的功能和优势结合起来，以促进经济社会的增长。**

第二种观点是在政府和市场结合的经济模式中应该以政府决策为主还是应该以市场决策为主。该观点考虑的问题实质上是在混合经济模式中，政府在与市场经济的关系中应扮演一个什么角色的问题。就是说，政府应扮演一个"医生"或"救火队员"的角色，还是扮演一个"领导者"或"驾驶员"的角色。正是在这个问题上，人们认识上的分歧和差别，使世界各国的形形色色的混合经济模式存在重要的区别。下面就以美国模式、日本模式和德国模式为例来讨论这种差别。

1. 美国的混合经济模式（也称英美模式）

美国的经济增长模式是自由竞争的市场经济与政府管理的公共经济部门相结合的混合经济模式。**在这个模式中自由竞争的市场经济是增长的主体，或者说是以市场决策为主的。政府只是承担监管的责任和做市场不做的事情。**如公共基础设施的投资管理、反对垄断和维护市场自由竞争秩序、资源和环境保护及开发、贫困和低收入人口的补助和收入再分配等。就是说，政府是针对市场经济的缺陷做补救和医治工作。当市场经济运行出现严重的通胀或失业现象时，政府又充当救火队员的角色，采取宏观经济政策措施来消除通货膨胀和失业，以促进市场经济稳定运行和国民财富的稳定增长。因此，**在美国的混合经济模式中，自由竞争的市场经济是增长的主体，政府只起"医生"和"救火队员"的作用来监管市场经济的稳定运行。在这个模式中，强调个人自由和独立，鼓励自由竞争和创新是美国模式的特色。**

2. 日本政府管理的市场经济模式

日本的经济模式也是政府管理和自由竞争的市场经济相结合的混合经济模式。但是**日本模式与美国模式的重要区别在于，日本政府通过对市场经济运行的计划控制和产业政策，承担起了领导经济增长的责任。**就是说，日本政府在与市场经济的关系中充当了"领导者"和"驾驶员"的角色。20世纪50~60年代日本政府实施的"国民收入倍增计划"和日本的高速增长，就是日本模式创造的增长奇迹。

从"二战"后到20世纪70年代初期日本政府通过计划、行政指导、官民沟通的审议会制度以及相应的法律、政策手段，对经济运行一直保持着强有力的控制和干预。用日本学者的话说，这是一种以行政指导为主要手段，以主管部门为中心，对经济运行进行直接干预的具有计划经济特征的官员主导型的"控制经济体制"，[①]这是日本模式与美国模式相比的独特之处，也是日本的产业政策得以贯彻并取得经济增长奇迹的重要条件。在此基础上，日本政府实施的贯穿50年代、60年代到70年代初的日本产业政策的核心内容有三个方面：[②]

（1）积极扶持农业、能源、新材料及交通运输业的倾斜发展政策。

在农业发展政策方面，日本政府对农业给予了极为优厚的补助和保护政策。据1955~1982年的统计资料，日本财政向农、林、水产业发放补助金额一直占财政发放补助金总额的80%以上，20世纪50年代则占总额的90%以上。

在能源和原材料产业方面，日本政府的扶持政策有：20世纪50年代对煤炭、钢铁、海运、电力、石油和合成纤维等能源、新材料基础产业实行"倾斜生产方式"；60年代确立综合能源对策，对石油、电气、煤炭转化、核燃料等工业制定一系列法律，以确保能源的稳定供应；70年代，面对石油危机制定了节能政策，以及石油替代能源的开发与利用政策。

在产业基础和交通运输业方面。产业基础=公路+港口+废物处理设施+工业用水+铁路。从1957年开始，日本政府开始大规模公路建设。财政预算规模从1957年度的459亿日元上升到1959年度的1640亿日元，增加近3倍。1960年12月制定《国民收入倍增计划》后，产业基础投资（公路、港口、工业用水、铁路）在GNP中所占的比重很快从1956年度的1%提高到1964年度的3.5%以上。1964年度产业基础投资主体是多达5803亿日元的公路投资和2600亿日元的铁路投资。1965年以后的10年里，铁路每年强行投资5000亿日元，公路投资也几乎与GNP同步增加，维持了约占GNP 2.5%的水平。

（2）为防止"过度竞争"和"生产过剩"，政府有意识地对基础产业的固定资本投资施行强有力的干预政策，以保持社会固定资本投资规模的相对稳定和防止固定资本投资规模的大起大落。

保持"长幼有序"的产业秩序，避免"过度竞争"导致的"生产过剩"是日本政府产业政策的指导思想和中心内容。从20世纪50年代后期开始，根据《外资法》和《石油工业法》，石油化学部门"凡新建企业，成立合资公司、增加新设备等都必须得到政府批准。行政上对石油工业的这种审批制度，一直持续到1972年石油化学部门实行资本自由化"。在高速增长和产业政策黄金时代的整个60年代，"政府对钢铁、合成纤维、石油炼制、石油化工、纸浆等行业的设备投资都进行了干预"。干预手段是"官民协调方式"和"行政指导"。尽管在官民协调中，政府干预有时受到企业自由化倾向的强烈抵制，但是一方面，由于企业本身也明白生产过剩的后果是导致自我灭亡。另一方面，由于政府的"行政指导"以某些审批权力为杠杆，所以政府的干预能有效地发挥作用。

（3）促进产业技术创新的政策。

日本的技术立国政策是人们广泛了解的。日本政府关于促进产业技术开发的各种政

---

① 小宫隆太郎等：《日本的产业政策》，国际文化出版公司，1988年版，第533页。
② 小宫隆太郎等：《日本的产业政策》，国际文化出版公司，1988年版，第534页。

策，对于提高产业的劳动生产率和国际竞争能力起到了积极作用。较高的劳动生产率是抑制通货膨胀的重要因素，较强的国际竞争能力使日本在国际价值交换方面具有优势地位。这对于促进日本经济增长无疑都是重要因素。

对日本政府主导的产业政策的作用，日本学者评价并不一致。小宫隆太郎等学者的思想倾向是对政府干预和组织性措施表示怀疑，希望重视市场机制和自由化潮流。因此，他们对产业政策的评价较低，而且把日本战后经济奇迹的取得归结为"建立在竞争基础上的价格机制和旺盛的企业家精神的作用"。但价格机制和企业家精神在欧、美是普遍存在的，并非日本所独有，而政府主导的产业政策则是日本的独特创造。因此，产业政策对日本战后"经济奇迹"的贡献是不能低估的。

随着 1973 年石油危机和世界性通货膨胀的冲击，日本经济的高速增长时代结束。这是由于一方面日元与美元汇率挂钩以后，使日本经济与世界的联系日益紧密；另一方面，日本产业力量的强大和日益国际化，使企业自由化成为历史潮流。日本政府对经济运行的干预也相对减少和弱化。同时，日本政府开始重视和运用西方总需求管理政策。这和 20 世纪 80 年代世界兴起的自由化潮流也是一致的。然而这一历史发展的变化只是表明了日本经济发展到国际化的历史阶段，以及经济政策的重心也发展到以协调各国之间的政策为转移的新时期。这并不意味着独立发展本国经济的特定历史时期的日本模式的失败。恰恰相反，日本增长奇迹表明了在独立发展本国经济的特定历史阶段，政府对经济的正确领导的重要意义，这是日本模式的价值所在。

如果说美国模式体现了西方文化的传统，那么日本模式则体现了东方文化的传统。对于日本模式东方文化的特色，美国的威廉·大内在《Z 理论》中做了精彩细致的描述和概括。但是，在处理政府和市场关系问题上，仅用文化传统来解释两个模式的差别是不够的。在处理政府与市场关系问题上，政府要充当"领导者"和"驾驶员"的角色，承担起领导经济社会增长的责任有一个基本的前提，就是对市场经济体系运行的内在矛盾和规律有一个深入的认识。否则政府就只能充当"医生"和"救火队员"的角色。日本政府为什么对农业、能源、交通等基础产业实行倾斜发展政策？为什么对固定资本投资规模进行计划调节和控制并领导日本创造了经济增长奇迹？实际上，日本政府得益于马克思再生产理论的研究成果。因为在当今世界上，只有马克思对市场经济运行的内在矛盾和规律进行了研究，并取得了重要成果。日本民族一个优秀的品质就是广泛吸收人类一切优秀的思想成果。在日本，对《资本论》的研究规模和水平是世界一流的。

3. 马克思再生产理论的贡献

马克思再生产理论是迄今为止，在世界范围内唯一对采取价值运动形式（市场经济形式）的社会再生产运动的内部结构和深层矛盾运动规律作了深刻剖析的经典理论。下面介绍马克思再生产理论的主要贡献。

马克思认为，自主运动的市场经济系统内部各部门、各产业之间存在着一定的比例关系，遵循这些比例关系是社会化再生产运动的内在要求，否则就会导致再生产运动的比例失调和经济波动。显然，了解这些比例关系对于政府承担起"领导者"的责任，促进市场经济系统的稳定运行和国民财富的稳定增长具有重要意义。

依据马克思的研究，社会再生产运动存在三大重要的比例关系：

第一，必要消费资料的生产必须满足两大部类对必要消费资料的需求。这是再生产顺利进行和决定经济增长速度和规模的一个本质的决定因素，也是导致再生产比例失衡的一个关键比例关系。其量的界限是再生产其他部门的工资总额必须小于必要消费资料生产部门的利润总额。

哪些是必要消费资料生产部门呢？衣、食、住、行、燃料等。因此，农业、能源（水电、煤气、燃料等）、交通和日用必要消费品工业部门都是必要消费资料生产部门。实际上，自来水、电、煤气、燃油、交通等不仅是现代居民的必要生活资料，而且是工业社会的必要生存资料。因此，这些部门的优先发展，即这些部门的利润总额要大于其他部门的工资总额是决定经济增长速度和规模的一个本质的决定因素。

第二，社会固定资本更新比例要相对恒定。即每年固定资本更新部分与折旧部分在价值量上保持平衡，避免逐年固定资本更新、投资比例的起落。马克思认为，社会固定资本更新比例的变动是隐藏在再生产运动深层的导致生产过剩和再生产比例失衡的一个关键比例关系。因此，政府有目的地自觉地对固定资本的更新投资比例进行调节，对于促进市场经济系统的稳定运行和国民财富的稳定增长具有重要意义。

第三，在货币存量和流通速度既定的前提下，按每年新增价值产品（GDP 增量）的相应比例增加货币供给量，是总产品实现的必要条件，从而也是再生产顺利进行的必要条件。

了解了马克思揭示的上述三大比例关系，就可以看到日本政府产业政策的重心与马克思再生产理论的精髓是基本吻合的，这恐怕是日本战后经济增长奇迹的秘密所在。更重要的是在处理政府与市场关系问题上，马克思再生产理论为政府驾驭市场经济运行，实现从必然王国到自由王国的飞跃开辟了道路。

4. 政府的作用和责任

通过对经济增长模式的讨论可以看到在现代政府与市场相结合的增长模式中，政府的作用日益重要。政府作为一个经济社会的领导者，对经济增长负有不可推卸的重要责任。正因为如此，许多经济学家认为政府的素质对经济社会是重要的。一个明智、廉洁、高效的政府对经济社会的增长能起到巨大的推动和促进的作用，而一个无能、平庸、腐败的政府，对经济社会就是一个灾难。落后国家经济增长缓慢的主要原因，一是观念落后，二是政府腐败。

如何建设一个高素质的政府呢？现代经济学的研究已经表明，政府不仅是一个经济社会的代表，对经济社会增长负有不可推卸的重要责任。而且，在国际竞争中，政府已经成为一个独立的竞争主体，为一国在国际社会中的生存和发展负有重要责任。现代政治学的研究也已经表明，政府不是哪一个阶级、哪一个集团利益的代表，而是社会所有成员公共利益的代表。现代政府所具有的政治经济性质，要求社会创造一种有效的机制，使具有丰富的政治、经济、法律和科学知识的，特别是具有强烈的社会责任感的优秀人士走上政府的各级岗位。同时，社会还要创造一种独立于政府的有效的监督机制，以监督政府的各级部门有效地为社会公共利益服务。一个落后国家的悲剧就是社会缺乏这两个机制，进入政府的是特殊的家族和利益集团的代表。这样的政府不可能有效地承担起为公共利益服务，促进经济社会增长的责任。它只是在需要时或社会矛盾尖锐时才关注一下公共利益，更多的时候，政府成为为某些家族和集团牟取私利的工具。这样的政府必然导致社会分裂、内耗和冲突、政府和社会腐败、资源浪费严重和经济增长缓慢。总之，在经济全球化的时代，政府的素质和建设已经成为关系到一个经济社会、国家、民族生死存亡的重大课题。

第三节　德国的社会市场经济模式

德国的社会市场经济模式也是政府调节与市场经济相结合的混合经济模式。随着两德统一和欧洲统一，德国模式逐步扩展，正在逐步成为欧洲的社会市场经济模式。德国社会市场经济模式是一种与英美模式和日本模式（也称东亚模式）并称为目前世界上最具特色的三种市场经济模式。德国模式最显著的特色是它的"第三条道路"特征和对社会公平、公正和社会和谐的关注。由于该模式包含着比较丰富的思想内容，因此本节专门讨论德国的社会市场经济模式。

一、社会市场经济模式中的"社会"的含义

德国模式为什么被称为"社会市场经济模式"？该模式中的"社会"一词有什么独特的含义？德国学者的解释可以说是众说纷纭。我国专门研究德国经济的著名学者北京师范大学教授沈越指出，可以说有多少德国经济学家就有多少种解释。按人们一般的理解，社会市场经济是社会公平（公正）＋市场经济，是社会（国家）有限的管理和调节＋市场经济。但是，这种概括还不能完全穷尽德国模式中"社会"一词包含的丰富内容。

欧洲大陆和德国是近代世界思想最活跃、社会矛盾和冲突最激烈的一个地区。斯密的经济自由主义、马克思主义、德国的社会主义、凯恩斯的国家干预主义和哈耶克的新经济自由主义等都产生于欧洲大陆。在各种思潮的剧烈冲突中，阶级斗争、民族矛盾演变为最惨烈的两次世界大战。特别是德国，是两次世界大战的发源地和战败国。在经历了世界近代史上最残酷的社会冲突，为了不使人类社会在这种冲突中被毁灭，痛定思痛的德意志民族自然会把社会和谐、公正和公平看作是最重要和珍贵的。

人类近代史已经证明，要富国裕民必须走市场经济的道路。但是，自由竞争的市场经济又必然导致收入分配的两极分化、无产阶级和资产阶级的尖锐对立和社会各利益集团的激烈冲突。如何在市场经济的前提下，化解和协调这种尖锐的阶级对立和社会冲突，需要各种思潮长期的沟通、融合和理解过程，也需要协调各阶级和社会集团利益的社会制度、法律制度的建设和调整过程。正是在这种意义上，一部德意志联邦共和国的经济史可以说是一部围绕如何建立和完善社会市场经济模式的理论争论史和各种社会秩序的政策和法律制度建设的斗争史。"在德国，人们公认的标准是：任何企图进入社会市场经济理论框架中的学说和政策主张，只有在得到法律的认可，并转变为现实的制度规定时，它们才会被公认为社会市场经济的理论组成因素和现实的社会市场经济体制的组成部分。在这里，现实的经济和社会秩序成为了检验观念上和理论上的秩序的唯一客观

标准。社会市场经济也因此成为了德意志联邦共和国经济和社会秩序的同义语。"① "德国经济学家将社会市场经济的基本精神视为一种在尊重个人经济自由、经济主权的基础上，领先市场机制配置资源，并发挥国家的社会经济职能，以保证社会公正和社会安全的经济和社会制度。"② 这里，社会安全的含义是指一个尖锐对立的社会是不安全的，只有一个社会各阶级和谐相处的社会才是安全的。

二、社会市场经济模式的"第三条道路"特征

在无产阶级和资产阶级尖锐对立的市场经济社会寻求社会的和谐发展道路，必然导致德国人选择一条"中间道路"，即"第三条道路"。尽管德国学者对"第三条道路"存在各种各样的解释，但几乎所有主张"第三条道路"的经济学家都接受一种最基本的解释：**"第三条道路"是资本主义与社会主义两种社会经济制度和发展道路之间的一条中间道路。**

在经济增长模式的探索上，人类曾经经历过两种极端的经济增长模式：一是19世纪英美资本主义纯粹的自由竞争的市场经济模式，二是20世纪初前苏联式的社会主义中央集权的计划经济模式。到20世纪中期至80年代，人类才总结了这两种极端模式的经验教训，发展出政府调节与市场经济相结合的混合经济增长模式。德国模式的"第三条道路"特征与混合经济增长模式的区别在于：混合经济增长模式只是在经济运行调节方式上，将政府调节（宏观）与市场调节（微观）结合起来。德国模式不仅是在经济运行调节方式上将政府调节与市场调节结合起来，而且它协调和结合的范围要宽得多。它在无产阶级和资产阶级的利益协调上，在计划和市场，在价值观上的集体主义和个人主义的协调等方面，或者说它在资本主义与社会主义两种意识形态和社会制度、价值观等对立的各个方面都进行了协调和综合。而且这种协调和综合的理论准备和制度建设进行了整整一个世纪。德国经济学家明确反对将德国社会经济制度归入资本主义范围。他们认为，19世纪的纯粹自由竞争的市场经济模式才是资本主义，这是市场经济的一种"历史形式"。或者英美模式的市场经济才是资本主义。他们也明确反对前苏联的中央集权的社会主义计划经济模式，认为这不是经济社会的理想模式。**德国社会市场经济模式的"第三条道路"特征的本质含义，可以说是在市场经济的前提下，它在经济制度上消除和协调了社会成员的阶级和意识形态的分裂和对立，实现了经济社会和谐和协调发展的经济制度模式。**正因为如此，德国模式引起了世界的关注。在人类社会的发展中，人类已经为社会的分裂、对立和冲突付出了太多的生命和代价。在经济全球化的今天，在和平与发展的时代，德国模式的价值将日益为人们所重视。

三、德国社会市场经济模式的微观制度设计

企业是现代工业社会或市场经济社会的细胞。传统的资本主义的企业制度是企业投资者（资方）即为企业财产的所有者，并以企业所有者的身份享有企业的一切权利和收

① 沈越：《德国社会市场经济评析》，中国劳动社会保障出版社，2002年版，第13~14页。
② 沈越：《德国社会市场经济评析》序，中国劳动社会保障出版社，2002年版，第3页。

益。劳动者（劳方）只是企业主的雇员，除法律保护的个人人身权利外，在企业没有任何权利，只有听命于业主从事劳动和工作的义务。劳动报酬也是由业主决定的。这样的企业制度决定了资产者和无产者的基本生存条件，并把社会分裂为资产（有产）阶级和无产（劳动）阶级。存在决定意识。两大阶级的基本生存条件决定了两大阶级在经济利益和意识形态上的根本对立。因此，可以说，**现代工业社会的分裂和对立是从传统的资本主义企业制度这个细胞中发育和滋生出来的**。德国经济学家之所以认为德国模式不是资本主义，实际上一个主要原因就在于，德国模式对传统的资本主义企业制度进行了彻底的改造，创造出了独具特色的德国企业制度。**在德国企业制度中，资方和劳方成为企业产权的共有者，并共同参与企业管理、经营和收益分配的决策。这样的企业制度，从制度上建立了资方和劳方在企业利益共同体中的合作伙伴关系，从企业这个细胞中消除了社会分裂的根源。**可以说，德国独特的企业制度是德国社会市场经济模式的微观基础，也是该模式的最大特色。

德国学者认为，传统的资本主义自发的自由竞争的市场经济是大鱼吃小鱼的残酷的生存竞争。尽管这种市场竞争促进了财富增长和技术进步，但是这种纯粹的自由竞争不仅使广大劳动者处在贫困的境地，而且使众多的中、小企业主也难免破产的命运，并加入无产者的行列。使社会财富集中在少数大资产者或垄断者手中。德国经济学家认为，这种纯粹的资本主义自由竞争使社会绝大多数成员处在贫困和尊严丧失的地位，是不公正和不人道的。现代社会反对资本主义就是反对垄断。因此，德国经济学家认为，**如何既要保持市场竞争的效率，又要避免市场恶性竞争和垄断导致和加剧社会的分化和冲突，使社会成员分享竞争和社会进步的成果，需要建立一种合理有序的市场竞争秩序。这是德国模式在微观制度建设上长期追求的一个目标和一项重要的制度安排。**

因此，德国社会市场经济模式的微观制度建设包括企业制度和市场竞争秩序两个方面。下面具体讨论这两方面的内容。

1. 德国的企业产权理论和企业制度

按照德国《企业基本法》和《共同决策法》的立法精神，企业产权是资本和劳动这两种基本生产要素的"合作产权"。企业的法人财产权应由雇主和雇员共同分享。企业合作产权的经济学依据是，"企业法人财产权并非仅来自货币资本（企业投资者），它也来自人力资本的投入（企业雇员的劳动投入）。劳动和资本是企业的两种最基本的生产要素，因此，在企业产权结构中它们应该具有同等的地位。虽然在企业经营活动中，投资者承担着资本损失的最终风险，但劳动者的失业风险，并不亚于资本风险。"[①]

德国的企业合作产权理论与前面提到的传统资本主义企业制度的所有权理论相比发生了质的变化，也与现代英美经济学家的企业产权理论有重要区别。在传统资本主义企业制度中，企业的产权（所有权）是企业投资者（资方）天经地义的权利；企业的所有权和产权是同义语；在现代英美经济学家的企业产权理论中，尽管将企业产权进行了细分，[②]比如，所有权、使用权、支配权、处置权等。也谈人力资本，也谈企业所有者与人

---

① 沈越：《德国社会市场经济评析》，中国劳动社会保障出版社，2002年版，第333页。

② 科斯：《企业、市场与法律》，上海三联书店，1990年版。

力资本的合作。但是，在现代英美经济学家的企业产权理论中，人力资本是指职业经理阶层，即企业家和技术专家，而把普通雇员和劳动者排除在外。这种企业产权理论适应了现代英美资本主义企业发展的需要。现代企业是高技术装备的集约化、信息化经营的大企业，由于业主（企业所有者）缺乏专业知识、信息或能力，把企业委托给具有专业知识和能力的职业经理人（企业家）经营。相应在企业产权的划分上，业主享有企业的所有权，职业经理阶层享有企业财产的使用权、支配权、处置权等。业主与职业经理人（人力资本）是一种合作和利润分享关系，而普通雇员和劳动者仍然是企业的雇员，与企业产权没有任何关系。除非普通雇员购买了企业的股票，以股东身份享有企业的部分产权。但小股东也无权染指企业生产、管理、经营的实际支配权。可以说现代英美公司的企业产权理论和企业制度在资本和劳动的关系上仍然承袭了传统资本主义企业制度和所有权理论的理念。这是英美企业产权理论与德国企业合作产权理论的一个重要的、本质的区别。

德国企业合作产权理论中的人力资本不仅包括职业经理阶层，也包括普通雇员。因此，**德国企业合作产权的实质是资本和劳动共享企业产权。而且更重要的是，德国以国家立法的方式，如《企业基本法》和《共同决策法》从法律和制度上保障了资方和劳方在企业的生产、管理、经营和收益分配等方面的共同决策权和参与权，也就是说，从法律上保障了劳动者在企业产权上应该享有的实际权利。**这确实是德国企业制度艰难而独特的创造。

在企业合作产权理念基础上建立的德国企业制度最重要的一项制度安排是雇主和雇员的共同决策制度。德国企业的共同决策制度与英美、日本等发达国家大中型企业中通行的雇员参与制的区别在于：在英美、日本等发达国家大中型企业中，为了提高雇员对企业目标的认同感和亲和力，缓解资本和劳动的紧张关系，以提高企业的效率，引进了不同形式的雇员参与制，吸收雇员参与企业的生产、经营、管理和让职工分享剩余。但是，这种雇员参与制通常以不伤害投资者对企业的控制权为最高边际。在参与制下，雇员的权力主要是信息权，即雇主在采取某项措施前有向雇员或其代表报告、征求意见以及与之协商的义务。但雇主最终是否接受雇员或其代表的意见则由雇主决定。德国与之不同的是，在共同决策制度下，雇员不仅享有广泛的参与权，而且与雇主共同分享公司实际的控制权。就是说，他们还享有对雇主想要采取的行为的"否决权"，直到共同决定权。"德国雇员享有比世界上其他国家雇员都要大得多的经济社会权力。这种权力不仅体现在雇员简单地'参与'企业经营和分享企业收益，而且表现在雇员享有一部分企业的支配权和决定权上，以及对雇主决策的否决权上。这种特殊的制度安排不仅涉及职工个人的经济和社会权利，也深刻地影响了德国的企业制度乃至整个经济社会秩序的'社会'特性。"[①] 而且，德国雇员在分享企业收益的程度上比世界其他发达国家要大得多。尽管德国的产出位于世界第三位，在美国和日本之后，但德国雇员享有世界上最高的工资水平。依据萨缪尔森的研究，以制造业平均小时工资比较，1995 年德国制造业的平均小时工资（31.88 美元/小时）是美国制造业平均小时工资（17.2 美元/小时）的 1.8 倍，是

---

① 沈越：《德国社会市场经济评析》，中国劳动社会保障出版社，2002 年版，第 298 页。

日本制造业平均小时工资（23.66 美元/小时）的 1.3 倍。[1] **在合作产权和共同决策的企业制度基础上，辅之国家的福利保障政策和人民股票制度，德国人追求的目标是使人人都成为有产者，使社会成员平等地共享经济增长和社会进步的成果。**

德国企业雇员参与企业的共同决策是通过民主选举职工委员会进行的。职委会及附属的各专门委员会从企业的各级层次上：劳动岗位、基层企业组织直到进入公司的监事会和执委会参与企业的共同决策。《企业基本法》规定，私营企业只要具有 5 名以上年满 18 岁的职工，都要经雇员民主选举出职工委员会或职工代表，保护职工权益和处理有关职工的事务，并代表职工与雇主共同决策。德国人之所以把共同决策这种经济民主制度贯彻到企业最基层及各级层级组织，"它反映了德意志民族对企业层级组织的一种基本的价值判断，即企业层级组织虽然在经济上很有效率，却是非人道的。"因此，他们主张把共决制引入企业，并不是想用它来取代原有的企业组织结构，而是用它来削弱其专制性质，消除其对个人独立和自由地位的负面影响。[2] 对于不同规模企业（不同职工人数）的职工委员会的产生，《基本企业法》和《共同决策法》规定了详细的选举程序，职委会成员人数以及职委会职责，参与企业共同决策的方式、权限和范围。这里只介绍德国企业制度的特色和基本精神，有关德国企业制度更详细的内容，读者可以参阅沈越教授的专著《德国社会市场经济评析》。

德国公司实行双层领导体制。监事会是公司最高权力机构，由劳资双方代表组成。监事会的主要职责是：任免公司执委会成员、监督执委会工作、审批执委会提出的关于公司发展、利润分配的重大事项。执委会是公司对外业务的法人代表，通常由一名总经理和 4 名副经理组成。负责公司的经营管理，相当于现代公司的职业经理阶层，是公司的高级雇员。沈越教授指出，"德国的共同决策制度最初是为私有企业安排的。随着这种制度影响的扩大，雇员共同决策的基本立法原则扩展到了国有企业和公共企业中，也扩展到非营利性的事业单位和政府机构中。共决制已远远超出了企业的范围，成为处理雇主和雇员关系的一般经济社会准则，而无论雇主是私人还是政府"。[3]

2. 市场竞争秩序的监督和规范

市场竞争秩序的监督和规范是德国市场经济模式基础建设的第二项重要的制度安排。

对于市场竞争的优点，德国经济学家与世界各国的经济学家的共识是一致的。市场竞争在资源配置效率、促使企业以最低成本获得最大产出、促进技术进步和经济增长等方面是最有效率的。弗莱堡学派的艾哈德指出："竞争是获致繁荣和保证繁荣最有效的手段。只有竞争才能使作为消费者的人们从经济发展中得到实惠。"[4] 因为社会的繁荣和公民的富裕需要经济的发展作为前提，而经济的发展取决于一个社会的创业精神的有无及大小。只有当所有人的精神、才智得到充分发挥时，社会经济才能迅猛发展。而人的这种能量的释放，完全依赖于人的独立、自由与竞争。因此，一种自由竞争的经济制度是所

① 萨缪尔森、诺德豪斯：《经济学》第 16 版，华夏出版社，1999 年版，第 198 页。
② 沈越：《德国社会市场经济评析》，中国劳动社会保障出版社，2002 年版，第 337 页。
③ 沈越：《德国社会市场经济评析》，中国劳动社会保障出版社，2002 年版，第 332 页。
④ 艾哈德：《来自竞争的繁荣》，商务印书馆，1983 年版，第 11 页。

有经济制度中最经济的，同时又是最民主的制度。艾哈德认为："凡没有竞争的地方，就没有进步。"[1]

　　但是，对于自发的市场竞争发展的趋势和缺陷，德国经济学家也有清醒的认识。自发的市场竞争必然导致财富向少数优势企业集中，形成大企业对市场的垄断。一旦垄断形成，不仅自由竞争的市场秩序被完全破坏，而且使大多数社会成员处在贫困和尊严丧失的地位。因此，德国经济学家认为，垄断是对自由竞争的市场秩序的最大威胁，也是对社会成员的独立、自由、尊严权利的最大侵犯。要使自由竞争的市场秩序健康运行不至于走向垄断，还必须具备两个基本条件：①由国家监督和维护自由竞争市场秩序。②竞争参与者必须具备某些基本的道德准则。

　　德国经济学家罗勒凯指出，为了确保自由竞争市场秩序的运行，还应该有相应的道德规范和法律措施，以限制垄断，保障竞争。这些规范措施如同交通规则使车辆正常通行那样，使经济的自由竞争能够并然有序地运行。罗勒凯举了一个著名的形象的例子来说明，国家不是"建立"竞争秩序，而是"监督"竞争秩序的运行。他说，国家就像一个有经验的足球裁判员。裁判员的职责不是亲自踢球，也不是对足球运动员指手画脚，教他们踢球，而是不偏不倚地保证全部竞赛规则得到遵守。国家的职责也是如此，它不应当干涉企业主的经济活动，插手市场经济的运转，而是要监督和维护市场竞争秩序，使自由竞争有一个稳定和良好的发展环境和条件。[2]

　　对于德国市场竞争秩序是自然形成的秩序，还是国家"人为""建立"的一种秩序，德国经济学家一直存在争论。我的观点是，市场竞争秩序是自然形成的秩序，即自然秩序。政府制定的市场法规只有符合市场自然秩序的要求才会存在，是市场自然秩序的法律表现。正如魁奈指出的，如果人为秩序与自然秩序发生矛盾，社会就会处于病态。如果政府人为制定的市场法规与市场自然秩序发生矛盾和冲突，市场竞争就不能有效的、正常的运转。所以，**政府制定市场法规不是"人为"的"建立"市场竞争秩序，而是对合理的自然秩序进行法律上的认可和保障，并防止自发的极端行为对合理的自然秩序的破坏。**从德国规范市场竞争秩序的《反限制竞争法》的立法、修订和完善过程也可以看到这一点。**法律并不能规定企业如何竞争，而只能限制和防止企业在竞争中走向垄断，损害竞争。**

　　《反限制竞争法》实际上就是德国的反垄断法。因为垄断会限制和损害竞争，所以反限制竞争就是反垄断。这部法律经过长期争论，于1957年通过立法，到1998年经过了6次修订和完善。《反限制竞争法》的基本立法精神，就是限制和防止企业在市场竞争中以各种方式形成或走向垄断，损害市场竞争。最大限度地维护自由竞争的市场秩序。该法认为，企业在竞争中走向或形成垄断的方式主要有两种：一种是企业间以协议或口头默许的方式，在产品价格、销量（市场份额）等方面达成联合，以垄断市场。这种方式也称为卡特尔式的企业联合垄断。另一种方式是企业通过兼并（外部扩张）和企业自身实力的增长（内部扩张）从而占据或垄断一个行业大部分市场份额的情况。这种企业扩

　　[1] 艾哈德：《来自竞争的繁荣》，商务印书馆，1983年版，第157页。
　　[2] 罗勒凯：《德国经济政策正确吗？分析与批评》（德文版），纽约，1981年。

张并占据市场统治地位的垄断方式被称为康采恩式的企业集中垄断。因此，维护自由竞争的市场秩序，就要从法律上限制企业以这两种方式走向垄断。依据法律规定，国家成立卡特尔局。凡是法律限制的企业间的卡特尔协议和企业兼并计划都要报送卡特尔局审查和批准，以接受卡特尔局和法律的监督。卡特尔局审查这些协议和计划的标准，是依据法律和经济发展的实际情况，看这些协议和计划是有利于促进市场竞争，还是会限制或损害市场竞争。凡是限制或损害市场竞争的企业间的卡特尔协议和企业兼并计划都会遭到卡特尔局的拒绝或依法提出限制条件。由于市场经济的发展本身就是一个动态的过程，多大的企业规模才算合适，多大的企业规模就应该受到限制，这些标准并不是固定不变的，而是随着社会经济规模的发展而变动的。《反限制竞争法》并不是要划定一个固定不变的框框来限制企业的发展，而是依据经济发展的实际情况和法律来监督企业的发展不要损害市场竞争秩序。只要起到这个作用，就实现了国家规范和维护市场自由竞争秩序的制度和政策目标。

需要注意的是，在经济全球化的条件下，英美等发达国家的反垄断法律在限制企业规模（即康采恩式的企业兼并、集中）问题上出现了淡化的趋势。例如，我们在第七章介绍的美国最新的反垄断法律观点已不把限制企业规模作为反垄断的内容。因为，美国人认为，在经济全球化的条件下，限制本国企业的规模，不利于本国企业参与国际市场的竞争。而且大企业是技术开发和进步的载体，杀掉这种"下金蛋的鹅"是不明智的。所以，美国最新的反垄断法律观点主要集中在企业竞争行为的规范上，如企业间的卡特尔式的联合垄断市场价格和份额，以及低价倾销、捆绑销售、价格歧视等不正当竞争行为上。而德国和欧盟的反垄断法律至今仍然把限制企业规模和集中作为重要内容。这恐怕是德国和欧盟企业规模过小，在国际市场竞争中感到乏力和缺乏技术开发能力的一个重要原因。在国际市场竞争中，欧盟企业规模过小，不愿参与国际市场的竞争。同时，又极力限制其他国家有竞争力的产品进入欧盟市场。把欧盟搞成一个自我封闭的市场。当然，欧盟各国几十年努力的一个目标是要建立欧盟共同市场，统一货币，统一反垄断法规，统一实行货币政策和财政政策等。要实现这些统一，就需要把欧盟市场相对封闭起来，以求得一个稳定的市场环境。但是，从国际市场这个大舞台的角度看，欧盟这种搞法是违背市场竞争原则的，是区域市场垄断，是不利于技术进步和经济增长的。这与美国企业开放式的面对全球市场的竞争态势形成强烈反差。这恐怕是德国和欧盟近十年在经济增长上落后于美国的重要原因之一。

四、德国社会市场经济模式的价值观

在合作产权的企业制度和政府监督的市场竞争秩序的微观制度基础上，对于宏观经济的运行，德国政府也是采用凯恩斯主义的财政和货币政策调节和稳定宏观经济的运行，并施行广泛的社会福利政策增进社会公平。这一点德国模式与其他发达国家差不多，但也有一些差别。在应用积极的赤字财政政策促进经济增长问题上，德国政府显得更慎重些。德国政府更愿意运用逆风向而动的总需求管理政策调节经济运行，并尽量防止财政赤字的增加。相对于克林顿政府以前的美国 60000 亿美元的财政赤字和日本70000 亿美元的财政赤字来说，德国的财政赤字是很低的。在货币政策上，德国政府实

行以稳定通货为首要目标的稳健的货币政策。德国历史上曾因大量印发货币出现过严重的恶性通货膨胀，使社会经济生活几乎崩溃。在社会福利政策上，德国和欧洲比美国力度更大些，这与德国和欧洲更注重公平、和谐的社会目标是一致的。

　　德国模式与日本模式一样因战后的"经济奇迹"受到世界的关注。20世纪70年代末随着发达国家出现滞胀现象，德国和日本都进入了长达20多年的低增长期。90年代，美国发生信息技术革命，随之出现了长达10年的强劲增长。相比之下，德国、欧洲和日本仍然没有摆脱经济停滞的局面。在此背景下，许多经济学家对德国社会市场经济模式的效率提出质疑，认为德国和欧洲广泛的社会福利政策是经济增长乏力的重要原因。公平与效率的矛盾是一个值得思考和探讨的问题。但是，日本模式增长乏力的原因又是什么呢？恐怕除了公平与效率的矛盾外，还有其他的原因。在公平与效率的矛盾问题上，德国人提出了一个评价经济社会制度的标准或价值观。"德国人和欧洲人在增长与稳定、效率与公平的天平上，似乎不那么看重前者，而更重视稳定和公平。德国著名的新古典经济学家斯塔克尔贝格在20世纪30~40年代提出评价经济体制的'最终的'和'工具性'的两个标准，他认为市场机制具有创造和维护个人自由与提高经济效率两种功能，前者是市场的最终功能，而后者只是其工具性功能。他的这一理论对后来的德国经济学家影响很大……在他们看来，增长和效率只是社会市场经济的'工具性'功能，它应该服务于社会和谐、社会公正以及符合人的尊严的生活等'最终'目标。这种具有德意志特色的经济价值观，与具有功利主义特点的盎格鲁—撒克逊经济价值观迥然不同。也与长期受贫苦困扰的发展中国家的经济价值观有重大差别。"①

五、德国社会市场经济模式的启示

　　启示一，古今中外伟大思想家们的一个理想：**天下乃天下人之天下。社会是社会成员共有的社会**。德国人以他们一个世纪的努力，实现了这个理想。这是德国模式对工业文明社会最伟大的贡献之一，也是对仍然生活在分裂、对立的社会中的人们最重要的启示。

　　从"人人生来平等"（人权宣言），到"民有、民治、民享"（林肯），工业革命以来，独立、自由、民主、平等就是人类追求的崇高理想。德国人在个人经济主权、经济自由的基础上，用合作产权和共同决策这种贯彻到社会最基层的经济和社会民主制度，消除了现代工业社会分裂和对立的根源，建立起了全体社会成员平等地共享社会经济利益和共同参与经济社会事务的决策和管理的社会制度，即建立了一个全体社会成员共有、共治、共享的和谐、公正、公平的经济社会。实现了工业革命以来，人类独立、自由、民主、平等的理想，这确实是工业文明社会一个伟大的创造。**这也是"社会市场经济"模式中"社会"一词的本质含义**。

　　对于仍然生活在分裂、对立社会中的人们来说，重要的不仅是了解德国人实现理想社会的结果，而是要了解德国人怎样实现这个理想社会。德国人在一个世纪的努力中，不仅进行了长期的制度建设，而且在思想意识形态上进行了长期的争论和沟通，艰难地

---

　　① 沈越：《德国社会市场经济评析》，中国劳动社会保障出版社，2002年版，第9页。

纠正了资本和劳动的传统偏见，才会达到全体社会成员的共识，建立起一个和谐、公正、公平的社会。

资本传统偏见的形成源于企业建立的方式，忽视了企业在价值或财富创造中的运作条件。资本所有者认为，企业是资本投资建立的，资本自然天经地义地拥有企业的产权和收益。资本忽视的是，企业的功能是创造价值和社会财富，而实现这一功能的基本运作条件是资本与劳动的合作。只有资本（机器、设备）没有劳动，机器不过是一堆废铁，企业是创造不出价值和收益的。现代经济学理论已经证明，价值或财富是劳动、资本、土地、技术四要素共同创造的。把资本和土地放在一起，劳动和技术放在一起，德国的合作产权理论也可以说资本和劳动是企业的两种基本生产要素，它们共同创造了价值或财富，因此，它们应该共同享有企业的产权和收益。就是说，**在对企业性质的认识上，重要的不是企业建立的方式，而是企业在价值或财富创造中基本的运作条件。因为，企业的功能就是创造价值和财富。只有参与企业运作的各要素共同拥有企业产权，企业才能更好地发挥它的功能。**这就纠正了资本的传统偏见。

劳动的传统偏见集中表现在马克思的劳动价值论。根据劳动价值论，只有劳动创造价值，所以劳动应该享有企业的一切收益。资本的收益—利润，土地的收益—地租等，都是对劳动创造的剩余价值的分割和剥削。所以，劳动要得到自己创造的全部价值和财富就必须以阶级斗争的方式剥夺资产者。**如果说资本的偏见导致了现代工业社会的分裂和对立，那么劳动的偏见则会使这种分裂和对立进一步加深和走向极端。**由于受劳动价值论的偏见影响很深，要从理论上理解劳动价值论确实是一种偏见，需要从实际生活中去深入思考。假定有两个家庭：一个家庭有7个儿子，但只有1亩土地。另一个家庭有20亩土地，但只有1个劳动力。劳动力多的家庭对土地多的家庭说，我家有劳动力，你家有土地，我们两家合作种地吧。土地多的家庭会问，怎么种法？意思是说，比如种小麦，收获的小麦两家是三七分享、四六分享或五五分享。劳动力多的家庭说，根据马克思劳动价值论，只有劳动创造价值，所以小麦应该全部归劳动所有，收完小麦把土地归还你家就行了。土地多的家庭会说，好，劳动创造价值，你回你们家炕头上劳动去吧，愿意使多大劲使多大劲！除了这种回答，还可能有什么回答呢？可见，按劳动价值论的偏见，土地和劳动是达不成合作协议的。因为每个农民都清楚，只有劳动，没有土地是生产不出任何农产品的。土地具有一种使植物生长的自然力量，这种自然力是土地要素独有的。因此，劳动和土地共同创造了农产品。要进行农业生产，劳动和土地必须合作，而合作的前提是双方分享收益。正如威廉·配第说的一句名言：劳动为财富之父，土地为财富之母。财富这个孩子是父母共同努力的结果。工业革命以后，出现了资本要素，资本在工业生产中表现为厂房、机器和设备。同样的道理，只有资本（机器），没有劳动，机器不过是一堆废铁。只有劳动，没有资本（机器），劳动赤手空拳是生产不出任何工业产品的。而且机器的机械力可以大大提高劳动的生产率，或者说机器的机械力本身就是一种生产力。因此，创造工业财富，劳动必须与资本合作，而合作的前提同样是双方分享收益。因此，认为只有劳动创造价值，劳动应该享有一切收益的观点是片面的。一种偏见会导致极端的行为并危害社会。**如果资本和劳动都抱着各自的偏见，那么它们之间就是无法沟通的，社会只能走向尖锐的阶级对立和冲突。**德国的合作产权理论既纠正了资本的偏见，也纠正了劳动的偏见，才能建立起劳动和资本共享企业产权和收益的企业制度。

　　　　启示二，马克思揭示的资本原始积累时期的资本积累的一般规律和劳资关系的阶级对立性质具有超时代的普遍意义。它不仅被发达工业国家资本原始积累时期劳资关系的事实证明，也被当代处在工业化初级阶段的市场经济国家劳资关系的事实一再证明。从工业革命到 20 世纪初的一百多年时间是工业发达国家的资本原始积累时期，也是工业化的初级阶段。对于这一时期劳资关系的特征和规律，马克思在《资本论》中引用了大不列颠图书馆收藏的英国社会的典型材料和欧洲各国的情况进行了深刻的分析，揭示了这一时期劳资关系的自然规律：一方面由于资本主义私有制和资本家追逐利润的本性；另一方面由于机器的发明和运用不断取代劳动者的岗位，造成庞大的产业后备军。这两方面的作用必然导致劳动者仅能拿到维持生存和养育后代的最低工资收入。这就是马克思揭示的资本积累的一般规律。这一规律也得到了美国经济史学家福克纳的证明。他在《美国经济史》中写道："工业革命所产生的大部分额外财富都落入中产阶级之手。另一方面，丧失了土地，集中在工厂周围城市贫民区的产业工资收入者，却沦入极度的贫困和低贱的地位。""虽然，在'工业革命'时期，美国的工人环境无疑地比欧洲工人的环境要好一些……但是在四十年代情况就有了显著的改变。在那十年里，移民人数增加得很迅速，拥挤到城市里来，造成了工人们之间互相竞争，从而使工资迅速地下降。按照计算，1851 年一个五口之家每周最低生活费用是十元三角七分。可是，在那个时候，木工、泥工和砖砌工人的工资平均每周只有十元左右，而绝大多数的漆工、帽工、家具工和其他技术工人每周只得到四元、五元或者六元。""工作时间特别的长。伊黎教授说：'实际劳动的时间（1832 年时）是从十二小时到十五小时（每天）不等'。"由于收入不够维持生活，劳动者的子女也加入了劳动者的行列。"1820 年马萨诸塞棉织厂里童工人数的百分比是 45%；罗德艾兰的比例是 55%。这项比例到了 1832 年降低为 21% 和 41%。……他们的年龄是从六岁到十七岁不等……从黎明工作到天黑……而且，工资很少，不足以维持身体的健康；另一方面，他们（工厂主）却每天从这些可怜的小孩的生命里滚着了巨大的财富。"[①]

　　　　收入的两极分化和大量财富被资本家私人占有必然导致劳资关系的尖锐对立，导致劳动者的反抗和斗争。因此，一百多年资本原始积累的历史也就是劳动者阶级和资产阶级阶级斗争的历史。如果不是劳动者的抗争和一些国家的社会主义革命，那些资本主义市场经济国家是不会关注劳动者的权益的。西方发达市场经济国家的社会福利和保障制度主要是在"二战"以后，世界出现了一大批社会主义国家的情况下才迅速建立起来的。美国福利政策办公室的名称叫"社会安全办公室"，因为他们已经感到，如果再不关注劳动者的权益，不关注社会公平，他们国家的劳动者也会造反，也会革命。他们的社会将不安全，政权将受到威胁。例如，萨缪尔森在他的《经济学》中就说到：美国"在 1935 年刚刚开始实行社会保险时，反对的人们指责它是社会主义的不祥之兆。但随着时间的流逝，人们的政治态度转变了。这一社会主义的社会保险计划在 20 世纪 80 年代受

---

　　① 福克纳：《美国经济史》，王锟译，商务印书馆，1964 年版，第 320、388~391 页。

到了保守派总统里根的维护，他将之称为'安全伞'的一部分，真可谓此一时彼一时也，'激进教条'也成了广为接受的'福音书'。"①在阶级矛盾和阶级冲突更为激烈的欧洲各国，"二战"以后，建立的社会福利和社会保险制度的规模比美国更大、更完善。欧洲各国基本上实现了让人人都有财产的中产阶级社会。因此，综观世界当代史，正是由于劳动者的抗争和一些国家的社会主义革命，才使世界资本主义市场经济国家开始意识到社会公平的重要性，建立起了增进社会平等、维护劳动者权益的收入再分配制度和社会福利保障制度，才使现代市场经济国家的劳动者过上了现代生活。而德国模式则更进一步运用国家的力量，从企业制度上消除了现代工业社会分裂和对立的根源，建立起了全体社会成员平等的共享社会经济利益的公平社会。从这个意义上讲，没有劳动者的抗争和一些国家的社会主义革命，就没有现代文明。这也是社会主义革命对世界文明的贡献，怎么能说社会主义革命没有意义呢？

我国 30 年的改革开放取得了巨大的经济成就，这一点是有目共睹、不容置疑的。但是，我国市场经济的发展基本上是逐步放开、任其自发发育的。在工业化的初级阶段，在自发发育的市场经济中，民营资本以及各种类型的企业资本的发展带有明显的资本原始积累的特征。一极是资本财富的积累，另一极是劳动者贫困的积累。收入的两极分化导致了巨大的社会裂痕。

我国劳动者的状况表明，马克思揭示的资本积累的一般规律在 21 世纪的中国仍然在起作用，这是值得深思的。它表明，只要具备两个条件：工业化的初级阶段和自由放任的市场经济，马克思揭示的资本原始积累时期的资本积累的一般规律和劳资关系的阶级对立性质就具有超时代的普遍意义。

如何面对和解决我国收入分配两极分化和劳动者的权益保障问题，是我国社会主义市场经济发展中已经无法回避的一个严峻的社会课题。因为我国还是一个人口众多，经济发展很不平衡的大国。尽管东部地区经济增长取得了巨大成就，但广大内陆和西部地区还处在工业化的初级阶段甚至农业社会阶段。靠劳动为生的低收入人口占中国人口的绝大多数。所以，这种分化趋势任其发展下去，其后果是很严重的。因此，德国模式对于我国社会主义市场经济的稳定发展具有重要的借鉴和启示意义。

要避免我国社会出现的分裂和对立的趋势，促进经济社会的稳定增长，需要进行以下两方面的工作：**一方面，要切切实实地进行制度和法律建设，保障劳动者的权益，逐步实现全体社会成员平等共享经济增长和社会进步的成果**。把德国的企业制度照搬到我国，还需要以社会文化和教育水平的提高为前提。但是，在经济文化比较发达的地区，也不是完全不能尝试的。同时，以国家立法的方式提高和保障劳动者的收入水平；建立个人收入累进所得税制度，缩小收入分配差距，为无收入和低收入者提供社会保障等，则是可以做到的。**另一方面，在经济理论和思想上要消除对资本和劳动的偏见，为资本和劳动的沟通和合作提供一个理论和思想的平台**。这是建立一个和谐、公正、公平的社会必须进行的理论和思想准备，对我国来说也是一个艰巨而长期的工作。我国的经济理论工作者对此负有不可推卸的责任。经济学家不能成为某一个阶级的代言人，而应该为

---

① 萨缪尔森、诺德豪斯：《经济学》第 16 版，华夏出版社，1999 年版，第 198 页。

社会公共利益服务，为社会的合作、公正和稳定发展工作。在今天的和平与发展的时代，在经济全球化的条件下，用马克思阶级斗争的理论处理劳资关系，显然不符合国家经济稳定、和谐发展的需要，不符合国家和民族的最高利益。

启示三，如何理解社会主义公有制。对于社会主义公有制的本质含义，马克思的设想是全体社会成员联合起来共同所有或占有生产资料。苏联人把马克思的这个设想概括为全民所有制和劳动农民的集体所有制。但是，由于社会主义国家长期以来没有解决全体人民以何种方式占有生产资料的问题，只好由国家代表全体人民占有生产资料。这样，全民所有制就变成了国家所有制。由于国家具体是由政府构成的，这样，国家所有制又变成了政府所有制。在我国，县级以上人民政府行使全民所有财产的所有权。乡级人民政府行使农村集体所有的土地财产的所有权。

但是，在马克思和恩格斯的思想中，从来不认为国家所有制和政府所有制是社会主义公有制。因为，在马克思看来，氏族的、古代的（包括奴隶制和封建制社会）在土地及生产资料所有制关系上都存在国家所有制。①恩格斯在《社会主义从空想到科学的发展》中讲资本主义生产的社会性质的发展最终不得不由国家承担起对生产的领导时说："大规模的生产机构和交通机构起初由股份公司占有，后来由托拉斯占有，然后又由国家占有。"②恩格斯在注释中写道："我说'不得不'，因为只有在生产资料或交通手段真正发展到不适于由股份公司来管理，因而国有化在经济上已成为不可避免的情况下，国有化——即使是由目前的国家实行的——才意味着经济上的进步，才意味着在由社会本身占有一切生产力方面达到一个新的准备阶段。"注意，资本主义国有化只是新的所有制关系的"准备阶段"。因为，"自从俾斯麦致力于国有化以来，出现了一种冒牌的社会主义……显然，如果烟草国营是社会主义，拿破仑和梅特涅也应该算入社会主义创始人之列了。……以至在三十年代弗里德里希——威廉三世时期由一个聪明人十分严肃地建议过的妓院国营，也都是社会主义的设施了。"③

这里，恩格斯清楚地说明了国家所有制不是社会主义公有制。因为国有制不仅在奴隶制国家存在，在封建制国家存在，就是在资本主义制度后期也会产生和存在。比如，现代发达资本主义国家中，国有经济成分已占了国民经济百分之十几甚至百分之几十的比重。那么，取代资本主义私有制的社会主义公有制是什么呢？马克思和恩格斯认为，无产阶级革命的第一步是取得社会权力，将一切财产变为国家财产。但这只是建立社会主义公有制的"准备阶段"。**因为生产力发展到这个阶段，**当无产阶级取得国家权力时，阶级和国家的存在都没有必要了。国家也消亡了。社会主义公有制是自由的公民联合起来占有社会性质的生产力，即"自由人联合体所有制"。马克思在《资本论》中对这一思想做了正规的表述："从资本主义生产方式产生的资本主义占有方式，从而资本主义的私有制，是对个人的、以自己劳动为基础的私有制的第一个否定。但资本主义生产由于自然过程的必然性，造成了对自身的否定。这是否定的否定。这种否定不是重新建立私有

---

① 马克思和恩格斯：《费尔巴哈》，《马克思恩格斯选集》第一卷，人民出版社，1972年版，第68~69页。

② 恩格斯：《社会主义从空想到科学的发展》，《马克思恩格斯选集》第三卷，人民出版社，1972年版，第442页。

③ 恩格斯：《社会主义从空想到科学的发展》，《马克思恩格斯选集》第三卷，人民出版社，1972年版，第435~436页。

制，而是在资本主义时代成就的基础上，也就是说在协作和对土地及靠劳动本身生产的生产资料的共同占有的基础上，重新建立个人所有制。"①马克思讲的不是建立国家所有制，而是重新建立个人所有制。在马克思和恩格斯的著作中，找不到国家所有制或政府所有制是社会主义公有制的表述和思想。

从所有制关系的角度回过头来考察德国的企业制度，恐怕会有新的启示。在德国，无论企业开始是由私人投资建立的（私有企业），还是国家投资建立的（国有企业），企业一旦建立和运营，依据《企业法》和《共同决策法》，企业财产和收益的实际占有权和支配权就落在了全体企业成员身上，是全体企业成员共有共享。企业的建立者无论是个人还是国家，实际上都成了名义上的所有者。这种企业财产所有制关系是否更接近马克思和恩格斯设想的"自由人联合体所有制"呢？要知道，以企业为单位，是现代自由公民最实际的联合占有现代生产力的方式。而且，德国人让人人都成为财产所有者，让人人都享有有尊严的生活的思想，使人们可以理解马克思和恩格斯为什么对未来社会主义所有制关系的设想中不考虑国家所有制，而是要在资本主义成就的基础上建立个人所有制的思想的一个更深刻的原因。这个原因就是，社会主义的目的是解放人，解放所有的人，让人人都享有平等的有尊严的生活。而实现这个目标的经济前提是让人人都成为财产所有者，即在共同占有社会生产力的基础上建立个人所有制。可以设想，未来社会主义或共产主义的公有制是国家所有制，或者说国家消亡了，一切财产都成为类似国家的某种组织的公共财产，那么，全体社会成员就都成了没有财产的人。一个没有财产的人，谈什么独立自主，谈什么人的个性的全面发展，谈什么自强自立和人的尊严，谈什么平等、自由和人的彻底解放。一个没有财产的人，只有依附于有财产的人或组织，这是经济学的铁律。奴隶制国家、封建制国家正是靠国家拥有大部分财产才建立起从下到上的人身依附关系和从上到下的中央集权统治。这正是资产阶级革命摧毁的东西。但是，资产阶级革命摧毁了旧的人身依附关系，又建立了新的人身依附关系，它使社会财产集中于少数大资产者手里，使广大没有财产的劳动阶级不得不依附于资产阶级。在现代工业社会，生产已经社会化了，产品是社会成员共同创造的产品。但是，这些社会产品却被少数大资产者占为私有，这才是资本主义私有制的实质。这才是马克思倡导的社会主义革命要摧毁的东西。只有摧毁所有的人身依附关系，使人人成为财产所有者，才能彻底解放每一个人。

第四节　经济增长模型

美国未来学家托夫勒的《第三次浪潮》把人类社会的增长描述为农业社会、工业社会和未来的信息社会三个阶段。西方的经济学家则用三个增长模型来概括三个阶段经济增长的特点和规律。下面介绍这三个增长模型，以了解西方学者是如何观察和理解经济增长的，以及我们能借鉴哪些有意义的思想成果。

---

① 马克思：《资本论》第一卷，人民出版社，1972 年版，第 832 页。

一、斯密和马尔萨斯的古典动态模型

萨缪尔森把农业社会的增长概括为"斯密和马尔萨斯的古典动态模型",[①] 把斯密和马尔萨斯对人类早期社会经济增长的思想加以总结。

模型假定：**人类社会处在最初状态，没有土地占有和资本积累。人口稀少，土地可供所有人自由开发和使用。** 实际上这个假定也就是对人类早期的原始社会经济生活的描述。闭上眼，你脑海里应该浮现这样一个景象，在一个一片不毛之地的地球上，稀稀拉拉站着几个原始人。农业社会的经济增长就从这个时代开始。

增长的第一阶段：由于土地可自由开发使用，没有资本积累，劳动是增长的主要动力和源泉。随着人口增加，人们不断开发耕地，扩大种植面积。由于没有土地租金和资本利润，工资就是全部国民收入。人口翻一番，国民收入也随之翻一番。由于产出的扩张与人口增加同步，因此，人均实际工资长期不变。

但这个时代不可能永远维持下去，随着人口增加到所有土地都开发完毕，劳动、土地和产出的平衡增长就被打破。因为人口继续增加，土地变得稀缺，租金开始出现，以调节稀缺土地的分配。

增长的第二阶段：土地已开发完毕，且面积既定。人口继续增加，新增加的劳动力拥挤在已开发的土地上，每个劳动力可使用的耕地面积减少，收益递减规律开始起作用。由于劳动与土地的比例不断提高，导致劳动的边际产出下降，实际工资率也随之下降。

增长的第三阶段：增长的最终均衡。实际工资水平最终能下降到什么程度呢？马尔萨斯认为，人口压力会使经济恶化到劳动力仅能维持生存的最低生活水平。因为一旦工资高于最低生存线，人口就会增长；工资低于最低生存线，死亡率会升高，人口会减少；只有在最低生存工资水平，才会实现人口与产出的长期稳定均衡。

该模型分析得出的结论是：在农业社会，劳动是增长的主要动力，但是在没有资本和技术创新的条件下，经济增长最终会受到土地资源的限制，人类将长期生活在仅能维持生存的最低收入水平。

二、存在资本积累的经济增长：新古典增长模型

新古典经济增长模型由美国麻省理工学院的罗伯特·索洛提出，并于 1987 年获诺贝尔经济学奖。索洛的新古典增长模型描述了工业社会的经济增长的特征。以织布机和蒸汽机发明为标志的工业革命为开端，人类创造和发明了大量的资本物品：工厂、汽车、发电机、铁路、电话以及各种各样的设备。这些资本物品的出现使经济社会的发展摆脱了土地的限制，财富获得了巨大的增长。因此，西方学者认为，资本积累是工业社会经济增长的主要因素，资本物品为经济增长做出了重要贡献。索洛的新古典增长模型就是对资本积累在经济增长中贡献的一种抽象分析。

新古典增长模型的基本假定：一是经济社会使用两种投入（劳动和资本）生产一种

---

① 萨缪尔森、诺德豪斯：《经济学》第 16 版，华夏出版社，1999 年版，第 421 页。

均质产品，并且劳动不作为一种内生变量；二是经济是竞争的，并且总在充分就业水平上运行；三是技术水平不变。

从上述假定中可以理解，**该模型是在不考虑劳动和技术变量，只是对资本积累在经济增长中的作用进行的一种抽象分析。**

该模型的总产出方程为 $Q = F(K, L)$，它表示总产出的数量取决于 K、L 的投入数量。土地的数量是既定不变的，也就不予考虑。

现在考察经济增长。索洛认为，在经济增长中，当资本物品增加的速度超过人口增加的速度，就会发生资本深化。**资本深化是指单位劳动力拥有的资本物品的量的增加，或者说是人均资本量，K/L（称为资本/劳动比率）提高的过程。**

资本深化对经济增长会产生两方面的影响：一是人均资本量的提高会导致人均产出增长，劳动力的边际产出和工资率也会相应提高；二是资本收益率递减。因为随着资本深化，资本存量增加，资本的边际收益递减规律开始起作用。

在技术水平不变条件下，资本深化导致的经济增长的最终均衡是：因为人均资本量的增加总有个最大限度，一旦达到这个限度，资本—劳动比率会停止升高，资本深化终止，劳动的实际工资也会停止增长，资本收益率或利息率也会保持稳定。经济社会进入一个稳定状态。因此，**新古典增长模型长期均衡分析得出的结论是：资本存量的增加克服了土地对经济增长的限制，为工业时代的经济增长做出了重要贡献。但是如果经济增长仅仅是靠资本存量的增加（资本深化），而这种资本深化又只不过是靠现存的生产技术来增加工厂的数目的话，国民收入和工资率的增长最终还是会在一个既定的水平上停滞。**

这个结论，从增量分析的角度考察一个既定规模的工厂的产量增长，可以得到实证分析的证明。假定一个达到最佳规模的工厂，劳动的投入也达到最合理的数量，在技术水平不变的条件下，工厂达到它的最大产量后就会停止增长，即始终维持在这个最大产量水平上停滞不前。推而广之，从逻辑上讲，一个经济社会也是如此。因此，新古典增长模型的分析也是西方学者对 20 世纪中叶后西方工业国家的经济停滞提出的一个解释。20 世纪七八十年代西方工业国家进入后工业化社会，资本存量增加已达到饱和，或者说资本深化停止，经济社会的发展处在了一个停滞的状态。

20 世纪 90 年代美国经济在以计算机和信息技术革命为基础的高新技术产业的推动下，出现了持续 114 个月的增长态势。GDP 的年增长达到 4%，超过了潜在 GDP2.5% 的水平，通胀率维持在 2%~3% 的水平，失业率为 4% 左右。这种情况使许多西方经济学家认为，美国经济已进入了一个新经济时代，它是继农业经济、工业经济之后，以信息技术革命为先导的科学技术知识的普及和运用来促进经济增长的新知识经济时代。

从经济增长理论的角度分析，新古典增长模型的假定条件是技术水平不变，美国新经济的增长显然得益于计算机和信息技术的革命。因此，现代经济增长学家们认为，技术变革是继资本积累以后，推动经济增长的最重要因素。

三、"新经济增长理论"或称"内生技术变革理论"

新经济增长理论是指用国内生产技术变革和进步来说明经济增长源泉和各国增长率

差异的研究成果的总称。

其代表人物是美国经济学家、斯坦福大学的保罗·鲁曼（Panl Romer）和卢卡斯等人。鲁曼认为，在现代经济中，特殊的知识和专业化的人力资本是决定经济增长的最主要因素。技术知识是经济社会的一种产出，应该作为一个独立的内生变量列入增长模式。技术知识具有自身的特性，一旦生产出来，可共享、可重复使用、可低成本复制，因而产生边际收益递增。知识的传播以及它可以几乎无止境的发展成为促进经济增长最重要的关键因素。我们可以把新经济增长理论的要点归结如下：

第一，技术知识的变革和进步是继资本积累以后人类发现的促进经济增长的最重要的要素。

第二，技术知识是经济社会的一种产出，即经济增长的内生变量。

第三，技术变革抑制了劳动和资本的边际收益递减规律的作用，可导致劳动生产率和资本收益率提高，从而导致经济增长。

第四，技术知识要素的积累不存在饱和的趋势和可能，而且技术知识要素一旦生产出来，就可以低成本重复使用，一改传统要素的边际收益递减规律，技术知识要素的边际收益是递增的。技术知识要素的这一特征无限地扩展了经济增长的空间。

第五，技术知识产品是一种公共品，具有非竞争性（非排他性）、不可分割性等特点，会出现严重的市场失灵。因此，要促进技术变革，政府必须加强知识产权保护和制定促进技术创新和进步的公共政策。

萨缪尔森指出，新经济增长理论的主要贡献是改变了人们关于增长途径和公共政策的思维方式，如果技术水平不同是导致各国生活水平差异的主要原因，而且假定技术是一个可以生产出来的要素，那么关于经济增长的政策就应该着重研究国家怎样才能提高技术水平。

经济学家们认为，以下一些措施和公共政策对促进技术进步是重要的。

其一，充分发挥市场竞争机制的激励作用和加强知识产权保护，为技术知识的创造者提供足够的市场回报。

其二，给从事研究开发的私人或合资企业提供税收减免和反垄断豁免权。

其三，促进和鼓励企业与大学的合作。

其四，完善和选择公共资助的研究项目的机制。

其五，普及和加强基础教育和人力资本的开发。

通过上述介绍和分析，可以理解西方学者实际上是遵循历史和逻辑相一致的原则，用抽象分析方法（有的学者称"排除法"）分析了劳动、资本、技术创新在不同历史发展阶段对经济增长的相对贡献，并最终发现技术创新相对于其他要素来讲是最重要的要素。

第五节　经济增长核算理论

增长核算理论是试图把导致总产量增长的各个要素的贡献程度数量化，以探讨哪些要素对促进经济增长来讲是更重要的要素。例如，罗伯特·索洛对美国 1909~1949 年的统计数据进行分析得出一个惊人的结论：在这段时期，每劳动小时产量增长的 80% 部分是由于技术进步引起的。从而以数据支持技术创新是最重要要素的论点。

一、劳动和资本的贡献份额或权数

增长核算的研究最早是 19 世纪末 20 世纪初，由柯布和道格拉斯进行的。他们的研究成果表述为柯布—道格拉斯生产函数：$Q = 1.01 \cdot L^{0.75} \cdot K^{0.25}$。这是 20 世纪初美国制造业的一个总量生产函数。它表示在制造业总产出 Q 中，劳动要素 L 的贡献份额是 75% 或 3/4；资本要素 K 的贡献额是 25% 或 1/4。1.01 是技术系数，它表示技术进步对全要素生产率提高的贡献是 1% 左右。

那么柯布和道格拉斯是如何得出这一结论的呢？

总产量取决于一定技术水平条件下各要素投入的数量，它可表示为总产出函数：

$$Q = fA \ (L \quad K \quad R) \quad \cdots\cdots\cdots\cdots\cdots\cdots\cdots\cdots \quad (1)$$

（式中，Q 为总产量，A 为技术系数，L、K、R 为劳动、资本、土地要素）

根据克拉克的边际生产率分配理论（1）式可写为：

$$Q = L \cdot MP_L + K \cdot MP_K + R \cdot MP_R \cdots\cdots\cdots\cdots\cdots\cdots \quad (2)$$

即总产量等于劳动的投入数量乘以劳动的边际产量，加上资本的投入数量乘以资本的边际产量加上土地的投入数量乘以土地的边际产量。由于技术系数 A 体现为各要素边际产量增加的数量，在（2）式中就取消了。

由于产出 = 收入，要素收入 = 要素的边际产量×P。在（2）式两边都乘以一般价格水平 P，即全部产品的加权平均价格，就得到：

$$GDP = 工资总额 + 利润总额 + 租金总额 \cdots\cdots\cdots\cdots (3)$$

$Q \times P = GDP$，

$(L \cdot MP_L) \times P = 工资总额$，

$(K \cdot MP_K) \times P = 利润总额$，

$(R \cdot MP_R) \times P = 租金总额$。

依据美国制造业 20 世纪初国民收入统计资料，工资总额占 GDP 总额的 75%，即 3/4；利润和租金总额占 GDP 的 25% 或 1/4。柯布和道格拉斯把利润和租金统称为财产的收入，用 K 表示，这样，总产出方程就表示为：$Q = A \cdot L^{3/4} \cdot K^{1/4}$；一百年的美国 GDP 统计资料表明，工资总额和利润租金总额在 GDP 中占的比重是基本稳定的，这样，西方学者就把 3/4 和 1/4 看作劳动和资本在总产出中贡献份额的固定权数。就是说，在总产出 GDP 中，劳动的贡献是 3/4；资本的贡献是 1/4；二者之和等于 1，把总产出百分之百分配干净。而且这个结果表明，劳动要素对于总产出的贡献比资本大。

二、萨缪尔森增长核算的基本方程

现在讨论把技术要素作为一个独立部分列入总产出方程的增长核算问题。

新经济增长理论认为，技术知识要素是经济社会的一种产出，应作为一个独立的要素列入增长方程，我们来看萨缪尔森的增长核算的基本方程是如何推出的。[①]

从总产出方程出发，$Q=AF$（L　K　R），因为土地 R 是个常量，可忽略不计，所以产出的增长可以分解为三部分：劳动的增长（L）乘以它的权数；资本的增长（K）乘以它的权数；技术变革本身（T·C）。

因此，可得出增长核算的基本方程：

Q 增长的 %＝3/4（L 增长的 %）＋1/4（K 的增长 %）＋TC………（1）

萨缪尔森说，为解释人均产出的增长，不将 L 当作独立增长的来源，因为资本占产出的 1/4，从方程（1）可以得出：

Q/L 增长的 %＝Q 增长的 %－L 增长的 %

　　　　　　　＝1/4（K/L 增长的 %）＋T·C…………（2）

上述关系清楚地表明：在没有技术创新时资本深化对人均产出的影响。人均产出的增长只是人均资本的增长速度的 1/4。这正好反映了收益递减规律。

最后还有一个重要问题是：我们能够度量 Q 的增长、K 的增长、L 的增长，以及 K 和 L 的份额。但怎样去度量技术变革 T·C 呢？没有办法，而只能推算 T·C，即计算投入产出的其他部分后的剩余。这样，T·C 就可以通过方程（1）的变形计算出来。

T·C＝Q 增长的 %－3/4（L 增长的 %）－1/4（K 增长的 %）……(3)

萨缪尔森在推导出 3 个核算方程后，又举了一个实际数字的计算例子来说明劳动、资本和技术要素对产出的贡献。他说，我们在方程（2）中代入 1900~1996 年期间 Q/L 增长的数据。从 1900 年以来，工作时间每年增加 1.3%，K 每年增长 2.5%，Q 每年增加3.1%。作数学运算，我们发现：

Q/L 增长的 %＝1/4（K/L 增长的 %）＋T·C

即：1.8＝1/4（1.2）＋T·C＝0.3＋1.5

所以，在人均产出每年 1.8% 的增长中，大约 0.3% 是由资本深化带来的，而最大的部分，1.5% 则是来源于技术进步。

三、萨缪尔森增长核算方程存在的问题

回顾增长核算方程推导的思路和逻辑，柯布—道格拉斯生产函数确定的劳动和资本的贡献份额是依据国民收入 GDP 中工资总额和利润租金总额占的比重得出的。这与现代西方国民收入核算方法即 GDP＝工资总额＋利润（利息）总额＋租金总额（收入法）是一致的，而且得到一百年国民收入统计资料的证实。

那么，依据克拉克边际生产率分配的理论，$Q=3/4$（L·MP_L）＋1/4（K·MP_K）（土地、租金包括在 K 中）。可以提出以下问题：

第一，两要素份额相加等于 1，已经把总产出百分之百分配干净，而且 L、K 投入增长之所以引起 Q 增长，是因为增加的 L、K 乘以它们的边际产量的增长。所以 L、K 增长的百分比乘以它们各自的 MP，再乘以它们各自的权数（份额）之和始终等于 Q 增长的百分比，即始终等于 1。

---

① 萨缪尔森、诺德豪斯：《经济学》第 16 版，华夏出版社，1999 年版，第 429 页。

第二，技术进步从实际生产中看，一方面体现为劳动者技术知识水平和素质的提高，在经济上表现为劳动边际产量的提高或工资收入水平的提高；另一方面，体现为机器、设备技术水平的提高，或更先进的机器和设备，并在经济上表现为资本边际产量提高或资本利润水平的提高。因此，从工资总额+利润等总额的国民收入核算方法的逻辑上讲，是无法将技术进步的贡献作为一个单独项列入增长核算方程的。

四、增长核算未解决的问题

从逻辑上讲，技术进步对增长的贡献应体现在全要素生产率的提高。美国 20 世纪 90 年代的信息技术革命极大地提高了劳动生产率或人均产出水平。但是美国官方用传统的统计或核算方法又得不出高新技术提高了劳动生产率这一结论。比如，90 年代美国高新技术推动 GDP 增长年均达到 4% 的水平。但官方统计的劳动生产率增长却只有 1.7%~1.9%，这是一个明显的矛盾。这种高技术增长与较低的劳动生产率并存的现象，在学术界被称为"计算机生产率悖论"。

如何解释这一现象？一些学者认为传统的统计方法存在问题，导致劳动生产率计算错误，从而低估了高科技对劳动生产率提高的作用。还有一些经济学家认为，技术进步有时是使人们工作得更省力、更方便，它不一定能表现为人们收入的提高。或者说技术进步给社会带来的好处有时候不一定能体现为收入的增长，例如第六章资本的净生产率问题的例子，完成从甲地到乙地（100 公里）运送 100 吨货物的工作量。完全用劳动，可创造工资收入 15000 元；而用高新技术产品 20 吨的载重汽车完成这个工作量，只创造收入 305 元（利润）+ 20 元（司机的工资）= 325 元。因此，按照国民收入核算方法，计入 GDP 的前者为 15000 元；后者为 325 元。二者的差额经济学家把它称为"生产者剩余"，是技术进步给社会带来的好处。但从增长核算的角度看，这个好处却不体现为 GDP 的增长。可见这也是值得思考的一个问题。

第六节　经济增长的限制和可持续发展

经济增长有没有极限？这个问题一直缠绕在经济增长学家们的头脑中。从农业时代的古典模型分析中知道，如果没有资本积累和技术创新，经济增长最终会受到土地资源的限制。工业革命使人类的发展和经济增长摆脱了土地的限制。但是，工业化的发展不仅对土地、矿产资源的消耗巨大，而且对空气、水的污染也日益严重。这样，人们对经济增长的环境、资源的约束问题的担心不断出现。

1968 年，罗马俱乐部邀请世界知名科学家、经济学家对人类社会发展未来进行了讨论，1972 年，美国经济学家多尼拉·B. 梅多斯受罗马俱乐部的委托，把讨论的情况进行整理，出版了《增长的极限：罗马俱乐部关于人类危境的预测报告》一书。梅多斯认为，由于人口和工业生产的迅速增长，资源消耗加速，环境污染日益严重，到 2100 年，整个世界将会由于资源耗竭和环境恶化而告崩溃。梅多斯的预言尽管过于悲观，但他引起了世界对人口增长、资源和环境问题的关注。

到 20 世纪 90 年代，越来越多的科学研究的证据表明，工业发展正在显著地改变地球的气候和生态系统，经济增长的环境约束的可能性不断增加。比如，地球正在变暖（包括矿物燃料的使用使气候变暖）；酸雨广泛存在；南极上空出现"臭氧层空洞"；森林迅速减少；沙漠化地区扩展；特别是热带雨林的消失可能导致全球生态系统失衡；物种灭绝；土地质量恶化；海洋的污染已威胁到海洋生物的生存等。这些证据表明，工业经济的增长确实面临着严峻的全球环境约束问题。

如何面对经济增长的资源和环境约束问题？一些对经济增长前景悲观的学者认为，人类应停止追求经济增长以减少对资源的消耗和环境的污染，控制人口增长，保护和恢复生态环境等。而对经济增长前景持乐观态度的学者认为，人类的发展总是不断克服各种矛盾和障碍而前行的。新技术革命会发明保护资源和环境的先进技术和资本物品，从而使人类社会的经济增长与环境和平共处。经济增长是人类社会发展的动力，停止增长是不可能的，问题在于人类在追求经济增长时要更多地关注资源和环境问题，为人类的可持续发展创造条件。

可持续发展要求技术创新更多地关注在节约资源、替代资源、消除污染、保护和恢复生态环境方面的技术发明和进步，更要求人类在全球范围的协调与合作。阻止全球生态环境恶化的趋势要靠世界各国的政府和人民共同努力和承担起责任。例如，美国政府拒绝在《京都议定书》上签字，引起世界的哗然。美国作为世界经济发展中的最大国家，此举是不负责任的。

本章总结和提要

经济增长问题不仅是经济学永恒的主题之一，而且涉及许多重大的经济学理论问题。经过一个多世纪的探索，大多数国家都选择了混合经济增长模式，其中最具特色的是美国的混合经济模式、日本的东亚经济模式和德国的社会市场经济模式。从自然的角度看，人类社会的增长可分为农业社会、工业社会和未来的信息社会三个阶段。经济学家则用三个增长模型来概括三个阶段经济增长的特点和规律。这三个最具特色的模式和三个模型包含了 200 年来人类探索的丰富的思想成果，是需要仔细研究的。最后，人类的可持续发展问题，人类和环境、资源的关系问题，关系到人类的前途，是需要密切关注的重大问题。

思考题

1. 什么是经济增长？你同意经济学家给经济政治增长下的定义吗？
2. 在经济增长的四个源泉中，你认为哪一个最重要？为什么？
3. 西方学者为什么把市场经济模式称为经济增长的发动机？
4. 在美国的混合经济模式、日本的东亚经济模式和德国的社会市场经济模式中你最欣赏哪个模式？为什么？
5. 请评价政府与市场关系问题的两种观点。

6. 德国社会市场经济模式中社会一词的含义是什么？

7. 仔细分析新古典增长模型，你同意该模型分析的结论吗？为什么？

8. 新经济增长理论的内容和意义是什么？

9. 仔细分析经济增长核算理论，你认为该理论是否存在问题？

10. 如何促进经济社会的可持续发展？

下篇　国际经济学

　　20世纪全球经济一体化的发展，各国市场日益紧密联结为一个世界市场。市场经济体系的世界市场性质日益为人们所认识。比较优势和国际贸易、各国市场的相互依存和联系、全球经济的管理，发展成为国际经济学。

第十五章 国际贸易和联系

全球经济一体化的发展，市场经济体系的世界市场性质日益为人们所认识，比较优势和国际贸易、各国市场的相互依存和联系、全球经济的管理成为宏观经济学一个新的发展领域和主要组成部分。经济学科的萌芽之作就是关于国际贸易的学说，托马斯·曼的《英国得自对外贸易的财富》一书在一百多年间一直是重商主义的福音书（马克思）。马克思还说，资本主义生产方式首次开辟了世界市场。这些思想的重要意义在今天已被人们更深刻地理解了。随着计算机的发明和信息技术、交通工具的革命，世界变小了，各国的经济生活已被紧密地联系在一起。萨缪尔森说："今天的日本、墨西哥、加拿大和美国之间的贸易联系，比一个世纪之前纽约和加利福尼亚之间的贸易联系还要密切。国际性商业周期对世界上每一个国家都会产生巨大影响，华盛顿的货币政策可能会导致南美洲的萧条、贫困和革命，中东的政治动荡可能会引起石油价格飞涨，从而使整个世界进入衰退；俄罗斯的革命也会对全球股市产生冲击。无疑，忽视国际贸易就意味着在经济竞赛中已经输掉了一半。"

对外开放，参与世界市场的竞争和交流，对于各个国家来说已成为不可避免的历史潮流。这也是人类走向大同的必经之路。从经济理论上说，只有说明国与国之间的联系和影响才能完成全面的宏观经济分析。本章就来介绍和讨论西方学者关于国际贸易和联系的一些基本原理和最新思想。

第一节 国际贸易的基本知识

一、国际贸易和汇率

国际贸易从经济学家的角度看，是市场机制调节的商品和资本在国际范围的流动。从各个国家的角度看，就是进出口贸易。或者说一个国家的对外贸易包括进口和出口。进口（Imports）是指从其他国家购买商品和服务。出口（Exports）则是指本国的产品和服务卖到国外。**净出口（Net Exports）是指一国出口的商品和服务的价值减去进口的商品和服务的价值的余额。**净出口指标对一个国家是重要的。从国民收入总公式的分析中知道，$GDP = C + I + G + (X - M)$，净出口指标对一国国内的总需求和国民收入水平有重要影响。

各国的商品都是有价格的，各国商品的国内价格都是以本国货币计量和表示的。这样，商品在国际之间的交换就产生了各国货币的比价问题。**各国货币的比价关系或相对**

价格被称为外汇汇率。或者说，外汇汇率是以外币表示的一单位本币的价格。例如，人民币与美元的比价或汇率是 8:1，就说人民币的外汇汇率或外汇价格是每元人民币兑换 0.125 美元。由于历史的原因，1944 年布雷顿森林会议签署了《国际货币基金组织协定》，确立了以美元为中心的国际货币体系。美元与黄金挂钩，各国货币与美元挂钩。后来尽管美元与黄金脱钩了，但人们还是习惯用 1 美元兑换多少其他国家的货币来表示外汇汇率。例如，我们可以用 1 美元兑换 8 元人民币来表示人民币的外汇汇率。

外汇汇率的变动对国际贸易有重要的影响，因为它影响各国商品的相对价格，从而影响各国的进出口。例如，假定人民币对美元的汇率为 8:1，那么一件在中国国内市场卖价 40 元人民币的商品，以美元表示的价格就是 5 美元。如果美国国内市场上同样的一件美国商品的价格是 7 美元，那么中国商品相对于美国同样商品来说就具有国际竞争力，在自由贸易的条件下，中国的商品就会出口到美国。现在假定人民币对美元的汇率发生变动，人民币的外汇汇率升值，相对来讲就是美元的外汇汇率贬值，人民币与美元的汇率变为 5:1，那么上述 40 元人民币价格的商品的美元价格就变为 8 美元，这样中国商品的相对价格就提高了，相对于 7 美元的同样的美国商品来讲就变得昂贵了，它的国际竞争力也就下降了，该商品就不能再出口美国了，而是美国商品出口到中国了。可见，在这个例子中，外汇汇率的变动使中国由出口国变成了进口国，而美国则由进口国变成了出口国。因此，在国际贸易中，一国货币的贬值可以增加本国商品的出口数量，提高本国商品的国际竞争力；一国货币的升值则会减少本国商品的出口数量和降低本国产品的国际竞争力。日本政府经常在经济危机时采取使日元贬值的办法来增加日本的出口就是这个道理。

二、国际收支平衡表

从国民收入总公式的分析中知道，一国的进出口贸易对本国国内市场的总供给和总需求的平衡有重要影响，在其他条件不变的情况下，一国的出口大于进口，会导致本国市场出现通货膨胀，而一国出口小于进口又会导致本国市场上出现生产过剩。因此，坚持进出口平衡是各国在国际贸易中坚持的一个原则。这个原则是通过编制国际收支平衡表来贯彻和体现的。

国际收支平衡表是一国与其他国家之间进行的一切国际经济贸易的记录报表。一国的国际收支平衡表的编制原则采取复式记账法。在国际交易中，凡是从国外获得的外汇收入，记入"贷方"；反之，凡是需要支出外汇，则记入"借方"，并以负号表示外汇的流出。"贷方"和"借方"的平衡则反映外汇流入和流出的平衡。国际收支平衡表的项目由三大部分组成：经常账户、资本账户和官方储备。

经常账户记录商品的进出口交易、劳务的进出口交易、投资的收入和支出，以及单边转移支付，即本国公民、企业和政府向国外的捐赠等。

资本账户记录国际间的资本流动。凡是外国对本国资产的购买或对本国居民的贷款，都视为资本流入或资本输入，记入"贷方"；凡本国居民和政府对国外的贷款或购买外国资产都视为资本流出或资本输出，记入"借方"。

官方储备项目记录一个国家官方中央银行所持有的黄金和外汇储备。

下面以美国 1994 年国际收支账户为例来介绍国际收支账户的各个项目。

表 15-1　1994 年美国国际收支账户

单位：亿美元

经常项目	贷方	借方
(1) 出口	8329	
其中		
商品	5027	
收到的投资收入（本国在外国投资收入的利息、股息等收入）	1349	
其他服务	1953	
(2) 进口		−9544
其中		
商品		−6691
支付的投资收入（外国在本国投资获得的利息等收入）		−1353
其他服务		−1500
(3) 单边转移支付		−341
经常项目余额 [(1)+(2)+(3)]		−1556
资本项目		
(4) 美国在国外持有的资本		−1257
其中		
官方储备资产	53	
其他资产		−1310
(5) 外国在美国持有的资产	3146	
其中		
官方储备资产	389	
其他资产	2757	
资本账户余额(4)+(5)	1889	
统计误差(1)至(5)项之和的相反数		−333

引自 [美] 克鲁格曼·奥伯斯法尔德：《国际经济学》，中国人民大学出版社，1998 年版，第 294 页。

表 15-1 中，经常项目各项都很清楚。出口的各项为外汇收入；进口的各项为外汇支付。资本项目中，美国在国外持有的资产为其他资产–1310 亿美元减去官方储备 53 亿美元为–1257 亿美元，表示资本输出到国外；外国在美国持有的资产 3146 亿美元，表示国外资本或外汇流入美国。资本项目余额为 3146–1257＝1889 亿美元，经常项目余额为–1556 亿美元，二者相加为 1889–1556＝333 亿美元，即美国 1994 年是顺差 333 亿美元，统计误差安排–333 亿美元，国际账户就平衡了。当然统计误差不可能正好是 333 亿美元，这只是人为安排。这个表只是帮助人们了解国际收支平衡表的方法和意义。

三、开放经济的宏观经济政策

每个国家都或多或少地参与国际贸易。**一国国际贸易额的大小以及国际贸易额占一国 GDP 的比例，反映一国经济开放的程度和国际化的程度。**一国经济的开放程度或国际化程度一般来讲又是与一国经济的发展水平相联系的。发展水平较低的国家其国际化程度也较低；发展水平高的国家其开放程度和国际化程度也高。开放程度和国际化程度不同的国家其宏观经济政策的侧重点是有差别的。一般来讲，国际化程度较低的国家其宏观经济政策更多地考虑如何利用对外贸易开辟国外市场，促进本国出口增加，拉动本国的 GDP 增长以及平衡本国总供给和总需求的关系不受外国产品的冲击；国际化和开放程度高的国家的宏观经济政策则面临更复杂的国际市场的关系和变量。由于各国的相互联系更加紧密，相互的制约也更大，宏观经济政策也自然更多地侧重于国际间的协调与合作。然而，由开放程度低到开放程度高的发展是各国经济发展的必然趋势，随着一国经济国际化程度的提高，其宏观经济政策的侧重点也自然会发生变化。

1. 开放程度较低的宏观经济政策

（1）增加出口，可以提高 GDP 水平。开放程度较低的经济或国家的宏观经济政策，是在国内货币和财政政策的基础上，再考虑进出口贸易对本国宏观经济运行的影响，以及如何制定相应的进出口贸易政策来促进本国经济的增长。图 15-1 直观地反映了进出口贸易对一国 GDP 的影响。

图 15-1　进出口贸易对一国 GDP 的影响

从图 15-1 中看到，当净出口为正值时，即出现外贸盈余，意味着本国的总需求支出 C+I+G 增加了一个支出额 (X-M)，C+I+G+(X-M) 曲线高于 C+I+G 曲线，提高了本国的 GDP 水平；当净出口为负值时，即出现外贸赤字，C+I+G+(X-M) 曲线会低于 C+I+G 曲线，本国 GDP 水平会下降。因此，鼓励和促进出口被认为是促进本国经济增长的有效手段。

（2）出口乘数和边际进口倾向。出口是本国产品卖到国外，从而使本国收入额增加，这个收入额会转化为本国市场的购买支出额。像增加投资支出或政府支出对国民收入具有乘数效应一样，这个增加的购买支出额对国民收入也具乘数效应，被称为出口乘数。投资乘数、政府支付乘数、出口乘数，其购买力循环的原理是相同的，可被统称为支出乘数，用 K 代表。另一方面，萨缪尔森认为，进口则意味着本国的购买力漏出到国外，就像国民收入的一部分漏出到储蓄一样，这个漏出额对支出乘数有重要影响。

为了说明进口漏出对乘数的影响，萨缪尔森提出了边际进口倾向的概念。**边际进口倾向（Marginal Propensity to Import）用 MPM 表示，指 GDP 每增加一单位时，进口品增加的数额**。例如，假定 GDP 每增加 100 亿元，就有 10 亿元购买进口品，那么边际进口倾向就为 10% 或 1/10。边际消费倾向是指 GDP 每增加一单位时，消费增加的数量。

假定，GDP 每增加 100 亿元，消费增量为 80 亿元，即 MPC 为 4/5，MPS 为 1/5，即有 20 亿元漏出到储蓄。乘数为 $K = \dfrac{1}{1 - MPC} = \dfrac{1}{MPS} = \dfrac{1}{\frac{1}{5}} = 5$；而在开放经济中，每一单位 GDP 的总漏出量是漏向储蓄的数量（MPS）与漏向进口品的数量（MPM）之和。这样，开放经济的乘数就成为：$K = \dfrac{1}{(MPS + MPM)} = \dfrac{1}{(\frac{1}{5} + \frac{1}{10})} = 3.3$，可见，在这个例子中，边际进口倾向会降低封闭经济的乘数。

（3）促进出口的宏观经济政策。经济发展水平较低或开放程度较低的国家一般采取下列政策手段促进本国的出口增加，拉动本国 GDP 的增长。

1）税收政策。对生产出口产品的企业实行减免税或对出口产品实行退税政策，是发展中国家经常使用的政策手段。该种政策可以降低出口产品的成本和价格，提高本国产品在国际市场上的竞争力，从而增加本国产品的出口数量。例如，中国政府在市场经济发展初期阶段，为拉动经济增长，增加外汇储备，增加国内有效需求，长期实行了对出口产品退税 14%~19% 的政策，这就意味着将出口产品的成本和价格降低了 14%~19%，促进了出口的增长。

2）关税政策。关税政策是指对进口产品征收关税，以限制外国产品进入本国市场的数量。例如，一国如果对某类进口产品加征 50% 的关税，就意味着将该类进口产品的价格提高了 50%，从而使该类产品在国内市场上竞争力下降，进口和销售量也就减少。关税政策属于贸易保护主义政策，它受到政治、经济、文化种种因素的影响。这里只讨论关税政策对调节进出口和拉动本国 GDP 增长的作用。

关税政策对于调节进出口数量和国内市场总供给和总需求的平衡，拉动经济增长，具有下列作用：a. 当一国经济出现有效需求不足，产品过剩时，提高关税，可以限制国外产品的进口数量，使本国的出口大于进口，从而提高国内的有效需要，缓解生产过剩的压力；b. 当一国经济出现有效需求过多，产品供不应求，价格上涨迅速时，降低关税，可以增加国外产品的进口数量，使国内过多的购买力流向进口品，这样既可以缓解国内市场通货膨胀的压力，又可以增加国内市场的有效供给；c. 当一国有希望的产业还处在幼稚发展阶段，政府采取提高该类进口品关税的政策，可以避免外国产品对幼稚产业的冲击，为本国幼稚产业的发展和成长赢得时间。当然上述政策手段的运用都是短期的。

3）汇率政策。**一国的汇率政策是指运用货币政策手段来调节进出口的政策。**在国际贸易中存在两种汇率制度：固定汇率制和浮动汇率制。固定汇率制是指一国政府具体规定本国货币与外币的兑换比率，并在国际贸易中按这种固定汇率进行结算和与外币的兑换。固定汇率制度从 1717 年产生后，一直被许多国家采用。浮动汇率制是指一国政府既不规定也不干预本国货币与外国货币的兑换比例，而是由国际市场供求关系自动调节。由于国际金融市场的供求关系是经常变动的，所以实行浮动汇率制的国家外汇汇率经常处在浮动状态。美国、日本和加拿大等少数发达国家时断时续实行浮动汇率制。

一般来讲，开放程度较低的国家和小国大都实行固定汇率制，因为固定汇率制可以减轻国际货币市场的波动对本国经济的冲击和影响。汇率的变动对一国的进出口贸易有重要影响,而通过影响进出口贸易又会波及国内的总供给和总需求、就业、通货膨胀和产出水平。由于开放程度较低或发展水平较低的国家和小国对国际市场波动的承受力较弱,实行固定汇率制可以减轻政府面对的国际市场波动的压力和被动局面;另外,实行固定汇率制又可以使一国政府主动利用汇率政策来调节本国的进出口。一国货币的贬值,可以提高本国商品的国际竞争力,增加本国商品的出口数量;同时它又使进口品在国内市场价格上升,降低了进口品的竞争力和进口数量。一国货币的升值,则可以降低本国产品的国际竞争力和减少本国产品的出口数量;同时,它又使进口品在国内市场价格下降,即提高了进口品的竞争力和进口数量。一国货币的增值或降值,只是调节本国货币与外币汇率的一种汇率政策手段,它并不影响一国国内市场的价格(因为国内市场货币供给量并没有变化),但可以影响本国产品在国际市场上的相对价格和进口品在国内市场的价格,从而影响一国的进出口。

在浮动汇率制下,一种货币的汇率或市场价格是由国际货币市场供求关系决定的。在浮动汇率制下,一种货币的汇率或市场价格下降称为**贬值**;上升则称为**升值**。**在固定汇率制下**,一国货币的外汇汇率是由政府调整的,官方汇率下调称为**降值**;上调称为**增值**。

2. 开放程度较高的宏观经济政策

国际化程度高的发达国家的宏观经济政策面对着更复杂的国际市场。因为这些国家从事的不仅是商品贸易,其产业生产所需的原材料也来自世界各地,产品也销往世界各地,资本也在世界范围流动。产品的国际化使国家经济与世界市场紧密地联结为一体。在这种情况下,一国采取的任何与邻为壑的贸易政策都会遭到其贸易伙伴的抵制和报复,并反过来损害本国的经济,发达国家经常爆发的贸易战就是这个道理。同时,由于国际化程度高的国家之间经济联系紧密,你中有我,我中有你,一国的财政、货币政策不仅对其他贸易伙伴国的经济产生影响,而且也受其他国家财政、货币政策的制约和影响,这样,随着开放程度的提高,一国的财政、货币政策的制定和对其政策效果的预测就越来越困难,各发达国家之间不得不更多地关注政策的协调与合作。正如萨缪尔森指出的,"随着美国经济对贸易和游资开放程度的加深,美国能否找到最佳时机实施货币政策,能否取得可观的效果,对此,人们越来越没有信心"。[1]

萨缪尔森的研究认为,对于开放程度高,资本流动性高的发达国家而言,其财政和货币政策的效果与其实行固定汇率制还是浮动汇率制有很大关系。实行固定汇率制的国家,财政政策有效果,货币政策很难有效。因为高度的资本流动使各国的利率保持密切联系和趋于一致,一国的货币政策很难影响世界利率。因此,萨缪尔森认为,"如果一个有着高度资本流动性的国家采用的是固定汇率制,它就失去了对货币政策的控制权,从而不得不依靠财政政策来进行宏观调节。"[2] 实行浮动汇率制的国家,不仅财政政策有效果,货币政策也有效果,也可以操作。因为一国的货币政策通过浮动汇率的传导机制,不仅影响本国的利率和投资,也会影响国外的游资。从而使本国的货币政策的效果得到

---

①② 萨缪尔森、诺德豪斯:《经济学》第 16 版,华夏出版社,1999 年版,第 493 页。

强化。

在开放经济的宏观经济政策讨论中区分开放程度低和开放程度高，只是为了说明开放程度不同，国家的政策侧重点不同，在政策运用上并没有严格的区分，实际上，在贸易战中发达国家经常使用关税和汇率政策手段。此外，在国际市场的竞争中，开放程度低的国家、小国经常处于不利的地位。就像在国内市场竞争中，小企业面对大企业也总是处于不利地位一样。但是，只有在国际竞争中，不断提高自己的开放程度和国际化水平，这种不利地位才会改变。

第二节　国际贸易的基本理论和原理

国际贸易的历史和市场经济的历史、经济学的历史一样长久。经济学家们对于国际贸易给各个国家和整个人类带来的利益进行了广泛的研究，积累了丰富的思想成果。下面简要介绍国际贸易的一些基本理论和思想。

一、亚当·斯密的绝对优势原理

从分工能提高生产率的思想出发，斯密认为，**由于资源、生产条件和劳动生产率的不同，每个国家都有自己具有绝对优势的产品。如果各个国家都从事自己具有绝对优势的产品生产，继而进行交换，那么各国都可以通过国际贸易获得经济利益，而且整个人类和世界也可以获得国际分工带来的利益和好处。这就是斯密绝对优势原理表达的思想。**

具体说，绝对优势包括两个方面，一是资源的绝对优势，二是生产率的绝对优势。**资源的绝对优势是指由于世界资源和物种的多样性以及分布的不均匀性，使不同国家拥有不同的资源优势**。比如，有的国家拥有其他国家没有的资源和物种，有的国家在某种资源的拥有量上比其他国家都多，在这两种情况下，就说该国具有绝对的资源优势，进而用这些资源生产的产品也是具有绝对优势的产品。如果没有国际贸易、资源和物种的差异，将使各国的生活水平和丰富程度受到很大的限制。通过国际贸易、各国互通有无，可以提高和丰富每个国家的生活水平。例如，中东国家靠石油资源的绝对优势获得了很高的收入和生活水平，同时它也使没有石油的国家享受到汽车带来的现代生活；靠海的国家拥有港口资源的优势；靠山的内陆国家则拥有稀有物种和矿产资源的优势。国际贸易使资源在世界范围内被更有效率地利用，从而使人类的生活水平得到提高。

生产率的绝对优势是指一国在某种产品的生产上比其他国家具有更高的劳动生产率和更低的生产成本。如果一国将有限的资源集中于具有绝对优势的产品生产上，并进行出口，换回本国生产处于绝对劣势的产品，它就会以最低的成本和资源耗费获得最大的利益。如果各国都将有限的资源集中于绝对优势产品的生产上，并进行国际贸易，那么世界各国都将大大提高有限资源的利用效率，获得国际化分工带来的生产率提高的巨大利益。当然，这是国际贸易和国际化分工的最理想状态。有条件的国家会从中获得巨大的利益。但是，绝大部分国家在现阶段都不可能将全国的资源集中于某几种产品的生产上（因为每个国家具有绝对优势的产品毕竟是有限的），而且有的国家既没有资源的绝对优势，也没有生产率的绝对优势，那么，它们是否能从国际贸易中得到利益呢？比较优势原理回答了这些问题，并进一步扩展了国际贸易的范围。

二、李嘉图的比较优势原理

李嘉图认为，在国际贸易和分工中，如果两个国家的生产力水平不相等，A 国在生产任何产品时成本都低于 B 国，劳动生产率都高于 B 国，处于绝对优势；而 B 国则相反，其劳动生产率在任何产品生产上都低于 A 国，处于绝对劣势。在这种情况下，两国间进行贸易的可能性依然存在。因为两国劳动生产率之间的差距并不是在任何产品上都一样。从分工的利益上说，**处于绝对优势的国家不必生产全部产品，而应该集中生产本国国内具有最大优势或比较优势的产品；处于绝对劣势的国家也不必停产所有产品，而只应停止生产在本国国内最大劣势的产品的生产，将资源集中于生产本国国内比较优势或最大优势的产品。这样，通过国际贸易和交换，各个国家都可以节约社会劳动，增加产品的消费，提高劳动生产率，获得国际分工的利益。这就是比较优势原理。**

李嘉图的比较优势原理并不否定斯密的绝对优势原理，而是在绝对优势原理的基础上更进一步扩展了国际贸易的可能性和范围。按绝对优势原理进行国际贸易，虽然可以给贸易参与国带来巨大利益，但由于各国绝对优势的产品数量和品种有限，国际市场可交易的产品品种十分有限，贸易的范围也比较小。而按比较优势原理进行国际贸易，成千上万具有比较优势的产品都可以进行国际交易，这就大大扩展了国际贸易的范围和国际分工的利益，这是比较优势原理的意义所在。要深刻理解比较优势原理，还需要进一步具体分析。就是说，比较优势原理包括两个层次，一是一国之内的比较优势；二是各国间的比较优势。

对于一个处在任何发展水平的国家而言，在国内成千上万种产品的生产上，由于资源、生产条件、技术水平和劳动生产率等的差异，总有一些产品的生产效率较高或相对成本较低，而另一些产品的生产相对成本较高或效率较低。那么，对一国内部而言，将资源集中于生产相对成本较低的或具有比较优势的产品并出口，换回本国生产相对成本较高的产品用于消费，就会从整体上提高本国资源的利用效率和劳动生产率，从而获得利益。推而广之，如果各国都按这一原理进行贸易，国际贸易会使各个国家在现有资源和技术的条件下获得更多的消费品，以提高国民生活水平。

各国间的比较优势源于各个国家在成千上万种产品生产上的生产率的差异。当然，最发达、最先进的国家和最落后国家之间的生产率差异巨大，按比较优势原理进行贸易的机会可能很小，但是如果按生产率发展水平将各国分为高、中高、中、中低、低五个层次，并以 A、B、C、D、E 来代表，那么 A 层次和 B 层次，B 层次和 C 层次，C 层次和 D 层次，D 层次和 E 层次的国家的生产率水平的差距就会缩小，各层次国家按比较优势原理进行贸易的机会大大扩展。即使是经济发展水平最落后的国家，它如果有某种独有的资源或技术，就可以按绝对优势原理与最发达国家进行贸易，同时它又可以按比较优势原理与比它生产率水平高一个层次或相近的国家开展贸易，这就大大扩大了该国从事国际贸易的机会和从国际分工中获得的利益。例如，马来西亚在经济发展的初期阶段

（较落后阶段），主要是靠出口锡资源来换回它所需要的产品，这是靠绝对优势原理来获得贸易机会的。因为马来西亚的锡资源对于其他国家来说，是一种绝对的资源优势，而其他产品由于太落后，无法与国际社会交易。随着经济的发展和技术的进步，马来西亚的许多产品就可以根据比较优势原理和其生产率水平相近的国家进行贸易，参与国际分工的机会也就大大扩展了。再比如，中国，在市场经济发展的初期阶段，由于其他产品比较落后，与国际社会交易的机会很少，也主要是靠出口煤、矿产等资源来获得外汇收入和贸易机会，随着生产和技术水平的发展与提高，现在中国具有比较优势的服装、家电等产品大量出口，大大扩大了贸易机会。服装是劳动密集型产品，中国人力资源充足，工资水平低，因此，中国劳动密集型产品由于成本低而在国际市场上就具有比较优势，就是说比其他许多国家的服装产品成本低。这样，其他国家可以将其资源用于生产其具有比较优势的产品，并与中国的服装交换，双方就都获得比较优势的利益。

再比如，加入 WTO，给中国的农产品市场带来很大的压力。因为中国粮食产品由于成本高、质量差相对于国际粮食市场处于劣势，面对国际粮食进口的压力，中国种粮农户的收入受到严重威胁。但是按比较优势原理进行具体分析就会看到中国农业状况是：一方面，土地少（相对稀缺），劳动力充足（人力资源有比较优势）；另一方面，粮食产品处于比较劣势，但蔬菜、瓜果、花卉、蛋、禽、肉、奶等劳动密集型农副产品在国际市场上由于成本低而具有比较优势。那么面对国际市场的挑战，中国应减少粮食等劣势产品的生产到最低限度，而将稀缺的土地资源用于生产蔬菜、瓜果、花卉、禽、蛋、肉、奶等具有比较优势的产品，并进行出口，换回国内生产成本较高的粮食产品，这样就发挥了农业产品的比较优势，并能获得国际分工的利益，从而提高农民的收入水平。出口蔬菜、瓜果和花卉等劳动密集型农产品相当于出口了劳动力，发挥了人力资源的比较优势；进口粮食相当于进口了稀缺的土地资源，即提高了土地资源的利用效率和弥补了稀缺资源的不足。可见，按比较优势原理进行农业产品结构的调整，那么，加入 WTO 给中国农业带来的是机遇大于挑战。

为什么最发达国家和最落后国家按比较优势原理进行贸易的机会比较小？按比较优势原理，即使在一切产品生产上都具有绝对优势的发达国家和在一切产品生产上都处于绝对劣势的落后国家之间，贸易的机会也是存在的。这从理论上分析是有道理的，但在贸易实践上看机会并不多。原因在于二者生产率发展水平差距太大，发达国家居民收入水平也高，消费习惯、偏好，对消费品质量、层次要求也高。最落后国家的比较优势产品到发达国家市场，即使价格低廉，发达国家的居民也会认为这些产品是低档品、劣等品等而拒绝消费，从而大大限制两国按比较优势原理展开贸易的机会。当然也不是说绝对没有机会，发达国家也有低收入人口，但总的来说由于差距过大会限制贸易的机会。这个事例说明：发展水平相近层次的国家之间按比较优势原理展开国际贸易的机会更多；国际贸易中除生产率水平差距外，各国消费者收入水平、消费习惯、偏好等许多因素都会影响贸易的机会。一些学者用复杂的数学模型去分析比较优势原理的贸易利益、分工利益等问题，既把问题复杂化了，也没有多少实际意义。

实际上，**绝对优势、比较优势原理根植于亚当·斯密时代就已揭示的分工和交换可以提高生产效率这一原理**。专业化分工可以促进专业技术的进步，提高现有资源的利用效率，这无论是在一个家庭内部、国家内部及国际间都是已被证明了的简单、明显的道理。开放国家之所以能获得经济高速增长的利益，就是因为它获得了国际化专业分工的好处。而且进一步推论可知，如果世界市场是充分竞争的，各国都取消贸易限制，参与世界市场的自由贸易，那么市场竞争将促使各种商品的生产向具有比较优势的国家转移，从而形成国际范围的国际化分工并使全人类获益。各国的生产行为，并不需要复杂的数学模型的指引，只需要瞄准国际市场的价格，只要本国产品的生产成本低于国际市场同类产品价格，那就是具有比较优势的产品，就可以扩大生产和出口。只要本国产品的生产成本高于国际市场上同类产品的价格，那就是具有劣势的产品，就应该减少产量或转产。这是市场竞争机制自身具有的调节功能，它比任何数学模型都更有效率和实际意义。

三、比较优势原理的限制因素

比较优势原理会扩大国际贸易的范围和机会，从而使各国从国际分工和交换中获得利益。那么是否在任何情况下比较优势原理都会有利呢？西方学者认为在下列两种情况下，比较优势原理的作用会受到限制。

1. 古典假定

即假定经济是稳定运行的竞争经济，比较优势原理才会有效果。或者反过来说，当一国经济处于衰退或价格体系不能正常运行时，经济学者不能肯定各国能从国际贸易中得到好处。因为，当经济出现衰退时，国际贸易会使国内失业率上升，GDP 下降，从而使一国经济进一步恶化。正因为如此，在衰退经济中，过剩的劳动和资本就会要求政府保护它们的市场不受外来竞争者的损害，而政府也会实行高关税来保护本国市场。

2. 收入的再分配

从比较优势原理的作用中可以看到，随着国际贸易的发展，一国国内的比较优势产业会获得更大的机会和好处，使收入向优势产业倾斜。而比较劣势产业会由于外来的竞争，失业增加，收入下降。就是说对外贸易尽管可以给一个国家整体上带来利益，但不是说可以给一个国家的所有行业都带来利益。然而这是暂时的，随着优势产业的发展，它将逐步吸收从劣势产业失业的人员，从而使他们获得比以前更高的工资。当然，这是一个发展的过程，从长期趋势看是如此。

以上分析表明，这两个因素的影响都是暂时的。萨缪尔森指出，"尽管比较优势理论有其局限性，但它是经济学中最深刻的真理之一。那些忽视比较优势的国家在生活水平和经济增长方面会付出沉重的代价"。

四、促进国际贸易的发展

我们已经知道了国际贸易的好处。为了促进国际贸易的发展，萨缪尔森针对国际贸易中的一些传统偏见提出了两个重要的经济思想：[1]

---

① 萨缪尔森、诺德豪斯：《经济学》第 16 版，华夏出版社，1999 年版，第 560、566 页。

1. 坚持双边贸易平衡会损害从贸易中获得的利益

许多国家在国际贸易中坚持双边贸易平衡原则，萨缪尔森认为这会限制贸易的机会和范围，损害一国的经济利益。因为任何一个国家不可能只和一个国家进行双边贸易，而是和许多国家进行多边贸易。因此，和一些国家有赤字，和另一些国家有盈余，只要保持本国的进出口总额平衡就可以，而不必要求与每一个国家的双边贸易平衡。如果所有国家都要求双边贸易平衡，那么国际贸易额将大大受到限制，从而各国从国际贸易中获得的利益也会大大减少。

2. 贸易顺差并不能提高一国的生活水平

重商主义提出的贸易顺差原则至今影响着许多国家的贸易政策。因为贸易顺差意味着出口盈余，意味着黄金流进本国。

萨缪尔森认为，重商主义的论断混淆了手段和目的。积累黄金或其他货币并不能提高一国的生活水平，货币的价值不在于它本身而在于它能从其他国家买到些什么。因此，今天大多数经济学家不再会认为提高关税、取得贸易盈余肯定会改善一国的经济福利。

第三节　贸易保护主义

世界各国经济发展水平的差别，一方面给世界各国带来了贸易的可能性和利益；另一方面差别就是矛盾，国际贸易又是在各国利益的冲突、摩擦、磨合中发展的。所以和国际贸易历史一样长久的是贸易保护主义的历史。本节讨论贸易保护主义的基本理论和思想。

一、贸易保护主义的概念

贸易保护主义是指主张以关税和配额来保护本国市场不受外国商品竞争损害的贸易观点和政策。关税和配额是贸易保护主义的主要手段。

1. 关税和配额

（1）关税是指一国政府对进口商品课征的一种税。例如，假定中国政府对进口的外国轿车征收 50% 的关税，一辆外国轿车在国际市场上的价格为 20000 美元；那么，加上关税后，在中国国内市场的价格就为 30000 美元，如果汇率为 1∶8 折合人民币 24 万元。这样就使外国轿车在中国国内市场上的竞争力下降，只能销售较少的数量，从而起到保护本国汽车行业发展的作用。

非常高的关税税率称为禁止性关税，因为它排除了贸易的可能性。较低的关税税率称为非禁止性关税，因为它会损害但不会消除贸易。

（2）配额是指一国政府对某种进口商品规定数量和金额限制，也称非关税壁垒。配额是用限制进口数量的办法来造成贸易壁垒，保护本国市场的。

配额对贸易的影响与关税在性质上是相同的。假定中国对外国轿车 50% 的关税使得外国轿车在中国市场上只能售出 10000 辆，那么政府规定外国轿车进口 10000 辆的配额，对中国汽车市场的影响与 50% 的关税相同。差别在于配额限制的数量明确、固定，关税限制还受到外国商品在国内市场供求弹性的影响，数量不十分确定。

2. 关税的经济影响和成本

萨缪尔森用图 15-2 直观地分析了关税和配额对一国经济福利的影响以及贸易保护主义的代价和成本。

图 15-2 关税和配额的经济影响（效应）和成本

（1）图 15-2 中的供给 S 和需求 D 代表一国国内市场某产品的供求曲线。在没有国际贸易的情况下，国内市场供求均衡（E 点）决定的市场价格为 P_1，国内的生产和消费数量为 Q_1。

（2）假定该产品的世界市场价格为 P_2，低于该国国内市场价格 P_1，在没有关税的自由贸易条件下，该产品会以 P_2 的价格进入该国市场，进口数量为 GF，同时该国自己生产的部分会由 P_1E 减少至 P_2G 的。该国国内价格也降为 P_2，该国的消费数量为 Q_2 的数量。可见，在自由贸易的条件下，该国消费者可以以 P_2 的低价购买和消费 Q_2 数量该产品，福利水平大大提高了，但该国的厂商却受到损害，只能生产 P_2G 的数量。

（3）假定该国政府为保护本国的生产，对该产品征收 100% 的关税，从而使该产品的国内市场价格提升为 P_3，在该价格水平，国内生产的数量由 P_2G 增加到 P_3H（Q_3），进口数量减少为 HJ 的。国内市场的均衡点为 J 点，消费者只能以 P_3 的价格购买和消费 Q_4 数量的产品。政府的关税收入为 HMNJ 的方形面积。可见，关税可以增加政府收入，保护国内生产，但其代价是消费者以较高的价格（P_3）得到较少数量（Q_4）的产品。

关税的经济成本可以从图 15-2 中直观地看到和分析：征收关税增加了政府的收入，但同时带来生产效率和消费者福利的损失。图中的方形面积 B（HMNJ）是政府得到的关税收入；三角形 A 是由于国内高价格误导的非效率生产所带来的成本；三角形 C 是减去关税收入和企业利润后，由于非效率的高价格造成的消费者剩余的净损失。因此，可以说 A 和 C 的面积之和就是关税导致的非效率的经济成本和社会福利的损失，这就是贸易保护主义的代价。

二、贸易保护主义的理论观点

贸易保护主义源于各国发展水平的差距，以及由此引起的各国利益的矛盾和冲突。这种矛盾和冲突不仅有经济利益方面的，还有政治、文化等方面的。例如，有观点认为一个国家不应该为几个美元的额外利益而牺牲它的安全、自由、文化和人权等。可见，矛盾和冲突也就意味着选择。尽管对外贸易和开放是各国经济发展的大趋势，但在一定的历史发展阶段，是选择自由贸易还是贸易保护，或者一定程度的自由贸易和一定程度的贸易保护相结合，并权衡利弊对一个国家的发展是有意义的，也正因为如此，贸易保护主义在一定程度上有它的合理性。各个国家在贸易政策的选择上，也都是权衡利弊，选择一定程度的自由贸易和一定程度的贸易保护相结合。下面具体分析贸易保护主义的理论观点，经济学家们认为贸易保护主义的理论依据可以分为两类，一类是经济利益目标；另一类是非经济利益目标。

1. 经济利益目标

（1）李斯特的贸易保护理论。德国经济学家李斯特著有《政治经济学的国民体系》，提出了著名的"幼稚工业保护论"。李斯特认为，斯密的绝对优势的自由贸易理论是从先进国家的角度和世界的共同点和共同利益出发的，而未考虑到各国的差异。自由贸易是将来的事情，对一个国家来说，生产财富的能力比财富更重要。在各国生产力发展水平存在差距的基础上，一个国家保护和促进本国生产力水平的发展比从自由贸易中获得财富更重要。**李斯特认为，在现代化的第一阶段，后发展国家应该采取自由贸易政策，吸收先发展国家的生产力，以此为手段使自己脱离未开化状态。在现代化的第二阶段，后发国向先发国推进过程中，应采取保护主义政策保护本国工业的发展。在现代化的第三阶段，已成为像先发国的强国，当财富和力量已经达到了最高度以后，再逐步恢复到自由贸易原则，在国内外市场进行无所限制的竞争。**

李斯特的思想被认为是贸易保护主义的理论基础。在此基础上发展起来的幼稚产业保护政策是各国贸易保护主义政策的重要内容。实际上，美国、日本、德国等发达国家在其发展的早期都采取了保护主义政策以保护其产业的发展，随着其产业的发展壮大，具有了国际竞争能力，才实行自由贸易的政策。但是也有许多国家实行了多年的保护政策，其产业也没有发展起来，受到很大损失。因此，经济学家们认为，对具有发展潜力的幼稚产业实行一定时期的贸易保护政策，从长期看对一个国家来说可能是有效率的。

（2）新贸易保护理论。19 世纪贸易的扩张伴随着发达国家对落后国家的殖民侵略的扩张。20 世纪，随着人类文明程度的提高，武力掠夺尽管已成为历史，但对于发展中国家来说，仍然记忆犹新。一些激进的经济学家认为，国际贸易的利益在旧国际经济秩序下是发达国家掠取发展中国家财富的渠道，是"经济侵略"。国际贸易使财富向发达国家转移和积聚，而贫困则在发展中国家积累。因此，发展中国家应实行贸易保护政策，切断不等价交换转移价值的渠道。这种理论尽管比较偏激，但影响许多发展中国家的贸易政策。比如当今全球经济一体化的浪潮仍然受到一些发展中国家的抵制。客观地讲，该理论反映了发展中国家和落后国家的贸易思想，这既有历史的原因，也有现实的原因。在旧的国际经济秩序下，贸易条件有利于发达国家而有害于发展中国家，这是不公正的，是有损于国际贸易的正常发展的。因此，建立新的国际经济新秩序和公平合理的国际贸易环境是促进国际贸易健康发展的重要条件。另外，该理论之所以比较偏激是因为它是片面的，它只看到了国际贸易对落后国有损害的一面（因为竞争本身对落后就是一种损害），而没有看到国际贸易对发展中国家有利的一面。许多落后和发展中国家通过对外开放参与国际贸易和竞争而发展起来，这说明有条件地参与国际分工是促进本国经济发展和壮大的重要途径。

（3）贸易保护有助于减少失业。一些国家实行贸易保护主义的一个重要原因是保护本国的就业。特别是在经济衰退时期，贸易保护可以限制国外的进口，保护国内产业和市场，从而增加就业机会。这也是一旦经济出现衰退和不景气，贸易保护主义就会抬头的原因。

（4）为使本国获得贸易顺差征收关税。在贸易保护主义政策的考虑中，一种观点认为，通过关税限制进口使本国的出口大于进口，就可以获得贸易顺差或盈余，这会使黄金或外汇流入本国，增加本国的财富。

这种观念来自久远的重商主义时代，那时人们把黄金（货币）视为财富的代表，随着现代货币数量论的普及，人们对货币本质的看法已经改变。现在大多数经济学家认为，货币只是一种交换媒介和购买支付手段，货币的价值不在于它本身，而在于它能从其他国家买到些什么。因此，积聚黄金或其他外汇并不能增加一国的财富和提高一国的生活水平。

2. 非经济利益目标

（1）保护国家安全和文化。由于各国发展程度、文化传统上的差别，在贸易保护政策的考虑上有许多是出于非经济目标的考虑。如国家安全、文化传统的保护，保护本国环境等。比如从国家安全的考虑，技术贸易就受到种种限制；再比如许多国家为了保护本国公民不受美国那些"不文明"影片的毒害，对从美国进口的电影、电视节目的数量一直实行严格的配额管制。再比如瑞士政府禁止卡车通过其境，以保护本国的环境。

（2）报复性关税。人们都认识到了自由贸易的利益，但在贸易摩擦中，有人认为只要其他国家对它们的产品加以限制或以其他方式加以歧视，他们就别无选择，只能以贸易保护性关税进行自我防卫。因此，报复性关税经常发生在贸易摩擦中。20世纪90年代美国几次走到了与日本爆发贸易战的边缘。一方面日本商品大量进入美国，另一方面日本国民的爱国主义对美国商品存有一种天然的歧视，使美国的贸易逆差日益严重。因此，美国政府出面要求日本政府采取措施增加对美国产品的进口，否则就要对日本产品征收报复性关税。

（3）为特殊利益集团征收关税。在一些国家，政府实行保护主义关税的动因经常来自一些特殊的利益集团的需要。例如，布什政府2002年初宣布对钢铁进口征收特别关税，以保护美国的钢铁业。此举激起了欧洲一些国家及俄罗斯等国家的强烈反应和报复性措施。美国每年的钢铁进口额才一万亿美元，只占美国国际贸易额的1%。在这么小的贸易额上做文章并激起世界各国的反对显然有损美国的利益。因此，观察家认为，布什此举只为了在中期选举中获得美国钢铁业的支持，是出于政治上的原因和考虑。

三、各国经济的相互依存和联系

贸易保护主义的各种理论观点不管合理与否，它反映了各国在国际贸易和交往中的利益冲突和矛盾。国际贸易的交往和发展与一切事物的发展一样，是在矛盾中运动的，就是说具有两面性。一方面，国际贸易给各国带来了国际化分工和交换的巨大利益，可以促进各国生产力的发展，国际交往给各国人民带来了文化、技术、思想、观念交流的机会，使各国人民摆脱狭隘的地域限制，大大提高文明进步的速度。另一方面，国际贸易和竞争又会使各国不得不牺牲一些狭隘的地域利益和落后的传统。有些牺牲在短期内是很痛苦的，但它又是一个国家进步和发展必须付出的代价。

随着市场经济由地域的、国家的到世界范围的扩展，各国的经济生活已紧密地联结为一体。在当今世界，任何一个国家居民需求的满足都依赖于整个世界，任何一个国家的技术发明和新生产力的创造都对世界各国发生影响，各国经济的相互依存和联系成为各国生产力发展本身的条件和要求。马克思说："某一个地方创造出来的生产力，特别是发明，在往后的发展中是否会失传，取决于交往扩展的情况。当交往只限于毗邻地区的时候，每一种发明在每一个地方都必须重新开始；一些纯粹的偶然事件，例如，蛮族的入侵，甚至是通常的战争都会使一个具有发达生产力和有高度需求的国家处于一切都必须从头开始的境地。……发达的生产力，即使在通商相当广泛的情况下，也难免遭到彻底的毁灭……只有在交往具有世界性质，并以大工业为基础的时候，只有在一切民族都卷入（国际贸易）竞争的时候，保存住已创造出来的生产力才有了保障"。[①]

各国经济的相互依存不仅表现为各国生产力的发展，依赖于国际贸易和交往扩展的程度。还表现为各国经济福利依赖于整个世界经济的健康程度。萨缪尔森很好地描述了各国经济相互依存和联系的三条纽带。[②]

贸易联系：净出口和乘数效应。一国的进口就是其他国家的出口，通过出口乘数，一国进口额的变动会对其他国家的产出和就业发生倍数影响。例如，美国经济占世界经济权重的1/3，如果美国经济出现衰退，其进口额就会下降，而美国的进口又是其他国家的出口，于是其他国家比如中国会发现其出口在下降，而这种下降又会降低中国的总需求、产出和就业。因此，任何降低美国国民产出的因素都会降低国外的产出和就业，这种因果关系可以总结为：

$$Y_A \downarrow \rightarrow I_{MA} \downarrow \rightarrow E_{XE} \downarrow \rightarrow Y_E \downarrow$$

这里 Y_A 和 Y_E 是美国和中国的产出，I_{MA} 是美国的进口，E_{XE} 是中国的出口。

反过来，美国经济的上升和增长就意味着其进口额的增加和其他国家出口额的增加，从而对其他国的产出和就业产生倍数影响。因此可以理解一国特别是贸易大国的经济波动为什么会波及其他国家和整个世界。一国贸易额的增加，不仅会增加本国的产出，也会为其他国家创造就业机会和产出的增长，一国的衰退不仅损害本国的福利，也会损害其他国家的福利，这就是各国经济相互依存的最好例证。

---

① 马克思和恩格斯：《费尔巴哈》，《马克思恩格斯选集》第1卷，人民出版社，1972年版，第60~61页。
② 萨缪尔森、诺德豪斯：《经济学》第16版，华夏出版社，1999年版，第581~582页。

货币联系：金融市场和利率效应。国际贸易涉及不同国家货币的使用，它们通过外汇汇率的相对价格机制即国际金融市场联系起来。尽管许多国家实行固定汇率制使国际金融市场的运作受到限制，但是国际金融市场的变动仍然对世界各国发生影响而不论其实行固定汇率制还是浮动汇率制。就像一国国内市场供求关系变动对垄断厂商和自由竞争厂商都产生影响一样。为理解各国经济通过国际金融市场的联系，以大国的货币政策为例，因为主要的经济大国实行浮动汇率制，并且其货币政策对国际金融市场有重要影响。假定美国为抑制通货膨胀采取通货紧缩的政策。通货紧缩会提高利率，美国利率的提高会吸引国外资金流入美国，于是对美元的需求增加，美元的汇率上升。美元汇率上升使美国出口减少，进口增加，通货膨胀率下降，产出也下降。同时，美元汇率的上升会对美国的贸易伙伴国比如欧洲产生一系列影响。一方面，美元汇率上升使欧洲货币相对贬值，这会增加欧洲对美国的出口，从而刺激欧洲经济，增加欧洲的产出和就业。另一方面，美国利率上升使欧洲的游资流入美国和欧洲利率上升，这会减少欧洲国内的投资，从而降低欧洲的产出和就业。因此，美国的通货紧缩政策对欧洲的整体影响是，一方面欧洲国家投资减少，另一方面出口增加，总产出和就业的变动不确定。如果能测算出欧洲投资减少和出口增加的幅度，那么对欧洲产出和就业的影响就可以确定。如果美国采取扩张性货币政策，那么会使美国利率下降，美国利率下降会使美国的资金流向国外比如欧洲，结果，欧洲货币会由于需求增加汇率上升，相对来讲美元汇率会下降，进而对美国和欧洲的进出口及投资产生一系列相反方向的影响。因此，可以将各国之间的货币联系表示为：

$$r_A \uparrow es \uparrow \rightarrow E_{XE} \uparrow \rightarrow Y_E \uparrow$$
$$r_E \uparrow \rightarrow I_E \downarrow \rightarrow Y_E \downarrow$$
$$或\ r_A \downarrow es \downarrow \rightarrow E_{XE} \downarrow \rightarrow Y_E \downarrow$$
$$r_E \downarrow \rightarrow I_E \uparrow \rightarrow Y_E \uparrow$$

这里 I_E 是欧洲国内投资；es 是美元汇率；r_A 是美国利率；r_E 是欧洲利率。

储蓄和投资的联系。要理解一国国内储蓄和投资的变动与其他国家的联系，可以通过一国财政政策的外溢影响来说明。假定美国采取紧缩财政政策，提高税率、减少政府支出，这会增加美国的财政盈余或减少赤字，以及增加公共储蓄。其经济效应为，一方面财政紧缩政策会降低美国利率，利率下降使美元贬值，从而增加美国国内投资（I_A）和净出口或外国净投资（Y_A）；另一方面，美国利率下降也会引起欧洲利率下降，从而增加欧洲国内投资（I_E）和出口或国外净投资。其传导机制可表示如下：

$$(T-G)\ a \uparrow,\ r_A \downarrow,\ es \downarrow \rightarrow X_A \uparrow \rightarrow I_A \uparrow$$
$$r_E \downarrow,\ ee \downarrow \rightarrow X_E \uparrow \rightarrow I_E \uparrow$$

萨缪尔森描述的上述三条联系纽带清楚地说明了各国经济的相互依存和联系。随着国际贸易的发展，各国经济的相互依存和紧密联系正是全球经济一体化成为历史趋势的根本原因。反过来，随着全球经济一体化的发展，这种联系和依存还将更加紧密。因此，各国之间的协调是必要的。任何与邻为壑的贸易政策都会反过来损害本国的经济。

第十六章　全球经济的管理

21世纪信息革命和经济全球化为人类的和平与发展带来了新的前景。萨缪尔森敏锐地看到了世界经济发展的新变化，他指出："20世纪可分为两个阶段。1914~1945年这一阶段的特征是：破坏性的竞争，军事及贸易的热战和冷战，政治专制，经济萧条。而1945年至今，世界的合作加强，贸易联系增加，民主得到扩展，经济增长迅速。……国际贸易有时看起来像达尔文所描述的那种适者生存的残酷斗争，各国为争夺市场份额、利润和重要资源而发生冲突。值得庆幸的是，人类在本世纪后半叶已经超越了这种赤裸裸的争斗——他们建立了若干有利于世界经济增长与公平的制度，包括管理国际金融体系的制度，协调货币政策的制度，以及制止对贸易进行限制的协定和组织等。"[①] 这一变化表明，**随着各国经济联系的日益紧密，人类已由对抗发展到合作与协调发展的新时期，从而全球经济的管理被提上了历史议程。**"管理"不是指有一个权力机构对世界各国发号施令，而是指各国通过协商建立了一些有利于世界经济增长与公平的制度，通过这些制度来协调、约束各国的经济行为，即通过制度来"管理"。本章讨论为管理和促进世界市场顺利运作的国际经济组织的性质和作用。

第一节　国际贸易组织

随着国际贸易的发展和各国贸易联系的紧密，20世纪后半叶相继产生了区域性的和全球性的国际贸易管理、合作和协调组织。下面介绍一些主要的国际贸易协调组织，以理解它们的性质和作用。

一、北美自由贸易区

北美自由贸易区是一个区域性的自由贸易组织。从1965年美国和加拿大签订"汽车自由贸易协定"到1992年12月17日美国、加拿大和墨西哥三国签署"北美自由贸易协定"，北美自由贸易区的产生经历了近30年的时间。一般来讲，可以把北美自由贸易区的形成分为两个阶段。

第一阶段，美国和加拿大的自由贸易区。1965年，为了降低汽车生产成本，提高两国汽车在国际市场上的竞争力，加拿大和美国签订了在汽车及其零部件方面实行自由贸易的协议。通过两国的专业化分工和同类产品的双向贸易，双方都获得了规模经济的好

---

① 萨缪尔森、诺德豪斯《经济学》第16版，华夏出版社，1999年版，第575页。

处，汽车产业的收益率大大提高。比如，加拿大汽车工人的工资提高了近30%，而汽车价格则从原来高于美国汽车10%左右的水平降低到与美国汽车价格相同的水平。从1986年5月开始，美加双方开始进行全面的自由贸易谈判，直到1988年两国签订了"自由贸易协定"。"自由贸易协定"提出，10年内彻底消除双方贸易壁垒，实行所有商品的自由贸易。同时"自由贸易协定"还建立了一套解决相互间贸易纠纷的制度和机构，以及促进双方自由贸易健康发展的规则和制度。

第二阶段，北美自由贸易区的建立。在美加"自由贸易协定"生效一年后，美国决定将自由贸易区扩大到墨西哥。因为当时墨西哥已成为美国第三大出口国，墨西哥购买了7%的美国出口商品，而且这一市场还在不断扩大，为开发墨西哥的潜在市场，美墨的贸易谈判于1991年开始，到1992年12月17日，美国、墨西哥和加拿大三国签署了"北美自由贸易协定"。从1994年1月1日起，"北美自由贸易区"正式运转。北美自由贸易区的建立使成员国之间的贸易壁垒迅速减少，贸易额迅速增加，使三国的合作和资源配置更加有效。

二、欧洲联盟（简称欧盟）

欧洲联盟的形成经历了40年的发展过程，开始也是一个区域性的自由贸易和经济组织，后来发展为全面的社会联盟。欧洲联盟是建立在欧洲三个共同体的基础之上，1952年，法国、联邦德国、荷兰、意大利、比利时和卢森堡六国成立欧洲煤钢共同体，以促进成员国间煤炭钢铁自由贸易。

这个共同体使六国煤炭、钢铁等资源配置效率大大提高，迅速恢复了遭受战争打击的工业生产能力。1957年，六国又签订条约，成立"欧洲原子能共同体"，以促进核工业的发展和原子能的和平利用，开发核能源。1958年1月1日，六国在罗马签订条约，成立"欧洲经济共同体"。该组织的宗旨是通过消除成员国之间的贸易壁垒，以及排除成员国之间商品、资本、人员自由流动的所有限制，建立一个"欧洲共同市场"。而对非成员国则实行共同的关税税率。这样，欧洲经济共同体成为一个欧洲的自由贸易区。1986年随着英国、爱尔兰、丹麦、希腊、西班牙和葡萄牙的陆续加入，共同体成员国增至12个。

1992年，欧洲共同体与欧洲自由贸易联盟的七国（冰岛、挪威、瑞典、芬兰、瑞士、奥地利和列支敦士登）达成协议，于1993年1月建立"欧洲经济区"，成员国成为19个。1993年1月，各成员国通过"统一欧洲法案"，欧洲联盟最终形成。

伴随着欧洲经济一体化的发展，欧洲的政治、社会一体化基本上是同步进行，1992年2月7日，当时欧洲共同体的12个成员国在荷兰签署"马斯特里赫特条约"。这个条约使欧共体不再是一个单纯的经济组织，而使欧共体向政治、经济、社会的全面联盟发展。该条约的一些主要目标为：通过建设"没有内部边境的区域"和统一欧洲货币，促进欧洲社会、经济的协调、合作和进步；制定"可能形成共同防卫"的共同外交安全和防御政策；创建"联盟公民"。在政治上，欧盟现有三个机构——部长理事会、欧洲议会和欧洲委员会承担起协调和管理成员国的职能。

从欧洲大陆自由贸易、经济一体化、政治一体化的发展可看到人类社会走向统一的步伐和历史趋势。实际上，随着欧洲大陆国境限制的消除，贸易、货币的统一，十几个欧洲国家已经打破了国家的界限，形成了一个统一的欧洲社会。

三、孕育中的亚洲自由贸易区

20 世纪后 20 年，亚洲的中国（包括香港特别行政区）、韩国、马来西亚、新加坡、泰国和菲律宾等国的经济崛起使亚洲成为世界经济最富有活力的地区。亚洲各国贸易量的扩大和贸易联系的日益紧密使亚洲各国产生了协调贸易关系和加强区域合作的意向。从 2002 年初的亚洲经济论坛上传出的信息可看到亚洲区域经济合作的关键是中、日、韩三国的关系。日本认为，建立区域经济组织要有一个核心，应该以经济大国为核心国，从国民产值总量上看，日本是世界上的经济大国之一。韩国认为，建立区域经济合作组织不能有核心国，否则就损害了各国平等、合作的原则。要说经济大国，中国人口最多、市场最大，对区域经济的发展影响最大。中国认为，不能以国民产值总量衡量一国是否是经济大国。经济大国应该对区域内各国经济发展的共同利益承担起责任。中国的观点得到亚洲各国的赞同，特别是在亚洲金融危机中，中国坚持人民币不贬值，并积极帮助亚洲各国从危机中走出来，中国的负责任和合作精神受到亚洲各国的尊重。30 年改革开放，中国经济获得巨大发展，2001 年中国进出口贸易总额达到 5098 亿美元，成为世界第六大贸易国，在亚洲区域经济中已经具有了重要的地位。当然，区域经济合作组织应该坚持各国平等、合作的原则。随着中国加入 WTO，亚洲各国都成为 WTO 的成员国，有了共同的贸易规则和合作的基础，在此基础上建立更紧密的区域经济贸易合作组织，只是时间问题了。

四、世界贸易组织

世界贸易组织，简称"世贸组织"，英文缩写为 WTO，于 1995 年 1 月 1 日成立。它是一个全球性的管理、协调国际贸易关系的国际经济组织。到 2001 年 12 月 11 日中国加入世贸组织，世贸组织的成员国为 143 个。世贸组织成员国的贸易量占世界贸易量的 90% 以上。世贸组织总部设在瑞士的日内瓦，最高权力机构是缔约国（成员国）大会，一般每年召开一次全会，讨论和决定重大事项。

世贸组织的形成经历了半个世纪，其前身是"关税与贸易总协定"（简称"关贸总协定"）。"关贸总协定"于 1947 年签署，最初签约国有 23 个国家和地区。关贸总协定的宗旨是通过降低和消除关税，排除贸易壁垒，取消歧视性贸易政策来促进成员国之间的自由贸易和经济发展。到 1992 年关贸总协定的成员国增至 105 个，1995 年 1 月 1 日关贸总协定正式更名为"世界贸易组织"。

"世界贸易组织"的性质是一个全球性的管理、协调国际贸易关系的国际经济组织。管理不是指有一个权力机关对成员国发号施令，而是通过各成员国平等协商和贸易谈判来确认成员国都接受的贸易规则、原则和制度，然后通过贸易规则和制度来管理和协调成员国的贸易行为，即通过制度和规则进行管理。成员国一旦签约成为世贸组织的成员国，就要遵守成员国共同遵守的贸易协议、规则和制度来规范自己的贸易行为。这样就可以理解世贸组织尽管没有一个发号施令的中心，却能有效地管理和协调各成员国的贸易行为，促进国际贸易的发展。

自 1947 年创立以来，关贸总协定的成员国已经进行了多轮贸易谈判。最著名的谈判如乌拉圭回合始于 1986 年 10 月，参加谈判的成员国达 108 个，于 1993 年结束，历时 7 年，是最复杂、目标最宏大的一次谈判。它包括把公平自由贸易原则扩展到农业、服务业、纺织业、知识产权和外国投资上的 28 项独立的协议，以及成员国达成协议，同意把工业品的关税削减 1/3 以上，在 11 个部门完全取消关税，并大幅度削减农产品补贴。由此可以看到成员国之间的多边贸易谈判实质上就是成员国之间通过沟通、协商来确认成员国之间国际贸易规则和制度的过程。由于各国发展程度和利益的差别，各国之间的沟通、讨价还价、磨合需要一个过程和时间。这本身也是一个国际性经济贸易组织形成的自然过程。

世贸组织成员国共同确认的促进成员国之间贸易发展的国际贸易原则和制度主要有以下几方面：

1. 非歧视性原则

该原则是指一个成员国的贸易政策要对所有成员国一视同仁，对本国的产品与所有成员国的产品一律平等。因此，该原则是强调公平贸易原则。非歧视原则是通过最惠国条款和国民待遇条款来体现的。

最惠国待遇是指一国对所有缔约国的贸易待遇都必须是同样的。如果一国给任何一国降低关税或提供优惠政策，该国也必须给其他的缔约国同样的待遇。

国民待遇是指一国要给予所有成员国的公民和企业与本国公司和企业在经济上同样的待遇，以保证缔约国产品与本国产品在平等的条件下竞争。

2. 降低和最终取消贸易壁垒的原则

世贸组织的宗旨是要彻底消除贸易壁垒，促进成员国之间的自由贸易的发展。但面对各成员国的发展水平的差别和现实情况，只能采取逐步降低直到最后取消贸易壁垒的办法，因此，该原则是促进自由贸易的原则。

3. 协商调解原则

世贸组织规定，成员国之间的贸易争端和摩擦要通过协商调解的原则解决，而不得采取报复制裁的方法解决，并规定了具体的程序和办法。因此，该原则是协调和处理成员国之间贸易摩擦的制度。

以上原则清楚地体现了世贸组织的宗旨、性质和作用。

第二节 国际货币制度和金融组织

要理解国际金融组织的性质和作用，就要理解国际货币制度。而要理解复杂的国际货币制度，从理解一个国家的货币制度的演变入手是很有益处的。

世界各国货币制度的演变具有相同的规律。商品交换发展到一定阶段，在各国，货币职能就落在了贵金属（黄金、白银）身上。黄金之所以能承担货币的职能，是因为它很昂贵，一枚小小的金币就可以充当大量商品交换的媒介。但是，稀缺的贵金属又成为国内贸易发展的障碍。在金属货币时代，各国都感受过由于交换媒介和支付手段的缺乏，商品交换和流通出现的困难，后来，由于金属货币在流通中会磨损而不足值，更重要的是为解决交换媒介或支付手段缺乏的困难，各国用政府发行的法定纸币取代了金属货币。在纸币发行运作的最初年代，各国政府发行的纸币数量还是以国库的黄金储备的价值量为依据。因为这样可以保持国民对纸币的信心。在国民的信念里，黄金是有价值的东西，纸币如果没有黄金作担保，那就一钱不值。然而，随着一国经济的发展，商品交易额日益巨大，作为交换媒介和支付手段的纸币的需求量日益增加，政府发行的纸币数量不得不大量增加，而且逐渐和国库的黄金储备的价值量不成比例，甚至完全脱离。一国纸币发行量与黄金储备价值量的脱离并没有引起"价值危机"或"货币危机"；反而由于交换媒介和支付手段的充足促进了国内贸易的繁荣和经济发展。这个事实使许多经济学家头脑中的"货币是价值的代表"这一信念发生动摇，货币数量论产生了。货币数量论认为，货币本身没有价值，它只是一种记账、计价工具，货币的本质是交换媒介和支付手段。这一理论受到以下事实的支持：一是现代世界各国的纸币发行量都与国库的黄金储备脱钩，而没有引起"价值危机"；二是现代各国的银行货币（支票）和电子货币（信用卡）在国内流通中承担了大量商品交易的媒介；三是各国政府的货币当局通过货币政策（调节货币供给数量或存量）可以有效地稳定一国的价格和促进国内贸易的发展。在一国之内政府发行的纸币被称为货币是因为它是政府规定的本国的法定货币，国民接受没有黄金担保的纸币为货币是因为他们相信政府和对本国经济有信心。但是，如果一国国民对本国政府的信誉和本国经济的信心发生动摇，他也会对本国货币的信心发生动摇，转而持有黄金或他们信任的"外币"，如美元。

一、国际货币制度的定义

理解一国之内货币制度的演变对于理解国际货币制度的演变有重要的借鉴意义，因为国内贸易是以货币为媒介，国际贸易也是以货币为媒介，二者具有相同的规则。然而国际货币制度演变与国内货币制度演变的重要区别在于：第一，黄金作为各国都接受的支付手段和交换媒介至今仍然执行世界货币的职能，尽管金本位制早已崩溃。金本位崩溃的根本原因是世界各国的黄金储备量与巨额的国际贸易额远远不成比例。黄金作为交换媒介或支付手段已太稀缺和不足，所以它的国际贸易流通手段的作用已大大受到限制。但是在国际债务最后的清算中，各国仍然接受黄金为最后的支付手段。也正是从最后的支付手段的意义上说黄金至今仍是世界货币。第二，一方面由于黄金作为国际贸易交换媒介和支付手段已严重不足和缺乏；另一方面在现阶段又不可能出现一个有权威的"世界政府"发行各国都接受的统一的"世界纸币"，这样，主要经济大国的货币（纸币）都或多或少地进入国际贸易流通，充当国际贸易的交换媒介。这就产生了各国货币的比价关系问题，即汇率制度。因此，萨缪尔森把国际货币制度定义为：**国际货币制度指对国际间贸易进行支付时所遵循的制度。或者具体说，国际货币制度涉及各国货币汇率的确定，以及政府如何影响汇率。**

二、国际货币制度的演变

要深刻理解国际货币制度的实质，即各国货币汇率确定的原理和政府如何决定本国货币的汇率，就要考察国际货币制度的演变。

1. 古典金本位制

金本位制（gold standard）是历史最久的古老的国际货币制度。在国际贸易历史上，它运行了二百多年（1717~1933 年）。金本位制时代可以分为两个阶段。

第一阶段是各国都是金属货币时代。在这个阶段，各国货币的唯一区别是其金币选择不同的重量单位。例如，假定英国货币铸造为 1/4 盎司黄金（1 英镑），美国的货币铸造为 1/20 盎司黄金（1 美元）。因此，在这个阶段，各国货币的比价或汇率没有实际意义，因为各国货币都是同质的——黄金，其差别只是重量差别，可视为同一货币的票面价值差别。比如，英镑黄金重量是美元黄金重量的 5 倍，因此，5 个 1 美元金币可以换 1 个 1 英镑金币，就和 5 张 1 元人民币可以换 1 张 5 元人民币一样。因此，**这个阶段的重要特征为：黄金是世界各国国内贸易以及世界各国国际贸易的统一货币。国内贸易和国际贸易没有本质的区别，唯一的差别是各国政府的关税壁垒和限制。由于交换媒介和支付手段是统一的（同质的），全球是一个统一市场。**

第二阶段，随着各国贸易的发展和扩大，黄金作为交换和支付手段越来越稀缺和不足，各国的金币逐步退出国内流通，成为各国的官方储备。各国相继发行了本国的纸币，作为国内贸易的流通手段或交换媒介。但是在国际贸易中，各国仍只接受黄金作为支付手段。因此，在金本位制度下各国的货币（纸币）由政府规定其单位货币的含金量，并依据各国货币的含金量确定各国货币（纸币）的比价关系或汇率。例如，假定美国政府依据本国黄金储备的价值量确定一美元纸币的含金量为 1/30 盎司黄金；德国政府依据其黄金储备确定一马克纸币的含金量为 1/150 盎司黄金，英国政府依据其黄金储备确定一英镑纸币的含金量为 1/10 盎司黄金，等等。那么英镑、美元和德国马克的汇率为 1∶3∶15，或者说其交换比例为 1 英镑可以换 3 美元或 15 马克；1 美元可换 5 马克等。

由于各国货币（纸币）都是依据含金量确定相互之间的汇率或交换比例的，只要各国货币的含金量不变，各国货币的汇率就是固定的。所以金本位制下的各国货币的汇率制度称为固定汇率制。

在金本位制的固定汇率制下，各国货币的汇率只是各国交易商品的相对价格的折算比例。例如，假定美元和马克的汇率是 1∶5，那么 1 件价格为 10 美元的美国商品出口到德国，其价格为 50 马克或者说德国要支付 50 马克，但各国的纸币不能进入国际贸易流通中充当交换媒介或支付手段。就是说，德国不能用 50 马克（纸币）支付美国的出口商品，它必须按 50 马克的含金量折算成黄金，用黄金支付美国出口的商品。因此，在金本位制下，如果 A 国和 B 国的贸易出现赤字，或者说 A 国与 B 国贸易中出现逆差，A 国的黄金就会流入 B 国，A 国的黄金储备会减少，B 国的黄金储备会增加。

金本位制第二阶段的变化对国际贸易有以下影响：

（1）各国纸币的发行使各国国内贸易与国际贸易分离。由于国内贸易和国际贸易运用不同的交换媒介和支付手段，从而使各国的国内市场和国际市场分割开来。这种分割增加了商品在国际间流动的困难。

（2）国际贸易的发展或国际贸易额的扩大受到各国黄金储备的限制。各国发行纸币的重要原因之一是解决国内贸易中支付手段或交换媒介的不足和缺乏。尽管各国政府都规定了本国纸币的含金量，但为解决国内贸易支付手段的缺乏和促进国内贸易的发展，许多国家在偷偷增发纸币，这对各国来讲都是不言而喻的秘密。在这种情况下，各国纸币的含金量就与官方公布的含金量不相等了。也正是由于这个原因，各国之间不相信和接受其他国家的纸币。除非一国的信誉很好，并承诺随时可用纸币兑换黄金，其他国家才会短期接受该国纸币，并随时将其兑换黄金。因而随着国际贸易额的扩大，各国有限的黄金储备必然会成为国际贸易进一步发展的限制。

到 19 世纪末 20 世纪初，随着国际贸易额日益扩大，各国都感到了十分有限的黄金储备成为进出口贸易的限制。由于金本位制下，如果出现贸易赤字，必须支付有限的黄金储备。所以各国都坚持双边贸易进出口平衡的原则，而且尽量少进口多出口，以增加本国黄金储备。然而一国的进口就是其他国家的出口，各国都想少进口，那么各国的出口又怎么增加呢？其结果是贸易额大大受到限制。另外，金本位制下的各国货币的固定汇率制使各国商品相对价格折算比例成为固定的比例，这种固定比例使相对价格不能灵活变动来调节各国商品在世界范围的流动。例如，假定一国国内生产出现有效需求不足、生产过剩和失业，一国的生产过剩就意味着它可以给国际市场提供更多的供给，如果该国的货币汇率是灵活的、可变动的，那么供给的增加会压低该国货币的汇率或相对价格，汇率的下降会使该国的过剩产品的相对价格下降，国际竞争力增加并出口到国外，从而使本国的失业消失。进一步说，如果各国货币汇率是浮动和灵活的，那么各国货币的相对价格就会对供求关系做出反应，并灵活变动来调节各国商品在国际范围流动，以调节各国的过剩和不足，不会使过剩和不足现象积累到严重程度。如果各国的外汇汇率是固定的，不能变动，那么生产过剩和失业现象就会停留在一国之内而且积累到日益严重的程度。这就是为什么 20 世纪 30 年代各国出现严重生产过剩时，各国政府都相继降低本国货币的含金量，即通过使本国货币贬值的办法把生产过剩和失业出口到其他国家，这种恶性贬值竞争，最终导致了金本位制在 1933 年崩溃。

为什么一国通过使自己的货币贬值就可以把本国的生产过剩和失业出口到其他国家呢？假定美元和马克的汇率是 1:5，如果一套美国服装的国内价格是 80 美元，而一套同样质量的德国服装的国内价格是 400 马克，那么两国之间不会进行服装贸易。现在假定美国服装业出现严重生产过剩和失业，美国政府为缓解国内生产过剩和失业，宣布美元的含金量降低 100%，那么美元与马克的汇率就成了 1:2.5。这样一来，一套美国国内价格 80 美元的服装以德国马克表示的价格就是 200 马克，比德国国内服装价格 400 马克便宜了一半，这样美国的服装就会大量出口到德国，美国服装业的过剩和失业消失了。另外，大量低价美国服装进入德国市场，把德国服装业的市场占领了，使德国服装销售额大大下降，生产出现过剩，服装业工人失业。这样美国就通过使美元降值的办法把生产过剩和失业出口到了德国。尽管美元降值 100%，但对美国国内企业来说，是将过剩服装以每套 80 美元的价格出口到德国，美国国内没有任何损失。在这种情况下德国政府该怎么办？德国政府唯一的自卫办法就是宣布马克降值100%，以阻止美国服装进入德国市场。这样就可以理解20世纪30年代各国货币竞争降值为什么会导致金本位制的崩溃。因为各国都出现生产过剩，都想通过货币降值的办法把本国的生产过剩和失业出口到其他国家。这样，各国货币展开了降值比赛，而且一降再降，不再坚守承诺，以金本位制为基础的各国货币的固定汇率制自然也就无法维持而宣告崩溃。因此可以得出结论：**随着国际贸易量的扩大，黄金作为国际支付手段和交换媒介的缺乏和不足，以及以金本位制为基础的各国货币固定汇率制的缺乏灵活性，最终导致金本位制的崩溃。**

2. 布雷顿森林体系和国际货币制度的重建

在经历了大萧条，国际货币制度崩溃和经济混乱，1944年世界各主要国家在美国新罕布什尔州的布雷顿森林举行会议，协商重建国际货币制度。各国第一次同意建立一种管理国际金融交易的制度和规则，以避免各国货币竞争性贬值的混乱和悲剧重演。布雷顿森林会议的重要成果有以下几方面：

（1）为弥补黄金作为国际货币和支付手段的不足和缺乏，各国达成协议确定了美元的世界货币的地位。经过"二战"的破坏，各国的黄金储备已十分缺乏，而美国在战时的大量出口，积累了雄厚的黄金储备。美元以雄厚的黄金储备作后盾，自然会被各国接受为世界货币。以美元为中心的国际货币制度建立的具体办法是用美元和黄金为各国货币建立起一种官方汇率（也称官方平价）。美元与黄金挂钩，各国货币与美元挂钩确定汇率。例如，假定会议确定美元的黄金价格为38美元等于1盎司黄金。如果英镑的官方平价为12.5英镑等于1盎司黄金，那么美元与英镑的官方汇率或官方平价为38美元：12.5英镑＝3.04美元：1英镑。从各国货币汇率确定方法上看与金本位制差不多，但**布雷顿森林体系的革命性变革是第一次使一种纸币（美元）成为各国接受的世界货币。**美国自愿以美元按与其他国家货币的官方平价和其他国家货币兑换，以给其他国家补充或提供国际支付手段，并承诺其他国家可以随时用美元从美国兑换黄金，以增加其他国家对美元的信任。从此，美元作为世界货币成为国际贸易的支付手段和交换媒介，以及世界各国的官方储备外汇。

（2）建立起了一种固定而又可以调整的汇率制度。布雷顿森林体系的设计者们希望新的汇率制度既能具有类似金本位制的稳定性，又能根据各国货币与其"基本价值"的偏离程度进行灵活调整。这种调整是各国间以一种合作方式进行。**汇率制度的变革和创新是布雷顿森林体系的第二个重要贡献，它使国际货币汇率制度具有了调节各国产出和失业的功能。**例如，如果一国经济运行出现衰退、生产过剩和失业，那么该国的产出和经济质量就会下降。该国经济质量下降使该国货币的"基本价值"与其官方平价（汇率）出现差异。这样，国际货币基金组织的协议国经过协商，同意该国货币汇率降值一定的幅度。该国货币汇率的降值会促进该国出口增加，过剩和失业减少，产出和经济恢复。

（3）创建了国际金融管理机构和组织。布雷顿森林会议的第三个重要成果是签署了国际货币基金组织协定（IMF），签约国成为国际货币基金组织的成员国。国际货币基金组织在性质上是各成员国中央银行的中央银行，其资金来源主要是成员国以会费形式缴纳的基金，其主要职能是管理国际货币制度（成员国货币汇率的确定和调整），以及为国际收入出现困难的国家提供信用贷款和国际金融服务。例如，国际货币基金组织创造了"特别提款权"（也称纸面黄金），用来弥补国际贸易流通手段（黄金）的不足，在国际货币制度和贸易发展中起了重要作用。特别提款权是国际货币基金组织用来处理国家之间账目的一种官方记账单位。其价值用世界上16种主要货币（美元、马克、英镑、日元、法郎和里拉等）的加权平均价值规定。特别提款权在成员国之间的分配则与成员国在基金组织中摊付的基金份额成比例。**特别提款权可以作为"纸面黄金"在国际贸易中流通和在成员国之间付账，因此，它本质上可以说是国际"中央银行"的信用货币。**

布雷顿森林会议后组建的另一个重要的国际金融组织是"国际复兴开发银行"，后改称为"世界银行"。它是世界主要的经济大国组建的股份制国际银行。世界主要国家认购它的股本（例如，美国的股份约占1/3）。**如果说国际货币基金组织是世界的"中央银行"，那么"世界银行"就是世界的"商业银行"。**世界银行以股份制组建并获得资本金，还以所有入股国家的信用担保发行债券获得资金，然后运用这些资本金在国际贸易中进行商业化运作，为各国提供贷款、担保和长短期的信用服务。就像银行制度为各国国内贸易的繁荣做出了重要贡献一样，国际银行制度的创建为国际贸易的繁荣也做出了历史性贡献。其中最重要的原因之一是它为国际贸易和资本流动提供了银行信用这一新的支付手段和结算方式。例如，如果一个落后国家有很好的建设项目却没有足够的黄金和外汇从国外进口先进设备的技术，它就可以向世界银行申请长期信用贷款。世界银行通过考察，如果认为该项目是可行的，就会贷款给该国。该国用此项贷款从世界各国进口所需的设备、材料和技术等多种物品和劳务。项目建成后，促进了该国的经济增长。该国再用增加的收入偿还世界银行的贷款本金和利息。通过这种方式，各种物品从发达国家流入发展中国家，既促进了发展中国家的经济增长，又促进了国际贸易的繁荣。

1966年创建的"亚洲开发银行"也具有国际"商业银行"的性质。亚行总部设在菲律宾首都马尼拉，是一个区域性的国际金融机构。亚行的成员国来自亚洲和太平洋地区的成员国称为区域成员，来自欧洲、北美如美国、德国、加拿大等的成员国称为非区域成员。亚行的宗旨是通过贷款、股本投资和国际融资等商业运作手段，为成员国提供国际金融服务，促进亚洲和太平洋地区的贸易合作和经济发展。例如，统计资料表明，截至2001年底，亚行累计向中国提供了113亿美元的贷款，其中49%投向交通和通信业，其余投向能源、社会基础设施等行业，为中国的改革开放和经济发展提供了积极的支持。

3. 布雷顿森林体系的变革

建立以美元为中心的国际货币制度并确立美元为世界货币、建立稳定的又可以灵活调整的国际货币汇率制度、创建国际银行体系，是布雷顿森林会议为国际贸易的繁荣和世界经济发展做出的三个历史性贡献。布雷顿森林会议后的30年，由于美元作为世界货币可自由兑换，为世界各主要国家提供和补充了国际支付手段，国际银行信用又为国际贸易提供了新的支付手段和方式，各国的贸易和生产得到恢复，国际贸易和世界经济出现了一个前所未有的增长和繁荣时期。最突出的是欧洲经济和东亚经济的兴起，已和北美经济形成三足鼎立之势。

但是，由于以美元为中心的世界货币制度还是由美国的黄金储备维系的，美元又可以自由兑换黄金。这样随着国际贸易的发展，由于以下几方面原因，到20世纪70年代初，美元的世界货币地位发生动摇：

（1）美元的汇率相对于欧洲货币或日元的汇率定得较高。或者说美元的币值被高估了。一方面美元汇率较高，使美国的出口商品相对价格较高，出口相对减少。另一方面欧洲、日本的商品又由于相对价格较低，具有竞争力而大量进入美国，使美国与欧洲和日本的贸易逆差日益严重，美元大量流到国外。

（2）美元成为各国官方储备外汇。因为储备美元就等于储备黄金，从而使各国对美元的需求大量增加。这样到1971年美国本土以外的美元存量已十分巨大，其币值已超过了美国的黄金储备。再加上越战使美国出现巨额财政赤字，世界各国对美元的信心发生动摇，甚至出现各国用美元抢兑黄金的现象，以黄金维系的美元与各国的官方平价受到威胁。在这种情况下，尼克松总统1971年8月15日正式切断了美元与黄金的联系，宣布美国停止以每盎司35美元的价格将其兑换黄金，不再自动将美元兑换成其他国家货币，也不再设定美元的官方平价，不惜代价地来维持美元的汇率。

切断美元与黄金的联系，或者说作为世界货币的美元不再以黄金为基础意味着什么？许多经济学家认为，它意味着布雷顿森林体系的结束。其实不然，切断美元与黄金的联系，尽管引起一段时期的混乱和调整，但是美元仍然是主要的世界货币，充当国际贸易的交换媒介和支付手段。布雷顿森林体系创建的国际银行体系仍然在管理着国际货币制度，国际汇率制度尽管有变化，但是既稳定又具有灵活性的国际货币汇率制度也在完善和发展，所以布雷顿森林体系并没有结束，而是在变革中发展。**实际上，切断美元与黄金联系所具有的革命性意义在于：它真正开始了国际贸易的纸币时代，它彻底排除了黄金这种稀缺的支付手段对国际贸易发展的限制。**就像一国之内纸币发行并没有使一国国内贸易崩溃，反而促进了国内贸易的发展一样，国际贸易也会由于黄金彻底退出流通而更加繁荣。20世纪最后20年国际贸易额出现了巨大的增长，现在在国际贸易中充当交换媒介和支付手段的除美元这个主要货币外还有英、法、德、日等主要工业发达国家的货币。各国的纸币都没有以黄金为基础，那么这就产生了一个问题，维系国际货币制度运行的基础是什么？各国货币的汇率是如何决定和调整的？下面我们就来讨论这个问题。

4. 现代混合货币汇率制度

自从尼克松总统宣布美国不再设定美元的官方平价并不惜代价地来维持这种美元汇率以后，世界各国的汇率制度就打破了布雷顿森林体系下的统一的整齐划一的制度或模式。出现了多种汇率制度并存或混合的模式。萨缪尔森认为，一般来讲，**现代国际货币汇率制度有三种主要的模式：纯粹的自由浮动汇率制、固定汇率制和国家管理但有弹性的汇率制度。**

（1）**纯粹的自由浮动汇率制是指一国货币的汇率完全由国际货币市场上对本国货币的供给和需求关系决定，政府既不规定也不干涉本国货币的汇率决定，而是采取一种袖手旁观的态度。**例如，美国过去曾时断时续地实行了这种汇率制度。那么这种制度是如何运作的呢？下面以美元与德国马克汇率的决定来讨论这个问题。

图 16-1　自由浮动汇率制下外汇汇率的决定

图 16-1 (a) 描述了在国际货币市场上美元外汇汇率的决定。在纯粹的自由浮动汇率制度下，美元的外汇汇率由市场上供求关系决定。以美元与马克的汇率为例，图中向右下方倾斜的需求曲线是对美元的需求曲线。对美元的需求来自德国人对美国商品和投资的需求。就是说，如果德国人想购买美国商品或到美国去投资，他首先要购买美元，因为只有买到美元他才能用美元支付美国商品或到美国去投资。当美元的汇率较高时，美国商品相对价格也高，对美元需求也较少。当美元汇率较低时，美元商品相对价格也低，对美元的需求就会增加。因此，美元的需求曲线向右下方倾斜。图中向右上方倾斜的曲线为美元的供给曲线。美元的供给来自那些想购买德国商品或资产的美国人。因为美国人要想购买德国商品和资产，他就要到外汇交易市场提供美元，换成马克。当美元汇率较高时，相对德国马克的汇率较低，德国商品相对便宜，美国人就会增加对德国商品的购买，所以美元的供给曲线向上倾斜。这样在外汇市场供求的均衡点就决定了美元与马克的交易量和美元与马克的交换比率马克/美元，也即美元的外汇价格。例如，4.7马克/1 美元，表示美元的外汇价格为 1 美元:4.7 马克。

理解了图 16-1 (a)，就可以理解图 16-1 (b)，即美国人对德国商品和资产的需求变化以及德国人对美国商品和资产的需求变化，都会影响美元或马克的汇率。例如，图16-1 (b) 假定美国人对德国商品和资产的需求增加，即美元的供给增加，供给曲线由 S_1移动到 S_2，使美元汇率下降。再比如，如果德国出现衰退，德国人对美国产品需求减少，那么在供给曲线不变的情况下，需求曲线会向左移动，使美元汇率下降；但德国的经济衰退使德国商品便宜，可能会增加美国人对德国商品和资产的需求，这样美元的供给曲线可能向右移动，从而抬高美元的汇率。这些情况读者自己可以画线分析。

(2) 固定汇率制是指一国政府规定本国货币对主要外币的汇率，并不轻易变动或调整。 例如，中国政府规定人民币对美元的汇率为 8.3:1，并固定按这个比率与美元交易。金本位制和布雷顿森林体系下的汇率制都是固定汇率制。许多国家为保持汇率的稳定，承袭历史传统，实行固定汇率制，但当国家间相对价格差距过大时，政府会通过增值或降值的办法调整本币的汇率。进入 21 世纪后，由于中国对世界的影响日益加深，人民币升值的压力日益加大，2005 年起，中国开始实行有限度的浮动汇率制。

(3) 国家管理但有弹性的汇率制是指汇率基本上由市场供求力量决定，但政府会通

过在外汇市场买卖货币，改变货币供给等手段使本国货币汇率在一定范围内波动，或者说不至于波动太大。这样既保持本国货币汇率的稳定性，又能灵活对市场变动作出反应。目前日本、加拿大等国采用这种汇率制度。

以上介绍了三种主要的汇率制度，在现代世界经济中很少有国家采用纯粹的浮动汇率制或绝对的固定汇率制，因为现代世界各国都认识到浮动汇率制的优点是可以对市场变动或冲击做出灵活的调整，但其缺点是汇率的波动性和不确定性太大，使商品交易和资本流动无法预期。固定汇率制的优点是可以保持汇率的稳定性，但其缺点是不能对市场变动做出反应和灵活调整，从而丧失了汇率机制调整产出和价格的功能。因此，经过一段时期的试验和探索，各国还是回到了布雷顿森林体系关于国际货币汇率制度的设计思想上，认为理想的汇率制度应该是既能保持相对稳定，又能对各国产出和价格的变动做出反应和可灵活调整的汇率制度，所以现在大多数国家采用国家管理但又有弹性的汇率制度，或类似的制度。只是在国家干预的方式上有的国家采用政府手段，有的国家采用市场手段，即通过买卖货币的办法调整汇率。

5. 维系国际货币制度的基础：经济实力、购买力平价和汇率

就像在一国之内国民对没有黄金担保的纸币的信任取决于该国经济运行质量和产出水平一样。在国际贸易中，随着黄金退出流通，一国的货币（纸币）是否能被其他国家接受，成为国际贸易中的支付手段或交换媒介，取决于该国的经济实力和产出水平。正是由于这个原因，美国现在仍是世界上经济实力最强、产出水平最高的国家，所以美元仍被世界各国接受为世界货币。其次，德国马克、日元、英镑、法郎等主要工业发达国家的货币也被各国依据其经济实力有限度地接受为国际货币。再比如，由于中国经济的崛起，按购买力平价计算的中国经济实力和产出水平已跃居世界第三大经济强国，人民币在国际贸易中也开始被一些国家接受为国际贸易支付手段。

那么如何衡量和比较不同国家的经济实力和产出水平呢？由于各国使用的货币不同，其产品价格也不同，比较起来就有许多困难。例如，中国的 GDP 用人民币衡量和计算、美国的 GDP 用美元衡量和计算、德国的 GDP 用马克衡量和计算。那么是不是用外汇市场汇率把各国的 GDP 折算成美元就可以比较各国产出水平呢？经济学家认为，这种比较也不能真实反映两国经济实力和水平的差距。因为两国的产品价格不同，两国货币购买力差距很大。比如，1000 美元在美国买到的一组商品和 8000 元人民币在中国买到的同样质量的一组商品在数量上差距可能很大。一个美国人用 1000 美元在美国只能生活 1 个月，一个中国人用 8000 元人民币在中国过同样的生活水平，可能生活 5 个月。中国的 GDP 是按中国的最终产品的价格计算的。美国 GDP 是按美国最终产品价格计算的（不是直接计算，是间接计算）。因此，由于各国产品价格不同，只用外汇市场汇率折算各国 GDP 也不能真实反映和比较各国实际 GDP 的差距。

这样，经济学家们提出了一种购买力平价汇率理论用来衡量和比较各国的经济实力和产出水平。购买力平价（Purchasing-Power Parity, PPP）理论认为，在短期中，外汇市场汇率会由于各种因素的作用很不稳定或差距很大，但长期中，如果排除各种干扰因素，各国货币汇率基本上是由各国商品的相对价格决定的。或者说，各国的汇率将倾向于使在国内购买商品的成本等于在国外购买这些商品的成本。这就是购买力平价汇率。

购买力平价理论基于这样的信念或假说：**在没有运输成本和贸易壁垒的情况下，国际自由贸易会使相同的商品在所有国家的市场上的价格一律相同。这个假说也被称为一价定律（Law of one price）。**

世界银行在进行国际比较时都采用购买力平价法。PPP 法的计算方法是：首先，确定典型商品的种类和范围（上千种），并收集这些典型商品在不同国家中的价格；其次，列出各种典型商品的购买支出占 GDP 的比重作为权数，计算出一国货币的购买力平价，然后进行国际比较。现在大多数经济学家也倾向使用购买力平价汇率来比较不同国家的产出和生活水平。用购买力平价汇率计算和用外汇市场汇率折算的结果差距可能很大。例如，用购买力平价计算中国 GDP 是用外汇市场折算结果的 5 倍。由此，中国超过了德国成为世界第三大经济强国。

表 16–1 1994 年各国 GDP 比较

单位：10 亿美元

	用市场汇率计算的 GDP	用 PPP 汇率计算的 GDP
美国	6648	6648
日本	4591	2802
中国	522	2473
德国	2046	1558
印度	294	1174
法国	1330	1117
英国	1017	997
印尼	175	14
俄罗斯	377	655
墨西哥	377	635
菲律宾	64	185
中国香港	132	129

资料来源：萨缪尔森、诺德豪斯：《经济学》第 16 版，华夏出版社，1999 年版，第 549 页。

PPP 理论目前还是一种近似的、不十分精确的理论，许多经济学家计算的 PPP 水平差距较大，但是这个方法和思路是对的。随着计算技术条件的进一步完善，用这个方法是能较正确地比较各国经济实力和产出水平的。

三、迈向统一货币的欧元

20 世纪国际货币制度发展中的一个最重要的事件是欧洲货币的统一，称为"欧元"。随着欧洲经济一体化 40 年的发展，欧洲大陆十几个国家间实现了贸易自由化和资本的自由流动，创造了欧洲共同市场。市场的统一必然要求货币的统一，这种要求表现为欧洲各国实行的固定但可调整的汇率制度不断受到调整压力和金融投机者的攻击。

1971 年，美国切断美元与黄金的联系并实行浮动汇率制后，世界汇率制度出现了一段混乱和调整时期。1978 年，为了在欧洲稳定汇率、降低各国的交易成本，德国、法国等主要欧洲国家创建了欧洲货币体系（EMS）。该体系规定作为 EMS 成员国，必须确保其汇率在规定的很小的区域内波动，这些区间可以定期调整，但必须是在成员国之间协商一致的情况下以合作的方式进行。因此，EMS 体系是想在欧洲实现布雷顿森林体系汇率制度设计者的理想，在欧洲建立固定的但可调整的汇率制度。但是，随着欧洲经济一体化的进展，欧洲各国的固定汇率制越来越不稳定，面临越来越频繁的调整压力。因为，一方面各国的外汇汇率要反映各国商品的相对价格，如果一国的商品价格与其汇率差距较大而又得不到调整，就会导致外汇市场的投机炒作从而损害一国汇率的稳定。另一方面，欧洲各国要保持其汇率稳定，各国政府必须采取相应的货币政策进行配合。然而矛盾在于在金融资本可以在欧洲成员国之间自由流动的情况下，各国政府不可能有独立的货币政策，因为各国的利率必须保持一致，否则就会导致雪崩式的资本流动。例如，如果法国法郎的存款利率高于德国马克的利率，就会导致金融投机者抛售德国马克，买进法国法郎，从而使法郎的汇率上升，马克汇率下降。这种情况如果得不到阻止，必将摧毁法郎和马克的汇率制度。而阻止金融投机者投机的办法就是各国的利率趋于一致，这也就意味着各国放弃了各自独立的货币政策。这样，随着经济一体化的进展，欧洲各国逐步意识到：固定的但可调整的汇率制度、开放的资本市场、各国独立的货币政策三者之间存在不可调和的矛盾。这个矛盾使欧洲各国的固定汇率制度变得越来越不稳定，其结果必然增加国家间的交易成本，损害经济一体化的进程。

　　1992 年欧共体的成员国决定通过统一货币来解决这一矛盾。依据《马斯特里赫特条约》，欧共体国家将这一统一货币命名为"欧元"，并组建欧洲中央银行（ECB），为欧盟国家实行统一的货币政策。欧洲的货币统一进程经过了 8 年的协调和准备，终于在 2002 年元月实现了欧洲的货币统一。萨缪尔森指出，"欧洲的货币统一是 20 世纪最伟大的实验之一，在此之前，从未有过这么一大群强有力的国家将它们的经济命脉交给一个多国联合体；从未有一家中央银行有权控制 12 个国家的通货膨胀和失业。这一组国家拥有 3 亿人口，生产价值 7000 亿美元的商品和服务"。[①]

　　欧洲货币统一是国家间贸易自由化发展和市场统一的必然结果。它的伟大意义在于揭示了人类社会最终将趋于同一的历史趋势和进程。欧洲的政治家们、经济学家、社会学家正在为人类的进步和统一做出历史性的贡献。

第三节　中国与世界

　　在回顾和理解了世界经济发展的历史和趋势，更能深刻地理解中国在 20 世纪最后 20 年发生的变革——中国的改革开放对中国人民的命运和世界经济的繁荣和发展、对人类进步所具有的重要意义。占世界人口 1/5 的中国，在短短 30 年的时间里，通过改革开放使自己的人民和国家富裕和强盛起来，并迅速融入国际社会，它不仅从根本上改变了中国人民的命运，也为世界经济的繁荣和人类社会走向大同做出了历史性的贡献。

　　中国是世界上人口最多的国家，这样一个大国迅速富裕起来，它所形成的市场和购

---

① 萨缪尔森、诺德豪斯：《经济学》第 16 版，华夏出版社，1999 年版，第 588 页。

买力对整个世界的影响和冲击无疑是巨大的。中国不仅开辟了巨大的市场，而且成了世界产业汇集的中心，成了世界的加工厂。它每年"制造着全世界70%的玩具、自行车和DVD播放机，60%的数码照相机和50%的笔记本电脑。""35%的移动电话，30%的电视机和空调，25%的洗衣机，20%的纺织和制衣产品（据世界银行的测算，到2010年将要上升到50%）。"中国每年给全世界每人生产一双鞋。"同时，它每年消耗着世界1/3以上的煤炭、棉花、钢铁和香烟。"据中央电视台2008年6月24日报道，2007年中国生产钢铁49.7亿吨，进口铁矿石13.6亿吨，占世界海运量的42%。"的确，中国现在到处都是林立的吊车，遮天蔽日。西方的专业人士估计，本世纪初在全世界运行的吊车中，一半都矗立在中国！从2002年开始，中国已超过美国，成为世界最大的建筑设备市场——吊车、升降机、机器人和其他工程机械等。巨型水坝、机场、跨海大桥、新颖的办公楼和住宅楼、世界海拔最高的铁路、工厂、歌剧院、博物馆……如同当年的英国、法国或美国一样，中国成了一个大工地。……国际上的统计数字和外国的工业界都确认，中国消耗的水泥占了全世界的一半。"[①]埃里克·伊兹拉莱维奇的描述和数字确实让人目眩，但它无疑确认了这样一个事实：20世纪末21世纪初中国发生的奇迹是当代世界经济最重大的经济事件。世界把目光投向中国，中国的举手投足都对世界产生举足轻重的影响，中国人的自信心和自豪感史无前例地增强了。中国正在重新改写世界的经济地图。

　　与其说是中国长大了，不如说是世界变小了。信息技术革命和经济全球化时代的到来深刻地改变了世界经济的生产方式和人们的交往方式。**生产的信息化，使全球经济紧密地联结为一体，各国经济的相互依存使各国经济和政治的摩擦和沟通变得日益频繁和必要。世界各国的公民正处在一个以空前的速度和规模进行磨合和沟通的时期。因为世界各国的公民都成了"地球村"的村民。这就是20世纪后期信息技术革命引起的生产信息化、经济全球化、政治国际化的世界。**正是在这个时期，中国发生了工业革命。中国的革命得益于信息技术革命和经济全球化时代的到来，它又促进了信息技术革命和经济全球化的发展，它迅速融入国际社会，成为经济全球化链条中的重要一环。中国以它巨大的人口、市场和购买力真正成了地球村的巨人。旧的平衡打破了，村民们需要重新分工，矛盾和摩擦不可避免。但世界的合作加强了，中国又是一个负责任的、致力于促进世界和平与和谐发展的大国，世界对中国寄予厚望。

　　对中国的发展还要客观对待，尽管中国的工业革命赶上了信息技术革命和经济全球化的历史机遇，具有超常的发展速度和惊人的爆发力，但中国毕竟是一个有着几千年封建专制历史沉积的大国，真正的工业革命的历史从改革开放开始。中国尽管创造了诸多的世界第一，但人均指标还很低。特殊的历史机遇使经济社会的发展具有特殊性，但经济社会的发展不能超越一般规律的制约。中国30年的改革开放，在取得巨大经济增长和成就的同时，发达市场经济国家早期遇到的社会矛盾和问题在中国都出现了：收入两极分化和社会分裂；垄断和社会腐败；环境污染和资源掠夺性开采；社会良知丧失和教育腐败等。正如欧洲工业革命初期产生的种种社会矛盾和问题一样，解决这些社会矛盾和问题需要全社会观念的更新，需要政府和全民素质的提高，需要国民教育的普及和科

[①] 埃里克·伊兹拉莱维奇：《当中国改变世界》，中信出版社，2005年版。

学知识的创新，那是一个需要巨人而又产生了巨人的时代。但和中国的工业革命与经济奇迹并存的却是学术界和国民教育相对滞后。

马克思唯物主义的历史观还认为，存在决定意识。生产力的发展水平决定生产方式或经济社会的性质。就是说，一个经济社会的性质是由客观的生产力或工业化发展水平决定的，而不是由主观的、人的意识决定的。马克思说，"我的观点是：社会经济形态的发展是一种自然历史过程。不管个人在主观上怎样超脱各种关系，他在社会意义上总是这些关系的产物"。① 由此可以理解邓小平提出"贫穷不是社会主义"，放弃苏联模式，从中国的国情和实际生产力水平出发探索中国改革开放的发展道路，是符合马克思唯物主义历史观的。从中国的国情出发，邓小平倡导和建立的政府管理和市场经济相结合的社会主义市场经济制度是符合中国生产力发展的实际情况的。党提出的坚持党的初级阶段基本路线100年不动摇，是符合中国生产力发展要求的。也正是因为如此，中国30年的改革开放极大地解放了生产力，取得了巨大的经济增长。每一个诚实和成熟的中国人都感受到了身边的巨大变化，而且坚信，站在坚实的基础上，走中国自己的道路，中华民族的复兴是历史的必然。

---

① 马克思：《资本论》第1版序言，人民出版社，1975年版，第8、12页。

主要参考书目

1.《马克思恩格斯选集》第1、2、3卷，人民出版社，1972年版。

2.《马克思恩格斯全集》第26卷Ⅰ、第24卷、第13卷、第25卷，人民出版社，1972年版。

3. 杜尔哥：《关于财富的形成和分配的考察》，商务印书馆，1961年版。

4. 吴斐丹、张草纫：《魁奈经济著作选集》，商务印书馆，1979年版。

5. 托马斯·曼：《英国得自对外贸易的财富》，商务印书馆，1959年版。

6. 亚当·斯密：《国民财富的性质和原因的研究》上、下卷，商务印书馆，1972年版。

7. 李嘉图：《政治经济学及赋税原理》，商务印书馆，1962年版。

8. 萨伊：《政治经济学概论》，商务印书馆，1963年版。

9. 马尔萨斯：《政治经济学原理》，商务印书馆，1962年版。

10. 李斯特：《政治经济学的国民体系》，商务印书馆，1961年版。

11. 门格尔：《国民经济学原理》，上海人民出版社，1959年版。

12. 罗尔：《经济思想史》，商务印书馆，1981年版。

13. 马歇尔：《经济学原理》上、下册，商务印书馆，1964年版。

14. 凯恩斯：《就业、利息和货币通论》，商务印书馆，1963年版。

15. 克拉克：《财富的分配》，商务印书馆，1959年版。

16. 萨缪尔森：《经济学》第10版，上、中、下册，商务印书馆，1982年版。

17. 王亚南主编：《资产阶级古典政治经济学选辑》，商务印书馆，1979年版。

18. 弗里德曼：《论通货膨胀》，中国社会科学出版社，1982年版。

19. 多恩布什、费希尔：《宏观经济学》，中国人民大学出版社，1997年版。

20. 小宫隆太郎等：《日本的产业政策》，国际文化出版公司，1988年版。

21. 沈越：《德国社会市场经济评析》，中国劳动社会保障出版社，2002年版。

22. 科斯：《企业、市场与法律》，上海三联书店，1990年版。

23. 萨缪尔森、诺德豪斯：《经济学》第16版，华夏出版社，1999年版。

24. 艾哈德：《来自竞争的繁荣》，商务印书馆，1983年版。

25. 马克思：《资本论》第一、二、三卷，人民出版社，1975年版。

26. 冯·哈耶克：《通往奴役之路》，中国社会科学出版社，1997年版。

27. 加尔布雷思：《经济学和公共目标》，商务印书馆，1980年版。

28. 熊彼特：《资本主义、社会主义与民主主义》，商务印书馆，1979年版。

29. 恩格斯：《反杜林论》，人民出版社，1972年版。

30. 斯蒂格利茨等：《东亚奇迹的反思》，中国人民大学出版社，2003年版。

31. 斯蒂格利茨：《经济学》，中国人民大学出版社，1996 年版。

32. 布拉德利·希勒：《当代经济学》第 8 版，人民邮电出版社，2003 年版。

33. 威廉·大内：《Z 理论》，中国社会科学出版社，1984 年版。

34. 埃里克·伊兹拉莱维奇：《当中国改变世界》，中信出版社，2005 年版。

35. 罗伯特·劳伦斯·库恩：《他改变了中国——江泽民传》，世纪出版集团、上海译文出版社，2005 年版。

36. 迈克尔·帕金：《经济学》，梁小民译，人民邮电出版社，2003 年版。

37. 木志荣：《中国私营经济发展研究》，厦门大学出版社，2004 年版。

38. 福克纳：《美国经济史》，王锟译，商务印书馆，1964 年版。